Metzler Lexikon moderner Mythen

Figuren, Konzepte, Ereignisse

Herausgegeben von
Stephanie Wodianka und
Juliane Ebert

Mit 32 Abbildungen

Verlag J. B. Metzler
Stuttgart · Weimar

Inhalt

Bibliografische Information der Deutschen Nationalbibliothek
Die Deutsche Nationalbibliothek verzeichnet diese Publikation in der Deutschen
Nationalbibliografie; detaillierte bibliografische Daten sind im Internet
über http://dnb.d-nb.de abrufbar.

ISBN 978-3-476-02364-3

© 2014 J. B. Metzler'sche Verlagsbuchhandlung
und Carl Ernst Poeschel Verlag GmbH in Stuttgart

www.metzlerverlag.de
info@metzlerverlag.de

Einbandgestaltung: Melanie Frasch (Bildquellen l.u.: Louvre, Paris)
Satz: typopoint GbR, Ostfildern
Druck und Bindung: CPI books GmbH, Leck

Printed in Germany
August 2014

Verlag J.B. Metzler Stuttgart · Weimar

Vorwort

In der Moderne kann alles zum Mythos werden – aber nicht alles wird in der Moderne zum Mythos. Ein Lexikon moderner Mythen wäre dann ein unmögliches Unternehmen, wenn man Vollständigkeit vorgeben oder anstreben würde. Wenn man wie hier aber auf Exemplarität und Repräsentativität der erfassten Mythen setzt, so ist das Unternehmen eine Herausforderung, die man annehmen darf: Das *Metzler Lexikon moderner Mythen* versammelt 123 nachantike Mythen, die den Zeitraum zwischen dem Beginn des 19. Jahrhunderts bis zur Gegenwart geprägt haben.

Das in Alltag, Kunst und Wissenschaft der Moderne gleichermaßen festzustellende Interesse am Mythischen widerspricht nicht der anhaltenden Unsicherheit, die bei der Definition moderner Mythen herrscht – im Gegenteil, es begründet das Spannungsfeld, in dem sich alle Definitionsversuche bewegen. In der alltagssprachlichen Verwendung steht ›Mythos‹ für ein Phänomen, das ›nur ein Mythos‹ (d. h. ›unwahr‹) oder ›zum Mythos geworden‹ (d. h. etwas Berühmt-Bewundertes von einmaliger und großer Bedeutung) ist. In wissenschaftlichen Diskursen wird die inflationäre alltagssprachliche Verwendung des Mythosbegriffs vermieden, zu Recht, weil sie in beiden Verwendungsweisen zur Beschreibung des Mythischen zu kurz greift oder zu flach denkt. Eine kulturelitäre Definition, die das Mythische auf einen zeitlich und kulturell beschränkten, antiken Entstehungskontext verengt, wird jedoch nur noch selten offensiv vertreten. In den Vordergrund rückte in den letzten Jahrzehnten das Interesse am ästhetischen Funktionieren und an möglichen Funktionalisierungen von Mythen, das die Behauptung eines exklusiv antiken Phänomens ad absurdum führte. Die Romantiker des 19. Jahrhunderts mit ihrer Forderung nach einer »neuen Mythologie« und Roland Barthes' Beobachtungen zu »Mythen des Alltags« (1957) zeugen von einer Moderne, die sich selbst in ihrem Verhältnis zum Mythischen hinterfragt und definiert (vgl. Bohrer 1983; Uerlings/Vietta 2006; Habermas 2007).

Die Beschäftigung mit Mythen erlebt seit den 1950er Jahren eine Konjunktur, die sich mit der Profilierung der Kulturwissenschaften bis heute noch verstärkt hat. Mythosgeschichte, Mythosrezeption und Mythostheorie – selbst Teil der »Arbeit am Mythos« (Blumenberg 1979) – konstituieren ein Forschungsfeld, das interdisziplinäres Interesse auf sich zieht. Das Verhältnis der Moderne zum Mythos wird dabei auf zwei – oftmals deutlich getrennten – Ebenen verhandelt: zum einen die Rezeption ›alter‹, d. h. antiker Mythen in der Moderne, zum anderen die Erscheinungsweisen ›neuer‹, in der Moderne generierter Mythen, die aus der Moderne selbst hervorgehen. Letzteres nimmt das vorliegende Lexikon in den Blick und beschreibt Kontinuität und Wandel moderner Mythen. Dabei wird angestrebt, die oftmals übersehene Überschreitung konstruierter Diskursgrenzen zwischen ›Hochkultur‹ und ›Alltagskultur‹ sichtbar zu machen: Antike Mythen erscheinen nicht nur in der Kunst, und neue Mythen haben ihren Ort nicht nur in der Popkultur.

Bei der Auswahl der Stichwörter folgt das Lexikon nicht der alltagssprachlichen Begriffsverwendung von »Mythos« – was bereits an der Aufnahme von Einträgen wie »Holocaust« oder »Flaneur« ersichtlich ist. Es versteht das Mythische als einen subjektiven Wahrnehmungsmodus von überindividueller, kollektiver Bedeutung im Sinne des kulturellen Gedächtnisses, der sich auf verschiedenste Phänomene beziehen kann. Dazu zählen historische Personen und fiktive Figuren, Ereignisse, Orte, aber auch Konzepte, Ideen und Institutionen. Sie werden von den Artikeln in ihrer mythischen Qualität vorgestellt: in ihrer Eigenschaft, ein mehr oder weniger entfaltetes narratives Potenzial in sich zu bergen, das einen als subjektiv erlebten, aber kollektiv gültigen und verbindenden Sinn stiftet. Als Mythen fungieren sie – jenseits ihrer sonstigen materialen, fiktionalen oder faktualen Existenz – als Mittel zur Weltdeutung, die Widersprüche in scheinbare Evidenz verwandeln und damit Komplexität reduzieren und Identitätskonstruktionen ermöglichen. Sie vermitteln und tradieren Normen und Werte, obwohl oder gerade weil sie erzählerlose Erzählungen sind, in diesem naturhaften Sinne ›einfach da‹ – wer könnte schon sagen, wer sie zum ersten Mal erzählte? All dies haben moderne Mythen mit der antiken Mythologie gemein.

Mythen der Moderne weisen dennoch auch Unterschiede im Vergleich zu antiken Mythen auf. Im hier zugrunde gelegten Verständnis sind sie gebunden an das Bewusstsein, der Moderne zuzugehören und diese mit zu prägen und zu repräsentieren: Die Zeit kommt auf neue Weise mit ins Spiel. Das an Überblick und Repräsentativität orientierte Lexikon entwirft Aspekte einer modernen Mythologie; es beschreibt Mythen, die aus der Moderne hervorgegangen sind, in der Moderne erzählt werden und zur Erzählung der Moderne gehören: Auch die Moderne selbst ist ein Mythos. Bereits die vielfältig beantwortbare Frage, wann (und mit Koselleck: ob) sie beginnt, zeugt vom neuen Zeitverhältnis des Mythischen in der Moderne.

Der Schwerpunkt des Lexikons liegt auf modernen Mythen, die auch in deutschsprachigen kulturellen Kontexten relevant geworden sind – damit wird der Blick der Sache nach auf viele europäische, transkulturelle und internationale Phänomene gerichtet. Angestrebt wurde nicht eine Zusammenstellung deutscher »lieux de mémoire« im Gefolge Pierre Noras (1984–1992; vgl. François/Schulze 2001). Moderne Mythen lassen sich als Mythen der Moderne gerade nicht auf nationale und politische Kollektive beschränken (auch wenn sie die Konstruktion solcher Identitäten mit begründen können, s. Münkler 2009 und den Boer 2012). Sie werden hier auch nicht wie Erinnerungsorte kulturpessimistisch als Surrogate eines (von Nora seinerseits mythisierten) verloren gegangenen ›echten‹ Gedächtnisses konzipiert – die Moderne erinnert und entwirft sich mit ihren Mythen in sehr lebendiger Weise.

Zu den für das Projekt einschlägigsten und grundlegendsten Untersuchungen gehören Roland Barthes' *Mythen des Alltags* (1957). Barthes hat ein Mythoskonzept begründet, welches sichtbar macht und der Tatsache Rechnung trägt, dass sich das Mythische an prinzipiell alle Phänomene anheften kann und damit nicht substanziell auf einen kanonisierten Korpus ›alter Mythen‹ zu beschränken ist: »[…] da der Mythos eine Aussage ist, kann alles, wovon ein Diskurs Rechenschaft ablegen kann, Mythos werden. Der Mythos wird nicht durch das Objekt seiner Botschaft definiert, sondern durch die Art und Weise, wie er diese ausspricht. […] es gibt formale Grenzen des Mythos, aber keine inhaltlichen.« Barthes hat seine Thesen an verschiedenen Phänomenen des französischen Alltags seiner Gegenwart exemplifiziert – es war jedoch nicht sein Erkenntnisinteresse, sein Mythosverständnis über die Aktualität hinaus in Zusammenhang zu bringen mit der Frage nach Spezifika der Moderne. Es geht ihm vielmehr um den ideologiekritischen Nachweis der ›fausseté‹ bürgerlicher Denkweisen. Das Lexikon versteht ›Mythos‹ nicht als bürgerliches und ›falsches‹, sondern als ein modernes Bewusstsein, das synchron und diachron zu differenzieren ist.

Pierre Brunels *Dictionnaire des mythes d'aujourd'hui* (1999) kann als einzige international auszumachende mit dem hier vorgelegten Lexikon vergleichbare Publikation gelten. Aber auch er verbindet sein Projekt nicht mit modernespezifischen Fragestellungen, sondern stellt den auf die 1950er Jahre bezogenen aktuellen Beobachtungen von Barthes seine auf die Jahrtausendwende bezogenen ›aktualisierend‹ zur Seite – ohne Kontinuitäten und Wandel zu fokussieren. Unter deutschsprachigen und anglophonen Publikationen ist das *Metzler Lexikon moderner Mythen* bisher konkurrenzlos, will man nicht Publikationen in Betracht ziehen, die den Mythosbegriff mit dem Symbolbegriff gleichsetzen oder, noch allgemeiner und dem alltagssprachlichen Gebrauch näher, als Synonym von Märchen und Legenden benutzen.

Das Lexikon nimmt die Herausforderung der Selektion in einem grundsätzlich offenen, aber nicht tatsächlich unbegrenzten Feld an. So wird ein sich annähernder – wenn auch immer unzureichender und strittig bleibender – Überblick über ein bisher als diffus beklagtes Phänomen möglich, der zum Impuls werden kann für Einsichten in die Binnenstrukturen des Mythischen in der Moderne. Die Auswahl versteht sich in bestimmtem Sinne als repräsentativ. Erstens umfasst sie systematisch die konstitutiven Organisationsfelder moderner Mythen (vgl. Krumeich/Brand 2003; Fuchs/Neumann 2009): Nicht nur fiktionale Figuren (z.B. Don Quichote, Die Legende von Paul und Paula) und historische Personen (z.B. Jeanne d'Arc, Willy Brandt), sondern auch Ereignisse (z.B. Untergang der Titanic, Résistance), Orte (z.B. Alpen, Dresden) sowie Ideen/ Konzepte (z.B. Freiheit, Kampf der Kulturen) und Institutionen (z.B. Geheimdienste, Mafia) können zu Mythen der Moderne gezählt werden und finden hier programmatische Berücksichtigung. Auch innerhalb der Organisationsfelder wurde der angestrebten Repräsentativität Rechnung getragen, indem einerseits kulturelle Relevanz und Eigenständigkeit, andererseits aber auch der systematische Status des mythischen Phänomens im Sinne seiner Vernetzung mit anderen Mythen ausschlaggebend waren, die in den Einträgen jeweils durch Verweise gekennzeichnet wird. Eine sehr starke Vernetzungsdichte legte bei manchen Mythen eine Bündelung unter einen Mythenkomplex nahe (z.B. »Hollywood« oder »Goethe und Schiller«), die manche Differenzierungen vermindern, dafür aber auch Zusammenhänge und Gemeinsamkeiten deutlicher machen mag.

Jeder Artikel beginnt mit einer kurzen konkreten Erklärung des mythisierten Phänomens und zielt dann auf die Beantwortung der Frage, was an ihm mythisch ist, in welchem Verhältnis es zur Moderne steht und welche Etappen seine Mythisierung durchlaufen hat. Dabei werden Kontinuität und Wandel seiner Deutungspotenziale, seiner medialen Erscheinungsweisen sowie seiner Entstehungs-, Funktions- und Verbreitungskontexte berücksichtigt. Quellen der Argumentation und einschlägige Literatur werden in den Literaturhinweisen genannt.

Ein Lexikon bedeutet immer auch Kanonisierung, auch ein Lexikon moderner Mythen. Diese kann produktiv sein, wenn sie Anlass zur konstruktiven Hinterfragung gibt und dadurch Dynamiken, die sie zu verbergen scheint, sichtbar macht. Ein Lexikon moderner Mythen ist auch selbst Teil der Mythopoiesis. Das wäre dann ein Fehler, wenn Mythos nicht nur ein modernes, sondern ein per se falsches Bewusstsein wäre.

Wir rechnen mit Lesern, denen noch viel mehr Mythen in den Sinn kommen. Wir hoffen auf Leser, die mit uns, ausgehend von diesem exemplarischen Überblick, weitere Erscheinungs- und Organisationsformen des Mythischen in der Moderne suchen. Und wir freuen uns, wenn unsere Leser durch das Lexikon nicht nur Gesuchtes finden, sondern auch moderne Mythen entdecken, die sie zuvor nicht gesehen haben.

*

Die Arbeit an diesem Buch hat uns fast immer inspiriert und beflügelt. Dass das so war, verdanken wir in erster Linie 97 Beiträgerinnen und Beiträgern, die die Herausforderung mit uns angenommen, ihre Kompetenzen für dieses Lexikon eingesetzt und unsere Redaktion nicht nur geduldig ertragen, sondern durch konstruktive Diskussionen unterstützt haben. Auf ihre Namen wird stets am Ende der Artikel verwiesen, das Autorenverzeichnis listet die Beteiligten in alphabetischer Ordnung.

Unser besonderer Dank gilt auch Dr. Oliver Schütze vom Metzler-Verlag, der großen Anteil an der Initiative zu diesem Buch hat und der uns stets ein guter Ratgeber und Kritiker war. Und auch ohne den sorgfältigen Blick von Anna Charlotte Thode wäre so manches Versehen unentdeckt geblieben.

Herzlich gedankt sei nicht zuletzt der Deutschen Forschungsgemeinschaft (DFG), die die dreijährige Projektarbeit finanziell getragen hat. Die Universität Rostock hat uns die Arbeitsfläche zur Verfügung gestellt, die ein Lexikon zum Wachsen braucht, und ihr interdisziplinäres Department »Wissen – Kultur – Transformation« hat dem Projekt nicht nur in der Schlusskurve Schwung für den Zieleinlauf gegeben.

Rostock im Juli 2014   Stephanie Wodianka und Juliane Ebert

Literatur

Barthes, Roland: Mythologies. Paris 1957; dt.: Mythen des Alltags. Frankfurt a.M. 1964. – Blumenberg, Hans: Arbeit am Mythos. Frankfurt a.M. 1979. – Boer, Pim den (Hg.), Europäische Erinnerungsorte. 3 Bde. München 2012. – Bohrer, Karl Heinz: Mythos und Moderne. Begriff und Bild einer Rekonstruktion. Frankfurt a.M. 1983. – Brunel, Pierre (Hg.): Dictionnaire des mythes d'aujourd'hui. Monaco 1999. – François, Etienne/Schulze, Hagen (Hg.): Deutsche Erinnerungsorte. 3 Bde. München 2001. – Fuchs, John Andreas/Neumann, Michael: Mythen Europas. Schlüsselfiguren der Imagination. Bd. 7: Moderne. Regensburg 2009. – Habermas, Jürgen: »Die Verschlingung von Mythos und Aufklärung: Horkheimer und Adorno«. In: Ders. (Hg.): Der philosophische Diskurs der Moderne. Zwölf Vorlesungen. Frankfurt a.M. 2007. – Krumeich, Gerd/Brandt, Susanne (Hg.): Schlachtenmythen. Ereignis – Erzählung – Erinnerung. Köln 2003. – Münkler, Herfried (Hg.): Die Mythen der Deutschen. Berlin 2009. – Nora, Pierre: Les lieux de mémoire. 3 Bde. Paris 1984–1992. – Uerlings, Herbert/Vietta, Silvio (Hg.): Moderne und Mythos. München 2006.

Artikelverzeichnis

Artikelverzeichnis nach Kategorien

Verzeichnis der Autorinnen und Autoren

Asholt, Wolfgang, Prof. Dr. em., Osnabrück: Avantgarde
Bachmann, Christian, M.A., Berlin: Superhelden
Baier, Christian, Dr., Seoul: Genie
Baur, Philipp, M.A., Augsburg: Atomkrieg/Atomkraft
Barnert, Anne, Dr., Berlin: Die Legende von Paul und Paula
Becker, Manuel, Dr., Bonn: Marxismus-Leninismus
Beer, Andreas, Dr., Konstanz: Wilder Westen/Cowboy und Indianer
Benz, Wolfgang, Prof. Dr. em., Berlin: Holocaust
Bernsen, Michael, Prof. Dr., Bonn: Moderne/Postmoderne
Bizeul, Yves, Prof. Dr., Rostock: Elite, Globalisierung, Nation
Bösch, Frank, Prof. Dr., Potsdam: Titanic
Briese, Olaf, PD Dr., Berlin: Mauerfall/Wende
Buschmann, Albrecht, Prof. Dr., Rostock: Don Quijote
Butt, Nadia, Dr. des., Gießen: Bollywood
Büttner, Sebastian M., Dr., Erlangen: Fortschritt
Butzer, Günter, Prof. Dr., Augsburg: Pop
Cetin, Emel, M.A., Rostock: Michel Foucault
Dahms, Christiane, Dr., Bochum: Jeanne d'Arc
Decker, Jan-Oliver, Prof. Dr., Passau: Marlene Dietrich, Michael Jackson, Madonna, Marilyn Monroe
Detering, Heinrich, Prof. Dr. Dr. h.c., Göttingen: Elvis (Presley)
Duppel, Hartmut, Regensburg: Zeuge/Zeitzeuge
Ebert, Juliane, Rostock: Chanson, Flaneur, Paris
Ekardt, Felix, Prof. Dr., Rostock: Gandhi
Erll, Astrid, Prof. Dr., Frankfurt a.M.: British Empire
Fischer, Kai, M.A., Bochum: Stalingrad
Förster, Birte, Dr., Darmstadt: Königin Luise
Freytag, Julia, Dr., Hamburg: Psychoanalyse
Gallus, Alexander, Prof. Dr., Chemnitz: Willy Brandt
Gerund, Katharina, Dr., Erlangen: Hollywood
Goer, Charis, Dr., Bielefeld: RAF
Hansen, Solveig Lena, Göttingen: Gene/Vererbung
Hartwig, Marcel, Dr., Siegen: Pearl Harbor
Hessel, Florian, M.A., Bochum/Hamburg: Gelbe Gefahr
Hock, Klaus, Prof. Dr., Rostock: Dritte Welt
Hoklas, Silke, M.A., Rostock: Casablanca
Hörner, Fernand, Prof. Dr., Düsseldorf: Asterix
Ißler, Roland, Jun.-Prof. Dr., Bonn: Venedig
Jobs, Sebastian, Dr., Berlin: American Dream, John F. Kennedy, Martin Luther King, New York

Jünke, Claudia, Dr. PD, Bonn: Spanischer Bürgerkrieg

Karczmarzyk, Nicole, M.A., Luxemburg: Lady Diana

Kley, Antje, Prof. Dr., Erlangen: Robinson Crusoe

Krahmer, Alex, M.A., Jena: Beschleunigung

Kraume, Anne, Dr., Potsdam: Europa

Kretzschmar, Dirk, Prof. Dr., Erlangen: Hitler

Langenohl, Andreas, Prof. Dr., Gießen: Börse

Leggewie, Claus, Prof. Dr., Essen: 68er-Bewegung/Pariser Mai, Stunde Null

Linke, Gabriele, Prof. Dr., Rostock: Barbie

Lüsebrink, Hans-Jürgen, Prof. Dr., Saarbrücken: Französische Revolution

Marschik, Matthias, Dr., Wien: Fußball

Matuschek, Stefan, Prof. Dr., Jena: Faust, Goethe und Schiller

Medrow, Lisa, Rostock: Kampf der Kulturen (Clash of civilizations)

Mikos, Lothar, Prof. Dr., Potsdam: Derrick

Möller, Hartmut, Prof. Dr., Rostock: Carmen, Richard Wagner, Wiener Klassik: Mozart und Beethoven

Mühlbach, Kristina, Rostock: Emanzipation

Müller, Martin, M.A., Paderborn: AIDS

Müller, Désirée, M.A., Darmstadt: Berlin

Münkler, Herfried, Prof. Dr., Berlin: Dresden

Münkner, Jörn, Dr., Kassel: Verdun

Nell, Werner, Prof. Dr. phil. habil., Halle: Familie, Frankenstein, Piraten, Um 1800

Neumann, Eva, Berlin: Geheimdienste

Niedermeier, Silvan, M.A., Erfurt: Wilde

Nitzke, Solvejg, M.A., Bochum: Sherlock Holmes, Ozonloch/Klimawandel

Oster, Angela, Dr., München: Romeo und Julia, Helmut Schmidt

Paul, Heike, Prof. Dr., Erlangen: Kolumbus

Penke, Niels, Dr., Göttingen: Harry Potter

Peter, Jakob, Rostock: Rhein

Pfaller, Larissa, M.A., Erlangen: Ewige Jugend

Prommer, Elizabeth, Prof. Dr., Rostock: *Bild*-Zeitung, Kino, Macht der Medien

Puchert, Lea, Dipl. Päd., Rostock: Steffi Graf

Radu, Robert, M.A., Rostock: Wirtschaftskrise/Wirtschaftswunder

Rauscher, Andreas, Dr., Mainz: Walt Disney

Reitz-Joosse, Bettina, Dr., Philadelphia, USA: Rom

Roger, Jennifer, M.A., Rostock: Résistance/Resistenza/Widerstand

Roßbach, Nikola, Prof. Dr., Kassel: Pippi Langstrumpf

Ruchatz, Jens, Prof. Dr., Marburg: Fernsehen

Samida, Stefanie, Dr., Potsdam: Stonehenge

Schetsche, Michael, Prof. apl. Dr., Freiburg: Außerirdische/UFOs, Mondlandung

Schmidt, Johann, Prof. Dr., Hamburg: James Bond

Schukowski, Stefan, Dr., München: Shakespeare

Schulz, Christoph Benjamin, Dr. des., Bochum: Alice im Wunderland

Schweda, Mark, Dr., Göttingen: Ewige Jugend

Seegers, Lu, PD Dr., Hamburg: DDR, Die Feuerzangenbowle, Romy Schneider
Seiler, Sascha, Dr., Mainz: The Beatles, 9/11
Slavtscheva, Maria, M.A., Mainz: Dracula/Vampir
Sösemann, Bernd, Prof. Dr., Berlin: Preußen
Speitkamp, Winfried, Prof. Dr., Kassel: Afrika
Stoffel, Patrick, Bonn: Alpen, Napoleon
Stöver, Bernd, Prof. Dr., Potsdam: Kalter Krieg
Thode, Anna Charlotte, M.A. Rostock: Mafia, Vesuv
von Treskow, Isabella, Prof. Dr., Regensburg: Zeuge/Zeitzeuge
Unzeitig, Monika, Prof. Dr., Greifswald: Artus/Ritter der Tafelrunde
Werz, Nikolaus, Prof. Dr., Rostock: Che Guevara, Helmut Kohl
Wessels, Sebastian, M.A., Essen: Freiheit
Weyand, Jan, Dr., Erlangen: Fortschritt
Wirth, Sabine, M.A., Marburg: Computer/Internet
Wodianka, Stephanie, Prof. Dr., Rostock: Flaneur, Mittelalter
Wolff, Jens, Dr., Rostock: Martin Luther

Bildquellen

Abb. 1, S. 2:   © Jacques Haillot/Apis/Sygma/Corbis

Abb. 2, S. 13:   Lewis Carroll, Alice's Adventures in Wonderland. Macmillan: London, 1865, Chapter One

Abb. 3, S. 16:   Musée national du château de Malmaison

Abb. 4, S. 29:   National Images Archive (Foto: Charles Levy)

Abb. 5, S. 43:   Privatbesitz

Abb. 6, S. 51:   Axel Springer SE

Abb. 7, S. 71:   Privatbesitz

Abb. 8, S. 74:   aus: Joëlle Montserrat, Édith Piaf. Panorama Verlag: Altstätten/ München, 1985 (o. S.)

Abb. 9, S. 79:   Museo Che Guevara, Havana, Cuba

Abb. 10, S. 100: © SLUB/Deutsche Fotothek (Peter Richardsen)

Abb. 11, S. 134: aus: Der Flaneur und die Memoiren der Augenblicke. Zusammengestellt von Herbert Wiesner und Ernest Wichner. Die horen, 45. Jg., Bd. 4 (2000), S. 50

Abb. 12, S. 149: Louvre, Paris

Abb. 13, S. 155: akg-images

Abb. 14, S. 169: Bettmann/Corbis

Abb. 15, S. 176: Privatbesitz

Abb. 16, S. 191: Privatbesitz

Abb. 17, S. 204: Louvre, Paris

Abb. 18, S. 251: Privatbesitz

Abb. 19, S. 264: NASA

Abb. 20, S. 268: akg images

Abb. 21, S. 288: Privatbesitz

Abb. 22, S. 295: Foto: Jugendfilm

Abb. 23, S. 307: aus: Meyers Lexikon. 8. Auflage. Bibliographisches Institut AG: Leipzig, 1936–1942, Bd. 2, Spalte 981

Abb. 24, S. 313: public domain

Abb. 25, S. 331: BPK/Charles Wilp

Abb. 26, S. 341: © Succession Picasso/VG Bild-Kunst, Bonn 2014/akg-images/ Erich Lessing

Abb. 27, S. 346: Privatbesitz

Abb. 28, S. 357: Foto: F. G. O. Stuart

Abb. 29, S. 370: Privatbesitz

Abb. 30, S. 376: akg-images/Mondadori Portfolio

Abb. 31, S. 390: Deutsches Filmmuseum Frankfurt am Main

Abb. 32, S. 394: aus: Reinhard Lintelmann: VW Käfer und New Beetle, KOMET Verlag: Köln, o. J., S. 39

68er-Bewegung/Pariser Mai

Der Pariser Mai steht metonymisch für die Studentenrevolte der 1960er Jahre, die – auch im Verhältnis zur »internationalistisch« ausgerichteten Arbeiterbewegung des 19. und 20. Jahrhunderts – als erste transnationale Protestbewegung gelten darf: »Weltweit zog damals eine studentische Protestbewegung die Aufmerksamkeit auf sich: von Berkeley bis Rom, von Tokio bis Berlin« (Wehler, 312). Getragen wurde sie überwiegend – daher die Klassifikation als *Studenten*revolte oder -bewegung – von jungen Leuten aus dem akademischen Betrieb, aber auch Auszubildende, Schüler und Berufstätige engagierten sich in einer ansonsten eher protestarmen Zeit. Im Monat Mai des Jahres 1968 verdichtete sich in Paris eine Serie von Protesten, die von 1964 bis in die 1970er Jahre um die ganze Welt gingen, mit telegenen »Barrikadennächten« in der französischen Hauptstadt aber eine besondere Intensität und Dramatik entwickelten und wohl am stärksten das etablierte politische System durch eine Allianz mit linksgerichteten Arbeitnehmer-Gewerkschaften und Generalstreik herausforderten. Der damals amtierende Staatspräsident Charles de Gaulle hatte seine Demission erwogen (sie erfolgte ein Jahr später), der um ihn herum gruppierte Gaullismus konnte sich nicht mehr als führende Kraft halten. Aber auch sein Antipode, die Kommunistische Partei Frankreichs, wurde von der antiautoritären Revolte als alterskrank und sklerotisch ins Visier genommen; zudem sammelten sich linksradikale Sekten trotzkistischer, maoistischer und anarchistischer Provenienz, die nur wenige Mitglieder hatten, aber bis weit ins linksbürgerliche Milieu Einfluss gewannen.

1968 – Fotoikone

Das abgebildete Foto, wohl das berühmteste Bild vom Mai 1968, vereinigt diverse Facetten des Mythos der 68er-Bewegung. Aufgenommen wurde es am 6. Mai vor dem Hauptportal der Pariser Sorbonne von dem Bildreporter Gilles Caron. Zu sehen ist ein *face-à-face* des 23-jährigen Soziologie-Studenten Daniel Cohn-Bendit mit einem namenlosen Angehörigen der CRS (*Compagnies Républicaines de Sécurité*). Das Foto wurde zur Ikone und, wie bei solchen üblich, unzählige Male reproduziert: Ein Fünftel der Franzosen assoziiert laut einer Umfrage aus dem Jahr 2008 dieses Bild mit dem »Mai '68« (*Le Nouvel Observateur*, 27. März 2008). Der Fotograf Caron hatte sich bereits im April des Öfteren an der Universität Paris-Nanterre aufgehalten, wo Cohn-Bendit und andere vom »Mouvement 22 mars« mit Protesten auf sich aufmerksam machten. Mit diesem Foto erschließen sich die mit dem Mai '68 verbundenen Kodierungen, die den Mythos konstituieren: Oben-unten, Jugend vs. Ancien Régime, Bewegung gegen System, Held und Übeltäter, Macht vs. Gegenmacht, Ordnung gegen Anarchie.

Im Wissen um die Folgen erscheint auch die Konfrontation zwischen Frankreich und Cohn-Bendit als dem Fremden, der seinerzeit als »deutscher Jude« und »unerwünschte« Person tituliert aus Frankreich ausgewiesen wurde.

Das Foto verrät nicht, ob es sich um ein längeres *face-à-face* handelte und von welchem Ton es begleitet war (Agitation, Hohn, Aufforderung zum Tanz?). Cohn-Bendit

Abb. 1: Fotoikone vom Mai
1968: Der Student Daniel
Cohn-Bendit vor einem
Angehörigen der Sicher-
heitskräfte

sieht sich rückblickend als eine Art Till Eulenspiegel, der der Staatsmacht die Internationale ins Gesicht gesungen habe. Das rasch um die Welt gehende Foto zeigte in der
Sichtweise Cohn-Bendits die » dimension gaie et ludique«, also die vergnügte, fantasievolle Seite der Studentenrevolte, die andernorts als »Spaßguerilla« auftrat. Doch haben
Caron und viele andere Fotografen in den folgenden Tagen und Nächten weitere Bilder
geschossen, welche die Brutalität der Konfrontation zwischen den CRS-Garden und den
Studenten belegen, wobei Gewalt auch von den »enragés« (Wütenden) ausging.

Ein freundliches Titelbild von *Paris-Match* zum zwanzigjährigen Jubiläum des Mai
'68 rückte den Studentenprotest 1988 in die Reihe der französischen Freiheitsaufstände,
für die Eugène Delacroix mit seinem Gemälde von 1830 steht (↗Freiheit). Diese späte
Anverwandlung belegt, dass (jedenfalls in Frankreich) die 68er-Bewegung als Thema
des Kulturkampfes erledigt ist und die Mai-Ereignissee von der linken bis zur rechten
Mitte anerkannt werden.

Die bis heute anhaltende Faszination des Mai-Mythos beruht wohl darauf, dass die
Revolte – vor allem in Frankreich – der gesellschaftlichen Stagnation entgegenwirkte
(vgl. Morin u. a.). Pierre Viansson-Ponté hatte noch am 15. März 1968 in *Le Monde*
kommentiert: »Die französische Jugend langweilt sich. Die Studenten demonstrieren,
rühren sich, schlagen sich in Spanien, in Italien, in Belgien, in Algerien, in Japan, in
den USA, in Ägypten, in Deutschland, sogar in Polen. Sie haben das Gefühl, dass es um
etwas geht, dass man Protest laut werden lassen soll, wenigstens ein absurdes Gefühl,
sich gegen die Absurdität zu wehren. Und die französischen Studenten? Sie beschäftigen sich damit zu erfahren, ob die Mädchen von Nanterre und Antony sich ungehindert
in die Zimmer der Jungs bewegen dürfen – eine etwas beschränkte Vorstellung von den
Menschenrechten«. Das verkannte nicht nur, dass das Bedürfnis nach sexueller, lebensweltlicher Lockerung ein gewichtiges Antriebsmotiv der 68er-Bewegung insgesamt war,

sondern auch, dass es in »Opas Frankreich« (wie der Leitartikler ansonsten wohl bemerkt hatte) einen immensen Modernisierungs- und Reformstau gab, der sich anhand scheinbar unwichtiger Ereignisse explosionsartig entlud.

Transnationale Protestbewegung

Während sich die vorrevolutionären Zustände in Frankreich auf zwei Monate in der Hauptstadt konzentrierten, waren die Studentenbewegungen andernorts, namentlich in den USA, Deutschland und Italien, länger aktiv und breiter gestreut. Der Mai '68 bewirkte nach Jahrzehnten konservativer Dominanz eher eine liberale Verschiebung der reichen Wohlstandsgesellschaften in die linke Mitte. Themen der Studentenrevolte wie die Liberalisierung von Erziehungs-, Geschlechter- und Generationsverhältnissen wurden begierig in temperierter Form aufgegriffen, der in der Subkultur der Studentenbewegung gepflegte Hedonismus modifizierte die kapitalistische Konsumkultur und Arbeitswelt (Wolfrum 261–271; Frei 219–228).

Eine besondere Ambivalenz besitzt der Mythos durch das Verhältnis der 68er zur politischen Gewalt (Judt, 470 f.). Ausgangspunkt dafür war der Protest gegen den von den USA in Südostasien geführten Krieg in Vietnam, Kambodscha und Laos, ferner die Unterstützung von Gewaltregimen und Diktaturen in der südlichen Peripherie von Guatemala über Iran bis Südkorea durch NATO-Staaten, gegen die Guerillabewegungen angetreten waren. Mit Symbolfiguren wie Ho Chi Minh und Fidel Castro identifizierten sich viele Demonstranten leichthin, ohne – wie schon im Fall Mao Zedongs – auf die Schattenseiten der von ihnen geführten Bewegungen und Regime zu achten. Der militante Anti-Vietnam-Protest, aus dem sich linksterroristische Gruppierungen wie die »Rote Armee Fraktion« (↗RAF) und die »Brigate Rosse« entwickelten, unterschied sich deutlich vom Pazifismus der Friedensbewegungen der 1950er und 1980er Jahre. Zu den Ambivalenzen der 68er-Bewegung zählt auch der Antiamerikanismus, in Abgründe führte der gelegentliche Antisemitismus. Nachdem die US-amerikanische Kultur auch in Frankreich, das ihr gegenüber stets auf der »kulturellen Ausnahme« beharrte, Fuß gefasst hatte, stärkte der Vietnamkrieg, dessen Ursprünge im französischen Kolonialkrieg in Indochina zu suchen sind, eine politisch-kulturelle Opposition gegen »Amerika«. Wo die Empörung über Art und Zielsetzung der US-Kriegsführung in einen ideologischen Antiimperialismus und Antikapitalismus umschlug, waren die USA in allen Hinsichten ein Feind der Studentenbewegung. Doch darf dies nicht darüber hinwegtäuschen, dass viele Formen des Protestes (*sit-ins*, *teach-ins* etc.) geradewegs aus den US-Universitäten und aus der Bürgerrechtsbewegung importiert und imitiert wurden, und weit mehr noch das subkulturelle Milieu von Sex & Drugs & Rock&Roll, dem viele aus der 68er-Generation angehörten, ganz deutlich »amerikanisiert« war (Frei, 31 ff.). Im Blick auf die politische Kultur des Westens war die Studentenbewegung also einigermaßen ambivalent, im Bauchgefühl gehörte sie dazu, während der Kopf einen »Dritten Weg« suchte. Durch die Sympathien vieler 68er für den palästinensischen Aufstand mischten sich dann in einigen Strömungen auch alte und neue antisemitische Ressentiments in den gegen Israel proklamierten Antizionismus (vgl. Ullrich).

'68 ist Geschichte

Die von den entschiedenen Protagonisten der Mai-Revolte ausgerufene Zielsetzung der sozialistischen Revolution ist glücklich gescheitert. Gescheitert, weil die Epoche des Sozialismus nach 1968 alles in allem eher vorüber war, glücklich gescheitert, weil viele antiautoritäre Impulse von den Gesellschaften aufgegriffen und autonom weiterverfolgt wurden. Eine der vielleicht bedeutendsten Entwicklungen war das Hinterfragen bestehender Geschlechterrollen, die als Folge von 1968 zwar nicht zuerst aufkam, doch eine neue Qualität erhielt. Ilse Lenz spricht daher für die Zeit von 1968 bis 1974 von einer »Phase der Bewusstwerdung und Artikulation« (Lenz, 10). Dies gilt besonders auch für die kritische Hinterfragung des staatlichen Gewaltmonopols, nicht zuletzt als Folge des brutalen Vorgehens persischer Sicherheitskräfte gegen deutsche Demonstranten beim Schah-Besuch in Berlin im Jahre 1967, bei dem der Student Benno Ohnesorg von einem deutschen Polizisten erschossen wurde. Die Westberliner Studentenbewegung mit ihrem Wortführer Rudi Dutschke forderte die Aufklärung der Todesumstände, den Rücktritt der Verantwortlichen für den Polizeieinsatz und die Enteignung des Verlages Axel Springer. Das am 11. April 1968 von einem Hilfsarbeiter verübte Attentat auf Dutschke war das nach dem Pariser Mai und dem Tod Ohnesorgs dritte Ereignis, welches das mythenkonstitutive Jahr 1968 markiert. »1968 – das Jahr, das angeblich alles verändert hat – begann im späten Frühling 1967 und währte etwa achtzehn Monate« (Frei, 112).

Autoritäten zu hinterfragen war auch Teil des Beginns neuer sozialer Bewegungen, führte aber auch zu ideologischen Verirrungen. So ist selbst nach 50 Jahren der Überschuss an Gewalt und die unverantwortliche Ausweitung der Selbstverwirklichung bis in die Pädophilie hinein noch ein mit dem 68er-Mythos verbundenes Thema, wie es in den letzten Jahren in der Debatte um die Gründungsphase der Partei *Die Grünen* offenbar wurde. Gleichwohl kann 1968 auch als Ausgangspunkt für eine ganze Reihe von Aspekten gesehen werden, die seither die Bundesrepublik nachhaltig geprägt und geformt haben, und zwar in alle politischen Lager hinein. Neben den Impulsen für die Frauen-, aber auch die Friedensbewegung erfuhr die Ökologiebewegung durch die 68er eine neue Qualität. Dass im ›schwarzen‹ Baden-Württemberg 2011 mit Winfried Kretschmann ein Grünenpolitiker Ministerpräsident werden konnte, unterstreicht die Wandlung, die in den letzten vierzig Jahren durchlaufen wurde. Der Wandlungsprozess findet seit 1968 in vielen verschiedenen Lebensläufen seinen Widerhall. Den vielleicht interessantesten Lebenslauf hat Wolfgang Kraushaar 2001 an dem früheren ›Straßenkämpfer‹ Joseph (›Joschka‹) Fischer nachgezeichnet. Dieser wollte der einst zwar noch nicht ganz erwachsenen, wenngleich sicher nicht faschistischen, Demokratie BRD mit Steinen und physischer Gewalt beikommen und wurde später zum überzeugten Staatsbürger dieser BRD, zu deren Außenminister, gehasst-geliebter Grünenkoryphäe und Elder Statesman. Der lebendige Mythos von '68 deutet die Revolte als heroischen Kampf für eine bessere Welt und als Gelegenheit zum »Anfangen-Können«, wie Hannah Arendt, insofern eine Sympathisantin der antiautoritären Studentenbewegung, das Wesen des Politischen beschrieb (Arendt, 689). 1968 speiste einen Möglichkeitssinn, der zur Erfolgsgeschichte einer ganzen Generation wurde, die bis heute das Deutungsmonopol über ihre Revolte überwiegend behalten hat.

Lit.: H. Arendt, Freiheit und Politik, in: Neue Rundschau 69.4 (1958), 689. – N. Frei, 1968. Jugendrevolte und globaler Protest, Bonn 2008. – T. Judt, Geschichte Europas von 1945 bis zur Gegenwart, Frankfurt a. M. 2009. – W. Kraushaar, Fischer in Frankfurt. Karriere eines Außenseiters, Hamburg 2001. – I. Lenz, Die unendliche Geschichte? Zur Entwicklung und den Transformationen der Neuen Frauenbewegungen in Deutschland, in: Die Neue Frauenbewegung in Deutschland. Abschied vom kleinen Unterschied. Ausgewählte Quellen, hg. v. I. L., Wiesbaden 2009, 9–28. – E. Morin u. a., Mai 1968. La Brèche. Premières réflexions sur les événements, Paris 1968. – J. Radkau, Die Ära der Ökologie. Eine Weltgeschichte, München 2011. – P. Ullrich, Deutsche, Linke und der Nahostkonflikt. Politik im Antisemitismus- und Erinnerungsdiskurs, Göttingen 2013. – P. Viansson-Ponté, Quand la France s'ennuie, in: Le Monde, 15.3.1968. – H.-U. Wehler, Deutsche Gesellschaftsgeschichte, Bd. 5, Bundesrepublik und DDR 1949–1990, München 2008. – E. Wolfrum, Die geglückte Demokratie. Geschichte der Bundesrepublik Deutschland von ihren Anfängen bis zur Gegenwart, München 2007.

Claus Leggewie

Afrika

Der Begriff »Afrika« bezeichnet nicht nur eine geografische Einheit. Vielmehr ist Afrika in der Moderne zum transkulturellen Mythos geworden, der im beständigen Austausch zwischen den Kontinenten entstanden ist und sich aus bestimmten immer neu kombinierten und variierten Elementen zusammensetzt. Afrika gilt als Kontinent der Gegensätze: paradiesische, vermeintlich unberührte Natur einerseits, Katastrophen, Krisen, Kriege und Gewalt andererseits.

Afrika als das Andere

Afrika steht für Exotik und Atavismus, für Körperliches, Animalisches und Irrationalität, also immer wieder für das, was – negativ oder positiv gewendet – im »Westen« verloren oder überwunden scheint. Joseph Conrad hat diese Vorstellungswelt in seinem Roman *Heart of Darkness* (1902) eindringlich und mit nachhaltiger Wirkung zum Ausdruck gebracht. Eine Flussfahrt ins Innere Afrikas wird hier zum Paradigma für die Auslotung der Grenzen der Zivilisation. Afrika erscheint bei ihm als rätselhafte und bedrohliche Welt und wird zum Sinnbild für die Abgründe des (westlichen) Menschen schlechthin. Die Metapher vom »Herz der Finsternis« ist bis heute auch in der Populärkultur vielfach aufgegriffen worden (vgl. Speitkamp 2011).

Zum westlichen Afrika-Mythos zählt zudem die Vorstellung vom geschichtslosen, in sich selbst ruhenden und dem ewigen Kreislauf der Natur ausgelieferten Kontinent, musterhaft ausgedrückt in den Worten des Philosophen Georg Wilhelm Hegel: »Jenes eigentliche Afrika ist, soweit die Geschichte zurückgeht, für den Zusammenhang mit der übrigen Welt verschlossen geblieben; es ist das in sich gedrungene Goldland, das Kinderland, das jenseits des Tages der selbstbewußten Geschichte in die schwarze Farbe der Nacht gehüllt ist« (Hegel, 135, 145). Im 20. Jahrhundert lebte dieses Bild eines traditionsverhafteten, erstarrten Afrika fort und noch 2007 formulierte der französische Staatspräsident Nicolas Sarkozy in einer Rede in Dakar (Senegal): »Die Tragödie Afrikas besteht darin, dass der afrikanische Mensch nicht genügend in die Geschichte eingegangen ist. Der afrikanische Bauer, der seit Jahrtausenden mit den Jahreszeiten lebt und dessen Ideal das Leben im Einklang mit der Natur ist, kennt nur den ewigen Neubeginn der Zeit im Rhythmus der Wiederholung der immer gleichen Gesten und Worte« (http://www.afrik.com/article12199.html; 14.5.2013). In alledem erscheint Afrika als das Andere, als Gegenentwurf zu Europa, dem »Abendland« oder dem »Westen«. In dem Mythos vom ganz Anderen spiegelt sich freilich eine verflochtene Geschichte der Kontinente.

Koloniale Konstruktionen

Afrika-Reisende zeichneten bis zum Vorabend des modernen Kolonialismus differenziertere Bilder des Kontinents als Hegel. Der schottische Arzt Mungo Park (1771–1806), der mehrere Erkundungsreisen ins Innere Afrikas unternahm, beschrieb Afrika als Kontinent einer Vielfalt von Gemeinwesen. Ähnliches gilt auch für den deutschen Althistoriker und Geografen Heinrich Barth, der zwischen 1845 und 1855 vor allem Westafrika bereiste. Barth versuchte, afrikanische Kultur nicht zu exotisieren, und beschrieb Afrika als dynamischen, vielfältigen, in beträchtlichen Teilen kulturell entwickelten Kontinent. Derartige Bemühungen um Übersetzung und Transfer verschwanden mit der Kolonialisierung Afrikas und der Verbreitung des Rassedenkens. In der Kolonialzeit spiegelte ein Großteil der Reiseliteratur dann vollends frühe sozialdarwinistische Vorstellungen vom Durchsetzungsrecht des Stärkeren und einer naturgegebenen Unterlegenheit der Afrikaner. Vielen Autoren galten nun für die Übergangszeit der zweiten Jahrhunderthälfte charakteristische Phänomene wie der Zerfall vorkolonialer Staaten, Ethnisierungsprozesse, die Entstehung von Kriegergruppen oder die Herrschaft von Warlords als spezifische Merkmale Afrikas (vgl. Marx).

Reisen und Kolonialismus weckten freilich auch Neugier. In den populären Weltgeschichten und Enzyklopädien des ausgehenden 19. Jahrhunderts gewann Afrika immer mehr Aufmerksamkeit. Neben den Reisenden erforschten und dokumentierten auch Missionare die Sprachen und Volksgebräuche Afrikas. Fortan bestanden zwei Sichtweisen auf Afrika nebeneinander: einerseits Afrika als Kontinent des Natürlichen und Unverdorbenen, dessen Bewohner nur behutsam zu zivilisieren und zu christianisieren, dabei in ihren Lebensweisen und Gebräuchen zu schützen seien; andererseits Afrika als Kontinent der Rückständigkeit, dessen Bewohner naturnotwendig im Kinderzustand verharrten und daher von Europa beherrscht werden müssten. Afrikaner hatten in dieser Sichtweise kein legitimes Recht an ihrem Kontinent – folgerichtig wurde ihnen auch die kontinentale (Selbst-)Benennung entzogen: Schon in den ersten Jahrzehnten kolonialer Durchdringung, also etwa an der Jahrhundertwende, bezeichneten die Kolonialisten mit dem Begriff »Afrikaner« diejenigen Europäer, die in den Kolonien wirkten; die ansässige Bevölkerung wurde davon unter dem Etikett »Eingeborene« (»natives«, »indigènes«) abgegrenzt.

Panafrikanismus und Authentizität

Die sich im Begrifflichen offenbarende Enteignung der afrikanischen Bevölkerung war in dialektischer Verschränkung Katalysator eines neuen, positiven Afrika-Bildes, des modernen Mythos Afrika. Dieses Bild fand seinen Ausdruck in Bewegungen des Panafrikanismus und der *négritude*. Träger waren zunächst ehemalige Sklaven oder Nachfahren von Sklaven in der Karibik und in Nordamerika, dann auch afrikanische Intellektuelle, die in Missionsschulen in den Kolonien und auf Universitäten der Kolonialmetropolen ausgebildet worden waren. Das neue Afrika-Bild entstand insofern auch aus der Wahrnehmung Europas und in einer Situation des Austauschs und der Hybridität. Der Panafrikanismus war inspiriert durch andere Pan-Bewegungen der Zeit, er verstand sich als Kontinente übergreifende Bewegung aller Menschen mit afrikanischen Vorfahren und suchte Erfüllung in einer – körperlichen oder geistigen – Rückkehr nach Afrika (vgl. Geiss). Gerade weil die Bewegung im transkulturellen Austausch entstanden war, legten ihre Vertreter Wert auf scharfe Abgrenzungen, wenn auch in vielfältigen Varianten. Diese reichten von der Forderung nach politischer Einheit und der Herausbildung eines »Black Zionism« bis hin zur Idee einer völligen Rassentrennung, mit der vor allem afroamerikanische Unterschichten mobilisiert wurden. Des Weiteren bildete sich eine sozialistische Variante des Panafrikanismus heraus. Der ghanaische Politiker Kwame Nkrumah (1909–1972), Führer der Befreiungsbewegung und erster Staatspräsident nach der Unabhängigkeit, griff die Gedanken des Panafrikanismus auf, führte sie weiter und verband sie mit nationalen Zielen (vgl. Nkrumah). Der nigerianische Publizist und Politiker Nnamdi Azikiwe (1904–1996) propagierte panafrikanische Ideen als Ausdruck gemeinsamer Werte und Ziele auf dem Weg zur Unabhängigkeit Afrikas (Azikiwe, 24 f.). Mit dem Begriff der »African Personality« wollten Vertreter des Panafrikanismus wie Kwame Nkrumah das Spezifische Afrikas erfassen, den Kern eines afrikanischen Sozialismus in Abkehr vom westlichen Kapitalismus. Der Erneuerungsimpetus der panafrikanischen Ideen diente nach 1945 zunehmend dazu, nationale Befreiungs- und Staatsideologien zu rechtfertigen (vgl. Langley). Die von Jomo Kenyatta (ca. 1891/95–1978), dem späteren ersten Staatspräsidenten Kenias, geschriebene Geschichte seiner Ethnie, der Kikuyu, erschien als von Harmonie und Solidarität geprägtes Gegenbild zu den Europäern und ihren von Materialismus, Liberalismus und Individualismus bedrohten Gesellschaftsformen (vgl. Kenyatta). Julius Nyerere (1922–1999), erster Staatspräsident Tansanias, setzte in seiner Ujamaa-Politik auf eine Kollektivierung der Landwirtschaft, die er als Rückkehr zu einem vorkolonial verwurzelten dörflichen afrikanischen Sozialismus und zu afrikanischer Demokratie interpretierte; diese wiederum sah er als dritten Weg zwischen Manchesterkapitalismus und dogmatischem Sozialismus an (vgl. Nyerere). Mobutu Sese Seko (1930–1997), seit 1965 Präsident des Kongo, propagierte eine Politik der »Authentizität«; darunter verstand er das Anknüpfen an traditionale Werte und Sitten des Landes, die Abkehr von westlich-christlichen Vorgaben und die Modernisierung auf der Basis des Alten unter gezielter Aneignung neuer Erkenntnisse.

Der Appell an eigene, afrikanische Traditionen war dabei nicht bloß Ideologie, sondern anfangs eine sehr populäre Form der Lösung aus kolonialer Umklammerung, der

Abkehr vom westlichen Überlegenheitsdiktum und der Stiftung von nationaler Integration und kollektivem Stolz auf eigene Leistungen. Symbolisch trat das zutage in der Übernahme afrikanischer Namen (aus Francis Nkrumah wurde Kwame Nkrumah, aus Joseph Désiré Mobutu wurde Mobutu Sese Seko), in der Nutzung vorkolonial-afrikanischer Herrschersymbolik (Leopardenfellmützen, Leopardeninsignien, Häuptlingsstäbe), in der Propagierung vermeintlich autochthoner Kleidung (Zaire), in der Änderung der Benennungen von Staaten (Ghana statt Goldküste, Zaire statt Kongo), Städten und landschaftlichen Phänomenen, manchmal sogar in einer systematischen Namensepuration: In Zaire wurden dabei nicht nur koloniale, sondern generell christliche Namen ausgetauscht (vgl. Speitkamp 2005).

Négritude

Noch eindrucksvoller als im vielgestaltigen, vornehmlich anglophonen panafrikanischen Denken bündeln sich die modernen Afrika-Mythen in der frankophonen *négritude*, die unter jungen Intellektuellen Afrikas und der Antillen entstanden war und im Paris der Zwischenkriegszeit, bspw. in der 1935 gegründeten Zeitschrift *L'Étudiant noir*, weiterentwickelt wurde. Dazu zählten der aus Martinique stammende Aimé Césaire (1913–2008) sowie der Senegalese Léopold Sédar Senghor (1906–2003), beide Schriftsteller und Politiker zugleich. Besonders Senghor, der 1960 Staatspräsident des gerade unabhängig gewordenen Senegal wurde, prägte das Gesicht der Négritude. Unter dem Einfluss europäischer Zivilisationsskepsis des ersten Jahrhundertdrittels wurde Afrika als Gegenmodell zu einem Europa des Imperialismus, Materialismus und Egoismus entworfen. Afrika stand demnach für Gemeinschaft, Selbsthilfe und Solidarität, für verwandtschaftliche Bindungen, Familiensinn und die Achtung vor dem Alter, für unberührte Natur, Heimat und das Idyll bäuerlichen Lebens. Senghor kontrastierte in seinen Gedichten, Liedern und Büchern die afrikanische Seele mit europäischer Dekadenz. Er spiegelte dabei freilich auch ein europäisches Afrika-Bild, wie es etwa durch den deutschen Afrikawissenschaftler Leo Frobenius (1873–1938) geprägt worden war. Frobenius suchte nach den organischen Zusammenhängen afrikanischen Lebens und der »Kulturseele« Afrikas. In Afrika sah er ein Ideal von Reinheit und Kultur und der Kontinent galt ihm keineswegs als geschichtslos, sondern als Schauplatz bedeutender historischer Errungenschaften und kultureller Leistungen. Den Kolonialismus beurteilte er zumindest ambivalent, jedenfalls beklagte er das Zerstörungswerk der westlichen Zivilisation in Afrika (vgl. Frobenius; Speitkamp 2013). Bestätigt fühlten sich die Vertreter derartiger Ideen im weiteren Sinn durch wissenschaftliche Ansätze, die den Ursprung der Menschheit auf Afrika zurückführten. Manche wie der Politiker und Wissenschaftler Cheikh Anta Diop (1923–1986) aus dem Senegal sahen auch die Ursprünge der abendländischen Kultur in Afrika, indem sie das antike Ägypten als Resultat von Menschen- und Kulturtransfers aus dem zentralen Afrika darstellten. Afrika war demnach der historische Vorläufer Europas.

Afrika als transkultureller Mythos

So wie das Bild des barbarischen und atavistischen Afrika ein in Europa entstandenes Konstrukt war, das, wie schon Frobenius beobachtet hatte, die Legitimierung von Sklavenhandel und Kolonialismus erleichterte, so hatte auch das Bild des reinen und unverdorbenen Afrika Wurzeln in Europa. Die europäischen Selbstzweifel an der Modernisierung in Europa, an Kapitalismus und Materialismus, an Liberalismus und Vereinzelung wurden gespiegelt im Idealbild eines von den verderblichen Folgen der Zivilisation unberührten Afrika, in dem Gemeinsinn und Tradition noch Gültigkeit hätten. Dieses Bild erlangte hohe Popularität in ganz unterschiedlichen Kreisen Europas: angefangen von den Missionen der Kolonialzeit über die frühe Afrikawissenschaft bis zu undogmatischen antiimperialistischen Bewegungen der 1960er und 1970er Jahre, die zum Beispiel im tansanischen Ujamaa-Konzept Nyereres das Vorbild für einen demokratischen Sozialismus sahen. Der westliche Mythos Afrika spiegelt die Defizite der Moderne, die Selbstzweifel des »Westens« und eine beständige Verlustangst im Zeitalter sich beschleunigender Modernisierung. In vielfältigen populären Adaptionen, nicht zuletzt in Autobiografien, Romanen und Filmen (von *Jenseits von Afrika*, 1985, bis zu *Die weiße Massai*, 1998), die der Sehnsucht nach einem ursprünglichen, wilden, emotionalen Afrika Ausdruck geben, wird dieser Mythos weitertransportiert. Dabei wird in Afrika gefunden, was Afrikaner, die von westlicher Zivilisationskritik der Zwischenkriegszeit geprägt waren, in den Kontinent hineinprojiziert hatten. Der Mythos Afrika hat sich im Spannungsfeld afrikanischer, europäischer und (afro-)amerikanischer Selbstbefragung herauskristallisiert.

Lit.: N. Azikiwe, Renascent Africa, Accra 1937. – H. Barth, Art. »Neger, Negerstaaten«, in: Deutsches Staats-Wörterbuch, hg. v. J.C. Bluntschli/K. Brater, Bd. 7, Stuttgart 1862, 219–247. – L. Frobenius, Kulturgeschichte Afrikas. Prolegomena zu einer historischen Gestaltlehre [1933], Wuppertal ²1998. – I. Geiss, Panafrikanismus. Zur Geschichte der Dekolonisation, Frankfurt a.M. 1968. – G.W. Hegel, Vorlesungen über die Philosophie der Geschichte, Sämtliche Werke, Bd. 11, Stuttgart 1928. – J. Kenyatta, Facing Mount Kenya. The Tribal Life of the Gikuyu [1938], New York 1965. – J.A. Langley (Hg.), Ideologies of Liberation in Black Africa 1856–1970. Documents on Modern Political Thought from Colonial Times to the Present, London 1979. – Ch. Marx, »Völker ohne Schrift und Geschichte«. Zur historischen Erfassung des vorkolonialen Schwarzafrika in der deutschen Forschung des 19. und frühen 20. Jahrhunderts, Stuttgart 1988. – V.Y. Mudimbe, The Invention of Africa. Gnosis, Philosophy, and the Order of Knowledge, Bloomington 1988. – K. Nkrumah, Africa Must Unite, New York 1970. – J. Nyerere, Afrikanischer Sozialismus, Frankfurt a.M. ⁴1979. – W. Speitkamp, »Authentizität« und Nation, Kollektivsymbolik und Geschichtspolitik in postkolonialen afrikanischen Staaten, in: K. Knabel u.a. (Hg.), Nationale Mythen – kollektive Symbole. Funktionen, Konstruktionen und Medien der Erinnerung, Göttingen 2005, 225–243. – Ders., Kleine Geschichte Afrikas, Stuttgart ²2009. – Ders., Flussfahrt ins Grauen. »Heart of Darkness« von Joseph Conrad (1902), in: D. v. Laak (Hg.), Literatur, die Geschichte schrieb, Göttingen 2011, 118–133. – Ders., »Heimatschutz« und »Kulturkreislehre« von Afrika bis in die Südsee. Kulturerbe und Kulturtransfer, in: M. Falser/M. Juneja (Hg.), Kulturerbe und Denkmalpflege transkulturell. Grenzgänge zwischen Theorie und Praxis, Bielefeld 2013, 263–279.

Winfried Speitkamp

AIDS

AIDS steht seit dem 24. September 1982 für Acquired Immune Deficiency Syndrome (dt. erworbenes Immundefektsyndrom, Epstein, 55). Es bezeichnet das letzte Stadium einer Infektion mit HIV (HI-Virus, dt. Humanes Immundefizienz-Virus) beim Menschen. AIDS zerstört das menschliche Immunsystem, bei den Erkrankten kommt es zu Infektionen und Tumoren.

Die Funktion von Mythisierungen im AIDS-Diskurs ist je nach Zeit und Region vielfältig und unterschiedlich. Wissensgeschichtlich lassen sich jedoch drei Diskurslinien unterscheiden: 1. Spekulation und Katastrophe (1981–85), 2. Normalisierung durch wissenschaftliche und aktivistische Aufklärung (seit 1985), 3. Leugnung.

Spekulation und Katastrophe

Der AIDS-Diskurs der Jahre 1981–85 – von den ersten dokumentierten Krankheitsfällen in den USA über die weltweite Ausbreitung bis zur Entdeckung des HI-Virus – steht unter dem Zeichen des Rätselhaften und des Nicht-Wissens (»mysteries of ›pathogenesis‹«, Epstein, 27). AIDS markierte einen geschichtlichen Bruch, denn es ist »nicht einfach das Erscheinen einer neuen Krankheit, die sich in eine bereits bestehende Kontinuität, in eine Ordnung der Dinge einfügen läßt« (García Düttmann, 40). Die epistemologischen Unklarheiten über die Infektionswege (Engelmann, 287–292) und die Krankheitsgenese, die fehlenden Therapiemöglichkeiten sowie die rasche transkontinentale Ausbreitung lösten einen diskursiven Notstand aus. Das Ereignis AIDS konnte nicht hinreichend mit bekannten medizinischen und kulturellen Konzepten erklärt werden. Diese Sprachnot setzte einen Automatismus grenzüberschreitender, spekulativer Deutungsversuche in Medizin, Politik, Kunst und Populärkultur in Gang (Weingart, 7).

AIDS mobilisierte kollektive Ängste vor Tod, Krankheit und Katastrophe, welche von dystopischen und apokalyptischen Bildwelten gespeist wurden. Man versuchte, der wuchernden Unkontrollierbarkeit des Diskurses mit dem Rückgriff auf bekannte mythologische Narrative Einhalt zu gebieten. Zudem kam es zur Verschränkung von Mythen mit biomedizinischen Metaphern, z.B. dem Immunsystem (Haraway, 203–230). Im frühen AIDS-Diskurs finden sich überdeutlich die Aktualisierungen von antiken und mittelalterlichen Pestmythen: Krankheit als Strafe Gottes, der Todestanz, das vergiftete Blut, die unreine Sexualität, das Ende der Welt etc. Ähnlich vormodernen Seuchenszenarien kennzeichnet den frühen AIDS-Diskurs eine dualistische Ordnung (pathologisch/normal, krank/gesund, innen/außen, Erkrankte/Öffentlichkeit). Es kam zu kollektiven Schuldzuweisungen, Stigmatisierungen und Homophobie (Treichler, 263–305). Unter dem Schlagwort ›GRID‹ (gay-related immune deficiency) oder ›gay cancer‹, ›gay disease‹ oder ›gay plague‹ gerieten zuerst urbane homosexuelle Männer in den Fokus wissenschaftlicher und journalistischer Spekulation (Epstein, 49–53). Darin erschien Homosexualität als erstens unnatürlich, pathologisch, unrein, dekadent und letztlich tödlich, zweitens den Kollektivkörper und die Ordnung gefährdend und drittens der staatlichen und theologischen Regulierung bedürftig.

Normalisierung

Mitte der 1980er Jahre zeichnete sich eine zweite Diskurslinie ab, welche die negative Deutung der Frühphase durchkreuzt. Vorher galt AIDS als das Andere der Normalisierungsgesellschaften des globalen Nordens, nun gab es zwei Gründe zu einer Normalisierung oder »Entmystifizierung« (Weingart, 8): medizinische Erfolge in der Erforschung und Therapie von HIV/AIDS und den Disziplinen überschreitenden Aktivismus der AIDS-Bewegung. Im Zuge der wissenschaftlichen und öffentlichen ›Aufklärung‹ lässt sich seit Anfang der 1990er Jahre ein relativer Rückgang alter Mythen konstatieren. Es entstanden neue (durchaus positive) Narrative, kollektive Identitäten und Symbole. Die rote AIDS-Schleife wurde 1991 von der New Yorker Künstlergruppe *Visual AIDS* geschaffen. Das Tragen der Schleife steht für Solidarität mit den Betroffenen und darf als eines der bekanntesten Symbole der globalisierten Massenkultur gelten. Mit der Normalisierung des AIDS-Diskurses ist jedoch keineswegs das Ende des Katastrophendiskurses gemeint, sondern lediglich dessen Verschiebung Richtung Süden, hier besonders des südlichen Afrika.

Leugnung

Heute hat sich – mit Vorläufern seit Mitte der 1980er Jahre – ein global operierendes, in sich heterogenes Netzwerk von sogenannten AIDS-Leugnern (eng. AIDS-denialists) formiert (Epstein, 105–127). Diese wenden sich gegen das kanonisierte medizinische und pharmakologische Wissen über HIV/AIDS. Sie behaupten, HIV stehe in keinem Zusammenhang mit AIDS, HIV sei keine sexuell übertragbare Krankheit, Kombinationstherapien seien tödlich, lediglich spirituelle Therapien heilten AIDS oder AIDS-Wissenschaftler und Wissenschaftlerinnen seien Massenmörder. Obwohl sich diese Behauptungen durch fehlende Expertise, argumentative Beliebigkeit und Verschwörungstheorien auszeichnen, gelingt es den Leugnern immer wieder, Einfluss auf politische und individuelle Entscheidungen zu nehmen (Kalichman, 110). AIDS-Leugnung artikuliert sich jenseits der offiziellen Kanäle der etablierten AIDS-Wissenschaften, die Mobilisierung durch die Leugner findet gerade in (relativ) unregulierten Wissensräumen statt – hauptsächlich im Internet, aber auch durch privates Verlagswesen, Independent-Kinodokumentationen und privat finanzierte Kongresse (Kalichman, 91–93).

Im Narrativ der Leugner erscheint die Auseinandersetzung mit den Wissenschaften als mythischer Glaubenskrieg um die ›Wahrheit‹ über HIV/AIDS. Dabei lassen sich Konstellationen aus den europäischen Reformationskriegen und den Anfängen der modernen okzidentalen Wissenschaft erkennen (Wissenschaft vs. Kirche, Vernunft vs. Dogma). Die Leugner gehen davon aus, hinter der offiziellen ›Wahrheit‹ über AIDS stünden die Interessen einer profitgetriebenen, zum Genozid fähigen ›fundamentalistischen‹ Wissenschaft (Kalichman, 106–114).

Funktionsweisen der Mythisierung

Mythisierungen spielen im AIDS-Diskurs eine konstitutive Rolle. Sie erzählen, bebildern und politisieren die Wissensgeschichte und die gegenwärtigen Aushandlungsprozesse von AIDS. Jedoch sollte mindestens zwischen zwei Operationsweisen der Mythisierung unterschieden werden. Zum einen sind das die unbewussten Einschreibungen, Emergenzen und Verschränkungen von Mythen und Bildrhetorik (z. B. Apokalypse und ›gay-cancer‹. Zum anderen sind dies die strategischen Instrumentalisierungen und Wissenspolitiken von Mythen durch Personen und Kollektive, welche zur Positionierung derselben im Deutungsfeld von AIDS dienen. Während die Frühphase des Diskurses nun durch neue Perspektiven der Historisierung re-thematisiert werden kann, bildet u. a. die Erforschung des Phänomens der AIDS-Leugnung in ihrem mythendynamischen Potenzial ein noch unerschlossenes Gebiet.

Lit.: L. Engelmann, Übertragungsweg, in: Ortsregister. Ein Glossar zu Räumen der Gegenwart, hg. v. N. Marquardt/V. Schreiber, Bielefeld 2012, 287–292. – S. Epstein, Impure Science. AIDS, Activism, and the Politics of Knowledge, Berkeley 1996. – D. Fassin, When Bodies Remember. Experiences and Politics of AIDS in South Africa, Berkeley 2007. – A. García Düttmann, Uneins mit Aids. Wie über einen Virus nachgedacht und geredet wird, Frankfurt a.M. 1993. – D.J. Haraway, Simians, Cyborgs, and Women. The Reinvention of Nature, New York 1991. – S.C. Kalichman, Denying AIDS. Conspiracy Theories, Pseudoscience, and Human Tragedy, New York 2009. – P.A. Treichler, AIDS, Homophobia and Biomedical Discourse. An Epidemic of Signification, in: Cultural Studies 3 (1987), 263–305. – B. Weingart, Ansteckende Wörter. Repräsentationen von AIDS, Frankfurt a.M. 2002.

Martin Müller

Alice im Wunderland

Charles L. Dodgsons alias Lewis Carrolls *Alice's Adventures in Wonderland* (1865) und *Through the Looking-Glass* (1871) gehören in vielerlei Hinsicht zu den bemerkenswerten Werken der Literaturgeschichte. Ihre Protagonistin Alice ist zu einer mythischen Figur geworden, die sich für sehr unterschiedliche Diskurse als anschlussfähig erwiesen hat. Mit 120.000 verkauften Exemplaren hatten die beiden Alice-Bücher schon in den 1880er Jahren Berühmtheit erlangt und ein breites und sehr heterogenes Publikum erreicht.

Die Illustrationen der beiden Alice-Bücher stammen von dem bekannten Zeichner und Karikaturisten Sir John Tenniel und gelten als Meilensteine in der Geschichte der Illustration (vgl. u. a. Cohen/Wakeling). Es ist vor allen Dingen den Zeichnungen zu verdanken, dass Alice und die anderen Protagonisten der beiden Werke zu ikonischen literarischen Figuren geworden sind.

Das Deutungsspektrum der Alice-Figur reicht vom unschuldigen Kind über die Assoziation mit einer Femme fatale (beispielsweise im Surrealismus), die feministische Lektüre eines Mädchens, das sich wie eine politische Aktivistin furchtlos einen Platz in der Welt erkämpft (↗Emanzipation, ↗Pippi Langstrumpf), bis zu ihrer Interpretation als Konsumentin von bewusstseinserweiternden Rauschmitteln: Gerade in den 1960er Jahren wird sie zur Projektionsfläche psychedelischer Erfahrungen. Meist wird sie aber als kindliche Repräsentantin der viktorianischen Gesellschaft und als Kommentatorin der mit ihr verbundenen pädagogischen Vorstellungen verstanden, die die Regeln und Ge-

Abb. 2: Alice mit dem Fläschchen ›Trinke mich‹. Illustration der Originalausgabe von John Tenniel (1869)

setze der von Nonsens und kurioser Logik geprägten Fabelwelt gewitzt, mitunter aber auch durchaus forsch und kritisch hinterfragt.

Die Rolle des Autors und seiner Muse für die Mythos-Konstitution

Für die Entwicklung des Alice-Mythos sind nicht nur die literarischen Texte selbst von Bedeutung, sondern auch die Geschichte der Buchentstehung. Dodgson hatte das Mädchen Alice Pleasance Liddell – die Tochter des Dekans von Christ Church in Oxford, wo er als Dozent für Mathematik angestellt war – 1856 kennengelernt. Anlässlich eines gemeinsamen Bootsausflugs mit Alice und ihren Geschwistern am 4. Juli 1862 erzählte Dodgson zu deren Unterhaltung die Geschichte um ein kleines Mädchen mit Namen Alice, das sich in eine fantastische Welt träumt. Alice Liddell bat Dodgson, die Geschichte für sie aufzuschreiben. Im November 1864 überreichte er dem Mädchen ein handgeschriebenes und von ihm selbst illustriertes Manuskript. 1928 verkaufte Alice Liddell das Manuskript für die Rekordsumme von 15.400 britischen Pfund. Erst 1948 gelangte es nach dem Tod seines Besitzers durch eine Initiative amerikanischer Geschäftsleute, die die Verdienste Großbritanniens im Zweiten Weltkrieg würdigte, als Schenkung an die British Library wieder nach England. Mit dem Mythos um das Buch ist somit auch eine politische Dimension verbunden.

Das freundschaftliche Verhältnis zwischen Alice und Dodgson, das auch in verschiedenen fotografischen Inszenierungen des Mädchens durch Dodgson zum Ausdruck kam, wie auch das Verhältnis zwischen der literarischen Figur und der historischen

Person (Alice Liddell spielte zeitlebens die Rolle des empirischen Doubles ihres fiktiven Alter Egos und bekam in ihrer Funktion als literarische Muse 1933 sogar die Ehrendoktorwürde von der New Yorker Columbia University verliehen) sind wichtige Bezugspunkte für die Entwicklung des Mythos Alice geworden.

Ikonografie

Angeregt von dem Erfolg der Bücher hatte sich bereits gegen Ende des 19. Jahrhunderts eine veritable Alice-Mode etabliert, die sich in zahlreichen Spielzeugen und Gebrauchsgegenständen niederschlug und Alice's Traumwelten in die Alltagswelt integrierbar machte (vgl. u. a. Brooker, Sotheby's).

Seit 1907 das Copyright von *Alice's Adventures in Wonderland* auslief, haben sich unzählige Illustratoren ans Werk gemacht, ihre eigenen Fassungen zu entwickeln. Diese ständige Aktualisierung hat wesentlich dazu beigetragen, dass sich die Figuren und das Bildprogramm der beiden Werke zu einer Ikonografie mit hohem Wiedererkennungseffekt verselbständigen konnten. Vor allem ihre charakteristische Kleidung lässt uns Alice bis heute erkennen. Sowohl in den kolorierten Illustrationen aus *The Nursery »Alice«* (1890) – eine von Dodgson selbst überarbeitete Fassung zum Vorlesen für kleine Kinder – als auch auf den Gebäckdosen der Firma Manners findet sich die Kombination aus den Farben Blau und Weiß in ihrer Kleidung wieder; kanonisiert wurde sie in ihrer heute noch bekannten Form durch die kolorierte *Little Folks Edition* (1903), in der Alice zum ersten Mal ein blaues Kleid und eine weiße Schürze trägt. Schließlich erhielt Alice durch die ↗Walt Disney-Verfilmung von 1951 eine nachhaltige Prägung.

Deutungsspektrum

Bis heute tritt Alice in einer Vielzahl belletristischer Werke, darüber hinaus aber auch in philosophischen und (populären) naturwissenschaftlichen Texten auf, wo sie nicht nur als Identifikationsfigur dient, sondern auch als Beobachterin, als Kommentatorin oder als Moderatorin: Sie fungiert als Scharnierfigur zwischen Bekanntem und Unbekanntem, respektive zwischen individueller Wahrnehmung und der Deutung und Darlegung von Wissen. Solche Imitationen, Adaptionen und Persiflagen, die Dodgsons Texte weiter-, um- und fortschreiben, setzen bereits wenige Jahre nach dem Erscheinen der Bücher ein (vgl. Sigler).

Bereits in den frühen 1880er Jahren begann Tenniel die für die Alice-Bücher entworfenen Figuren auch für politische Cartoons und Karikaturen zu nutzen. Die oft befremdlichen Realitäten der Traumwelten wurden zu einer Folie, um aktuelle gesellschaftspolitische Situationen kritisch zu hinterfragen.

Inspiriert von den Liedern und Reimen aus den Büchern sind seit den frühen 1870er Jahren auch musikalische Interpretationen für Theater- und Musiktheateradaptionen entstanden (z. B. die Operette *Alice in Wonderland, a Dream Play for Children, in Two Acts*, 1886, vgl. Lovett). 1903 feierte mit Cecil Hepworths und Percy Stows *Alice in Wonderland* die erste Verfilmung im Kino Premiere. Sowohl die frühen Inszenierungen als auch die Verfilmungen unterscheiden sich dabei mitunter deutlich von der literarischen Vorlage: Aspekte und Inhalte der beiden Bücher werden vermischt, wobei die Figur von Alice stets im Zentrum der Handlung steht.

Auch in der klassischen Musik des 20. Jahrhunderts, in der Popmusik und in Musikvideos, in Video- und Computerspielen, in Comics und Graphic Novels sowie nicht zuletzt in der Mode zeigt sich die Vitalität der mythischen Figur. Dass sich viele der hier gesponnenen Bezüge nicht nur zurück auf die literarische Vorlage, sondern auch aufeinander beziehen und bezogen werden können, zeigt, wie vielschichtig die Vernetzung der Referenzen des Mythos Alice ist.

Lit.: W. Brooker, Alice's Adventures. Lewis Carroll in Popular Culture, London/New York 2004. – M. Cohen/E. Wakeling (Hg.), Lewis Carroll and his Illustrators – Collaborations and Correspondence 1865–1898, Ithaca (NY) 2003. – J. Gattégno (Hg.), Album Lewis Carroll, Paris 1990. – Lewis Carroll's Alice. The Photographs, Books, Papers and Personal Effects of Alice Liddell and her family, Auktionskatalog Sotheby's, London 2001. – C. Lovett, Alice on Stage, Westport/London 1990. – C.B. Schulz u.a. (Hg.), Alice im Wunderland der Kunst, Ostfildern 2012. – C. Sigler, Alternative Alices. Visions and Revisions of Lewis Carroll's Alice Books, Lexington (KY) 1997. – The Annotated Alice, The Definitive Edition. Notes by Martin Gardner, New York 1999.

Christoph Benjamin Schulz

Alpen

Die Alpen, von der römischen Geschichtsschreibung anlässlich der Alpenüberquerung Hannibals im 2. Punischen Krieg aus politischen Motiven zur *terra incognita* erklärt, avancierten mit ihrer ›Entdeckung‹ im 18. Jahrhundert zum modernen Mythos. Sie, die zuvor in der Heilsgeschichtsschreibung als *terra maledicta* und in Literatur und Kunst als szenisches Requisit der Höllendarstellung fungierten – so etwa in Dantes *Divina Commedia* und in Miltons *Paradise Lost* –, wurden nun zum mythischen »Sehnsuchtsland des aufgeklärten Menschen« (Loquai, 446). Wiewohl die Gestalt und Funktion der Alpen sich seither im kulturellen Imaginaire vielfach wandelte, blieben sie doch stets ein für die europäische ↗Moderne und ihre Kritik wesentlicher Schauplatz, auf dem die Bedeutungen der Begriffe ↗Freiheit, Demokratie, Natürlichkeit, Zivilisation, Volk und ↗Nation verhandelt wurden.

Utopie und Ursprünge

Im 18. Jahrhundert erhält der Mythos der Alpen seine unverkennbare Gestaltung durch Albrecht Hallers Lehrgedicht *Die Alpen* (1732). Dieses greift tradierte Erzählungen und Bilder aus der antiken Dichtung (Goldenes Zeitalter, Arkadien), dem Christentum (Garten Eden, Sündenfall, Sintflut), der Historiografie und Geografie (historisches Paradies, Neue Welt), der zeitgenössischen Kulturkritik (Edler ↗Wilder, Dekadenz), der Physikotheologie (*oeconomia naturae*, Wohn- und Erziehungsstätte Erde) auf. In dieser dichten Collage entsteht im harmonischen Zusammenspiel von Natur, Mensch und Freiheit die soziobiotopische Utopie einer freien, in der natürlichen Ordnung aufgehobenen Gesellschaft egalitärer Individuen: »Wo nichts, was nötig, fehlt und nur, was nutzet, blüht; / Der Berge wachsend Eis, der Felsen steile Wände / Sind selbst zum Nutzen da und tränken das Gelände« (Haller, *Die Alpen*, vv. 318–320). Durch die unzugänglichen Berge vor dem zivilisatorisch verdorbenen ↗Europa geschützt, hat sich in den Alpen ein Raum und Zeit entrücktes, ursprüngliches irdisches Paradies erhalten, das gerade ob dieser Losgelöstheit vom gesellschaftlich-politischen Geschehen an mythischer Qualität gewinnt. In diesem historischen Reliktgebiet kann sich die in ihrer kulturellen Identität aufgrund überseeischer Entdeckungen und Expansion verunsicherte europäische Gesellschaft ihrer Ursprünge versichern.

Rousseau schließlich macht die Alpen mit seinem Briefroman *Julie ou la nouvelle Héloïse* (1761) zur beliebtesten Reisedestination des ausgehenden 18. Jahrhunderts und fördert maßgeblich die Transformation der ›unbekannten‹ Alpen in eine ›klassische Örtlichkeit‹, in der sich naturräumliche Gegebenheiten, historische Ereignisse und fiktive Erzählungen zu einer unauflösbaren Einheit verdichten, die eine Vielzahl von landschaftlichen Zeichen mit mythischer Ausstrahlungskraft hervorbringt. Ästhetisches Merkmal dieser vom Menschen neu angeeigneten Landschaft ist ihre ›Erhabenheit‹.

Revolutionäre und romantische Ideen

Gegen Ende des 18. Jahrhunderts wandeln sich die Alpen von einem zeitlosen Hort des Friedens zum Schauplatz eines ins Symbolische verschobenen republikanisch-demo-

Abb. 3: Jacques-Louis David: *Bonaparte franchissant le Grand-Saint-Bernard* (1800–1803)

kratischen Freiheitskampfes. In Deutschland sind es insbesondere Hölderlin mit seinem Gedicht *Kanton Schweiz* (1793) und Schiller mit seinem Stück *Wilhelm Tell* (1804), die unter dem Einfluss eines zunehmend erstarkenden Philhelvetismus (eine aus den realiter vorgefundenen politisch-gesellschaftlichen Verhältnissen und der Sehnsucht nach ursprünglicher Natur und Freiheit sich speisende Schweizerbegeisterung) die Alpen zum »Symbol einer auch in Deutschland einzulösenden politischen Utopie« (Loquai, 451) machen. In Frankreich ist es Louis-Sébastien Mercier, der mit dem Kapitel *Vue des Alpes* aus seinen berühmten Pariser Stadtbeschreibungen *Tableau de Paris* die nachhaltige Bedeutsamkeit der Alpen in der Metaphorik der ↗Französischen Revolution vorbereitet. Als ›Sitz der Natur‹ – und damit auch der unveräußerlichen Rechte des Menschen – verwandeln sich die Alpen zum Agenten der revolutionären Bewegung: »Es ist dort [in den Alpen], dass der Mensch völlig frei ist und niemals versklavt werden kann« (Mercier, *Vue des Alpes*, 208, übers. v. P.S.). Insbesondere Jacques-Louis David wusste als künstlerischer Intendant der Pariser Revolutionsfeste die Alpen symbolisch aussagekräftig in Szene zu setzen. Mit dem Gemälde *Bonaparte franchissant le Grand-Saint-Bernard* (1800), auf welchem ↗Napoleon in der Pose des romantisch-genialischen Helden allein den alpinen Naturgewalten trotzt, zeichnet sich in Davids Werk aber bereits ein für das 19. Jahrhundert bedeutsamer Transformationsprozess der Alpen ab. In der Literatur ist es insbesondere Lord Byron mit *Childe Harold's Pilgrimage* (1812–18) und *Manfred* (1817), in der Malerei sind es Caspar David Friedrich, William Turner und Arnold Böcklin, in der Philosophie Nietzsche, die aus den Alpen den bevorzugten Schauplatz genialischer Größe und Einsamkeit formen.

Nationalgefühl und Naturerfahrung

Gegen Ende des 19. Jahrhunderts sinniert Friedrich Ratzel in seiner *Politischen Geographie* (1897) über die Bedeutsamkeit der Alpen für die Gestaltung der politischen Landschaft Europas. Die Alpen geben den »Schauplatz eines ins Symbolische verschobenen imperialen Phantasmas« (Ott, 56), auf dem die europäischen ↗Nationen bei der alpinistischen ›Eroberung‹ der Alpen in ein spielerisches Kräftemessen miteinander treten. Nationalistisch-ideologisch geprägt ist auch das in den 1920er und 1930er Jahren boomende Genre des Bergfilms, durch welches die Alpen einen neuen Mythisierungsschub erhalten. Im Kampf mit der unberührten, wilden Bergwelt, die als quasisakraler Handlungsraum fungiert, erfahren vor allem die Verlierer einer als dekadent wahrgenommenen Modernisierung eine ›geistige wie körperliche Wiederherstellung‹ ihrer zusehends als ›fragmentiert‹ empfundenen Persönlichkeit. *Der Berg ruft* (1937) von Luis Trenker gilt nicht nur als »Prototyp des Deutschen Bergfilms« (Rapp, 214), sein Titel avanciert auch jenseits der Kinoleinwand zum Inbegriff der Sehnsucht des modernen Menschen nach existenzieller Naturerfahrung. Im Zweiten Weltkrieg schließlich kommt der Mythos der wehrhaften Alpen in der ›geistigen Landesverteidigung‹ der Schweiz zum Einsatz.

Gegenwärtig ist eine umfassende Entmythisierung der Alpen zu beobachten. Allenfalls im ökologischen Diskurs besitzen die Alpen noch eine gewisse mythische Ausstrahlungskraft: Angesicht der ökologischen Krise wird der Umgang mit der noch ›jungfräulichen‹ alpinen Natur zum ›Prüfstein‹ der Gesellschaft.

Lit.: B. Hausler, Der Berg. Schrecken und Faszination, München 2008. – F. Loquai, Die Alpen. Eine Landschaft und ihre Menschen in Texten deutschsprachiger Autoren des 18. und 19. Jahrhunderts, München 1996. – J. Mathieu/S. Boscani Leoni (Hg.), Die Alpen! Zur europäischen Wahrnehmungsgeschichte seit der Renaissance/Les Alpes! Pour une histoire de la perception européenne depuis la Renaissance, Bern/Berlin 2005. – L.-S. Mercier, Tableau de Paris, nouvelle édition, corrigée & augmentée, Bd. 8, Amsterdam 1783. – M. Ott, Todeszonen. Über Denkräume des Extremen im frühen Extremalpinismus, in: Zeitschrift für Ideengeschichte II.3 (2008), 55–70. – Ch. Rapp, Höhenrausch. Der deutsche Bergfilm, Wien 1997. – C. Reichler, Entdeckung einer Landschaft. Reisende, Schriftsteller, Künstler und ihre Alpen, Zürich 2005. – G. Seitz, Wo Europa den Himmel berührt. Die Entdeckung der Alpen, München/Zürich 1987.

Patrick Stoffel

American Dream

»American Dream« bezeichnet einen nationalen Mythos der USA, dessen Kernpunkte das Recht auf freie Selbstentfaltung und das ungehinderte Streben nach Wohlstand bilden. Der Begriff wurde erstmals 1931 von dem Historiker und Schriftsteller James Truslow Adams in seinem Essay *The Epic of America* beschrieben: »a dream of social order in which each man and each woman shall be able to attain to the fullest stature of which they are innately capable, and be recognized by others for what they are, regardless of the fortuitous circumstances of birth or position« (Adams, 215). Diese Beschreibung setzte sich schnell durch, denn in den Zeiten der großen Depression stellte Adams einem rein ökonomischen Gesellschaftsbild einen wertegeleiteten Entwurf entgegen und griff damit auf historische Ideen sowie religiöse Vorstellungen und Praktiken zurück, die das Zusammenleben in Nordamerika schon seit der Kolonialzeit geprägt hatten (Cullen, 11). Der American Dream enthält ein mythisches und optimistisches Versprechen sowohl auf individuellen Erfolg als auch auf andauernden gesellschaftlichen ⁊Fortschritt, den jeder Mensch durch stetiges Arbeiten und tugendhaftes Handeln erringen kann (Hochschild, xi). Die konkreten Ziele bzw. die Maßstäbe für Erfolg haben sich jedoch im Laufe der Zeit verändert. Während bis zum Zweiten Weltkrieg vor allem die Möglichkeit zur Selbstentfaltung und zu unternehmerischer Tätigkeit im Zentrum standen, wird das Erreichen des Traums danach zunehmend durch den Besitz konkreter Statussymbole und materieller Artefakte (vor allem eigenes Haus und Auto) definiert. Diese mythische Flexibilität macht den American Dream bis heute zum Platzhalter für amerikanische Identitätsdebatten im Allgemeinen.

Der Mythos des American Dream ist eine kraftvolle Figur politischer Rhetorik sowie fester Bestandteil der Populärkultur. Politiker wie Richard Nixon oder Ronald Reagan erzählten ihre Lebensgeschichte und ihren Aufstieg gegen alle Widerstände als American Dream. Gleichzeitig nutzten die Vertreter der Bürgerrechtsbewegung der 1960er Jahre den Mythos, um die politische Gleichberechtigung von schwarzen und weißen Amerikanern durchzusetzen (Samuel, 73). In Filmen wie *The Gold Rush* (1925), *Citizen Kane* (1941) *Rocky* (1976), *Forrest Gump* (1994) oder auch in Computerspielen wie *Grand Theft Auto IV* (2008) wird immer wieder eine ähnliche mythische Geschichte vom Aufstieg eines Außenseiters, Neulings oder Underdogs erzählt, dem es durch harte Arbeit, Disziplin, Glück und Kreativität gelingt, gesellschaftliche und vor allem wirtschaftliche Hindernisse zu überwinden und zu Ansehen, Ehre und Wohlstand zu gelangen. Amerikanische Fernsehformate wie *American Idol* oder *Who Wants to Be a Millionaire?* setzen bis heute die mythische Erzählung und Verheißung vom möglichen Aufstieg fort. Immer wieder wird der American Dream jedoch nicht nur als Chance, sondern auch als gesellschaftlicher Anspruch und Erwartungshaltung reflektiert. Auf ironische Weise zeigen und dekonstruieren erfolgreiche Fernsehserien wie *The Simpsons*, *The Sopranos* oder *Mad Men* das alltägliche Streben, aber auch den Kampf amerikanischer Familien mit den Anforderungen, die dieser Traum mit sich bringt.

Der Mythos des American Dream lässt sich in drei Grundideen fassen: 1. freie Selbstentfaltung, 2. Wohlstand und Konsum sowie 3. die globale Vision des American Dream.

Freie Selbstentfaltung

Das Streben nach religiöser Freiheit war schon für die ersten Siedler in Neuengland im frühen 17. Jahrhundert ein Grund für die Flucht aus England und bildete die Grundlage für die entstehende Gemeinschaft. Mit Bezug auf die politischen Philosophen der Aufklärung setzten die »Gründerväter« der USA dem monarchischen Europa des 18. Jahrhunderts ein gesellschaftliches Ideal entgegen, das dem Individuum freie Selbstentfaltung jenseits vererbter Adels- und Standesprivilegien verhieß. In der Unabhängigkeitserklärung setzten sie 1776 mit Leben, ↗Freiheit und dem Streben nach Glück(-seligkeit) (»pursuit of happiness«) die Grundwerte einer genuin amerikanischen Gesellschaft fest, in der die Bedürfnisse des Individuums denen von Gesellschaft und Staat nicht unter-, sondern mindestens gleichgestellt sind. Im Mythos der »frontier« werden Chance und Anspruch dieser Selbstverwirklichung am deutlichsten: Die Möglichkeit und Verpflichtung zur Erschließung des amerikanischen Westens im 19. Jahrhundert (↗Wilder Westen) war an den Einsatz individueller Akteure gebunden, die sich durch Landnahme, Abenteuerlust und Unternehmertum ihren persönlichen Traum erfüllen konnten (Cullen, 143). Abraham Lincoln oder Mark Twain wurden als Verkörperungen dieses American Dream angesehen (Samuel, 22). Beide stammten aus relativ bescheidenen Verhältnissen und waren durch Arbeit und Hingabe zu sozialem Ansehen und Einfluss gelangt. Die Grenzen und Schattenseiten dieses Traums wie z. B. Diskriminierung, die Zerstörung natürlicher Ökosysteme sowie der Genozid an den amerikanischen Ureinwohnern wurden lange Zeit ignoriert. Ebenso war der Traum von politischer Teilhabe freilich lange Zeit nur für weiße Männer reserviert – erst 1865 bzw. 1919 erlangten Afroamerikaner und Frauen in den gesamten USA das aktive Wahlrecht. Der andauernde politische Kampf für Bürgerrechte orientiert sich daher bis heute an der Rhetorik des unerfüllten Traums. Exemplarisch dafür stehen Martin Luther ↗Kings Rede *I Have a Dream* (1963) oder das Gesetzesvorhaben *Dream Act*, das hispanischen Einwanderern mehr politische Rechte einräumt.

Wohlstand und Konsum

Im Sinne einer protestantischen Ethik ist der amerikanische Traum eng an kapitalistische Ideale von Wohlstand, Kommerz und Konsum gebunden. Der Mythos von den USA als dem Land, in dem jeder und jede durch entsprechende Arbeit und Einsatz »vom Tellerwäscher zum Millionär« werden könne (amerikanisch »rags to riches«) sowie die Erzählungen von sozialer Gleichheit (»all men are created equal«) und dem »Land der unbegrenzten Möglichkeiten« bilden spätestens seit dem 19. Jahrhundert die ideologische Grundlage für die Einwanderungsgesellschaft der USA. Die Aufstiegsgeschichten von Immigranten wie Andrew Carnegie, John Jacob Astor, Levi Strauss oder Arnold Schwarzenegger stehen bis heute für die wirtschaftlichen und sozialen Entfaltungsmöglichkeiten des American Dream – jenseits familiär-dynastischer Strukturen. Spätestens seit dem Zweiten Weltkrieg sind mit dem Traum auch konkrete Konsumziele und Vorstellungen vom Leben in den amerikanischen Vorstädten verbunden. In den meist weißen Vorstadtsiedlungen waren Haus- und Grundbesitz sowie Automobile die Zeichen wirtschaftlichen und sozialen Erfolgs und Wohlstands (Samuel, 42). Die Macht dieses Traums vom eigenen Haus zeigte sich nicht zuletzt in der ↗Wirtschaftskrise seit 2008, in der viele Immobilien massiv an Wert verloren und damit das amerikanische Selbstverständnis von Grundbesitz als Fundament und Zeichen für den Traum vom sozialen Aufstieg schwer erschütterten. Eine zeitgenössische Interpretation des American Dream als Triebmittel freier Selbstentfaltung ist ironischerweise eng mit dieser suburbanen Lebensweise und damit den Statussymbolen der amerikanischen Mittelklasse verknüpft: Die vorstädtischen Garagen Amerikas haben sich als Hort kreativer Energie etabliert. Sie waren Ausgangspunkt für das künstlerische Schaffen von Musikern wie Alice Cooper, Nirvana oder The White Stripes. Besonders haben sich jedoch Computervisionäre wie Bill Gates, Steve Jobs oder die Google-Begründer Larry Page und Sergey Brin als moderne Ikonen des American Dream im Sinne von Kreativität und unternehmerischem Geist etabliert, der in einer Garage seinen mythischen Ursprung nahm. Gleichzeitig haben literarische Verarbeitungen wie *The Great Gatsby* (1925), *Death of a Salesman* (1949), *Cat on a Hot Tinroof* (1955) oder der Film *American Beauty* (1999) immer wieder auch ironisch-kritisch die ökonomischen Statussymbole und Merkmale des amerikanischen Erfolgs hinterfragt. Das Bild vom möglichen und beinahe garantierten Aufstieg hat freilich seit den Wirtschaftskrisen der 1970er Jahre und dem globalen Verlagern von Arbeitsplätzen gelitten. Immer mehr Menschen können trotz mehrerer Jobs ihre Familien kaum ernähren und den sozialen Standard der Mittelklasse (Haus, Auto, Collegeausbildung für die Kinder) nicht mehr halten. Exemplarisch für diese Krise steht die Fernsehserie *Breaking Bad* (2008–13), in der ein angesehener Chemielehrer seinen persönlichen amerikanischen Albtraum erlebt, weil er die Kosten für seine Chemotherapie nicht tragen kann und die nötigen Mittel durch die Herstellung und den Verkauf von Drogen aufbringt. Das Versprechen des American Dream von der Verbesserung der Lebenssituation durch Leistung und Disziplin steht daher massiv infrage (vgl. Terkel).

Globale Vision

Der amerikanische Traum ist nicht mehr auf das Gebiet der USA begrenzt, sondern gilt besonders seit dem 20. Jahrhundert als Verheißung für die ganze Welt. Die amerikanische Lebensweise und ein damit verbundenes Sendungsbewusstsein werden schon während der Kolonialzeit sichtbar. 1630 beschrieb John Winthrop, Gouverneur von Massachusetts, in einer Predigt die junge Kolonie als »city upon a hill«, die von der ganzen Welt als Vorbild betrachtet werde. Diese religiös konnotierten Vorstellungen amerikanischer Einzigartigkeit (*american exceptionalism*) dienten immer wieder als ideologische Grundlage für politische und wirtschaftliche Interventionen und Expansionen, die den Zugang zu den Möglichkeiten des amerikanischen Traums missionsgleich den Menschen der restlichen Welt bringen würde (Samuel, 77, 173). Politiker des 20. Jahrhunderts wie John F. ⁊Kennedy oder Ronald Reagan nutzten die Figur des leuchtenden Vorbilds auf dem Hügel, um im Kalten Krieg die ideologische Überlegenheit und die Mission der USA (*manifest destiny*) als Verbreiter einer westlich-demokratischen und kapitalistischen Moderne zu belegen. Die Mittel dieser Expansion sind jedoch nicht rein politisch oder militärisch. Mit dem Kampfbegriff der Amerikanisierung ist in vielen Ländern der Welt vor allem Kommerz verbunden. Unternehmen wie Coca-Cola pflegen und verbreiten mit ihrer Werbung Bilder unbeschwerter und freier Entfaltung durch Konsum.

Bis heute bleibt der American Dream ein einflussreicher Mythos und ein ständiges Identifikationsmuster, auf das sich Politiker und Künstler immer wieder beziehen. Der inhärente Optimismus, der Glaube an Fortschritt und Verbesserung sowie Chance und Pflicht zur eigenen Entfaltung und Entwicklung bleiben trotz aller Kritik und Krisen ein Leitbild der USA und der postindustriellen Welt.

Lit.: J.T. Adams, The Epic of America, Boston 1931. – J. Cullen, The American Dream, Oxford 2003. – C.C. Jillson, Pursuing the American Dream, Lawrence 2004. – J.L. Hochschild, Facing Up the American Dream, Princeton 1995.– L.R. Samuel, The American Dream. A Cultural History, Syracuse 2012. – S. Terkel, American Dreams. Lost and Found, New York 1980.

Sebastian Jobs

Artus/Ritter der Tafelrunde

Kein anderer Herrscher des ⁊Mittelalters ist so populär im kulturellen Gedächtnis wie König Artus. Über den ursprünglichen geografischen Raum der insularen und Festland-Bretagne hinaus, über seine mittelalterlich europäische Präsenz hinaus ist er heute gegenwärtig. Die Vorstellungen von ihm und seiner Tafelrunde sind ein transnationales Phänomen, dabei aber auch nationalspezifisch geprägt. Die Aktualisierungen des Artus-Mythos kennzeichnen eine mediale Vielfalt und kreative Verfügbarkeit, die Romane, Theaterstücke, Filme, Fernsehserien, Comics, Zeichentrickfilme, Kinderbücher und auch Computerspiele umfasst. Von Beginn an, mit den ersten schriftlichen, d.h. literarischen mittelalterlichen Zeugnissen, bis hin zur aktuellen Artus-Rezeption verbindet sich die Darstellung und Deutung mit dem persistent unentschiedenen Status des ›wahren‹ oder ›sagenhaften‹ Artus zwischen historischer oder erfundener Königsfigur. Die in ihren Ursprüngen ungeklärte arthurische Existenz generiert das erzählerische Interpretationspotenzial über Artus wie auch eine ambivalente Erinnerung an Artus. Erzählbar sind Vorstellungen vom idealen und gerechten wie auch vom schwachen und fehlerhaften Herrscher, Geschichten von seiner glanzvollen Herrschaft und vorgeblichen Rückkehr wie auch vom Untergang des Artus-Reichs.

Mythos, Geschichte, Chronik

Vorliterarisch ist ein König Artus nicht bezeugt. Erst mit der *Historia regum Britanniae* des Geoffrey of Monmouth 1136 wird König Artus Teil einer erfundenen Geschichtskonstruktion, in der seine Herrschaft in der Reihe der britischen Könige als eine ideale erscheint. Besonders wirkungsmächtig ist die Verschränkung pseudohistoriografischer und mythomorpher Erzählmittel an den Eckpunkten der königlichen Biografie, der Zeugung des künftigen König Artus durch Utherpendragon mit Merlins Hilfe und der Entrückung des tödlich verwundeten Artus im Jahr 542 nach Avalon. Die antiken Mythen nachgebildete Zeugungsgeschichte zur Nobilitierung des königlichen Nachfolgers wird schon im 13. Jahrhundert um die Notwendigkeit erweitert, den Nachweis für Artus als künftigen Herrscher Britanniens öffentlich zu erbringen. Das Schwert im Stein, das nur von Artus herausgezogen werden kann (Robert de Boron), fungiert als Beweis seiner Identität und Legitimierung. Das Schwert Excalibur ist bis heute eines der zentralen, konstitutiven Erzählmotive, da es als Insignie der königlichen Macht Anfang und Ende der arthurischen Herrschaft bzw. die Herrschaftsübergabe markiert. Artus' Entrückung nach Avalon, in einen mythischen Raum, koppelt die historische Einordnung an eine mythische Raum-Zeit-Konstruktion, durch die jenseits des historischen Raums eine Zukunft der prophetisch angekündigten Rückkehr von Artus möglich ist (Unzeitig, 173–175). In der Chronik des Geoffrey of Monmouth endet die Geschichte mit dem Untergang der Briten. Im Erzählen von Artus' Ende generieren beide Aspekte, die einer mythisch verorteten Zeitachse wie auch die des Niedergangs, eine breite Ausgestaltung des Erzählens auf ein Ende hin.

Die politische Intention Geoffreys of Monmouth mit der *Historia*, für das anglonormannische Königshaus eine nationale Identifikationsfigur zu präsentieren, wird in der Folge literarisch adaptiert und macht Artus somit als literarische Figur verfügbar. Bereits in der altfranzösischen Versfassung mit Wace' *Roman de Brut* (1155), in der zum ersten Mal die Tafelrunde erwähnt wird, ist der fiktionale Status der arthurischen Geschichte(n) thematisiert.

Serialität und Variation

Das chronikal biografische Erzählen von Artus wird im 12. und 13. Jahrhundert abgelöst durch ein anderes Erzählmodell, das die zeitliche Einordnung mit Anfang und Ende ausblendet und nur ausschnitthaft Artus und die Ritter seiner Tafelrunde einbindet. Die Artus-Romane in Frankreich (Chrétien de Troyes) und Deutschland (Hartmann von

Aue) reproduzieren in einem nicht spezifizierten ›Früher‹ einen permanent gegenwärtig gedachten Artus-Hof, der zwar nicht mehr ideal ist, aber die arthurische Idealität und sein Prestige implizit vergegenwärtigt, auch als Inbegriff der zeitgenössischen höfischen Kultur. Die wenig aktive Rolle von König Artus, seine Schwächen als Monarch lassen die Aventiure suchenden Ritter der Tafelrunde zu den neuen Identifikationsfiguren werden und damit neue Ideale einer höfischen Gesellschaft thematisieren (Lacy, 52–54). Die romanhaft zeitenthobene Erzählform erlaubt eine sich ständig fortsetzende literarische Produktion, die die Geschichten der Tafelrunde weitererzählt. Der politisch national nicht gebundene deutsche Artus-Roman erlebt eine fabulös ausgestaltende Weiterentwicklung, die durch Nachahmung und Variation der arthurischen Erzählmuster und Motive das Gattungsrepertoire kenntnisreich gestaltet sowie intertextuell und poetologisch reflektiert. Im 13. Jahrhundert werden in Frankreich die Einzelgeschichten der *Matière de Bretagne* zu einer Summe vereinigt und auf ein Ende hin auserzählt. Der in Prosa verfasste *Lancelot-Graal*-Zyklus ist dem chronikalen Erzählen verpflichtet, das den Untergang einer aventiurelosen und damit sinnlosen Artus-Welt sowie den Tod des Königs Artus mit Grablegung in seiner Endgültigkeit verbürgt.

Beide für die mittelalterliche Literatur beschriebenen Narrationsmodelle, das des chronikalen und das des ausschnitthaft seriellen Erzählens, lassen sich durchgehend bis in die Moderne als Grundmuster des Erzählens von Artus und damit auch der Mythosaktualisierungen feststellen. Beide Muster korrespondieren mit einer entsprechenden Dichotomie pessimistischer und latent optimistischer Weltsicht.

Die Verfügbarkeit des Artus-Stoffes ist gekennzeichnet durch wenig notwendig konstante und umgekehrt durch optional zahlreiche variable Elemente. Wer zum Artushof gehört, wie viele Ritter der Tafelrunde angehören, wie die Verwandtschaft von Mordret und Morgane zu Artus erklärt ist, welche Rolle Merlin einnimmt, wie die Figuren konzipiert sind, wo sie agieren, kann immer wieder neu selektiert und interpretierend mit Erzählung gefüllt werden. Seit Chrétiens *Perceval ou li conte del Graal* sind Artus- und Gralsmythos synkretistisch kombinierbar. Was der Gral ist, welche Erscheinungsform und Bedeutung er hat, seine Herkunft und Aufbewahrung, seine Funktion, wird literarisch immer wieder neu ausgestaltet. Sein Sinndeutungspotenzial wird an magische, christliche, genealogische Vorgeschichten angebunden wie auch das Finden des Grals sowohl als individuelle wie auch universelle Erlösungsidee (Heilsidee) interpretierbar ist (Wolf, 54–60).

Die Artusbegeisterung des Mittelalters ist eng verbunden mit dem Adelshof und seinem Selbstverständnis, für den die Erzählungen von Artus und seiner Tafelrunde ein großes Identifikationspotenzial besitzen.

Die 1469/70 von Malory verfasste Artus-Erzählung als Summe des Wissens über König Artus und seine Ritter wird in der Druckfassung von William Caxton (1485) zum Zeugnis für den legitimen, englisch nationalen Anspruch auf Artus. Das gedruckte Buch ist aber nicht mehr exklusiv an den Adel adressiert und war medial wie inhaltlich die Grundlage für eine Popularisierung und moderne Literarisierung des Artus-Mythos.

Wie schon der kulturelle *renouveau* des arthurischen Mythenkomplexes im 19. Jahrhundert nicht nur ein europäisches (Romantik), sondern auch ein amerikanisches Phänomen (Alfred Lord Tennyson *Idylls of the King*, 1872; Mark Twain *A Connecticut*

Yankee in King Arthur's Court, 1889) ist, so ist auch die aktuelle, nach dem Zweiten Weltkrieg einsetzende Mythenaktualisierung nicht mehr nur europäisch beschränkt, vielmehr dominiert die Amerikanisierung des Artus-Mythos. Die exorbitante Fülle und medial vielfältige Ausgestaltung der arthurischen Welt der vergangenen Jahrzehnte gehen einher mit einer vorwiegend angloamerikanischen Kommerzialisierung und mit einer bewussten konkurrierenden Einordnung in je national spezifische Diskurse im Kontext vor allem westeuropäischer Erinnerungskulturen.

Erinnerungskonkurrenzen

Im deutschsprachigen Bereich setzt die Wiederaufnahme mittelalterlicher Mythen erst in den 1980er Jahren ein und konzentriert sich auf die Figur des Parzival (in Rückgriff auf ⁊Wagners Oper *Parsifal* und Wolframs von Eschenbach *Parzival*). Zentrale Implikationen der literarischen Aktualisierungen (Tankred Dorst, *Merlin*, 1981; Peter Handke, *Spiel vom Fragen*, 1989; Adolf Muschg, *Der rote Ritter*, 1993) sind die Reflexion des gestörten Verhältnisses zu Gedächtnis und Erinnerung sowie die der eigenen Identität, die ein spezifisch westdeutsches Problem in der Auseinandersetzung mit der (nationalsozialistisch belasteten) Vergangenheit indizieren. In Christoph Heins Drama *Die Ritter der Tafelrunde* (1989) wird aus der Sicht der ostdeutschen Gegenwart der Wendezeit der runde Tisch zur musealen Requisite, zum Zeichen für die nicht mehr funktionierende, zum Untergang bestimmte sozialistische Tafelrunde (Wodianka, 359–371).

Im kulturellen Gedächtnis Frankreichs ist der Status der *Matière de Bretagne* durch die literarische Tradition der Artus-Romane Chrétiens und des *Lancelot-Graal*-Zyklus national verankert und wird als Gesamtkomplex wahrgenommen. In Reaktion auf die angloamerikanische Vereinnahmung und Kommerzialisierung mittelalterlicher Literatur zeichnen sich im Frankreich der 1960er und 1970er Jahre zwei Tendenzen ab: eine literarische Refranzösisierung, die durch Bewahren und kompilierendes Sammeln der literarischen Quellen die Erinnerung an die französische Provenienz von Artus betont (*Le Roman du roi Arthur*, 1965) sowie eine filmische erinnerungskulturelle Besitzmarkierung, die sich programmatisch gegen die Hollywood-Vermarktung des Mittelalters wendet. Sie profiliert sich durch eine die Alterität des Mittelalters bewusst setzende Darstellungsweise (*Lancelot du Lac*, 1974; *Perceval le Gallois*, 1979). Bewahrungswürdigkeit und kulturelle Bedeutung der Erinnerung an König Artus begründen in den 1980er Jahren monumentale Gesamtdarstellungen, die vor dem Verlust der Erinnerung schützen, zugleich Initiation in eine vorurteilsfreie Mythenrezeption sein wollen (Le Dantec). Die Tendenz zum chronologischen und umfassenden Überblick setzt sich in den folgenden Jahrzehnten fort, dabei versteht sich die Verpflichtung zur Erinnerung am Ende des Jahrtausends als ein Blick auf Vergänglichkeit und Untergang, der retro- und prospektiv die Wahrnehmung von Zeit reflektiert (Wodianka, 273–295; 311–354; 427–455). Durch mediävistische und kulturwissenschaftliche Kenntnisse geprägte Autoren (Michel Zink, Michel Rio) formulieren ihre literarischen Mythosaktualisierungen bewusst als kritische, metamythische Auseinandersetzung mit erinnerungstheoretischen Diskursen in Frankreich.

Die angloamerikanische Okkupation des Erzählraums Camelot ist vor allen Dingen eine filmische, die in den vergangenen Jahrzehnten international das Bild von König Artus und seiner Tafelrunde geprägt hat. In Rückgriff auf Malory hat die literarische Rezeption des 19. Jahrhunderts in Amerika die Grundlagen für eine romantische Idealisierung gelegt wie auch mit dem in Mark Twains Roman eingebauten Zeitsprung des Yankees Hank ins Mittelalter die Perspektive der kulturell-technischen Überlegenheit der amerikanischen Moderne gegenüber dem englischen Mittelalter geschaffen. Filmtechnik, Musik, pseudohistorische Kulissen und Requisiten, Starbesetzung setzen in Szene, was Artus und seine Tafelrunde auszeichnet: ihre Idealität, ihr Kampf für Gerechtigkeit und gegen das Böse (*The Knights of the Round Table*, 1953). Die mythische Bedeutungsevidenz ist verbunden mit ebendiesen im amerikanischen Selbstverständnis wichtigen Normen und Werten: Camelot lebt in uns – diese Devise (*First Knight*, 1995) gilt für Vergangenheit und Gegenwart und legitimiert die durch die Gemeinschaft erst mögliche Verteidigung der Menschenrechte (vgl. Wolf, 112). So wie die vergangene Idealität identifikatorisch übertragen werden kann auf die modernen Ideale, so können diese umgekehrt in dem Twainschen Motiv der Zeitreise sich selbst im Kontrast zu einem wenig kultivierten Mittelalter affirmieren (*A Connecticut Yankee in King Arthur's Court*, 1949). Ebendiese arthurische Zeit (*dark ages*) mit ihren historischen Hintergründen und ihrem Bezug zum Artus-Mythos erklären zu wollen, ist begründet in dem Anspruch, die wahre Geschichte zu kennen und filmisch zu vermitteln (*King Artur*, 2004 oder *Last Legion*, 2007). Gegenüber der männlich dominierten Sicht auf die arthurische Zeit eröffnet der amerikanische Erfolgsroman von Marion Bradley *The Mists of Avalon* 1982 eine im Genderdiskurs verankerte weibliche Perspektivierung, narratologisch durch die Erzählfigur Morgane konstituiert und mythopoetisch verortet durch Avalon als Ort einer vorarthurisch existenten matriarchalen Gesellschaft. Mit dem 1963 erschienenen Disneyfilm (↗Walt Disney) *The Sword in the Stone* wird ein Erzählmodell geschaffen, in dem das Motiv von Artus' Erziehung durch Merlin zum vorbildlichen Jungen mit ritterlichen Tugenden mit dem Beweis seiner Erwähltheit korreliert. Die Initiation des jungen Artus zum Herrscher ist für die jungen Zuschauer zugleich Initiation in den Artus-Mythos, der sich auf die Idealität des künftigen Herrschers beschränkt. Dieses vereinfachende ausschnitthafte Erzählen ist Vorlage für zahlreiche Kinder- und Jugendfilme und ihre Identifikationsangebote, das durchaus spielerisch reflektiert eingesetzt werden kann, wie in dem Computeranimationsfilm *Shrek the Third* (2007), der Artie zum künftigen Friedenskönig über das Land Far Far Away (↗Hollywood) macht, das von Märchen- und Filmfiguren der Kindheitskultur bevölkert ist.

Das amerikanische Deutungspotenzial verfügt scheinbar evident identifikatorisch über den Artus-Mythos, während in den europäischen Traditionen deutlicher die mit der eigenen kulturellen Erinnerung verwobene kritische und auch ironische (Monty Python, *The Holy Grail*, 1975; die französische TV-Serie *Kaamelott*, 2005–09) metamythische Auseinandersetzung manifest ist. Durch die aktuelle globale mediale Präsenz zeigt sich, wie die Aktualisierung der arthurischen Zeit Teil unserer Mittelalterbilder ist. Die moderne Sicht ist unentschieden zwischen einem (vermeintlich) historisch genauen Blick sowie einer romantisch idealisierenden und zugleich mythisch geprägten Vorstellung. Weniger die adäquate Konstruktion dieser Bilder ist thematisiert, vielmehr interessiert der leicht verfügbare Fundus einer mythischen Artuswelt als Projektionsfläche, um aus Artus das zu machen, was man aus ihm machen möchte.

Lit.: N.J. Lacy, König Artus. Mythos und Entmythologisierung, in: Herrscher, Helden, Heilige, hg. v. U. Müller/W. Wunderlich, St. Gallen 1996, 47–63. – Ders./G. Ashe, The Arthurian Handbook, New York/London ²1997. – M. Unzeitig, Mythisches und chronikales Erzählen in der Historia Regum Britanniae des Geoffrey of Monmouth und im Prosalancelot – ein Vergleich, in: Wolfzettel/Dietl, 165–182. – St. Wodianka, Zwischen Mythos und Geschichte. Ästhetik, Medialität und Kulturspezifik der Mittelalterkonjunktur, Berlin/New York 2009. – J. Wolf, Auf der Suche nach König Artus. Mythos und Wahrheit, Darmstadt 2009. – F. Wolfzettel/C. Dietl (Hg.), Artusroman und Mythos, Berlin/New York 2011.

Monika Unzeitig

Asterix

Asterix (frz. Astérix) ist mit insgesamt 325 Millionen verkauften Exemplaren und Übersetzungen in 107 Sprachen eine der erfolgreichsten und langlebigsten Comicfiguren. Neben dem 1959 unter der Feder von René Goscinny (Text) und Albert Uderzo (Bild) erstmalig in Frankreich entstandenen Comic, dessen 35. Band 2013 erschienen ist, begegnet man Asterix in Dutzenden Filmen, Soundtracks und Hörspielen bis hin zum Asterix-Erlebnispark nahe Paris (Parc Astérix). Der Kampf von Asterix und seinen gallischen Freunden gegen die Römer kann als moderne Fassung des Mythos von David und Goliath gesehen werden, wobei Asterix insbesondere in Frankreich auch als Chiffre für die nationale Selbstvergewisserung steht.

Die Gallier: Ursprungsmythos der Franzosen

Die Gallier als Vorfahren der Franzosen wurden erst im Zuge der ↗Französischen Revolution als Alternative zu den Franken als »imagined community« (Anderson) etabliert. Da die adeligen Franken den Leitspruch der Republik »Liberté, égalité, fraternité« nicht mehr glaubwürdig repräsentierten, wurden sie zu aristokratischen Eindringlingen stilisiert, welche die ursprüngliche, einfache Bevölkerung der Gallier unterworfen habe. Dies gipfelte in der Überlegung, Frankreich fortan nicht nach den Franken, sondern nach den Galliern zu benennen (Dietler, 587f.). Die in diverse Stämme verstreuten Gallier mit ihren flachen gesellschaftlichen Hierarchien galten in ihrem (vergeblichen) Kampf gegen die römischen Eindringlinge als Verkörperung von Freiheit, Gleichheit und Brüderlichkeit. Das steigende Interesse an der Suche nach dem eigenen Ursprung, wie es Michel ↗Foucault in seinem Werk *Die Ordnung der Dinge. Eine Archäologie der Humanwissenschaften* (1966) als zentrale epistemologische Bedingung der Selbstwahrnehmung des modernen Menschen beschreibt, fand seinen Ausdruck auch in ›archäologischen‹ Forschungen zu den gallischen Ahnen, um den Ursprung der ↗Nation auch wissenschaftlich zu untermauern. »Unsere Vorfahren die Gallier« wurde zu einem geflügelten Wort, das in den Geschichtsbüchern des 19. und 20. Jahrhunderts den französisch-gallischen Patriotismus beschwor (etwa in Lavisse' *Histoire de France depuis les origines jusqu'à la Révolution*, 1900) und mit dem auch der allererste Band des Comics *Astérix le Gaulois* beginnt.

Zentraler Bestandteil dieser neu ge- und erfundenen Ahnen und ihres Aushänge-schilds, dem patriotischen Widerstandskämpfer Vercingetorix, war der Flügelhelm. Dieses Symbol vom Götterboten Hermes findet sich im 19. Jahrhundert auch bei zeitgenössischen Wikingerdarstellungen oder beim 1875 fertiggestellten Hermannsdenkmal wieder und symbolisiert Freiheit und Unabhängigkeit. Ikonografisch wurde dies insbesondere in populären Geschichtsbüchern verfestigt, etwa in der *Histoire de France des origines à 1610* (1932) von Pierre Conard und Paul Valeyre. Auch die Gauloises-Zigarettenschachtel ziert seit 1925 und bis heute dieser Flügelhelm.

Mythos mit Augenzwinkern

Optisch hat Asterix nicht nur den Flügelhelm von dieser ikonografischen Tradition übernommen, auch seine gesamte Physiognomie mit dem blonden Schnurrbart ähnelt frappierend etwa den Abbildungen bei Conard. Dem 1926 geborenen und in Buenos Aires aufgewachsenen Goscinny und dem ein Jahr später als Sohn italienischer Einwanderer in Frankreich geborenen Uderzo ist eine exzentrische Beobachterrolle gegenüber der schulischen Indoktrination der gallischen Ahnen gemeinsam (Rouvière, 13 f.). Auch so ist zu erklären, dass sie dem kleinwüchsigen, rationalen und dominanten heldenhaften Gallier Asterix den dicken, gutmütigen, impulsiven, mit einer Vielzahl menschlicher Schwächen behafteten Obelix an die Seite stellten, der gleichzeitig an Herkules und Gargantua erinnert (Stoll, 41, 137) und mit Asterix eher ein komisches als ein heldenhaftes Paar bildet.

Neben dem Namenssuffix »-ix« nimmt Asterix (*astérisque* ist im Französischen das Zeichen *) auch die zentralen ikonografischen Elemente von Vercingetorix auf, wie er gleichzeitig den Diskurs der heldenhaften gallischen Ahnen ironisiert (Lohse, 65), auch indem er ihn durch zahlreiche Anachronismen ad absurdum führt.

Dem Philosophen Alain Duhamel zufolge vereint Asterix alle Eigenschaften des französischen Selbstbildes (Duhamel, 10); Verdaguer bezeichnet ihn als Nationalhelden (Verdaguer, 605). Als Schlüssel für diese Lesart fungiert die Unbeugsamkeit der Gallier gegenüber der römischen Großmacht (pax Romana), mit deren Erwähnung jeder Band eingeleitet wird; der Satz von den unbeugsamen Galliern ziert mittlerweile auch das Straßenschild der Rue René Goscinny im 13. Arrondissement von Paris. Asterix ist Chiffre für den Widerstand des Einzelnen gegenüber der Großmacht unter verschiedenen Vorzeichen; zunächst im Frankreich der Nachkriegszeit als ↗Résistance-Held oder mutiger Soldat gegenüber den Deutschen, explizit etwa in *Asterix und die Goten* (1963), die in den Sprechblasen (in der französischen Originalfassung) in Hakenkreuzen fluchen. Diese Deutung überlagert sich mit dem Aufbegehren der französischen *exception culturelle* gegen die Gleichmacherei der Globalisierung. Die Gallier lassen sich einerseits als programmatischer Gegenentwurf zu den amerikanischen Helden wie Superman (↗Superhelden) oder auch den japanischen Helden der Manga-Comics sehen, wie es explizit der Band *Gallien in Gefahr* (2005) thematisiert (vgl. Hörner 2013). Anders als diese behalten sie auch mit dem vom Druiden Miraculix (frz. Panoramix) hergestellten

Zaubertrank ihre menschlichen Schwächen und Stärken, wie Reizbarkeit und Dick-köpfigkeit, Hilfsbereitschaft und Spontaneität.

Die kulturellen Errungenschaften der Franzosen/Gallier und somit das französische Selbstverständnis als Kulturnation wird andererseits aber auch ironisiert. Der Barde Troubadix (frz. Assurancetourix) singt populäre französische ⁄Chansons und bleibt durch diesen Anachronismus ein unverstandener gallischer Avantgardekünstler (Rou-vière, 71; Hörner 2010, 193). Obelix stellt Hinkelsteine (Menhire) her, die als bedeutsa-mes Symbol für die kulturelle Identität der Gallier stehen, aber für die Gallier selbst völlig nutzlos erscheinen (Rouvière, 220).

Wie selbstverständlich Asterix' Kampf gegen die Römer nach wie vor als Ausdruck für den Widerstand gegen die US-Kultur gelesen wird, zeigte sich, als McDonalds 2010 in Frankreich mit den Galliern warb. Die entsetzten Reaktionen hatten den Tenor, dass sich nun ausgerechnet Asterix den Römern (!) zum Fraß vorgeworfen hätte (vgl. Del-croix).

Lit.: B. Anderson, Die Erfindung der Nation. Zur Karriere eines folgenreichen Konzepts, Frankfurt a. M. 1996. – O. Delcroix, Du ketchup sur la moustache d'Astérix, in: Le Figaro, 17.08.2010, s. a. http://www. lefigaro.fr. – M. Dietler, Our Ancestors the Gauls. Archaeology, Ethnic Nationalism, and the Manipulation of Celtic Identity in Modern Europe, in: American Anthropologist 96.3 (1994), 584–605. – A. Duhamel, Le Complexe d'Astérix. Essai sur le caractère politique des Français, Paris 1985. – F. Hörner, René Go-scinny/Albert Uderzo, in: Praktizierte Intermedialität. Deutsch-französische Portraits von Schiller bis Goscinny/Uderzo, hg. v. F. H. u. a., Bielefeld 2010, 179–194. – Ders., Die Gauloise, in: Karambolage (Erstausstrahlung 26.2.2012), s. a. http://videos.arte.tv. – Ders., Gallien in Gefahr. Die Einflussangst des Astérix, oder: Harold Bloom Goes Pop, in: Die amerikanischen Götter. Transatlantische Prozesse in der deutschsprachigen Popkultur, hg. v. S. Höppner/J. Kreienbrock, Berlin 2013, 219–237. – N. Rouvière, Astérix ou la parodie des identités, Paris 2008. – P. Verdaguer, Le Héros national et ses dédoublements dans San-Antonio et Astérix, in: The French Review 61.4 (1988), 605–614.

Fernand Hörner

Atomkrieg/Atomkraft

Die erste Atombombe wurde am 16. Juli 1945 in der Wüste des US-Bundesstaates New Mexico gezündet (Trinity Test). Nur drei Wochen später, am 6. und 9. August 1945, erfolgte mit den Angriffen auf Hiroshima und Nagasaki der erste – und zugleich letzte – Einsatz im Krieg. Nachdem die Sowjetunion 1949 mit eigenen Atomwaffen gleichgezogen hatte, führte die geopolitische Ordnung der Nachkriegszeit dazu, dass das »Gleichgewicht des Schreckens« (Mutual Assured Destruction) den Nichteinsatz von Kernwaffen garantierte. Abgesehen von den mehr als 2.000 über- und unterirdi-schen Tests hat die Welt auch die verschärften Konfrontationsphasen des ⁄Kalten Krieges ohne einen nuklearen Schlagabtausch überlebt. Bis heute existiert der Atom-krieg nur in unserer Vorstellung. Jacques Derrida sprach 1984 provokant von einem »Nicht-Ereignis« und erklärte die Gefahr eines nuklearen Weltuntergangs zu einem fiktiven und damit textuell bzw. rhetorisch zu verstehenden Phänomen (Derrida, 23). Das schließt die realpolitische Funktionalisierbarkeit von Atomkriegsszenarien kei-

Abb. 4: Mediale Inszenierung des Mythos: Explosion der Atombombe »Fat Man« über Nagasaki am 9. August 1945. Die Aufnahme der Bomberpiloten erschien wenige Tage später in der amerikanischen Presse. Die »Mushroom Cloud« wird zum Symbol politischer Macht. Bilder vom Boden, die die Folgen für die japanische Bevölkerung zeigen, wurden erst 1952 freigegeben (Paul 2009).)

neswegs aus – als narrative Phänomene weisen sie mythische Strukturen auf. Trinity, der Name des ersten Atombombentests, wurde zum Beispiel in bewusster Referenz zum Mysterium der göttlichen Dreifaltigkeit im Christentum gewählt, um der Entfesselung der in Atomen gespeicherten Energie einen Namen zu geben. Zahlreiche Beobachter brachten den Lichtblitz der Explosion mit dem biblischen Schöpfungsmythos (Genesis 1,3) in Verbindung und proklamierten den Beginn eines neuen Zeitalters.

Entstehungsetappen

Bereits die Entdeckungsgeschichte der Radioaktivität war geprägt von mythischen Bezügen. Im Sommer des Jahres 1789 gelang es dem Berliner Apotheker Martin Heinrich Klaproth, aus der sogenannten Pechblende – einem Abfallprodukt des Silberbergbaus – das bis dato unbekannte Mineral Uran zu isolieren. Gute hundert Jahre nach dieser Entdeckung stellten der französische Physiker Antoine Henri Becquerel und das Forscher-Ehepaar Marie und Pierre Curie experimentell fest, dass Uransalze eine unsichtbare, »radioaktive« Strahlung aussenden. Im Gegensatz zu den 1896 von Wilhelm Conrad Röntgen künstlich erzeugten X-Strahlen emittierten die neu entdeckten, in der Pechblende enthaltenen radioaktiven Stoffe eine natürliche Strahlung.

    Deren Eigenschaften stellten das zu Ende des 19. Jahrhunderts etablierte physikalische Weltbild auf den Kopf. Die Atome der radioaktiven Elemente erwiesen sich nicht als stabil, sondern verwandelten sich über Zwischenstufen in andere Elemente. Im Laufe dieses Zerfallsprozesses verloren sie an Masse und gaben eine große Menge an Strahlung frei, deren Energiegehalt im Vergleich zu den bis dato bekannten chemischen Reaktionen um ein Vielfaches höher war. Die Vorstellung von der »Transformation« von Materie (Ernest Rutherford) war revolutionär und erinnerte frappierend an die Versuche der Alchemisten, aus unedlen Metallen Gold zu erschaffen. Verbarg sich im unscheinbaren Abfallprodukt der Pechblende das moderne Äquivalent des Steins der Weisen, des Schlüssels zum Verständnis des Universums? (Mania, 42–44).

Die Fachwelt wie auch die Öffentlichkeit reagierten aufgeschreckt und fasziniert zugleich, und Rutherford erkannte schnell die Doppelsinnigkeit, die zum Signum des 20. Jahrhunderts werden sollte: Die in Atomen gespeicherte Energie stellte eine potenziell unermessliche Energiequelle dar, die auch als Waffe missbraucht werden konnte. Lange bevor die Atombombe im Zuge des amerikanischen Manhattan-Projektes Mitte der 1940er Jahre zur Realität werden sollte, nahm sie in der Vorstellung des englischen Schriftstellers H. G. Wells Gestalt an. Sein 1914 veröffentlichter Roman *The World Set Free* entwickelt das Szenario eines Krieges zwischen Deutschland und den verbündeten Nationen England, Frankreich und USA, bei dem die Welt durch Atomwaffen zerstört wird. Gleichzeitig entwirft Wells die Vision eines Zeitalters des Friedens, in dem die menschliche Zivilisation gefördert durch die zivile Nutzung von Atomenergie aus den Ruinen des Weltkrieges auferstehen würde. Die mythische Dimension von Atomenergie liegt in dieser Dialektik von Schöpfung und Vernichtung, von Fortschrittsoptimismus (↗Fortschritt) und Zukunftsangst, von der Verheißung einer besseren Welt und dem Potenzial totaler menschlicher Selbstzerstörung.

Nukleare Hoffnungen

Radioaktivität war bis in die 1930er Jahre vornehmlich positiv konnotiert. Zwar beobachteten die mit radioaktiven Stoffen arbeitenden Forscher die Auswirkungen der Strahlungen am eigenen Körper. Trotzdem überwogen bis zum Ende der 1920er Jahre die Faszination über die unsichtbare Strahlung und der Glaube an ihre transformierende, heilende Wirkung. Als Ärzte feststellten, dass Radiumstrahlen augenscheinlich gegen Hautkrankheiten halfen, avancierte die Radiumtherapie Anfang des 20. Jahrhunderts zum Allheilmittel gegen Krebs (Weart, 28–31). Die Vorstellung von der heilenden Wirkung von Radioaktivität wurde auch auf die Gesellschaft übertragen. In dem breit rezipierten Buch *The Interpretation of Radium* (1909) verglich der englische Chemiker Frederick Soddy, ein Schüler von Rutherford, die Entdeckung des radioaktiven Zerfalls mit der Nutzbarmachung von Feuer. Ähnlich wie das Feuer die Menschheit aus der Barbarei in die Zivilisation geführt habe, habe Atomenergie das Potenzial, die moderne Gesellschaft zu verwandeln. Wenn es der Menschheit gelänge, die atomare Transmutation nutzbar zu machen, könne die Erde in einen Garten Eden verwandelt werden und ein neues Goldenes Zeitalter anbrechen. Gleichzeitig fragte sich Soddy, ob der durch den wissenschaftlichen Fortschritt ermöglichte Aufstieg des Menschen (»The Ascent of Man«) zu einem Missbrauch des erworbenen Wissens und zu einem erneuten Sündenfall (»The Fall of Man«) führen könnte (Soddy, 243–245). Diese Mischung aus hoffnungsvollen Zukunftsentwürfen und einem zyklischen Geschichtsbild lieferte die Vorlage für H. G. Wells' Roman *The World Set Free*.

Die von Soddy und Wells erhoffte zivile Nutzung von Atomenergie wurde erst ab Mitte der 1950er Jahre und damit zehn Jahre nach der ersten Atombombenexplosion zur Realität. Programmatisch war die »Atoms for Peace«-Rede, die US-Präsident Dwight D. Eisenhower im Dezember 1953 vor der Generalversammlung der Vereinten Nationen in New York hielt. Nachdem die nukleare Aufrüstung und die Entwicklung der Wasserstoffbombe die Öffentlichkeit verschreckt hatten, proklamierte Eisenhower ein Zeitalter des Friedens durch die zivile Nutzung von Atomenergie. Die friedliche Nutzung wurde dabei bewusst von der militärischen abgekoppelt. Wirkmächtiger als die Rede war jedoch die begleitende PR-Kampagne. Der von ↗Walt Disney im Auftrag der amerikanischen Regierung produzierte Film *Our Friend the Atom* (1957) steht beispielhaft für zahlreiche nuklearoptimistische Narrative der frühen Nachkriegszeit. Atomenergie wird hier als magischer Flaschengeist personifiziert: Die Urgewalt des Universums sei zwar gefährlich, könne aber durch die Kontrolle der Wissenschaft zum Diener der Menschheit geformt werden und eine lebens- und wohlstandsspendende Energiequelle bieten (Weart, 87–90).

Seit den 1970er Jahren werden die Narrative nuklearer Hoffnungen zunehmend infrage gestellt. Neubaupläne von Kernkraftwerken stießen nun wie etwa im badischen Wyhl auf den Widerstand der Bevölkerung. Die Unfälle von Harrisburg (1979), Tschernobyl (1986) und Fukushima (2011) bestätigten die Warnungen der internationalen Anti-AKW-Bewegung und verhalfen den mythischen Erzählungen atomarer Katastrophen zu neuer Aktualität bzw. Aktualisierbarkeit, wie es z. B. das Computerspiel *Stalker: Shadow of Chernobyl* (2007), der Horrorfilm *Chernobyl Diaries* (2012) von Oren Peli und der Roman *Die Lieder, das Töten* (2012) von André Pilz zeigen.

Nukleare Ängste

Der Erste Weltkrieg bildete für literarische Weltuntergangsszenarien eine quantitative Zäsur. Bis 1914 basierten zwei Drittel aller fiktiven Endzeitspekulationen auf imaginierten Naturkatastrophen – nach 1914 waren zwei Drittel als von Menschenhand verantwortet dargestellt (Weart, 12 f.). Statt in Seuchen und Hungersnöten sahen Science-Fiction-Autoren des 20. Jahrhunderts eine Bedrohung der Menschheit entweder in gesellschaftlichen (Fehl-)Entwicklungen oder in den technologischen und wissenschaftlichen Neuerungen begründet. Der Weltuntergang wurde somit säkularisiert – gleichzeitig bildeten biblische und mythologische Bilder weiterhin den dominanten Referenzrahmen. Für die westliche Kultur waren insbesondere die eschatologischen Kapitel des Neuen Testaments, etwa die »Apokalypse des Johannes« (Offenbarung 1,1) einflussreich. Im eigentlichen Wortsinne bedeutet Apokalypse »Offenbarung« und meint nicht nur das Ende der Welt, sondern auch den Beginn eines neuen (göttlichen) Zeitalters (Krah, 15). Atomare Katastrophenszenarien bedienen sich dieser im westlichen Denken verankerten Dialektik von Ende und Neuanfang und dem Kampf zwischen Gut und Böse.

Grundsätzlich lässt sich eine Zeit vor und nach Hiroshima (1945) unterscheiden. Frühe Auseinandersetzungen mit der nuklearen Bedrohung spielen oft mit ambivalenten Wissenschaftlerfiguren, die in der Tradition des ↗Faust-Mythos stehen oder auf andere literarische Vorlagen wie etwa Mary Shelleys *Frankenstein* (1818) (↗Frankenstein) zurückgehen. In Filmen wie *The Invisible Ray* (1936) steht die Frage nach dem Umgang mit der Radioaktivität als »Feuer des Prometheus« und die Angst vor einer nukleartechnologischen Diktatur im Zentrum. Untrennbar verbunden mit der Figur des gefährlichen Wissenschaftlers war seine Schöpfung, ein durch radioaktive Strahlen ins Leben gerufenes Monster. Die Vorlagen waren wieder literarische bzw. mythische Geschichten wie etwa die des Golems oder von insektenähnlichen Monstern, wie sie H. G. Wells im Roman *Die Insel des Dr. Moreau* (1896) entwirft.

Für die Zeit nach 1945 lässt sich hingegen generell beobachten, dass Szenarien eines Reaktorunfalls weitaus weniger Aufmerksamkeit gefunden haben als die eines Atomkrieges. Mit einigen prominenten Ausnahmen – zum Beispiel dem amerikanischen Film *The China Syndrome* (1979) oder den Romanen *Störfall* von Christa Wolf und *Die Wolke* von Gudrun Pausewang (beide 1987) – dominieren militärische Katastrophenszenarien. Die Gründe hierfür liegen wohl sowohl im größeren dramaturgischen und apokalyptischen Potenzial der Atombombe wie auch in der emotionalen Bedeutung des Zweiten Weltkrieges als erinnerungskulturellem Referenzpunkt (Gassert, 49). Auch in der Populärkultur der Nachkriegszeit hatten nukleare Monster zunächst Hochkonjunktur. Zu den bekanntesten Kreaturen zählt Godzilla, ein durch die Atombombentests im Pazifik aufgewecktes und radioaktiv mutiertes Urzeitmonster, das Japan seit den 1950er Jahren in zahlreichen Filmen heimsucht. Gleichzeitig verdanken zahlreiche ↗Superhelden aus den Marvel-Comics ihre Kräfte einer radioaktiven Transmutation: Superman kommt von einem Planeten, der durch einen Atomkrieg zerstört wurde und nur durch »Kryptonit-Strahlen« bezwingbar ist, Hulk wurde das Opfer seiner eigenen Atombomben-Versuche und Spiderman bekommt seine Superkräfte durch den Biss einer radioaktiven Spinne. Die Beispiele verdeutlichen auch, wie Mutationsszenarien Ausdruck von Zeitdiagnosen sind. In den Neuverfilmungen der 2000er Jahre entstehen Hulk und Spiderman aufgrund genetischer Mutationen. In der Zeichentrickserie *Die Simpsons* werden Superhelden wie der Radioactive Man von der Popkultur zitiert und ironisiert.

Spätestens seit der Entwicklung der Wasserstoffbombe und der Kubakrise (1962) entlarven atomare Apokalypsen den Rüstungswettlauf als Wahnsinn. In Stanley Kubricks dunkler Satire *Dr. Seltsam oder: Wie ich lernte, die Bombe zu lieben* (1964) werden Wissenschaftler und Militärs als verrückt und unkontrollierbar dargestellt. In den späten 1970er Jahren werden Atomkriegsszenarien im Kontext eines neuen Umweltbewusstseins und bedingt durch die Verschärfung der Blockkonfrontation im Zuge des NATO-Doppelbeschlusses zunehmend pessimistischer. Nur in wenigen Szenarien kann der Ernstfall im letzten Moment noch abgewendet werden, so im Film *War Games* und der *James Bond*-Folge *Octopussy* (beide 1983). Grob lassen sich für die 1980er Jahre zwei Typen von Post-Apokalypsen unterscheiden: Beim ersten ist der Atomkrieg nicht explizierter Teil der Handlung, sondern liegt in der Vergangenheit. Gezeigt wird das Überleben nach der Bombe, dem Atomkrieg wird eine katalytische Funktion zugeschrieben. Prominente Beispiele sind die *Mad Max*- und *Terminator*-Reihe. Im zweiten, wesentlich häufiger vorkommenden Typ ist der Atomschlag essenzieller Teil der Handlung. Filme wie *The Day After* (1983) und *Threads* (1984) oder Gudrun Pausewangs

Roman *Die letzten Kinder von Schewenborn* (1982) gestehen ihren Protagonisten keine Erlösung im ursprünglichen apokalyptischen Sinne zu. Durch den atomaren Schlagabtausch wird das tatsächliche Ende der Menschheit eingeläutet und der transformativen Macht von Radioaktivität im positiven Sinne eine klare Absage erteilt (Baur, 327). Auch nach dem Ende des Kalten Krieges hat die Atombombe ihr Bedrohungspotenzial in der Populärkultur nicht eingebüßt, allerdings unter aktualisierten Vorzeichen. Im Film *Broken Arrow* (1996) und in den Fernsehserien *24* und *Heroes* (2000er) geraten Atombomben in die Hände von Einzeltätern und Terroristen.

Das Verhältnis von Atomenergie und Moderne ist paradox. Die Konstruktion der ersten Atombombe war das Ergebnis des wissenschaftlichen Fortschritts. Um dem Ausmaß dieser neuen Erkenntnisse einen Sinn zu geben, bedienten sich Wissenschaftler wie Künstler im Textfundus vormoderner Mythen. Repräsentationen vom Atomkrieg sind Ausdruck kultureller und gesellschaftlicher Selbstverständigungsprozesse und dienen als Projektionsflächen für menschliche Ängste und Hoffnungen. Gerade wegen der strukturellen Ambivalenz von militärischer und ziviler Nutzung zählt der Atomkrieg zu den produktivsten Mythen des 20. Jahrhunderts.

Lit.: Ph. Baur, Nukleare Untergangsszenarien in Kunst und Kultur, in: »Entrüstet Euch«. Nuklearkrise, Nato-Doppelbeschluss und Friedensbewegung, hg. v. Ch. Becker-Schaum u.a., Paderborn 2012, 325–338. – J. Derrida, No Apocalypse, Not Now (Full Speed Ahead, Seven Missiles. Seven Missives), in: Diacritics 14.2 (1984), 20–31. – P. Gassert, Popularität der Apokalypse. Zur Nuklearangst seit 1945, in: Aus Politik und Zeitgeschichte 61.46–47 (2011), 48–54. – H. Krah, Weltuntergangsszenarien und Zukunftsentwürfe. Narrationen vom Ende in Literatur und Film 1945–1990, Kiel 2004. – H. Mania, Kettenreaktion. Die Geschichte der Atombombe, Hamburg 2010. – G. Paul, »Mushroom Clouds«. Bilder des atomaren Holocausts, in: Das Jahrhundert der Bilder, Bd. 1: 1900 bis 1949, hg. v. G.P., Göttingen 2009, 722–729. – F. Soddy, The Interpretation of Radium, New York/London 1909. – S.R. Weart, The Rise of Nuclear Fear, Cambridge (MA) 2012.

Philipp Baur

Außerirdische/UFOs

Das philosophische und wissenschaftliche Nachdenken über intelligente, mehr oder weniger menschenähnliche Bewohner anderer Welten ist seit der Antike überliefert (etwa bei Platon); einen ersten Höhepunkt erreichte es am Beginn der Moderne im Kontext der Entstehung der modernen Astronomie. Bei vielen bedeutenden Denkern (exemplarisch seien hier nur Giordano Bruno, Johannes Keppler und Immanuel Kant genannt) tauchen Spekulationen über die Bewohnbarkeit des Mondes und der anderen damals bekannten Himmelskörper auf (vgl. Heuser). Im wissenschaftlichen Kontext verliert die Frage nach solchen hypothetischen Außerirdischen im 20. Jahrhundert an Bedeutung, als die Befunde der Astrowissenschaften zeigen, dass von allen Himmelskörpern unseres Sonnensystems nur die Erde geeignet ist, höhere Lebensformen hervorzubringen. Erst zur Jahrtausendwende kehrt die Situation sich um, als man entdeckt, dass das Universum von erdähnlichen extrasolaren Planeten nur so wimmelt – die

Existenz intelligenten Lebens außerhalb der Erde wird damit aus wissenschaftlicher Sicht wieder wahrscheinlicher (vgl. von Hoerner).

Zeitlich nicht immer parallel zum philosophischen und wissenschaftlichen Nachdenken über reale Außerirdische, aber doch in Auseinandersetzung mit diesen, entwickelt sich die Figur des »Alien« in der fantastischen Literatur (vgl. für Romane: Engelbrecht, für Film und Fernsehen: Hurst). Der rein fiktionale Außerirdische unterscheidet sich vom hypothetischen dadurch, dass er weder einen Realitätsbezug herstellt noch voraussetzt – entsprechend frei kann sich die Fantasie hier entfalten. Nach vielen historischen Vorläufern findet der literarische Außerirdische am Ende des 19. Jahrhunderts einen festen Platz im neuen Genre der Science Fiction. Die Idee des Außerirdischen setzt sich schnell in allen neuen Unterhaltungsmedien des 20. Jahrhunderts durch: Kinofilm, Radiohörspiel, Fernsehserie, Comic, Computerspiel (für einen Überblick vgl. Lexikon der Science Fiction Literatur).

Weder das wissenschaftlich-philosophische Nachdenken über den noch das künstlerische Erdenken des Außerirdischen trägt per se mythische Züge. Erst im *Zusammenspiel* der beiden Denkwelten findet im 20. Jahrhundert eine Mythenbildung rund um die Gestalt des intelligenten Außerirdischen statt.

Der Beitrag der Science Fiction zur Mythenbildung

Via Science Fiction – etwa im Roman *Who Goes There?* von John W. Campbell Jr. (1938), im Film *Alien* von Ridley Scott (1979) oder auch in der der deutschen TV-Serie *Raumpatrouille* von Michael Braun (1966) – hat sich der Außerirdische als zentrale Spiegelgestalt des Menschen im 20. Jahrhundert durchgesetzt und im Alltagsdenken die Rolle von Engeln und Dämonen früherer Jahrhunderte übernommen. Zumindest in der westlichen Gesellschaft verfügt wohl jeder Mensch heute über ein relativ stabiles gedankliches ›Alien-Bild‹, das sich aus Deutungsmustern und ikonografischen Referenzen der fiktionalen Repräsentationen in den Massenmedien speist (Hurst 2008, 32–35).

Diese Repräsentationen schreiben die Gestalt, Fähigkeiten, Motive und sonstigen Merkmale des gedachten Außerirdischen aber auch vor und damit fest. Dominant sind die humanoiden Außerirdischen, die Film und Fernsehen höchst populär gemacht haben. Eine menschenähnliche Gestalt war hier nicht zuletzt durch die begrenzten Möglichkeiten des filmtechnisch Realisierbaren bestimmt: Die Gestalt des Aliens musste sich über Masken und Kostüme menschlicher Schauspieler realisieren lassen. Unübersehbar ist dies im populären und stilbildenden Filmzyklus *Star Wars* ebenso wie in den multiplen Fernsehserien aus dem *Star Trek*-Universum (vgl. Jullier). Nicht zuletzt ist der ausschließlich über die Ohrform markierte Spock in *Raumschiff Enterprise* (1966–69) ein prominentes Beispiel des fast menschlichen Außerirdischen. Erst gegen Ende des 20. Jahrhunderts haben digitale Produktionstechniken Film und Fernsehen von diesen Limitierungen befreit.

Nicht zuletzt haben diese fiktionalen Kulturprodukte die Vorstellungen von Außerirdischen in wechselnder Weise (aber meist sehr nachhaltig) emotionalisiert. In der zweiten Hälfte des 20. Jahrhunderts sind dabei analytisch mehrere Phasen zu unterscheiden, die offenbar eng mit dem jeweiligen politisch-ideologischen Zeitgeist verknüpft sind und Außerirdische abwechselnd als positive Identifikationsfiguren und negative Horrorgestalten erscheinen lassen (vgl. Hurst 2004). Man vergleiche hier nur »Knuddel-Aliens« wie im Kinofilm *E. T. – der Außerirdische* (1982) oder in der Fernsehserie *Alf* (ab 1987) mit den rücksichtslosen Invasoren in Kinohits wie *Independence Day* (1996) oder *Krieg der Welten* (2005).

Wie auch immer aber die Bilder der Außerirdischen in der Science Fiction konkret aussahen und welche Emotionen sie bei den Rezipienten zu wecken versuchten, die fiktionalen Repräsentationen konstituieren dann einen Mythos des 20. Jahrhunderts, wenn die Aliens die Welt der künstlerischen Fantasie verlassen und insbesondere im Verbund mit wissenschaftlichen Deutungsmustern in die ›wirkliche Wirklichkeit‹ des Lebens Eingang finden.

UFOs

Ursprünglich nichts anderes als ein unidentifiziertes Objekt in der Erdatmosphäre (dies sagt der Terminus technicus: Unidentified Flying Object), wurde aus dem UFO im Alltag eine unspezifische Sammelbezeichnung für all das, was Laien am Himmel sehen, aber nicht erklären können. Nicht zuletzt durch eine irreführende massenmediale Berichterstattung hat »UFO« sich schließlich in ein Synonym für ein fremdes Raumschiff am irdischen Himmel verwandelt. Dieser Deutung liegt die Idee zugrunde, dass es irgendwo im Universum außerirdische Zivilisationen gibt, die der unseren kulturell so weit voraus sind, dass sie uns entdeckt haben, bevor wir sie entdecken konnten. Diese Bedeutungsverschiebung hat dazu geführt, dass das UFO-Thema dauerhaft seinen Platz in der massenmedialen Berichterstattung gefunden hat (vgl. Schetsche/Anton). Die Deutung ungewöhnlicher Himmelsphänomene als fremde Raumschiffe ist gegenwärtig wohl der wichtigste (weil medial mächtigste) Mythenzweig, der sich um die Idee außerirdischer Intelligenzen rankt. An ihn lagern sich eine ganze Reihe sekundärer Mythen an, die ihre Kraft allesamt aus der Grundidee des Besuchs Außerirdischer auf der Erde ziehen: Erzählungen von UFO-Abstürzen in den USA (Stichwort Roswell-Zwischenfall), von geheimer Alien-Technologie in Regierungsbesitz (Area 51) und von der Existenz spezieller Behörden, die all dies zu vertuschen suchen (Men in Black). Unmittelbar mit dem UFO-Phänomen verbunden sind seit den 1960er Jahren Erzählungen über »alien abduction experiences«. Demzufolge entführen Außerirdische jedes Jahr Tausende von Menschen, um rücksichtslose medizinische Experimente an ihnen vorzunehmen. Anschließend werden die Erinnerungen der Opfer gelöscht oder manipuliert, sodass sie nur im Falle psychotherapeutischer Behandlung über ihre Erlebnisse berichten können (vgl. exemplarisch: Mack). Bis heute wird das Entführungsmythem in zahlreichen Romanen, Filmen und Fernsehserien auch fiktional reproduziert (klassisch hier die Fernsehserie *Taken*, 2002).

Astronauten-Götter

Zur gleichen Zeit populär wurde der moderne Ursprungsmythos der Menschheitszivilisation, nach dem eine Vielzahl der alten Religionen ihre Entstehung dem Besuch Außerirdischer auf der Erde verdankt (zuerst Louis Pauwels/Jacques Bergier, *Le Matin des*

magiciens, 1960, später mit der These »Die Götter waren Astronauten!« Erich von Dä-
niken, *Erinnerungen an die Zukunft*, 1968). Seine kulturelle Kraft zieht er aus dem
Zusammenspiel von der wissenschaftlich denkbaren Realexistenz außerirdischer Zivilisationen und der ›augenscheinlich einleuchtenden‹ Deutung der für Laien schwer er-
klärbaren, ihrerseits mythischen antiken Meisterleistungen (etwa die ägyptischen Pyra-
miden oder die riesigen Scharrbilder auf der Hochebene von Nazca; vgl. Jüdt).

Fazit

Außerirdische sind integraler Bestandteil eines umfassenden kulturellen Mythos geworden, mit dessen Hilfe Grundfragen nach der Stellung des Menschen im Kosmos mas-
senkulturell verhandelt werden. Aus unserem medialen Alltag sind die Aliens – und sei
es nur als Witzfigur des »kleinen grünen Männchens« – nicht mehr wegzudenken (vgl.
Dean). Am bedeutsamsten für die beschriebenen Mythenbildungen ist dabei, dass mit
den vermenschlichenden Körperkonstruktionen unweigerlich Zuschreibungen von intellektuellen Fähigkeiten, Motiven und Limitierungen einhergehen: In diesem Außerirdischen tritt uns letztlich immer nur der Mensch mit seinen Idealen, Motiven und
Problemen entgegen – bestenfalls psychologisierend gebrochen, schlimmstenfalls als
klischeehaftes Zerrbild ausgestaltet. Ein wirklich »maximal Fremder« ist nur ausnahms-
weise zu finden (etwa in Fred Hoyles Roman *The Black Cloud*, 1957) und hat nie die
Popularität seiner zahllosen humanoiden Konkurrenten errungen. Diese starke Orientierung am Menschen und damit letztlich auch auf ihn hin macht einmal mehr die ir-
disch-sinnstiftende Natur des Außerirdischen im Gegenwartsdenken deutlich.

Lit.: H.-J. Alpers (Hg.), Lexikon der Science Fiction Literatur, München 1988. – J. Dean, Aliens in America, Ithaca 1998. – M.-L. Heuser, Transterrestrik in der Renaissance. Nikolas von Kues, Giordano Bruno,
Johannes Kepler, in: Von Menschen und Außerirdischen. Transterrestrische Begegnungen im Spiegel der
Kulturwissenschaft, hg. v. M. Schetsche/M. Engelbrecht, Bielefeld 2008, 55–79. – S. v. Hoerner, Sind wir
allein? SETI und das Leben im All, München 2003. – M. Hurst, Stimmen aus dem All – Rufe aus der Seele,
in: Der maximal Fremde. Begegnungen mit dem Nichtmenschlichen und die Grenzen des Verstehens, hg.
v. M. Schetsche, Würzburg 2004, 95–112. – Ders., Dialektik der Aliens. Darstellungen und Interpretationen von Außerirdischen in Film und Fernsehen, in: Von Menschen und Außerirdischen, hg. v. M.
Schetsche/M. Engelbrecht, Bielefeld 2008, 31–53. – I. Jüdt, Aliens im kulturellen Gedächtnis? Die projek-
tive Rekonstruktion der Vergangenheit im Diskurs der Präastronautik, in: Von Menschen und Außerirdischen, hg. v. M. Schetsche/M. Engelbrecht, Bielefeld 2008, 81–103. – L. Jullier, Star Wars. Anatomie einer
Saga, Konstanz 2007. – M. Schetsche/A. Anton (Hg.), Diesseits der Denkverbote. Bausteine für eine reflexive UFO-Forschung, Berlin 2013.

Michael Schetsche

Avantgarde

»Avantgarde« setzt sich als literarisch-künstlerischer Begriff gegen die bis dahin domi-
nierende Verwendung im militärischen und politischen Kontext trotz des Gebrauchs bei
den Saint-Simonisten oder Baudelaire erst Ende des 19. Jahrhunderts durch. Nach ei-

nem spektakulären Auftakt mit den »historischen Avantgarden« (Bürger) zu Beginn des 20. Jahrhunderts wird der Begriff zu einem Unterscheidungsdispositiv in Kunst und Literatur, das insbesondere zwischen Moderne, Hochmoderne und Avantgarde differenziert. Daraus resultieren drei mythisch-mythologische Funktionen: die mythologische Struktur der Avantgarde; die Mythen der Avantgarde und die Avantgarde als Mythos.

Die mythologische Struktur der Avantgarde

Wenn dem Mythos eine entscheidende Funktion für den Übergang vom Chaos zu Ordnung und Differenzierung zugeordnet wird (vgl. C. G. Jung; Lévi-Strauss), so hat der ›moderne‹ Mythos der Avantgarde die Funktion, dem etablierten literarisch-künstlerischen Feld des 19. Jahrhunderts das »schöne Chaos des Daseins« (Nietzsche, 521) entgegenzusetzen und für Kunst und Literatur einen umfassenden Neuanfang zu fordern. Die Radikalität dieses Bruches mit der Tradition lässt die aufeinanderfolgenden Avantgarde-Bewegungen wie Futurismus, Dadaismus, Konstruktivismus oder Surrealismus als Mytheme fungieren, die die (Selbst-)Vorstellung der Moderne als ein Ineinander von Verzeitlichung und Bewegung radikalisieren (wie im Futurismus), unterbrechen (Dadaismus) oder außer Kraft setzen (Surrealismus). Damit kann die Avantgarde eigene Mythologeme entwickeln und der Angriff auf die Mythologie von immer weiter fortschreitender Moderne und Modernisierung ist auch die Voraussetzung dafür, dass die Avantgarde in Kunst und Literatur ein »Mythos des 20. Jahrhunderts« werden kann. Das radikal Andere, das die jeweiligen Avantgarde-Bewegungen verkörpern, birgt ein selbstkritisches Potenzial, da jede dominante Strömung wieder zum Angriffspunkt der nächsten Avantgarde wird. Die Avantgarde steht somit für eine (unendliche?) Aneinanderreihung endlicher Bewegungen.

Die Mythen der Avantgarde

Schon das Auftaktmanifest der (historischen) Avantgarden, Filippo Tommaso Marinettis *Gründung und Manifest des Futurismus* (1909), reklamiert für sich eine mythische »Geburt« und noch eine der wichtigen Gruppen der Neo-Avantgarden der zweiten Jahrhunderthälfte lässt in ihrem Namen ZERO mythologisch-philosophische Verweise erkennen. Marinetti proklamiert zwar: »Endlich ist die Mythologie, ist das mystische Ideal überwunden«, aber nur um fortzufahren: »Wir werden der Geburt des Kentauren beiwohnen, und bald werden wir die ersten Engel fliegen sehen! …«, und der Futurismus wird nicht aus dem Schaum, sondern aus dem Schlamm der modernen Industrie geboren, um vom »Gipfel der Welt« seine »Herausforderung den Sternen zu! …« zu schleudern (Schluss des Manifests, zit. n. Asholt/Fähnders, 3, 7). Im ZERO-Manifest (1963) heißt es dagegen: »Zero ist der Anfang. Zero ist rund. Zero ist Zero« (Zero, 458). Die Neo-Avantgarde nimmt zwar den Anfangsmythos in Anspruch, jedoch nur, um ihn zu dekonstruieren und an seine Stelle mit dem Paradox des Zenon einen ewigen Nullpunkt zu setzen.

Dada, 1916 in Zürich gegründet, repräsentiert mit der Forderung einer schöpferischen oder nihilistischen Indifferenz, die als Voraussetzung einer neuen Geistesart betrachtet wird, den Mythos einer Kreation *ex nihilo*, die für Tristan Tzara im *Dada Manifest 1918* die Opposition zwischen »Ordnung-Unordnung, Ich-Nicht-Ich, Bejahung-Verneinung« aufheben soll (Asholt/Fähnders, 151).

Aber wahrscheinlich ist es der Surrealismus, der sich am intensivsten mit Mythos und Mythologie auseinandergesetzt und sie für sein Projekt in Anspruch genommen hat. Louis Aragon schickt dem *Paysan de Paris* (1926) eine »Préface à une mythologie moderne« voraus, mit der er die Herrschaft des Vernunftdenkens des Kartesianismus überwinden will und im »alltäglichen Wunderbaren« den Vorschein und das Tor eines anderen Lebens erblickt, in dem Mythen gelebt werden können.

Die ›neue Mythologie‹ einer anderen/besseren Welt jenseits der ↗Moderne, die der Surrealismus erfahrbar macht, wird von den surrealistischen Dichtern, Künstlern, Fotografen und Filmemachern (wie z. B. Luis Buñuel und Germaine Dulac) praktiziert, doch ihr fehlt eine soziale Dimension. Insbesondere nachdem Aragon den surrealistischen gegen den kommunistischen Mythos gewechselt hat, rechnet der Gründer des Surrealismus, André Breton mit dem stalinistischen Kommunismus ab und definiert den Surrealismus als »Mittel zur Erschaffung eines kollektiven Mythos« (Breton, 414, übers. W. A.). Auch Georges Bataille erblickt im Mythos das einzige wirksame Mittel, den Faschismus (mit seinen eigenen Waffen) zu bekämpfen: »Der Mythos steht demjenigen zur Verfügung, den Kunst, Wissenschaft oder Politik nicht zufrieden stellen konnten« (Bataille, 535, übers. W. A.). In Batailles Essay mit dem Titel *Absence de mythe*, den er trotz des Bruches mit Breton zu dessen Band *Le surréalisme en 1947* beisteuerte, bildet gerade die Absenz den eigentlichen, reinen und wahren Mythos. Breton hält dagegen, wie es z. B. die *Prolégomènes à un troisième manifeste du surréalisme ou non* (1942) und sein New Yorker Ausstellungsbeitrag des gleichen Jahres, *De la survivance de certains mythes et quelques autres mythes en croissance ou en formation*, zeigen, an der Notwendigkeit eines kollektiven Mythos fest. Doch trotz dieser in *La clé des champs* (1953) erneuerten Forderung werden die Realisierungsmöglichkeiten immer geringer: Die Neo-Avantgarden verzichten schließlich darauf, einen Gesamtmythos zu propagieren. Batailles Absenz des Mythos als wahrer Mythos prägt das Verhältnis der Neo-Avantgarden zu Mythos und Mythologie nachhaltiger als die Versuche der historischen Avantgarden.

Avantgarde als Mythos

Nachdem die historischen Avantgarden begrifflich ›historisch‹ geworden sind, kann der Prozess ihrer Mythisierung einsetzen. Dies geht so weit, dem Surrealismus die Verantwortung für 9/11 anzulasten (Clair, 111–140), aber selbst in Guy Debords neoavantgardistischer Abhandlung *Société du spectacle* (1967) taucht die Avantgarde als Mythos auf: Die Gegenwartskunst »ist notwendigerweise *avantgardistisch* oder sie *ist nicht*« (Debord, 185). Die (historische) Avantgarde wird deshalb zum Mythos, weil sie bis heute unbeantwortete Fragen stellt, wie z. B. jene nach dem »Paradox der Einheit von Kunst und Nichtkunst im Kunstsystem« (Luhmann, 506). Für Peter Bürgers *Theorie der Avantgarde* (1974) bildet ihr »Scheitern« den kühnsten Versuch von Literatur und Kunst der Moderne, »Kunst in Leben zurückzuführen« (Bürger, 72), und für Luhmanns *Kunst der Gesellschaft* (1995) setzt sie überzeitliche Maßstäbe, an denen sich Kunst und Literatur messen müssen (Luhmann, 506).

Lit.: W. Asholt/W. Fähnders (Hg.), Manifeste und Proklamationen der europäischen Avantgarde (1909–1939), Stuttgart 1995. – G. Bataille, Oeuvres complètes, Bd. 1, Paris 1970. – A. Breton, Oeuvres complètes, Bd. 2, Paris 1992. – P. Bürger, Theorie der Avantgarde, Frankfurt a. M. 1974. – J. Clair, Du Surréalisme considéré dans ses rapports au totalitarisme et aux tables tournantes, Paris 2003. – G. Debord, La Société du spectacle, Paris 1992. – Y. Hoffmann u. a. (Hg.), Alte Mythen – Neue Medien, Heidelberg 2006. – R. E. Krauss, The Originality of the Avant-Garde and other Modernist Myths, Cambridge (MA)/London 1991. – V. Léonard-Roques/J.Ch. Valter (Hg.), Les Mythes des avant-gardes, Clermont-Ferrand 2003. – N. Luhmann, Die Kunst der Gesellschaft, Frankfurt a. M. 1995. – F. Nietzsche, Die fröhliche Wissenschaft, in: Ders., Sämtliche Werke, Bd. 3, München 1980. – ZERO, hg. v. D. Pörschmann/M. Visser, Düsseldorf 2012.

Wolfgang Asholt

Barbie

Barbie ist der Name einer Plastikpuppe, die vom amerikanischen Spielzeughersteller Mattel 1959 auf einer Spielzeugmesse in den USA vorgestellt und seitdem millionenfach verkauft wurde. Als Modepuppe mit langen Beinen, schmaler Taille und großen Brüsten beendete sie die Vorherrschaft von Babypuppen auf dem Spielzeugmarkt.

Als Vorbild für Barbie gilt die in Westdeutschland in den 1950er Jahren hergestellte Plastikpuppe *Bild*-Lilli, die einem erfolgreichen Comicstrip der ↗*Bild*-Zeitung nachgebildet worden war. Ruth Handel, eine jüdischstämmige Amerikanerin, die bei Mattel arbeitete, brachte 1956 von einer Europareise Lilli-Puppen in die USA mit und gestaltete sie zu einer entsexualisierten Modepuppe um, mit der Kinder Teenager und Erwachsene nachspielen konnten und mit deren Hilfe Mattel im Laufe der Zeit nicht nur Kleider, sondern zahllose weitere Konsumgüter einer Barbie-Welt vermarktete. Entstehung und Erfolg von Barbie in den 1950er und 1960er Jahren sind untrennbar mit Wohlstandsgesellschaft, der Formierung von Jugendkultur und dem Konzept des Teenagers sowie mit der einsetzenden zweiten Welle des Feminismus (↗Emanzipation) verbunden.

Im Laufe der Jahrzehnte wurde Barbie weltweit vermarktet, veränderte immer wieder geringfügig ihr Gesicht, wurde zunehmend beweglicher konstruiert, erhielt verschiedene Hautfarben und Haare und wurde als Sprechpuppe mit vielfältigem Repertoire produziert. Daneben bekam sie Kleidung und Accessoires unterschiedlichster Rollen und Berufsgruppen, von Prom Queen und Partygirl über Büroangestellte und Lehrerin bis hin zur Astronautin und amerikanischen Präsidentin. Ergänzt wurde ihr Kosmos nicht nur durch Konsumgüter, sondern auch durch eine ständig wachsende Anzahl von Freunden und Geschwistern (vgl. Gerber; Lord). Barbie wurde Gegenstand von Zeitschriften wie *Barbie Magazine*, Comics wie Barbara Slates *We Girls Can Do Anything* (1991), Kurzgeschichten wie A.M. Homes' *A Real Doll* sowie zahlreichen Kunstwerken, z.B. Jocelyn Grivauds Re-Inszenierungen von Meisterwerken wie der Mona Lisa mit Barbies (2009). Besonders hervorzuheben ist Barbies Bedeutung für die

Performanz von Weiblichkeit nicht nur im Rollenspiel mit der Puppe und ihrer Entourage, sondern auch als beliebte Persona von Dragqueens (Lord, 214 ff.). Sie wird als Ideal der De-Essenzialisierung und De-Naturalisierung von Geschlecht und der Plastizität und Formbarkeit von Körper und Identitäten diskutiert, aber vielfach auch aufgrund ihrer Künstlichkeit als falsches Ideal und Ursache von Fehlentwicklungen kritisiert (Toffoletti, 75–79).

Deutungsspektrum und kulturspezifische Sinnstiftungen

Barbie steht für das Ur-Weibliche, die ewige Veränderung und ↗»Ewige Jugend«, ergänzt durch kulturell spezifischere Sinnstiftungen mit Bezügen zum ↗American Dream, zu deutsch-amerikanischer Geschichte und zum Holocaust.

Barbie wurde einerseits als Weiblichkeitskonzept verstanden, da sie durch ihre Proportionen der Mütterlichkeit entgegengesetzt ist. Andererseits wurde sie auch als mythisches Fruchtbarkeitssymbol des Raumfahrtzeitalters und schmalhüftige Muttergöttin im Zeitalter der Kaiserschnitte verstanden und als nabellose, mutterlose Urfrau und Inkarnation der Göttin mit tausend Namen sowie als weiblicher Archetyp im Sinne von C. G. Jungs kollektivem Unterbewussten bezeichnet, mit denen Mädchen Rituale eines Göttinnenkults praktizieren können (Lord, 75–77). Dass Mädchen weltweit und kulturübergreifend mit Barbies interagieren und dass der Hersteller 1979 barbieähnliche Schutzgöttinnenpuppen auf den Markt brachte, zeugt von der Existenz einer mythischen Dimension. Barbies Körper kann sowohl als sexualisiert als auch als desexualisiert gelesen werden; seine Weiblichkeit wurde betont, aber zugleich auch verwischt und entkräftet. Die narrative Offenheit und Unbestimmtheit von Barbie macht sie zum Archetyp von ewiger Veränderung und Diversität (vgl. Joseph Campbells *shapeshifter/* Formenwandler). Ihre permanente Transformation durch Veränderungen ihres Aussehens, ihrer Accessoires und ihrer Sprache, sowohl in den USA als auch in ausländischen Produkten, verleiht ihr mythische Inklusivität bzw. Universalität in Bezug auf Ethnizität, Nationalität und soziale Rollen.

Konstant bleibt nur die Altersgruppe, der Barbie zugeschrieben ist und die sie vorrangig zu einem Gegenstand von »girl culture« (Mitchell/Reid-Walsh) macht. Barbie ist der ewige Teenager, dem weder die Jahre noch der Beruf noch Partys etwas anhaben können. Ihre Unschuld und ewige Jugend hängen eng mit ihrer narrativen Unbestimmtheit zusammen und mit der Idealvorstellung, dass in dieser Lebensphase noch alles möglich sei. Die ewige Jugend erlaubt darüber hinaus einen Bezug zur Selbstdefinition der USA als junge, unbelastete, dynamische Nation.

Das Konzept von Barbie als Verkörperung von Wunschvorstellungen, von unbegrenzten Möglichkeiten und sozialem Aufstieg verbindet sie mit dem American Dream. Barbie verfügt über Traumkörper, Traumhaus und Traumjob, und auch ihre Freunde, Kleider und alles andere sind ein Traum (vgl. den Barbie-Slogan »Du kannst alles sein«). Barbie fasst Amerikas Sehnsüchte zusammen, zu denen nicht nur sozialer Aufstieg und Erfolg gehören, sondern auch unbegrenzter Konsum und materieller Wohlstand.

Sinnstiftungsversuche, die die Entstehung von Barbie im Rahmen von deutsch-amerikanischer Geschichte und Holocaust deuten, fanden ausschließlich in der kulturwissenschaftlichen Diskussion in den USA statt. Dort wurden die Wurzeln von Lilli und damit auch Barbie in der deutschen Kabarettszene der 1920er Jahre gesehen und Bezüge zu Marlene ↗Dietrich hergestellt. *Bild*-Lilli wurde in den 1950er Jahren in den USA auch als Lilli Marleen verkauft.

Eine andere Lesart stellt Barbie in eine Tradition, in der Lilli/Barbie die deutsche Geschichte und eine Germania repräsentiert, die Erniedrigung überlebt und nach dem Zweiten Weltkrieg zu Zeiten des Wirtschaftswunders eine wirtschaftliche Wiedergeburt erlebt, ähnlich wie die Protagonistinnen der Filme *Die Ehe der Maria Braun* (1979) und *Das Mädchen Rosemarie* (1958) (vgl. Lord; Peers). Hierzu gehören auch die Erzählung, dass Barbie von ihrer jüdischen Mutter, Ruth Handler, in Europa gerettet und in die USA gebracht worden sei, sowie Denise Duhamels Gedicht *Holocaust Barbie* (1999), in dem eine Barbie, bei der unklar bleibt, ob sie Jüdin oder Arierin ist, einen Haufen toter ›Puppen‹ betrachtet. In Deutschland wurde das Modell der Lilli-Puppe allerdings nicht über die mythische Dimension mit dem Dritten Reich verbunden, sondern verkörperte die neuen Möglichkeiten für Frauen in der Nachkriegszeit (Peers, 141–144). Der entscheidende Deutungsraum ergibt sich aus der Unbestimmtheit und fast unbegrenzten Wandelbarkeit Barbies, durch die die Konstruiertheit, Performativität und Widersprüchlichkeit moderner Weiblichkeitsentwürfe kommunizierbar werden.

Lit.: C. Driscoll, Barbie Culture, in: Girl Culture. An Encyclopedia, 2 Bde., hg. v. C. A. Mitchell/J. Reid-Walsh, Westport (CT) 2008, 39–47. – R. Gerber, Barbie and Ruth. The Story of the World's Most Famous Doll and the Woman Who Created Her, New York 2009. – M. G. Lord, Forever Barbie. The Unauthorized Biography of a Real Doll, New York 2004. – G. W. Miller, Toy Wars. The Epic Struggle between G. I. Joe, Barbie, and the Companies Who Made Them, New York 1998. – J. Peers, The Fashion Doll. From Bébé Jumeau to Barbie, Oxford/New York 2004. – K. Toffoletti, Cyborgs and Barbie Dolls. Feminism, Popular Culture and the Posthuman Body, London/New York 2007, 57–79.

Gabriele Linke

The Beatles

Die Beatles sind eine ca. 1962 gegründete und ca. 1970 aufgelöste Popgruppe aus der englischen Stadt Liverpool. Mitglieder der Gruppe waren auf allen Studioalben John Lennon (Rhythmusgitarre, Gesang), Paul McCartney (Bass, Gesang), George Harrison (Leadgitarre, Gesang) und Ringo Starr (bürgerlich Richard Starkey; Schlagzeug, Gesang). Die Beatles können aufgrund mehrerer für die Popmusik der 1960er Jahre einzigartiger Faktoren als Paradigma der kreativen Popgruppe (↗Pop) gesehen werden, welche die Grenzen zwischen E- und U-Kultur erfolgreich überschreitet. Zudem entfalten sie als eine der erfolgreichsten Bands aller Zeiten eine mythische Wirksamkeit, die bis heute nicht nur auf die Popkultur ausstrahlt. Dies ist nicht zuletzt auch darin begründet, dass die Beatles für den in den 1960er Jahren aufkommenden Generationenkonflikt zwischen den konservativen Elternhäusern der Nachkriegsgeneration und den sich gegen die althergebrachten Wertvorstellungen auflehnenden Jugendlichen und jungen Erwachsenen dieser Zeit stehen. Die sozialkritischen und experimentellen Texte sowie die innovative musikalische Gestaltung der Beatles-Songs spiegeln die gesellschaftliche Umbruchphase einer ganzen Generation.

Zu Beginn ihrer Karriere spielte die Band Rock'n'Roll-Standards, mit denen sie – zunächst als Begleitband u.a. für Tony Sheridan – 1962 und 1963 im Hamburger Star
Club, später im Liverpooler Cavern Club erfolgreich auftrat. 1963 erschien ihr Debütalbum *With the Beatles* und sorgte für die ersten Ausläufer der ›Beatlemania‹, eine nie
zuvor dagewesene, an Hysterie grenzende Begeisterung vornehmlich junger Mädchen.
1966 entschied sich die Band, nicht mehr live aufzutreten, da sie aufgrund der Lautstärke ihrer Fans die eigene Musik nicht mehr wahrnehmen konnte (Hertsgaard, 197f.).
Dieser vollständige Rückzug ins »Abbey Road«-Aufnahmestudio in London bedingte
jedoch erst die Entstehung eines künstlerischen Gesamtwerks, das die weitere Entwicklung der bis dahin als Teenager-Phänomen abqualifizierten Popmusik entscheidend
prägte. Die Beatles nahmen mit *Rubber Soul* (1965), *Revolver* (1966) und *Sgt. Pepper's
Lonely Hearts Club Band* (1967) drei Alben auf, die aufgrund ihres Ausschöpfens der
neuen technischen Möglichkeiten, dem aus einer eingehenden Kenntnis der verschiedenen Spielarten populärer Musik des 20. Jahrhunderts entsprungenen Gefühl für Melodien sowie einem einzigartigen Gespür für den Zeitgeist der späten 1960er Jahre noch
heute regelmäßig zu den besten Popalben aller Zeiten gewählt werden (vgl. z.B. die
Hitliste *The RS 500 Greatest Albums of All Time*, die das Musikmagazin *Rolling Stone*
2003 veröffentlichte). Nach den Aufnahmen zum Album *Abbey Road* (1969) trennte
sich die Gruppe und die vier Musiker verfolgten seit den frühen 1970er Jahren erfolgreiche Solokarrieren. Zu einer richtigen Wiedervereinigung der teilweise zerstrittenen
Musiker kam es nicht mehr, zumal John Lennon im Dezember 1980 von einem geistig
verwirrten Fan in New York erschossen wurde.

Die – vor allem retrospektive – Mythisierung der Beatles erfolgt insbesondere durch
die beiden Faktoren musikalische Innovation sowie Medien und Ikonografie.

Musikalische Innovation

Wie keine andere Popband zuvor prägten die Beatles verschiedene Spielarten populärer
Musik auf entscheidende Weise. Die seinerzeit innovative Entscheidung, auf Liveauftritte zu verzichten und sich nur auf die Arbeit im Tonstudio zu konzentrieren, führte
zu einer Reihe popmusikalischer Neuerungen, unter ihnen bspw. die Instrumentierung
eines Popsongs nur durch ein Streichquartett (*Eleonor Rigby*, 1966), der Aufnahme
rückwärts abgespielter Tonspuren zur Erzielung eines psychedelischen Effekts (*Tomorow Never Knows*, 1966), die Verwendung eines Mellotrons (*Strawberry Fields Forever*,
1967), das erste Album, auf dessen Hülle die gesamten Songtexte abgedruckt waren
(*Sgt. Pepper*, 1967), die erste (fast) seitenfüllende Songsuite auf einem Popalbum (*Abbey Road*, 1969), aber auch die Öffnung hin zu traditionelleren Spielarten populärer
Musik des frühen 20. Jahrhunderts (*Your Mother Should Know*, 1967, bzw. *Penny Lane*,
1967).

Zahlreiche soziale und kulturelle Neuerungen der 1960er Jahre werden retrospektiv
mit den Beatles assoziiert, so unter anderem die Erweiterung des Rezipientenkreises
von Popmusik aufgrund einer Reihe musikalischer und textlicher Innovationen, welche

Abb. 5: Beatles-LP *Sgt. Peppers Lonely Hearts Club Band*, 1967, Nummer 1 in den ›500 Greatest Albums of All Time‹ der US-amerikanischen Musikzeitschrift *Rolling Stone* (2003)

diese vom Stigma der Unterhaltungsmusik für ein jugendliches Publikum befreite, oder die Politisierung der populären Kultur und die Öffnung der Popmusik für andere Künste (vgl. Reiter; Grasskamp). Auch im ökonomischen Bereich wird den Beatles eine wegweisende Rolle zugewiesen, da sie mit ihrer eigenen Plattenfirma Apple als Erste eine partielle Loslösung von der Kontrolle großer Musikkonzerne erreichten.

Medien und Ikonografie

Die Gruppe zeichnete sich in den 1960er Jahren durch eine große mediale Präsenz aus, wobei vor allem die britische Presse einen Kampf um den ›Popthron‹ mit den Rolling Stones lancierte. Auch waren die Beatles Helden einer TV-Serie (*The Beatles*), traten häufig in Unterhaltungsshows im Fernsehen auf und wirkten als Darsteller (bzw. als Zeichentrickfiguren in *Yellow Submarine*, 1968) in fünf Filmen mit. Mit ihrem Namen erschienen zudem unzählige sogenannte Memorabilia-Artikel.

Das wohl bedeutendste Element des Beatles-Mythos umfasst zahlreiche mit der Gruppe assoziierte kulturelle Momente, angefangen von der berühmt gewordenen ›Pilzkopf‹-Frisur bis hin zu ihren viel zitierten Albencovern, die selbst Ort von Mythenbildung wurden, so der Zebrastreifen von *Abbey Road* (1969), das von Peter Blake erschaffene, Dutzende prominente Persönlichkeiten abbildende Cover von *Sgt. Pepper* (1967) (vgl. Grasskamp) oder die weiße Leere von *The Beatles* (1968, bekannt geworden unter dem Namen *The White Album*). Vor allem der Drang, mit jedem Album die Popmusik weiterzuentwickeln, führte zu dem ebenso mythisch angesehenen Ende der Band: Als man für *Let It Be* (1970 erschienen, jedoch 1969 aufgenommen) die Aufnahmen von einem Filmteam begleiten ließ, während die Gruppe musikalisch zurück zur

Unmittelbarkeit der frühen Jahre gelangen wollte, kam es zum Dauerstreit vor laufender Kamera. An den filmisch dokumentierten Spannungen zerbrachen die Beatles schließlich. Die aufgrund der immensen Popularität der Band teils unfreiwillig medial ausgetragenen Streitigkeiten gelten bis heute als integraler Bestandteil des Beatles-Mythos. Der negative Einfluss der den Musiker entfremdenden Ehefrau (Yoko Ono, zweite Ehefrau von John Lennon), das Warnsignal, das vom plötzlichen Aufnehmen von Soloalben ausgeht (Paul McCartney 1970) oder der musikalische ›Back-to-the-Roots‹-Gedanke, der mangelnde Kreativität und Kommunikation kaschieren soll (vgl. Snow), sollten später auch für andere Popmythen zu den Elementen ihrer Untergangsprophezeiung gehören. Das faktische Ende der Band wurde zugleich zum Impuls der mythisierenden Erzählung von den ›unsterblichen‹ Beatles.

Lit.: The Beatles, Beatles Anthology, London 2002. – M. Hertsgaard, The Beatles. Die Geschichte ihrer Musik, München 1996. – W. Grasskamp, Das Cover von Sgt. Pepper. Eine Momentaufnahme der Popkultur, Berlin 2004. – R. Reiter, The Beatles on Film. Analysis of Movies, Documentaries, Spoofs and Cartoons, Bielefeld 2008. – R. Rodriguez, Fab Four FAQ 2.0. The Beatles' Solo Years, 1970–1980, New York 2010. – M. Snow, Beatles Solo. The Illustrated Chronicles of John, Paul, George, and Ringo after the Beatles, London 2013. – B. Spitz. The Beatles Biography, London 2006. – J. Wenner (Hg.), The RS 500 Greatest Albums of All Time, San Francisco 2003.

Sascha Seiler

Berlin

»Berlin gehört der ganzen Welt. Mehr als jede andere Stadt in Deutschland ist Berlin verortete deutsche Geschichte. Kaiser Wilhelm, Bismarck, das ›Dritte Reich‹, die Zeit im Brennpunkt des Kalten Krieges. Jede einzelne Etappe hat letztlich auf den Mythos Berlin eingezahlt.« Die in den einführenden Worten des aktuellen *Merian*-Reisemagazins (2013) zum Thema »Berlin« evozierten Assoziationen knüpfen nahtlos an die Stadtdarstellungen in Literatur, Film, Musik, Medien und Politik der vergangenen 140 Jahre an. Diese sind in zunehmendem Maße seit der Bestimmung Berlins zur Hauptstadt des deutschen Kaiserreichs im Jahr 1871 an der kontinuierlichen Weiterentwicklung des Berlin-Bildes sowohl seiner Einwohner als auch seiner Besucher und Betrachter beteiligt (z.B. Hessel *Spazieren in Berlin*, 1924).

Die von Gegensätzlichkeiten und Brüchen durchzogene Historie, die sich in der Stadtstruktur spiegelt, mobilisiert einen immer wiederkehrenden vermeintlichen Neugestaltungswillen der jeweiligen Generationen. Seit den 2000er Jahren erlebt Berlin eine Renaissance der Mythenbildung, die zum Teil sehr bewusst konstruiert ist, indem sie das pulsierende, rasend voranschreitende Flair der 1920er Jahre reanimiert (Frank, 308f; Löw, 222), welches die Stadt in den Rang einer Weltstadt erheben soll. Gleichzeitig symbolisiert sie wie kein anderer Ort die gesamtdeutsche jüngere Geschichte und wird als »Experimentierfeld der Moderne« (Kiecol, 171) mythisiert.

Der Berlin-Mythos rekurriert dabei u. a. auf die angstbesetzte Großstadterfahrung des Individuums der Jahrhundertwende, auf die Politisierung des urbanen Raums zur Herstellung von nationaler Identität und Abgrenzung zu opponierenden Systemen oder auf die Etablierung sogenannter *city brandings* (Biskup/Schalenberg, 10) des gegenwärtigen Stadtmarketings, welche dem modernen Phänomen Massentourismus geschuldet sind.

Urbanität, Internationalität, Modernität

Im Jahr 1871 wird die preußische kurfürstliche Residenzstadt Berlin zur Hauptstadt des Deutschen Reiches, was einen grundlegenden strukturellen Wandel für das Stadtgebiet zur Folge hat. Nun muss man sich unausweichlich Gedanken über Fragen machen, »für die es in Deutschland kaum eine Tradition gab: Urbanität, Internationalität, Modernität« (Kiecol, 161). Die Einwohnerzahl wächst bereits 1877 über die Millionengrenze an, zur Jahrhundertwende kratzt sie bereits an der Zwei-Millionen-Marke, der konsequente Einsatz von Errungenschaften des technischen Zeitalters wie die Inbetriebnahme der ersten elektrischen Straßenbahn der Welt trägt zu einer neuen urbanen Ästhetik nach dem Vorbild der amerikanischen Großstadt bei (Kiecol, 168), die auch sakrale Züge trägt: Industrie und Verkehr dominieren Stätten der Kunst, »den vielen Kirchen korrespondieren als andere Kathedralen der Moderne die in die Höhe schießenden Warenhäuser« (Haupt/Würffel, 171). Die Atmosphäre Berlins um die Jahrhundertwende ist bestimmt von dem Diktum des Aufbruchs, in dieser Zeit findet der von Berlin repräsentierte Gründungsmythos seinen Ursprung.

Mit dem Ausbau von Industriestädten und der Herausbildung einer gesellschaftlichen Unterschicht wachsen auch die sozialen Problematiken und damit die negativen Aspekte des ↗Fortschrittes an. Urbanität wird zunehmend als Bedrohung für Identität und Individualität empfunden. Die Erfahrung des Menschen, der in der gesichtslosen Masse verschwindet, kulminiert im modernen Großstadtmythos vom ›Moloch‹ Berlin (vgl. Gerhart Hauptmanns *Die Ratten*, 1911), verbunden mit der mythischen alttestamentarischen ungehorsamen Stadt, von der Werktitel wie *Sodoms Ende* (Hermann Sudermann, 1891) oder *Das märkische Ninive* (Alfred Döblin, 1910) zeugen (Haupt/Würffel, 153). Die bedrückende politische Stimmung der Zeit schürt zusätzlich Angst, Nervosität und Hektik, was die unterschwellig spürbare Erwartung der bibelgemäßen Strafe vom Weltuntergang verstärkt, die sich 1914 scheinbar in der Katastrophe des Ersten Weltkriegs erfüllt (vgl. den Roman *Franziska* von Ernst Weiß, 1916). Nach der Kriegsniederlage und Errichtung der Republik erlebt Berlin in den 1920er Jahren einen wirtschaftlichen und gesellschaftlichen Aufschwung. Berlin »wird zur größten Industriestadt des Kontinents« sowie »zur legendären Kulturmetropole« (http://www.berlin.de/berlin-im-ueberblick/geschichte/weimarer_republik.de.html). In den ›Goldenen Zwanzigern‹ ruft die Parole »Tempo, Tempo!« dazu auf, »durch Geschwindigkeit schnell zur Weltstadt zu werden« (Löw, 222). 1927 setzt Walther Ruttmann diesem Lebensgefühl mit der Dokumentation *Berlin – Die Sinfonie der Großstadt* ein filmisches Denkmal, das die Großstadt als lebenden Organismus erscheinen lässt, andererseits aber die Maschinenhaftigkeit des modernen Lebens akzentuiert (vgl. auch Döblins Roman *Berlin Alexanderplatz*, 1929).

Monumentalisierung

Unter Hitler formt sich im Zuge der ideologischen Diffamierung der Moderne ein radikalisiertes Berlin-Bild: »Städtisches Leben und urbane Kultur wurden in den NS-Publikationen wüst geschmäht; Berlin war den Nazis ›Sündenbabel‹ und ›Parasit am deutschen Wirtschaftskörper‹, Berlin war chaotisch und ungeordnet, feindlich, Berlin war ›rot‹« (Graf, 195). Als Gegenmaßnahme greift ein Neugestaltungswille um sich, der stark antikisierende Züge trägt; aus der Stadt soll eine dem Titel Reichshauptstadt würdige Repräsentationsfläche werden. In den Jahren nach 1933 wird Berlin folglich inszeniert, Großbauten und Massenveranstaltungen sind darauf ausgerichtet, den urbanen Raum als Bühne erscheinen zu lassen (Graf, 197), auf der die Autorität des totalitären Systems zelebriert wird. Graf spricht auf Grundlage der baulichen Modifikation von einer »Versteinerung« (ebd., 202), die das Ziel der »Sakralisierung des öffentlichen Raumes« (ebd., 203) habe. Als repräsentatives Beispiel dieser politischen Einflussnahme auf die öffentliche Raumgestaltung können die elften Olympischen Sommerspiele gelten, die im August 1936 in Berlin stattfinden und die Stadt so zeigen, wie sie die nationalsozialistischen Architekten für die Zukunft visualisieren: Aus Berlin soll ein mythisches ›Germania‹ werden, die Stadt ist auf dem Weg zum Monument.

Ost und West

Nach dem Ende des Zweiten Weltkrieges wird mit der Besetzung, der Teilung in Ost- und Westzone, der Luftbrücke 1948/49 (Ernst Reuters Rede 1948 vor dem Reichstag an die »Völker der Welt«: »Schaut auf diese Stadt«) und schließlich dem Bau der Mauer 1961 Berlin erneut zum politischen Mythos: Berlin-Ost und Berlin-West spielen in den jeweiligen Gesellschaftssystemen ihrer Führungsmächte eine tragende Rolle. Die geteilte Stadt wird zum Erinnerungsort des ↗Kalten Krieges; besonders eindrücklich verdeutlicht sich dies im Fall des Berliner Wahrzeichens Brandenburger Tor. Insgesamt überwiegen Bemühungen, die zwei Halbstädte im Sinne der Systemkonkurrenz zu instrumentalisieren; Sedlmaier spricht diesbezüglich von »Schaufensterkonzeptionen« (Sedlmaier, 228). Für den Westteil wird Kultur- und Warenkonsum zur ideologischen Waffe (ders., 233), in Ostberlin preist man seinen Stadtteil als ›Schutzwall‹ gegen und Sieg über die verderbliche Kultur des Imperialismus an (ebd., 235). Symbolträchtige Aktionen wie die berühmte Rede des damaligen US-Präsidenten John F. ↗Kennedy vor dem Rathaus Schöneberg im Jahr 1963 (»Ich bin ein Berliner«), der ein Besuch des sowjetischen Partei- und Staatschefs Nikita Chruschtschow im Ostteil einige Monate zuvor vorausging, verdeutlichen den politischen Sonderstatus Berlins zu dieser Zeit. Erneut wird die Stadt in ihrer Gesamtheit zum Schauplatz visuell und materiell fassbarer Historie.

Das neue Berlin

Am 9. November 1989 gerät Berlin zum wiederholten Male in das Blickfeld der Weltöffentlichkeit, als im Zuge einer friedlichen Revolution der Druck auf die Ostberliner Regierung so stark geworden ist, dass diese beschließt, die Mauer in Berlin und die gesamte innerdeutsche Grenze zu öffnen. Fortan ist die Stadt mit dem /›Mauerfall‹ verbunden. Berlin erhält seinen Status als Regierungssitz zurück und mit dieser letzten Hauptstadtgründung Westeuropas im 20. Jahrhundert eröffnen sich Möglichkeitsräume, die zu einer regelrechten Berlin-Euphorie führen. Die Sonderausgabe der Zeitschrift *Lettre International* zum Thema »20 Jahre Mauerfall« bezeichnet diesen Zeitraum in der Retrospektive als »deutsche Chiffre einer großen Gelegenheit«: »Der Weltgeist schien in Berlin erneut Quartier zu nehmen. 1989 – das war einer jener seltenen Augenblicke der Geschichte, in denen alles möglich schien« (Editorial, 11).

In den ersten Jahren nach der Wiedervereinigung lebt die Stadt Berlin in großem Maße von der ihr innewohnenden Exzentrik der Unfertigkeit, die Karl Scheffler bereits 1910 polemisch in der viel zitierten Aussage formuliert, Berlin sei »dazu verdammt: immerfort zu werden und niemals zu sein« (Scheffler, 267). Eine innovative Musikszene, die im Massenspektakel der Love Parade globale Aufmerksamkeit erlangt, sowie eine enorm vielseitige Kreativlandschaft machen die Stadt zum Zielort der Jugendkultur. Spätestens jedoch mit dem vollendeten Umzug des deutschen Bundestags in das neu gestaltete Reichstagsgebäude beginnen politische und wirtschaftliche Interessen bei der Außendarstellung der Stadt in den Vordergrund zu rücken. Berlin lebt hier ebenfalls von seinen Spaltungen und Teilungen (Löw, 230), die sich in einer ambivalenten Städtebaupolitik und Wahrzeichenpflege äußern. Zum einen liefern prestigeträchtige Großprojekte, so z. B. die Umgestaltung des Potsdamer Platzes, schillernde Eindrücke vom »Neuen Berlin« (Frank, 297), das zwar auf die Vergangenheit der 1920er Jahre rekurriert, diese jedoch bewusst »ahistorisch und tendenziell entmythologisiert« (ebd., 319) präsentiert. Andererseits sorgt der Wiederaufbau und die Restaurierung »historischer Super-Orte« (ebd., 303) dafür, dass »man Geschichte mit der Atemluft einsaugt« (Kuhnert, 172) und »Zeit in eine Metapher des Raumes« (Bolaffi, 61) verwandelt wird.

Ereignisse wie die Errichtung von ›Fanmeilen‹ zu internationalen Sportturnieren am Brandenburger Tor oder die Etablierung einer der weltweit größten Freilicht-Silvester-Feiern am selben Ort verweisen auf die Wandelbarkeit der Mythenbildung: Das Brandenburger Tor avanciert vom Mnemotop der Teilungsproblematik zum nationalen Symbol für die Wiedervereinigung von Ost- und Westdeutschland (Löw, 189). Berlin ist ein »Ensemble zusammenhängender Wissensbestände und Ausdrucksformen«, die sich »zu spezifischen Sinnprovinzen verdichten« (Löw, 78), deren Aktualisierungen gerade über die Widersprüchlichkeit von Deutungsdimensionen ermöglicht werden. Die Diskussionen um den Bau des Holocaust-Mahnmals, die Rekonstruktion des Stadtschlosses sowie die Proteste um die Erhaltung der East Side Gallery, des längsten noch bestehenden Teilstücks der Berliner Mauer, lassen erkennen, dass die Herausforderungen im Umgang mit der eigenen Mythopoiesis weiterhin Konfliktpotenzial mit sich führen.

Lit.: T. Biskup/M. Schalenberg, Die Vermarktung Berlins in Gegenwart und Geschichte, in: Selling Berlin. Imagebildung und Stadtmarketing von der preußischen Residenz bis zur Bundeshauptstadt, hg. v. T. B./M. S., Stuttgart 2008, 9–21. – A. Bolaffi, Vom Osten zur Steppe. Berlin – Die Schönheit dieser Stadt besteht in ihrer Exzentrizität, in: Lettre International 86 (2009), 61–63. – S. Frank, Mythenmaschine Potsdamer Platz. Die wort- und bildgewaltige Entwicklung des »Neuen Potsdamer Platzes« 1989–1998, in: T. Biskup/M. Schalenberg, 297–319. – R. Graf, Die Inszenierung der »Reichshauptstadt Berlin« im Nationalsozialismus, in: T. Biskup/M. Schalenberg, 193–208. – S. Haupt/S. B. Würffel, Berlin. ›Das märkische Ninive‹, in: Handbuch Fin de Siècle, hg. v. S.H./S.B.W., Stuttgart 2008, 151–154; 170–177. – D. Kiecol, Berlin und sein Fremdenverkehr. Imageproduktion in den 1920er Jahren, in: T. Biskup/ M. Schalenberg, 161–174. – N. Kuhnert, Mythos Berlin. 1989/2009 – Zur Weltvergessenheit einer Generation, in: Lettre International 86 (2009), 172–176. – M. Löw, Soziologie der Städte, Frankfurt a.M. 2008. – K. Scheffler, Berlin, ein Stadtschicksal, Berlin-Westend ²1910. – A. Sedlmaier, Berlin als doppeltes »Schaufenster« im Kalten Krieg, in: T. Biskup/M. Schalenberg, 227–296.

Désirée Müller

Beschleunigung

Insoweit der Beschleunigungsmythos auf der Dynamisierung der Zeiterfahrung selbst beruht, ist er unstrittig modern. Die »Beschleunigung des Lebens« ist seit dem 19. Jahrhundert aus Alltagserfahrung, Literatur und Sozialwissenschaften bekannt, scheint sich aber in der Spätmoderne zu einem Rasen ohne Rast und Richtung zuzuspitzen.

Beschleunigung als Wahrnehmungsphänomen

Versteht man circadiane Zeit – Eigenrhythmen des Organismus – als Maß, erlebt der Mensch schon durch das Licht des Sonnentags beschleunigte Zeiten. Als soziales Phänomen kann Beschleunigung jedoch als spezifisch moderner Mythos gelten. Er hat gesellschaftsimmanente Ursachen und meint die »Mengenzunahme pro Zeiteinheit« (Rosa, 115). Erst mit der frühmodernen »Sattelzeit« (↗Um 1800) setzt, mit dem Übergang von Beharrung zu Bewegung, jener dauerhafte Wandel der Zeit- und Geschichtswahrnehmung ein, der auch zur schillernden wie hartnäckigen Auffassung führte, alles werde immer schneller (Borscheid, 7 ff.; Rosa, 153, 243). Die Beschleunigung des sozialen Wandels meint den schnelleren Verfall von Wissen und Werten, sozialen Beziehungen und Zielen, zu dem auch das Gefühl der Gegenwartsschrumpfung (Hermann Lübbe) gehört. Zur sozialen Beschleunigung trägt auch die technische Beschleunigung bei, also die intentionale Temposteigerung zielgerichteter Aktionen wie im Sport, bei der Herstellung von Waren oder deren Transport (Rosa, 124). Eine dritte Form betrifft die scheinbare Erhöhung des Lebenstempos durch die Zunahme von Handlungs- oder Erlebnisepisoden in kürzerer oder konstant bleibender Zeit (ebd., 135). In der Moderne ebenfalls beobachtbare Versuche, sich der Beschleunigung zu entziehen (etwa entschleunigt leben, Yoga, Klosteraufenthalte), bilden mitunter einen komplementären Bestandteil des mythischen Beschleunigungsnarrativs (z.B. Sten Nadolnys Roman *Die Entdeckung der Langsamkeit*, 1983; ↗Flaneur).

Technologien und ›Tod‹ des Raumes

Zum Mythos der Beschleunigung gehört die Überzeugung, neue Technologien seien für sie besonders verantwortlich (vgl. etwa Duddeck). Diesem wirkmächtigen Diskurs steht die Beobachtung gegenüber, dass Innovationen, die Abläufe verkürzen, freie Zeit schaffen. Und auch historisch ging die Beschleunigungswahrnehmung den Innovationen häufig voraus (Koselleck, 157). Jener ersten Überzeugung folgt zumeist eine zweite auf dem Fuße: Technische Beschleunigung sei per se schadhaft. So wurde im 19. Jahrhundert immer wieder behauptet, das Vibrieren schneller Eisenbahnen habe verheerende Folgen in Gemüt und Bewusstsein, und 2009 klagte Frank Schirrmacher, dass Internet und technische Digitalisierung (↗Computer/Internet) die Nutzer an Konzentrationsstörungen und Erinnerungsverlusten leiden lassen und den freien Willen untergraben.

Auch in Bezug auf jüngere technologische Errungenschaften, wie weltweite Digitalisierung und eine global vernetzende Telekommunikation (↗Globalisierung), stehen konträre Positionen einander gegenüber, die entweder versuchen, sich gegen das Hereinbrechen ständig neuer Informationen und ›Mitteilungen‹ abzuschirmen (E-Mail-Stau im Postfach; Eindringen von Massenmedien in Privaträume und Öffentlichkeit), oder andererseits die Vorteile und Potenziale neuer Technologien hervorheben. So entdeckten bereits die Futuristen (etwa Marinetti) in der mittels kraftvoller Technologien induzierten Geschwindigkeit neue ästhetische Anschauungsformen. Auch das Auto – bald nach den Kriegen *die* demokratisierte Beschleunigungstechnologie – wurde gerade gefeiert, weil es das lustvolle Überschreiten von Tempo- und »Risikogrenzen« möglich machte (Borscheid, 203). Wie die Eisenbahn oder heute das Internet veränderte das Auto nicht nur soziale Beziehungsformen, sondern auch das Zeit- und Raumwahrnehmen nachhaltig (Rosa, 246) und wurde nach anfänglicher Skepsis bald als »vibrierendes Beruhigungsmittel« (Geisthövel, 43) empfohlen.

Ein anderer mythischer Narrationsstrang betrifft die Wahrnehmung der ›Raumvernichtung‹, die regelmäßig auf »Geschwindigkeitsrevolutionen« folgte. Schon Heine tat 1842 kund, die Eisenbahn töte den Raum, und mit jedem schnelleren Vehikel erklang diese Weise aufs Neue. Eine differenzierende Gegenthese findet sich z. B. bei Philosophen wie Michel ↗Foucault und Henri Lefèbvre oder dem Geografen David Harvey (2012). Letzterer zeigte am Beispiel der Städte, dass neue »Raum-Zeit-Kompressionen« niemals ausschließlich eine Anpassung von Zeit-, sondern auch von Raumstrukturen bedeuten.

Spätmoderne Verzeitlichung der Zeit und kulturelle Erstarrung

Dennoch ist das Gefühl, durch *highspeed technology* heute in einem »globalen Dorf« zu leben, weit verbreitet. Hintergründig wirkende Motoren einer komplex verflochtenen sozialen Akzeleration (Rosa, 256 ff.) führen bei immer mehr Menschen zum Eindruck eines unfreiwilligen Ausgeliefertseins an Beschleunigung. Durch sie schrumpfen ständig die verbliebenen freien Zeitressourcen, während Lebens- wie Arbeitstempo steigen. Eine bloß flüchtige Gegenwart bleibt dort übrig, wo früheres Wissen fraglich und die Zukunft unsicherer wird. Daneben herrscht ein paradoxes Gefühl der »Gleichzeitigkeit des Ungleichzeitigen«, wenn neben Demokratien scheinbar selbstverständlich Diktaturen fortbestehen; in der Mode Retrolook neben *new fashion* ›in‹ bleibt; Ausbildung und Arbeit nicht mehr aufeinanderfolgen, sondern eher alternieren. Das hat zum Postulat einer »Verzeitlichung der Zeit« selbst Anlass gegeben (ebd., 428). Es scheint gerade die mythische »Natürlichkeit« der Zeit zu sein, die gewissermaßen unproblematisch zwischen Motoren der Beschleunigung einerseits und dem subjektiven Reagieren und auch politischen Handeln andererseits vermittelt. Die Mythisierung der Beschleunigung erklärt insofern auch, weshalb eine Abschaffung der Rahmenbedingungen von Wohlfahrtsstaat, klassischem Arbeitsverhältnis und deliberativer Demokratie unter weltweit anziehendem Tempo viele Befürworter findet, obwohl das Leiden an deren Konsequenzen (Flexibilisierung und Prekarisierung von Leben und Arbeit) ebenso weit verbreitet ist.

War schon früh in der Moderne neben der Dynamisierung auch die Wahrnehmung einer »kulturellen Erstarrung« vorhanden, so scheint sie in spätmodernen Zeitdiagnosen wie dem »Ende der Geschichte« (Francis Fukuyama) verschärft. Auch die Metapher des »Rasenden Stillstands« (Paul Virilio) erfasst diese Wahrnehmung zumindest von ihrer phänomenalen Seite (hierbei vergleichbar mit dem Satz »Die Sonne geht auf«). Gleichzeitig tritt damit auch eine mögliche politische Bedeutung des Beschleunigungsmythos hervor: Die gesellschaftlich verursachte soziale Beschleunigung bietet sich scheinbar ohne Ausweg dar. Ob Beschleunigung selbst, mit neuen »Institutionen und Praxisformen« (Rosa, 158), einen Ausweg aus dem Rasen ohne Rast und Richtung weisen kann oder nicht gerade diese Hoffnung den Mythos lebendig hält, bleibt am Ende offen.

Lit.: P. Borscheid, Das Tempo-Virus. Eine Kulturgeschichte der Beschleunigung, Frankfurt a. M. 2004. – H. Duddeck, Beschleunigungsmotor Technik: Woher? Wohin? Welche Technik sollen wir wollen?, in: Rasender Stillstand. Beschleunigung des Wirklichkeitswandels, hg. v. K.-M. Kodalle/H. Rosa, Würzburg 2008, 213–229. – A. Geisthövel/H. Knoch (Hg.), Orte der Moderne. Erfahrungswelten des 19. und 20. Jahrhunderts, Frankfurt a. M. 2005. – D. Harvey, Rebel Cities. From the Right to the City to the Urban Revolution, New York 2012. – R. Koselleck, Zeitschichten. Studien zur Historik, Frankfurt a. M. 2000. – H. Rosa, Beschleunigung. Die Veränderung der Zeitstrukturen in der Moderne, Frankfurt a. M. 2005. – F. Schirrmacher, Payback, München 2009.

Alexander Krahmer

Bild-Zeitung

Die *Bild*-Zeitung (kurz: »die *Bild*«) ist die deutsche Boulevardzeitung mit der höchsten Auflage, der größten Leserschaft und dem größten zugeschriebenen Einfluss (Auflage von ca. 2 bis 3 Millionen, Leserschaft 10 bis 11 Millionen Deutsche täglich, vgl. Springer AG). Sie steht zum einen für die mythische ↗Macht der Medien, zum anderen für ein vereinfachendes und massentaugliches Weltbild. Ihre mythische Ambivalenz generiert die *Bild*-Zeitung im Spannungsfeld zwischen ihrem Status als Tageszeitung mit großer publizistischer Reichweite und bekennender Stammleserschaft einerseits, dem vielfach kritisierten, auf Schlagzeilen fixierten, niveaulosen Boulevardjournalismus des Axel-SpringerVerlages andererseits. Mit ihrer populistischen, eher konservativen Ausrichtung versucht sie reißerisch, aktuelle Stimmungslagen auf den Punkt zu bringen. Die einprägsame *Bild*-Ästhetik in Form von plakativer Gestaltung mit großen Balkenüber-

Abb. 6: Bild-Schlagzeile am Tag nach der Wahl von Kardinal Joseph Ratzinger zum Papst Benedikt XVI. (20.5.2005)

schriften, zahlreichen großformatigen Fotos und einer komprimierten und dramatisie-renden Sprache stilisiert die Welt zum Skandal.

Kritik an der Bild-Zeitung

Die mythisierenden Zuschreibungen an die *Bild* gründen sich nicht nur auf die große Leserschaft, sondern vor allem auf die Diskussionen um ihre Arbeitsweise und politi-sche und publizistische Einflussnahme. Ihrem großen Erfolg steht eine Vielzahl von Kritikern gegenüber, die insbesondere ihre fragwürdigen Recherchemethoden (z. B. Ver-letzung von Persönlichkeitsrechten) bemängeln (Raabe, 26). Keine andere deutsche Tageszeitung hat eine so hohe Auflage und steht gleichzeitig so in der Kritik bzw. wird so häufig wissenschaftlich untersucht (vgl. Brettschneider/Wagner; Arlt/Storz).

Die umstrittenen Recherchemethoden dokumentierte unter anderem der Journalist Günter Wallraff, der verdeckt mehrere Monate im Jahr 1977 als *Bild*-Journalist arbeitete (vgl. Wallraff). Er kommt bei seinen Recherchen zu dem Schluss: Die *Bild*-»Zeitung lügt, fälscht und hetzt« (ebd., 10).

Seit 2004 dokumentiert der medienkritische BILDblog, gegründet vom Journalisten Stefan Niggemeyer, die Verfehlungen, Falschmeldungen und presserechtlichen Verstöße der *Bild*-Zeitung (www.bildblog.de). Wie Wallraff bildet er eine scheinbar entmythisie-rende Gegenöffentlichkeit, die jedoch gerade durch ihre enge Verknüpfung und Wech-selwirkung mit der *Bild*-Zeitung mythenkonstitutiv ist.

Zwar ist der direkte politische und publizistische Einfluss der *Bild*-Zeitung umstritten, wird jedoch von Politikern vorausgesetzt und ist damit Teil des Mythos. Bekannt ist die Aussage des früheren Bundeskanzlers Gerhard Schröder, dass der Weg ins Kanzleramt ohne *Bild*-Zeitung nicht zu schaffen sei, da diese das Sprachrohr der Mehrheit der Deutschen sei. Für erfolgreiches Regierungshandeln brauche er nur »Bild, BamS und Glotze« (zit. n. Wagner, 147). Genauso werden aber auch politische Fehler gnadenlos publik gemacht, wie der umstrittene Hauskredit des ehemaligen Bundespräsidenten Christian Wulff. Der Vorstandsvorsitzende der Springer AG Mathias Döpfner beschreibt seinerseits mythisierend die *Bild*-Berichterstattung, bei der man »mit dem Aufzug hoch und wieder runter« fahre (zit. n. Kleiß). Die 1974 erschienene Erzählung *Die verlorene Ehre der Katharina Blum* von Heinrich Böll sowie der gleichnamige Film von Volker Schlöndorff und Margarethe von Trotta (1975), in denen die Gnadenlosigkeit des Boulevardjournalismus mit subtilen Anspielungen auf die *Bild*-Zeitung beschrieben wird, trägt diese Machtzuschreibungen auch in Literatur und Film.

Polarisierung und Ambivalenz

Die erste Ausgabe der *Bild*-Zeitung erschien am 24. Juni 1952, verlegt durch Axel Springer. Schon wenige Jahre später (1956) lag die Auflage bei 2,5 Millionen Exemplaren. Axel Springer begründete mit der *Bild*-Zeitung das Verlagsimperium Springer AG, das heute über 13.000 Mitarbeiter umfasst und 3,3 Milliarden Euro (vgl. Springer AG) Umsatz macht. Springer sah in der *Bild*-Zeitung die »gedruckte Antwort auf das Fernsehen« (↗Fernsehen) und positionierte seine Zeitungen stets als Sprachrohr seiner politischen Haltung, jener eines Antikommunisten und Befürworters der Wiedervereinigung. So steht die *Bild* auch dafür, die deutsche Teilung stets negiert und die ↗DDR deshalb in Anführungszeichen geschrieben zu haben, um damit ihre Souveränität infrage zu stellen.

Während der studentischen Unruhen um 1968 wurde die *Bild* zum Feindbild der 68er-Generation (↗68er-Bewegung) und der linken Elite. In deren Augen schürte die *Bild* mit dumpfen Parolen den Volkszorn und war mitverantwortlich für das Attentat auf den Studentenführer Rudi Dutschke. Die Auseinandersetzungen gipfelten in Demonstrationen vor dem Springer-Verlagsgebäude in Berlin mit Parolen wie »Enteignet Springer« und Brandanschlägen. 1972 verübten ↗RAF-Terroristen einen Anschlag auf das Verlagsgebäude der Springer AG in Hamburg. All dies zeigt, wie polarisierend die *Bild* auf die öffentliche Meinung in Deutschland wirkte.

Dennoch müssen auch die *Bild*-Zeitungsmacher mit der eingeschränkten Macht der Medien umgehen. So zeigte eine Studie zur Berichterstattung über die Bundestagswahl 2002, dass die *Bild* deutlich Wahlwerbung für die Unions-Parteien betrieb, obwohl sie sich selbst als überparteilich darstellt. Den Wahlsieg des SPD-Kandidaten Gerhard Schröder konnte aber die negative Berichterstattung über ihn nicht verhindern (vgl. Brettschneider/Wagner).

Respekt zollen der *Bild* journalistische Kollegen für ihre Perfektion des Schreibstils: Die kurzen und knappen Überschriften und die prägnanten Artikel gelten als hohe Kunst der journalistischen Sprache. Unvergessen in ihrer Prägnanz und Kürze sind Schlagzeilen wie »Wir sind Papst« (*Bild*-Zeitung 2005) oder die Schlagzeile zur Mondlandung »Der Mond ist jetzt ein Ami« (1969). Die *Bild* steht somit für professionell betriebenen Boulevardjournalismus, der Massentauglichkeit und stilsicheren Anspruch vereint.

Der Springer-Konzern stellt sich mittlerweile konsequent auf die digitale Welt ein und erwirtschaftet die größten Umsatzanteile im Internetgeschäft. Auch die *Bild*-Zeitung ist im Internet präsent und gehört zu den am häufigsten genutzten Webseiten Deutschlands (vgl. AGOF). Der Mythos der *Bild*-Zeitung scheint aber noch an die Materialität der Papierzeitung gebunden.

Lit.: AGOF: http://www.agof.de/angebotsranking.619.de.html. – F. Brettschneider/B. Wagner, »And the winner should be…«. Explizite und implizite Endorsements in der Bild-Zeitung und der Sun, in: Medien als politische Akteure, hg. v. B. Pfetsch/S. Adams, Wiesbaden 2007, 225–244. – M. Kleiß, Wulff dir deine Meinung, in: Der Tagesspiegel, 5.1.2012. – J. Raabe, Boulevardpresse, in: Lexikon der Kommunikations- und Medienwissenschaft, hg. v. G. Bentele u.a., Wiesbaden 2006. – H. Röper, Überraschung! in: M – Menschen Machen Medien 5 (2013), 6. – Axel Springer AG: Unternehmensporträt, http://www.axel springer.de – B. Wagner, »Bild – unabhängig · überparteilich«? Die Wahlberichterstattung der erfolgreichsten Boulevardzeitung Deutschlands, in: Die Bundestagswahl 2005. Analysen des Wahlkampfes und der Wahlergebnisse, hg. v. F. Brettschneider u.a., Wiesbaden 2007, 147–170. – G. Wallraff, Der Aufmacher. Der Mann, der bei Bild Hans Esser war, Köln 1977.

Elizabeth Prommer

Bollywood

Bollywood, die aus Mumbai (früher: Bombay) stammende Hindi-Filmindustrie, floriert über die Grenzen Indiens hinaus und ist in den vergangenen drei Jahrzehnten zu einem wichtigen Teil der internationalen Unterhaltungs- und Popkultur geworden.

Der typische Bollywoodfilm hat eine Dauer von ungefähr drei Stunden und kombiniert verschiedene Filmgenres wie beispielsweise Musical, Melodrama, Farce, Western, *film noir*, Actionfilm und Liebesfilm, wobei Musik und Tanz eine zentrale Rolle zukommt. Jeder Film beinhaltet zahlreiche Musikstücke, die nicht nur als Intermezzi oder Lückenfüller fungieren, sondern die Grundlage für die Musicaleinlagen bilden und damit eine handlungstragende Bedeutung haben. Von rhythmischen Tänzen begleitet, wird eine romantische, meist erotische, mit aufwendigen Kostümen und Kulissen inszenierte Liebesgeschichte gezeigt (Gehlawant, 2).

Der Bollywoodfilm fungiert als Projektionsfläche unerfüllter emotionaler und ökonomischer Träume, die vor dem Hintergrund kulturell bedingter Sehnsüchte des indischen Publikums zu verstehen sind. Mit den pompös und lebensfroh inszenierten Gruppenchoreografien, die die hinduistische Hochzeitstradition (Saris, Schmuck, Mitgift, große Festsäle, Glückwünsche der Verwandten) mit Elementen des modernen *dance pop* verbinden, wird eine positiv konnotierte Gegenwelt zum häufig von Armut und Arbeitslosigkeit geprägten Alltag vieler Inder entworfen. Zudem wird auch ein zwischen Tradition und Moderne vermittelndes Deutungsmodell geliefert, das sich auf menschliche Beziehungen und auf eine spezifische Lebensweise gründet (Roy, 49).

Tradition und Moderne

In älteren wie auch in jüngeren Bollywoodproduktionen bilden Liebe und Sehnsucht die zentralen Themen (Mishra, 82–124). Die Filme porträtieren die Liebe als ein Tabu der indischen Gesellschaft, das durch den immer noch weitverbreiteten Brauch der arrangierten Heirat und durch die Unterordnung der eigenen Wünsche unter die elterliche Entscheidung bedingt ist. Die Handlung der Bollywoodfilme dreht sich meist um ein verarmtes Mädchen, welches einen reichen Jungen heiratet, der keine aufopfernde Mitgift – wie es sonst die Tradition erfordert – verlangt und mit dem sie im strahlenden Kleid und mit funkelndem Schmuck in bunten Blumenfeldern tanzt. Sowohl die Figuren als auch die Ästhetik der Filme vereinen in sich Ambivalenzen und Widersprüche: Der Bräutigam repräsentiert zugleich traditionelle Verlässlichkeit als auch neue männliche Emotionalität. Die Aufrichtigkeit der Liebe wird repräsentiert und konterkariert durch die bunte Künstlichkeit der Darstellung.

Sehnsucht und Verlangen nach und schließlich die Erfüllung der wirklichen Liebe werden zur Kernerzählung des Bollywoodfilms. Wünsche und Träume des Individuums stehen dabei meist im Gegensatz zu denen der Familie und der Gemeinschaft, die in der traditionellen indischen Gesellschaft über die Interessen des Einzelnen gestellt werden (z.B. in den Filmen *Mohabbatein* [*Liebesbeziehungen*], 2000, *Devdas* [*Flamme unserer Liebe*], 2002) und *Kabhi Khushie Kabhi Gham* [*In guten wie in schweren Tagen*], 2001). Diese Gegensätze werden thematisiert und zugleich eingeschrieben in die traditionellen Ethiken und Erzählungen.

Die Darstellung der romantischen Liebe geht auch mit der Glorifizierung der schönen Frau (nicht selten dargestellt als Abbild einer Hindugottheit) oder der sexuell attraktiven Frau einher, wie in dem von Pramod Chakravorty gedrehten Film *Dream Girl* (1977). Ungeachtet dessen sind die Bollywoodproduktionen oftmals von den alten indischen Heldengeschichten, dem *Mahabharata* und *Ramayan*, beeinflusst (Mishra, 4). Beide indische Nationalepen basieren auf Liebesgeschichten und beschreiben mit ihrem religiösen und philosophischen Inhalt einen großen Teil der hinduistischen Ethik, die wiederum in die Bollywoodproduktionen einfließt.

Nationale Identität und internationale Wirksamkeit

Bollywoodproduktionen sind somit keine statischen Institutionen und entsprechen nicht nur zeitenthobenen Traumwelten, sondern behandeln durchaus auch aktuelle Fragen und Themenkomplexe. Gerade in Zeiten ausgeprägter interkultureller Einflüsse wird das Verhältnis zu Ethos und Tradition neu überdacht und verhandelt. Bollywood reflektiert, ungeachtet seines reinen Unterhaltungswertes, auch immer Indiens soziales, religiöses und kulturelles Gewissen und ist daher ein Medium, welches die indische Perspektive auf das Leben und die menschlichen Beziehungen darstellt (Dwyer, 381–398). Das gegenwärtige Bollywood präsentiert neben strahlenden Farben, talentierten Schauspielern und aufwendigen Tanzdarbietungen auch die unterschiedlichen Themen seines Publikums und reagiert auf die Nöte der Gegenwart (z.B.: *My Name is Khan*, 2010; *Players*, 2012; *Yeh Jawaani Hai Deewani* [*Jugendzeit ist eine verrückte Zeit*], 2013).

Der Film *Bride and Prejudice* (2004) der Regisseure Gurinder Chada und Deepak Nayar, der 2005 in den USA veröffentlicht wurde, thematisiert beispielsweise die Suche indischer Frauen nach dem passenden Partner. Frauen wie die Protagonistin Lalita sind nicht bereit, ihr kulturelles Erbe und ihre Tradition aufzugeben, um einen Upperclass-US-Amerikaner, wie Lalitas männliches Pendant Darcy, zu erobern. Dieser reist aber seinerseits letztlich nach Indien, um Lalita für sich zu gewinnen, und lernt dabei die indische Kultur schätzen und lieben. Der Bollywood-Mythos steht somit auch für das Selbstbewusstsein der indischen Filmindustrie gegenüber dem Hollywoodkino, lässt Tradition, nationale Identität und internationale Wirksamkeit vereinbar erscheinen.

Das internationale Potenzial des modernen Mythos Bollywood gründet sich auf seine Deutungsangebote, die Indien als kulturell Anderes, Traditionelles und Fremdes, andererseits aber auch als menschlich Nahes und als zum Sehnsuchtsort geeignetes Land erscheinen lassen. Bollywood wird damit zur Quelle eines Fantasie-Indiens, das sowohl für innerindische Bedürfnisse als auch für ein international wirksames Indienbild steht (Ganti, 366), das zwischen Tradition und Moderne zu vermitteln weiß.

Lit.: A. Basu, Bollywood in the Age of New Media. The Geo-Television Aesthetic, Edinburgh, 2012. – R. Dwyer, Bollywood's India. Hindi Cinema as a Guide to Modern India, in: Asian Affairs 41.3 (2010), 318–398. – T. Ganti, Producing Bollywood. Inside the Contemporary Hindi Film Industry, London 2012. – A. Gehlawant, Reframing Bollywood. Theories of Popular Hindi Cinema, New Delhi 2010. – S. Gopal, Conjugations. Marriage and Form in New Bollywood Cinema, Chicago 2011. – K. Karan/D.J. Schaeffer, Marketing, Hybridity, and Media Industries, in: Travels of Bollywood Cinema. From Bombay to LA, hg. v. A.G. Roy/Chua B.H., New Dehli 2012, 238–259. – V. Mishra, Bollywood Cinema. Temples of Desire, New York 2002. – R. Rajpal, Bollywood in Frame over Women as Sex Objects, Deutsche Welle, 30.4.2013. – A.G. Roy, Is Everybody Saying ›Shava Shava‹ to Bollywood Bhangra?, in: Bollywood and Globalization. Indian Popular Cinema, Nation, and Diaspora, hg. v. R.B. Mehta/R.V. Pandharipande, London/New York 2011, 35–50.

Nadja Butt

James Bond

»My name is Bond, James Bond«: Mit diesen Worten stellt sich Bond nicht einfach nur vor, er ist mit ihnen zu einem Markenzeichen geworden, einer Trademark, zum »wahren Helden unseres Zeitalters« (Bennett/Woollacott, 12). Sein eher alltäglicher Name dient als Signatur für den Kampf des Einzelnen gegen das universale Böse, für zeitgenössischen Konservativismus und die *Englishness* in der Epoche eines neuen Hedonismus.

Schematik und Wandlungsfähigkeit

Ian Fleming wählte den eher unauffälligen Namen »James Bond« für die Agentenfigur seines Erstlingsromans *Casino Royale* (1953), weil er ihm sehr viel moderner erschien als damals gängige altmodische Fantasienamen. Mit dem Verweis auf Bonds Funktion als Werkzeug im Kampf gegen das Böse, durch die Doppelnull zudem mit der Lizenz zum Töten ausgestattet, ist er mehr durch seine Funktionsrolle definiert, als dass er als psychologisch motiviertes Individuum konzipiert wäre. Die Gewöhnlichkeit des Namens soll weder Herkunft noch Klassenzugehörigkeit verraten – so bleibt er selbst als Heros eine Figur, die für den Leser auch alltägliche Identifikationsmerkmale bereitstellt. So begrenzt die narrative Kombinatorik der Romane und die schematisch gezeichneten Eigenschaften der Protagonisten sein mögen, so sehr fungiert »James Bond« doch auch als »a moving sign of the times, as a figure capable of taking up and articulating quite different and even contradictory cultural and ideological values« (Bennett/ Woollacott, 19).

Er könnte sich nicht dauerhaft behaupten, wenn ihm nicht auch ein Spielraum für Umwandlungen und Aktualisierungen zu eigen wäre. Gerade bei James Bond wird deutlich, wie der herkömmliche Katalog zur Beschreibung des Helden – ein binäres System von Kontrasten und Kombinationsregeln – modifiziert und zeitgenössischen Wertvorstellungen angepasst werden kann. Dadurch entsteht ein Mischverhältnis aus Unveränderbarkeit und Variation, das angesichts der intermedialen Verwertung (Roman, Filme und Comics) besonders offensichtlich wird.

Bond als mythischer Held

Der Mythos Bond funktioniert auf unterschiedlichen zeitlichen Ebenen. Bond ist der archetypische Held, der auszieht, um mit Mut und List den Gegner zu besiegen, und der – wie Odysseus nach Ithaka – zwar nach Hause zurückkehrt, dann aber nach kurzer Verweildauer wieder zu neuen Ufern aufbricht (Brockmann, 259 f.). Während Bond sämtliche physischen Attribute des Helden (Männlichkeit, Potenz, Attraktivität) aufweist, sind die Bösewichte meist körperlich deformiert, sexuell unbestimmt und anämisch-steril. In ihrer physiognomischen Fremdheit, die auf eine ethnische Herkunft aus häufig östlichen Ländern verweist, repräsentieren sie »das Andere«, das von der angelsächsischen Norm abweicht. Der von Kritikern monierte Rassismus der Bond-Geschichten verdankt sich letztlich dem manichäischen Schema alter Mythen und Legenden, die die inneren Qualitäten der Figuren an ihren äußeren Merkmalen abgleichen: der gute Ritter und das blutrünstige Scheusal, die Schöne und das Biest, das Volk der Edlen und das Reich des Bösen (Eco, 99).

Die Aufträge bekommt Bond von »M«, einer Art gestrenger (halb geliebter, halb gehasster) Vaterfigur, die den Geheimdienstchef alter Schule personifiziert. Als Vertreter des Establishments verfügt »M« zwar über alle Informationen hinsichtlich globaler Gefahren, doch nur James Bond bringt die Risikobereitschaft, den Wagemut, den Listenreichtum und die Improvisationsgabe des klassischen Helden auf, um gegen diese Gefahren anzukämpfen – daher auch die ambivalente Beziehung zwischen den beiden, die zudem ihre soziale Position spiegelt: »M« vertritt die Werte des Konservativismus der Vorkriegszeit, Bond ist das klassenlose, von Standesdünkel freie Vollzugsinstrument ebendieser Werte.

Ähnlich funktional gestaltet sich sein Verhältnis zu den Frauen, hier vor allem zum berühmten »Bond Girl«. Obgleich die erotischen Beziehungen in ihrer ›modernen‹ Freizügigkeit herkömmliche puritanische Hemmungen ausschließen, sind sie doch in erster Linie eine Bekräftigung von Männlichkeit, die sich jeglichen Zweifels an tradierten Geschlechterrollen erwehrt. Andererseits wäre der Mythos des Helden durch dessen Domestizierung durch die Frau ernsthaft gefährdet. Bond muss trotz kurzzeitiger Ehe Junggeselle bleiben, um über seine Zeit frei disponieren und heldenhaft wirksam werden zu können.

Englishness

Bezeichnenderweise repräsentiert Bond mit all seinen Vorlieben und Anschauungen einen spezifisch englischen Heldentypus just zu einer Zeit, als Zweifel an der geopolitischen Bedeutung Großbritanniens den Mythos der *Englishness* zerstörten (Schmidt, 25 f.). Zwar ging das Land als Siegermacht aus dem Zweiten Weltkrieg hervor, doch das entwürdigende Desaster der Suezkrise (1956) und die damit einhergehenden Anzeichen einer unaufhaltsamen Dekolonialisierung bestätigten das berühmte Urteil des amerikanischen Außenministers Acheson, dass Großbritannien sein Empire (↗British Empire) verloren, aber noch keine neue Rolle gefunden habe. Von daher ist es nur folgerichtig (und durchaus im Sinne des populären Mythos), dass Bond als Einzelgänger agiert, der in gefahrvollen Momenten die ganze Last seines Landes auf die Schultern nimmt.

Der Erfolg von James Bond als literarische und filmische Figur rührt nicht zuletzt daher, dass er die ewig gleichen Qualitäten des in Abenteuer verwickelten Helden aus den antiken Mythen mit einem erstaunlich zeitgenössischen Profil verbindet. Am Ende der 50er und zu Beginn der 60er Jahre des 20. Jahrhunderts war die Nachkriegszeit mit ihren materiellen Entbehrungen in eine angebotsorientierte Konsumgesellschaft übergegangen, für die Premier Macmillans berühmter Slogan »You've never had it so good« zum Markenzeichen wurde. James Bond bewegt sich wie selbstverständlich im Kosmos der exquisiten Markenprodukte und in einem Klima von Libertinage und hedonistischer Genussfreudigkeit. Dennoch wird bei ihm der Luxus nie zum Selbstzweck, da er in gefahrvollen Situationen durchaus über eine als »typisch englisch« konnotierte Selbstbeherrschung und Bereitschaft zur Entbehrung verfügt. Mehr noch: Was bei ihm wie Freizeit aussieht, ist Teil einer Arbeitsauffassung, bei der Entspannung und äußerste Anspannung zwei Seiten einer Medaille sind.

In den Bond-Romanen lässt sich im Sinne mythischer Erzählungen eine »ars combinatoria« von festgelegten Spielsituationen, Wertgegensätzen und Handlungsmustern ausmachen (Eco 72–74, 89) – von der Auftragserteilung durch »M« und dem ersten Auftritt des Schurken über die Verführung der Frau und die Überwindung todbringender Gefahren bis hin zum Sieg über den Schurken und die Aussicht auf neue Abenteuer. Fleming zeigte sich unglücklich darüber, dass ihm »nothing but a vista of fantastic adventures of more or less the same pattern« (zit. n. Lycett, 255) gelungen sei. Doch ohne diese »serielle Inaktualität« (Föcking/Böger, 11) wäre wohl nie der James Bond-Mythos entstanden.

Lit.: T. Bennett/J. Woollacott (Hg.), Bond and Beyond. The Political Career of a Popular Hero, Houndsmill 1987. – C. Brockmann, Niemand ist mein Name. Über Odysseus und James Bond, in: Föcking/Böger, 259–279. – U. Eco, Die erzählerischen Strukturen in Flemings Werk, in: O. del Buono/U. E. (Hg.),

Der Fall James Bond 007. Ein Phänomen unserer Zeit, München 1966, 68–119. – M. Föcking/A. Böger (Hg.), James Bond. Anatomie eines Mythos, Heidelberg 2012. – A. Lycett, Ian Fleming, London 1995. – J.N. Schmidt, Ian Fleming und James Bond. Die Genese eines literarischen Helden, in: Föcking/Böger, 15–30.

Johann N. Schmidt

Börse

Der Mythos der Börse besteht im Kern in der paradoxen Verbindung von Charakterisierungen der modernen Gesellschaft als rational-arbeitsteilige Gesellschaft und andererseits als irrationale Herrschaft des Massenaffekts. Die Börse fungiert seit dem 19. Jahrhundert als Bühne rationalen Kalküls und ökonomisch-arbeitsteiliger Funktionalität wie auch als Szenerie von Hysterien, Euphorien und Paniken. Die Arbeit am Mythos Börse erfolgt sowohl auf dem Gebiet der ästhetischen Produktion (etwa Romanliteratur und Filme) als auch in öffentlich-massenmedialen und politischen sowie sozial- und wirtschaftswissenschaftlichen Diskursen. Perpetuiert wird dieser Mythos seit dem 19. Jahrhundert einerseits aufgrund einer zunehmenden institutionellen Ausdifferenzierung und Professionalisierung der Finanzwirtschaft wie auch dadurch, dass die Börse als Kristallisationspunkt des Versprechens universeller Teilhabe in bzw. an der kapitalistischen Moderne dient.

Ausdifferenzierung und Professionalisierung der Finanzwirtschaft

Seit dem 19. Jahrhundert hat sich die Finanzwirtschaft institutionell ausdifferenziert und gegenüber der produktionsbasierten Wirtschaft eine relative Autonomie erreicht. Dies ging einher mit einer Professionalisierung von Finanzberufen und entsprechenden Wissensbeständen. Das Streben nach professionellem Status und entsprechender gesellschaftlicher Legitimität involvierte einen Kampf gegen die mit der Börse assoziierten irrationalen Affekte. Insbesondere wurde versucht, (rationale) Spekulation von (irrationalem) Glücksspiel abzugrenzen. Marieke de Goede zeichnet in diesem Zusammenhang exemplarisch nach, wie sich in den USA des 19. Jahrhunderts das Finanzmarktgeschehen zu einem ökonomisch wie moralisch respektablen Bereich stilisieren konnte. Es wurde von als moralisch verwerflich geltenden Glücksspielpraktiken abgegrenzt, zu denen es indes genealogisch engste Verbindungen aufwies: Während etwa das heutige Versicherungswesen seinen Ursprung im Wetten auf Leben und Sterben prominenter Personen oder auf meteorologische Ereignisse hat, galt es im 19. Jahrhundert, das Wetten auf Kursverläufe von jenen mit dem Glücksspiel assoziierten Praktiken moralisch zu separieren. Aus dieser Sicht erscheinen die Konjunkturen der der Börse abwechselnd zugeschriebenen Rationalität und Irrationalität als Kehrseite des Ringens um professionelle Respektabilität der Finanzwirtschaft. Die Entstehung einer Profession der Broker im späten 19. Jahrhundert und die professionelle Etablierung von Finanzberufen im 20. Jahrhundert (nicht zuletzt durch die zunehmende Akademisierung der

Finanzwirtschaft) sind folglich Versuche, die Rationalisierbarkeit des Börsengeschehens zu behaupten (vgl. Preda).

Allerdings hat der mythische Widerstreit zwischen Rationalität und Irrationalität mittlerweile die Finanzökonomik selbst erfasst. Durch den Diskurs der *behavioral finance* ist das Paradox von Rationalität und Irrationalität der Börse mittlerweile im Herzen der Wirtschafts- und Finanzwissenschaften angekommen. Während die ›neoklassische‹ Finanztheorie argumentiert, dass Preisbildungsprozesse an Finanzmärkten durch ein Maximum an Informationstransparenz gekennzeichnet seien, hebt die an Bedeutung gewinnende verhaltenspsychologische Finanzmarktforschung jene Konsequenzen hervor, die aus irrationalem Anlegerverhalten resultieren, beispielsweise aus uninformiertem Nachahmungshandeln. In diesen Debatten wird eine bereits früher im 20. Jahrhundert sich formierende Opposition zwischen zwei Verständnissen politischer Ökonomie und Finanzmarkt(-ir-)rationalität fortgeführt: einer keynesianischen, der zufolge Finanzmärkte keine langfristigen Prognosen und dementsprechendes Planungshandeln zuließen, weil die auf ihnen stattfindenden Prozesse durch massenpsychologische Affekte ins Werk gesetzt würden (»In the long run we are all dead«, so Keynes, 65); und einer hayekschen, der zufolge (Finanz-)Märkte gerade deswegen eine überlegene Form sozialer Koordinierung ermöglichten, weil sie Informationen zusammenführten und verarbeiteten, die von keinem Individuum und keiner Gruppe in ihrer Gänze überblickt werden könnten.

Heute versuchen die Akteure am Finanzmarkt, sich in ihrer beruflichen Praxis dem Versprechen professionell einzulösender Rationalität anzunähern (vgl. Abolafia). Fondsmanager neigen dazu, ihr eigenes Handeln als wohlinformiert und rational zu beschreiben und die rational nicht erklärlichen Auf- und Abschwünge an Börsen dem irrationalen Handeln uninformierter Anleger zuzuschreiben. Zugleich jedoch berichten Finanzmarktprofis von stark intuitiv gesteuerten Entscheidungspraktiken (›Bauchgefühl‹) (vgl. Langenohl). Die paradoxale Gleichzeitigkeit von rationaler Abwägung und intuitivem Handeln beherrscht daher auch den beruflichen Alltag. Allerdings werden Finanzwirtschaftskrisen (↗Wirtschaftskrise) zuweilen auf die ›unprofessionellen‹ Praktiken von Börsenprofis zurückgeführt – so nach 1929, als die exklusiven Rechte der Professionellen auf Preisinformationen beschnitten wurden, wie auch in der gegenwärtig andauernden Unsicherheit an Finanzmärkten. Hierdurch wird ihre Autorität, aber auch der Mythos der Finanzmarktrationalität in Zweifel gezogen.

Die Börse und das Versprechen von Teilhabe an der kapitalistischen Moderne

Seit dem 19. Jahrhundert ist ein öffentliches Börsen-Faszinosum entstanden, welches auf dem Versprechen der universellen Teilhabe, also einem Kernversprechen der rationalistischen Moderne, beruht, dessen Kehrseite jedoch die Abhängigkeit der Börse von Massenstimmungen und unkontrollierbaren Gefühlslagen ist. Über das funktionalistische Argument hinaus (vgl. Parsons/Smelser), welches die Allinklusivität der Börse primär in ihrem universalen ökonomischen Wirken sieht, ist seit dem späten 19. Jahrhundert die zunehmende aktive Teilhabe am Börsengeschehen Gegenstand sowohl populärer wie ästhetischer, politischer wie wissenschaftlicher Darstellungen gewesen.

Diese thematisieren entweder das positive Versprechen universeller Teilhabe oder beschwören den gesellschaftlichen Ruin aufgrund derselben Mechanismen. Stäheli argumentiert, dass der Diskurs über die Finanzmärkte seit dem 19. Jahrhundert ein Element des »Populären« aufweist. Zentral hierbei sei die Entwicklung technischer Kommunikationsmedien gewesen wie etwa die des Börsentickers, die einerseits die Preisinformation einem immer breiteren Publikum zugänglich gemacht, andererseits aber auch zu uninformierter Spekulation eingeladen hätten (vgl. auch de Goede).

Die positiven Aspekte des Versprechens universaler Teilhabe an der Börse figurierten zum Beispiel in politisch und massenmedial prominenter Weise in Forderungen nach mehr *financial literacy* unter Privatanlegern, die seit dem allgemeinen Börsenaufschwung der 1990er Jahre zunehmend artikuliert wurden (vgl. Langley). Aitken zufolge gibt es in den USA im 20. Jahrhundert vor allem auf konservativer Seite eine Lesart politischer Teilhabe, die eine solche als Teilnahme an einem unumschränkten Markt beschreibt. (Das Versprechen der europäischen Integration ist dem übrigens recht ähnlich.) Wanslebens Bericht über das Aufkommen von Finanzmarkt-Do-it-yourself-Literatur nach dem Börsencrash von 1929 dokumentiert beispielsweise das Bestreben, das Versprechen universeller, auf rationalem Handeln beruhender Teilhabe auch der Krise zum Trotz aufrechtzuerhalten. Zuweilen wird diese Assoziierung von (Finanz-)Markt und gesellschaftlicher Teilhabe bis in die Fundamente moderner Gesellschaftlichkeit zurückverfolgt. Charles Taylor zufolge besteht eine Homologie zwischen den Zirkulationsprozessen, durch die gemäß der liberalen politischen Ökonomie Märkte entstehen, und dem Umlauf von Symbolen (wie etwa Printmedien), durch die sich die Vorstellung einer abstrakten und doch essenziellen Gemeinschaft, nämlich der der ⁊Nation, formt.

Die negativen Szenarien unumschränkter Börsenmacht formieren sich bereits zum Ende des 19. Jahrhunderts. In dieser Kritik fließen sozialistische mit konservativen und antisemitischen Codierungen zusammen und es bildet sich eine diskursive Gemengelage, die sozialwissenschaftliche Abhandlungen, populäre mediale Darstellungen wie etwa Karikaturen und nicht zuletzt Romanliteratur (Heinrich und Thomas Mann, Fontane, Zola) umfasst (de Goede, xiii-xxvii; vgl. Schößler). Max Weber brachte 1894/95 in seiner wissenschaftlich-populären Darstellung *Die Börse* die seinerzeit viel diskutierte Volatilität der Getreidebörsen mit der Uninformiertheit gieriger Kleinanleger in Verbindung und sprach sich für eine Abschottung des Börsenverkehrs auf exklusive, wohlhabende Kreise aus. Zur gleichen Zeit formierten sich fiktionale Börsen-Dystopien, die vor allem, aber nicht nur in der Romanliteratur die Irrationalität der Börse entweder auf jüdische Umtriebe zurückführten oder aber mit weiblicher Hysterie assoziierten (vgl. Schößler). Schon früher, so de Goede, habe sich die Kritik an der Irrationalität und dem Glücksspielcharakter der Börse an einer Skandalisierung der Teilhabe von Frauen am Finanzmarkt festgemacht. Die Sichtweise wiederum, welche den Börsenverkehr und seine Auswüchse mit jüdischen Aktivitäten in Verbindung brachte, reichte weit in die Sozialwissenschaft und politische Ökonomie hinein; besonders deutlich wurde dies in Werner Sombarts Argumentation, dass die Abstraktheit des Börsenverkehrs (welche der Autor vor allem in der unumschränkten Handelbarkeit von Börsenpapieren erblickte) in einem Homologieverhältnis zur Abstraktheit jüdisch-religiöser Vorstellungen von Gemeinschaft stehe. An dieser Stelle wird der moderne Mythos der Börse, der auf einer Oszillation zwischen Rationalitäts- und Irrationalitätszuschreibungen beruht, mit einem figuralen Arsenal ausgestattet.

Lit.: M. Y. Abolafia, Markets as Cultures. An Ethnographic Approach, in: The Laws of the Markets, hg. v. M. Callon, Oxford/Malden (MA) 1998, 69–85. – R. Aitken, Performing Capital. Toward a Cultural Economy of Popular and Global Finance, New York 2007. – M. de Goede, Virtue, Fortune, and Faith. A Genealogy of Finance, Minneapolis/London 2005. – J. M. Keynes, A Tract on Monetary Reform [1923]. The Collected Writings of John Maynard Keynes, Bd. IV, London/Basingstoke 1971. – A. Langenohl, Finanzmarkt und Temporalität. Imaginäre Zeit und die kulturelle Repräsentation der Gesellschaft, Stuttgart 2007. – P. Langley, Uncertain Subjects of Anglo-American Financialization, in: Cultural Critique 65 (2007), 67–91. – T. Parsons/N. J. Smelser, Economy and Society, New York 1956. – A. Preda, Framing Finance, Chicago/London 2009. – F. Schößler, Börsenfieber und Kaufrausch, Bielefeld 2009. – U. Stäheli, Spektakuläre Spekulation. Das Populäre der Ökonomie, Frankfurt a. M. 2007. – C. Taylor, Modern Social Imaginaries, in: Public Culture 14.1 (2002), 91–124. – L. Wansleben, Die Erfindung des Amateurspekulanten. Veränderungen von Publikumsadressierungen im US Aktienmarkt um 1930, in: Finanzmarktpublika, hg. v. A. Langenohl/D. J. Wetzel, Wiesbaden 2014, 247–270.

Andreas Langenohl

Willy Brandt

Für die deutsche Sozialdemokratie gilt Willy Brandt nicht nur als ein führender Repräsentant der Partei, sondern ist selbst zum herausragenden Erinnerungsort geworden. Seinen 100. Geburtstag feierte die SPD 2013 ähnlich wie die eigene Gründung vor 150 Jahren. Die Parteizentrale befindet sich im Willy-Brandt-Haus, in dessen Eingangshalle die überlebensgroße Skulptur des einstigen Parteivorsitzenden und ersten sozialdemokratischen Bundeskanzlers nach 1945 die Besucher als Hausherr begrüßt. Nicht die SPD allein rekurriert auf die »historische Größe« Willy Brandts, auch die durch den Deutschen Bundestag geschaffene Bundeskanzler-Willy-Brandt-Stiftung hält sein Erbe wach und schließlich kürten ihn die Deutschen in einer Repräsentativbefragung – gleichauf mit Konrad Adenauer – zum wichtigsten Politiker seit 1949. Auch international ist Brandt, der früh als Sinnbild des »anderen Deutschen« galt (vgl. Wilkens), nicht vergessen: In Warschau gibt es beispielsweise – am Ort des »Kniefalls« von 1970 – einen Willy-Brandt-Platz mit dazugehörigem Denkmal und in Paris eine Rue Willy Brandt.

Willy Brandt war schon zu Lebzeiten zu einem Mythos geworden. Zwei Gründe dürften dafür entscheidend gewesen sein: Erstens schien sich in seiner Person und seinem Lebensweg die (deutsche) Geschichte des 20. Jahrhunderts in ihrer ganzen Wechselhaftigkeit und Polyvalenz gleichsam zu verdichten (vgl. Faulenbach); so sehr die Bewertungen schwankten, so sehr war es möglich, an seine Person eine Erzählung über Grunderfahrungen und -spannungen der Zeit zu knüpfen. Zweitens gelang es Willy Brandt wiederholt, mittels Gesten und Sprache symbolische Wirkmächtigkeit zu entfalten, indem er Ordnung in komplexe, unübersichtliche politische Zusammenhänge und Forderungen brachte und ihnen zugleich eine ebenso authentische wie emotionale Note verlieh. Markante Gesichtszüge und Stimme, überhaupt sein gesamter bedächtig-knorriger Habitus kamen dem entgegen.

Zu den prominentesten Beispielen symbolischer Politik zählen der Kniefall am Ehrenmal der Helden des Warschauer Ghettos von 1970 und die Formel »Mehr Demokratie wagen!« von 1969. Zu nennen ist aber auch Egon Bahrs Losung »Wandel durch Annäherung«, die die Neue Ostpolitik des SPD-Kanzlers anschaulich fasste; oder Brandts Diktum »Jetzt wächst zusammen, was zusammengehört« von 1989, mit dem er nach dem Mauerfall das gleichsam natürliche Drängen in Richtung deutsche Einheit begrüßte.

Brandt und die Bundesrepublik, die Bundesrepublik und Brandt

Brandt wirkte mit seinen Formeln und Gesten nicht nur als Integrationsfigur, sondern löste mit seinen politischen Initiativen auch polarisiert geführte Debatten aus: so anfangs im Falle der wesentlich durch ihn vorangetriebenen Entspannungspolitik zwischen Ost und West oder als er 1984 die Wiedervereinigung als »Lebenslüge« der Nation bezeichnete. Abwehr und Empörung äußerten insbesondere konservative Politiker und Publizisten, die Willy Brandt zeitweilig zum personifizierten Feindbild kürten und ihn so in gewisser Weise ebenfalls mythisierend überhöhten (vgl. als polemisches Zeitdokument Scholl). In der postnationalsozialistischen Bundesrepublik sah sich der Emigrant/Remigrant Brandt, der in norwegischer Uniform nach Deutschland zurückkehrte, um als Journalist über die Nürnberger Kriegsverbrecherprozesse zu berichten, vielfach Misstrauen und Diffamierungen ausgesetzt, auch motiviert durch den Titel seines Buches *Verbrecher und andere Deutsche* (1946). Insbesondere im weit rechten Milieu galt Brandt manchem als »Vaterlandsverräter«, der eine deutschfeindliche Publizistik betrieb und eine fragwürdige linkssozialistische Vergangenheit habe (zu den Attacken von rechts gegen Brandt vgl. Münkel 2002). Mit diesen politischen Anwürfen paarten sich persönliche Angriffe gegen ihn, der 1913 unehelich als Herbert Frahm geboren wurde, im Exil den *nom de guerre* Willy Brandt annahm und danach nicht mehr ablegen sollte. Der Höhepunkt des Diffamierungsdiskurses wurde im Wahlkampf 1961 erreicht, als Bundeskanzler Adenauer den damals Regierenden Bürgermeister von Berlin als »Herrn Brandt alias Frahm« herabwürdigte. Brandt wurde so zur Projektionsfläche tradierter Werthaltungen der frühen Bundesrepublik, die noch im Schatten des Nationalsozialismus stand.

Brandt avancierte in den 1950er und 1960er Jahren auch verstärkt zur Ikone der Linken und einer jüngeren, rebellischen Generation (Frei, 31 f.; vgl. Münkel 2008). Nach seinen Berliner Erfolgen stieg er ab 1957 zum Spitzenkandidaten seiner Partei auf. Mit ihm verband sich das Bild eines jugendlichen, visionären Politikers, eines ›deutschen ∕Kennedy‹.

Nach seiner Wahl zum Bundeskanzler im Jahr 1969 signalisierte Brandt nicht nur einen »Machtwechsel«, wie Bundespräsident Gustav Heinemann es damals formulierte, sondern auch einen umfassenden Politikwechsel. Zu diesem zählten die »Neue Ostpolitik«, eine Neuausrichtung der Bundesrepublik im Umgang mit der NS-Vergangenheit und schließlich die »Demokratisierung« eines auf mehr Bürgerbeteiligung ebenso wie auf eine Versöhnung von Geist und Macht zielenden, die Gesellschaft wertschätzenden Staates (vgl. Herbert). Willy Brandt wurde somit zum Repräsentanten der im Wandel begriffenen Bundesrepublik, die mit ihm eine Art zweite Gründung durchlief. Mit der Verleihung des Friedensnobelpreises 1971 und den »Willy-Wahlen« 1972 steigerte sich die Brandt-Begeisterung zu einem regelrechten Personenkult.

Mensch und Mythos

Brandt geriet aber nicht allein als entrücktes Kultobjekt und unnahbarer Heilsbringer zum Mythos, sondern am Ende auch, weil in seinem Fall stets der verletzliche Mensch mit seinen Schwächen erkennbar blieb. In paradigmatischer Weise kam dies im Kniefall von Warschau zum Ausdruck, der seine Wirkung deshalb voll entfalten konnte, weil er als spontaner, authentischer, außergewöhnlicher Akt des Menschen Brandt wahrgenommen wurde und nicht als konventionelles Ritual eines pflichtbewussten politischen Repräsentanten (vgl. Schneider).

Auch nach seinem Rücktritt vom Amt des Bundeskanzlers 1974 im Zuge der Guillaume-Affäre setzte Brandt wiederholt politische Akzente (Vorsitz der Sozialistischen Internationale, Engagement gegen den NATO-Doppelbeschluss und für die deutsche Einheit). Bindungen allgemeiner geschichtlicher Entwicklungen an seine Person trugen dabei – wie schon früher – ebenso zur Festigung des Mythos Willy Brandt bei wie jenseits der konkreten Zeitläufte liegende Eigenschaften, die seiner Person regelmäßig zugeschrieben wurden: visionär, charismatisch, friedensstiftend und menschlich.

Lit.: B. Faulenbach, Willy Brandt, München 2013. – N. Frei, Annäherung durch Wandel. Neun Beobachtungen über Willy Brandt im Blick der Deutschen, in: Willy Brandt. Neue Fragen, neue Erkenntnisse, hg. v. B. Rother, Berlin 2011, 25–33. – U. Herbert, Wandlungsprozesse in Westdeutschland. Belastung, Integration, Liberalisierung 1945–1980, Göttingen [2]2003. – D. Münkel, »Alias Frahm« – Die Diffamierungskampagnen gegen Willy Brandt in der rechtsgerichteten Presse, in: Zwischen den Stühlen? Remigration in der deutschen Medienöffentlichkeit der Nachkriegszeit, hg. v. C.-D. Krohn/A. Schildt, Hamburg 2002, 397–418. – Dies., Willy Brandt. Vom Reformer zum Denkmal, in: Das Jahrhundert der Bilder. 1949 bis heute, hg. v. G. Paul, Göttingen 2008, 442–449. – H. Scholl, Willy Brandt – Mythos und Realität. Die authentische Lebensgeschichte eines Berufssozialisten, Euskirchen 1973. – C. Schneider, Der Kniefall von Warschau. Spontane Geste – bewusste Inszenierung?, in: Das Jahrhundert der Bilder. 1949 bis heute, hg. v. G. Paul, Göttingen 2008, 410–417. – A. Wilkens, Der »andere Deutsche« im Blick von außen. Zur Perzeption Willy Brandts zu seiner Zeit und in der heutigen Erinnerungskultur, in: Willy Brandt. Neue Fragen, neue Erkenntnisse, hg. v. B. Rother, Berlin 2011, 54–84.

Alexander Gallus

British Empire

Das ›Empire, in dem die Sonne niemals untergeht‹, mit Indien als seinem ›Kronjuwel‹ – schon diese beiden Formeln evozieren den Kernbestand des Mythos British Empire. Vom späten 19. Jahrhundert, der Zeit des *high imperialism*, bis zum Ende des Ersten Weltkriegs war das britische Empire buchstäblich weltumspannend. Es bestand aus Siedlungskolonien wie Australien, Neuseeland, Südafrika und Kanada, Eroberungskolonien in Südasien, der Karibik und in Afrika sowie inoffiziellen Einflussgebieten, etwa in Ägypten und Schanghai. Mit der Proklamation Viktorias zur Kaiserin von Indien im Jahr 1877 erfüllten sich die Hoffnungen des Premierministers Benjamin Disraeli, der bereits 1872 in seiner Kristallpalastrede Indien als »the jewel in the crown of England« beschworen hatte. Das Empire wurde fortan von einer *Empress* bzw. einem *Emperor* regiert, deren Krönung, stets auch in Indien selbst, in schillernden Zeremonien gefeiert wurde.

Sucht man heute allerdings im Internet nach »the jewel in the crown«, so wird man zuerst auf Paul Scotts gleichnamigen Roman, den Auftakt seines gefeierten *Raj-Quartet* (1966–74) stoßen und auf dessen populäre Fernsehverfilmung von 1984. Gleich darauf folgt Werbung für eine Reihe indischer Restaurants in Großbritannien, von Aberdeen bis Swindon. Beide Befunde des Empire-Mythos im Internet verweisen auf zwei wichtige Aspekte: erstens die konstitutive Bedeutung populärer medialer Adaptionen des Mythos sowie deren kontinuierliche Remediation (d. h. Übersetzung in jeweils neue Medien); zweitens die Tatsache, dass das Empire mit der ›Windrush-Generation‹, einem weiteren wichtigen Mythos des heutigen Großbritannien, ›nach Hause‹ gekommen ist. Jene Immigranten, die nach dem Zweiten Weltkrieg aus den ehemaligen Kolonien (v. a. aus Südasien und der Karibik) als Bürger des Commonwealth ins ›Mutterland‹ kamen, haben Großbritannien nicht nur in eine multikulturelle Gesellschaft verwandelt, sondern in vieler Hinsicht auch eine kritische Überprüfung des Mythos British Empire in Gang gesetzt.

Viktorianische Mythopoiesis

Im späten 19. Jahrhundert sorgte eine intensive mediale Mythopoiesis für die Herausbildung imperialistischer Mentalitäten in Großbritannien. Der indische Aufstand von 1857/58, durch den für kurze Zeit das Empire auf dem Spiel zu stehen schien und nach dem Indien offiziell der Herrschaft der britischen Krone unterstellt wurde, markiert den Beginn und einen geradezu obsessiv immer wieder beschworenen Bezugspunkt erhitzter imperialistischer Mythenbildung (vgl. Erll). Zu den zentralen Topoi gehören Exotik und Gefahr, Zivilisierungsmission und Rückständigkeit, Liebe und Krieg, Heldentum und Verrat. Populäre Romane und Jugendliteratur (z. B. Charles Kingleys *Westward Ho!*, 1855, und G. A. Hentys *In Times of Peril*, 1884) verbreiteten Narrative des Empire als Abenteuer und Ort der Bewährung und trugen zur Ikonisierung von Helden des Empire und ihrer *muscular Christianity* bei, z. B. von Cecil Rhodes (nach dem die Kolonien Nord- und Südrhodesien benannt wurden) oder von Henry Havelock (dessen Statue heute im Zentrum Londons auf dem Trafalgar Square steht). Welt- und Kolonialausstellungen (z. B. *Great Exhibition*, 1851) machten das Empire für die ansonsten nur wenig von den Vorgängen in den Kolonien affizierten Bürger Großbritanniens sichtbar, ja greifbar und präsentierten ihnen ›koloniales Wissen‹. In der Music Hall wurde das Empire als Entertainment für die Arbeiterklasse inszeniert, mit vielen bis heute populären Melodien wie etwa G. W. Hunts patriotischen Versen von 1878, die den Beginn des Jingoismus (eine englische Variante des Hurra-Patriotismus) markieren: »We don't want to fight / But by jingo if we do / We've got the ships, we've got the men / And got the money too.« Bemerkenswert ist, dass das Empire in dieser Zeit zu einem integrativen Mythos wird. Schienen die Kolonien zu Beginn des 19. Jahrhunderts vor allem eine Sache der Händler, Politiker und Soldaten zu sein, so adressieren und durchdringen mythisierende Empire-Narrationen nun die gesamte britische Gesellschaft: Frauen, Kinder und Jugendliche, die Arbeiterklasse sowie neben Engländern auch Schotten, Waliser und Iren. Ein Schlüsselmedium für die Konsolidierung und Kontinuierung des Mythos British Empire war die populäre viktorianische Historiografie. Aufgrund ihrer ›gesicherten wissenschaftlichen Methode‹ fand die imperialistisch geprägte Geschichtsschreibung Eingang in Enzyklopädien und Unterrichtswerke und bewirkte so bei nachfolgenden Generationen die Naturalisierung von Empire-Mythen als ›neutrales Wissen‹ (vgl. MacKenzie; Cohn).

In der viktorianischen Epoche wurden Paradigmen gebildet, die das britische Verständnis des Empire nachhaltig prägen sollten. Ihre Funktion ist Komplexitätsreduktion. Denn die größten Herausforderungen bei dem Versuch, das britische Weltreich zu begreifen, sind seine historisch-politische Komplexität und moralische Ambiguität. Im Verlauf seiner knapp fünfhundertjährigen Geschichte hat sich nicht ein einheitliches Empire im Singular entwickelt, sondern ein unübersichtliches Gebilde aus sehr unterschiedlichen Formen des Handels, der Kolonisierung, der Missionierung und der kulturellen wie politischen Einflussnahme. Die Bürger Großbritanniens waren Teil des Empire: als Kaufleute, als Sklavenhändler, als Emigranten in den Siedlungskolonien, als Kolonialbeamte in den abhängigen Kolonien, als Soldaten, Lehrer und Missionare. Auch was Ziel und moralische Gestalt des britischen Empire letztlich gewesen seien – profitorientierter Welthandel, zivilisatorische Mission oder gewaltvolle Machtexpansion –, war und ist keineswegs unumstritten (vgl. Darwin).

Dialektik der Moderne und Recycling des Mythos

Der Mythos des British Empire ist daher auch das Produkt einer komplexen Moderne. In typischer Weise verkörpert das Empire deren Dialektik, in der das Projekt der Zivilisierung ›barbarischer Völker‹ (↗Wilde) mit Rassismus gepaart ist und das Ideal einer Herrschaft des Rechts (*rule of law*) in Unterdrückung und Gewalt umschlägt. Diese grundlegende Ambiguität des Empire ist immer wieder Gegenstand gesellschaftlicher Verhandlungen, so etwa bereits in den parlamentarischen Debatten des ausgehenden 18. und frühen 19. Jahrhunderts, in denen es um die moralische Rechtmäßigkeit der Herrschaft in Indien ging (s. Edmund Burkes Prozess gegen Warren Hastings, 1795; vgl. Metcalf) oder um die Abschaffung des Sklavenhandels (1807). Noch heute streiten sich Apologeten und Kritiker des Empire über den relativen Wert des Baus von Eisenbahnen in den Kolonien, von Gesetzen gegen die Witwenverbrennung (*sati*) und Kricket als globalem Sport. Im Kontext von *history wars* wird angesichts der massenhaften Opfer des britischen Kolonialismus (etwa die fast vollständige Auslöschung von Aborigines in Tasmanien oder das Verhungern von Millionen nordindischer Bauern aufgrund von kolonialer Misswirtschaft) von *genocide* und *holocausts* gesprochen (vgl. Moses).

Auf dem Feld der britischen Politik wird der Empire-Mythos immer wieder strategisch aktiviert – am eindrücklichsten in Margret Thatchers Rede zum Falklandkrieg im Jahr 1982: »This nation still has those sterling qualities which shine through our history.« Nationalstolz paart sich in dieser Rhetorik mit Nostalgie. Zurückgegriffen wird dabei zumeist auf imperialistische Paradigmen des Viktorianischen Zeitalters. Mit aus jener Zeit überkommenen diskursiven Formeln wird etwa betont, die Briten seien nur zögerliche (»reluctant«), gar geistesabwesende (»absent-minded«) Imperialisten gewesen; ihre Herrschaft sei gütig (»benign«) gewesen, ihre Subjekte überwiegend dankbar (»grateful«; revoltierende Subjekte hingegen sind »fanatic«). Neben den von Edward Said (*Orientalism*, 1979) untersuchten binären Oppositionen des orientalistischen Diskurses (West vs. Ost als Gegensatz von männlich/weiblich, Licht/Dunkel, Gegenwart/Vergangenheit usw.; ↗Kampf der Kulturen) beweisen auch viktorianische Leitmetaphern des Empire eine enorme Langlebigkeit in der gesellschaftlichen Imagination, so etwa die Vorstellung des Empire als Großfamilie, mit Großbritannien als ›Mutterland‹ und den Kolonien als unmündigem Nachwuchs (»halb Teufel und halb Kind«, wie es Rudyard Kipling in seinem Gedicht *Take up the white man's burden* von 1899 formuliert). Insgesamt handelt es sich hier um ein Repertoire von gedanklichen Paradigmen und diskursiven Versatzstücken, die bis heute die Diskussion um das Empire prägen, ein Reservoir, auf das vornehmlich Politiker und Vertreter der Presse (bewusst oder unbewusst) immer wieder zugreifen und damit auch eine bestimmte Empire-Mythologie perpetuieren. Durchbrochen wird die autopoietische Kontinuierung des mythischen Bestands in der politischen Arena neuerdings jedoch immer häufiger durch Gerichtsprozesse, in denen die Opfer der kolonialen Herrschaft Entschuldigung und Wiedergutmachung einfordern. Im Herbst 2013 konnten drei während des Mau-Mau-Aufstandes (1952–63) gefolterte Kenianer vor Londoner Gerichten erstmals Entschädigungszahlungen erstreiten.

Arbeit am Mythos in Wissenschaft und Literatur

Die akademische Diskussion in Großbritannien ist tief von der Arbeit am Empire-Mythos geprägt. Konservative Historiker wie Niall Ferguson (*Empire. How Britain Made the Modern World*, 2003) heben die positiven Aspekte des britischen ›liberalen Empire‹ hervor, das ein Motor der weltweiten Modernisierung gewesen sei. Auf der anderen Seite des Deutungsspektrums stehen Vertreter der kritischen *cultural* und *postcolonial studies* wie Robert Young, der die westliche Universalgeschichtsschreibung als »white mythology« (vgl. Young) entlarvt, oder Paul Gilroy (*After Empire*, 2004), der der britischen Gesellschaft von heute eine ›postimperiale Melancholie‹ attestiert und unreflektierte Empire-Nostalgie wie grassierenden Rassismus auf eine nicht durchgearbeitete brutale Kolonialgeschichte zurückführt. Ähnlich argumentiert auch Bill Schwarz in seinem monumentalen *Memories of Empire*-Projekt (seit 2011), in dem er die Konstruktion von »racial whiteness« im britischen Empire kulturhistorisch rekonstruiert.

Ein Repertoire von Gegenmythen speist sich aus der meist mündlichen Überlieferung der vormals Kolonisierten, die entgegen den Bestrebungen der kolonialen Obrigkeit die Erinnerung an Akte des Widerstands wachhielt (z.B. an Revolten wie Morant Bay 1865 in Jamaika oder an entlaufene Sklaven, die sogenannten »maroons«). Während die revisionistische Geschichtsschreibung seit dem Ende des Empire damit beschäftigt ist, imperialistische Mythen zu dekonstruieren (bzw. ›gegen den Strich‹ zu lesen; vgl. die

Arbeiten der Subaltern Studies Group), haben Schlüsselkonzepte der postkolonialen Theorie, wie Edward Saids *orientalism* oder Homi Bhabhas *hybridity*, eine eigene mythische Qualität angenommen, ermöglichen sie doch als variabel einsetzbare Paradigmen die Entfaltung von sinnstiftenden Narrativen über Imperialismus, Postkolonialismus und (post-)koloniale Subjekte (zu einer Kritik an der Kommodifizierung des Postkolonialen vgl. Huggan).

Auf wohl reflektierteste Weise werden die Ambiguität des Empire und die Logik seines Mythos in der Literatur ausgelotet. Das britische Weltreich hat einige der wichtigsten Werke anglophoner Weltliteratur hervorgebracht und einige der hellsichtigsten Analysen imperialistischer Mythomotorik, wie z.B. Jean Rhys' *writing back* in *Wide Sargasso Sea* (1966), J.G. Farrells postimperiale Geschichtsrevisionen (*Empire Trilogy*, 1970–78), Salman Rushdies postkoloniales Indienepos *Midnight's Children* (1981) oder Zadie Smiths satirischer multikultureller Bestseller *White Teeth* (2000).

Das British Empire steht für globale Modernisierungsprozesse und verkörpert zugleich das Unbehagen der Moderne an der ihr eigenen Dialektik. Es ist ein Mythos, der sich einerseits aus einem recht klar umrissenen Repertoire an Paradigmen und Diskursen speist, die auf die Zeit des *high imperialism* zurückverweisen; andererseits handelt es sich um einen dynamischen, einen generativen Mythos, der unablässig alte mythische Erzählungen revidiert und neue hervorbringt – von der oft kühnen Umgestaltung der Kolonialgeschichte im ⁊Bollywood-Kino bis hin zur politisch engagierten Generierung neuer mythischer Narrationen, etwa über die ›vergessenen Kolonialsoldaten‹ des Ersten und Zweiten Weltkriegs. Solange über die Geschichte und Bedeutung des britischen Weltreichs gestritten wird, wird auch der kontroverse Mythos des British Empire lebendig bleiben.

Lit.: B.S. Cohn, Colonialism and its Forms of Knowledge. The British in India, Princeton 1996. – J. Darwin, Memory of Empire in Britain, in: Memories of Postimperial Nations, hg. v. D. Rothermund, New Delhi 2014 (im Druck). – A. Erll, Prämediation – Remediation. Repräsentationen des Indischen Aufstands in imperialen und postkolonialen Medienkulturen, Trier 2007. – P. Gilroy, After Empire. Melancholia or Convivial Culture, London 2004. – G. Huggan, The Postcolonial Exotic. Marketing the Margins, London 2001. – J.M. MacKenzie, Imperialism and Popular Culture, Manchester 1986. – T.R. Metcalf, Ideologies of the Raj, Cambridge 1994. – D. Moses, Empire, Colony, Genocide. Conquest, Occupation, and Subaltern Resistance in World History, New York 2008. – A. Nünning, Das Britische Weltreich als Familie, in: anglistik und englischunterricht 58 (1996), 91–120.– B. Schwarz, Memories of Empire, Bd. 1, The White Man's World, Oxford 2011. – R. Young, White Mythologies. Writing History and the West, London 1990.

Astrid Erll

Carmen

Georges Bizets Oper *Carmen*, sein letztes Werk, wurde am 3. März 1875 in der originalen Dialogfassung an der Pariser Opéra Comique uraufgeführt; die Oper sollte zur meistgespielten und bekanntesten Oper des gesamten Repertoires werden. Neben *Don Giovanni*, *Tristan und Isolde*, *La Traviata* und anderen Opern zählt sie zu den »Opéras mythiques«. Ihre Protagonistin steht für die Unvereinbarkeit von Liebe und Verlangen (Brisson, 7), für die (neuerdings auch orientalistisch gedeutete) archaische und zugleich zeitgenössisch-moderne Verführerin und Femme fatale, aber auch für den ironischen Antimythos gegen ⁊Wagner und für tragische oder gelungene Emanzipation.

Die Stoffvorlage für das Libretto der Pariser Librettisten Henri Meilhac und Ludovic Halévy lieferte der Novellist Prosper Mérimée 1845 als literarisches Resultat zweier Spanienreisen. Libretto und Musik machen aus einer von Bösartigkeit und Gewalt bestimmten Novelle ein erschütterndes Drama, aus der männermordenden Prostituierten und Zigeunerin Carmen in Mérimées Novelle wird in der Oper eine stolze Verführerin, die nach ihrem eigenen Ehrenkodex lebt. So bekam die *Carmen*-Konstellation in der vieraktigen Opernfassung archetypische Züge: »Carmen als Urweib, Don José als hypnotisiertes Opfer, Escamillo als Typ des leichtfertigen Eroberers und Micaela als Inbegriff scheuer, aufopfernder Zuneigung« (Csampai, 266).

Archaische Fremde

Bizet ist nie in Spanien gewesen, er verließ sich beim Komponieren auf seine Intuition, konsultierte und zitierte spanische Quellen von Tänzen und Gesängen. Das Ergebnis ist ein von körperlicher Rhythmik geprägtes musikalisches Fantasiespanien, wahllos mit anderen Elementen vermischt, etwa der Habanera, einem kubanischen Tanz. Von den Zeitgenossen wurde Bizets dissonanzreiche Musik gelegentlich als ›kakophonisch‹ bezeichnet. Doch begründete Bizet mit seiner von Nietzsche als »böse, raffiniert, fatalistisch« gerühmten Partitur (Nietzsche, Turiner Brief Mai 1888, zit. n. Csampai, 227), stilistisch und instrumentatorisch den verschiedenen szenischen Situationen angepasst, den ›Hispanismo‹, die von Frankreich ausgehende musikalische Verherrlichung des Spanischen. Die schockartige Konfrontation des Publikums mit einer quasi im Lumpenproletariat spielenden Handlung bedeutete theatergeschichtlich einen Durchbruch zum musikalischen Realismus – bis hin zur großartigen Simultaneität von Ausgelassenheit und tiefer Tragik in der Stierkampfarena. Dabei repräsentiert der Stierkampf eine Männergesellschaft, der auch die Kraft zum Töten als Tugend galt. Carmen erscheint dabei deutbar als zu Recht oder zu hart Bestrafte, aber auch als vom Todestrieb geleitete archaisch-mythische Figur (vgl. Ringel).

Femme fatale

Friedrich Nietzsche diente die Oper in seiner hasserfüllten Polemik gegen Wagner als musikalische Gegenwelt zu dessen Musikdrama. Er stieß bei Bizet auf eine südlich-klare Gegenmusik zu Wagners schweißtreibender »unendlicher Melodie«. Seine aphoristischen Bemerkungen zu *Carmen*, als ironischer Antimythos gegen Wagner gemeint, sollten besonders im deutschen Sprachraum fester Bestandteil der *Carmen*-Rezeption werden (Nietzsche, *Der Fall Wagner*, Leipzig 1888, zit. n. Csampai, 225–230). Der Topos der grausamen Liebe (vgl. Schumann), der in der Oper mit dem Tod der Titelheldin endet, folgt einem gängigen dramaturgischen Modell. In den Augen Josés ist Carmen eine Femme fatale, eine Hexe, ein Dämon – Projektion seiner Angst vor der weiblichen

Sexualität und Ausdruck seiner hinter dem Besitzanspruch stehenden Verlustangst. Doch erweist sich die Femme-fatale-Charakteristik, so sehr sie die Interpretationsgeschichte auch bei den Sängerinnen prägte, nur als eine Dimension der Protagonistin: Zwar schreckt die singende und tanzende Zigeunerin in ihrem Auftrittslied, der besagten Habanera, die sie begehrenden Männer mit der Vorstellung von der Femme fatale, die in der Warnung vor ihrer verzehrenden Liebe »Wenn ich dich liebe, nimm dich in acht!« gipfelt. Doch fehlen ihr alle luxuriösen und dekadenten Züge der Femme fatale als Symbolfigur des Fin de Siècle.

Misogynie und Emanzipation

Erst im 20. Jahrhundert begann man, Carmen als anarchisch-emanzipiertes Wesen zu deuten: »Carmen ist ein asoziales Wildwesen mit anarchischem Freiheitsdrang, das vom inneren Daimon gegen die Gesellschaft und ihre Zwänge gestellt wird« (Metken, 83). Bereits Nietzsche sah in Carmens Promiskuität »die in die Natur zurückübersetzte Liebe« (Csampai, 228), woraus Adorno 1955 in seiner *Fantasia sopra Carmen* die einleuchtende Konsequenz hinsichtlich Carmens Fatalismus zog: »Das Missverständnis der Liebe berichtigt Carmen: sie bekennt jenen Egoismus ein« (Adorno, 307). Sie widersetzt sich den geltenden Wert- und Moralvorstellungen und der für sie vorgesehenen kleinbürgerlichen Rolle. Andererseits gehorcht sie ihrer Rolle als Lustobjekt, denn sie ist es, die von ihren Liebhabern ausgesucht wird. Mérimée stellte seiner Novelle ein frauenfeindliches Motto des griechischen Epigrammatikers Palladas von Alexandrien voran: »Doppelter Nutzen einer Frau. Zweimal taugt eine Frau – für die mich Gott bewahre! –: Einmal im Hochzeitsbett und einmal auf der Bahre!« (Übertragung d. Lessing, zit. n. Csampai, 23).

Aus feministischer Sicht bringt in den 1990er Jahren Susan McClary den *Carmen*-Stoff mit der großen Zahl orientalistischer Fantasien in Verbindung (»fantasies involving race, class and gender«), die die französische Kultur des 19. Jahrhunderts prägten: »Nineteenth-century Europeans habitually projected onto racial Others the erotic qualities they denied themselves. The racial Other became a favorite ›feminine‹ zone within the narratives of European colonizers […].« D.h., die Mythisierungen der *Carmen*-Geschichte standen zum Teil für die kulturelle Paranoia des europäischen 19. Jahrhunderts gegenüber dem exotisch Anderen (McClary 1992, 29, 43; McClary 2002, 63).

Über 70 Filmadaptionen vom ersten Stummfilm 1915 bis zu Robert Townsends *Carmen: A Hip Hopera* (2001) haben den Mythos aktualisiert. Das in den amerikanischen Süden verlegte, ausschließlich mit Schwarzen besetzte Musical *Carmen Jones* von Oscar Hammerstein II (1943), 1954 durch Otto Preminger verfilmt, überträgt die Handlung auf den aus Liebe zur Fabrikarbeiterin Carmen desertierenden GI Joe. Jüngere Filmversionen sind u. a. drei Kinoversionen von Peter Brooks stark veränderter, beträchtlich gekürzter und neu arrangierter Bearbeitung der Oper (1983) sowie aus demselben Jahr Carlos Sauras zwischen Fiktion und Realität wechselnder, mit den Stoffelementen spielender Flamenco-Tanzfilm: José ist hier nicht mehr der arme Soldat, sondern ein tyrannischer Regisseur, der die nach seinen Vorstellungen abgerichtete Balletttänzerin erdolcht, als sie sich von ihm lossagt. *Carmen* wird hier zur mythischen

Gründungserzählung weiblicher Emanzipation, die ihre Unabgeschlossenheit miterzählt.

Lit.: Th. W. Adorno, Fantasia sopra Carmen, in: Ders., Musikalische Schriften I-III, hg. v. R. Tiedemann, Frankfurt a. M. 1990, 298–308. – E. Brisson, Opéras mythiques, Paris 2008, 479–545. – A. Csampai/D. Holland (Hg.), Georges Bizet Carmen. Texte, Materialien, Kommentare, Reinbek 1984. – S. McClary, Georges Bizet Carmen, Cambridge (MA) 1992. – Dies., Sexual Politics in Classical Music, in: Feminine Endings, hg. v. S.McC., Minneapolis 2002, 53–69. – C. Floros, Fatalität der Liebe – Bizets Carmen, in: Hören und verstehen. Die Sprache der Musik und ihre Deutung, hg. v. C. F., Mainz 2008, 115–122. – E. Ringel, Carmen. Der krankhafte Todestrieb, in: Unbewusst – höchste Lust. Oper als Spiegel des Lebens, hg. v. E. R., Wien 1998, 31–33. – K. Schumann, ›Carmen‹ – Mythos der grausamen Liebe, in: Csampai/ Holland, 263–271.

Hartmut Möller

Casablanca

Der Hollywoodfilm *Casablanca* ist ein Film der Superlative: Oft ist vom populärsten Film aller Zeiten die Rede, vom ersten Kultfilm überhaupt. Die Dreiecksromanze vor der exotischen Kulisse Casablancas, einem Umschlaghafen und Sammelbecken während des Zweiten Weltkriegs für die unterschiedlichsten Figuren, gilt als einer der meistgezeigten Filme sowie als einer der Filme, über die am meisten publiziert worden ist. Um seine Produktion und die Darsteller ranken sich so viele Mythen, dass bereits wiederum Versuche der postmodernen Entmythisierung dieses Films zu verzeichnen sind. Seine mythische Qualität verdankt der Film seiner Vernetzung mit anderen Mythen, der Mythisierung von Filmdetails und seiner Anschließbarkeit an verschiedene historische Kontexte sowie seinem vielfältigen Identifikationspotenzial.

Mythenvernetzung und Intertextualität

Dass *Casablanca* nachhaltig Eingang ins kulturelle Gedächtnis fand, liegt an mehr als seiner strategisch guten Platzierung (wenige Tage nach der historischen Casablanca-Konferenz) und Vermarktung als antifaschistischer Propagandafilm.

Casablanca vereint als Mythenkomplex mythische Schauspielerfiguren, Filme und Orte. Umberto Eco erkennt in *Casablanca* »die Mythen des Kinos in repräsentativer Versammlung« und erklärt den Erfolg des sonst eher durchschnittlichen Films damit, dass die Archetypen hier alle versammelt seien: »gerade weil Casablanca tausend andere Filme zitiert und jeder Schauspieler eine bereits woanders gespielte Rolle spielt, hört der Zuschauer unwillkürlich das Echo der Intertextualität« (Eco, 14). Dem Mythos verleihen zudem zahlreiche intertextuelle Verweise in Fortsetzungen, Parodien und Hommages in vielfältigen Medienformaten Stabilität, wie z. B. der Film *A Night in Casablanca* (1946) von den Marx Brothers, *Play It Again, Sam*, das Theaterstück und der gleichnamige Film von Woody Allen aus dem Jahr 1972, und *Barb Wire* (1996) von David Hogan.

Der Film lebt zunächst von der Spannung zwischen den beiden Hauptdarstellern. Beide, Humphrey Bogart wie Ingrid Bergmann, werden in Deutschland wie auch international vor allem mit ihren Rollen in diesem Film verknüpft. So ist *Casablanca* für viele auch der Film, »der den Mythos Bogart begründete« (Heinzlmeier/Schulz, 120).

Casablanca ist durchzogen vom Motiv des Verzichts und des Wartens (v. a. durch die fiktiven Transitvisa), was als sinnstiftendes Element bei der Identitätsbildung des Publikums fungiert (vgl. Eco). Auch Howard Koch erklärt den Erfolg des Films mit dessen Botschaft der Opferbereitschaft, die sich mit der Zeitstimmung des Publikums während der Zuspitzung des Zweiten Weltkriegs deckte und für das der Film nahezu kathartisch gewirkt habe (vgl. Koch). Zur Konstruktion einer kollektiven Identität trägt zudem die Mitwirkung der auffallend hohen Zahl an europäischen Emigranten wie dem Regisseur Michael Curtiz, den Darstellern Conrad Veidt oder Peter Lorre bei, die diesem Film über exterritoriale Menschen in der marokkanischen Enklave eine Aura des Authentischen verleiht.

Auch der Ort Casablanca selbst wird im Film zu einer Projektionsfläche, in der mythische Bilder von ↗Afrika, Frankreich und Amerika aufeinandertreffen. Der Film machte die Stadt weltberühmt. Rick's Café Américain ist an diesem mythischen Ort nicht nur ein heterotoper Fluchtpunkt für eine zusammengewürfelte Gruppe Emigranten, sondern auch ein Symbol für eine entfernte, exotische andere Welt. Zudem haben berühmte Filmzitate eine mythische Qualität erlangt, so z. B. die letzte Zeile des Films: »Ich glaube, dies ist der Beginn einer wunderbaren Freundschaft« und der aus einem Fehler in der Rohübersetzung der deutschen Fassung hervorgegangene Trinkspruch: »Schau mir in die Augen, Kleines.«

Mehrere Dialogzeilen haben längst auch abseits eingeschworener cinephiler Gemeinden Eingang ins kulturelle Gedächtnis gefunden. »Die Dialoge zwischen den beiden gehören längst zur amerikanischen Folklore«, bemerkte schon 1974 der Filmkritiker und Regisseur Hans-Christoph Blumenberg (Blumenberg, 24). Schließlich ist es die Musik des Films, vor allem der Titelsong *As Time Goes By* (Herman Hupfeld), die zur anhaltenden Popularität des Films beiträgt.

Anschließbarkeit und Identifikationspotenziale

Gemeinhin gilt der Film als eine der größten Liebesgeschichten. »Trotz seiner ideologischen Tendenzen scheint Casablanca für seine Anhängerschaft eher wegen seines hartnäckigen Insistierens auf der Bedeutung des persönlichen Glücksanspruchs (als Fantasie von der ›großen Liebe‹)« von Bedeutung zu sein (Kreutzner, 334).

Bekanntheit auch unter einem jüngeren Publikum erlangte der Film in den USA vor allem dadurch, dass er an mehreren Universitäten traditionell während der Woche der Abschlussprüfungen gezeigt wird. Eine vergleichbare Tradition fehlt in Deutschland, wo der Film dennoch fester Bestandteil von Retrospektiven etc. ist. Der Mythos *Casablanca* wird durch regelmäßige Filmvorführungen, aber auch beispielsweise durch Fansites oder Nachbauten des Cafés am Leben erhalten.

In Deutschland tat man sich mit der Rezeption des Films zunächst schwer. Als *Casablanca* 1952 in die deutschen Kinos kam, wurde er in einer um fast eine halbe Stunde gekürzten und inhaltlich verstümmelten Version gezeigt, da man sämtliche Szenen, die sich auf den Zweiten Weltkrieg und den Nationalsozialismus bezogen, kurzerhand herausgeschnitten hatte. Aus dem von den Nazis verfolgten Widerstandskämpfer (↗Résistance) Victor László war der norwegische Atomphysiker Victor Larsen geworden, der zu verhindern versucht, dass seine Forschung in die Hände des Militärs fällt. Popularität errang der Film daher im deutschsprachigen Kulturraum erst mit der neusynchronisierten, dem Original entsprechenden Fassung aus dem Jahr 1975. Diese Fassung erst gab *Casablanca* im deutschsprachigen Raum den mythischen Schub. Dabei kam dem Film auch in diesem Fall ein gutes Timing zugute: Es gelang, an die aktuelle politische Landschaft und die noch spürbare Widerstandsstimmung der 68er-Generation (↗68er-Bewegung) anzuknüpfen; Victor László und Rick Blain waren Helden, die wieder in die Zeit passten.

Die ungebrochene Wirkung von *Casablanca* speist sich aber vor allem daraus, dass der Film einen sentimentalen Gegenentwurf zur ↗Moderne liefert. Bereits im Titelsong wird dies thematisiert: »This day and age we're living in / Gives cause for apprehension / With speed and new invention«, um sich vor dieser Kulisse in regressiv-sentimentaler Stimmung den »simple facts of life« zu widmen. Seien doch »Moonlight and love songs / Never out of date«; »The world will always welcome lovers / As time goes by«. Sein identifikatorisches Potenzial zieht der Film also andererseits aus seiner zeitlosen Liebesgeschichte. Der Film steht heute ferner für das Goldene Zeitalter ↗Hollywoods.

Lit.: H. C. Blumenberg, Schon Legende, in: Die Zeit, 7.6.1974, 24. – U. Eco, *Casablanca* oder die Wiedergeburt der Götter, in: Ders.: Über Gott und die Welt. Essays und Glossen, München/Wien 1985, 11–15. – A. Harmetz, Round Up the Usual Suspects. The Making of *Casablanca*. Bogart, Bergman, and World

War II, New York 1992. – A. Heinzlmeier/B. Schulz, Lexikon Filme in Fernsehen, Hamburg 1990. – H. Koch, *Casablanca*. Script and Legend, Woodstock (NY) 1973. – G. Kreutzner, Das Phänomen Kultfilm. Casablanca (1942/43), in: Fischer Filmgeschichte, Bd. 2, hg. v. W. Faulstich/H. Korte, Frankfurt a.M. 1991, 324–336. – A. Missler-Morell, Ich seh' dir in die Augen, Kleines – *Casablanca*. Der Kultfilm, München 1998.

Silke Hoklas

Chanson

Mit dem Begriff Chanson wird im Französischen jede Art von Lied bezeichnet. Davon abzugrenzen ist das Verständnis des Chansons als typisch französisches Genre. Zum einen bezieht es sich auf die Leichtlebigkeit der *Cabaret*- und *Café-concert*-Kultur im Pariser Viertel Montmartre seit dem Ende des 19. Jahrhunderts. Berühmte Auftrittsorte sind z.B. das Moulin Rouge, das Olympia und die Folies Bergère, in denen u.a. Maurice Chevalier, Josephine Baker, Mistinguett, Charles Trenet und Charles Aznavour auftreten. Jenseits der Leichtlebigkeit steht das Chanson andererseits für eine Unterhaltungskultur, die gesellschaftspolitische oder biografische Inhalte gestaltet und auch tiefgründiges Potenzial entfaltet. Als Ikone und als Gesicht dieser Unterhaltungskultur kann Edith Piaf gelten, die in ihren Chansons über sich selbst zu singen scheint, z.B. wenn sie am Ende ihres von Schicksalsschlägen heimgesuchten Lebens *Non, je ne regrette rien* (1960) – zu übersetzen etwa mit »Ich bedaure nichts/Ich bereue nichts/Ich vermisse nichts« – auf die Bühne bringt. Diese politische sowie autobiografische Schwere wird besonders bei Edith Piaf durch die Performanz ihrer Auftritte erzeugt. Ihr selbstverfasstes Chanson *La Vie en rose* (1945), dessen Text eher als klischeehaft eingeschätzt wird, gewinnt erst durch ihre expressive Mimik und ihr Pathos an Authentizität und wird zu ihrer persönlichen Erzählung.

Dennoch schreibt das Chanson einen autobiografischen Bezug nicht zwingend vor, wie nicht nur das Beispiel des sozialistischen Chansons im 19. Jahrhundert (Pierre-Jean de Béranger, Jean-Baptiste Clément), sondern auch das (diffus) politisch engagierte Chanson eines Jacques Brel, Georges Brassens und Léo Ferré zeigt (Brel, *La colombe*, 1959; Ferré, *Dieu est nègre*, 1958). Ihre Lieder zeichnen sich stärker durch gesellschaftskritische Texte und originelle Selbstinszenierungen aus. Die politische Aussage wird aber meist ebenfalls als authentische Positionsbestimmung wahrgenommen, vor allem dann, wenn die Chansonniers – wie seit Mitte des 20. Jahrhunderts üblich – in ihrer dreifachen Rolle als *auteurs-compositeurs-interprètes* fungieren (Mathis-Moser, 259).

Die Komponenten Text, Musik und Performanz konstituieren das Chanson als intermediales Genre (vgl. Mathis). Entsprechend können sich mythische Wiedererkennungseffekte des Chansons auf alle drei Komponenten beziehen und begründen seine weite mediale Präsenz. So kann ein Foto von Edith Piaf in pathetischer Pose ebenso für das Chanson stehen wie die Refrainzeile »La vie en rose« oder der Rhythmus von *Padam...Padam...* (1951).

Chanson und französische Identität

Chansons gehören zur französischen Alltagskultur: Textzeilen, Melodien und Persönlichkeiten sind durch Radio, Film und neue Medien in aller Munde. Die allgemeine
Bekanntheit von Chansons wird häufig sogar von den Künstlern selbst besungen (z. B.
in Charles Trenets *La Chance aux chansons*, 1971) und weist das Chanson als einen
wichtigen Bestandteil des kulturellen Gedächtnisses aus. Nicht nur die direkte Kollektiv-
erfahrung der Vortragssituation vor anwesendem Publikum, sondern auch die durch
mediengeschichtliche Entwicklungen und ihre Verbreitungsformen (Flugblatt, Radio,
Schallplatte) veränderte Rezeptionssituation in der Privatsphäre stützt die kulturelle
Bedeutung des Chansons. So werden Chansons einerseits als Instrument politischer
Positionierung wie in Bérangers *Le Roi d'Yvetot* (1813), als Unterhaltungsmedium wie
die heiteren Parislieder von Maurice Chevalier, aber auch als Ausdrucksmittel für All-
tagsprobleme, Gefühle und Nostalgie wie bei Charles Aznavour und Yves Montand
genutzt. Durch die deutlich patriotisch-nationale Textfärbung werden Chansons wie
Douce France (1943) von Trenet zum Ausdruck der *francité*, markiert als aus dem französischen Volk entspringendes Kulturgut. Edith Piaf erklärt sich sogar mit den Worten

Abb. 8: Edith Piaf

des lyrischen Ich in *Padam…Padam…* zum »Medium« eines in der Luft liegenden »air«: »Ich bin besessen von dieser Melodie, sie jagt hinter mir her und sagt: Erinnere Dich.«

Die Stilisierungen mancher Chansonniers zum *poète populaire* können durch die Verwendung des *argot*, der französischen Umgangssprache, erfolgen. Aristide Bruant (1851–1925) nimmt eine entschieden antibürgerliche Dandy-Pose ein, indem er sich in vielen seiner Chansons mit den ärmeren, marginalisierten Gesellschaftsschichten solidarisiert (Rieger 2005, 326). Der Dichter Jacques Prévert gilt ebenfalls als *poète populaire*, der die inszenierte Mündlichkeit als Mittel benutzt, die Popularität seiner geschriebenen Texte zu unterstreichen. Dies trifft insbesondere für seine Textsammlung *Paroles* von 1946 zu, deren Titel schon auf den mündlichen Charakter der Texte verweist. Beim Evergreen *Les Feuilles mortes* aus diesem Band handelt es sich um ein Gedicht, das später von Jacques Kosma vertont und von Yves Montand, Juliette Gréco und vielen anderen Chansonniers gesungen wurde. Der Ursprung des Chansons rückt somit zugunsten seiner Funktion als kollektive Erzählung, die immer wieder aufs Neue erzählt werden kann, in den Hintergrund.

Das identifikatorische Potenzial des Chansons im Sinne des Mythischen besitzt aber nicht nur eine kollektive Dimension, sondern besonders seit dem Erscheinen der *auteurs-compositeurs-interprètes* auch eine individuelle. Der über Radio, Plattenspieler/ CD, Fernsehen und Internet in die Privatsphäre des Publikums reichende Chansonnier wird nun zu einer individuellen Identifikationsfigur. Durch das Mitsingen der Texte macht sich der Rezipient den Text, die Melodie und die jeweilige Interpretation zu eigen. In seinem Film *On connaît la chanson* von 1997 spielt Alain Resnais mit der Omnipräsenz französischer Chansons, indem er den Figuren Originalchansontexte in den Mund legt, mit denen sie ihren Gefühlen Ausdruck verleihen. Dabei handelt es sich zum einen um eine individuelle Aneignung kollektiver Inhalte, zum anderen um die Unterwerfung individueller Erlebnisse unter eine kollektive Sicht.

Das Chanson wird nicht nur in Frankreich als Ausdruck der *francité* verstanden, sondern gerade die interkulturelle Rezeption trägt zur Wahrnehmung des Chansons als französischem Nationalmythos bei (Mathis-Moser, 257). Durch Kulturkontakte vor allem mit Deutschland und den USA (z. B. Jacques Prévert, Josephine Baker), durchaus auch im Sinne der Konkurrenz zu deren Musikkultur (z. B. in Abgrenzung zum deutschen Schlager; Rieger 1988, 438), behauptet sich das Chanson als eigenständiges Genre und verkörpert stereotyp ein als französisch empfundenes Lebensgefühl. Das Chanson wird zur »französischen Nationalgattung« (Keilhauer, 15–19) erhoben, die durch Kulturkontakte und interkulturelle Prozesse zugleich geschaffen und bestätigt wird.

Ursprünge und Entstehungsetappen

Die Stilisierung des Chansons als französischer Nationalmythos ist eng an die Etappen der Gattungsgeschichte gekoppelt und steht im Zusammenhang mit Schlüsselereignissen der französischen Kultur- und Nationalgeschichte wie der Französischen Revolution, den Deutsch-Französischen Kriegen, der 68er-Bewegung und dem Existenzialismus. Der Ursprung des Chansons liegt im ↗Mittelalter als Gründungsepoche französischer Kultur und der Trouvère/Trobador kann als Gründungsfigur des *auteur-compositeur-interprète* gelten (Mathis-Moser, 257). Die vom Trouvère/Trobador z. T. selbst vorgetragene höfische Liebeslyrik lässt Musik (Lyra) und Text zusammenwirken und wird von den modernen Chansonniers selbst oft als eine frühe Form des französischen Chansons interpretiert. So bezeichnet sich Georges Brassens in *Supplique pour être enterré à la plage de Sète* (1966) als »humble troubadour«.

Das Chanson wird mit der Französischen Revolution als Ursprungsereignis der Französischen Republik zum politischen Instrument und zum Ausdruck der nationalen Identität der Franzosen (Rieger 2005, 137, 141 f.). Es ist nicht mehr einem auserwählten Kreis von Dichtern vorbehalten, sondern das Volk beteiligt sich selbst am Verfassen politischer Chansons. Das Genre erfährt damit eine Demokratisierung und Popularisierung, die später auch für sozialistische Diskurse attraktiv werden sollte (z. B. Pierre Dupont, *Le Cant des ouvriers*, 1846). Die Marseillaise als das populärste Chanson neben zahlreichen weiteren Revolutionschansons wurde zunächst Hymne der Ersten Republik und repräsentiert als Nationalhymne der Franzosen seit 1879 den revolutionären Geist und die nationale Identität bis in die Gegenwart. Der martialische Text scheint dabei im Verhältnis zu Musik und Performanz in den Hintergrund zu treten, sodass die Marseillaise weiterhin und jenseits revolutionärer oder kriegerischer Kontexte gesungen wird, z. B. zu Beginn eines Spiels der Fußballnationalmannschaft. Die *Loi Fillon* von 2004 schreibt sogar das Erlernen der Marseillaise in den französischen Grundschulen vor, auch wenn ihr Text häufig als nicht mehr zeitgemäß und diskriminierend kritisiert wird. Davon zeugen zahlreiche Marseillaise-Adaptionen wie z. B. Serge Gainsbourgs Parodie *Aux armes et caetera* von 1979, in der er in provokant lässiger Pose den Marseillaise-Text unvollständig und gleichgültig vor sich hin singt. In aktuelleren Adaptionen wird der Text oft pazifistisch markiert (Guito B, *La Nouvelle Marseillaise*, 2012) bzw. wird eine Reform des Originaltextes gefordert, z. B. von der »Association de la nouvelle Marseillaise«.

Die Deutsch-Französischen Kriege geben dem Chanson eine weitere und vor allem anhaltende patriotisch-nationalistische Ausrichtung: Pierre-Jean de Béranger (1780–1857) gilt noch heute als *poète français*, der nicht nur das literarische Formbewusstsein und die zeitgenössische Aktualität des Chansons weiter vorangetrieben, sondern auch die deutliche Abgrenzung des Genres vom rechten Rheinufer propagiert hat. Aus der Musiklokal-Tradition der *caveaux* und der *goguettes* gehen seit den 1890er Jahren die Pariser *Café-concerts* und *Music-hall* hervor, die einen neuen öffentlichen Aufführungsrahmen für das Chanson lieferten. Wichtigster Repräsentant ist hier Aristide Bruant, der bis heute auf nachgedruckten Werbeplakaten des Kabaretts Mirliton zu sehen ist, sich mit schwarzem, breitkrempigem Hut, Lederstiefeln und rotem Schal als Dandy verkleidet zum *poète populaire* erklärte und sein bürgerliches Publikum beschimpfte. Er setzte gerade nicht auf die Authentizität des Chansons, sondern im Gegenteil auf das sich widersprechende Verhältnis zwischen Singendem (als Dandy verkleideter Chansonnier des Volkes), Gesungenem (proletarisches Straßenschicksal in Paris) und Aufführungssituation (vor gut betuchten Bürgerlichen) (Rieger 2005, 328).

Eine weitere Etappe wurde durch die von Plattenspieler und Radio eingeläutete Medienrevolution (zu Beginn des 20. Jahrhunderts) im Sinne der Speicherung und Verbreitung konstituiert. Die Popularität des Chansons, welche vorher nur durch Live-Erlebnisse in Form von Kabarett-Besuchen gegeben war, wurde durch die neuen technischen Distributionsmöglichkeiten vorangetrieben.

Das Aufkommen der *auteurs-compositeurs-interprètes* in den 1940er Jahren ließ eine weitere neue Ära beginnen, in der Chanson und Chansonnier mehr denn je zu einer mythischen Einheit von Biografie und Kunstwerk werden.

Schließlich wird die Konjunktur von jungen Musikern um die Jahrtausendwende, die bewusst in französischer Sprache singen, als *Nouvelle Chanson* bezeichnet und zeugt mit dieser begrifflichen Anknüpfung von der Aktualität und einer stetigen Neuerfindung des Chansons.

Zwischen Pop und Intellekt

Dem Chanson kommen je nach Kontext unterschiedliche und widersprüchliche Bedeutungen zu: Einerseits gehört es zur Popkultur, andererseits wird das Chanson gerade im Ausland, aber auch in Frankreich zur bürgerlich-intellektuellen Kultur gezählt. Gerade dieser ambivalente Status macht das Chanson zu einer mythischen Gattung, die sich konventionellen Zuordnungen entzieht: »Die Geschichte des Chansons ist keine Geschichte wie jede andere«, so Claude Duneton im Vorwort seiner *Histoire de la chanson française* (1998).

In der deutschsprachigen Rezeption ist die Wahrnehmung des Chansons als literarisches, kunstvolles, intellektuelles Genre gerade in Abgrenzung zum deutschen Schlager noch ausgeprägter als in Frankreich selbst: »Ein Schlager ist nur gut, wenn er sich gut verkauft. Ein Chanson kann ein Meisterwerk sein, auch wenn es nur drei Kunden findet« (R. Mey im Spiegel-Interview, 8.2.1999). In Frankreich wird neben dem literarischen Charakter stärker die Popularität des Chansons, seine Verbundenheit mit Kultur und Lebensgefühl in den Vordergrund gerückt: »Das französische Chanson ist ein bestimmtes Kulturgut, wir kennen alle eine Reihe von ›klassischen‹ Chansons durch unsere Eltern oder durch die Schule« (C. Giraudin im Interview mit SACEM, 12.6.2011).

Trotz der großen Popularität des Chansons wird es angesichts der dominierenden Einflüsse der internationalen, anglophon geprägten Musikkultur als vom Verschwinden bedroht gedeutet; z. B. trägt die Chanson-Geschichte von Marc Robine den Titel *Il était une fois la chanson française*. Eine nationalistische Radikalisierung erfahren solche Sichtweisen auf das Chanson, wenn die Rede von der Bedrohung des Genres einhergeht mit der Bedrohung der *francité*.

Der Regisseur Alain Resnais erklärte die allgemeine Bekanntheit und das Funktionieren von Chansons über deren Gedächtnispotenzial als Fragment. Die Urheberschaft des Chanson wird zurückgedrängt zugunsten einer mythischen Erzählerlosigkeit. Das Chanson hat keinen Erfinder, woher man das Chanson kennt, ist nicht auszumachen und ist auch irrelevant – man kennt es eben: »On connaît la chanson.«

Lit.: C. Duneton, Histoire de la chanson française, Paris 1998. – C. Giraudin im Interview mit SACEM, 12.6.2011, http://www.sacem.fr/cms/home/la-sacem/derniers-communiques-2011/sondage-sacem-francais-musique. – A. Keilhauer, Das französische Chanson im späten Ancien Régime, Hildesheim 1998. – U. Mathis, Existentialismus und französisches Chanson, Wien 1984. – U. Mathis-Moser, Das Chanson, in: Europäische Erinnerungsorte 2. Das Haus Europa, hg. v. P. den Boer u. a. München 2012, 255–262. – R. Mey im Spiegel-Interview, 8.2.1999, http://www.spiegel.de/spiegel/print/d-8608243.html. – D. Rieger, Französische Chansons. Von Béranger bis Barbara, Stuttgart 1988. – Ders., Von der Minne zum Kommerz. Eine Geschichte des französischen Chansons bis zum Ausgang des 19. Jahrhunderts. Tübingen 2005. – M. Robine, Il était une fois la chanson française, Paris 2006.

Juliane Ebert

Che Guevara

Ernesto ›Che‹ Guevara (1928–1967) aus Rosario/Argentinien kann als ein globaler Mythos des ausgehenden 20. und des 21. Jahrhunderts gelten. Er besitzt die besten Voraussetzungen dafür, und zwar in Wort, Bild und Ton: Che Guevaras Schriften weisen ihn als Idealisten und Voluntaristen aus, viele Fotos zeigen seine Schönheit und Entschlossenheit, darüber hinaus wird er in Liedern und Gedichten besungen. Seine Erschießung als Guerillero in Bolivien am 9. Oktober 1967 im Alter von 39 Jahren verwandelte ihn zunächst in ein internationales Idol der Linken. Fidel Castro erklärte ihn am 18. Oktober 1967 vor einer Millionenmenge in Havanna zu einem »Mensch ohne Makel« und sagte: »unsere Kinder …: Sie sollen sein wie Che!« (zit. n. Anderson, 666). Frühe Stellungnahmen nach seinem Tod verwiesen bereits auf den Mythos, selbst wenn sie davor warnten. In dem Essay *Che Guevara!* des Schriftstellers Peter Weiss von 1968 heißt es: »Wir können keine Heiligen gebrauchen. Wir lehnen die mystische Verehrung ab, die den Opfertod mit einem Glorienschein umgibt. Wir weisen das Christusbild zurück, die Kreuzesabnahme, das Warten auf die Auferstehung« (Weiss, 94). Die Faszination Che erfasste Ost und West noch zu Zeiten des Kalten Krieges, später wurde er zur internationalen Pop-Ikone (↗Pop). In Lateinamerika ist er im Zeichen eines nicht näher definierten »Sozialismus des 21. Jahrhunderts« so präsent wie nie zuvor.

Che Guevara hat dem Mythos mit vielen Zeichen selbst vorgebaut, etwa als er in seinem Testament 1965 von sich als »Don Quichote« (↗Don Quijote) sprach. Andere haben nach seinem »Opfertod« dazu beigetragen. Der französische Philosoph Jean-Paul Sartre bezeichnete ihn als den »vollkommensten Menschen unserer Zeit« (zit. n. Anderson, 396). Gut erforscht ist deshalb auch sein Mythos: »Ché Guevara – diese glutäugige Öldruckschönheit, in den Augen unserer Söhne und Töchter so schön wie einst Ludwig II. von Bayern in den Augen der europäischen Décadence: Wie soll man ihn und seine Legende verstehen?«, hieß es schon 1969 (Holthusen, 1051).

Abenteurer, Revolutionär, Comandante

Als Sohn aus bürgerlichen Verhältnissen entzieht sich der angehende Mediziner einer gängigen Karriere. Bei seiner Reise auf dem Motorrad durch Lateinamerika paaren sich Abenteuerlust mit Hinwendung zu den Armen (vgl. Anderson). Die sorgfältig protokollierte Bildungs- wird zur Revolutionsreise. Über eine Liebes- und Heiratsbeziehung erfährt Che Guevara die US-Machtpolitik in Guatemala 1954 aus nächster Nähe, in Me-

Abb. 9: Ikonisches Che-
Bildnis nach dem Foto
(1960) von Alberto Korda

xiko schließt er sich den Revolutionären um Fidel und Raúl Castro an. Er gehört zu den Überlebenden der legendären Überfahrt der Yacht Granma nach Kuba. Im Guerilla-kampf wird er als erster Guerillero nach dem »Comandante en Jefe« Fidel Castro 1957 in den Rang eines Comandante erhoben; Ende 1958 nimmt die von ihm geführte Kolonne Santa Clara ein, damit ist der Weg der Revolutionäre in die Hauptstadt Havanna frei. Nach dem Sieg der Revolution war Guevara Kommandant einer Gefangenenfestung und Chefankläger gegen Gefolgsleute des Batista-Regimes; seine Verantwortung für eine Reihe von Todesurteilen ist nicht Bestandteil des Kultes. 1965 trat er nach Differenzen mit den Castro-Brüdern von allen Ämtern zurück und beteiligte sich mit weiteren Kubanern an Rebellenkämpfen im Kongo. 1966 nahm er den Guerillakampf in Bolivien auf, wo er schließlich gefangen genommen und im Auftrag der bolivianischen Regierung und der CIA erschossen wurde. Sein Leben erscheint als Weg eines unabhängigen, unangepassten und selbstbestimmten Menschen, der sich nicht kompromittieren ließ, als Mediziner für andere da war und eigene körperliche Schwächen (Asthma) überwand.

Idealismus und Charisma

Che Guevara hat neben den Tagebüchern relativ kurze politische Essays verfasst, die aber eine starke Wirkung entfalteten. *Der Sozialismus und der Mensch in Kuba* von 1965 weist einen idealistischen und voluntaristischen Grundzug auf. *Schaffen wir zwei, drei, viele Vietnam* aus dem Jahr 1967 wurde von den antiautoritären Studenten 1968 (/68er-Bewegung) in den westlichen Metropolen ebenso skandiert wie »Che lebt!« In seinen Reden ging es um grundsätzliche Fragen, um Revolution oder Tod; seine Abschiedsbriefe besitzen ein hohes mythisches Potenzial.

Neben dem Todesbild des christusgleichen Guevara von 1967 ist es vor allem ein von Alberto Korda 1960 in Kuba aufgenommenes Bild von Che mit Baskenmütze und langen Haaren, das ihn zur internationalen Pop-Figur machte. Korda gab 1967 das Bild an den italienischen Verleger Giangiacomo Feltrinelli. Das Bild mit einem ausdrucksstarken Che erschien auf dem Titelblatt des *Bolivianischen Tagebuches* und verkaufte sich als Plakat millionenfach. Zum 30. Jubiläum seines Todestages wurde ein kubanischer Geldschein mit Guevara gedruckt; auf vielen anderen Bildern erscheint er mit Zigarre als einem Symbol Kubas.

Mythos Che in Lied und Film

Das Lied *Comandante Che Guevara* von Wolf Biermann enthält fast alle Facetten des Kultes:»Sie fürchten Dich, und wir lieben / Dich vorn im Kampf, wo der Tod lacht / wo das Volk Schluß mit der Not macht / – Nun bist du weg – und doch geblieben / uns bleibt, was gut war und klar war: / Daß man bei Dir immer durchsah / und Liebe, Haß, doch nie Furcht sah / Comandante Che Guevara«. Der Vertonung lag das Lied des kubanischen Komponisten Carlos Puebla aus dem Jahr 1965 zugrunde, das in den unterschiedlichsten Fassungen von vielen spanischsprachigen Interpreten gesungen wurde.

Schon 1968 erschien ein Spielfilm *Che!* mit Omar Sharif als Hauptdarsteller. Zahlreiche Dokumentationen liegen vor, die regelmäßig zum Jahrestag der Erschießung des Revolutionärs erscheinen. *Die Reise des jungen Che* (2004) zeigt seine Anfänge, *Che* (2008) von Steven Soderbergh behandelt in zwei Teilen die Revolution in Kuba und die Guerilla in Bolivien. Die Zahl der Biografien und Bildbände ist hoch, ein Ende nicht abzusehen.

Ewigkeit und Universalität

»Hasta siempre Comandante!« Der Kult ist auf Ewigkeit angelegt (Hergott, 131), Che Guevara wird auch im 21. Jahrhundert ein Mythos bleiben. Für Fidel Castro wurde der tote Che »zum idealen globalen Botschafter der kubanischen Revolution – etwas, was er zu Lebzeiten nie war« (Machover, 124). Zu einem zunächst staatlich gelenkten Mythos in Kuba trat ein individualisierter und später kommerzialisierter in anderen Ländern hinzu. Dabei tritt der Aufruf zum gewaltsamen Kampf zunehmend in den Hintergrund, Che Guevara erscheint als Verkörperung von Befreiung und Überwindung von Armut. Sein Bild steht sowohl für einen nicht genauer beschriebenen Sozialismus als auch für Individualismus. Dies sind perfekte Voraussetzungen, um sowohl von Anhängern staatssozialistischer Systeme als auch westlicher Konsumgesellschaften verehrt zu werden.

Lit.: B. Alakus u. a., Mythos und Wirkung des Ernesto Guevara, Wien 2007. – J. L. Anderson, Che. Die Biographie, München 1997. – J. G. Castañeda, Che Guevara. Biographie, Frankfurt a. M. 1997. – S. Herrgott, Der Mythos Che Guevara. Sein Werk und die Wirkungsgeschichte in Lateinamerika, Marburg 2003. – H. E. Holthusen, Che Guevara. Leben, Tod und Verklärung, in: Merkur 259 (1969), 1051–1067. – J. Machover, Che Guevara – die andere Seite, Potsdam 2008. – F. Niess, Ernesto Che Guevara, in: Populisten, Revolutionäre, Staatsmänner. Politiker in Lateinamerika, hg. v. N. Werz, Frankfurt a. M. 2009, 320–341. – P. Weiss, Che Guevara!, in: Che Guevara und die Revolution, hg. v. H. R. Sonntag, Frankfurt a. M. 1968, 94–98.

Nikolaus Werz

Computer/Internet

Computer sind technische Geräte zur programmgesteuerten Verarbeitung digitaler Daten, die sich aus Hardware (Prozessor, Speicher, Eingabegeräte wie Maus und Tastatur, Ausgabegeräte wie Bildschirme) und Softwarekomponenten (Betriebssysteme, Programme) zusammensetzen. Mit dem Aufkommen kleiner mobiler Endgeräte wie Laptops, Tablets und Smartphones und der zunehmenden Implementierung von Computertechnologie in verschiedenste Alltagsgeräte verändert sich jedoch diese durch die Entwicklung des *Personal Computers* seit den 1970er Jahren geprägte Vorstellung von Computern.

Das Internet bezeichnet das weltweite Netz zwischen verschiedenen Computernetzwerken, das den Austausch großer Datenmengen über normierte Protokolle (TCP/IP) ermöglicht. Im alltäglichen Sprachgebrauch wird der Begriff Internet oft synonym für das World Wide Web (WWW) verwendet, dessen Grundkonzept von Tim Berners-Lee und Robert Cailliau 1989 entwickelt wurde und das als Netz von untereinander ›verlinkten‹ grafischen und damit benutzerfreundlicheren Hypertext-Dokumenten (Webseiten) seit den 1990er Jahren zur Popularisierung und Kommerzialisierung des Internets geführt hat (Gießmann, 335 f.).

Exteriorisieren

Ein Mythos, der den Computer seit seiner frühesten Geschichte begleitet, ist die Idee der Auslagerung kognitiver Fähigkeiten. Alan Turing und andere denken bereits Ende der 1930er Jahre über die Formalisier- und Mathematisierbarkeit bestimmter Denkprozesse mithilfe einer universellen Maschine nach. Die im Kontext des Zweiten Weltkriegs vorangetriebene Entwicklung elektronischer Hochgeschwindigkeitsrechner bildet die Grundlage für die Vorstellung vom Computer als alles entscheidendem ›Elektronengehirn‹. Abgesehen von der emphatischen Phase der Künstlichen Intelligenz-Forschung, wie sie durch John McCarthy, Marvin Minsky und andere in den 1950er Jahren repräsentiert ist, denken Vannevar Bush mit seiner Vision des MEMEX (1945) und darauf aufbauend Douglas Engelbart (1968) alltagsbezogener über Möglichkeiten des persönlichen, computergestützten Arbeitens nach. J. C. R. Licklider stellt 1960 fest, dass ein großer Teil der Arbeit des Forschers von Computern übernommen werden kann, und findet für diese Form der Arbeitsteilung den Begriff der Symbiose. Der Computer wird hier in die Tradition der ›Kulturtechniken der Intelligenzverstärkung‹ wie der Schrift, der Mnemotechnik und anderer Zeichen- und Symbolsprachen gestellt (Serres, 76 f.). Der von der KI-Forschung inspirierte Mythos der Erweiterung des Denkens wirkt noch in den 1990er Jahren fort: Norbert Bolz z.B. beschreibt den Computer als weitere narzisstische Kränkung des Menschen nach Kopernikus, Darwin und Freud, die dem Menschen die letzte stolze Domäne, das Denken, streitig mache. Bolz wiederholt Marshall McLuhans These, dass die elektronischen Medien »die globale Erweiterung unseres zentralen Nervensystems« (Bolz, 9) seien. Michel Serres denkt diese Idee der Auslagerung kognitiver Fähigkeiten als Funktionsverlust des individuellen Gedächtnisses weiter, welcher in die Formierung eines »Menschen ohne Fähigkeiten« (Serres, 85) münde.

Als entscheidendes Kriterium für die neuen Möglichkeiten des Auslagerns von Gedächtnisinhalten gilt die Universalität des Computers. Im Jahr 1950 schreibt Turing: »This special property of digital computers, that they can mimic any discrete state machine, is described by saying that they are universal machines« (Turing, 441). Die Rede vom Computer als universeller Maschine lässt sich ferner im Kontext des Begriffsinstrumentariums der Kybernetik verorten. Die Kybernetik tritt Mitte des 20. Jahrhunderts mit dem Anspruch einer interdisziplinären Universalwissenschaft auf, welche sowohl technisch-mathematische als auch biologische und soziale Prozesse informationstheoretisch beschreiben will und somit Mensch und Maschine, Organisches und Anorganisches näher zusammenrücken lässt. In der in den 1990er Jahren im deutschsprachigen Raum geführten Debatte um den Computer als Medium taucht der Begriff des Universalmediums abermals auf. Dort wird die Universalität des Computers jedoch in seiner Eigenschaft gesehen, verschiedenste Medienformate wie Töne, Bilder oder Schrift zu verarbeiten und integrieren zu können. Die Universalitätsthese verschiebt sich damit vom mathematisch-mechanischen auf den medial-ästhetischen Bereich und versucht der Wahrnehmungssituation der Computernutzer Rechnung zu tragen, die über den Computer Zugriff auf verschiedenste mediale Angebote haben.

Vernetzen, produzieren, teilen

Während die 1970er und 1980er Jahre noch stark von der Auseinandersetzung mit dem ›Gerät Computer‹ geprägt sind, steht in den 1990er Jahren nicht mehr die Mensch-Computer-Relation im Vordergrund, sondern zunehmend die Vernetzung von Nutzergruppen. Die Kommerzialisierung des Internets in Form des World Wide Web ermöglicht die massenhafte Nutzung von Email-Diensten, Newsgroups, Homepages, Chats, MUDs, Blogs, Wikis oder Sozialen Netzwerken, die – versehen mit den Schlagworten ›Web 2.0‹ oder ›Social Web‹ – die soziale Seite des Internets begründen.

Der Mediennutzer erfährt hier eine Neudefinition als aktiver Mitgestalter: Entgegen der Ein-Weg-Kommunikation von wenigen Sendern zu vielen Empfängern, für die die Massenmedien von den Printmedien bis hin zum ↗Fernsehen oft kritisiert wurden, ermöglicht der vernetzte Computer reziproke und multidirektionale Kommunikation. Interaktivität wird zum Schlagwort der Netzkultur, die den Nutzer zugleich als Konsumenten und Produzenten feiert: »Within the circumstances of today's media networks it is impossible to not produce. The classical dichotomy of production and consumption has been melted down by the circuits of communication and given birth to what marketing calls the *prosumer*« (Schultz, 111).

Das 2004 gegründete Soziale Netzwerk Facebook kann als Sinnbild dieser neuen, kommerziellen Vernetzung gelten, in der Nutzer selbst Inhalte produzieren und sie mit anderen Nutzern teilen. Diese auf permanentes Feedback angelegte, interaktiv-kollektive Form der Mediennutzung beschreibt der Soziologe Manuel Castells als Teil einer Netzwerkgesellschaft, die sich sowohl durch neue gesellschaftliche und kulturelle als auch durch neue ökonomische Strukturen auszeichnet. Das Netz selbst wird zum Mythos der dezentralen Organisation, einer wuchernden Medienformation, die sich nach eigenen Gesetzen ausbreitet und prinzipiell unabgeschlossen bleibt.

Es bietet zum einen Anschlusspunkte für die Vorstellung einer idealen, von Macht- und Herrschaftsstrukturen freien Gemeinschaft (Münker/Roesler, 9), in der kollaboriert, frei geteilt und an Open Source Software mitgeschrieben werden kann. Zum anderen wird die von ökonomischen Interessen durchzogene Kehrseite im Diskurs zunehmend präsent (↗Macht der Medien). Lawrence Lessig beschreibt den Wandel des Internetmythos als »change from a cyberspace of anarchy to a cyberspace of control« (Lessig, 5). Neben dem Freiheitsversprechen des Internets als dezentraler Partizipationsmöglichkeit aller werden in den 2000er Jahren vermehrt Fragen der Kontrolle, Zensur und Überwachung diskutiert.

Suchen, selektieren

Das Internet steht auch für die Idee der enzyklopädischen Erfassung der Welt. *Wikipedia*, das 2001 gegründete kollaborative Online-Lexikon, das sich selbst mit dem Slogan »The free encyclopedia that anyone can edit« (http://en.wikipedia.org/wiki/Wikipedia, 20.03.14) beschreibt, ist ein einschlägiges Beispiel für die neuen internetbasierten Organisationsformen des Wissens, die die Rede von der »Ära der Informationsgesellschaft« (Münker/Roesler, 8) provoziert haben. Als Folge dieser Sammel-, Dokumentations- und Speicherwut wird die Frage nach der Selektion von Informationen virulent: Wie lässt sich angesichts der Fülle an Informationen noch etwas finden? Internet-Suchmaschinen wie Google, Baidu, Yahoo oder Bing bieten einen Weg durch die Vielfalt, indem sie eine auf Suchbegriffen und Algorithmen basierende Auswahl an Links zu verschiedensten Webseiten zur Verfügung stellen. Mit einem Marktanteil von bisweilen über 80 % in Deutschland bestimmt Google zu einem Großteil mit, was im Internet gesucht und gefunden wird (Röhle, 21). Der Einfluss auf die Sichtbarkeit bestimmter Inhalte ist damit enorm. Google ist daher zum einen wichtiger Motor der kommerziellen Nutzung des Internets, löst zum anderen aber Diskussionen um Monopolbildung, Datenschutz und Zensur aus (Röhle, 12–14). ›Googeln‹ ist zu einer neuen Kulturtechnik geworden, die zur Alltagspraxis der Internetnutzer gehört und einen gesamtgesellschaftlichen Wandel des Umgangs mit Wissen bewirkt hat. Die Selektion, die im Fall des Fernsehens als Ermächtigung des Zuschauers diskutiert wird, ist hier ein ungleich komplexerer Prozess, der stets auf einer Vorauswahl basiert, die im Gegensatz zum Fernsehprogramm nicht transparent ist bzw. dessen algorithmische Seite nur von wenigen Mediennutzern durchschaut wird.

Ein weiteres Beispiel für die neuen Such- und Selektionsprinzipien ist das seit 2005 verfügbare Online-Videoportal YouTube. Als höchst heterogenes Archiv von Videos, Film- und Fernsehausschnitten, Musikclips usw. etabliert es neue, flexiblere Sehgewohnheiten und eigene Formate jenseits von Fernsehen und Kino. Es fordert seine Nutzer auf, sich audiovisuell auszudrücken und an der stets wachsenden Videosammlung mitzuarbeiten. Der Kontext für die individuelle Selektion von Inhalten setzt sich dabei aus persönlichen Kanälen, Kommentaren, Play-Listen und ›Klick-Statistiken‹ zusammen und erweitert sich durch die Möglichkeit der Einbettung der Videos in andere Webseiten.

Being digital

Neben den Diskurssträngen der Vernetzung und den neuen Mechanismen der Informationsselektion wird das Computerzeitalter mit einem neuen Lebensgefühl assoziiert: »Computing is not about computers anymore. It is about living« (Negroponte, 6), so fasst es der Informatiker Nicholas Negroponte in seinem programmatischen Buch *Being digital* zusammen. In ihrem Cyborg-Manifest von 1985 verwendet Donna Haraway den Begriff des Cyborg, um diese neue Lebensform der Menschen in einer postmodernen Welt zu beschreiben: »Im 20. Jahrhundert, in unserer Zeit, einer mythischen Zeit, haben wir uns alle in Chimären, theoretisierte und fabrizierte Hybride aus Maschine und Organismus, verwandelt, kurz, wir sind Cyborgs« (Haraway, 465). Der bzw. die Cyborg wird zur feministischen Erzählfigur des Neuanfangs, anhand derer sich der Übergang ins posthumane Zeitalter proklamieren lässt. Identität ist zu einer online verhandelbaren Kategorie geworden, was auch der bekannte, 1993 im *The New Yorker* veröffentlichte Cartoon von Peter Steiner scherzhaft aufgreift: »On the Internet, nobody knows you're a dog«, sagt ein am PC sitzender Hund zum anderen.

Der ›Cyberspace‹, ein durch den Roman *Neuromancer* (1984) von William Gibson popularisierter Begriff, wird zum Sehnsuchtsort, an dem sich das Soziale auf neue Weise formieren kann. Der regelrechte ›Cyber-Hype‹ der 1990er Jahre erzählt die »Geschichte der Eroberung einer neuen Welt« (Münker/Roesler, 8). Waren in der Anfangsphase Neuheit, Aufbruch, Gegenkultur und das Andere die Themen des Cyberdiskurses, so kommt die Debatte Mitte der 1990er Jahre im Alltag an: »cyberspace is now part of the routines of everyday life« (Turkle, 9). Für die Mediennutzer schlägt sich die Alltäglichkeit des Digitalen vor allem in der permanenten Verfügbarkeit von Medieninhalten und Kommunikationsmöglichkeiten nieder: »Anything, anytime, anywhere« (Negroponte, 174) wird zum Prinzip eines hochgradig personalisierten Mediengebrauchs.

Schlagworte wie Exteriorisierung des Geistes, Vernetzung, Informations- oder Google-Gesellschaft und ›Being digital‹ als Lifestyle-Prinzip zeugen von dem Versuch, das heterogene Medienensemble ›Computer und Internet‹ mit einheitsstiftenden und daher mythisch anmutenden Erklärungen greifbar zu machen. Zugleich wird aber deutlich, wie sich diese Großerzählungen entziehen, indem Differenzierungen wie privat/öffentlich, individuell/kollektiv, materiell/immateriell permanent von den medialen Praktiken des WWW unterlaufen werden.

Lit.: N. Bolz, Computer als Medium – Einleitung, in: Computer als Medium [1994], hg. v. N. B. u. a., München 1999, 9–16. – S. Gießmann, Internet, in: Handbuch Medienwissenschaft, hg. v. J. Schröter, Stuttgart 2014, 334–343. – D. Haraway, Ein Manifest für Cyborgs. Feminismus im Streit mit den Technowissenschaften, in: Kursbuch Medienkultur. Die maßgeblichen Theorien von Brecht bis Baudrillard, hg. v. C. Pias u. a., München ⁶2008, 464–471. – L. Lessig, Code. Version 2.0, New York 2006. – S. Münker/ A. Roesler, Vorwort, in: Mythos Internet, hg. v. S. M./A. R., Frankfurt a. M. 1997, 7–12. – N. Negroponte, Being Digital, New York 1996. – T. Röhle, Der Google-Komplex. Über Macht im Zeitalter des Internets, Bielefeld 2010. – P. Schultz, The Producer as Power User, in: DATA browser 02. Engineering Culture. On ›The Author as (Digital) Producer‹, hg. v. G. Cox/J. Krysa, New York 2005, 111–125. – M. Serres, Der Mensch ohne Fähigkeiten. Die Neuen Technologien und die Ökonomie des Vergessens, in: Reader Neue Medien, hg. v. K. Bruns/R. Reichert, Bielefeld 2007 [2002], 76–87. – A. Turing, Computing Machinery and Intelligence, in: Mind. A Quarterly Review of Psychology and Philosophy 59 (1950), 433–460. – S. Turkle, Life on the Screen. Identity in the Age of the Internet, London 1997.

Sabine Wirth

DDR

Die DDR war und ist als ehemaliger zweiter deutscher Staat in doppelter Hinsicht ein Feld der Mythenproduktion. Zeitgenössisch bezog die DDR ihre Legitimationsbasis aus einem antifaschistischen Gründungsmythos (↗Holocaust). Seit den 1990er Jahren befördert das uneinheitliche Bild in Bezug auf die gesellschaftliche Erinnerung an die DDR und ihre historische Einordnung Mythen über den untergegangenen sozialistischen Staat (↗Marxismus/Leninismus).

Gründungsnarrativ Antifaschismus

Dem antifaschistischen Gründungsnarrativ zufolge verdankt der ostdeutsche Staat seine Entstehung vor allem dem Widerstand (↗Résistance/Resistenza/Widerstand) deutscher Antifaschisten und vertrat im Gegensatz zur Bundesrepublik Deutschland eine bessere und gerechtere Gesellschaftsordnung. Der Kampf von Kommunisten gegen den Faschismus markierte eine übergeordnete Rechtfertigung der Existenz der DDR gegenüber der UdSSR (Münkler, 423).

Zugleich markierte er eine scharfe Abgrenzung sowohl gegenüber der deutschen Vergangenheit als auch gegen die Bildung des bundesrepublikanischen Staates, dem Monopolkapitalismus und die Integration ehemaliger NS-Eliten an politischen Schaltstellen vorgeworfen wurde. Innenpolitisch hatte der Mythos vier Funktionen: Erstens diente er dazu, die Menschen von der Richtigkeit des Sozialismus zu überzeugen und Einsatz- und Opferbereitschaft für den Staat der DDR zu stärken. Zweitens half er, die Arbeiterschaft von dem Verdacht freizusprechen, Anhänger des Nationalsozialismus gewesen zu sein. Drittens hatte er den Zweck, die Sozialdemokratie zu delegitimieren, der vorgeworfen wurde, vor 1933 nicht gemeinsam mit der KPD gegen den Nationalsozialismus gekämpft zu haben. Viertens wurde er genutzt, um die bürgerliche Opposition gegen den Nationalsozialismus zu desavouieren (Münkler, 424 f.). Vermittelt wurde das antifaschistische Gründungsnarrativ insbesondere im Deutsch- und Geschichtsunterricht sowie in der Staatsbürgerkunde. Er war zudem Thema in der Prosa wie z. B. in Bruno Apitz' Roman *Nackt unter Wölfen* aus dem Jahr 1949, der die Selbstbefreiung der kommunistischen Häftlinge in Buchenwald schildert. Außerdem verkörperten überlebende kommunistische Widerstandskämpfer den Antifaschismus durch Berichte und Vorträge in Institutionen und Medien. Schulen, Straßen und Plätze wurden vor allem nach Ernst Thälmann benannt. Hinzu kamen zahlreiche Mahnmale und die Einrichtung von Gedenkstätten wie etwa im ehemaligen Konzentrationslager Buchenwald, um den antifaschistischen Kampf zu dokumentieren und ihn vom kommunikativen in das kulturelle Gedächtnis zu überführen (Münkler, 430 ff.). Der antifaschistische Gründungsmythos avancierte vor diesem Hintergrund zu einer »säkularen Staatsreligion«, die in der ritualisierten Verehrung kommunistischer Widerstandskämpfer als Märtyrer ihren Ausdruck fand (Münkler, 423).

Das mythische DDR-Gedächtnis

Seit der Wiedervereinigung 1990 (↗Mauerfall/Wende) floriert eine vielfältige Mythenproduktion in Bezug auf die DDR. Dies resultiert daraus, dass es offensichtlich bis heute kein kollektives Narrativ der deutsch-deutschen Geschichte nach 1945 (↗Stunde Null) gibt, in dem sich die Mehrheit der Menschen in Ost- und Westdeutschland wiederfinden. Anders als der Nationalsozialismus hat die sozialistische Diktatur noch keine »eindeutig markierte Position im kulturellen Gedächtnis gefunden« (Sabrow, 14 f.). Stattdessen ist die DDR zu einem »Kampfplatz der Erinnerungen« avanciert (Sabrow, 16). Im Zentrum des öffentlichen Gedenkens steht nach Sabrow das »Diktaturgedächtnis«, das den Unterdrückungs- und Unrechtscharakter der SED-Herrschaft betont und unter westdeutschen Politikern bzw. Medien und ostdeutschen Meinungseliten verbreitet ist (Sabrow, 18). Das »Arrangementgedächtnis« ist hingegen stärker in der Bevölkerung der DDR verankert. Es erzählt von alltäglicher Selbstbehauptung der Menschen unter widrigen Umständen, von eingeforderter und freiwilliger Mitmachbereitschaft, aber auch vom Stolz auf das in der DDR persönlich Erreichte (Sabrow, 19). Noch stärker im Schatten der öffentlichen Wahrnehmung steht nach Sabrow das »Fortschrittsgedächtnis« (↗Fortschritt). Es hält an der Idee einer alternativen Gesellschaftsordnung zum Kapitalismus fest und baut seine Erinnerungen auf einer moralischen und politischen Gleichrangigkeit beider deutscher Staaten auf (Sabrow, 19).

Aktuelle Deutungen und Ostalgie

Die Kluft zwischen den drei genannten Gedächtnissen in den Medien und in der öffentlichen Wahrnehmung bildet einen Nährboden, um tradierte Mythen im deutschdeutschen Verhältnis zu reaktivieren, vor allem als Elemente der ostdeutschen Selbstvergewisserung. Dazu gehören u. a. Deutungen, nach denen die DDR sozialer und gerechter als die Bundesrepublik gewesen sei, Frauen im Sozialismus gleichberechtigter waren und ehemalige Nationalsozialisten vor allem in Westdeutschland gelebt hätten (v. Seggern, 39, 51, 111). Die DDR avanciert so zu einem Projektionsort für aktuelle gesellschaftliche Wünsche, Bestrebungen und Einschätzungen. Dabei spielte auch die in den 1990er Jahren einsetzende Ostalgiewelle eine Rolle. Dafür bedeutsam war u. a. die Wiederaufführung des Films ↗*Die Legende von Paul und Paula* (1973) von Heiner Carow, der sich auf das persönlich-private Leben in der DDR bezog. Ihren Höhepunkt fand sie in einer Reihe von Fernsehshows (*Ostalgie-Show*, 2003, ZDF) und Filmen (*Sonnenallee*, 1998, Regie: Leander Haußmann; *Good Bye Lenin*, 2003, Regie: Wolfgang Becker). Angetrieben wurde die damit verbundene Renaissance von ostdeutschen Konsum- und Kulturprodukten (FDJ-Hemden, Trainingsjacken, Ampelmännchen, Spreewaldgurken, Trabant) durch kommerzielle Motive und jugendkulturelle

Abgrenzungsmotive ebenso wie durch sentimentale Emotionen und Versuche einer
erinnernden Selbstvergewisserung z. B. in dem Roman *Zonenkinder* (2002) von Jana
Hensel (Ahbe, 7). Die Wiedervereinigung unter bundesrepublikanischer Ägide bedeutete für viele Menschen die Konfrontation mit veränderten Leistungsanforderungen
und Konkurrenzverhältnissen (Ahbe, 28 ff.). Hinzu kam die mangelnde öffentliche
Anerkennung der Lebensentwürfe vieler Menschen in der DDR. Der mediale und
politische Fokus auf die Verbrechen und die Missstände in der DDR entsprach nur
zum Teil den Erfahrungen der Menschen in Ostdeutschland (Ahbe, 42). Ein solcher
DDR-Diskurs ignorierte »diejenigen Erfahrungen des In-der-Welt-Gelebthabens, die
nicht in der Unterordnung unter das Diktat der Partei aufgingen und in Millionen von
Fällen ein Mehr beinhalteten: ein mehr oder weniger sinnvoll verbrachtes Leben trotz
oder auch mit der Partei, ermöglicht durch Kompromisse, Anpassungsbereitschaft
oder auch Verweigerung und Rückzug ins Private« (Lindenberger, 240). Diese Gemengelage wurde in den vergangenen Jahren auch literarisch (Uwe Tellkamp, *Der Turm*,
2008) bzw. filmisch (*Das Leben der Anderen*, 2006, Regie: Florian Henckel von Don-
nersmarck) bearbeitet.

Der retrospektive DDR-Mythos speist sich wesentlich aus Mythemen, die bereits Teil
des zeitgenössischen DDR-Mythos waren. Das mythische Identifikationspotenzial gründet sich dabei weniger auf die DDR als Staatsform, sondern eher auf das mit ihr verbundene Lebensgefühl.

Lit.: T. Ahbe, Ostalgie. Zum Umgang mit der DDR-Vergangenheit in den 1990er Jahren, Erfurt 2005. – T.
Lindenberger, In den Grenzen der Diktatur. Die DDR als Gegenstand von »Gesellschaftsgeschichte«, in:
Bilanzen und Perspektiven der DDR-Forschung, hg. v. R. Eppelmann u. a., Paderborn 2003, 239–245. –
H. Münkler, Die Deutschen und ihre Mythen, Berlin 2009. – Ders./J. Hacke, Politische Mythisierungs-
prozesse in der Bundesrepublik. Entwicklungen und Tendenzen, in: Wege in die neue Bundesrepublik.
Politische Mythen und kollektive Selbstbilder nach 1990, hg. v. H.M./J.H., Frankfurt a.M./New York
2009, 7–14. – M. Sabrow, Die DDR erinnern, in: Erinnerungsorte der DDR, hg. v. M.S., München 2009,
11–27. – Ders./R. Eckert u. a. (Hg.): Wohin treibt die DDR-Erinnerung? Dokumentation einer Debatte,
Göttingen 2007. – A. v. Seggern, Alles Mythos! 20 populäre Irrtümer über die BRD und die DDR, Darmstadt 2013.

Lu Seegers

Derrick

Derrick ist eine der erfolgreichsten Kriminalserien der Welt und avancierte zu einem
länderübergreifenden Fernsehmythos (↗Fernsehen). Die nach dem Titelhelden Oberin-
spektor Stephan Derrick benannte, vom ZDF produzierte Sendung lief in Deutschland
von Oktober 1974 bis September 1998 und wurde nach Angaben der ZDF-Tochterge-
sellschaft in 93 Ländern gesendet, von Albanien und Australien über China, Italien,
Niederlande und Polen bis Schweden, Spanien und den Vereinigten Arabischen Emira-
ten (Hampel, 162).

Ambivalenter Ermittler

Trotz der nationalsozialistischen Vergangenheit des Drehbuchautors Herbert Reinecker und des Hauptdarstellers Horst Tappert (seine SS-Mitgliedschaft wurde allerdings erst posthum bekannt) wurde Derrick in vielen Ländern zum Repräsentanten eines neuen, sanften Nachkriegsdeutschlands, der den Verbrechern im Gegensatz zu den amerikanischen Detektiven nicht mit Action und Gewalt, sondern mit Psychologie begegnet (Zwaenepoel, 261). Derrick gilt »als Musterbeispiel eines neuen unaufdringlichen Deutschen, als Vertreter einer Polizei, die auch ohne autoritäres Auftreten ruhig und höflich die Fälle löst« (Weber, 95). Der deutsche Derrick machte in der Welt als Gentleman-Kommissar Karriere.

Durch seine Präsenz und humanitär motivierte Beharrlichkeit treibt Derrick die Täter derart in die Enge, dass sie irgendwann von sich aus ihre Tat gestehen. Er zeigt Verständnis für die an den Straftaten beteiligten Personen, will diesen dabei aber nicht menschlich näherkommen, sondern ihre Motive und ihre Psyche distanziert-professionell nachvollziehen können. Nicht die Schuld an sich, sondern das Sich-schuldig-Fühlen, verbunden mit einem schlechten Gewissen (Mikos, 146), bildet eines der zentralen Themen der *Derrick*-Episoden. Die Fälle sind dann gelöst, wenn Derrick den oder die Täter psychologisch durchdrungen hat und diese sich ihrer Schuld bewusst geworden sind. Die versteinert-regungslose und zugleich vertrauenserweckende Mimik des Kommissars (besonders charakteristisch sind seine hervortretenden Augen und seine ausgeprägten Tränensäcke) steht ikonisch für seine Verbindung von analytischer Distanz und lebenserfahrener Einfühlung.

Zudem scheint Derrick typisch preußische Tugenden zu bewahren: Strebsam, pflichtbewusst und korrekt, versucht er, Ordnung in das Chaos der meist im bürgerlichen Milieu angesiedelten Verbrechen zu bringen (Zwaenepoel, 262). Hinter der bürgerlichen Fassade lauern moralischer Verfall und die Abgründe der Psyche. Fast ritualisiert erscheinen die immer wiederkehrenden Verbrechen, die oft im Kreis der Familie und der nahen Angehörigen begangen werden. Die erfolgreiche Serie zeigt und zeigte, »wie auch die Reichen und Erfolgreichen ihre Leichen im Keller hatten, dass auch jene vom Schicksal getroffen werden konnten, die verantwortungslos mit ihrem Wohlstand, ihren Begierden oder Versuchungen umgingen. Diese Moral kam bei Linken und Rechten gleichermaßen an, da sie entweder das Ressentiment der kleinen Leute gegen die Reichen bediente oder die Reichen darin bestätigte, dass auch sie es nicht immer leicht hatten« (Weber, 93). Der Mythos des heilen bürgerlichen Familienlebens (↗Familie) wird so durch das Familiengeheimnis ersetzt. Aber genauso wenig wie die heile Welt heil bleibt, bleibt das Geheimnis geheim. Denn da ist der »Überbürger« Derrick, der jedes Geheimnis lüften kann. Obwohl er die Autorität des Staates repräsentiert, bezieht Derrick Position für die Menschen (für Täter und Opfer gleichermaßen) und ihre Nöte. Darin liegt die Ambivalenz der Figur und auch ihr Identifikationspotenzial begründet. Kraft der Psychologie und der Autorität von Derrick ist am Ende jeder Episode die gesellschaftliche Ordnung wiederhergestellt: »Jedes Verbrechen wurde aufgeklärt und jede mögliche Beunruhigung des bürgerlichen Milieus von einem bürgerlichen Helden im Laufe der Ermittlungsarbeit aufgelöst« (Weber, 92).

Zum Mythos Derrick gehört sein Assistent Harry Klein (dargestellt durch Fritz Wepper), mit dem er zusammen ein an Sherlock ↗Holmes und Dr. Watson anschließendes Ermittlerpaar bildet, dessen Verhältnis sich jedoch deutlich von der Vorlage abhebt. Während Holmes auf Watson aus verschiedenen Gründen angewiesen ist, besteht zwischen »Harry« und »Stefan« eher eine Herr-und-Knecht-Beziehung (Zwaenepoel, 266), die Derricks Wirkmächtigkeit noch verstärkt.

Gütiger Vater

Der Semiotiker und Schriftsteller Umberto Eco sieht die internationale Faszination für Derrick gerade in der Unauffälligkeit der Figur, ihrem psychologischen und intellektuellen Mittelmaß begründet:»Derrick gibt allen ein gutes Gefühl, auch denen, die sich für überlegen halten, denn er läßt in jedem von uns die Mittelmäßigkeit wieder aufblühen, die wir glaubten verdrängt zu haben« (Eco, 100). Derrick steht nicht nur in Deutschland, sondern vor allem in den 93 Ländern, in die die Serie verkauft wurde, für den guten Deutschen, der sich nach dem Zweiten Weltkrieg von der Brutalität des Hitlerregimes abgewendet hat, weil er mit unaufdringlicher Autorität ausgestattet ist, zugleich aber aufgrund seiner psychologischen Fähigkeiten seine Fälle mit Empathie lösen kann. Vor allem die Themen Familie, Moral, Schuld und Sühne ziehen sich durch die Serie und stehen so auch symbolhaft für die Aufgabe der Deutschen, nach dem Zweiten Weltkrieg ihre Vergangenheit aufzuarbeiten (Adorno, 125 ff.). Denn Derrick behandelt eines der großen Themen der deutschen Nachkriegsgeschichte: das Verstehen von Schuld vor dem Hintergrund moralischer und ethischer Imperative. Derrick befreit die Täter nicht aus der Verantwortung, erklärt aber ihre Motive und ihr Handeln. Vielleicht hat aus diesem Grund die erst nach Tapperts Tod publik gewordene SS-Vergangenheit den Derrick-Mythos nicht zerstört, sondern wurde in ihn integriert. Derrick widmet sich damit auch Fragen, die die Individuen nicht allein im Großen, sondern in den kleinen Dingen des täglichen Lebens beschäftigen. Die Zuschauer in aller Welt können sich so mit den Geschichten identifizieren und dem sanften, bürgerlichen Vertreter staatlicher Autorität folgen. Die Figur Derrick wird für sie zu einer mythischen Ordnungsmacht, die ihnen mit Verständnis begegnet. Bei Derrick fühlt man sich aufgehoben, weil man spürt, dass man Teil von etwas Größerem ist, das nur er durchschaut hat (Mikos, 146). Er wird zum gütigen Vater, dem man sich gerne anvertraut – als Täter in der fiktionalen Erzählung der Serie wie als Zuschauer. Derrick bindet das individuelle Schicksal in eine große Ordnung ein.

Lit. T. W. Adorno, Was bedeutet: Aufarbeitung der Vergangenheit?, in: Ders., Eingriffe, Neun kritische Modelle, Frankfurt a. M. 1963, 125–146. – U. Eco, Derrick oder die Leidenschaft für das Mittelmaß, in: Derrick oder die Leidenschaft für das Mittelmaß, hg. v. U. E., München/Wien 2000, 97–100. – K. Hampel, Das Derrick-Buch, Berlin 1998. – Mi. Hardwick/Mo. Hardwick, Mr. Holmes und Dr. Watson. Portrait einer Freundschaft, in: Sherlock Holmes Handbuch, hg. v. Z. Weinstein, Zürich 1988, 7–40. – L. Mikos, Die Inszenierung alltäglicher Erfahrungsmuster in der Krimireihe Derrick, in: Wechselbeziehungen. Medien – Wirklichkeit – Erfahrung, hg. v. L. M./N. Neumann, Berlin 2002, 137–152. – T. Sandoz, Derrick. L'Ordre des choses, Grolley 1999. – T. Weber, Derrick, in: Klassiker der Fernsehserie, hg. v. T. Klein/C. Hißnauer,

Stuttgart 2012, 86–95. – T. Zwaenepoel, Dem guten Wahrheitsfinder auf der Spur. Das populäre Krimi-genre in der Literatur und im ZDF-Fernsehen, Würzburg 2004.

Lothar Mikos

Marlene Dietrich

Marlene Dietrich (1901–1992) wechselt mehrfach ihre Rollen: In den 1920er und 1930er Jahren ist sie eine deutsche Schauspielerin im Theater und in Stummfilmen, dann ein US-amerikanischer Filmstar zu Beginn des ›golden age of cinema‹ in Tonfil-men der 1930er und 1940er Jahre, als solche eine Ikone in der US-Truppenbetreuung im Zweiten Weltkrieg und zuletzt in den 1950er bis 1970er Jahren eine international auftretende Sängerin. Heutzutage verkörpert sie erstens den Typus der modernen, emanzipierten, erotisch offensiven Frau und zweitens die engagierte Weltbürgerin, die sich, im preußischen Bürgertum und in deutscher Bildung verwurzelt, konse-quent nicht vom Nationalsozialismus korrumpieren ließ. Nach langem Exil in den USA und Paris wird sie nach ihrem Tod durch ihr Begräbnis in Berlin und ihr Ver-mächtnis, das den Grundstock des Filmmuseums Berlin bildet, kurz nach Mauerfall, Wiedervereinigung und Beschluss des Umzugs der bundesdeutschen Regierung von Bonn nach Berlin auch zum wieder heimgeholten Star. Als solcher kann sie drittens wie keine andere das gespaltene Verhältnis der Deutschen im Umgang mit dem Na-tionalsozialismus nach 1945 und zeichenhaft den Abschluss der Kriegs- und Nach-kriegszeit verkörpern.

Star-Image

Dietrichs Weltkarriere wird wesentlich vom Regisseur Josef von Sternberg noch in der Weimarer Republik mit *Der blaue Engel* (1930) initiiert, dann aber sofort in ↗Hollywood u. a. mit *Morocco* (1930) etabliert (vgl. Sudendorf). Mit seinen Filmen konstruiert Stern-berg das damals moderne Image der Dietrich als einer erotisch aktiven Frau sowohl über ihre Filmfiguren als auch über ihre reale Person. Nach ihrem letzten Filmauftritt 1979 in *Schöner Gigolo, armer Gigolo* zieht Marlene Dietrich sich vollständig aus der Öffentlichkeit zurück, um nicht das Kunstprodukt Marlene zu zerstören: »I've been photographed to death!« (*Marlene*, 1984). In ihrer gewählten Selbstisolation entsteht unter der Regie von Maximilian Schell mit *Marlene* eine Dokumentation, bei der alte Filmaufnahmen von Marlene Dietrich mit einem neu aufgenommenen Interview so konfrontativ montiert werden, dass Marlene Dietrich einerseits sich selbst als Person und andererseits die von ihr verkörperten Figuren in ihren Filmen dekonstruiert, sodass durch diesen Film sowohl ihr fiktionales als auch ihr faktuales Image demontiert wer-den. Unter Thematisierung der Filmherstellung durch Schell ohne authentisches aktu-elles Filmbild der Diva versucht Marlene, sich dem Zugriff durch das Medium zu ent-ziehen. Am Ende zitiert sie unter Tränen ein Gedicht von Freiligrath und offenbart scheinbar, dass sich ihr selber die Kontrolle über ihr Leben und ihr Image entzogen hat.

Mit diesem Film liefert Schell bis heute den Schlüssel für den *Mythos Marlene* (so der Untertitel in der DVD-Vermarktung).

Verkörperung offensiver weiblicher Erotik

Sternberg lanciert mit der Rolle der Lola-Lola in *Der blaue Engel* am Ende der Weimarer Republik einen völlig neuen Frauentypus: Lola-Lolas Erotik stürzt zwar im Sinne einer Femme fatale den bürgerlichen Mann ins Verderben, doch weist ihr der Film dafür keine Schuld zu: »Ich bin von Kopf bis Fuß auf Liebe eingestellt, denn das ist meine Welt und sonst gar nichts. Das ist, was soll ich machen, meine Natur, ich kann halt Liebe nur und sonst gar nichts. Männer umschwirr'n mich wie Motten um das Licht und wenn sie verbrennen, ja, dafür kann ich nichts« (*Der blaue Engel*). Damit wird der Frau eine weibliche Erotik, die sich ihrer selbst bewusst ist und offensiv vertreten wird, als natürliche, anthropologische Rolle zugewiesen. Der Film leitet hier einen Anspruch der Frau auf ihre Verwirklichung und Erfüllung ohne strafende Sanktion ab.

Ihre erste Hollywoodproduktion *Morocco* ist dann vor allem für eine Szene berühmt, in der Marlene Dietrich als Amy Jolly einen von Gary Cooper gespielten Legionär umwirbt, indem sie als Sängerin bei einem Auftritt in einem Frack mit Zylinder rauchend und singend zuerst eine andere Frau umwirbt und küsst, bevor sie den begehrten Mann als Liebesobjekt auswählt. Die Frau wird schließlich domestiziert und als liebende Gefährtin des Mannes ihrer emotionalen Bestimmung zugeführt (vgl. Spoto). Dennoch zeigt diese Szene auch einen wesentlichen ideologischen Regulationsmechanismus des Filmstars Marlene Dietrich: Sie wird hier zu einer mythischen Person, die sich kulturelle Gegensätze aneignet und damit außerhalb konventioneller Werte und Normen steht.

Das Image Marlenes ist hiermit bis zum Ende ihrer Filmkarriere festgelegt: Sie verkörpert die erotisch unabhängige Frau, die ihre erotische Vergangenheit als Abweichung in Form einer Bühnenrolle als Sängerin inszeniert (vgl. Bemmann). So entsteigt sie 1933 in *Blonde Venus* als blonde Frau einem Gorillakostüm als vorweggenommene Parodie auf *King Kong* oder tanzt mit vergoldeten Beinen in *Kismet* (1944). Hinter dieser inszenierten Rolle verkörpert sie aber die opferbereite Person, die auch sich selbst für den geliebten Mann aufgibt (wie noch 1957 in *Witness for the Prosecution*). Dieses Image wird Marlene Dietrich heute vor allem auch durch Berichte über ihr Privatleben zugewiesen, in denen ihr nicht nur das Tragen von Männerkleidern und damit die Erfindung eines neuen weiblichen Kleidungsstückes (Marlenehose), sondern auch zahlreiche Affären mit Männern und Frauen jenseits aller moralischen Konventionen der Zeit zugesprochen werden (vgl. Spoto; Salber).

Umgang mit der NS-Zeit

Wichtig für Marlenes faktuales Image ist heute vor allem ihr Verhalten während der NS-Zeit. Mindestens ein Angebot von Goebbels, nach Deutschland zurückzukehren und für die UFA zu drehen, lehnt sie spätestens seit 1936/37 ab (vgl. Riva). Marlene wird am 9. Juni 1939, noch unmittelbar vor Ausbruch des Zweiten Weltkrieges, US-amerikanische Staatsbürgerin und schließlich mit Eintritt der USA in den Zweiten Weltkrieg zur Verkörperung der US-amerikanischen Truppenbetreuung. Sie arbeitet in der legendären Hollywood Canteen, geht 1942 und 1943 auf US-Tournee für Kriegsanleihen und unterhält zum Teil direkt an der Frontlinie ihre »boys« mit *Lili Marleen* und anderen erotisch aufgeladenen Songs. Dabei verkörpert sie aber weniger ein erotisches Objekt männlicher Schaulust als vielmehr eine den Männern gleichberechtigte, kameradschaftliche Frau, eine Rolle, die schon in *Destry Rides Again* (1939) vorgeprägt wurde (vgl. Wieland). Für diesen Einsatz wird Marlene 1947 mit der Medal of Freedom ausgezeichnet. Von Teilen der deutschen Bevölkerung nach dem Krieg wird sie jedoch als Verräterin beschimpft. 1954 singt Marlene »Ich hab noch einen Koffer in Berlin« und drückt damit scheinbar ihre authentische Sehnsucht nach einer ideellen Heimat aus. Als aufrechte Deutsche wird sie von ↗Willy Brandt empfangen, singt in Moskau und Warschau hinter dem Eisernen Vorhang und präsentiert u. a. den pazifistischen Welthit *Where Have All the Flowers Gone* (1960) auch in deutscher Sprache in Israel (vgl. Kreutzer/Runge 2001). Als Diseuse gibt sie in einem aufsehenerregenden, so benannten »Nacktkleid« ihre alten Lieder zum Besten, die scheinbar als Stationen ihres Lebens die Summe ihrer Persönlichkeit formen (vgl. Bach). Die glamourös inszenierte, statuarische Oberfläche umhüllt dabei durch Musik und Text codierte, scheinbar echte Emotionen einer authentisch fühlenden, aber disziplinierten Person, die nichts Konkretes aus ihrem Privatleben, aber ihre allgemeine Haltung als fühlender Mensch preisgibt. Sie vermittelt damit das unwirkliche Bild der zugleich letzten und prototypischen, nämlich geheimnisvollen und rätselhaften Diva, die zwar keiner überirdischen Sphäre mehr entstammt, sich aber als höheres Wesen selbst für ihr Publikum in der Rollenmaske eines vergangenen Starsystems inszeniert. Das Spiel mit genau dieser Rolle Marlenes schreibt dann in der Pastichebildung durch weibliche Popmusikstars der 1990er Jahre wie ↗Madonna ihren Mythos fort.

Lit.: S. Bach, Marlene Dietrich. »Die Wahrheit über mich gehört mir«, München 2000. – H. Bemmann, Marlene Dietrich. Im Frack zum Ruhm. Ein Porträt, Leipzig 2000. – A. Bosquet, Marlene Dietrich. Eine Liebe am Telefon, Berlin 2007. – H. Kreutzer/M. Runge, Ein Koffer in Berlin. Marlene Dietrich. Geschehen von Politik und Liebe, Berlin 2001. – M. Riva, Meine Mutter Marlene, München 1994. – L. Salber, Marlene Dietrich, Reinbek b. H. 2001. – D. Spoto, Marlene Dietrich. Biographie, München 1992. – W. Sudendorf, Marlene Dietrich, München 2001. – K. Wieland, Dietrich & Riefenstahl. Der Traum von der neuen Frau, München 2011.

Jan-Oliver Decker

Don Quijote

Don Quijote nennt sich die Hauptfigur des spanischen Romans *El ingenioso hidalgo don Quijote de la Mancha* (1605/15) von Miguel de Cervantes (1547–1617). Im Roman ist er ein verarmter Adeliger niederen Standes, der nach übermäßiger Lektüre von Ritterromanen dem Wahn verfällt, selbst ein Ritter (↗Artus/Ritter der Tafelrunde) zu sein.

Dreimal zieht er aus, Abenteuer zu erleben, d. h. im Sinne seines Ritterideals die Bösen zu bekämpfen und den Bedrängten beizustehen, wobei er fortwährend scheitert, schließlich heimkehrt, seinen Wahn erkennt und christlich stirbt. Auf ihrem Weg entfaltet die Figur einen komplexen und widersprüchlichen Charakter, der allein schon zu mythischen Überschreibungen einlädt: Don Quijote agiert mal aggressiv, mal mildtätig, er handelt in den Augen seiner Umwelt verrückt und redet ungemein gelehrt, er ist tatendurstig und zunehmend melancholisch. Künstler, Illustratoren und Karikaturisten haben seine Gestalt zur Ikone verknappt: Don Quijote ist ein hagerer älterer Mann mit Spitzbart und eingefallenen Wangen, der mit Schild und Lanze auf einem dürren Klepper sitzt; eben ein »Ritter von der traurigen Gestalt«, wie ihn sein Schildknappe Sancho Pansa nennt. Im Zentrum seines mythischen Narrativs scheint das Scheitern zu stehen, doch zum Verständnis des Don Quijote als Mythos der Moderne muss die Frage beantwortet werden, auf welche Art er scheitert und mit welcher Wirkung für den Leser.

Grundlagen des Mythos

Die Wirkmacht des Don Quijote-Mythos gründet auf vier Säulen: dem bis heute anhaltenden Erfolg des Romans und seiner Übersetzungen, seiner wissensgeschichtlichen Symbolkraft, seinen ungezählten medialen Adaptionen und der lebensweltlichen Vitalität der Figur.

Die ersten Übersetzungen des Romans erscheinen in England (1612), Frankreich (1614) und Italien (1622), bis heute gilt er nach der Bibel als das meistübersetzte Buch der Weltliteratur. Die erste deutsche Teilübersetzung, noch aus französischen Vorlagen, wird 1648 veröffentlicht; mit Ludwig Tiecks Übertragung (1799–1801) wird der Roman zu einem Schlüsseltext der deutschen Romantik, zuletzt hat Susanne Lange eine Neuübersetzung vorgelegt (2008), die deutlicher als ihre Vorläufer die Vielfalt der sprachlichen Register und deren komische Effekte nachbildet.

Wissensgeschichtliche Symbolkraft

Französische Autoren des 17. und 18. Jahrhunderts lesen den Roman als Satire auf die spanische Nation, womit ihr Lob für den Ritter auch Teil der antispanischen Propaganda ihrer Zeit ist. In Deutschland werden der Roman wie seine Hauptfigur für die Romantiker zur Projektionsfläche einer kollektiven Identitätssuche, die bis heute die Rezeption beeinflusst: August Wilhelm Schlegel sieht im *Don Quijote* »die beiden großen Kräfte des Lebens« am Werk, »die Prosa in der Person Sanchos« und »die von Don Quijote edel vertretene Poesie« (A. W. Schlegel, 342). Der Ritter verkörpere die Fantasie, der Knappe den schnöden Utilitarismus. Friedrich Schlegel widerspricht der französischen Lesart des Romans als Satire und erkennt bei Cervantes einen »göttlichen Witz«, den er den eigenen »kränklichen Verhältnissen« entgegenstellt, und er betont die »durchgängige Reflexion des Werks auf sich selbst« (F. Schlegel, 314). Aus demselben Grund ist der *Don Quijote* für Michel Foucault der erste moderne Roman, weil er den Übergang von der Episteme der Ähnlichkeit zum Diskurs der Repräsentation markiere; seitdem sei die Einheit von Worten und Dingen, von Welt und Text zerfallen, wie er in

Les mots et les choses (1966) schreibt. Und für F. W. J. Schelling dient *Don Quijote* als Beleg für die mythogene Kraft der Gattung des Romans, denn er habe gezeigt, »was der Begriff von einer durch das Genie eines Einzelnen erschaffenen Mythologie sagen will. Don Quijote und Sancho Pansa sind mythologische Personen über den ganzen gebildeten Erdkreis, sowie die Geschichte von den Windmühlen usw. wahre Mythen sind, mythologische Sagen« (Schelling, 330).

Adaptionen

Der erste Teil des Romans (1605) war schnell so erfolgreich, dass ein gewisser Avellaneda, dessen wahre Identität bis heute nicht bekannt ist, 1614 eine Fortsetzung des Romans verfasste, auf die wiederum Cervantes in seinem zweiten Teil (1615) spöttisch Bezug nahm. Seitdem erscheinen der Stoff und die Figur in ungezählten Adaptionen, auf dem Theater (erstmals 1611, seit 2004 allein in Spanien ein gutes Dutzend Fassungen), in diversen musikalischen Formen (über 1.000 Vertonungen, davon allein in Deutschland über 20 Opern seit 1690), in Verfilmungen (erstmals 1902, zuletzt 2002), als Kinderbuch (z. B. durch Erich Kästner), in der bildenden Kunst (von Gustave Doré bis Picasso) und in der Literatur (Charles Sorel, *Le Berger extravagant*, 1627/28; Goethe, *Wilhelm Meister*, 1795). Dabei wird die Figurenkonstellation von Herr und Diener, die die von ihnen bereiste Welt trotz unterschiedlichen sozialen Rangs vor allem in der gemeinsamen Rede erfahren und modellieren, intertextuell ebenso aufgenommen wie die fiktionsironische Brechung der Handlung durch die Figur des (unsicheren) Erzählers (Denis Diderot, *Jacques le Fataliste et son maître*, 1796; Laurence Sterne, *Tristram Shandy*, 1759–67). Weil der *Don Quijote* mehr Fragen stellt, als er Antworten gibt, fordert er ganz offensichtlich die Nachwelt zum Weiterschreiben heraus.

Präsenz

Don Quijote ist, wie auch Don Juan, Hamlet oder ↗Faust, eine Figur, die sich von ihrem Ursprungstext gelöst hat und außerhalb Spaniens für viele Rezipienten metonymisch an dessen Stelle getreten ist. In der spanischsprachigen Welt ist die Figur bis heute Teil des Alltags, in sprachlichen Wendungen, sprichwörtlichen Bezügen, aufgenommen von der Werbung bis in die Politik: Miguel de Unamuno leitete in seinem Essay *Leben Don Quijotes und Sanchos* (1905) aus der Gesundung Don Quijotes zu Alonso Quijano die Chance einer »Europäisierung Spaniens« ab; der kubanische Revolutionsheld ↗Che Guevara bezog sich in seinem Abschiedsbrief (1967) ausdrücklich auf den Ritter, wenn er seinen Nachkommen die Pflicht auferlegte, gegen jedwedes Unrecht zu empfinden, denn dies sei die »schönste Eigenschaft des Revolutionärs«; und der spanische Ministerpräsident Zapatero befand im Geburtstagsjahr 2005: »Der *Quijote* ist das Grundgesetz des Lebens« (zit. n. Ingenschay, 107). Der argentinische Schriftsteller Jorge Luis Borges brachte es in seiner *Anmerkung zum Quijote* (1947) auf den Punkt: »Andere literarische Helden bedauern oder bewundern wir, aber mit Don Quijote freunden wir uns an. Weil nicht nur die Figur, sondern auch der Blick des Autors auf seine Figur immer voller Menschlichkeit ist« (Borges, 253).

Scheitern, aber nicht aufgeben

Exemplarisch hierfür steht Don Quijotes Kampf gegen die Windmühlen. Gleich zu Beginn der zweiten Ausfahrt erblicken die beiden Reisenden die 30 bis 40 Mühlen. Don Quijote erkennt in ihnen voller Vorfreude Riesen, an denen er sich beweisen kann; Sancho widerspricht und erklärt technisch präzise, dass die vermeintlichen Arme Flügel seien, die einen Mühlstein antreiben, doch sein Herr hält ihm entgegen, dass ihm schlicht Erfahrung mit Abenteuern fehle. Noch kommt die Empirie des Bauern nicht an gegen die Belesenheit seines Herrn. Sich Dulcinea empfehlend galoppiert der Ritter ins Gefecht und wird schmerzlich niedergeworfen. Im anschließenden Gespräch erklärt er die Evidenz, dass er vor einer Windmühle liegt, mit dem Wirken des bösen Zauberers Frestón: Die Riesen seien in Windmühlen verwandelt worden, weil böse Mächte ihm den Ruhm seines Sieges nicht gönnten. Für die fast szenische Erzählung dieses Abenteuers benötigt Cervantes kaum zwei Seiten und sie spult sich wie viele der Abenteuer nach einem dreigliedrigen Muster ab: Dialog – Aktion – Dialog. Im ersten Gespräch ermöglicht eine äußere Ähnlichkeit (Größe), die Mühlen als Riesen zu interpretieren; nach dem Scheitern des Ritters wird dialogisch eine zweite Umdeutung der Wirklichkeit entwickelt, die der ersten noch eine Metamorphose hinzufügt: Die Riesen sind noch immer da, haben aber ihre Gestalt gewandelt. Darauf steigen beide in den Sattel und reiten weiter.

Sozialgeschichtliche Analysen betonen, dass Windmühlen seinerzeit Embleme der technischen Moderne waren. Don Quijote wird damit zum Kämpfer gegen den technischen ↗Fortschritt, zum gestrigen Adeligen, der die bürgerliche Innovation nicht versteht. Betrachtet man motivgeschichtlich die Funktion von Riesen, Giganten und Titanen, so tritt er gegen archetypische Figurationen des Bösen an, gegen die er notwendig scheitern muss, weil das Böse immer in der Lage ist, seine Erscheinungsform zu verändern (vgl. Poppenberg). Entscheidend ist nun, wie Don Quijote auf sein Scheitern antwortet, wobei in seiner Reaktion vier mythogene Kerne erkennbar sind 1. Repetition, 2. Qualifikation, 3. Desillusion und 4. Reflexion.

Repetition: Don Quijote scheitert, nicht in allen Kämpfen, aber immer wieder. Dabei wiederholt sich das Schema von Dialog – Konflikt – Dialog dutzendfach. Entscheidend ist, dass er weiterreitet. In seinen Abenteuern wird er geprügelt, zerschunden und gedemütigt, aber beim nächsten Kampf tritt er wieder an. Seiner einmal gewählten Bestimmung bleibt er treu bis kurz vor Schluss. Er ist ein »seiner selbst und seiner Sache vollkommen sicheres Gemüth«, so Hegel in seiner *Ästhetik*, aber seine Selbstgewissheit und sein Scheitern hängen zusammen: Weil Don Quijote nie zweifelt, schärfen seine Niederlagen den Blick dafür, dass der Zweifel zur ↗Moderne gehört.

Qualifikation: Auf seiner Ausfahrt verändert sich der Ritter, wobei die Windmühlen-Episode am Anfang seines Erkenntnisprozesses steht. Von Sancho lernt er, auch der Realität Respekt zu zollen; angesichts der sich verrückt aufführenden Figuren des zweiten Teils wird er nicht nur melancholisch, sondern auch nachdenklich. So führt das Duo auf seiner Lebensreise exemplarisch vor, dass der Mensch lernfähig ist und Bildung mit Zuhören anfängt.

Desillusion: So oft Don Quijote auch scheitert, zur Desillusionierung führt ihn allein seine letzte Niederlage; anstatt bereits zuvor die Realität anzuerkennen, integriert er sie immer wieder aufs Neue in seinen Wahn. Auf den Leser haben diese Desillusionie-rungserfahrungen, denen der Held systematisch unterzogen wird, entscheidende Aus-wirkung. Er erkennt, wie Don Quijotes widerständiges Handeln die Grenze zwischen Alt und Neu, Sein und Schein, Wahn und Norm, kurz: die Brüche in der Wahrnehmung der Welt erst sichtbar macht. In diesem Sinn spiegelt sich in ihm eine Grunderfahrung der Moderne, das Herausfallen aus einer kosmischen Ordnung.

Reflexion: Don Quijote gewinnt seinen Zugang zur Welt aus der Interpretation der Ritterromane, und mehr noch als mit dem Schwert wirkt er auf die Welt um sich herum ein durch den Gebrauch von deren Sprache. Er nennt sich Don Quijote, damit ist er ein Ritter und die Welt um ihn die der Ritterromane. Seine Reden belegen dabei eine um-fassende Bildung, mit der er sein Agieren gelehrt zu reflektieren vermag. Hinzu kommt, dass Don Quijote dem Leser mehrfach fiktionsironisch gebrochen entgegentritt, weil mehrere Erzählinstanzen untereinander sein Handeln diskutieren. Zum Mythos Don Quijote gehört folglich genuin die im Roman diskutierte sprachliche Vermitteltheit des Heroen, weshalb beinahe jede Aussage über ihn unter Berufung auf andere Erzählebe-nen relativierbar ist. So bekommt der moderne Zweifel an der Erkennbarkeit der Welt in ihm ein Gesicht.

Mythos der Moderne

Der Mythos Don Quijote wird folglich bestimmt nicht nur von der Vieldeutigkeit des Charakters, sondern auch von dessen vieldeutigen, wenn nicht gegensätzlichen Inter-pretationen. Das zeigt sich z. B. an den konkurrierenden Lesarten zwischen Spanien und Lateinamerika. Für die Spanier ist er der Nationalmythos schlechthin; zur Feier des 400. Geburtstages des Werks 2005 wurden enorme Summen in eine teils zirzensische Selbstinszenierung investiert, während der 300. Geburtstag 1905 noch Anlass zur kol-lektiven Selbstbefragung gab. Für Lateinamerikaner hingegen dient Don Quijote, ge-rade in der Phase der nationalen Identitätssuche nach der Unabhängigkeit von Spanien im 19. Jahrhundert, als Projektionsfläche für Identifikations- wie für Abgrenzungs-diskurse.

Ein Mythos der Moderne ist Don Quijote zunächst, weil er, ausgehend vom Kampf gegen die Windmühlen, noch bei jedem Modernisierungsschub als Modernisierungs-kritiker bildmächtig gegen innovative Technik in den Ring geschickt wurde. Gegen heutige Windräder geschah das zuletzt in der TV-Verfilmung _Don Quijote – gib niemals auf!_ (2008) und dem Comic _Don Quijote_ (Flix, 2012). Hinzu kommt aber, dass er uner-müdlich gegen das Böse kämpft und dabei der Gute bleibt, eben Alonso Quijano »el bueno«, wie er sich auf dem Sterbebett wieder nennt. Das ist heute mehr denn je ein mythisches Ideal, zumal er sich, im Rahmen seiner Möglichkeiten, als lernfähig, reflek-tiert und menschlich erweist. Alle weiteren kollektiven Ideen und Erfahrungen, die Don Quijote im Zusammenspiel mit Sancho Pansa verkörpert – kognitive vs. empirische Erfahrbarkeit der Wirklichkeit, die Konfrontation zwischen Subjekt und Gesellschaft, Sinnsuche in einer Welt des Zweifels – bleiben hochgradig widersprüchlich, oszillieren aber um Kernfragen zum Selbstverständnis der Moderne. An ihr arbeitet Don Quijote sich ab und sein Motto könnte lauten: besser Scheitern.

Lit.: F. Ayala, El mito de Don Quijote, in: Ders., La invención del Quijote, Madrid 2005, 264–278. – J. L. Borges, Nota sobre el Quijote, in: Ders., Textos recobrados 1931–1955, Buenos Aires 2001, 251–253. – J. Canavaggio, Don Quichotte. Du livre au mythe. Quatre siècles d'errance, Paris 2005. – M. Franzbach, Cervantes, Stuttgart 1991. – D. Ingenschay, Don Quijote in der spanischen und deutschen Literaturwissenschaft, in: Europäische Dimensionen des Don Quijote in Literatur, Kunst, Film und Musik, hg. v. T. Altenberg/K. Meyer-Minnemann, Hamburg 2007, 91–115. – G. Poppenberg, Das Buch der Bücher. Zum metapoetischen Diskurs des *Don Quijote*, in: Miguel de Cervantes' *Don Quijote*. Explizite und implizite Diskurse im *Don Quijote*, hg. v. Ch. Strosetzki, Berlin 2005, 155–204. – F. W. J. Schelling, Werke, Bd. 3, München 1959. – A. W. Schlegel, Sämtliche Werke, Bd. 1, Leipzig 1842. – F. Schlegel, Schriften zur Literatur, München 1972. – M. Á. Varela Olea, Don Quijote, mitologema nacional, Alcalá de Henares 2003.

Albrecht Buschmann

Dracula/Vampir

Dracula ist ursprünglich der titelgebende Bösewicht im 1897 erschienenen Schauerroman des irischen Schriftstellers Bram Stoker. Die von seinen menschlichen Widersachern größtenteils in Tagebuch- und Briefform zu Papier gebrachte Geschichte erzählt eindrucksvoll von der Macht und Ohnmacht eines adligen Untoten, der mit seinem markanten Erscheinungsbild und seiner gewissenlosen Blutrünstigkeit, seinem kalten Intellekt und seinen übernatürlichen Kräften die Leser seit mehr als einem Jahrhundert mit Schrecken, aber zugleich auch mit Faszination erfüllt.

Als medienpräsente mythische Figur steht Dracula heutzutage sowohl für morbide Schönheit und /Ewige Jugend, Verderbnis bringende Anziehungskraft und Verführung, dunkle Macht und Grenzüberschreitung als auch für ungleiche, (un-)erfüllte sowie unsterbliche Liebe, Noblesse, Aristokratie und Prinzipientreue sowie übermenschliches Wissen, Kampfgeist, Kraft und Stärke. Dabei aktualisiert sein außerordentlicher Status eines (durch einen Biss) gottgleich Leben Gebenden und Nehmenden immer wieder aufs Neue die althergebrachten Spannungsfelder zwischen dem Vergänglichen (versinnbildlicht z. B. durch die Asche, in die er sich am Schluss verwandelt) und dem Ewigen (symbolisiert durch das Blut, auf das er angewiesen ist), sodass er als Personifikation menschlicher Urwünsche, aber auch Urängste erscheint.

Ursprünge

Stoker ist nicht der erste Autor, der sich mit der ambivalenten Figur eines »unfit for earth, undoomed for heaven« (Fry, 271) auseinandersetzt. Bereits 1798 schreibt Goethe *Die Braut von Korinth*, 1816 erscheint Samuel Taylor Coleridges *Christabel*, 1819 folgt John William Polidoris *The Vampire*, 1872 Sheridan Le Fanus *Carmilla*. Die neue Romanfigur überschattet jedoch all ihre literarischen Vorgänger und verdrängt sie schnell aus dem Zentrum des Diskurses. Seit seiner Erstveröffentlichung ist Stokers Werk allein im englischsprachigen Raum millionenfach verkauft, immer wieder neuübersetzt (dt. 1908) sowie mehrfach wirkungsmächtig verfilmt worden. Daher wird der Name Dracula mittlerweile oft synonym für den Begriff »Vampir«, seine Geschichte wiederum als

Lesefolie und Ursprungserzählung für die gesamte Vampirliteratur benutzt (vgl. Beresford).

Das Buch greift zum einen auf tradierte Elemente der Schauerliteratur, zum anderen auf die historisch verbürgte, aber von Legenden umwobene Figur des Vojevoden Vlad Tepez (»der Pfähler«) Draculea zurück (vgl. Märtin). Durch diese Synthese verschiedener Traditionslinien befördert es die on- und offline geführte kontroverse Diskussion über die reale Existenz von Vampiren, welche die Lebendigkeit des Mythos mitbegründet.

Deutungen und Wandelbarkeit

Zur Wirkungsmacht des transsilvanischen Antihelden tragen vor allem das Motiv des Sieges über den Tod dank des Blutes als eine Art Lebenselixier sowie die mit dessen übermenschlichem Status verbundenen und weit ausgeführten Verwandlungskünste bei. Er tritt mal als alter, mal als junger Dandy auf, kann u. a. als Fledermaus, Hund und Nebel erscheinen und verfügt über Verführungs- und Manipulationstalente, denen sich die anderen Figuren schwer entziehen können. Obwohl er eigentlich ein Monster ist, verkörpert Dracula jedoch nicht die moderne Ästhetik des Hässlichen im Sinne Baudelaires, sondern vielmehr die Anziehungskraft des Bösen, sodass er eher mit John Miltons Satan in Verbindung gebracht werden kann.

Das populäre Bild des Blutsaugers ist jedoch nicht mit dem aus Stokers Werk gleichzusetzen, da es stark von den filmischen Adaptationen beeinflusst und modifiziert worden ist. Die hohe, hagere und abstoßende Gestalt aus *Nosferatu* (1922), die sich einem durch ihre rattenhaften Zähne, spinnenhaften Hände, fledermaushaften Ohren und Glatzköpfigkeit negativ einprägt, ist sehr schnell von den mephistophelisch und erotisch anmutenden Figuren späterer Verfilmungen verdrängt worden. Wenn man Dracula sagt, meint man also keine abscheuliche Bestie, sondern vielmehr einen alterslosen und geheimnisvollen, aber auch sehr zivilisierten und attraktiven Mann, der sich an der Grenze zwischen Dies- und Jenseits bewegt und nur selten die Selbstkontrolle verliert, wie ihn z. B. Bela Lugosi (*Dracula*, 1931) und Gary Oldman (*Bram Stoker's Dracula*, 1992) verkörpern, die durch ihr Erscheinungsbild die Dracula-Ikonografie stark geprägt haben (vgl. Rottenbucher).

In der bis dato prominentesten Verfilmung, dem dreifach mit dem Oscar ausgezeichneten Film Coppolas, kristallisiert sich die Liebe als weiterer, den Vampir beschreibender Themenkomplex heraus. Aus dieser Überarbeitung stammt auch die im Buch nicht ausgeführte Vorgeschichte vom im Kampf gegen die Türken betrogenen Ritter, der die Liebe seines Lebens verliert und daraufhin mit Gott bricht, welche zur enigmatischen Aura Draculas zusätzlich beigetragen hat (vgl. Fry). Diese Erklärung des Vampirismus nutzt nicht nur das althergebrachte Spannungsverhältnis zwischen Gottesfurcht und Gottlosigkeit, sondern reichert ihn an mit der zeitlosen Ambivalenz zwischen dem Fluch, unter dem man leidet (wie es z. B. die Hauptfigur Louis in Rice' 1976 erschienenem Roman *Interview with the Vampire* tut), und der freien bzw. bewussten Wahl, mit deren Konsequenzen man leben muss (in der berühmtesten weiblichen Pendantgeschichte zu Dracula, nämlich der von der ungarischen ›Blutgräfin‹ Erzsébet Báthory, ist diese u. a. durch ihren übermächtigen Wunsch nach ewiger Schönheit und Jugend begründet; vgl. Icoz).

Mit der Zeit bzw. in ihren medialen Reinkarnationen avanciert Stokers Figur von einem Bösewicht zum mythisch erhobenen tragischen Helden, genauer zu einem einsamen Untoten auf jahrhundertelanger Suche nach Liebe, dessen Seele aber durch ebendiese gerettet werden kann. Deshalb versuchen Fortsetzungen wie Dacre Stokers und Ian Holts *Dracula the Undead* (2009) sowohl dem Buch- als auch dem Filmklassiker gerecht zu werden.

Medienpräsenz und Aktualisierung

Unter den moderneren Vampiren gibt es sowohl gute als auch schlechte Blutsauger, Menschen beschützende, tötende und liebende, mit anderen Nachtkreaturen kämpfende und die Welt rettende, adelige und nichtadelige, originale und verwandelte, solche, die kein Spiegelbild haben und von der Sonne geschwächt werden, aber auch solche, die eines haben und in der Sonne verbrennen. Dabei ist seit den 1960er Jahren ein immer größere Ausmaße annehmender intermedialer Vampirboom festzustellen, der verschiedene Altersgruppen und soziale Schichten anspricht: Angefangen mit Kinderbuchreihen wie *Der kleine Vampir* (1979) von Angela Sommer-Bodenburg und Zeichentrickfilmen wie *Hotel Transylvania* (2012) über Fortsetzungsromane für Jugendliche und junge Erwachsene wie *Twilight* (verfilmt 2008–12) und *The Vampire Diaries* (verfilmt und ausgestrahlt seit 2009), Serien für Erwachsene wie *Dark Shadows* (1967–71) und *True Blood* (seit 2008), Experimentalfilme wie Warhols *Batman Dracula* (1964), Splatterfilme wie *From Dusk Till Dawn* (1996), Dramen wie *Låt den rätte komma in* (2008, dt. *So finster die Nacht*) oder Musicals wie *Tanz der Vampire* (1997) bis hin zu Werbekampagnen wie z. B. von Ferrero für Kinder Bueno, von Ray Ban und Audi. Ausschlaggebend für diesen Facettenreichtum ist jedoch nicht Draculas Status als Bösewicht, sondern die Mehrdeutigkeiten und Unbestimmtheiten, die in seiner Figur verankert sind und viele Interpretationsfreiräume schaffen, d. h. die Fortschreibung des Mythos erlauben (vgl. Punter). Nichtsdestoweniger kristallisieren sich seine Erscheinungen als der ewige Jugend und Schönheit, aber auch fatale Leidenschaften verkörpernde Verführer einerseits und der zwischen Gut (versinnbildlicht z. B. durch die unsterbliche menschliche Seele, die er immer noch besitzt) und Böse (verstanden auch im Sinne der Abgründe der menschlichen Psyche) gespaltene (einsame und/oder tragisch scheiternde) Held, der zugleich Opfer und Täter ist, als zwei der erfolgreichsten und wirkungsmächtigsten Funktionalisierungen seiner Figur in der Moderne heraus.

Lit.: M. Beresford, From Demons to Dracula. The Creation of the Modern Vampire Myth, London 2008. – C. L. Fry, ›Unfit for Earth, Undoomed for Heaven‹. The Genesis of Coppola's Byronic Dracula, in: Literatur Film Quarterly 30 (2002), 271–278. – N. Icoz, The Un-Dead. To Be Feared or/and Pitied, in: Vampires. Myths and Metaphors of Enduring Evil, hg. v. P. Day, Amsterdam 2006, 209–226. – R.-P. Märtin, Dracula. Das Leben des Fürsten Vlad Tepes, Berlin 2004. – D. Punter, Bram Stoker's Dracula. Tradition, Technology, Modernity, in: Post/Modern Dracula. From Victorian Themes to Postmodern Praxis, hg. v. J. S. Bak, Newcastle upon Tyne 2007, 31–41. – D. Rottenbucher, From Undead Monster to Sexy Seducer. Physical Sex Appeal in Contemporary Dracula Films, in: Journal of Dracula Studies 6 (2004), 34–36.

Maria Slavtscheva

Dresden

Für den Dresden-Mythos ist typisch, dass er aus einer Reihe antagonistischer Elemente zusammengesetzt ist: aus Schönheit und Zerstörung, Bürgerstolz und menschlichem Leid, Schuld und Sühne, prachtvollen Bauten sowie kostbaren Sammlungen und einer vernichtenden Kriegsfurie. Daraus entstand eine Erzählung von Tragik und Verhängnis, aber auch Selbstbehauptungswillen und Erneuerung, und diese Erzählung ist keineswegs auf das 20. Jahrhundert fokussiert, sondern reicht weit in die Stadtgeschichte zurück. Das Spiel dieser Gegensätze ist das Antriebsmoment bei der Forterzählung und Weiterentwicklung des Mythos (»Mythomotorik«), und sie hat ihm die erforderliche Zukunftsoffenheit verschafft, durch die neue Ereignisse und Entwicklungen in den Mythos inkludiert werden konnten. Zugleich reflektieren die Oppositionsgruppen des Mythos Elemente der Realgeschichte, statten diese mit Sinn aus, binden sie in die Identitätsgeschichte der Stadt ein und lassen diese dadurch zu einem »providenziellen« Projekt der Genese des Schönen und Bewahrenswerten werden (Münkler, 12 ff.).

»Die schönste Stadt Deutschlands«: Zerstörung und Bewahrung

Die große Kraft des Dresden-Mythos zeigt sich vor allem darin, dass er die Stadt, nachdem sie in der Nacht vom 13. auf den 14. Februar 1945 in einem von britischen und amerikanischen Bomberverbänden entfachten Feuersturm untergegangen war (Schmitz,

Abb. 10: Ruine der Frauenkirche mit zerstörtem Martin-Luther-Denkmal, 1945

187 ff.), vor der restlosen Auslöschung in Gestalt eines »großzügig« geplanten und durchgeführten Wiederaufbaus bewahrt hat. Es war die im Mythos in Form von Erzählungen und Bildern amalgamierte Erinnerung an das alte Dresden, die sich den Modernisierungsplänen entgegenstemmt und eine restaurative Orientierung an der einstigen Stadtsilhouette und dem ihr zugrunde liegenden städtebaulichen Grundriss durchgesetzt hat (Meinhardt, 177 ff.). Das war erstmals noch zu DDR-Zeiten der Fall, als Teile des Dresdner Bürgertums nach dem Abschluss der Enttrümmerung des Stadtzentrums gegen Ulbrichts Pläne eines Wiederaufbaus nach den Vorgaben der »sozialistischen Stadt« Widerstand leisteten. Dem wurde in der Honecker-Ära dann mit dem Wiederaufbau der Semperoper, der Hofkirche und des Schlosses der sächsischen Könige Rechnung getragen, nachdem der Zwinger bereits in der unmittelbaren Nachkriegszeit wiederaufgebaut worden war. Die Kraft des Mythos zeigte sich zum zweiten Mal nach 1990, als das ambitionierte Projekt eines Wiederaufbaus der Frauenkirche und einer Wiederherstellung des alten Stadtzentrums in enger Orientierung am Bild der Stadt vor ihrer Zerstörung Gestalt annahm. Der Mythos Dresden mit seiner Verbindung narrativer und ikonischer Elemente hat das kollektive Gedächtnis eines relevanten Teils der Bevölkerung geprägt und ist auf diese Weise zum Bindeglied zwischen Vergangenheit und Gegenwart geworden, das über ein halbes Jahrhundert hinweg die Erinnerung an »die schönste Stadt Deutschlands« wachgehalten, zu deren Wiederherstellung motiviert und schließlich die dafür erforderlichen Ressourcen mobilisiert hat.

Stadt der Gegensätze

Am mythischen Ursprung der Oppositionsstruktur steht die Entscheidung des kriegerischsten der Sachsenfürsten, des Kurfürsten Moritz, seine Residenz von Meißen nach Dresden zu verlegen, die Stadt fortifikatorisch umzugestalten und mit einem Ring von Festungsanlagen zu umgeben. Aber der kriegerische Moritz war in der Geschichte des wettinischen Fürstenhauses nur eine Episode und seine Nachfolger setzten sehr viel stärker auf Investitionen in Kunst und Kultur, als dass sie, wie das benachbarte Brandenburg-Preußen, ihre Ressourcen in den Aufbau einer Heeresmacht gesteckt hätten. Dieser Gegensatz zwischen Sachsen und Brandenburg-Preußen (↗Preußen) sollte für die Geschichte des mitteldeutschen Raums und nicht zuletzt für Dresden im 18. und 19. Jahrhundert prägend werden: 1697 war der sächsische Kurfürst August zum polnischen König und Großfürsten von Litauen gekürt worden und die in Berlin regierenden Hohenzollern hatten 1701 darauf mit ihrer Selbstkrönung zu Königen »in Preußen« reagiert. Damit begann eine – immer wieder von Kriegen flankierte – symbolpolitische Konkurrenz zwischen Dresden und Berlin, die sich bis in die DDR-Zeit hinein bemerkbar machen sollte und die erheblich zur Kohärenz des Dresden-Mythos beigetragen hat: Neben der Zukunftsoffenheit durch die Kombination einander entgegengesetzter Elemente ist es die Vergewisserung über die von außen kommende Bedrohung, die Veranschaulichung des Konkurrenten, wenn nicht des Feindes, die dem Mythos Kraft und Orientierungsstärke verleiht.

Neben dem äußeren preußischen Gegenmythos hat die innere Gegenmythik von Residenz- und Bürgerstadt, herrschaftlicher Repräsentation und bürgerschaftlichem

Selbstbewusstsein, katholischem Hof und bürgerlicher Stadt dem Dresden-Mythos Dynamik verliehen. Um die polnische Krone tragen zu können, war Kurfürst August (der Starke) nämlich zum Katholizismus übergetreten, was in Sachsen als dem Mutterland der Reformation einem Bruch mit dem kollektiven Selbstverständnis großer Teile der Bevölkerung gleichkam. In Konkurrenz zur katholischen Hofkirche baute die Bürgerschaft die Frauenkirche, den größten barocken Sakralbau nördlich der Alpen, und brachte darin zum Ausdruck, dass sie – und nicht der Hof – die Stadtsilhouette bestimmte (vgl. Appel). Die Frauenkirche, die seit einem Jahrzehnt nun wieder das Dresdner Stadtbild beherrscht, war also beides zugleich: Symbol für die Vorherrschaft des Protestantismus und Ausdruck bürgerschaftlichen Selbstbewusstseins gegenüber höfischer Macht. Nicht zuletzt die Erinnerung an dieses bürgerschaftliche Projekt hat den Initiatoren des Wiederaufbaus um den Trompetenvirtuosen Ludwig Güttler das Zutrauen verschafft, dass ein solches Vorhaben zum zweiten Mal gelingen könne.

Das deutsche Florenz

Die Strahlkraft von Mythen erwächst in der Regel aus ihrem Anspruch, Erbe eines Früheren, selbst mythisch verdichteten Projekts zu sein oder zumindest in der Tradition dieses Älteren zu stehen (Münkler, 15 ff.): Im Fall Dresdens war das die Adelung zur »Elb-Florenz«. Die Stadt in Sachsen war ein Spiegel der Stadt in der Toskana, die als ein Hort der Kunst und Kultur und Standort der kostbarsten und wertvollsten Gemälde galt (vgl. Rader; Haedecke). Dresdens Anspruch, das Florenz des Nordens zu sein, wurde durch den von Kurfürst August III. getätigten Ankauf der wichtigsten und besten Bilder aus der Galleria Estense in Modena begründet, die heute den Kernbestand der Galerie Alte Meister bilden. Sie wurden zu einem Fokus für die Entwicklung des klassischen wie insbesondere des romantischen Kunstverständnisses und auf sie gründet sich der von Herder an Dresden verliehene Titel, das »deutsche Florenz« zu sein. In der Folge sammelten sich der Romantik zuzurechnende Schriftsteller und Maler in Dresden: Heinrich von Kleist und E. T. A. Hoffmann sind hier ebenso zu nennen wie Caspar David Friedrich und Ludwig Richter, deren Gemälde Bestandteil der Additionsmythen des Dresdner Umlands, zumal des Elbsandsteingebirges, wurden. Mit Heinrich Schütz, Carl Maria von Weber, Richard ↗Wagner und Robert Schumann begründete Dresden seinen Anspruch, eines der wichtigsten Zentren der Musik in Deutschland zu sein, und dieser zum Bestandteil des Dresden-Mythos gewordene Anspruch findet heute seinen Niederschlag in dem Bemühen, zur ersten Reihe der deutschen Musikstädte zu gehören.

Erinnerungsort der Wiedervereinigung

Zum Dresden-Mythos gehört freilich auch der legendäre Auftritt Helmut ↗Kohls vom 19. Dezember 1989 vor den Ruinen der Frauenkirche, wo der westdeutsche Kanzler, stimuliert durch die versammelte Menge, erstmals öffentlich die Perspektive einer Wiedervereinigung formulierte und damit der politischen Dynamik in der DDR eine Zielperspektive eröffnete, die einige Monate später zur Wiedervereinigung Deutschlands führen sollte (Haedecke, 342 ff.). Der alte Dresden-Mythos stellte die Ingredienzien für die Wirkkraft von Kohls kurzer Rede bereit: die durch die Ruine der Frauenkirche präsente Erinnerung an den Krieg und die deutsche Schuld, Dresden als traditionelle Peripherie des politischen Geschehens, wo manches möglich ist, was im Zentrum (in Ostberlin etwa) nicht sagbar gewesen wäre, und die Identifikation der Bürger mit ihrer Stadt, für die sie nur in einem wiedervereinten Deutschland eine Zukunft sahen.

Lit.: R. Appel, Die Dresdner Frauenkirche, Köln 2007. – W. Haedecke, Dresden. Eine Geschichte von Glanz, Katastrophe und Aufbruch, München/Wien 2006. – M. Meinhardt, Der Mythos vom ›Alten Dresden‹ als Bauplan, in: Städte aus Trümmern. Katastrophenbewältigung zwischen Antike und Moderne, hg. v. A. Ranft/St. Selzer, Göttingen 2000, 172–200. – H. Münkler, Die Deutschen und ihre Mythen, Reinbek 2009. – O. Rader, Kleine Geschichte Dresdens, München 2005. – W. Schmitz (Hg.), Die Zerstörung Dresdens. Antworten der Künste, Dresden 2005.

Herfried Münkler

Dritte Welt

Die Dritte-Welt-Idee ist auch nach ihrem rapiden Niedergang, der ab Mitte der 1970er Jahre einem geradezu kometenhaften Aufstieg in den beiden Jahrzehnten zuvor gefolgt war, in vielen politischen und populären, aber auch akademischen Diskursen bis in die Gegenwart hinein lebendig geblieben. Dies zeugt von der mythischen Kraft eines Konzepts, das in seiner Entstehungsphase zwei Dimensionen miteinander verknüpft hatte: eine sozioökonomische – indem »Dritte Welt« als Sammelbezeichnung für solche Länder diente, die früher zumeist Kolonien waren und als wirtschaftlich unterentwickelt galten – und eine (geo-)politische – durch die Anwendung des Begriffs auf jene Staaten, die zur Zeit des ↗Kalten Krieges weder der westlichen kapitalistischen »Ersten« noch der östlichen kommunistischen »Zweiten Welt« zugerechnet wurden. Da der Begriff der Dritten Welt nicht nur einen formalen Rahmen beschrieb, innerhalb dessen Debatten über die Interpretation der Moderne ausgetragen wurden, sondern zugleich mit politisch-moralischen Fragen konnotiert war, konnte er eine der wirkmächtigsten Mythen modernen Denkens und Handelns begründen.

Entstehung und Aufstieg

Wenngleich die »Entdeckung der Dritten Welt« (Sachs) nicht einer individuellen Forscherpersönlichkeit zugeschrieben werden kann, lässt sich die Begriffsschöpfung selbst doch auf den französischen Wirtschaftswissenschaftler und Demografen Alfred Sauvy zurückführen. Unter dem Titel »Drei Welten, ein Planet« veröffentlichte er am 14. August 1952 in der Wochenzeitschrift *L'Observateur* einen kurzen Artikel, in dem er als Dritte Welt jene Staaten bestimmte, die weder dem kapitalistischen noch dem kommunistischen »Block« angehörten und aufgrund bestimmter gemeinsamer Merkmale, namentlich der Bevölkerungsexplosion und ihren negativen Folgen, als zusammengehörige Gruppe von wirtschaftlich unterentwickelten Ländern beschrieben werden konnten. Bei diesem Status quo würde es jedoch nicht bleiben, »denn schließlich will auch die Dritte Welt – ignoriert, ausgebeutet und verachtet wie der Dritte Stand – wie dieser etwas sein«. Mit dem indirekten Verweis auf die politische Flugschrift des Abbé Siyès aus dem Jahr 1789 stellte Sauvy einen metaphorischen Bezug zur Kategorie des dritten Standes während der ↗Französischen Revolution her. 1956 wurde der Begriff sozialwissenschaftlich etabliert (Balandier) und es begann der Aufstieg der Dritten Welt als politisch-ideologisches Konzept. Die Suezkrise, die Niederschlagung des Ungarnaufstandes und die Eskalation des Algerienkrieges führten zur Entstehung einer neuen Linken. Diese fand insbesondere in den Ausführungen Frantz Fanons und Jean-Paul Sartres einen Anknüpfungspunkt, um das Dritte-Welt-Thema in ihre Programmatik zu integrieren. Damit ging zugleich eine rasante Medialisierung des Konzepts einher, zunächst im politischen Schrifttum der Linken, von wo aus es später in mediale Bereiche drängte, die in eine breitere Öffentlichkeit hineinwirkten.

Dritte Welt als »Menschheitsfrage«

Ab den frühen 1960er Jahren setzte sich die Rede von der Dritten Welt nach und nach in den unterschiedlichsten Wissenschaften als bedeutendes Paradigma durch. Dazu mag gerade die semantische Offenheit und Unschärfe beigetragen haben. Die politische Dimension wiederum fand zunächst in der Formierung der »Blockfreien« ihren Ausdruck, als deren Geburtsstunde die Bandung-Konferenz 1955 gilt. Dies führte in der Folge zu einer Verschränkung der Ost-West-Problematik (kommunistische gegen kapitalistische Länder) mit der Nord-Süd-Thematik (reiche gegen arme Länder). Dadurch wurde das Konzept der Dritten Welt zum politischen Projekt von Akteuren in der Dritten Welt selbst.

Regierungen, Parteien, Befreiungsbewegungen agierten dort nun als Träger des *third worldism* und bemühten den Dritte-Welt-Mythos zur Mobilisierung des Einsatzes für die revolutionäre Alternative einer »autochthonen« Entwicklung. Darin zeigte sich eine weitere Ebene des Dritte-Welt-Konzepts: »seine *kulturelle* Dimension als Welt- und Selbstbezug, der Sinn stiftet, Deutungen ermöglicht und Handlung motiviert« (Kalter, 64). Über alle Unterschiede hinweg hatte die Verwendung des Konzepts der Dritten Welt eine Gemeinsamkeit: Es diente bloß negativ der Bezeichnung dessen, was weder Ost noch West war, und bestimmte die Dritte Welt damit vereinheitlichend und essenzialisierend als kohärentes »Anderes«, das nun zur Projektionsfläche aller möglichen Theorien und Praktiken werden konnte. Der ursprünglich sozialwissenschaftliche Begriff war zudem im Zuge seiner Diffusion in Bereiche der Entwicklungspolitik, des politischen Aktivismus, des Journalismus und schließlich des Alltags moralisch aufgeladen und so mit der Aura versehen worden, die Dritte Welt als »Menschheitsproblem« zu thematisieren. Der Mythos war fast allgegenwärtig und begründete als übermächtiger Ordnungsbegriff ein neues Weltbild.

Von der Dritten Welt zur Einen Welt

Umso erstaunlicher ist der rasante Niedergang des Dritte-Welt-Mythos, der paradoxerweise bereits auf seinem Höhepunkt Mitte der 1970er Jahre einsetzte. Dafür gibt es mehrere Gründe, wobei die infolge der Ölkrise immer deutlicher zutage tretenden ökonomischen Disparitäten innerhalb der Dritten Welt am stärksten ins Gewicht fallen. Mit dem Aufstieg der sogenannten Tigerstaaten, endgültig aber mit dem Zerfall des »Ostblocks« waren das Drei-Welten-Modell und die Metapher der Dritten Welt in die Krise gekommen. Poststrukturalismus und Postkolonialismus trugen mit ihrer Kritik an hegemonialen Weltbildern und eurozentrischen Repräsentationen ebenfalls zur Dekonstruktion des Mythos der Dritten Welt bei und die ehemalige Begeisterung für das Engagement in der Dritte-Welt-Bewegung nahm spürbar ab. Der Niedergang betraf bald alle semantischen Bereiche des Begriffs, der schließlich durch den der Einen Welt ersetzt und von einem neuen Mythos abgelöst wurde, nämlich jenem der ↗Globalisierung.

Wiederkehr oder Ende der Dritten Welt?

Die semantische Unschärfe des Dritte-Welt-Begriffs machte es möglich, dass er in nahezu allen inner- und außerwissenschaftlichen Bereichen diskutiert werden konnte. Pier Paolo Pasolini etwa verband ihn mit anderen mythischen Bildern in seinem Film *Medea* (1969) als in der Hohepriesterin verkörpertes Prinzip des Archaischen. Andererseits wurde die Dritte Welt aus unterschiedlichsten Beweggründen von linken Intellektuellen bis hin zu konservativen Politikern immer wieder als »Mythos« etikettiert – zumeist in der polemischen Absicht, ihn damit als Ausdruck einer falschen ideologischen Position zu denunzieren. Régis Debray etwa warf dem Dritte-Welt-Mythos vor, als mystifizierte Formel bourgeoiser Sprache die eigentliche Alternative Sozialismus oder Kapitalismus zu verdunkeln. 2010 verkündete der damalige Weltbankpräsident Robert Zoellick unter Verweis auf die Programmatik einer »Modernisierung des Multilateralismus für eine multipolare Welt« das Ende der Dritten Welt. George Balandier hingegen konstatierte in einem Interview mit der Wochenzeitschrift *L'Express* 2003 den Beginn einer Renaissance der Dritten Welt mit ihrem Anspruch, sich in die Geschichte einzuschreiben. Zumindest scheint mit dieser Behauptung die Geschichte der Dritten Welt als Mythos weitergeschrieben zu werden.

Lit.: G. Balandier (Hg.), Le »tiers monde«. Sous-développement et développement, Paris 1956. – F. Fanon, Die Verdammten dieser Erde, Frankfurt a. M. 2008 [frz. 1961]. – C. Kalter, Die Entdeckung der Dritten Welt, Frankfurt a. M./New York 2011. – I. Sachs, La Découverte du tiers monde, Paris 1971. – P. Worsley, The Three Worlds. Culture and Development, Chicago 1984.

Klaus Hock

Elite

Als Elite wird jene gesellschaftliche Schicht oder Gruppe bezeichnet, die aufgrund ihrer Leistungen Privilegien genießt und Macht ausüben darf (vgl. Hartmann; McNamee/Miller Jr.). Der Elite-Mythos teilt sich entsprechend binär in einen Leistungsmythos und einen Macht-Mythos auf.

Leistungselite

In linken Kreisen wird die Leistungselite oft als Mythos (hier im Sinne einer Legende) betrachtet. Mit dem Elite-Mythos wird die Realität der Chancengleichheit und einer gerechten Verteilung der Ressourcen durch Berücksichtigung von Leistungen infrage gestellt. So sieht Bourdieu im akkumulierten symbolischen Kapital der Privilegierten den Grund für die Dominanz der oberen Schichten. Die Macht der Eliten, obwohl willkürlich, erscheint aufgrund der breiten gesellschaftlichen Anerkennung als legitim und zwingend. Dafür braucht man auch Einsetzungsriten (nach Bourdieu Akte »sozialer Magie«), die die Willkürlichkeit der Grenze bzw. Abgrenzung verdecken und Legitimität und Natürlichkeit suggerieren (Bourdieu, 122).

Der Leistungselitenmythos wurde jedoch ursprünglich als wissenschaftliche Theorie entworfen. Er ist ein Nebenprodukt der industriellen Revolution des 19. Jahrhunderts sowie der Verbreitung des modernen Kapitalismus. Mit dieser Theorie bzw. Erzählung wollte man die Vorstellung der Massendemokratie sowie die damit verbundene Gleichheitsidee entzaubern. Konservativ-liberale Denker wie Gaetano Mosca oder Vilfredo Pareto betonten die Rolle der Eliten, um auf das angebliche Trugbild einer Gesellschaft von Gleichen sowie auf die Illusion der Volkssouveränität hinzuweisen. Außerdem wollten sie den Marxismus endgültig widerlegen; Klassenkampf und Revolution waren für sie nichts anderes als Episoden des ewigen Elitenkampfs und des natürlichen Austauschs von Eliten. Dieser verhindere ein Ende der Geschichte: Selbst in einer kommunistischen Gesellschaft würde die Elitenzirkulation nicht aufhören.

Für die Mosca-Pareto-Schule herrscht in der Demokratie, wie in jedem politischen System auch, nicht das Volk, sondern eine »herrschende politische Klasse« (Mosca) bzw. eine »herrschende Elite« (Pareto), die aufgrund eigener Qualifikationen Macht besitzt. Zur Elite gehören nach Pareto diejenigen, die in einem bestimmten gesellschaftlichen Bereich aufgrund tatsächlich erbrachter Leistungen auf einer Skala von 0 bis 10 die Bestnoten erhalten würden. Dabei spielen ihre moralischen Eigenschaften keine Rolle, zumindest solange diese für den Machterwerb und -erhalt nicht relevant sind.

Das Weltbild der Elitentheoretiker war vom Nihilismus Nietzsches geprägt. Was allein in der Politik zähle, sei der ›Wille zur Macht‹. Ihre Analysen sollten einer positivistischen Analyse der Gesellschaft, wie sie tatsächlich ist, dienen. Doch nicht fundierte empirische Forschungen stehen hinter dieser Theorie, sondern ideologische Überzeugungen (vgl. u. a. Meisel). Obschon Mosca und (weniger klar zumindest in einer ersten Phase) auch Pareto den Sozialdarwinismus für unwissenschaftlich hielten, hat dieser später Anhänger der Elitheorie in ihren Überzeugungen bestärkt. Nicht die Angepassteren wie bei Darwin sollten sich nach den Sozialdarwinisten in der Gesellschaft durchsetzen, sondern die Stärkeren bzw. die Leistungsfähigeren, wobei darunter auch die Zugehörigen einer bestimmten ›Rasse‹ gemeint werden können.

Der Leistungselite-Mythos neigt heute noch zum Rassismus, wenn z. B. IQ-Unterschiede zwischen schwarzen und weißen US-Amerikanern als Beweis für die ›natürliche‹ Überlegenheit der Weißen angeführt werden (Bell Curve-Mythos, vgl. Fischer u. a.). Eine ähnliche Einstellung bestimmt auch die Thesen Thilo Sarrazins in Deutschland (*Deutschland schafft sich ab. Wie wir unser Land aufs Spiel setzen*, 2010).

Der Mythos der Leistungseliten nimmt heute immer mehr die Form des Exzellenz-Mythos an. Es gilt in der Gesellschaft und im Bildungssystem, »Leuchttürme« zu bilden und »Exzellenzinitiativen« zu starten (so die 2005/06 zum ersten Mal implementierte Exzellenzinitiative des Bundes und der Länder zur Förderung von Wissenschaft und Forschung an deutschen Hochschulen und die sich vermehrenden Rankings in fast allen Teilen der Gesellschaft). Davon erhofft man sich eine Steigerung der Leistung und des Outputs der Gesamtgesellschaft. Das Humboldtsche Modell einer Gelehrtenuniversität wird damit hinterfragt. Dabei sind die positiven Folgen einer derartigen Aufwertung einzelner elitärer Einheiten für die Gesellschaft höchst umstritten (vgl. Münch).

Machtelite

Als linke Antwort auf den Leistungseliten-Mythos existiert auch ein Machteliten-Mythos. Robert Michels hat mit seiner Theorie des »ehernen Gesetzes der Oligarchie« zu seiner Entstehung beigetragen. Im Unterschied zu den meisten anderen Linken sah er jedoch keinen Ausweg aus der tendenziellen Oligarchisierung von Organisationen. Mit dem Machtelitennarrativ will man auf die angebliche Lenkung der Gesellschaft durch eine kleine Minderheit von Privilegierten hinweisen. Die Mitglieder der herrschenden Oligarchie sollen zwar zu unterschiedlichen gesellschaftlichen Subsystemen gehören. Sie seien aber miteinander eng vernetzt und steuerten gemeinsam die Gesamtgesellschaft an – schon Mosca hatte mit seinen Ausführungen zum »exklusiven Korpsgeist« der politischen Klasse die Gruppenkohäsion der Elite betont (Mosca, 67). Charles Wright Mills sah in den USA eine politische Elite am Werk, die im Namen des »Militärisch-industriellen Komplexes« (Dwight D. Eisenhower) agiert. Der in den 1960er und 1970er Jahren entstandene Mythos der vernetzten und im Geheimen agierenden einheitlichen Machtelite kann leicht die Gestalt eines Verschwörungsmythos annehmen, so im Fall der Bilderberg-Konferenzen, bei denen ein kleiner Kreis äußerst einflussreicher Persönlichkeiten aus Politik und Wirtschaft eine Art geheime Weltregierung betreiben soll (vgl. Stamm).

Die Leistungselite und die Machtelite lassen sich zwar prinzipiell mit den demokratischen und republikanischen Idealen vereinbaren, vorausgesetzt die Chancengleichheit wird gewährleistet. Sie werden jedoch nicht selten so stark positiv oder negativ mythisiert, dass sie dadurch unter den Verdacht geraten, mit der Demokratie unvereinbar zu sein.

Lit.: P. Bourdieu, Die feinen Unterschiede. Kritik der gesellschaftlichen Urteilskraft, Frankfurt a. M. 1982. – C. S. Fischer u. a., Inequality by Design. Cracking the Bell Curve Myth, Princeton 1996. – M. Hartmann, Der Mythos von den Leistungseliten. Spitzenkarrieren und soziale Herkunft in Wirtschaft, Politik, Justiz und Wissenschaft, Frankfurt a. M. u. a. 2002. – S. J. McNamee/R. K. Miller Jr., The Meritocracy Myth, Lanham (MD) 2004. – J. H. Meisel, Der Mythos der herrschenden Klasse. Gaetano Mosca und die ›Elite‹ [1958], Düsseldorf 1962. – Ch. W. Mills, Die amerikanische Elite. Gesellschaft und Macht in den Vereinigten Staaten [1956], Hamburg 1962. – G. Mosca, Die herrschende Klasse – Grundlagen der politischen Wissenschaft [1896], München 1950. – I. v. Münch, ›Elite-Universitäten‹. Leuchttürme oder Windräder?, Hamburg 2005. – V. Pareto, Allgemeine Soziologie [1916], Tübingen 1955. – H. Stamm, Der Mythos von der geheimen Weltregierung, in: Tages-Anzeiger, 26.5.2011.

Yves Bizeul

Elvis (Presley)

Elvis Aaron Presley (1935–1977), von seinen Anhängern stets nur mit dem Vornamen genannt (»Elvis« und »Elvis Presley« sind zugleich eingetragene Warenzeichen), wurde bereits während der explosiven frühen Karriere 1954 bis 1957 zur Verkörperung einer Jugendrevolte und zum prototypischen Star der entstehenden Rockmusik. Für den bis dahin beispiellosen Starkult um seine Person werden Stimme, Intonation und Phrasierung des Sängers ebenso wichtig wie seine öffentliche Selbstinszenierung. Der Versuch, diese Begeisterung in einer Reihe von Kinofilmen kommerziell auszunutzen, führt nach anfänglichen Erfolgen in eine zeitweise Schwächung des Images. Exemplarisch zeigen Andy Warhols Elvis-Siebdrucke, wie der Star um diese Zeit gleichwohl auch für Teile der Avantgarde zum Inbegriff der amerikanischen Popkultur (↗Pop) wird (mehr noch als seine Vorbilder James Dean oder Marlon Brando), in seiner Ikonizität allenfalls Marilyn ↗Monroe vergleichbar.

Die Überhöhung vom archetypischen Rockstar zur im strikten Sinne mythischen Gestalt – in ikonografischen und narrativen Mustern, in kultischen Repräsentationsformen und in einer nicht mehr auf eine Generation begrenzten Ausstrahlung – beginnt erst mit dem spektakulären Comeback 1968. Es rekapituliert und stilisiert die Stadien von Elvis' Karriere als Abfolge der unterschiedlichen Verkörperungen seiner mythischen Persona zu einer kohärenten Geschichte: der sexuell aggressive junge Wilde, der pop-kommerzielle Filmstar, der erwachsen gewordene Rock'n'Roller im *black leather suit*, der Gospel- und Soulsänger im weißen Jackett, der ›schwarze‹ und der ›weiße‹ Sänger, der integrierte Rebell (vgl. Guralnick 1994, 1999). Die daraus hervorgegangene Serie der Las-Vegas-Konzerte und dann eine Reihe von US-Tourneen erreichen mit dem Konzert *Aloha from Hawaii* 1973 weltweite Wirkung.

Mythisierte Biografie

Biografische Basisdaten werden in dieser dramatischen Karriere zunehmend zu Elementen einer genuin mythologischen Erzählung umcodiert (vgl. Dundy): das Überleben der Geburt, bei der sein Zwillingsbruder Aaron stirbt; Berichte der Eltern, die schon diese Geburt von himmlischen Vorzeichen begleitet sehen; die Bewahrung des Kindes vor Lebensgefahr (bei einem Unwetter in seiner Geburtsstadt). Einzelzüge wie diese fügen sich, religionsphänomenologisch gelesen, ins Narrativ des durch Zeichen angekündigten, bedrohten und geretteten heiligen Kindes. Der Erwerb des (bereits vorher so genannten) Anwesens Graceland, zunächst im Sinne des calvinistischen Erwählungs- und Aufstiegsmodells gedeutet, erscheint später als Einzug in einen Heilsort, der posthum mit dem Grab des Heiligen im Meditation Garden zum Wallfahrtsort wird; der Tod als Hingabe an sein Publikum (mit und ohne Verschwörungstheorien), die unabsehbare musikalische und ikonische Wirkung als Auferstehung, Elvis selbst als himmlische verklärte Gestalt: Dies alles entwickelt sich zu einem reich ausgestalteten amerikanischen Mythos.

Versöhner und Heilsbringer

Dazu trägt Elvis selbst wesentlich bei, indem er sich in der subtilen Choreografie seiner späten Konzerte als Versöhner, ja als Heilsbringer für ein mit sich zerfallenes Amerika inszeniert (vgl. Detering). Gekleidet in einen mit (oft indianischen) religiösen und mythologischen Symbolen wie Sonnen oder Tiergeistern bestickten *jumpsuit* wie in eine zweite Haut, betritt er zu den Klängen von Richard Strauss' *Also sprach Zarathustra* eine Bühne, auf der er mit einer Rockband und einem Swingorchester, einem weißen männlichen und einem schwarzen weiblichen Gospelensemble musiziert. Dabei spielt er in einer minutiös geplanten Songfolge die für die amerikanische Popularkultur konstitutiven Oppositionen von *class*, *gender*, *age* und vor allem *race* durch und lässt sie in seiner Person, seiner Stimme, seinem symbolisch verklärten Körper in solcher Weise konvergieren, dass dabei zugleich die Stadien seiner Karriere als mythische Heilsgeschichte im Zeitraffer durchgespielt werden. Übermensch, *action hero* wie im Comicstrip (↗Superhelden) und heilkräftiger Schamane in einem, lässt er die umfassende Interaktion mit seiner Gemeinde kulminieren in der seriellen Herstellung und Verteilung von Berührungsreliquien: Schweißtücher, mit denen er seine Haut berührt und die er dann an die Menge reicht; der Versuch, auch den Schallplatten Fetzen seiner Bühnengarderobe beizugeben, wurde dagegen bald wieder aufgegeben. Der Schock des Todes 1977 wird kompensiert durch seine Integration in ein nun massiv religiös bestimmtes *Rise-and-fall*-Narrativ (vgl. Plasketes). Es schließt auch den zur tragischen Karikatur seiner eigenen Ikone gewordenen Kranken und Sterbenden dezidiert ein und erhebt ihn zu einer neuen Chiffre eines kollektiven Kulturzustandes (vgl. Marcus).

Was Reece als »Elvis religion« beschreibt – bis hin zu Verschwörungstheorien und Spekulationen, Elvis lebe noch immer –, umfasst eine Gemengelage unterschiedlicher Phänomene. Bezeichnenderweise hat keiner der Versuche, sektiererische *Elvis churches* zu gründen, in Analogie zu evangelikalen Kirchen chiliastische Elvis-Endzeitfantasien zu proklamieren oder seine Identifikation mit Jesus Christus zu behaupten, eine Breitenwirkung entfaltet. Wenn einer der ergriffen wartenden Konzertbesucher im kurz vor Elvis' Tod gedrehten *CBS Special* 1977 erklärt: »It is as if God has landed«, dann bleibt der Vorbehalt des »as if«. Elvis erscheint in der Wahrnehmung seiner Fans eher als Vermittler von etwas Heiligem denn als dessen Verkörperung selbst: als Priester, Prophet, messianische Gestalt (vgl. Detering).

Verehrung und Parodie

Der Elvis-Mythos ist zudem charakterisiert durch eine ganz eigenartige, letztlich wohl unentwirrbare Mischung von Ernsthaftigkeit und liebevoller Ironie, von Kitsch und »Camp« – nicht erst in der posthumen Verehrung, sondern schon in Elvis' späten öffentlichen Selbstinszenierungen, in denen Scherz, Ironie, Selbstparodie und tiefere Bedeutung unauflöslich zusammengehören. Es scheint auf paradoxe Weise die mythische Größe der Gestalt zu erhöhen, dass sie sich auf dem Höhepunkt ihrer Verehrung selbst verlachen kann – weshalb auch die zahllosen Elvis-Imitatoren (und die entsprechenden Wettbewerbe) *zugleich* Parodie und Verehrung zum Ausdruck bringen. Die zahlreichen von Reece behandelten *Elvis Gospels* – Songs wie Paul Simons *Graceland* – oszillieren ebenso zwischen Devotion und Ironie wie die Bemerkung des von einer lebensbedrohenden Krankheit genesenen Bob Dylan: »Ich fühlte mich noch zu jung, um vor Elvis zu treten.« Wärme, Freundlichkeit, Humor, Verständnis, Trost sind Kategorien, in denen Fans häufig die Ausstrahlung des Idols beschreiben und die in Phänomenen wie *Elvis rooms* greifbar werden: Zimmern, in die sich Fans in die Gegenwart der Bilder und Songs von Elvis zurückziehen wie in ein intimes Sanktuarium. Denn was immer das Leben mit sich bringt – »Elvis has been there«.

Lit.: P. Guralnick, Last Train to Memphis, Boston u. a. 1994. – Ders., Careless Love, Boston u.a 1999. – E. Doss, Elvis Culture, Lawrence 1999. – G. Marcus, Dead Elvis, Cambridge 1999. – H. Detering, Der Schamane in Las Vegas, in: Populäre Serialität, hg. V. F. Kelleter, Paderborn 2012, 75–96.– E. Dundy, Elvis und Gladys, Mississippi 1986. – P. Münster, The Memphis Flash (Blog). – G. Plasketes, Images of Elvis Presley in American Culture, 1977–1997. The Mystery Terrain, Binghamton 1992. – G.L. Reece, Elvis Religion, New York 2006.

Heinrich Detering

Emanzipation

Mit »Emanzipation« im mythischen Sinne ist die weibliche Emanzipation gemeint, namentlich der Gebrauch des Begriffs während des Feminismus der 1960er und 1970er Jahre. Das Deutungsspektrum des Emanzipationsmythos reicht von der als sinnvoll und notwendig erachteten Befreiung der Frau aus männlich dominierten Strukturen und Diskursen über die Gefahr einer weiblichen (sexuellen) Selbstentfremdung bis zu einem pejorativen Verständnis der Strömung als von »Emanzen« geleiteter Feldzug, der die Männer zu »Emanzipationsopfern« werden lässt.

Entstehungsetappen

Die historische Entwicklung der Emanzipation wird meist in drei z.T. jeweils selbst mythisierten Konjunkturwellen erzählt: Die erste Welle fand gegen Ende des 19. und zu Beginn des 20. Jahrhunderts statt. Hauptziele der frühen Feministinnen waren die rechtliche Gleichstellung von Mann und Frau, die Einführung eines allgemeinen Wahlrechts und die Zulassung qualifizierter Frauen zum Hochschulstudium. Die zunächst selbstgewählte Bezeichnung »Suffragetten« für die Feministinnen in Westeuropa und den USA durchlief eine ähnliche Neudeutung wie die pejorative Bezeichnung »Emanze« für die Angehörigen der zweiten Feminismuswelle.

Die zweite Feminismuswelle entwickelte sich zunächst aus der Studenten- und ⁄68er-Bewegung als Teil eines als umfassend verstandenen Klassenkampfes. Bald jedoch begannen die Mitglieder der Frauenbewegung, die weibliche Emanzipation nicht länger als ein Sekundärziel der Auflösung der Klassenschranken zu verstehen – die zuvor als selbstverständlich empfundene Einheit von sozialistischer Revolution und weiblicher Emanzipation wurde zunehmend infrage gestellt (Osinski, 25).

Die dritte Welle ab den 1990er Jahren, die als Teil der postfeministischen Matrix in einem konfliktreichen Verhältnis zur zweiten Welle steht, fußte popkulturell in einer feministischen Umdeutung des Punk, etwa durch Angehörige der Riot Grrrls-Bewegung (Le Tigre, Hole) und auf dem Phänomen der Girl Power (Spice Girls, Heike Makatsch). Theoretische Neuinspiration erfuhr die dritte Welle des Feminismus durch die Rezeption von Queer- und Gendertheorien, insbesondere jenen Judith Butlers und aus der feministischen Rezeption Michel ↗Foucaults (Osinski, 108–114). Innerhalb der Queer- und Gendertheorien wird Geschlecht nicht mehr als ontologische oder biologische, sondern als soziale Kategorie verhandelt: Geschlecht ist eine Konvention, die kollektiv und individuell performiert wird. Durch die Performanz von Geschlecht wiederum wird die mythische Komplexitätsreduktion im Sinne der heterosexuellen Matrix aufs Neue untermauert, die nur die Kategorien männlich und weiblich kennt und damit keine Wahrnehmung von Identitäten jenseits dieser Binarität (Homosexualität, Transgender, Queer, weibliche Männlichkeit, männliche Weiblichkeit) zulässt (Genz/Brabon, 124). Alle drei Feminismuswellen vereint ein antikonservativer, linker Impetus. Bürgerliche oder konservative Lager des Feminismus sind medial meist unterrepräsentiert. Darüber hinaus lassen sich alle drei Feminismuswellen als Bottom-up-Prozesse beschreiben, die ihre Wirkmächtigkeit der Tatsache verdanken, dass sie als »Bewegungen von unten« gesellschaftliche Probleme ansprachen und große Identifikationsangebote bereithielten, die ihr mythisches Potenzial verstärkten.

Second wave feminism: Gründungsmythen und Verschränkung mit anderen Mythen der Moderne

Die zweite Welle des Feminismus verdankt ihre mythische Strahlkraft unter anderem einigen Initiations- und Gründungsmomenten, die große mediale Verbreitung erfuhren. Als ein wichtiges Auftaktereignis des Feminismus der zweiten Welle gilt bis heute der mediale Coup, der der Zeitschrift *Stern* in Zusammenarbeit mit Alice Schwarzer am 6. Juni 1971 gelang: Unter der Schlagzeile »Wir haben abgetrieben« bekannten 374 Frauen, teilweise von erheblicher Prominenz, den Paragrafen 218 gebrochen und illegal abgetrieben zu haben. Ähnliche Kampagnen waren in Frankreich vorausgegangen und folgten in den USA.

Der Protest gegen das Abtreibungsverbot ist deshalb ein mythenkonstitutiver Kristallisationspunkt der Frauenbewegung, weil in ihm viele Forderungen des Feminismus zusammenlaufen: Das Recht auf Souveränität über den eigenen Körper und körperliche Unversehrtheit, freie Berufswahl und selbstbestimmte Familienplanung, das Recht auf eine Stimme im öffentlichen Diskurs (Lenz, 78–95).

Darüber hinaus betrat mit der *Aktion 218* die Galionsfigur der zweiten Feminismuswelle das öffentliche Parkett: Alice Schwarzer. Ihr radikaler Gleichheitsfeminismus, den die von ihr herausgegebene feministische Frauenzeitschrift *Emma* wirkmächtig verbreitet, steht mittlerweile als Pars pro Toto der Frauenbewegung. *Emma* prägt bis heute maßgeblich zentrale feministische Diskussionen etwa durch die PorNo-Kampagne für das Verbot harter Pornografie oder durch die Sichtbarmachung von Migrantinnen in Deutschland. Gleichzeitig wurde die international vernetzte Journalistin Alice Schwarzer durch ihre stete mediale Präsenz zur mythischen Figur der zweiten Feminismus-welle in Deutschland.

Der Gleichheitsfeminismus gründet vor allem auf Simone de Beauvoirs vom Existen-zialismus herkommendem sozialgeschichtlichem Sachbuch *Le deuxième sexe* (1949). Beauvoirs viel zitiertes »On ne naît pas femme, on le devient«, unbefriedigend (weil passivisch formuliert) übersetzt mit: »Man wird nicht zur Frau geboren, man wird dazu gemacht«, avancierte zum omnipräsenten Motto der deutschen Emanzipation (Osinski, 30–32).

Zur Mythisierung der Emanzipation hat darüber hinaus die Verschränkung der Femi-nismuswelle mit der sexuellen Befreiung in der Folge der 68er-Bewegung beigetragen. Die Enttabuisierung von Sexualität und Körperlichkeit führte zu einer öffentlichen De-batte über weibliche Sexualität, sexuelle Erfüllung und Homosexualität. Einerseits wurde diese Debatte von der breiten Masse der Feministinnen begrüßt, sollte sie doch zu einer Befreiung der Frau aus der patriarchalen Deutungshoheit über den weiblichen Körper beitragen. Andererseits wurden in Produkten und Institutionen der sexuellen Befreiung, wie etwa dem *Playboy* oder der Kommune I, rasch weitere Orte der Unter-drückung und der Kolonisierung des weiblichen Körpers ausgemacht. Bis heute zeigen sich manche feministische Strömungen angesichts der sexuellen Befreiung zwiespältig, wie sich an der Selbstbeschreibung einiger Feministinnen als »sex-positive« einerseits und an der bis heute in feministischen Kreisen brisanten Diskussion um das Verbot von Pornografie andererseits ablesen lässt (z. B. Schwarzers PorNo-Kampagne).

Die sexualpolitischen Ziele der Befreiung des weiblichen Körpers von der männli-chen Definitionsmacht und das Bedürfnis nach einer Neudefinition der weiblichen Rolle in der Öffentlichkeit jenseits der privaten Sphäre fanden ihren prägnanten Aus-druck in der Wendung: »Das Private ist politisch« (Lenz, 47 f.). Dieses heute idiomati-sche Motto der Frauenbewegung wies darüber hinaus auf die Reproduktion von Ge-schlechterungerechtigkeiten in der privaten Sphäre hin, etwa durch ungleich verteilte Hausarbeit und unzureichende Kinderbetreuungsangebote öffentlicher Träger.

Trotz der grundsätzlich antiinstitutionellen Ausrichtung der zweiten Feminismus-welle entstanden am Schnittpunkt zwischen Anthropologie, Soziologie, Medizin, Äs-thetik und Geschichte erste universitäre Women's Studies- oder Frauenforschungssemi-nare. Aus ihnen entwickelten sich ab den 1980er Jahren die Genderstudies, die anhaltend Arbeit am Mythos leisten (Osinski, 40–43).

Luce Irigarays Rezeption und feministische Umdeutung von Freud und Lacan, die feministische Rezeption der apokryphen Figur Lilith, ↗Jeanne d'Arc oder zahlreiche Mythentransformationen wie etwa Christa Wolfs *Medea* und *Kassandra* markieren re-levante Einschreibungen feministischer Diskurse in etablierte akademische und litera-rische Diskurse.

Feminismen: Abgrenzungen und Widersprüche

Der vieldeutige Terminus Postfeminismus vereint so divergierende Phänomene wie Girl Power (Spice Girls, Tic Tac Toe, *Bridget Jones*, *Ally McBeal*), Riot Grrls (Bikini Kill, Le Tigre), Feminismus der dritten Welle (Laurie Penny, Thea Dorn, Ariel Levy), postmodernen und poststrukturalistischen Feminismus (Judith Butler, Nancy Fraser), aber auch konservative und antifeministische Diskurse und Bewegungen seit den 1980er Jahren (Backlash, Eva Herman). Gemeinsamer Nenner neuer feministischer und post-feministischer Strömungen ist die grundsätzliche Aufgeschlossenheit gegenüber Populärmedien und Popkulturen (Genz/Brabon, 5). Anders als bei der zweiten Feminismuswelle kann hier nicht von einem im engeren Sinne politischen Mythos die Rede sein. Zwischen zweiter und dritter Feminismuswelle fand ein Paradigmenwechsel, ein »turn to culture« statt: War in den 1960er und 1970er Jahren das Private politisch, so gilt dies nun für das Kulturelle (Genz/Brabon, 35). Zahlreiche Feministinnen haben das Internet als Multiplikator für sich entdeckt, wo sie mit kulturanalytischem Blick popkulturelle Phänomene sezieren oder Unbehagen an Stereotypisierungen von Weiblichkeit in den Medien formulieren (Feminist Frequency, Guerilla Feminism, Rookie, #aufschrei).

Neue Formen des Feminismus grenzen sich zum Teil vehement von einer stereotypen Imagination der zweiten Welle des Feminismus ab, verfolgen dabei aber grundsätzlich ähnliche Ziele: das Recht auf Selbstbestimmung, körperliche Integrität und Unversehrtheit und gleiche Behandlung und Bezahlung am Arbeitsplatz.

Auffällig ist, dass sich die Argumente gegen den Feminismus der zweiten Welle stets gleichen, egal, ob sie von profeministischer oder antifeministischer Seite (Eva Herman) geäußert werden – hier zeigt sich die ambivalente Tiefenstruktur der Emanzipation als Mythos: Der Feminismus der 1960er und 1970er Jahre habe die Frauen von ihrer Feminität und Sexualität entfremdet, nun sei es an der Zeit, sich vom Feminismus zu emanzipieren. Die Abgrenzung vom Feminismus der zweiten Welle findet ihren Ausdruck in ihrer Verspottung als Generation der BH-Verbrennerinnen (Genz/Brabon, 12; Dorn, 14).

Deutung

Die Emanzipation der Frau und die politische Bewegung des Feminismus werden im öffentlichen Diskurs seit den 1980er Jahren häufig nicht mehr zusammengedacht, ganz gleich, ob Emanzipation für erfüllt oder unerfüllt gehalten wird. Feminismus ist weitgehend negativ konnotiert, Emanzipation wird aber grundsätzlich bejaht. Im öffentlichen Diskurs westlicher Leistungsgesellschaften wird Emanzipation synonym mit den neoliberalen Werten des »Etwas-aus-sich-Machens« gesetzt (Genz/Brabon, 37). Emanzipation ist in der postfeministischen Matrix somit nicht mehr das Ergebnis eines politischen Prozesses, sondern das Ergebnis der Arbeit am Selbst im Sinne Foucaults. Abgekoppelt von der feministischen Bewegung vereint Emanzipation deshalb nicht nur ursprünglich antipatriarchale Werte des Feminismus in sich, sondern auch Werte der Konsumgesellschaft, allen voran körperliche Attraktivität.

Evident wird dies angesichts des Arsenals weiblicher Figuren der Popkultur wie etwa der Powerfrau oder der Karrierefrau oder hinsichtlich weiblicher Actionhelden. Ohne die Synthese feministischer und konsumgesellschaftlicher Werte wären zahlreiche Protagonistinnen der Populärkultur nicht denkbar: Lara Croft etwa, die Heldin des gleichnamigen Videospiels, eine vielen männlichen Helden in physischer Stärke und kämpferischer Versiertheit ebenbürtige Figur, provoziert durch ihre übersexualisierte Körperlichkeit einerseits zahlreiche feministische Proteste und gilt andererseits vielen Angehörigen der Videospiel-Community als Zeichen eingelöster Emanzipation. Zwar dient ⁊Barbie dem Feminismus bis heute als Feindbild. Dennoch existiert sie seit den 1960er Jahren auch als Karrierefrau, die erfolgreich einem Beruf nachgeht und gleichzeitig attraktiv ist.

Das mythische Potenzial des Konzeptes Emanzipation liegt in seiner teleologischen, narrativen Struktur: Das Ziel der Emanzipation der Frau ist ihre Selbstfindung bei gleichzeitiger Selbstermächtigung als politisches, öffentliches Subjekt (Lenz, 22). Ein Ziel, das bereits im antiken Mythos (*Antigone*), im Bildungsroman (*Wilhelm Meister*, *Anton Reiser*) und heute in zahlreichen Filmen (*Dead Poets Society, Good Will Hunting*) verhandelt wird, meist allerdings am Beispiel männlicher Helden. Gleichzeitig ist die Erzählung der weiblichen Emanzipation das einzige historische Großnarrativ, in dem Frauen die Akteure und die Helden sind. Ebenso wie die 68er-Bewegung bildet die Frauenemanzipation mächtige und anschlussfähige Gegennarrative zu herrschenden Diskursen, indem sie Frauen zu Subjekten der Geschichte macht und Revisionen etablierter Großnarrative der Moderne, wie etwa der Psychoanalyse (⁊Psychoanalyse), leistet. Aufgrund ihrer diskursiven Strahlkraft hat die Emanzipation wiederum zahlreiche Gegennarrative und -bewegungen ausgelöst, die zur Mythisierung der Emanzipation beitragen, darunter wären etwa der konservative Backlash der 1980er Jahre oder Versuche neuer Männlichkeitsentwürfe wie die Metrosexualität (David Beckham) oder die neue Männlichkeit (*Fight Club*, 1999).

Lit.: J. Butler, Gender Trouble, London 1990. – T. Dorn, Die neue F-Klasse. Wie die Zukunft von Frauen gemacht wird, München 2006. – S. Genz/B. A. Brabon, Postfeminism. Cultural Texts and Theories, Edinburgh 2009. – E. Herman, Das Eva-Prinzip, München 2006. – I. Lenz, Die neue Frauenbewegung in Deutschland. Abschied vom kleinen Unterschied. Eine Quellensammlung, Wiesbaden 2008. – A. Levy, Female Chauvinist Pigs. Women and the Rise of Raunch Culture, New York 2005. – J. Osinski, Einführung in die feministische Literaturwissenschaft, Berlin 1998. – L. Penny, Meat Market. Female Flesh under Capitalism, Alresford 2011.

Kristina Rita Mühlbach

Europa

Mit Europa wird jener Kontinent bezeichnet, der vom Atlantik im Westen bis zum Bosporus, zum Kaspischen Meer und zum Ural im Osten reicht. Europa geht ohne deutliche geografische Grenzen in die gewaltige Kontinentalmasse Asiens über, der es wie eine Halbinsel anhängt; sein Selbstverständnis als eigenständiger Kontinent ist daher nicht territorial begründbar und bedarf mythischer Narrative zur Legitimation. Die Bedeutungsdimensionen Europas als moderner Mythos werden markiert durch sich teilweise widersprechende Reflexionen über seine territoriale oder kulturelle Definierbarkeit und reichen bis hin zur Konstruktion einer rein diskursiven Identität.

Antiker Mythos – moderner Mythos

Die bekannteste Überlieferung aus der griechischen Mythologie ist die (von Moschos und Ovid erzählte) Geschichte der phönizischen Königstocher Europa, nach der der Kontinent benannt wurde: Diese wird an der Küste von Tyros oder Sidon im heutigen Libanon von Zeus in Gestalt eines weißen Stieres über das Meer nach Kreta entführt. Dieser Erzählung zufolge stammt Europa also gerade nicht aus dem geografischen Raum, der heute ihren Namen trägt, sondern aus Kleinasien. In der Geschichte von ihrer erzwungenen Migration von Ost nach West deuten sich allerdings schon zwei Elemente an, die von einiger Aussagekraft auch in Bezug auf den modernen Mythos Europa sind: Zum einen erzählt bereits der antike Mythos von der Schwierigkeit, klare Grenzen zwischen Europa und Nicht-Europa zu ziehen; zum anderen weist er mit seinem Subtext von Begehren, Verschleppung und Gewalt auf eine Reihe von Elementen voraus, die im Kontext von Deterritorialisierung und Reterritorialisierung auch die wechselvolle Geschichte des Kontinents über die Jahrhunderte hinweg prägen werden. Tatsächlich gibt es auf den unterschiedlichsten Ebenen immer wieder Interferenzen zwischen der mythologischen Figur Europa auf der einen und dem geografischen, politischen und kulturellen Begriff Europa auf der anderen Seite. Die Königstochter auf dem Stier wird schon früh zur Projektionsfläche für Europavorstellungen; gleichzeitig werden Charakteristika der Prinzessin gerne auf den Kontinent übertragen (Renger/ Ißler, 63 f.).

Zwischen Einheit und Vielfalt

Wo fängt Europa an und wo hört es auf? Was gehört dazu und was nicht? Was macht es aus und wodurch unterscheidet es sich von allem, was nicht Europa ist? Als moderner Mythos ist Europa gleichermaßen eine geografische wie eine kulturelle, eine politische wie eine ökonomische Größe. Die meisten Ideen, die im Laufe der Zeit über Europa formuliert wurden, zeichnen sich einerseits durch Grenzziehungsversuche, andererseits durch die Infragestellung dieser Grenzziehungen aus (Kraume, 52–63). So tritt beispielsweise neben die Vorstellung von einem Zentraleuropa diejenige von einem atlantischen Europa, neben die Idee einer Mittelmeerunion die von einem Donaueuropa. Die Konstruktion Europas wird gleichzeitig durch Integrations- und Abgrenzungsbedürfnisse bestimmt und ist nicht selten von kontinentalhegemonialen Ansprüchen motiviert. Der Wahlspruch der Europäischen Union *In varietate concordia* drückt das Bewusstsein für die dauerhaft schwierige Gratwanderung zwischen dem Wunsch nach Einheit und den diesem Wunsch eigentlich entgegenstehenden Bestrebungen nach Distinktion aus.

Europa als Begriff

Im Kontext des Zweiten Weltkrieges wurde Europa zum zerstörten mythischen Sehnsuchtsort, der dabei zugleich eine Entörtlichung erfuhr. »Wie kann man Sehnsucht haben nach einem Europa, das keines mehr ist?«, fragt der jüdische Romanist Victor

Klemperer im Kapitel »Café Europe« (August 1935) seines Buches *LTI*. Er thematisiert darin die Europasehnsucht der Auswanderer, die den Kontinent auf der Flucht vor dem Nationalsozialismus verlassen haben. Klemperers Überlegungen mit Blick auf den durch den Nationalsozialismus bedingten Niedergang Europas lassen die Vorstellung eines geografisch definierten Europas zugunsten derjenigen eines ortsungebundenen europäischen Geistes hinter sich. In einem kurzen Gedicht, in dem er sich direkt an die Auswanderer wendet, heißt es: »Habt ihr Sehnsucht nach Europen? / Vor euch liegt es in den Tropen; / denn Europa ist Begriff!« (Klemperer, 195 ff.).

Im Laufe der Jahrhunderte hat man immer wieder versucht, die Unschärfe der territorialen Grenzen des Kontinents durch die verstärkte Markierung kultureller Grenzen zu kompensieren. Europa ist so immer mehr als nur ein geografischer Raum, mehr als nur ein »kleines Vorgebirge [*cap*] des asiatischen Kontinents« (Valéry, 34). Für Paul Valéry ist es die dreifache Prägung zuerst durch Griechenland, dann durch das antike und schließlich durch das christliche ↗Rom, was Europa vom Rest der Welt unterscheidet. So wie Valéry haben es europäische Intellektuelle immer wieder unternommen, das Wesen des Kontinents als das einer kulturellen Größe zu bestimmen – beispielhaft ist hier im 20. Jahrhundert etwa das Werk des Literaturwissenschaftlers Ernst Robert Curtius. Oft entstanden aus diesen Überlegungen auch Ideen für eine politische Einigung; diese sind jedoch über Jahrhunderte hinweg, letztlich bis zur Entstehung des europäischen Staatenbundes nach dem Zweiten Weltkrieg, nicht über den Status von Utopien hinausgekommen.

Europäische Einheitsideen

Erste Reflexionen in Richtung einer europäischen Einheit reichen bis ins 15. und 16. Jahrhundert zurück. So setzen sich humanistische Gelehrte wie Enea Silvio Piccolomini mit der Bedrohung Europas durch die Türken auseinander und entwickeln davon ausgehend eine Vorstellung von einer europäischen Gemeinschaft, deren kulturelle Werte vor allem auf den christlichen Glauben zurückzuführen sind (Hersant/Durand-Bogaert, 64 f.). Der Gedanke von einem christlichen Europa liegt auch dem Plan zu einem ewigen Frieden in Europa (dem *Projet pour rendre la paix perpétuelle en Europe*) zugrunde, den der französische Aufklärer Charles-Irénée de Castel de Saint Pierre 1713 formuliert. Für Schriftsteller wie Montesquieu, Rousseau, Voltaire oder Diderot steht Europa weniger für christliche Werte als vielmehr für die Vernunft- und Fortschrittsgläubigkeit (↗Fortschritt) ihrer Zeit. Mitte des 19. Jahrhunderts kommt es dann dem französischen Schriftsteller Victor Hugo im Einklang mit Denkern wie François Guizot zu, Europa in der großen Leitdifferenz von der europäischen Zivilisation im Gegensatz zur außereuropäischen Barbarei zu fassen. Nach dem unglücklichen Ausgang der Revolution 1848 und der Erkenntnis über die der eigenen Zivilisation innewohnende Barbarei prägt Hugo in einer Rede zur Eröffnung des Friedenskongresses (Paris 1849) schließlich die Formel von den *États-Unis d'Europe*, den Vereinigten Staaten von Europa. Die Vorstellung von Europa, die seinem Projekt zugrunde liegt, ist dabei trotz ihrer politischen und sozialen Stoßkraft eine genuin kulturelle. Um die Jahrhundertwende und in den ersten Jahren des 20. Jahrhunderts wird die Diskussion um Europa besonders intensiv an dessen südwestlichem Rand geführt. Nachdem Spanien 1898 seine letzten Kolonien Kuba und Puerto Rico verloren hat, sind es Intellektuelle wie Miguel de Unamuno oder José Ortega y Gasset, welche die Frage nach der Zugehörigkeit ihres Landes zu Europa (und dadurch auch diejenige nach dessen kulturellen Grenzen) aufwerfen. Im weiteren Verlauf des 20. Jahrhunderts sind es vor allem die beiden Weltkriege, die die intellektuelle Auseinandersetzung mit Europa befördern. In der Zwischenkriegszeit entstehen ambitionierte Projekte wie das der Paneuropäischen Union, in welcher der Kontinent politisch und ökonomisch geeint werden soll. Zugleich entwickeln Schriftsteller wie Heinrich, Thomas und Klaus Mann, René Schickele, Stefan Zweig, Hugo von Hofmannsthal, Valéry und André Gide ihre Vorstellungen von einem Europa des Geistes weiter. In der Folge versucht der Literaturwissenschaftler Curtius in seinem Hauptwerk *Europäische Literatur und lateinisches Mittelalter* (1948), die kulturelle Einheit des Kontinents aus der gemeinsamen Tradition der Latinität zu erklären. Und auch nach dem Zweiten Weltkrieg, als die politische Einheit des Kontinents schließlich Realität wird, bleiben die Fragen nach dessen kulturellen Grenzen virulent. Schon 1986, dem Jahr des Beitritts Spaniens und Portugals zur Europäischen Gemeinschaft, greift der portugiesische Romancier José Saramago in seinem Roman *Das steinerne Floß* erneut die Frage nach der Zugehörigkeit der Iberischen Halbinsel zu Europa auf, indem er die Halbinsel in eine wirkliche Insel verwandelt und auf den Atlantik hinaustreiben lässt. Der Italiener Massimo Cacciari versucht wenige Jahre später, die Identität Europas in dem Bild vom Archipel zu fassen, der die einzelnen Inseln ebenso miteinander verbindet, wie er sie voneinander trennt – ein Bild, das im Übrigen nicht zufällig auf die Ursprünge der europäischen Kultur in der griechischen Mythologie zurückverweist (vgl. Cacciari). In seinem Essay *Falls Europa erwacht* (1994) unternimmt es dagegen Peter Sloterdijk, Europa als eine »Weltmacht am Ende des Zeitalters ihrer politischen Absence« zu beschreiben, wie es im Untertitel des Bandes heißt.

Die Identität und das Wesen Europas sind nie so fest umrissen und nie so klar definiert, wie es die affirmative Rede vom ›europäischen Geist‹ suggerieren mag; Europa entsteht auch im Zeitalter seiner politischen und ökonomischen Einheit noch immer im Reden, Schreiben und Diskutieren über Europa – das zeigt sich nicht zuletzt auch in den Diskussionen um die Finanz- und ↗Wirtschaftskrise seit 2008. Europa ist zuallererst ein diskursives Konstrukt, und das umso mehr, als in den vergangenen Jahren die Existenz einer ›europäischen Identität‹ von der postmodernen Kritik am Identitätsdenken nachhaltig in Zweifel gezogen und außerdem das jahrhundertealte europäische Hegemonialstreben von der postkolonialen Theorie kritisch reflektiert worden ist: »Europa ist zunächst kein Inhalt, sondern ein Diskurs« (Weidner, 16 f.). Die Feststellung dieses diskursiven Charakters von Europa unterläuft also ebenfalls essenzialistische Vorstellungen wie diejenige von einer ›europäischen Identität‹; stattdessen rücken Aspekte wie die Prozessualität, die Beweglichkeit, aber auch die Kontingenz der unterschiedlichen, konkurrierenden oder einander ablösenden Europaideen in den Mittelpunkt.

Altes Europa – neues Amerika

Wesentlicher Impuls des Europadiskurses als moderner Mythos ist seit der Jahrtausendwende die Rede vom »alten Europa« in Entgegensetzung zum »neuen Amerika« einerseits, aber auch zu einem »neuen Europa« andererseits, zu dem die jüngeren östlichen Mitgliedsstaaten der Europäischen Union zu zählen wären. Die Formulierung vom »alten Europa«, die der damalige US-amerikanische Verteidigungsminister Donald Rumsfeld 2003 im Zuge der Diskussionen um eine europäische Beteiligung am Irakkrieg geprägt hatte und die von diesem »alten Europa« selbst (namentlich von Deutschland und Frankreich) mit leiser Ironie, aber durchaus dankbar aufgenommen worden war, hat in Zeiten der globalen Finanzkrise sicherlich an Aussagekraft verloren. Dennoch bleibt sie insofern von Bedeutung, als sie weniger auf einen konkreten geografischen Raum als vielmehr auf ein besonderes Verhältnis zur Zeit anspielt. Der in Frankreich geborene US-amerikanische Kulturwissenschaftler, Schriftsteller und Essayist George Steiner skizziert so noch im Jahr 2004 in einem Vortrag mit dem Titel *The Idea of Europe* seine Vorstellung von der vermeintlichen Wirklichkeit Europas in einer Liste von Charakteristika, die der Rumsfeldschen Vorstellung von dem »alten Europa« sehr nahe kommen, andererseits Europa durch sein spezifisches Zeitverhältnis beschreiben: Europa bestehe aus Cafés und solange es Cafés gebe, habe die »idea of Europe« einen Inhalt; Europa sei dank seiner kurzen Distanzen die ideale Landschaft für Fußgänger, Pilger und *promeneurs*; Europa sei ferner der Raum, in dem die Straßen, Plätze und Avenuen die Namen von Komponisten, Wissenschaftlern und Philosophen trügen. Europa sei darüber hinaus (einmal mehr!) durch das doppelte Erbe von Athen und Jerusalem geprägt, und schließlich: Europa verfüge über ein einzigartiges eschatologisches Bewusstsein von seiner eigenen Endlichkeit (vgl. Steiner). Als moderner Mythos denkt Europa demzufolge sein eigenes bereits erreichtes oder mögliches Ende mit.

Lit.: M. Cacciari, Der Archipel Europa [1997], Köln 1998. – Y. Hersant/F. Durand-Bogaert (Hg.), Europes. De l'antiquité au XXe siècle. Anthologie critique et commentée, Paris 2000. – V. Klemperer, LTI. Notizbuch eines Philologen, Leipzig ²1968. – A. Kraume, Das Europa der Literatur. Schriftsteller blicken auf den Kontinent 1815–1945, Berlin/New York 2010. – A.-B. Renger/R.A. Ißler, Stier und Sternenkranz. Europa in Mythos und Geschichte. Ein Rundgang, in: Europa – Stier und Sternenkranz. Von der Union mit Zeus zum Staatenverbund, hg. v. A.-B.R./R.A.I., Bonn 2009, 51–99. – P. Sloterdijk, Falls Europa erwacht. Gedanken zum Programm einer Weltmacht am Ende des Zeitalters ihrer politischen Absence, Frankfurt a.M. 1994. – G. Steiner, The Idea of Europe, Tilburg 2004. – P. Valéry, Die Krise des Geistes [1919], in: Ders., Werke, Bd. 7 (Zur Zeitgeschichte und Politik), hg. v. J. Schmidt-Radefeld, Frankfurt a.M. 1995, 26–54. – Ders., Amerika – Projektion des europäischen Geistes [1938], in: Ders., Werke, Bd. 7, Frankfurt a.M. 1995, 326–329. – D. Weidner (Hg.), Figuren des Europäischen. Kulturgeschichtliche Perspektiven, München 2006.

Anne Kraume

Ewige Jugend

»Ewige Jugend« im Sinne anhaltender Vitalität, Aktivität und Schönheit oder unendlicher Lebensdauer erscheint zunächst als wiederkehrendes und vielschichtiges Motiv in antiken und mittelalterlichen Mythen, Sagen und Epen (Tithonos, Gilgamesch, Heiliger Gral, Elixier des Lebens). Oft dienen vormoderne Mytheme dem modernen Mythos als Bezugspunkt und Legitimationsgrundlage. »Ewige Jugend« wird dabei explizit als Mythos aufgerufen und im Sinne einer anthropologischen Konstante oder eines ›uralten Menschheitstraums‹ gefasst. So erklärt etwa die Deutsche Gesellschaft für Prävention und Anti-Aging Medizin: »Der Wunsch, den Alterungsprozess aufzuhalten oder gar rückgängig zu machen, ist wahrscheinlich so alt wie die Menschheit selbst« (www.GSAAM.de). Auf diese Weise wird die mythische Qualität »Ewiger Jugend« in der Moderne selbst zum Mythos und verleiht fortan aufs Diesseits gerichteten popkulturellen Leitbildern, politischen Programmen und wissenschaftlich-technischen Projekten Autorität und Legitimität.

›Ewigkeit‹ und ›Jugend‹ im Übergang zur Moderne

Diese sekundäre Mythisierung blendet indes nicht nur die Ambivalenzen vormoderner Mythen aus, die durchaus Warnungen vor Frevel, Hybris und Sinnlosigkeit enthalten. Sie verwischt auch den historischen Umbruch der Modernisierung: Im Zuge der Säkularisierung verschiebt sich der menschliche Zeithorizont. An die Stelle religiöser Jenseitshoffnungen auf Auferstehung und ewiges Leben tritt das Interesse an optimaler Gestaltung und maximaler zeitlicher Ausdehnung der innerweltlichen Existenz (vgl. Haycock). Zugleich kommt es zur Aufwertung der Jugend: Die Auflösung traditionalistischer, hierarchischer Verhältnisse geht mit der Erosion der Autorität und Vorbildhaftigkeit des Alten einher, die Jugend erscheint als Sinnbild und Vorreiter der neuen Zeit (vgl. Koebner u. a.). Wechselnde Jugendbewegungen mobilisieren – von den Wandervögeln über die Hitlerjugend bis zu den 68ern (↗68er-Bewegung) – Energie, Elan und Dynamik der Jungen gegen das Morsche und Verkrustete. Mit fortschreitender Entgrenzung und Kommerzialisierung der Jugendkultur liefert die zuvor als unreif und gefährdet beargwöhnte Jugend schließlich gesamtgesellschaftliche Identifikationsangebote.

Habitus und popkulturelles Leitbild

Soweit Jugend im Horizont moderner Jugendkulturen als Frage des Habitus gilt, scheint ihre Perpetuierung tatsächlich durch Kultivierung eines juvenilen Lebensgefühls und Verhaltensschemas möglich. Jugend ist keine transitorische Phase mehr, das Festhalten an jugendkulturellen Orientierungen prägt Identität und Lebensstil der (ohnehin kaufkräftigeren) Erwachsenen, im Publikum Bob Dylans oder der Rolling Stones bereits bis ins Rentenalter. Das Gegenmodell zum jung gebliebenen Altrocker formuliert – von James Dean über Jim Morrison, Janis Joplin und Jimi Hendrix bis Kurt Cobain und

Amy Winehouse (Club 27) – die Devise »love hard, live fast, die young« (Faron Young). Dabei mündet die adoleszente Suche nach kompromissloser Absolutheit und Intensität (als einer Art Ewigkeit im Augenblick) in eine Verewigung der Jugend durch vorzeitigen Tod: Das Vergehen der Zeit kann die Jugendlichkeit der Frühvollendeten nicht mehr korrumpieren, sondern nur im Kontext neuer Jugendgenerationen identitätsstiftend aktualisieren (vgl. Baacke). Noch in der Rockmusik klingt mit Goethes *Werther* das Lebensgefühl des Sturm und Drang nach: »It's better to burn out than to fade away« (Neil Young).

Sozioökonomische Forderung

In modernen postfordistischen Gesellschaften verbindet sich »Ewige Jugend« auch mit dem Anspruch fortwährender Aktivität. Im Lichte demografischer Szenarien eines ›überalterten‹, gerontokratisch erstarrten, in seinen Leistungs- und Innovationspotenzialen erschöpften Gemeinwesens wird Jugend zur kostbaren, zugleich knappen und vital notwendigen sozioökonomischen Ressource. Das motiviert politische Reproduktionsanreize und sogar populistische Kinder-statt-Inder-Kampagnen, fördert aber auch eine Neudefinition des Alters: Durchgehaltene Jugendlichkeit wird zum Kriterium ›erfolgreichen Alterns‹ (vgl. van Dyk/Lessenich). Zivilgesellschaftliches Engagement und aktivierender Sozialstaat bilden den Deutungshorizont für das Leitbild der ›jungen‹ – d. h. fitten, gesunden und leistungsstarken – Alten, die noch im Ruhestand sozial nützliche Aufgaben erfüllen (vgl. ebd.).

(Bio-)Medizinisches Projekt

Auch die moderne Heilkunst verspricht »Ewige Jugend«: Die Lebensreformbewegung predigt Verjüngung durch naturgemäße Lebensführung. Im Geiste Rousseaus wird angesichts zivilisationsbedingter Degenerationserscheinungen eine durch Makrobiotik, Vegetarismus oder Naturheilkunde vermittelte Rückkehr zur Natur empfohlen. Andere setzen, vor allem im Zeichen endokrinologischer Ansätze, ganz auf ›Wissenschaft‹: Transplantation von Tierhoden, Samenleiterdurchtrennung, Frischzellenkur (Stoff 2004). Mit der Anti-Aging-Medizin etabliert sich Anfang der 1990er Jahre eine eigene Fachrichtung, die das Altern durch gezielte Eingriffe in seine biologischen Mechanismen verlangsamen, aufhalten oder rückgängig machen will. Der britische Biogerontologe Aubrey de Grey setzt in seinem Forschungsansatz darauf, dass durch sukzessive Reparatur altersbedingter Schädigungen ein Alter von 1.000 Jahren erreicht werden kann (www.sens.org).

Aus dem ästhetizistischen Streben nach beständiger Schönheit bei Oscar Wildes altersloser Romanfigur Dorian Gray ist Aubrey de Greys biotechnologisches Programm radikaler Lebensverlängerung geworden. ›Verjüngung‹ ist nicht mehr spirituelles Motiv moderner Sinnsuche oder politische Allegorie emanzipatorischen Aufbruchs, sondern ein naturwissenschaftlich-technisches Projekt. Die hegemoniale Deutungsmacht der Medizin zeigt sich im »Dorian-Gray-Syndrom« (www.dorian-gray-syndrom.org) als klinischer Auffälligkeit: das Erstreben altersloser Schönheit durch maßlosen Einsatz ästhetischer Chirurgie und Lifestyle-Medizin.

Lit.: D. Baacke, Jugend und Jugendkulturen. Darstellung und Deutung, Weinheim/München 2007. – S. van Dyk/S. Lessenich (Hg.), Die jungen Alten. Analysen einer neuen Sozialfigur, Frankfurt a.M./New York 2009. – D. B. Haycock, Mortal Coil. A Short History of Living Longer, New Haven 2008. – T. Koebner u. a. (Hg.), Mit uns zieht die neue Zeit… Der Mythos Jugend, Frankfurt a.M.1985. – H. Stoff, Ewige Jugend. Konzepte der Verjüngung vom späten 19. Jahrhundert bis ins Dritte Reich, Köln 2004.

Larissa Pfaller/Mark Schweda

Familie

Mit »Familie« wird die Form eines auf Dauer angelegten Zusammenlebens von Menschen in einer Gruppe bezeichnet, die sich als Grundriss und Modell über Zeiten, Kulturen und Kontinente hinweg erstreckt und erhalten hat. Dabei sind in der Regel mehrere Generationen und unterschiedliche Geschlechter beteiligt, verwandtschaftliche Beziehungen, Abstammung oder andere durch mehr oder weniger festgelegte, tradierte Ordnungen vermittelte Regelwerke bestimmen darüber, wer zur Familie gehört und wer nicht (vgl. König).

Das mythische Potenzial der Familie liegt zum einen in ihrer Funktion als Sicherheit und Schutz bietende, aber auch mit (moralischen) Verpflichtungen verbundene Institution, die die verschiedenen Generationen scheinbar schicksalhaft miteinander verbindet und so als gesellschaftliche Klein- und Grundform gedeutet werden kann. Zum anderen ist sie als Sammelpunkt von Menschen mit ihren Erfahrungen, Bedürfnissen und Erwartungen jedweder Art ein Ausgangs- und Bezugspunkt für unterschiedlichste Narrationen, in denen sich imaginäre und reale Vorstellungen, Projektionen und auch Handlungsmuster bestimmen und auch erörtern lassen (vgl. Gillis). Oft ist sie ein idealisierter Lebensentwurf, der einerseits Geborgenheit und Vertrauen bietet (vgl. Lasch) und der sich andererseits im Zuge von Umbruchprozessen, gerade in Zusammenhängen moderner Lebensführung, immer wieder auch als temporäres, fragiles und austauschbares Konstrukt erweist.

Ursprünge und Schöpfungsgeschichten

Nahezu alle Schöpfungsgeschichten beginnen mit der (meist göttlichen) Schaffung/ Zeugung/Herstellung menschlicher Wesen. Das Zusammenleben der Geschlechter, die Fortpflanzung der Menschen und deren Aufwachsen und Sozialisation sind selbst oft zum Gegenstand mythischer Erzählungen (vgl. Vernant) geworden, in deren Zentrum familiale Muster stehen: Hera und Zeus, Adam und Eva, Abraham und Sarah.

Schon Giambattista Vico, einer der ersten Kulturtheoretiker, beobachtete in seinem Werk *Die neue Wissenschaft über die gemeinschaftliche Natur der Völker* (1744) mit universalem Blick, dass religiöse Vorstellungen, Ehen und Begräbnisregelungen wohl zu den ältesten und am meisten verbreiteten Funktionen menschlicher Vergemeinschaftung gehören. Sie bestimmen und legitimieren in zentraler Weise die Einrichtung der Familie. Auch die im Nationalismus des 19. Jahrhunderts zumal in Deutschland oder in bestimmten osteuropäischen Gesellschaften populäre Modellierung der ⁊Nation als Abstammungsgemeinschaft geht von familialen Strukturen als Kern und Grundmuster sozialer Organisation aus (Johnston, 58). Bis in die Gegenwart ist die Vorstellung lebendig, die Familie bilde so etwas wie die »Keimzelle« des Staates und stehe schon deshalb unter »dem besonderen Schutz der staatlichen Ordnung« (so noch der Wortlaut des Grundgesetzes der Bundesrepublik Deutschland im Artikel 6).

Funktionen in der Moderne

Bereits in älteren Zeiten (seit der Sesshaftigkeit) werden der Familie zwei weitere Funktionen zugesprochen, die sie in ihrer Bedeutung hervorheben und an denen sich zugleich historische Entwicklungen und kulturelle Differenzierungen im Zuge der Moderne ablesen lassen: Zum einen geht es dabei um die Funktion der Familie als Rechts- und in der Folge auch als politische Einheit, die aus der Ökonomie des Hauses (griech. Oikos) nicht nur einen wirtschaftlichen, sondern eben auch politischen und rechtsfähigen, vielfach patriarchal ausgerichteten Verband machte. Zum anderen ist hier die Ausformung der Familie zu einer (weitgehend autarken) Wirtschaftseinheit und darauf aufruhenden Lebensgemeinschaft zu nennen, die etwa in der Form des »ganzen Hauses« (Brunner) zumindest auf der ideologischen Ebene eine Art Gesellschaft im Kleinen bildete bzw. gebildet haben soll. Gerade aus der Verknüpfung offensichtlich anthropologisch codierter bzw. biologischer Funktionen (Fortpflanzung, Sexualität, Enkulturation) mit sozialen, ökonomischen, rechtlichen und im Besonderen für lange Zeit sakralen bzw. religiös geprägten Funktionen speist sich der mythische Gehalt der Familie als Leitbild und Orientierungsmuster wohl auch noch im Selbstverständnis der Moderne.

Konstanz und Wandel

Vom Beginn der Moderne bis zur Gegenwart lässt sich eine zunehmende Entkoppelung der verschiedenen Funktionen beobachten: Produktions-, Rechts- und Lebensgemeinschaft. Dies hat dazu geführt, dass den kulturellen, mithin auch mythisch zu besetzenden Funktionen Liebesgemeinschaft, Vertrautheit, Erholungs- und Privatsphäre größere Bedeutung, auch Aufmerksamkeit zufällt, weswegen kulturelle Inszenierungen der Familie ebenfalls eine bedeutendere Rolle einnehmen und die damit verbundenen Familien-Mythen in Literatur, Film und anderen künstlerischen Medien ebenso im Vordergrund stehen wie in der Populärkultur und im Alltagsverständnis. Vor diesem Hintergrund spielen neben religiösen Vorschriften und philosophischen Lehren Alltagswissen, aber auch literarische Entwürfe (*Die Buddenbrooks*, die Gattung des Familienromans) sowie Film und Populärkultur (*Familie Hesselbach*, *Die Simpsons*, *Eine schreckliche nette Familie*) für die (Neu-)Gestaltung und die Ansprüche an familiäres Zusammenleben eine wichtige Rolle. Die älteren Elemente des Mythos Familie wie Lebens- und Solidargemeinschaft, Liebesglück und Innenleitung, Emotionalität und lebenslange Vertrautheit, die zu den besonderen Merkmalen der bürgerlichen Kleinfamilie seit dem 18. Jahrhundert gehören, haben aktuell nicht nur noch Bedeutung, sondern stehen sogar erneut in Konjunktur.

Der Mythos heute

Während im Zuge der gesellschaftlichen Modernisierung verschiedene Funktionen aus der Familie ausgelagert wurden (Erziehung durch die Schule, Sozialisation durch Peergroup und Medien, Sexualität durch die Möglichkeit offenerer Beziehungen, ökonomische Sicherheit der Frau durch eigene Berufstätigkeit), blieb der Familie bis weit ins 20. Jahrhundert hinein die Funktion sozialer und emotionaler Kompensation. In widrigen Umständen soll sie noch immer als Haltepunkt einer heilen Welt dienen (vgl. Lasch).

Dem steht aktuell zu Beginn des 21. Jahrhunderts eine soziale Realität gegenüber, in der – für die Bundesrepublik erstmals 2011 – eine Mehrheit der Bevölkerung nicht mehr in einem Familienverband mit Kindern lebt. Freilich bleibt auch in dieser Situation der Mythos noch immer insoweit erhalten, als eine übergroße Mehrheit auch der jüngeren Bevölkerung sich das Zusammenleben in einer Familie – durchaus mit mehreren Personen, als Patchwork und auch im Zusammenleben gleichgeschlechtlicher Paare – mit Kindern sowohl vorstellen kann als auch wünscht.

Als moderner Mythos ist die Familie einerseits ein konservatives, normsetzendes und normtradierendes Konzept, andererseits kristallisieren sich an ihm aber auch Diskussionen um Emanzipation, Liberalität und um Veränderungen gesellschaftlicher, moralischer und ökonomischer Normsetzung und Lebensführung.

Lit.: Deutsches Jugendinstitut (Hg.), Wie geht's der Familie? Ein Handbuch zur Situation der Familien heute, München 1988. – J. Ecarius (Hg.), Handbuch Familie, Wiesbaden 2007. – J.R. Gillis, Mythos Familie. Auf der Suche nach einer eigenen Lebensform, Berlin 1997. – O.W. Johnston, Der deutsche Nationalmythos. Ursprung eines politischen Programms, Stuttgart 1990. – R. König, Die Familie der Gegenwart. Ein interkultureller Vergleich, München ^{3}1978. – A. Koschorke u.a., Vor der Familie. Grenzbedingungen einer modernen Institution, Konstanz 2010. – C. Lasch, Geborgenheit. Die Bedrohung der Familie in der modernen Welt, München 1987. – J.-P. Vernant, Mythos und Gesellschaft im alten Griechenland, Frankfurt a.M. 1987. – I. Weber-Kellermann, Die deutsche Familie. Versuch einer Sozialgeschichte, Frankfurt a.M. 1974.

Werner Nell

Faust

Doktor Faust, der Gelehrte, der mit dem Teufel paktiert, um letztes Wissen und magische Macht zu erlangen, ist ursprünglich eine frühneuzeitliche Legendenfigur, die als abschreckendes Beispiel die Sünde des Hochmuts verkörpert. Ihre maßgebliche Gestalt hat sie zum Ende des 18. Jahrhunderts durch Goethes (↗Goethe und Schiller) Tragödie erhalten, die sie zur mythischen Reflexionsfigur des modernen Individuums macht: eines Individuums, das alle traditionellen Bindungen und Grenzen zur unbedingten

Erfüllung des eigenen Willens sprengt und dabei eine Spur der Verwüstung hinter sich lässt. Der Status der Goetheschen Tragödie als deutscher Nationalklassiker hat dem Faust-Mythos eine kulturpolitische Dimension verliehen, die aufgrund der Komplexität und Mehrdeutigkeit der Goetheschen Dramenfigur zum interpretatorischen Streitfall geworden ist. Das Deutungsspektrum reicht von der Heroisierung des nach dem Absoluten strebenden deutschen Nationalcharakters bis zur kritischen Diagnose und Anklage des maßlosen modernen Individualismus und seines zerstörerischen Potenzials. Goethes *Faust* bietet damit den Musterfall für die ideologische Inanspruchnahme und zugleich für das anhaltende kritische Reflexionsangebot literarischer Mythen. Seit zwei Jahrhunderten arbeiten sich alle weiteren künstlerischen Gestaltungen dieser Figur sowie eine vielstimmige, lebhafte Interpretationsdebatte daran ab. Aus der eindeutigen religionsdidaktischen Abschreckungsgestalt des Hochmütigen ist durch Goethes Fassung eine ambivalente Figur des maßlosen Individuums geworden, die als nationaler Klassiker zugleich als Repräsentant der Deutschen Verwendung fand.

Ursprünge

Das älteste literarische Dokument der Faust-Legende ist die 1587 erschienene *Historia von D. Johann Fausten*. Auf dem Titelblatt nennt sich nur der Drucker Johann Spies, der Verfasser bleibt ungenannt. Seine Erzählung trägt eine eindeutige christlich erzieherische Botschaft: Sie prangert in der Figur des teufelsbündlerischen Gelehrten die Sünde des Hochmuts an, die sich über die von Gott gezogenen Grenzen des Menschlichen erheben will. Die Motive der schwarzen Magie und des mit ihrer Hilfe geschlossenen Teufelspakts entfalten sich dabei in einer wirksamen Balance von Unterhaltung und Belehrung. Sie malen fantastische, komisch-betrügerische und exotische Zaubervorstellungen mit abenteuerlichen Welt- und Himmelsreisen aus und führen am Ende zur schauerlichen Höllenfahrt der dem Teufel verschriebenen, ihr Schicksal jämmerlich beklagenden Seele. Die Moral folgt dem Sprichwort (Hochmut kommt vor dem Fall), das Weglegen der Heiligen Schrift markiert die Schwelle zum Unheil und der Teufel entspricht der volkstümlichen Aberglaubensfigur, indem er tatsächlich keinerlei höheres Wissen hat, sondern nur mit falschen Verlockungen betrügt. Die älteste dramatische Fassung des Stoffes ist von dem englischen Theaterautor Christopher Marlowe überliefert (*The Tragical History of Doctor Faustus*, 1604), der die Legendenerzählung szenisch pointiert. Durch die Kontrastparallelen der Diener, die die Teufelsbeschwörungen ihres gelehrten Herrn unbeholfen imitieren und damit groteske Resultate erzielen, ergibt sich insgesamt eine tragikomische Spannung, deren warnend-belehrender Ernst jedoch ungebrochen bleibt. Von Marlowes Fassung aus und auch unabhängig von ihr verbreitet sich die dramatisierte Legende als populärer Unterhaltungsstoff mit religionsdidaktischer Botschaft im Puppentheater (Mahal 1991, 111–131).

Zeitgenosse und Repräsentant der Moderne

Aus diesen volkstümlichen Puppenspielen kennt und nimmt Goethe seine Faust-Figur, verwandelt sie jedoch in einen für ihn zeitgenössischen Intellektuellen, dem das aktuelle Generationsbewusstsein von Goethes eigener Jugendzeit (der 1770er Jahre, der später so genannten »Sturm- und Drang«-Zeit) eingeschrieben ist: das Aufbegehren gegen den akademischen Traditionalismus, der Geniekult (↗Genie) und der Erlebnishunger. Um diesen zu stillen – und nicht der Erkenntnis wegen –, schließt Goethes Faust den Teufelspakt, der hier weniger ein Pakt, sondern mehr eine Wette ist, die Faust in der Überzeugung eingeht, dass selbst der Teufel den Hunger nicht stillen und ihm nichts bieten kann, was diesen Erfahrungs- und Erlebnisdrang zu befriedigen vermöchte: »FAUST: Kannst du mich schmeichelnd je belügen / Daß ich mir selbst gefallen mag, / Kannst du mich mit Genuß betriegen: / Das sei für mich der letzte Tag! / Die Wette biet' ich! MEPHISTOPHELES: Topp! FAUST: Und Schlag auf Schlag!« (Verse 694–698).

Zusammen mit Faust modernisiert sich auch sein teuflischer Begleiter. Er ist bei Goethe nicht mehr die volkstümliche Aberglaubensfigur, sondern wie Faust selbst ein aufgeklärter Intellektueller. Das Teuflische erscheint psychologisiert als zynischer Witz. Durch die Intellektualisierung verwandelt Goethe die beiden alten Legendenfiguren zu Zeitgenossen seiner eigenen Generation. Sie fühlen, denken und reden wie junge Akademiker der 1770er Jahre, deren Überlegenheitsgefühl und Unzufriedenheit mit allem Gegebenen sich in Faust und Mephisto in zwei Tendenzen ausdrücken: als herausfordernder Tatendrang und abgeklärter Zynismus. Im zweiten Teil der ersten *Faust*-Tragödie erscheint dieser Tatendrang als erotisches Verlangen, das sein Opfer, das junge Mädchen (»Gretchen«), in die Ächtung durch die bürgerliche Gesellschaft und schließlich in den Tod treibt. Ein epochales Seitenstück zu dieser Modernisierung der Faust-Figur gibt Friedrich Maximilian Klingers Roman *Faust's Leben, Thaten und Höllenfahrt* (1791), in dem Faust als ein hoffnungsvolles Genie nach der ersten Frustration an des Teufels Seite eine grausam und bitter desillusionierende Reise durch eine insgesamt empörend korrupte, moralisch verkommene Welt antritt.

Die erste Veröffentlichung von Goethes *Faust*-Drama (*Faust, ein Fragment*, 1790) weckte die Erwartung, die angekündigte Fortsetzung des Stückes werde die Sturm-und-Drang-Figur triumphal weiterentwickeln. Das tatsächliche Ergebnis, das in Goethes Nachlass 1832 vorlag, hat diese Erwartung enttäuscht. Der Faust des zweiten Tragödienteils ist keine einheitliche Figur mehr, sondern eine multiple Anschauungsform für sehr Verschiedenes: für die Sehnsucht nach antikischer Schönheit, für die mittelalterliche Ritterlichkeit, für rücksichtsloses Unternehmertum in Krieg, Wirtschaft und Handel, für verblendeten Utopismus. Besonders mit den letzten beiden Aspekten verkörpert Faust die negativen Tendenzen der Moderne, die Goethe im Rückgriff auf die Begleiterfigur auf den Ausdruck des »Veloziferischen« bringt: Die Verbindung des Adjektivs ›schnell‹ (lat. velox) mit dem Teufelsnamen (Luzifer) meint die unheilvolle ↗Beschleunigung, mit der sich die Möglichkeiten und Ansprüche der modernen Menschen entwickeln und zerstörerisch auswirken. Dass dieser »veloziferische« Faust dennoch am Ende des Dramas in einer für Goethe selbst wie seine Zeitgenossen anachronistisch barocken Anschaulichkeit gen Himmel fährt, ist ein nicht zu harmonisierender ironischer Kontrast (vgl. Matuschek 1999).

Der »faustische Mensch« als deutscher Nationalcharakter

Die Diskrepanz zwischen den Sturm-und-Drang-Erwartungen und der tatsächlichen Fortsetzung haben Goethes Faust zum einzigartigen Fall dafür gemacht, wie sich ideologisch affirmative Ansprüche an eine literarische Figur gegen den Textbefund durchsetzen. Unter der kulturpolitischen Voraussetzung, Goethes *Faust* als das deutsche Nationaldrama anzusehen, haben Germanisten und Politiker die Figur zum positiven Helden interpretiert: zum ewig strebsamen Erkenntnissucher und Tatmenschen, der trotz der Opfer, die seinen Lebensweg säumen, aufgrund eben seiner unermüdlichen Strebsamkeit gerechtfertigt und erlöst werde. Diese Interpretationen schufen das Ideologem des »faustischen Menschen«, das von der Reichsgründung 1870/71 an bis zum Nationalsozialismus als deutscher Nationalcharakterstolz chauvinistische Züge annahm, im großspurig kulturtypologischen Deutungsentwurf aber auch die überlegenen Eigenschaften der westlich-abendländischen Zivilisation insgesamt verkörpern sollte (Spengler, 452). Als mythischer Nationalheld trat der Goethesche Faust dabei in funktionale Analogie zur Wagnerschen (↗Wagner) Siegfried-Figur: Beide dienten zur Heroisierung des männlichen deutschen Selbstbilds. Nach dem Zweiten Weltkrieg ist die ideologische Verwendung von Goethes *Faust* kritisch analysiert worden. Den ersten einschlägigen Beitrag lieferte dazu der ehemalig in der nationalsozialistischen Kulturpropaganda tätige SS-Hauptmann Hans Schneider, der – politisch gewendet – nach dem Krieg unter neuer Identität (Hans Schwerte) die Ideologiegeschichte des »Faustischen« (selbst-)kritisch rekonstruierte (vgl. Schwerte). Die DDR-Kulturpolitik erklärte den Schlussmonolog des Faust zur Vision des sozialistischen Arbeiterstaates (»Auf freiem Grund mit freiem Volke stehn«, Vers 11580; Walter Ulbricht, Neues Deutschland, 28.3.1962) und erwies sich damit selbst als der verblendete Utopist, den Goethe mit diesem Vers darstellt. Denn Faust spricht ihn blind am Rande seines eigenen Grabes und die Schaufelgeräusche, in denen er die Zukunft des freien Volkes hören will, stammen tatsächlich von seinen Totengräbern. Am Anfang des 21. Jahrhunderts hebt die germanistisch e Goethe-Diskussion die kritische Intention des *Faust*-Dramas hervor und sieht statt eines positiven den negativen Helden als Warnfigur vor den Risiken der ↗Moderne (vgl. Jaeger).

Mythische Variationen

Goethes *Faust*-Drama hat eine Reihe von herausragenden bildenden Künstlern (Faust-Illustrationen von Eugène Delacroix, 1827), Musikern (*Faust*-Sinfonie von Franz Liszt, 1857, *Faust*-Oper von Charles Gounod, 1859), Theater- und Film-Regisseuren inspiriert (*Faust*-Film von Friedrich-Wilhelm Murnau, 1926, *Faust*-Inszenierungen von Gustaf Gründgens, 1960, Expo-*Faust* von Peter Stein, 2000); für weitere literarische Bearbeitungen des Stoffes und der Figur haben sein Prestige indes eher einschüchternd und die Komplexität des zweiten Teils irritierend gewirkt. Parodistisch stellt als Erster Heinrich Heine einen *Doktor Faust* als *Tanzpoem* (1851) dagegen: eine literarisierte Choreografie, die den Stoff auch durch die Geschlechtsumwandlung des Teufels zur weiblichen Mephistophela durchgehend erotisiert und dabei eine antikisierend idyllische über eine ritterlich steife und verklemmt zeremonielle Sinnlichkeit triumphieren lässt. Eine Parodie auf Goethes *Faust II* bietet Friedrich Theodor Vischer mit seinem *Faust. Der Tragödie dritter Teil* (1862). Der Untertitel zeigt an, wie sehr dabei auch im 19. Jahrhundert noch die Frustration über die enttäuschten Sturm-und-Drang-Erwartungen herrscht:»Treu im Geiste des zweiten Theils des Götheschen Faust gedichtet von Deutobold Symbolizetti Allegoriowitsch Mystifizinsky«. In einem kraftmeierischen Jugendwerk hatte Christian Dietrich Grabbe schon vor dem Erscheinen von Goethes Alterswerk versucht, dessen Sturm-und-Drang-Figur zu überbieten, indem er ihn als Rivalen des mythischen Frauenhelden Don Juan auftreten ließ (*Don Juan und Faust*, 1828).

Der im amerikanischen Exil 1943–47 entstandene *Doktor Faustus*-Roman von Thomas Mann bietet eine anklagende und zugleich selbstkritisch-mythenreflexive Darstellung des klischeehaften deutschen Nationalcharakters. Er setzt sich mit dem zeitgenössischen, an amerikanischen Universitäten gebildeten Deutungsmuster auseinander, das von der Romantik bis zum Nationalsozialismus einen verhängnisvollen Zusammenhang des politischen Irrationalismus und der völkischen Schwärmerei sieht (vgl. Matuschek 2013). Manns Faust-Figur verbindet die alten mythischen Motive mit weiteren gängigen Repräsentationstypen des Deutschen (Provinzler, Protestant, Romantiker, Genie, Musiker, Wagner, Nietzsche) und wird durch die aus dem Volksbuch adaptierte Höllenfahrt und Wehklage zur Allegorie der im Zweiten Weltkrieg untergehenden ↗Nation. Der letzte Satz des Romans macht diese Verweisfunktion explizit:»Gott sei euerer armen Seelen gnädig, mein Freund, mein Vaterland.«

Unter der Erbe-Doktrin der DDR, nach der die deutschen Klassiker als Vorläufer des Sozialismus zu verstehen waren, wurde der Faust-Stoff dagegen für eine affirmative Nationaloper gewählt und in Auftrag gegeben. Der Komponist Hanns Eisler, der den Auftrag annahm, erregte allerdings schon mit seinem Libretto so viel politischen Anstoß, dass er auf die Komposition verzichtete. Sein *Johann Faustus* (1952) zeigt das politische Versagen der intellektuellen Elite zu Zeiten der Bauernkriege und fällt damit viel negativer aus, als die DDR-Kulturpolitik ihren sozialistischen Faust haben wollte.

Außerhalb der deutschen Literatur hat sich vor allem der französische Dichter Paul Valéry der Faust-Figur angenommen. Unter dem prägenden Einfluss Goethes zeigt er mit seinem Faust (*Mon Faust*, 1945) eine fortgeschrittene Stufe moderner Radikalisierung: den amoralischen, resignierten Wissenschaftler und Intellektuellen, dessen Nihilismus die Bosheit des Teufels als lächerliche Naivität hinter sich lässt, die noch an die Seele glaubt.

Die jüngste *Faust*-Fassung des Österreichers Robert Menasse (*Doktor Hoechst. Ein Faust-Spiel*, 2013) folgt dieser Perspektive, indem sie Faust als modernen Konzernchef zeigt, dessen Bosheit des Teufels nicht bedarf. Menasses Stück belegt zugleich, dass jede neue Faust-Variation weiterhin eine Auseinandersetzung mit Goethes Drama bleibt.

Lit.: P. Boerner/S. Johnson (Hg.), Faust through Four Centuries. Retrospect and Analysis, Tübingen 1989. – J. W. Goethe, Faust. Texte, hg. u. komm. v. A. Schöne, Frankfurt a. M. 1994. – K.-H. Hucke, Figuren der Unruhe. Faustdichtungen, Tübingen 1992. – M. Jaeger, Global Player Faust oder Das Verschwinden der Gegenwart. Zur Aktualität Goethes, Berlin 2008. – G. Mahal, Faust. Untersuchungen zu einem zeitlosen Thema, Neuried 1998. – Ders., Nachwort [zu] Doktor Johannes Faust. Puppenspiel in vier Aufzügen hergestellt von Karl Simrock, Stuttgart 1991, 111–131. – S. Matuschek, Goethes *Faust*. Von der Leichtigkeit der letzten Dinge, in: Poetica 31 (1999), 452–461. – Ders., Perspektivische Amerikanisierung. Thomas Mann, Peter Viereck und die deutsche Romantik, in: Im Schatten des Lindenbaums. Thomas Mann und die Romantik, hg. v. J. Ewen u. a., Würzburg 2013, 63–81. – F. Möbus u. a. (Hg.), Faust. Annäherung an einen Mythos, Göttingen 1996. – H. Münkler, Der Pakt mit dem Teufel. Doktor Johann Georg Faust, in: Ders., Die Deutschen und ihre Mythen, Berlin 2009, 109–139. – H. Schwerte, Faust und das Faustische. Ein Kapitel deutscher Ideologie, Stuttgart 1962. – O. Spengler, Der Untergang des Abendlandes, München 1923.

Stefan Matuschek

Fernsehen

Unter Fernsehen versteht man ein technisches Medium, das von Ton begleitete Bewegtbilder vermittels Rundfunk oder Kabel an ein disperses Publikum verteilt. Das Prinzip, das Nebeneinander des Bildes in ein übertragbares Nacheinander elektrischer Impulse zu übersetzen, wurde 1884 von Paul Nipkow entdeckt und als »Elektrisches Teleskop« patentiert. Erst als in den 1930er Jahren mit elektronischen Bildröhren gearbeitet wurde, ließ sich der Versuchsbetrieb, in England sogar schon ein regelmäßiger Programmdienst realisieren. Die Ausbreitung des Fernsehens wurde durch den Zweiten Weltkrieg unterbrochen, sodass es sich erst seit den 1950er Jahren als Massenmedium von größter Reichweite etablieren konnte.

Entdifferenzierendes Fern-Sehen

Nipkow definierte sein elektrisches Teleskop als eine »Apparatur mit dem Zweck, ein an einem Orte A befindliches Objekt an einem beliebigen Orte B sichtbar werden zu lassen« (zit. n. Engell, 59). Auch wenn noch nicht der Begriff »Fernsehen« fällt, ist es genau dies, was gemeint ist: Abgezielt wird auf einen Apparat, der einen an sich örtlich gebundenen Wahrnehmungsraum an jeden beliebigen Ort zu transferieren vermag. Als Technikfantasie schlägt sich dieses Projekt auch in Illustrationen nieder, besonders prominent in Albert Robidas Roman *Le Vingtième siècle* (1883). Solche Bilder zeigen Personen, die sich in ihren Privaträumen vor einem Bildschirm gruppieren, um Opernaufführungen beizuwohnen oder Zeitgeschehen in fernen Ländern zu beobachten. Das bürgerliche Heim, der Privatstandpunkt wird damit zum Angelpunkt, von dem aus die ganze Welt in den Blick genommen werden kann. Durch das Prinzip des Fernsehens scheint Wahrnehmung an keinen spezifischen Ort mehr gebunden. Insofern kondensiert sich im Fernsehen idealtypisch ein moderner Mythos, der schon mit dem Telegrafen aufgekommen ist, nämlich dass die Kommunikationstechnik die Erde zu einem von allen geteilten Raum entwickele. In *Der Telegraph als Verkehrsmittel* kann der Nationalökonom Karl Knies schon 1857 seine Euphorie nicht verhehlen: »Die Städte, die Völker ›erleben‹ die Ereignisse gleichzeitig – gleich als ob *eine* Empfindung einen einheitlichen Körper durchzucke« (Knies, 244) (↗Beschleunigung). Die technisch zerdehnte Kommunikation wird mithin als einigende Kraft begrüßt, an die sich die Hoffnung knüpft, der globale Austausch werde den Frieden befördern, ein Versprechen, das zur Ausbreitung des Fernsehens wieder hervorgeholt wird. Der Eindruck der Teilhabe wird verstärkt, indem die Welt nicht nur als Nachricht, sondern als synchrone Wahrnehmung zur Erscheinung kommen kann. McLuhan hat die prägnante Metapher popularisiert, die elektrische Kommunikationstechnik lasse die Welt zu einem ›globalen Dorf‹ schrumpfen (z. B. in *The Gutenberg Galaxy*, 1962), in dem sich keiner mehr dem entziehen könne, was noch so fernen Anderen widerfahre.

Differenzierung und Gleichrichtung

Der Mythos des Fernsehens als entdifferenzierende Kraft betrifft insofern nicht nur die Welt als Gegenstand der Wahrnehmung, sondern zugleich die Umstände, unter denen die Wirklichkeitsbeobachtung nun stattfindet: Die vom Massenmedium Fernsehen ermöglichte Wahrnehmung gibt sich zwar individuell, insofern sie nicht im öffentlichen, sondern im privaten Raum erfolgt, findet jedoch zugleich zeitlich so koordiniert statt, dass die verstreuten Zuschauer zu einem Publikumskollektiv zusammengeschmiedet werden. Als ›Fenster zur Welt‹ ermöglicht das Fernsehen kollektive Teilhabe am Geschehen, doch wird in diesem Zug der Blick gerichtet und verengt, weil er von allen Mitgliedern des Publikums geteilt wird. Akzentuiert der frühe Fernsehdiskurs einerseits die Öffnung des Privatraums auf das Schicksal und betont so die positiven Seiten der sozialen Integration, so warnt der Massediskurs seit den 1950er Jahren vor den Gefahren der Gleichrichtung des Blicks. Die in ihren Wohnzimmern vereinzelten Individuen werden im kulturkritischen Diskurs zu willfährigen, dem medialen Bilderfluss des Fernsehens ausgelieferten Subjekten, die sich vor der manipulativen Kraft des Mediums nur durch Entzug schützen können (vgl. Bartz 2007). Die Kombination aus Vereinzelung und Vermassung hat Günther Anders auf die Formel des »Massen-Eremiten« gebracht (*Die Welt als Phantom und Matrize*, 1956). Als Korrelat zur beklagten Vermassung der Gesellschaft entstehen Ängste vor kollektiver Manipulation und Verdummung. Das mythisierte Vermögen des Fernsehens, die Ortsgebundenheit von Wahrnehmung aufzuheben, indem potenziell alles potenziell allen gezeigt wird, erscheint so in einer hellen und einer düsteren Lesart.

Selektion und Re-Differenzierung

Die 1960er Jahre sind – insbesondere in Deutschland – der Höhepunkt der vereinigenden Macht des Fernsehens. Sogenannte Straßenfeger, seien es die seriellen Umsetzungen von Francis-Durbridge-Krimis oder Live-Übertragungen von Sportgroßereignissen, verlegten den öffentlichen Raum temporär fast vollständig ins Fernsehen und erreichten Sehbeteiligungen von bis zu 90 % (wobei die in absoluten Zahlen höchste Einschaltzahl von gut 27 Millionen erst 1985 mit der *Schwarzwaldklinik* erreicht wird). Die ↗Mondlandung des Jahres 1969, die im Blick zurück zur Erde Gegenstand und Ort des Sehens zusammenfallen lässt, ist Lorenz Engell zufolge gleichermaßen Höhe- wie Endpunkt der langen Phase, in der sich das Fernsehen mythenbildend als global agierendes Wahrnehmungsorgan entwirft. Danach breche ein Zeitalter an, in dem die Selektion in den Mittelpunkt trete. Die Zunahme an Kanälen, die wachsende Konkurrenz um die Zuschauer im Zeichen der Fernbedienung, aber auch die Möglichkeit, Sendungen auf Video zu speichern, signalisieren eine Re-Differenzierung. Die nach wie vor geäußerte Besorgnis über die Masseneffekte des Mediums (Celebritykult, Etablierung falscher Rollenbilder usw.) begründet sich vor dieser Folie im pauschalisierenden Verdikt, dass im Fernsehen – entgegen der offenbaren Programmdifferenzierung – überall das Gleiche gezeigt werde.

Als mythische Technik erzählt das Fernsehen vom medialen Vermögen, die Welt zusammenrücken zu lassen, je nach Perspektive als Drohung oder Versprechen. Das Fernsehen ist auch noch im Internetzeitalter (↗Computer/Internet), das den aktiven *prosumer* feiert, bemüht, seinen Mythos aufrechtzuerhalten, wenn es seine bindende Kraft im eigenen Programm ausstellt. Dies ist der Fall bei exzeptionellen Fernsehereignissen wie der Royal Wedding des Jahres 2011, als sechs Sender (ARD, ZDF, RTL, Sat.1, N24, n-tv) gleichzeitig den Blick nach London richteten und damit immerhin während des Tages 14 Millionen Zuschauer anzogen. Stärker noch gilt dies für große Sportereignisse, wenn mit der Mode des Public Viewing das kollektive Zuschauen in den öffentlichen Raum drängt und dem Fernsehen so Bilder seiner weltumspannenden Bindungskraft liefert. Dieser Ausnahmefall nährt freilich den Verdacht, das Fernsehen zitiere und beschwöre nur noch nostalgisch seinen modernen Mythos.

Lit.: C. Bartz,»Das geheimnisvolle Fenster in die Welt geöffnet« – Fernsehen, in: Einführung in die Geschichte der Medien, hg. v. A. Kümmel u.a., Paderborn 2004, 199–224. – Dies., MassenMedium Fernsehen. Die Semantik der Masse in der Medienbeschreibung, Bielefeld 2007. – J.K. Bleicher, Fernsehen als Mythos. Poetik eines narrativen Erkenntnissystems, Wiesbaden 1999. – L. Engell, Tasten, Wählen, Denken. Genese und Funktion einer philosophischen Apparatur, in: Medienphilosophie. Beiträge zur Klärung eines Begriffs, hg. v. S. Münker u.a., Frankfurt a.M. 2003, 53–77. – J. Ruchatz, Globale Medien 1950/1850, in: Archiv für Mediengeschichte 4 (2004), 85–95.

Jens Ruchatz

Die Feuerzangenbowle

Wie kaum ein anderer Kinofilm hat sich *Die Feuerzangenbowle* von Helmut Weiss in das kollektive Gedächtnis der Deutschen eingeprägt. Der Film basiert auf dem gleichnamigen Roman und Drehbuch von Heinrich Spoerl aus dem Jahr 1931 bzw. 1933 und wurde am 28. Januar 1944 in Berlin uraufgeführt. Die Hauptfigur, der Schriftsteller Hans Pfeiffer, holt seine fehlende Schulerfahrung als Erwachsener an einem beschaulichen Gymnasium mit vielerlei Streichen nach. Der Film verbindet, so lässt sich retrospektiv deuten, im Rekurs auf das deutsche Kaiserreich als »guter alter Zeit« den Nationalsozialismus mit den Gesellschaften der alten Bundesrepublik, der DDR und des wiedervereinigten Deutschlands. Dies liegt nicht zuletzt an dem Hauptdarsteller Heinz Rühmann – einem der bekanntesten Ufa-Stars im Dritten Reich, der sich generationenübergreifend bis zu seinem Tod im Jahr 1994 besonderer Beliebtheit erfreute. Seine mythische Qualität bezieht der Film aus dem universalisierbaren, in eine ferne Zeit gerückten Setting einer Schulidylle, den Anschluss an Erzählungen ✓ewiger Jugend, seiner Position zwischen nationalsozialistischem Entstehungskontext und generationenübergreifender Versöhnungserzählung der Deutschen sowie seinem Hauptdarsteller Rühmann, der als Vertreter des deutschen Humors seinerseits mythischen Status besitzt. In den 1950er Jahren war *Die Feuerzangenbowle* in westdeutschen Kinos ein Kassenerfolg. Einen Status als »Kultfilm« erhielt er jedoch erst seit den 1960er Jahren durch wiederholte Ausstrahlungen im west- wie im ostdeutschen Fernsehen. Es ist neben der anhaltenden TV-Präsenz des Films vor allem aber die Traditionspflege der *Feuerzangenbowle* durch Studierende, die die Lebendigkeit des Mythos begründet. Die Idee, den Film als Veranstaltungsevent zu gestalten, wurde 1986 an der Georg-August-Universität Göttingen geboren. Seitdem sind die Aufführungen in der Adventszeit mit bis zu 10.000 Besuchern hier und mittlerweile auch an anderen Universitäten ein feststehendes Ritual. Die Studenten reagieren auf fast jeden Leinwand-Gag, z.B. werden Wunderkerzen abgebrannt, wenn der Chemielehrer Professor Crey das Radium erklärt. Führt Crey die Gärung des Alkohols vor, wird im Publikum Glühwein aus Thermoskannen konsumiert. Dort hingegen, wo der Film durch die Figuren oder die eingelagerte Ideologie daran erinnert, dass er während des Nationalsozialismus gedreht wurde, distanzieren sich die Studierenden durch Buhrufe.

»Deutscher Humor« – Flucht in den Alltag

Sowohl Rühmann als auch Drehbuchautor Spoerl avancierten zu den maßgeblichsten Vertretern eines von den Nationalsozialisten erwünschten »deutschen Humors«, ohne selbst Mitglieder der NSDAP zu sein. In den Filmen mit Rühmann waren es Bildungsbürger bzw. niedere und mittlere Beamte oder Angestellte, die als »kleine Männer« und sympathische Spießer ein wenig über die Stränge schlagen durften, sodann aber wieder in den sicheren Hafen der ✓Familie zurückkehrten. Der »deutsche Humor«, der sich in der zweiten Hälfte der 1930er Jahre herauskristallisierte, war eine Form, »die nur das leicht Abweichende, das im Grunde genommen Anerkannte und Dazugehörige thematisierte und es am Ende wieder in die Normen integrieren und so den Kontrast auflösen konnte« (Merziger, 365). Auf diese Weise konnten die Konsumenten ihre Sehnsüchte nach Versöhnung und Einbindung in eine Gemeinschaft ausleben. Zugleich war die Form des »deutschen Humors« attraktiv, weil »in ihm die alltäglichen Nöte und Sorgen der Deutschen zum Thema werden konnten, ohne dass sich ein Volksgenosse verletzt fühlte, aber auch ohne dass man die schreckliche Realität des Nationalsozialismus hätte thematisieren müssen« (Merziger, 366). Merziger interpretiert dies nicht als Flucht aus dem Alltag und auch nicht als Zerstreuung, sondern als eine Flucht in den Alltag, als Wahrnehmung einer stark eingegrenzten Realität, die die verbrecherischen Seiten der NS-Wirklichkeit außen vor ließ, um auf diese Weise die Eingliederung der »Volksgenossen« in die NS-Gemeinschaft zu erleichtern.

Deutungsspektrum

Signifikant für den Film ist die Rolle des Hans Pfeiffer als Zeitreisender auf der Suche nach gelebter, sorgenfreier Jugend. Dieser Erfahrungsmangel machte Hans Pfeiffer zu einer Stellvertreterfigur für Millionen Deutsche (Körner, 250). Er katapultiert sich in eine Welt weitab des zeithistorischen Kontexts des Jahres 1944, von Fliegeralarm, Lebensmittelkarten, Luftschutzkeller und rassistischem Verfolgungsterror (↗Holocaust). Im fiktiven Kaiserreich begegnen ihm weder Drill noch Unterordnung, sondern allenfalls »leicht vertrottelte Originale, die man nicht zu fürchten hatte« (Körner, 250). An der Seite eines Mädchens aus der Provinz verwandelt sich der abgeklärte Schriftsteller in einen kindlich-optimistischen Jungen ohne Vergangenheit. Karsten Witte bezeichnet diesen Verwandlungsprozess als »Überblendung« und sieht darin ein für den Faschismus instrumentalisierbares Kunstmittel: »Immer operiert das faschistische Bild mit der Behauptung des Ewig-Gleichen, seiner Sehnsucht nach dem unerreichbaren Ursprung. [...] Es soll die Zivilisation und Industrialisierung widerrufen, die Materie beleben, den Mann verjüngen und die Geschichte in Natur verwandeln« (Witte, 242). Torsten Körner hingegen rekurriert auf andere mögliche Lesarten und dabei vor allem auf den Schluss des Films, an dem Hans Pfeiffer die Geschichte als Traum entlarvt und in die Flammen der Feuerzangenbowle spricht: »Wahr sind nur die Erinnerungen, die wir mit uns tragen, die Träume, die wir spinnen, und die Sehnsüchte, die uns treiben. Damit wollen wir uns bescheiden.« Dieser Satz offenbare den Mangel an positiv erfahrener Wirklichkeit und aussichtsreicher Zukunft im Jahr 1944 und demonstriere einen melancholischen Überschuss, weil die Zeitgenossen damit eigene Verlusterfahrungen und Ängste verbinden könnten. Georg Seeßlen weist darauf hin, dass sich in *Die Feuerzangenbowle* widersprüchliche Zeiterfahrungen verdichten: »Die Feuerzangenbowle gehört zu jenen schizophrenen Filmen aus der Spätzeit des NS, die zugleich dem Regime dienen und über sein Ende hinaus blicken wollen, die voller offener oder unterschwelliger Nazi-Ideologeme sind, und zugleich von einer Sehnsucht nach Frieden und Versöhnung zeugen, die sozusagen schon mit der Verdrängung der Schuld beginnt, während sie noch geschieht« (Seeßlen, 10 f.). Die hier angesprochene Polyvalenz des Films entsprach dem generationenübergreifenden Image von Rühmann. Anfang der 1930er Jahre war er das Sinnbild jugendlicher Unbekümmertheit, Modernität und Dynamik, das zur Zeit der Wirtschaftskrise Flucht und Kompensation bot. In der NS-Zeit verkörperte er den »kleinen Mann« als Mitläufer sowie die scheinbar unpolitische Moderne des Nationalsozialismus. In den 1950er Jahren gelang ihm mit Fleiß und Durchhaltewillen, mithin den Tugenden des bundesrepublikanischen »Wirtschaftswunders«, ein Comeback (↗Stunde Null). Bis heute ist es nicht zuletzt die überdauernde und polyvalente Präsenz Heinz Rühmanns, die den Mythos der *Feuerzangenbowle* ausmacht.

Lit.: T. Körner, Der kleine Mann als Star. Heinz Rühmann und seine Filme der 50er Jahre, Frankfurt a.M./New York 2001. – Ders., Ein guter Freund. Heinz Rühmann. Biographie, Berlin ²2001. – P. Merziger, Nationalsozialistische Satire und »Deutscher Humor«. Politische Bedeutung und Öffentlichkeit populärer Unterhaltung 1931–1945, Stuttgart 2010. – O. Ohmann, Heinz Rühmann und »Die Feuerzangenbowle«. Die Geschichte eines Filmklassikers, Berlin 2010. – K. Witte, Lachende Erben, Toller Tag. Filmkomödien im Dritten Reich, Berlin 1995.

Lu Seegers

Flaneur

Der Flaneur ist zum einen ein soziales Phänomen in der ersten Hälfte des 19. Jahrhunderts, das seinen Ursprung auf den Pariser Boulevards hat. Anfänglich handelt es sich vor allem um Aristokraten, die sich in höchster Selbststilisierung und ausgestelltem Müßiggang (Dandy) von der erstarkenden Bourgeoisie abgrenzen wollen (Keidel, 13). Zugleich wird der Flaneur zur mythischen Repräsentationsfigur des modernen Menschen bzw. seiner Welt- und Selbstwahrnehmung, insbesondere der modernen Kunst und Poesie (Gomolla, 10). Das mythische Deutungsspektrum wird vor allem konstituiert durch das Spannungsverhältnis zwischen Flüchtigkeit und Ewigkeit, zwischen Beobachtungspunkt und Bewegung, zwischen Individualismus und Anonymität.

Die Mythisierung des Flaneurs kann sich sowohl auf das lyrische/erzählende Ich bzw. den Protagonisten auf der fiktionalen Ebene beziehen als auch auf den den Flaneur ins Werk bringenden Dichter (Charles Baudelaire), sogar auf die das Phänomen reflektierenden Kulturanalytiker (Georg Simmel, Walter Benjamin).

Wahrnehmungsästhetik der Moderne

Der Flaneur sucht nicht mehr, wie der vorhergehende Spaziergänger, das kontemplative Naturerlebnis, sondern lässt sich durch die anonyme Masse der modernen Großstadt treiben (Neumeyer, 69), die seine Existenzbedingung ist. Mit seinen Individualisierungsbestrebungen und seinem Einzelgängerdasein im Kontext der großstädtischen Anonymität der Masse lässt der Flaneur die Alltagserfahrung der flüchtigen Begegnung zum Gründungsereignis der Moderne werden. Er stilisiert eine individualisierte Wahrnehmungsform, welche gleichzeitig den Anspruch erhebt, das Kollektivbewusstsein und die Wahrnehmungsästhetik der Moderne in Abgrenzung zu Klassizismus und Romantik zu repräsentieren. Die (erinnernd erzählte) subjektivierte Moment- und Raumerfahrung des flanierenden Großstadtbewohners begründet die kollektive Identität des modernen Menschen (vgl. Baudelaire, *Le peintre de la vie moderne*, 1863).

Ursprünge und Aktualisierungen

Der historisch-soziale Ursprung des Flaneurs in der ersten Hälfte des 19. Jahrhunderts wird im Sinne des Mythischen insofern irrelevant, als die konkreten sozialen, stadthistorischen und geografischen Kontexte abstrahiert werden. Die Wahrnehmungsästhetik des Flaneurs lässt sich auf die Vielfalt (post-)moderner Lebens- und Erfahrungsräume übertragen. Die aktualisierenden Etappen des Flaneur-Mythos werden nicht nur durch verschiedene Metropolen und ›deren‹ Moderne repräsentiert und bezeugen seine interkulturelle Produktivität (London und ↗Paris in den 1830er bis 1860er Jahren, Wien um 1900 und ↗Berlin der 1920/30er Jahre, ↗New York der 1970er Jahre, Tokio und Istanbul der Jahrtausendwende), sondern auch durch die Autoren, die sie als literarische Figur schaffen: Edgar Allan Poe (*The Man of the Crowd*, 1840), Charles Baudelaire (*Les Fleurs du Mal/Spleen de Paris*, 1857–68), Alfred Döblin (*Berlin Alexanderplatz*, 1929), Woody

Abb. 11: Palais Royal, Galeries d'Orléans, Paris, 1828-30: Die großstädtische Passage als Ort des Flaneurs

Allen (*Der Stadtneurotiker*, 1977) und Orhan Pamuk (*Istanbul – Erinnerung an eine Stadt*, 2003) gehören zu den Künstlern, die selbst als Flaneure auftreten. Dies trifft in ähnlicher Weise auf Georg Simmel (*Die Großstädte und das Geistesleben*, 1903) und Walter Benjamin (*Das Passagen-Werk*, entstanden in den 1930er Jahren) zu, die den Flaneur als Gründungsmythos der Moderne in ihren kulturkritischen Schriften metamythisch fortschreiben. Der Begriff »Internetflaneur« (vgl. das Gegenkonzept des auf Schnelligkeit setzenden Surfers), welcher das virtuelle Schlendern von Internetnutzern bezeichnet, verweist auf die Aktualisierbarkeit des Baudelaireschen Flaneur-Konzeptes als alternative Gründungsfigur einer neuen Medienära.

Individuum und Massenphänomen

Das mythische Deutungsspektrum, das dem Flaneur scheinbare Evidenz und Polyvalenz zugleich ermöglicht, wird wesentlich durch sechs Oppositionen geprägt: 1. Flüchtigkeit vs. Langsamkeit: Die ziellose, der bürgerlichen Zeitökonomie entgegenstehende Langsamkeit des Flaneurs ist Voraussetzung für die ästhetische Erfahrung des ultimativ schnell Vorübergehenden, des flüchtigen Moments (Neumeyer, 257). 2. Ausnahmeerscheinung vs. Mensch (in) der Masse: Schon bei Baudelaire ist der Dichter immer notwendig auch Flaneur – er ist Mensch in der Masse, sein elitäres Selbstbewusstsein gründet sich auf den ästhetischen Umgang mit dieser. Zu diesem Umgang gehört der souveräne Wechsel zwischen 3. Selbstausstellung/Untergehen in der Masse: Der Flaneur stellt sich blasiert zur Schau, vermag und genießt es aber auch, als Beobachter in der Anonymität der Masse zu verschwinden (Rhein, 21). Er ist 4. Leser der Stadt als mythisch beschriftetem Text vs. mythisierender Beschreiber der Großstadt (Neumeyer, 86 f.): Er entziffert die Stadt als mythischen Raum, der nur in seinen wahrnehmungsästhetischen Effekten adäquat zu beschreiben ist. 5. Unnütz vs. unentbehrlich: Der Flaneur entzieht sich programmatisch dem bürgerlichen Nützlichkeitsgedanken, ist aber unentbehrlich als Konstituente der modernen Großstadt. 6. Er ist Beobachter und Teil des Beobachteten zugleich – hieraus resultieren seine scheinbar widersprüchlichen Erscheinungsformen als Jäger und Monster, Detektiv und Mörder.

Der Flaneur wird mythensynkretistisch mit anderen Figuren verbunden, bspw. in E. T. A. Hoffmanns Erzählung *Des Vetters Eckfenster*, in der eine Verschmelzung des Flaneurs mit dem Dichter (↗Genie) stattfindet. Mythensynkretistische Phänomene treten auch zwischen Flaneur und Detektiv auf (s. Arthur Conan Doyles Detektiv-Figur Sherlock ↗Holmes und Poes Erzählung *The Man of the Crowd*, Neumeyer, 34). Bildmediale Darstellungen lassen den Flaneur-Mythos deutlicher als die Literatur mit dem Dandy und Snob verschmelzen, v. a. in Darstellungen von (ihrerseits mythisierten) Persönlichkeiten wie z. B. Aristide Bruant, Oscar Wilde und Lord Byron.

De- und Remythisierungsphänomene lassen sich insofern feststellen, als einerseits vom »Ende des Flanierens« (Peter Handke, Walter Benjamin) die Rede ist, welches sich auf die Unmöglichkeit des Spazierens in der postindustriellen beschleunigten Großstadt bezieht (Gomolla, 12 f.). Andererseits wird von einem Fortbestehen des Flaneurs in verschiedenen Typen der postmodernen Gesellschaft wie Flüchtlingen, Exilanten, Migranten und Nomaden ausgegangen (vgl. Keidel; Gomolla). Als mythischer Kern bleibt die bewegliche Perspektive innerhalb der Großstadt bestehen, wobei sich ihre ursprüngliche Beobachtungsfunktion zugunsten postmoderner Bedürfnisse verschiebt: Die ziellose Bewegung des Flaneurs wird zur »errance«, die Großstadt zum Labyrinth, der anonyme Flaneur zum Identitätslosen (z. B. Michel Butor, *L'emploi du temps*, 1957); Christian Kracht, *Faserland*, 1995). Eine remythisierende Rückkehr zum ursprünglichen Flaneur als Beobachter der sich wandelnden Großstadt manifestiert sich z. B. in Jacques Rédas *Les Ruines de Paris* (1977), aber auch häufig im Zusammenhang mit der sogenannten »Erinnerungsliteratur«, z. B. in den Romanen von Patrick Modiano und in Cees Nootebooms Roman *Allerseelen* (1999).

Lit.: W. Benjamin, Das Passagen-Werk, Bd. 1 und 2, hg. v. R. Thiedemann, Frankfurt a. M. 1996. – St. Gomolla, Distanz und Nähe. Der Flaneur in der französischen Literatur zwischen Moderne und Postmoderne, Würzburg 2009. – P. Handke, Das Ende des Flanierens, Frankfurt a. M. 1980. – M. Keidel, Die Wiederkehr der Flaneure. Literarische Flanerie und flanierendes Denken zwischen Wahrnehmung und Reflexion, Würzburg 2006. – H. Neumeyer, Der Flaneur. Konzeptionen der Moderne, Würzburg 1999. – J. Rhein, Flaneure in der Gegenwartsliteratur. Réda, Wackwitz, Pamuk, Nooteboom, Marburg 2010.

Stephanie Wodianka/Juliane Ebert

Fortschritt

Die Vorstellung, Menschen und soziale Ordnungen seien unter dem Gesichtspunkt ihrer fortschreitenden Entwicklung und Verbesserung zu verstehen, ist eine spezifisch moderne Sichtweise (↗Moderne, ↗Beschleunigung). Die Idee fortschreitender Entwicklung denkt das Verhältnis des Menschen zu sich, zu anderen und zur ihn umgebenden Natur als Prozess mit unbestimmtem Ende: Die fortlaufende Gegenwart wird zum Gegenstand der Perfektionierung, ohne dass ein Zustand der Vollkommenheit erreichbar wäre. Die in einer zukünftigen Gegenwart erreichte Verbesserung wird vielmehr zum Ausgangspunkt erneuter Optimierung. Das Ziel des Fortschritts ist der Fortschritt selbst. In diesem Sinne ist die Fortschrittsidee einer der zentralen Mythen modernen Denkens und Handelns (vgl. Rapp).

Historische Wurzeln

Die Fortschrittsidee selbst und die Vorstellung einer schrittweisen Verbesserung von Lebensbedingungen sind jedoch keine ausschließlich modernen Annahmen. Die Wurzeln des Fortschrittsbegriffs lassen sich bis in die antike Philosophie und in das frühe Christentum zurückverfolgen (Dreitzel, 24 f.). Das antike Denken war jedoch überwiegend orientiert an den geheiligten Traditionen der Vorfahren bzw. den Weisheiten und Ordnungsprinzipien mythischer Vorzeiten. Die Gegenwart erscheint auch in dieser Perspektive als unvollkommen: Tugenden verfallen, die heiligen Sitten der Vorfahren gehen verloren. Aber im Unterschied zum modernen Fortschrittsbegriff wurden Verbesserung und Fortschritt nicht zukunftsoffen gedacht, sondern im Wesentlichen als Wiederherstellung verloren geglaubter heiliger Traditionen und als Renaissance eines früheren »Goldenen Zeitalters«. Auch dem christlichen Mittelalter ist der Gedanke fortschreitender Entwicklung nicht fremd, aber er bleibt an einen heilsgeschichtlichen Kontext gebunden.

Erst in der Aufklärung erhält der Fortschrittsbegriff sein spezifisch modernes Gepräge; er wird aus dem heilsgeschichtlichen Kontext gelöst und an die Vorstellung einer an Selbstbestimmung und Naturbeherrschung ausgerichteten, von den Menschen selbst gemachten Geschichte gebunden. Dies stellt einen radikalen Bruch mit früheren Geschichtsvorstellungen dar. Denn in dem Moment, in dem der Mensch sich und seine soziale Ordnung als selbst gemacht versteht, wird Zukunft zum offenen Ziel der Veränderung der Gegenwart. Die Idee des Fortschritts verzeitlicht das Weltverstehen radikal als unendliche Progression in die Zukunft und sie verzeitlicht das Verstehen der Gegenwart als Entwicklung aus einer weniger weit entwickelten Vergangenheit (Koselleck, 371 ff.). Nach dieser Grundfigur ist die weit überwiegende Mehrzahl moderner sozialphilosophischer und soziologischer Zeitdiagnosen gebaut (vgl. Dreitzel). Mit dem Siegeszug des Darwinismus im ausgehenden 19. Jahrhundert wird die Idee des Fortschritts auf die Natur ausgedehnt. Ab diesem Zeitpunkt kann man sagen, dass Fortschritt als Grundverhältnis des Menschen zur Welt das Verständnis aller menschlichen und nichtmenschlichen Lebensbereiche umfasst (vgl. Rapp).

Der Sache nach ist dieses Weltverständnis schon im 17. Jahrhundert, z. B. bei Leibniz, oder auch Mitte des 18. Jahrhunderts bei Lessing, voll entwickelt. Aber es wird noch nicht unter dem Begriff des Fortschritts diskutiert, sondern als Vervollkommnung, Fortgang, Progress, Perfektibilität. Ab dem frühen 19. Jahrhundert wird es unter dem Titel »Fortschritt« verhandelt und vereinheitlicht. Der Fortschritt wird zum »Kollektivsingular« und schließlich seit der Mitte des 19. Jahrhunderts zum »Subjekt seiner selbst« (Koselleck, 388 f.).

Permanente Optimierung

Mit der Öffnung der Zukunft ist gleichzeitig ein Prozess der Entleerung des Ziels des Fortschritts verbunden und in dieser Entleerung wird der Begriff des Fortschritts zum Mythos rastlosen Strebens, das den eigenen Körper, die soziale Ordnung, die technische Bemeisterung der Natur fortwährend optimiert und verbessert, ohne je an ein Ziel gelangen zu können. Es ist alles andere als ein Zufall, dass der Mythos des Fortschreitens um des Fortschreitens willen in einer Gesellschaft ausgebildet wird, die sich in ihrer Ökonomie von allen bisher bekannten sozialen Ordnungen dadurch unterscheidet, dass sie nur bestehen kann, wenn sie wächst. Wachstum durch technische Innovation ist das Lebenselixier des Kapitalismus – ein Lebenselixier, das, wie der Fortschrittsmythos auch, nicht auf ein inhaltlich bestimmtes Ziel gerichtet ist, sondern auf die Verwandlung von Kapital in mehr Kapital (Marx, 167).

Kritik des Fortschrittsmythos

Nach dem Ersten Weltkrieg gerät der Fortschrittsoptimismus, der die Sozial- und Geisteswissenschaften des 19. Jahrhunderts trug, zusehends in die Kritik. Weil aber die Vorstellung fortschreitender Entwicklung das grundlegende Selbstverhältnis des modernen Menschen zur Welt darstellt, bleibt die Kritik an diese Vorstellung gebunden – kritisiert werden die Darstellung der Fortschrittsgeschichte als Geschichte der Mächtigen oder die Ungleichzeitigkeit von technischem und sozialem Fortschritt (vgl. Foucault). Auch noch Horkheimer und Adorno begreifen in dem Werk *Dialektik der Aufklärung* Geschichte in demselben Modell, nur eben nicht als Fortschritt zum Besseren, sondern als fortschreitende Verselbstständigung instrumenteller Vernunft (vgl. Horkheimer/Adorno). Erst im ausgehenden 20. Jahrhundert wird die Fortschrittsidee als kulturell spezifisches Weltverständnis analysiert und zum Gegenstand kritischer Auseinandersetzung (vgl. Lyotard). Die seit den 1970er Jahren deutlichen Verwerfungen industriekapitalistischer und wissenschaftlich-technischer Rationalisierung haben zu einer massiven Kritik am wachstumsbasierten westlichen Fortschrittsmodell geführt (vgl. Meadows u. a.).

Trotz Kritik und Läuterung des Fortschrittsglaubens im ausgehenden 20. Jahrhundert hat der Mythos des Fortschritts, d. h. der Glaube an die Verbesserungswürdigkeit von allem und jedem, in der Gegenwart ein nie gekanntes Ausmaß erreicht: Wirtschaftsbetriebe, Verwaltungen, Universitäten und eine Vielzahl von weiteren Organisationen aus den unterschiedlichsten Bereichen verstehen sich selbst als »lernende Organisationen«, entwerfen Programme zur fortlaufenden Evaluierung und Selbstverbesserung (vgl. Meyer); der kontinuierliche Verbesserungsprozess hat in die Körper Einzug gehalten, die nun in einer jährlich stetig steigenden Zahl von Schönheitsoperationen optimiert werden (↗Ewige Jugend). Auch eugenische Programme müssen von den Bevölkerungen der Staaten nicht mehr als Zwangsprogramme gefürchtet werden, sondern werden von ihnen selbsttätig und mit nachvollziehbaren Gründen in Anspruch genommen (vgl. Foucault).

Auf diese fortgesetzte Optimierung durch permanenten Wandel reagieren die großen Sozialutopien der Moderne mit Bildern sozialer Ordnung, die sich nicht entwickeln, sondern stillstehen (vgl. Dreitzel). Langsamkeit, Ruhe und Einfachheit werden in wissenschaftlichen und literarischen Publikationen zum Ideal erhoben. Auch im Nachhaltigkeitsdiskurs wird eine Abkehr von der Verbesserungs- und Steigerungslogik des modernen Fortschrittsmythos beschworen (vgl. Meadows u.a.). Eine Abkehr von der Fortschrittsutopie ist trotz aller Skepsis jedoch nicht in Sicht.

Lit.: H.-P. Dreitzel (Hg.), Sozialer Wandel, Neuwied/München 1967. – M. Foucault, The Birth of Biopolitics. Lectures at the Collège de France (1978–79), New York 2010. – M. Horkheimer/T. W. Adorno, Dialektik der Aufklärung, Frankfurt a. M. 1988. – R. Koselleck, Fortschritt, in: Geschichtliche Grundbegriffe, hg. v. O. Brunner u. a., Bd. 2, Stuttgart 1975, 351–425. – J.-F. Lyotard, Das postmoderne Wissen, Graz 1986. – K. Marx, Das Kapital [1867], Bd. 1, in: Marx-Engels-Werke, Bd. 23, Berlin 1990. – D. H. Meadows u. a., The Limits to Growth, New York 1972. – J. W. Meyer, Weltkultur. Wie die westlichen Prinzipien die Welt durchdringen, Frankfurt a. M. 2005. – J. Rapp, Fortschritt. Entwicklung und Sinngehalt einer philosophischen Idee, Darmstadt 2011.

Sebastian M. Büttner/Jan Weyand

Michel Foucault

Paul-Michel Foucault (1926–1984) war ein französischer Philosoph, Psychologe und Historiker. Von 1970 bis zu seinem Tod hatte er den Lehrstuhl für die »Geschichte der Denksysteme« am Collège de France inne. Seine wissenschaftsgeschichtliche und diskurstheoretische Abhandlung *Die Ordnung der Dinge* (1966) war in Frankreich ein Bestsellererfolg und führte zu einer breiten Anerkennung Foucaults. Fortan galt er im Frankreich der zweiten Hälfte des 20. Jahrhunderts als »intellektuelle[r] (Pop-)Star« (Sarasin, 10), seine öffentlichen Vorlesungen waren Ereignisse in der Pariser Intellektuellenszene. Auch heute noch gilt Foucault als wichtige Bezugsgröße des Poststrukturalismus. Er wird u. a. gefeiert und zitiert als »›Visionär‹ für Biopolitik, (neo-)liberale Regierungskunst und Sorge um sich« (Sarasin, 10) sowie als Ethnologe der eigenen Kultur. Sein Oeuvre umfasst zehn zu Lebzeiten veröffentlichte Monografien, drei von ihm mit herausgegebene Bände, knapp 400 Aufsätze, Vorträge und Interviews, die durch die trotz Foucaults testamentarischer Untersagung posthum veröffentlichten Schriften *Dits et Écrits* (1994) zugänglich gemacht wurden. Insbesondere Foucaults Diskurskonzept hat in jüngster Zeit zu einer Konjunktur diskursorientierter Theoriebildungen und Forschung in den Sozial-, Geistes- und Kulturwissenschaften geführt. Wissensordnungen werden bei Foucault nicht mehr als Abbildungen der Wirklichkeit (Realismus) oder individuelle Geistesleistungen (Idealismus), sondern, und darin liegt die wesentliche Neuorientierung, ausgehend von der Materialität der Diskurse selbst verstanden. Diskurse als zentraler Mechanismus zur gesellschaftlichen Wissenserzeugung werden nicht mehr als Gesamtheit von Zeichen betrachtet, sondern als Praktiken, »die systematisch die Gegenstände bilden, von denen sie sprechen« (Foucault 1973, 74).

Ambivalenz und Inkohärenz

Der Mythos Foucault entsteht durch die rückblickende Amalgamierung von Foucaults Werk mit seinen zahlreichen Interviews und öffentlichen Auftritten. Leben und Werk scheinen sich gegenseitig zu erhellen und zu komplettieren. So handelt es sich bei Foucault, der den »Tod des Autors« proklamierte, selbst um einen gefeierten Autor. Die Ambivalenz Michel Foucaults wird deutlich, wenn die einen ihn als »fucking saint« bezeichnen (Sarasin, 10) und er für die anderen hingegen »ein intellektuell unredlicher, empirisch absolut unzuverlässiger, krypto-normativistischer ›Rattenfänger‹ der Postmoderne« ist (Wehler, zit. n. Sarasin, 10).

Foucaults Selbstinszenierung ist für die Auseinandersetzungen um ihn nicht minder relevant als sein Werk und trägt zu seiner zeitgenössischen wie retrospektiven Mythisierung bei. So schreibt er in der *Archäologie des Wissens*: »Man frage mich nicht, wer ich bin, und man sage mir nicht, ich solle der gleiche bleiben« (Foucault 1973, 30). In einem Gespräch betont Foucault: »Ich bin ein Experimentator und kein Theoretiker. […] Ich bin ein Experimentator in dem Sinne, daß ich schreibe, um mich selbst zu verändern und nicht mehr dasselbe zu denken wie zuvor« (Foucault 1996, 24). Honneth konstatiert, dass Foucault nicht zu den »transparenten, zielbewußten Autoren« gehöre, sondern zu den »anderen, dunkleren Autoren« zu zählen sei, »deren Wirkungsgeschichte nicht nur kleinere Erschütterungen, sondern Entgegensetzungen« hervorgerufen hätte. Ursächlich sei »die radikale Diskontinuität der Schriften Foucaults«. So findet man in Foucaults Werken kaum Bezüge auf seine vorangegangenen Schriften (Honneth, 15). Diese Brüche werden nicht als mangelnde Kohärenz gedeutet, sondern in der Rezeption vielfach mythisierend geglättet, indem seine Interviews herangezogen werden (vor allem aus den edierten *Schriften in vier Bänden*). Diese anlassbezogenen Äußerungen werden selektiv eingebunden in die jeweilige Foucault-Deutung. Auf diese Weise schafft sich die Foucault-Rezeption eine Reihe von jeweils kohärenten Foucaults. Unverständnis oder gar Unkenntnis des Werkes muss damit nicht offengelegt werden, sondern wird zur partiell zutreffenden Perspektive sublimiert.

Universalität und mythische Weltordnung

In Deutschland zunächst abgelehnt (am prominentesten von Jürgen Habermas) und marginalisiert, wurde Foucault seit den 1990er Jahren kontrovers und vielgestaltig diskutiert. Rolf Parr stellt fest, dass eine Aneignung Foucaults überwiegend über Einführungsliteratur erfolgt (Parr, 308). Dies begünstigt eine »erste Kontaktaufnahme«, aber ermöglicht es zugleich auch, Foucaults Denken »noch auf Distanz zur eigenen Disziplin

zu halten« (ebd.). Gleichzeitig scheint die jeweilige Disziplin, die ihn für sich beansprucht, Neues und Essenzielles an Foucaults Schriften zu entdecken, das den anderen
Disziplinen vorenthalten war (Foucault als Historiker, Foucault als Ethnologe etc.).

Am deutlichsten manifestierte sich der Rezeptionsschub zunächst an diskurstheore-
tischen Arbeiten, schließlich auch an den sogenannten *governmentality studies*. Gerade
Foucaults Wirkung auf diskurstheoretische und -analytische Arbeiten ist vielseitig. Den
einen dient er als Perspektive, auf empirische Gegenstände zu schauen, und wird ergänzt mit den in der Sozialforschung gängigen hermeneutischen Methoden. Dies birgt
aber Konfliktpotenzial innerhalb der Foucault-Rezeption, denn die anderen lesen ihn
als Antihermeneutiker so, dass der Forschende selbst sich aus dem Analyseprozess
ausklammert. Dies zeigt sich im automythisierenden Anspruch mancher Analytiker im
Zeichen Foucaults, keine interpretative Analyse vorzunehmen, sondern die Diskurse
selbst zum Sprechen bringen zu wollen.

Foucaults Arbeiten werden oft gelesen als Beitrag zur Analyse der Moderne, der die
großen Versprechen der Aufklärung durch ein Denken dekonstruiert, das Universalien
verwirft. Foucault wird nachgesagt, selbst eine neue »Ordnung der Diskurse« hervorgebracht zu haben. »Foucault« wird hier zugleich als mythische Weltsicht und Urheber
einer mythischen Weltordnung wirksam. Er sei »ein unersetzbarer Anderer in der Geschichte und entzieht sich deren Strukturen« (Fisch, 11).

Die Rezeptionsgeschichte Foucaults ist vor allem im deutschsprachigen Raum seit
jeher geprägt durch das »Narrativ von der verspäteten Rezeption« (Parr, 307). Vor allem
die Unabgeschlossenheit seines Werkes befördert das Mythische: Jede neu erschienene
Vorlesung scheint sein Werk zu komplettieren. Der mysteriöse Foucault schickt den
Interpreten und Rezipienten also immer wieder Neues aus dem Grab. Seine intendierte
Inkohärenz befördert letztlich die ständig erneuerte mythisierende Rezeption.

Lit.: M. Fisch, Werke und Freuden. Michel Foucault – eine Biografie, Bielefeld 2011. – M. Foucault, Archäologie des Wissens, Frankfurt a.M. 1973. – Ders., Der Mensch ist ein Erfahrungstier. Gespräch mit
Ducio Trombadori, Frankfurt a.M. 1996. – A. Honneth, Foucault und die Humanwissenschaften. Zwischenbilanz einer Rezeption, in: Michel Foucault. Zwischenbilanz einer Rezeption, hg. v. A.H./M. Saar,
Frankfurt a.M. 2003, 15–26. – R. Parr, Einleitung – Einige Fluchtlinien der Foucault-Rezeption, in: Fou-
cault-Handbuch, hg. v. C. Kammler u.a., Stuttgart/Weimar 2008, 307–310. – P. Sarasin, Michel Foucault
zur Einführung, Hamburg 2005.

Emel Cetin

Frankenstein

Im Mittelpunkt des 1818 erschienenen und bis heute populären Romans *Frankenstein;
Or, the Modern Prometheus* steht der in Ingolstadt lehrende Naturwissenschaftler Viktor
Frankenstein. Kraft seiner wissenschaftlichen Experimente gelingt es ihm, auf der Su-
che nach dem »Elixier des Lebens« ein menschenartiges Wesen zu schaffen. Dessen
Tragödie und so auch die seines Schöpfers besteht freilich darin, dass das Wesen zwar
mit reichem menschlichem Innenleben ausgestattet, den Menschen aber durch seine

abstoßende Gestalt zuwider ist. Versagte Liebe und die Zurückweisung der Gesellschaft lassen Frankensteins Geschöpf in der Folge zu einem Mörder werden, bei dessen Verfolgung bis in die Arktis Frankenstein schließlich zu Tode kommt, während – so berichtet es ein Augenzeuge – das Monster auf einer Eisscholle einsam verschwindet.

Bereits im Titel wird deutlich, dass sich die als Schauergeschichte konzipierte Erzählung der englischen Romantikerin Mary Shelley (1797–1851) auch als Fortschreibung des griechischen Mythos um den Menschenschöpfer Prometheus versteht. Frankensteins Stellung zwischen modernen Naturwissenschaften und esoterischen Naturvorstellungen verbindet so ältere Fragen einer gelingenden bzw. misslingenden Schöpfung mit solchen nach den Möglichkeiten und Grenzen des Menschen als eines gottgleichen Schöpfers vor dem Hintergrund des zeitgenössischen wissenschaftlichen, technischen und industriegesellschaftlichen ↗Fortschritts. Von hier aus ergeben sich Ansatzpunkte für die mythische Aufladung der Figur und ihrer Geschichte bis in die Gegenwart, wobei Wissenschaftskritik neben Schauereffekten, Aspekte der Unterhaltung und Populärkultur neben solchen philosophischer und anthropologischer, nicht zuletzt auch kulturkritischer Fragestellungen stehen.

Motive

Dass der Mensch als Ebenbild Gottes sich auch selbst als Schöpfer anderer Lebewesen und Seinesgleichen sehen möchte, gehört zu den ältesten Mythen und religiösen Denkfiguren der Welt. In der jüdischen Tradition ist dies die Erzählung vom Golem, einem menschenähnlichen Lebewesen, das durch bedeutende Rabbis seit dem Mittelalter nach dem Vorbild Adams erschaffen worden sein soll und so auch Eingang in die moderne Literatur (Gustav Meyrink, 1915) und in die Filmgeschichte (Paul Wegeners expressionistische Stummfilme 1914, 1917, 1920) fand. Antike Überlieferungen und östliche Mystik kennen die Figur des Demiurgen, der zunächst von einem höchsten Gott dazu erschaffen wurde, weitere Geschöpfe und im Besonderen die Erde zu schaffen, dessen Unvollkommenheit ggf. aber auch eine misslungene Schöpfung erklärt (so v. a. der Philosoph John Stuart Mill im 19. Jahrhundert).

Gerade im beginnenden Industriezeitalter erfuhr der im Untertitel des Romans genannte antike Menschenschöpfer Prometheus zudem eine Umdeutung. Der ob seiner Kühnheit von den Göttern Bestrafte wurde nicht nur zu einem Selbstschöpfer (so in Goethes Gedicht von 1772/74), sondern zu einem Kulturschöpfer und Produktionshelden, ja zum Inbegriff des industriegesellschaftlichen Fortschritts selbst (vgl. Landes).

Monster, Mensch, Mitleid

An Frankensteins Geschöpf werden vor allem auch die Grenzen menschlicher Schöpfung unter den Bedingungen der Moderne deutlich (↗Faust). Diesmal kommen die Gefahren aber aus den Ergebnissen des Handelns der Menschen selbst: Das Monster wird aus Leichenteilen und Knochenresten mit den handwerklichen Künsten des Arztes zusammengebastelt und durch die aus einem Gewitter gewonnene Elektrizität belebt. Kenntnis und Gebrauch der Elektrizität schwanken zeitgenössisch noch zwischen Naturphilosophie, Magie und empirischer Wissenschaft und siedeln so auch die Figur des Schöpfers Viktor Frankenstein in einem Zwischenraum zwischen romantischer Schauergeschichte, moderner Wissenschaftslehre und ethischer Grenzstellung an. In der romantisch inspirierten Welt Shelleys stellt die Hässlichkeit des Geschöpfes allerdings auch einen Angriff auf die Soziabilität und die Geschmacksempfindungen der Menschen dar. Sie macht den Ausschluss des »Monsters« unabwendbar, verleiht ihm aber zugleich eine tragische, mitleiderregende menschliche Tönung, die seinen mythischen Glanz noch verstärkt.

Schauergeschichte und Denkanstoß

Shelley selbst hatte zunächst den Schaueraspekt im Blick, der dann vor allem in Filmen (z. B. *Frankenstein*, 1931) aufgenommen und bis in aktuelle Produktionen weitergeführt wurde (z. B. *Mary Shellys Frankenstein*, 1994; Fernsehserie sowie Spiel- und Zeichentrickfilme *Die Addams Family*, die von den 1960er bis in 1990er Jahre liefen und in denen der Diener Lurch Frankensteins Monster ähnelt); erste Parodien dazu boten Mel Brooks' *Frankenstein Junior* (1974), das Musical und die Verfilmung *The Rocky Horror Picture Show* (1975), wodurch Frankenstein darüber hinaus, auch als Name für das Monster, zudem zu einem Bild- und Themenfeld der Popkultur wurde.

Aber nicht allein die Grenzen der Schönheitschirurgie, Ingenieurskunst oder des menschlichen Forschergeistes machen Shelleys Geschichte aus. Es geht auch in einer spezifisch romantischen Blickrichtung um das Leiden an der Einsamkeit und den Mangel an Weltbezug, der im Anschluss an die Romantik als Spleen oder auch Byronismus die Literatur des 19. Jahrhunderts und die melancholische Gestimmtheit der Zeitgenossen bis zur Jahrhundertwende 1900 begleitete (vgl. Blaicher u. a.). Gerade die Gefühlsintensität des Monsters und das Leiden an seiner Asozialität, auch seine Sehnsucht nach Liebe und Zugehörigkeit sowie dessen rührend-unbeholfenen Versuche, diese zu finden, sprechen eine weitere Dimension des Frankenstein-Mythos an. Über die Kritik des Industriezeitalters hinaus wird der Stellenwert des Menschen in der ↗Moderne in seiner Einsamkeit und auch in seiner Fremdheit gegenüber der eigenen Natur problematisiert (vgl. Horkheimer/Adorno). Im Frankenstein-Mythos werden damit auch Themen der Anthropologie und Philosophie angesprochen (vgl. Drux; Tabbert). Roboter, Automaten, Avatare und Androiden (vgl. Völker) nehmen in der Gegenwartsliteratur, im Film und in anderen elektronischen Medien diesen Faden wieder auf, sodass der vom Mythos gebotene Grundriss die Möglichkeit bietet, moderne und modernste natur- und technikwissenschaftliche Entwicklungen ebenso zu thematisieren, wie die damit verbundenen Ängste, Faszinationen und Obsessionen zu bebildern, zu inszenieren und zu reflektieren.

Lit.: S. Bann (Hg.), Frankenstein. Creation and Monstrosity, London 1994. – G. Blaicher (Hg.), Mary Shelley's »Frankenstein«, Essen 1994. – R. Drux (Hg.), Der Frankenstein-Komplex. Kulturgeschichtliche Aspekte des Traums vom künstlichen Menschen, Frankfurt a. M. 1999. – D. v. Engelhardt/H. Wißkirchen (Hg.), Von Schillers Räubern zu Shelleys Frankenstein. Wissenschaft und Literatur im Dialog um 1800, Stuttgart 2006. – M. Horkheimer/T. W. Adorno, Mensch und Tier, in: Dies., Dialektik der Aufklärung [1947], Amsterdam 1949, 295–305. – H. R. Jauß (Hg.), Die nicht mehr schönen Künste. Grenzphänomene des Ästhetischen, München 1968. – D. S. Landes, Der entfesselte Prometheus. Technologischer Wandel und industrielle Entwicklung in Westeuropa von 1750 bis zur Gegenwart, Köln 1973. – A. K. Mellor, Mary Shelley. Her Life, her Fiction, her Monsters, New York u. a. 1989. – T. T. Tabbert, Menschmaschinengötter. Künstliche Menschen in Literatur und Technik, Hamburg 2004. – K. Völker (Hg.), Künstliche Menschen, Frankfurt a. M. 1998.

Werner Nell

Französische Revolution

Die Französische Revolution repräsentiert eines der grundlegenden Ereignisse der modernen Geschichte ⁊Europas, das zugleich weitreichende Auswirkungen auf außereuropäische Gesellschaften hatte. Sie ist in der traditionellen Geschichtsschreibung seit dem 19. Jahrhundert als ein Gesamtprozess gesehen worden, dessen Entwicklungsstufen und -phasen vor allem nach der politischen Geschichte und der Verfassungsgeschichte unterschieden wurden.

Statt von *der* Französischen Revolution spricht François Furet hingegen im Plural von *les révolutions françaises* (Furet 1978, 161). Die Revolution sei kein homogenes Ganzes, wie der französische Politiker Georges Clémenceau 1891 postulierte (»La Révolution est un bloc«), sondern setze sich aus drei parallelen, heterogenen und teilweise autonom sich vollziehenden revolutionären Prozessen mit ihrer je eigenen Logik und Entwicklungsdynamik zusammen: die parlamentarische Verfassungsrevolution, die Bauernrevolution und die soziale Revolution in den Städten. Hinzu kommt die Retrospektive auf solche Dynamiken der revolutionären Ereignisse, die als »terreur« die Kehrseite der werteorientierten Umbruchsbestrebungen darstellen. Durch diese differenzierte bzw. ambivalente Sicht auf die Französische Revolution sind Kulturen und Mentalitäten – und mit ihnen die Bedeutung kollektiver Identifikationsfiguren und Mythen – als wichtige, und zum Teil entscheidende, Faktoren der Entwicklungsdynamik und der Wirkungen der Französischen Revolution in den Blick gerückt.

Identifikationsfiguren, Feindbilder, Wertemuster

Wie kein anderes Ereignis der französischen und der europäischen Geschichte hat die Französische Revolution seit über 200 Jahren nicht nur politische Ideologien begründet, in Handlungspraktiken umgesetzt und legitimiert, und damit virulente Kontroversen und Debatten hervorgerufen, sondern auch kollektive Identifikationsfiguren, Rituale und Wertemuster geschaffen, die emotional besetzt sind und mythische Dimensionen aufweisen. Zwar besteht in europäischen Gesellschaften ein weitreichender Konsens über die grundlegenden Werte der Französischen Revolution – Freiheit, Gleichheit und Brüderlichkeit, die Anerkennung der Menschenrechte und die Abschaffung von Standesprivilegien, Sklavenhandel und Sklaverei –, aber zahlreiche Ereignisse und Persönlichkeiten der Französischen Revolution geben bis in die Gegenwart zu heftigen Kontroversen Anlass: so etwa König Ludwig XVI. und Marie-Antoinette, deren schillernder

Persönlichkeit noch in den vergangenen Jahren mehrere Filme und Bestsellerromane gewidmet wurden, u. a. der Roman *Les Adieux à la Reine* (2002) und die Filme *Marie-Antoinette* (2006) und *Les Adieux de la Reine* (2012); oder Robespierre, Marat und Danton, die vor allem für die linkssozialistische und kommunistische Linke Identifikationsfiguren darstellen, während sie für die konservative Rechte Verkörperungen des politischen Fanatismus im Sinne der »Grande Terreur« sind. Die ihre eigenen Kinder verschlingende Revolution (so schon zeitgenössisch Jean-Victurnien Vergniaud) wird ikonisch repräsentiert durch die Guillotine, mit der Massenhinrichtungen vermuteter wie tatsächlicher Revolutionsgegner ermöglicht und durchgeführt wurden. Ebenso kontrovers diskutiert und mit Mythenbildungen versehen wurde die gegenrevolutionäre Widerstandsbewegung im Westen Frankreichs, in der Vendée und der Bretagne, die in den letzten Jahrzehnten im Zuge des erstarkenden Regionalismus in Frankreich eine nachhaltige Aufwertung erfahren hat.

Die mythenbildende Stilisierung einzelner revolutionärer Protagonisten und Ereignisse setzte bereits während der Französischen Revolution ein und bildet eines der zentralen Elemente des revolutionären Diskurses. So wurden die ›Bastillestürmer‹ (*vainqueurs de la Bastille*, Lüsebrink/Reichardt, 100–122), die militante städtische Aufstandsbewegung der »Sans-culottes«, die Nationalgardisten (*la Garde nationale*, vgl. Bianchi/Dupuy) sowie zahlreiche ›Märtyrer der Revolution‹ (*martyrs de la Révolution*) wie der von Charlotte Corday am 13. Juli 1793 ermordete Journalist Jean-Paul Marat zu kollektiven Identifikationsfiguren stilisiert und mythisch überhöht. Zeitgenössische Flugblätter wie das im Juli 1789 kurz nach dem Sturm auf die Bastille erschienene Pamphlet *La Journée Parisienne, ou le Triomphe de la France* verglichen die Bastillestürmer mit antiken Heldenfiguren wie Herkules und Pirithäus und verliehen ihnen somit eine »mythologisch begründete Legitimation« (Lüsebrink/Reichardt, 101). Konstruktion und mediale Verbreitung kollektiver Feindbilder wiederum wie ›Les aristocrates‹, ›Les contre-revolutionnaires‹, ›Les ennemis du peuple‹ (›Feinde des Volkes‹) und ›Les traîtres du peuple‹ (›Verräter des Volkes‹), die im Zentrum der zeitgenössischen Pamphletliteratur und Bildpublizistik standen, gingen einher mit der Stigmatisierung und Dämonisierung einzelner Personen und sozialer Gruppen. Die hierbei verwendeten ästhetischen Mittel knüpften an die Tradition der burlesken Satire an, die zum Teil sehr drastische Darstellungsmittel verwendete, wie die Kriminalisierung und Animalisierung des politischen Gegners, den Rückgriff auf Fäkaliensprache und explizite sexuelle Anspielungen (De Baecque, 89–95). Die 1792 entstandene französische Nationalhymne, *La Marseillaise* (1792), ist kennzeichnend für diese ideologisch besetzte und zugleich mythisch aufgeladene politische Vorstellungswelt der Französischen Revolution: Den »Kindern des Vaterlands« (*enfants de la patrie*), den »stolzen« und »edlen Kriegern« werden in dieser Hymne die »niederträchtigen Tyrannen« und »blutrünstigen Despoten«, das »ausländische Gesindel«, die »Horde der Sklaven« und deren »Söldnerscharen« gegenübergestellt; und mit grundlegenden Werten der Französischen Revolution – »Vaterland«, »Tugend«, »Freiheit« und (National-) »Stolz« – kontrastieren die negativ besetzten Begriffe »Tyrannei«, »Knechtschaft« (*esclavage*) und »Despotismus«.

Dramatisierungen, Narrationen, Visualisierungen

Der Diskurs über die Französische Revolution ist entscheidend von jenen Prozessen geprägt worden, die mythenbildende Diskurse charakterisieren: Dramatisierung, episches Erzählen, Visualisierung und, hiermit verknüpft, der Rückgriff auf Metaphern. Die Dramatisierung der Französischen Revolution in der kollektiven Erinnerung zeigt sich in der Wahrnehmung der Ereignisse von 1789 bis 1799 als immenses »Schauspiel« sowie in zahlreichen Theaterstücken, in denen die Revolution als Ganzes oder einzelne ihrer Episoden auf die Bühne gebracht wurden. So bezeichnete Wieland 1790 in seinen *Unpartheyischen Betrachtungen* die Französische Revolution als »erstaunliches Schauspiel« mit »vielen Millionen auswärtiger Zuschauer« (zit. n. Koselleck, 486). Die deutschen Revolutionsreisenden Georg Anton von Halem, Karl Friedrich Reinhard und Johann Heinrich Campe beschrieben gleichfalls die revolutionären Ereignisse als ein unvergleichliches »Schauspiel«, das alles übertreffe, was die »Völkergeschichte bisher uns zeigte« (Halem 1790, zit. n. Koselleck, 177).

Zur revolutionären Mythenbildung trug auch entscheidend bei, dass die Französische Revolution einen herausragenden Stoff der französischen und zum Teil auch gesamteuropäischen Romanliteratur des 19. und 20. Jahrhunderts bildete, von Honoré de Balzac, Alphonse de Lamartine und Victor Hugo bis zu Stefan Zweig, Friedrich Sieburg und Anatole France, dessen Roman *Les Dieux ont soif* (1912) ebenso wie Hugos Roman *Quatre-vingt-treize* (1874) die Dialektik von revolutionärer Freiheit und Gewaltherrschaft thematisierte und in episch angelegte Erzählstrukturen übertrug. Revolutionäre Begriffe, Prinzipien und Symbole wie »Freiheit«, »Gleichheit«, »Nation«, »Brüderlichkeit« erlangten jedoch vor allem massenhafte Verbreitung und damit mentale Wirksamkeit durch ihre Verbreitung in ↗Chansons (wie der *Marseillaise*) und ihre Übertragung in visuelle Medien wie die populäre Bildpublizistik. Mit den visuellen Darstellungen der revolutionären Nation als weibliche, eine phrygische Mütze tragende Allegorie wurde eine ebenso symbolhafte wie mythenbildende visuelle Gegenwelt zur monarchischen Machtrepräsentation geschaffen, in deren Zentrum die männliche Herrscherfigur steht (vgl. Landes). Seit der Dritten Französischen Republik (1871) offiziell als Marianne bezeichnet und seitdem in allen französischen Rathäusern als Büste präsent, verkörpert sie symbolhaft das demokratische Erbe und die Werte der Französischen Revolution (vgl. Agulhon).

Neben die Darstellung einzelner Protagonisten tritt bereits in den zeitgenössischen Revolutionsdarstellungen der metaphorische Kollektivmythos des Volkes (*peuple*), das sich in einem gemeinsamen Elan 1789 erhoben habe (»le peuple est debout«) und das »Schwert ergriffen« habe, um das »am Boden zertretene Naturrecht« (*la loi outragée*, ebd.) zu »rächen« (Santerre 1792, zit. n. Wahnich, 191). Insbesondere der französische Historiker Jules Michelet hat diese Mythologie des revolutionären Volkes in seiner episch breit angelegten *Histoire de la Révolution française* (1847–53) entwickelt und pathetisch beschworen. 1789 repräsentiere die Geburtsstunde des modernen Volkes und der modernen ↗Nation (»cette grande apparition du peuple dans sa formidable unité«, Michelet 1847–1853/1952, 82). Das »Volk« verkörpere die »Kraft des Widerstandes« (*force de la résistance*), den »Instinkt der Rache« (*instinct de la vengeance*), zugleich aber auch profunde »Menschlichkeit« (*humanité*), »Barmherzigkeit« (*miséricorde*), »Weisheit« (*sagesse*) und eine die sozialen Gegensätze überwindende »Einheit« der Nation (*union des classes diverses*). Neben der Kollektivmetapher des »Volkes« spielen in der revolutionären Mythenbildung Metaphernnetze eine wichtige Rolle, die den Bereichen der Naturphänomene, der Medizin und der mechanischen Wissenschaften entnommen sind. So vergleicht Michelet die Entwicklung der Französischen Revolution mit einem Ozean, aus dessen Tiefe immer neue Wellen hervorkommen und der alles am Ufer hinwegspült (Michelet 1847–53/1985, 87). Obwohl der Mainzer Jakobiner Georg Forster in seinen *Parisischen Umrissen* (1793–94) den »Riesenschritten der Öffentlichen Meinung« (Forster, 612) und den sozialen Bewegungen, der »Volkskraft« mit ihrer »ungeheuren Triebfeder« (zit. n. Koselleck, 661) und ihrer »unaufhaltsamen Schwungkraft« (ebd., 600), eine entscheidende Rolle im revolutionären Prozess beimaß, glaubte er in der Revolution zugleich eine naturhafte Eigendynamik zu erkennen, die »alle Dämme durchbreche« (ebd., 198) und ähnlich wie Naturphänomene weitgehend unkontrollierbar geworden sei. Übereinstimmend mit zahlreichen anderen Zeitgenossen und späteren Historiografen vergleicht er, im Rückgriff auf entsprechende Körpermetaphern, die Französische Revolution zudem mit einer regenerierenden, »heftigen Krankheit, wodurch die Natur den Körper eines fremdartigen oder verdorbenen Stoffs entledigt, der, in zu großer Menge abgeschieden, erst allgemeines Stocken, und hernach ebenso allgemeine Auflösung verursacht« (ebd., 613).

Transfer und Transkulturalität

Die Französische Revolution, als historisches Ereignis, als Triebfeder von politischen Ideologien und als ambivalenter Mythos, der mit Identifikationsmustern oder Feindbildern verknüpft ist, ist bis in die Gegenwart hinein von nahezu ungebrochener Aktualität. Dies belegt ihre Präsenz im gesamten Medienspektrum der Gegenwart, von Schulbüchern über Chansons (auch alternativer zeitgenössischer Rapbands in Frankreich, vgl. Hüser) bis zu Romanen, Kinofilmen, TV-Serien, Comics, japanischen Mangas, zahllosen Ausstellungen und Museen sowie Videospielen und Theaterstücken (vgl. Poirson; Vovelle), unter denen die Dramen *Die Verfolgung und Ermordung Jean-Paul Marats* (1964) von Peter Weiss sowie *1789* und *1793* des *Théâtre du Soleil* von Ariane Mnouchkine herausragen.

Die Rezeption der Französischen Revolution wies von Beginn an eine transkulturelle Dimension auf, die zum Transfer und zu kreativen Aneignungsformen von revolutionären Begriffen, Ritualen, politischen Ideologien und Mythenbildungen in zahlreichen Gesellschaften des Globus führte: zunächst in Deutschland und in anderen europäischen Ländern, in denen sie nachhaltige Demokratisierungs- und Nationalisierungsprozesse hervorrief und einen »Katalysator der politischen Kulturen in Europa« (Reichardt, 257–334) darstellte; dann in den Ländern Südamerikas und der Karibik; und schließlich in den Gesellschaften des französischen Kolonialreichs in Afrika, Indochina und dem Maghreb.

Die Französische Revolution, in deren Verlauf erstmals 1794 mit Frankreich eine der großen Kolonialmächte den Sklavenhandel und die Sklaverei verbot, wirkte gleichfalls entscheidend auf die Anti-Sklaverei-Bewegungen des 19. Jahrhunderts in Europa, Nordamerika und der Karibik ein. Die Zelebrierung des 14. Juli als Nationalfeiertag im französischen Kolonialreich und die Thematisierung der Französischen Revolution auch im kolonialen Schulsystem und in kolonialen Schulbüchern führte, wie vor allem afrikanische Schriftsteller, Publizisten und Politiker (wie B. Dadié und L. S. Senghor) belegen, zu einem längerfristigen und zugleich tiefgreifenden Bewusstwerdungsprozess. Dieser hatte zur Folge, dass die koloniale Wirklichkeit in wachsendem Maße im Widerspruch zu den revolutionären Werten und Idealen der französischen III. und IV. Republik gesehen wurde und zugleich der Widerstand gegen die französische Kolonialmacht mit Begriffen, Konzepten und Mythen legitimiert wurde, die an die Französische Revolution und ihre Wirkungsgeschichte im 19. und 20. Jahrhundert unmittelbar anknüpften (vgl. Lüsebrink 1989).

Lit.: M. Agulhon, Marianne au combat. L'imagerie et la symbolique républicaines de 1789 à 1880, Paris 1979. – S. Bianchi/R. Dupuy (Hg.), La Garde nationale entre nation et peuple en armes. Mythes et réalités, 1789–1871, Rennes 2006. – A. De Baecque, La Caricature révolutionnaire. Préface de Michel Vovelle, Paris 1988. – F. Furet, Penser la Révolution Française, Paris 1978. – Ders./D. Richet, La Révolution Française [1966], Paris 1973. – D. Hüser, RaPublikanische Synthese. Eine französische Zeitgeschichte populärer Musik und politischer Kultur, Köln/Wien 2004. – R. Koselleck (Hg.), Die Französische Revolution. Berichte und Deutungen deutscher Schriftsteller und Historiker, Frankfurt a. M. 1985. – J. B. Landes, Visualizing the Nation. Gender, Representation, and Revolution in Eighteenth-Century France, Ithaca/London 2001. – H.-J. Lüsebrink, Freiheitsmythos und ›Export der Guillotine‹. Zur Wahrnehmung der Französischen Revolution in den afrikanischen und karibischen Literaturen des 20. Jahrhunderts, in: Romanistische Zeitschrift für Literaturgeschichte 12 (1988), H. 3–4, 373–377. – Ders., Les 14 juillet coloniaux. La Révolution française et sa mémoire dans l'empire colonial français, in: Französisch heute 3 (1989), 307–319. – Ders./R. Reichardt, Die »Bastille«. Zur Symbolgeschichte von Herrschaft und Freiheit, Frankfurt a. M. 1990. – J. Michelet, Histoire de la Révolution française, 2 Bde. [1847–53], Paris 1952. – M. Poirson (Hg.), La Révolution française et le monde d'aujourd'hui. Mythologies contemporaines, Paris 2014. – R. Reichardt, Das Blut der Freiheit. Französische Revolution und demokratische Kultur, Frankfurt a. M. 1998. – M. Vovelle (Hg.), L'Image de la Révolution Française, 3 Bde., Paris 1989. – S. Wahnich, Les Émotions, la Révolution française et le présent, Paris 2009.

Hans-Jürgen Lüsebrink

Freiheit

Freiheit ist in ihrer Grundbedeutung zunächst immer eine »negative Freiheit«, also eine »Freiheit *von* Ketten, *von* Eingesperrtsein, *von* Versklavung durch andere«, betont Isaiah Berlin. Alles andere sei »eine Erweiterung dieser Bedeutung oder Metaphorik« (Berlin, 58). Diese ›Freiheit von‹ ist in der einen oder anderen Form für jeden Menschen erfahrbar, und zwar immer dann, wenn eine empfundene Einschränkung oder ein Zwang von ihm abfällt. So verschieden aber empfundene Einschränkungen und Zwänge sein können, so variabel ist dementsprechend auch die jeweilige Erscheinungsform von Freiheit in ihrem Bedeutungsspektrum als moderner Mythos. Mit ›Freiheit‹ können Privilegien gemeint sein wie im Fall der ›ständischen Freiheit‹ des Mittelalters oder der engen Verbindung der Begriffe ›Freiheit‹ und ›Eigentum‹, die man im 18. Jahrhundert in Großbritannien und seinen amerikanischen Kolonien herstellte – im revolutionären Amerika war keine Phrase geläufiger als »Life, Liberty, and Property« (Kammen, 23). Es kann ein Kampf um Gleichstellung und Anerkennung gemeint sein wie in Martin Luther ↗Kings Beschwörungsformel »Let freedom ring«, die Leitmotiv der Schlusspassage seiner berühmten Rede *I Have a Dream* von 1963 ist, oder in dem Song *Think* von Aretha Franklin aus dem Jahr 1968, der für das hymnisch wiederholte »Freedom!« bekannt ist, das seinen Höhepunkt bildet. Es kann eine Selbstunterwerfung unter ein Regelsystem gemeint sein wie mit Kants Zügelung der Leidenschaften im Namen eines ewigen Vernunftgesetzes oder Friedrich Engels' Diktum von der Freiheit als »Einsicht in die Notwendigkeit«. Selbst Abwandlungen des Freiheitsbegriffs wie Versammlungs-, Meinungs- und Vertragsfreiheit, die sich auf konkrete positiv-rechtliche Regelungen beziehen, sind immer umgeben von einem Hof des Transzendenten und Erhabenen; größere und kleinere konkrete Freiheit*en*, die jeweils einen Beitrag leisten zur Verwirklichung der großen Verheißung *der* Freiheit. Freiheiten sind oft konkret greifbare Realitäten, aber der Mythos der Freiheit verleiht ihnen weiter reichende Bedeutung. Zugleich wohnen ihm antifreiheitliche Tendenzen inne, die sich spätestens dann bemerkbar machen, wenn er zur politischen Ideologie aufsteigt. Im »Zeitalter der Singularisierungen« seit der Mitte des 18. Jahrhunderts, so Odo Marquard in Anknüpfung an Reinhart Kosellek, wird »aus den Fortschritten ›der‹ ↗Fortschritt, aus den Freiheiten ›die‹ Freiheit, aus den Revolutionen ›die‹ Revolution und eben aus den Geschichten ›die‹ Geschichte«. Der Mythos wird zum »Monopolmythos«, der keine anderen, abweichenden Freiheitsmythen neben sich duldet, und damit zur singulären Vorschrift, welchen Weg die Menschheit einzuschlagen habe (Marquard, 54).

Spielarten politischer Freiheit in modernen Staatsgründungsmythen

Historisch nimmt die Freiheitsidee eine zentrale Stellung in den wirkmächtigsten Staatsgründungsmythen der Neuzeit ein, nämlich denen der Vereinigten Staaten von Amerika und der Französischen Republik. Im intellektuellen Leben des 18. Jahrhunderts war Freiheit zu einem beherrschenden Ideal aufgestiegen und von Philosophen und Schriftstellern intensiv diskutiert und beschworen worden. Dieser Geist schien sich nun in der amerikanischen Unabhängigkeit und der ↗Französischen Revolution Bahn zu brechen und den unbezähmbaren Drang der Freiheit zur Verwirklichung zu demonstrieren – eine Idee hatte die Welt verändert. In Jeffersons Bekenntnis zu »Life, Liberty, and the pursuit of Happiness« als unveräußerliche Menschenrechte in der amerikanischen Unabhängigkeitserklärung von 1776 und dem revolutionären Motto »Liberté, Égalité, Fraternité« in Frankreich verbindet sich revolutionärer Furor mit den Ansprüchen eines selbstbewussten Bürgertums, von staatlicher Bevormundung unbehelligt seine Belange selbst zu regeln – einen historischen Augenblick lang ist eine bewahrende mit einer umwälzenden Freiheitsidee versöhnt. Diese oft oppositionellen Konzeptionen prägen zwei berühmte moderne Inkarnationen der römischen Freiheitsgöttin Libertas: einmal als französische Nationalfigur Marianne, die als Barrikadenstür-

Abb. 12: Eugène Delacroix: *Die Freiheit führt das Volk* (1830)

merin mit Trikolore und entblößter Brust auf Delacroix' Gemälde *Die Freiheit führt das Volk* von 1830 zu sehen ist, und einmal als ruhig-erhabene Freiheitsstatue von ↗New York. Erstere erkämpft die Freiheit gegen eine etablierte Ordnung, Letztere wacht über eine bereits verwirklichte Freiheit, bewahrt also eine etablierte Ordnung. Dafür steht die Gesetzestafel in ihrer Hand.

Freiheit im Kollektiv: Totalitarismus

Die mythische Kraft und Gefahr der Freiheitsidee erwächst aus dem gemeinsamen und oft gebieterischen Gefühlskern der Sehnsucht nach Freiheit in Verbindung mit einer unendlichen Vielfalt an sozialen Konstellationen, die dieses Gefühl wachrufen, und Vorstellungen davon, wie der jeweiligen Bedrängnis abzuhelfen sei (Westcott, 28 ff.). Weil man in der Regel andere Menschen oder Gruppen für eine empfundene Zwangslage verantwortlich macht, beinhaltet der Ruf nach Freiheit im politischen Kontext immer eine Feinderklärung und Kampfansage. Diese kann bei Bezugnahmen auf ›Freiheit‹ auch das Wesentliche sein, wie in der Reichstagsrede »Freiheit für Deutschland, Frieden für Europa«, mit der Adolf ↗Hitler am 7. März 1936 die militärische Besetzung – in nationalsozialistischer Diktion: ›Befreiung‹ – des Rheinlands (↗Rhein) begründete. Auch er meinte eine ›Freiheit von‹, nämlich von den Belastungen und Einschränkungen, die Deutschland von den Siegermächten des Ersten Weltkriegs auferlegt worden waren. Der Titel verbrämt eine Drohung: Wenn Deutschland nicht seine Freiheit bekommt, gibt es keinen Frieden in ↗Europa. Für Isaiah Berlin ist eine Inanspruchnahme der Freiheit des Einzelnen für autoritär bestimmte kollektive Ziele in allen politischen Denkschulen angelegt, die davon ausgehen, dass es ein Gesellschaftsmodell gebe, in dem die Freiheit aller optimal verwirklicht wäre – also in allen politischen Monopolmythen der Freiheit. Denn was geschähe in einer derart optimalen Gesellschaft – oder auf dem Weg zu ihr – mit jemandem, der ebendieses Modell ablehnt? Er müsste folgerichtig ›erzogen‹ werden, seine Freiheit so zu verwirklichen, wie diejenigen es vorschreiben, die diesen Gesellschaftstyp für optimal erklärt haben (Berlin, 230 ff.). Sobald Utopien einen Anspruch auf Verbindlichkeit erheben, treten sie in Konkurrenz zur Freiheit, indem sie die Zukunft vorzeichnen. Daher entzieht sich Freiheit als solche der utopistischen Darstellung, denn die Unbestimmtheit einer offenen Zukunft lässt sich nicht artikulieren, ohne sie zugleich einzuschränken.

Individualität und Konformität

Neben den totalitären Tendenzen in dem Bestreben, die Freiheit ein für alle Mal politisch festzuschreiben, bringen auch die modernen Demokratien neue Gefährdungen und damit Erzählungen der Freiheit hervor. Im 19. Jahrhundert beginnen Intellektuelle, die Konformität des öffentlichen und intellektuellen Lebens zu beklagen. »Der Oberaffe in Paris setzt eine Reisemütze auf, und alle Affen in Amerika tun das gleiche«, polemisierte Henry David Thoreau Mitte des 19. Jahrhunderts (Thoreau, 36). In England befand John Stuart Mill 1859, die »allgemeine Tendenz in der ganzen Welt« gehe dahin, »die Mittelmäßigkeit zur überlegenen Macht unter den Menschen zu machen. […]. Heutzutage verliert sich der Einzelne in der Menge. In der Politik ist es fast trivial zu äußern, dass die öffentliche Meinung heute die Welt beherrsche« (Mill, 187). Inmitten dieser »Tyrannei der öffentlichen Meinung« (ebd., 191) verkümmere die individuelle Urteilsfähigkeit und Charakterstärke, weil sie gedankenlose Anpassung begünstige. Schon 1835 hatte Alexis de Tocqueville ähnliche Beobachtungen in Amerika angestellt. Er kenne »kein Land, in dem im allgemeinen weniger geistige Unabhängigkeit und weniger wahre Freiheit herrscht als in Amerika. […] Sollte die Freiheit in Amerika jemals untergehen, so wird man dafür die Allmacht der Mehrheit verantwortlich machen müssen, die die Minderheiten zur Verzweiflung trieb und sie zwang, zu Gewalttätigkeit zu greifen« (Tocqueville, 294, 300). Im 20. Jahrhundert gewinnen Befunde über die menschliche Neigung zu Konformität und Gehorsam neue Brisanz durch totalitäre Massenbewegungen, Weltkrieg und ↗Holocaust. Das zu großer Bekanntheit gelangte Milgram-Experiment von 1961/62, in dem per Annonce rekrutierte US-Bürger von einem kühlen Versuchsleiter dazu gebracht wurden, einer vermeintlichen zweiten Versuchsperson scheinbar Elektroschocks von bis zu 450 Volt zu verabreichen, war ein Sinnbild der Beteiligung ›ganz normaler Menschen‹ an Kriegsverbrechen. Auch das Verhalten von ›Mitläufern‹ bzw. ›Zuschauern‹ wurde experimentell reproduziert – mit dem Ergebnis, dass die Bereitschaft, in eine Notsituation einzugreifen, mit steigender Zahl anwesender ›bystander‹ sinkt, weil sich jeder von ihnen an den (untätigen) anderen orientiert und die empfundene Verantwortung zu handeln sich auf alle Anwesenden verteilt (vgl. Darley/Latané). Hier schränken nicht nur äußere Zwänge die individuelle Freiheit ein, sondern auch und manchmal vornehmlich psychologische Eigenarten der so Eingeschränkten selbst. Freiheit erscheint nicht mehr als politisches, sondern als psychologisches, erzieherisches und (selbst-)therapeutisches Projekt; größere Freiheit erlangt man durch individuelle Selbstoptimierung und Erziehung der Kinder zu starken Persönlichkeiten. Dale Carnegie, Gründervater der modernen Ratgeberliteratur, verspricht in seinem Buch *Sorge dich nicht, lebe* eine ›Freiheit von‹ Sorgen, also inneren Belastungen auf individueller Ebene. Im späteren 20. und frühen 21. Jahrhundert entstehen immer mehr Lehren und Dienstleistungen, von Motivationstrainings über Kurse in Stress-, Zeit- oder sonstigem Selbstmanagement, sei es als Buch, Tonträger oder Seminar, bis hin zur Psychotherapie, in denen es darum geht, durch die Überwindung individuell und psychisch bedingter Einschränkungen mehr Freiheit zu gewinnen. Nicht ein Recht zur Selbstbestimmung, sondern die individuelle Fähigkeit dazu muss erkämpft werden.

Freiheit als Illusion

Infrage gestellt wird diese Fähigkeit zugleich weiterhin durch grundsätzliche Zweifel an der Willensfreiheit, die schon in der griechischen Antike aufkamen und ab dem späten 20. Jahrhundert durch die neurowissenschaftliche Forschung neue Impulse erhalten. Die Vorstellung einer lückenlosen Kausalität des Weltgeschehens verträgt sich nicht mit derjenigen, dass ein Mensch frei entscheiden könne. Wenn es eine Intelligenz gäbe, die alle Naturkräfte und die Position aller Elemente des Universums kennte, »und überdies umfassend genug wäre, um diese gegebenen Größen der Analysis zu unterwerfen«, würden ihr »Zukunft wie Vergangenheit […] offen vor Augen liegen«, formulierte gegen Ende des 19. Jahrhunderts der Philosoph und Mathematiker Pierre-Simon Laplace (Laplace, 2 f.). Freiheit wäre demnach eine Illusion; das Tun und Leben eines Menschen wäre komplizierter, aber ebenso mechanisch festgelegt wie ein Uhrwerk. Die hypothetische Intelligenz, deren Existenz unsere Unfreiheit bewiese, wird deswegen auch als »Laplacescher Dämon« bezeichnet. In der Willensfreiheitsdebatte streiten heute ›Kompatibilisten‹ und ›Inkompatibilisten‹ darüber, ob ein kausaler Determinismus freie Entscheidungen wirklich ausschließe, während einige unter den Letzteren versuchen, aus indeterminierten, akausalen Ereignissen der Quantenmechanik Freiheitsspielräume für menschliches Handeln zu schöpfen. Die Freiheit hat hierin neben einer politischen und einer psychologischen weiterhin auch eine physikalische und metaphysische Dimension – die wiederum eine Querverbindung zu der rationalistischen Vorstellung von einem optimalen Gesellschaftsmodell aufweist. Um ein solches entwerfen zu können, muss man streng genommen nicht nur den Determinismus voraussetzen, sondern auch über das Wissen des Laplaceschen Dämons verfügen, das zur vollkommenen Kontrolle über den Gesellschaftsprozess nötig wäre. Das Regime in George Orwells *1984* muss sich deshalb damit begnügen, eine lückenlose historische Zwangsläufigkeit des gesellschaftlichen Geschehens zu simulieren, indem es ständig die Vergangenheit umschreiben lässt. Im ›Neusprech‹, das auf dieses Weltbild zugeschnitten ist, beschränkt sich die Anwendung des Freiheitsbegriffs folgerichtig auf Aussagen wie »Dieser Hund ist frei von Flöhen« (Orwell, 302).

Was ist Freiheit? Jede spezifische Antwort auf diese Frage ist angreifbar – nicht aber die Idee der Freiheit selbst. Sie gehört zu jenen ans Sakrale rührenden Vorstellungen, die gerade durch ihre Vagheit Integrationskraft entfalten und im Kern unantastbar sind; andere Beispiele wären Liebe, Gerechtigkeit, Glück und Gott. In ihnen finden Kulturen bleibende und verbindende Orientierungen über soziale Wandlungen und Antagonismen hinweg, an denen präzise Definitionen nur scheitern können (Rappaport, 62). So ist Wittgensteins ohnehin rhetorische Frage ein weiteres Mal zu verneinen, ob man »ein unscharfes Bild immer mit Vorteil durch ein scharfes ersetzen« könne. Im Hinblick auf die Freiheit als Wert ist das unscharfe »gerade das, was wir brauchen« (Wittgenstein, §71).

Lit.: I. Berlin, Freiheit. Vier Versuche, Frankfurt a. M. 1995. – J. M. Darley/B. Latané, Bystander Intervention in Emergencies. Diffusion of Responsibility, in: Journal of Personality and Social Psychology 8 (1968), 377–383. – M. Kammen, Spheres of Liberty. Changing Perceptions of Liberty in American Culture. Madison (WI) 1986. – P.-S. Laplace, Philosophischer Versuch über die Wahrscheinlichkeit, Frankfurt a. M. 1996. – O. Marquard, Zukunft braucht Herkunft. Philosophische Essays, Stuttgart 2003. – J. S. Mill, On Liberty. Über die Freiheit, Stuttgart 2009. – G. Orwell, 1984, Berlin 1994. – R. Rappaport, Maladaptation in Social Systems, in: The Evolution of Social Systems, hg. v. J. Friedman/M.J. Rowlands, Pittsburgh 1978, 49–87. – H. D. Thoreau, Walden oder Leben in den Wäldern, Zürich 1979. – A. de Tocqueville, Über die Demokratie in Amerika, 1. Teil, Stuttgart 1959. – M. Westcott, The Psychology of Human Freedom, New York u. a. 1988. – L. Wittgenstein, Philosophische Untersuchungen, Frankfurt a. M. 2003.

Sebastian Wessels

Fußball

Roland Barthes hat in seinem Essay zu den Mythen des Alltags das Auto, konkret den Citroën DS, als modernes Äquivalent der gotischen Kathedralen bezeichnet (Bar, 76). Der Sportgeograf John Bale setzt der DS (oder Déesse) die ausladenden Stadionbauten entgegen, in deren Flutlichtmasten er die Kirchtürme der inzwischen längst postmodernen Zeit erkennt (Bale, 3). In diesem Sinne setzt der Fußball charakteristische Marker der aktuellen Mythologie.

Fußball, im ersten Drittel des 19. Jahrhunderts in England als Spiel zur schulischen Abhärtung bürgerlicher Knaben erfunden, bildete in der Folge zwei populäre Kulturen aus: eine amateurhafte des Bürgertums und eine professionell-proletarische. Bezüglich der Zahl der Aktiven, des Publikumsinteresses und der Medienpräsenz ist Fußball mittlerweile global der Sport Nummer eins. Damit wird er zu einem Transporteur allgemeingültiger Werte von Jugendlichkeit, Männlichkeit und Fitness.

Seine Bedeutung für die Konstruktion kollektiver Identitäten kann sich auf nationale, regionale und lokale Kontexte beziehen. Der Fußball kann eine Auseinandersetzung zwischen Vereinen, Städten oder Nationen sein, aber zugleich gilt er als Völker verbindendes wie kulturelle Grenzen überschreitendes Spiel. Er ist nicht nur ein Abbild oder Spiegelbild der Gesellschaft, sondern produziert Werte und Normen, die die Gesellschaft prägen und die das Terrain des Sports weit übersteigen (Marschik, 17). Dabei bezieht sich das mythische Potenzial des Fußballs auf das quasisakrale Erleben vor Ort wie auf die mediale Rezeption. Ein Vergleich zeigt, dass die beiden Ebenen einander zwar gegenseitig benötigen und beeinflussen, aber – man denke an Zeitlupen, Wiederholungen oder Kameraperspektiven – längst nicht mehr kongruent sind.

Öffentlichkeit und Inszenierung

Ein wesentliches mythengenerierendes Deutungsschema lautet, dass Fußball ein rationales Phänomen sei: Die Sportwissenschaft sucht zu belegen, alles am Fußball sei messbar, indem er mittels Spielanalysen in kleinsten Details seziert und in Slow Motion nachvollziehbar gemacht wird. Kommentatoren geben vor, die Gedanken jedes Spielers zu kennen, und Experten erklären uns scheinbar jeden taktischen Schachzug im Voraus. Der Ort fußballerischer Mythen liegt also nicht im Spiel selbst, sondern zum einen in dessen kultureller Inszenierung, zum anderen in seiner Bedeutung für das lokale oder nationale Gedächtnis (Gebauer, 79).

Von der Champions League bis zur Unterliga gilt: Gerade dieses eine Spiel könnte im Rückblick zum Mythos werden – wie das der FC Bayern München beim verlorenen »Finale dahoam« im Mai 2012 versuchte. Dennoch werden schon im Vorfeld des Spiels zahlreiche mythisierende Praktiken rund um den Fußball bemüht: Das geht von der aus der Ausgangsposition resultierenden prinzipiellen Chancengleichheit bis zur verschworenen Gemeinschaft, wie sie sich im Diktum der »elf Freunde« niederschlägt. Teil des Mythos ist auch ein Publikum, das trotz aller Unterschiedlichkeit (vom elitären Anzugträger in der Ehrenloge bis zum Fransenschal tragenden Ultra im Fanblock) wie ein »12. Mann« hinter dem Team steht (Bausenwein, 228). Fußball wird wider alle Erfahrung als »unpolitisch« interpretiert: Die Anwesenheit von Spitzenpolitikern just bei entscheidenden Spielen widerlegt das ebenso wie die nationale Bedeutung bestimmter Matches, vom »Wunder von Bern« 1954 (Kasza) bis zu »Córdoba« 1978 (Wassermair/Wieselberg). Der Aberglaube, das Spiel durch magische Rituale beeinflussen zu können, ist bei Spielern, Trainern und Fans gleichermaßen präsent: Das Siegessakko des Trainers kann ebenso bedeutsam sein wie das Faktum, dass der Star der Mannschaft das Spielfeld zuerst mit dem linken Fuß betritt.

Die Basis der fußballerischen Mythen findet sich in Zuschreibungen an das Spiel generell, aber auch in ständig aufs Neue bemühten gemeinsamen Erinnerungen an konkrete Teams und Vereine, Spiele und Orte, ganze Turniere oder einzelne Szenen. Dem Berner Wankdorf-Stadion kommt dabei ein ebenso entscheidender Stellenwert für die deutsche Identität zu wie dem Camp Nou in Barcelona für die katalanische. Dem Stadion am Millerntor wird in Hamburg ebenso Legendenstatus zugeschrieben wie dem Empire Stadium in Gzira (Malta), dessen hart gewalzter Sandboden die einzige Chance für die Inselkicker darstellte, den Großen ein Schnippchen zu schlagen (Armstrong/Mitchell, 32 f.).

Retrospektive Mythisierungen

Auffallend gering ist die Zahl der Spieler, die in Anerkennung ihrer gesamten Karriere den Status einer Legende erlangten, wie etwa Bobby Charlton oder Franz Beckenbauer, Ferenc Puskás, Fritz Walter oder Pelé (Edson Arantes do Nascimento). Ein mythischer Charakter wird eher konkreten spielerischen Spezialitäten oder entscheidenden Aktionen zugeschrieben, etwa den Pässen eines Günter Netzer oder dem Lattenpendler-Tor von Geoff Hurst beim WM-Finale von 1966. Aber auch ganze Spiele können den Status des Mythischen erlangen, wie das 6:3 der Ungarn 1953 im Wembley-Stadion, als sie als erstes kontinentaleuropäisches Team England daheim besiegen konnten und damit zugleich die Frage aufwarfen, ob der real existierende Sozialismus nicht doch seine Qualitäten habe, oder aber die Finalniederlage Bayerns in der Champions League 1999, als man nach knapp 90 Minuten gegen Manchester United noch 1:0 in Führung gelegen war. Mythisiert werden aber auch einzelne Szenen, etwa Maradonas für die argentinische Nationalmannschaft mithilfe der »Hand Gottes« erzieltes Tor bei der WM 1986.

Meist werden aus besonderen Szenen oder Spielergebnissen erst retrospektiv mit der Zeit mythische Ereignisse und Geschichten konstruiert. Als Rapid Wien nach 0:3-Pausenrückstand das Finale um die »großdeutsche Meisterschaft« 1941 gegen Schalke 04 noch 4:3 gewann, generierten sich daraus erst nach Jahrzehnten zwei gegenläufige Mythen: Der eine erzählt von einer politischen Entscheidung zugunsten Wiens, der andere von einer gegen den Führerwillen erzwungenen Sensation, die auch gleich weitere Erzähltraditionen fortschreibt, etwa die »Rapid-Viertelstunde«, die es schon vor 1914 gegeben haben soll, die aber erst mit diesem Sieg über die Stadtgrenzen hinaus gefürchtet wurde. Viele solcher Mythisierungen münden in die Titelprognose eines »Traditionsvereins«, dem oft auch wider sportliche Gewichtungen aufgrund seiner Vergangenheit Siegeschancen eingeräumt werden müssen. Die Wirkmächtigkeit von Fußballmythen erweist sich spätestens dann, wenn sich solche Vorhersagen überproportional häufig bewahrheiten.

Die Mythen des Fußballs im Sinne meist säkular-profaner, verklärender Erinnerung sind derart bedeutsam, weil sie so körperlich-diesseitig, so direkt und unvermittelt emotional erlebt werden. Doch die Anbindung an die Welt der Götter bleibt – von der »Religion Rapid« bis zu Maradonas »Hand Gottes« – präsent, schließlich kommt »an Gott keiner vorbei«, außer der Schalke-Star Stan Libuda.

Lit.: G. Armstrong/J.P. Mitchell, Global and Local Football. Politics and Europeanisation on the Fringes of the EU, London/New York. – J. Bale, Sport, Space and the City, London, 1993. – F. Brändle/Ch. Koller, Goooal!!! Kultur- und Sozialgeschichte des modernen Fussballs, Zürich 2002. – Ch. Bausenwein, Geheimnis Fußball. Auf den Spuren eines Phänomens, Göttingen 2006. – G. Gebauer, Poetik des Fußballs, Frankfurt a.M./New York 2006. – P. Kasza, 1954. Fußball spielt Geschichte. Das Wunder von Bern, Berlin 2004. – M. Marschik, Massen – Mentalitäten – Männlichkeit. Fußballkulturen in Wien, Weitra 2005. – K. Theweleit, Tor zur Welt. Fußball als Realitätsmodell, Köln 2004.

Matthias Marschik

Gandhi

Mohandas Karamchand Gandhi, genannt Mahatma (große Seele) Gandhi (1869–1948)
war ein indischer Rechtsanwalt, Politiker, Literat und geistig-religiöser Führer. Im Zuge
der indischen Unabhängigkeitsbewegung stellte er sich der britischen Kolonialherrschaft (↗British Empire) entgegen, wobei er nicht auf Gewalt, sondern auf Hungerstreiks und zivilen Ungehorsam setzte. Knapp zehn Jahre seines Lebens verbrachte
Gandhi als Sanktion für seine politischen Aktivitäten in britischen Gefängnissen in
Südafrika und Indien, obwohl er selbst von gewaltsamen Aktionen stets Abstand gehalten hatte und gerade dadurch seine Gegner zum Umdenken bewegen wollte. Zentrale
Aspekte in Gandhis Schriften sind Satyagraha (Wahrheitskraft), Ahimsa (Gewaltlosigkeit) und Swaraj (politische Selbstkontrolle), die zu Eckpunkten seiner Lehren wurden.
Gandhis mythisches Potenzial speist sich aus seiner bescheidenen Erscheinung, seiner
asketischen Lebensweise sowie seiner Nähe zum indischen Volk und seiner monumentalen Stilisierung zu einer internationalen Vermittlerfigur zwischen Ost und West, In-
dustriemächten und traditionellen Gesellschaften, Weltzugewandtheit und Spiritualität,
Intellekt und Popularität.

Vermittler zwischen Tradition und Moderne

Gandhi war zentraler Ideengeber und Galionsfigur der indischen Unabhängigkeitsbewegung, viele seiner Forderungen waren kontrovers. So präsentierte er sich zwar als

Abb. 13: Mahatma Gandhi um 1945

tiefgläubiger Hindu, interpretierte den Hinduismus aber in eigener Weise und legte insbesondere großen Wert auf eine Versöhnung der Religionen (Woodstock, 68 ff.). Ferner wollte er die im Hinduismus traditionell unterprivilegierte Stellung der sogenannten Unberührbaren sowie der Frauen deutlich verbessern. Generell strebte er eine Modernisierung Indiens an, stand jedoch gleichzeitig wesentlichen Aspekten des westlichen Kapitalismus kritisch gegenüber, z. B. der kolonialen Ausbeutung und der Industrialisierung Indiens. Die Ehrenbezeichnungen Mahatma und auch Bapu (Vater bzw. Vater der Nation) kamen schon zu Gandhis Lebzeiten in Gebrauch, angeblich entgegen Gandhis ausdrücklichem Wunsch. Er wurde mehrere Male für den Friedensnobelpreis vorgeschlagen. Im Jahr nach seinem Tod durch ein Attentat wurde der Friedensnobelpreis symbolisch nicht vergeben, da dieser posthum nicht verliehen werden darf – gerade diese Leerstelle steht für die mythische Verehrung seiner Person.

Bodenständige Lichtgestalt

Die Sichtbarkeit der mythischen Figur Gandhi gründet sich auf spektakuläre Aktionen im Zeichen der indischen Staatsgründung und Unabhängigkeit. Hungerstreiks, sein Salzmarsch zum Meer und seine Initiative für selbst produzierte Kleidung stehen für eigenes Tätigwerden als Grundlage für die angestrebte ökonomische Unabhängigkeit von den Briten. Die Präsenz Gandhis und seiner Aktivitäten war bereits zeitgenössisch in mündlichen Erzählungen und in den Medien manifest. Gandhi wurde zur medienwirksamen Vermittlerfigur, er fungierte als wortgewandter, aufgrund eines dreijährigen England-Studienaufenthalts mit der westlichen Kultur vertrauter Rechtsanwalt, als Übersetzer, Popularisierer und Modernisierer hinduistischer Ideen gerade im Austausch mit dem Okzident.

Die Ambivalenzen des Gandhi-Mythos zeigen sich in Erzählungen, die ihn als säkularen und weltgewandten Anwalt beschreiben, der aber im entscheidenden Moment unbeirrbar an bestimmten persönlichen Überzeugungen wie etwa an der Verpflichtung auf die Wahrheit festhält und gerade dadurch erfolgreich ist und ›Wunder‹ zu vollbringen scheint. Nicht selten erinnern solche mündlich tradierten Geschichten in ihren wunderbaren Ausschmückungen an Berichte über Religionsgründer. Dass er seinem Mörder noch im Sterben verzieh, ließ sich in dieses Bild leicht integrieren (vgl. Gunturu). Eine von Gandhi selbst (Gandhi, 39) berichtete Erzählung ist hier beispielhaft: Er beschreibt einen Rechtsstreit, in dem er als Rechtsanwalt auf unbedingte Ehrlichkeit setzte und in einem stark diskutierten Fall einmal einen Fehler aufseiten des eigenen Mandanten zugab – und sodann völlig überraschend trotzdem den Prozess gewann. Hier zeigt sich auch die werteorientierende Bedeutung Gandhis. Eine weitere mythische Binnenerzählung betont die Ambivalenz Gandhis zwischen programmatischer Bescheidenheit und medialem Ruhm. Berichtet wird von dem Besuch Gandhis in einem Dorf, das sich zu seinem Empfang am Bahnhof versammelt habe. Gandhi sei kurz ausgestiegen und mit Geschenken bedacht worden, die er zunächst abgelehnt, letztlich aber doch angenommen, sich ansonsten aber jedem Personenkult entzogen habe (Gunturu, 9). Die literarische Betonung der Erzählung als autobiografische Stimme aus der Menge porträtiert Gandhi als volksnahen, die Masse begeisternden, aber dennoch zurückhaltenden und bodenständigen Helden. Auch Gandhis Selbstberichte von eigenen Missgeschicken lassen die Lichtgestalt umso menschlicher erscheinen (Gandhi, 13 ff.).

Ideal und Ikone

Die mythische Rezeption Gandhis ist bis heute sowohl in Indien als auch in anderen, vor allem westlichen Ländern manifest. Die jeweils identitätsbildende Wahrnehmung von Gandhis Lehren und Handlungen geht dabei zuweilen über das hinaus, was Gandhi selbst wirklich geäußert hat. Bis heute wird Gandhi in Indien auch staatlich-offiziell als Vater der Nation bezeichnet, obwohl seine zentralen Lehren in der indischen Politik oft deutlich konterkariert werden, etwa im Setzen auf Industrialisierung und Atomrüstung. So wurde sein Mörder aufgrund eines Gesetzes aus der Kolonialzeit hingerichtet, auch Gandhis Indien der Dörfer wurde zugunsten einer massiven Industrialisierung der Landwirtschaft in den Hintergrund gedrängt. Gandhis Pazifismus wird durch den anhaltenden Kaschmirkonflikt und die indische Atomrüstung unterlaufen, ebenso wie seine Idee eines friedlichen Ausgleichs von Hindus und Muslimen (vgl. Gunturu).

Seit dem Aufkommen der Umweltbewegung in den 1970er Jahren wird Gandhi darüber hinaus in der westlichen Welt oft als Kronzeuge eines alternativen Lebens und Wirtschaftens im Einklang mit der Natur gesehen; der Mythos stellt damit seine Aktualisierbarkeit unter Beweis. Ähnlich wie ↗Che Guevara und Marilyn ↗Monroe ist seine mythisierende Ikonisierung von auffallender Homogenität geprägt, er wird mit einfacher Rundbrille und im typisch indischen Dhoti-Gewand, das seine Solidarität zur einfachen Bevölkerung ausdrückt, gezeigt. Seine optische Erscheinung weist ihn damit als Mittlerfigur zwischen Intellektualität und Popularität aus.

Lit.: M. Gandhi, Mein Leben, Frankfurt a. M. 1983. – V. Gunturu, Mahatma Gandhi. Leben und Werk, München 1999. – F. Ekardt, Das juristische Studium im literarischen Zeugnis. Mahatma Gandhi, Juristische Ausbildung 2001, 239–241. – D. Rothermund, Gandhi. Der gewaltlose Revolutionär, München ²2011. – G. Woodstock, Mahatma Gandhi. Festhalten an der Wahrheit, München 1986.

Felix Ekardt

Geheimdienste

Geheimdienste, in offizieller Bezeichnung Nachrichtendienste, sind zivile oder militärische Behörden, die auf nationaler, bundesstaatlicher und internationaler Ebene relevante Informationen zur Sicherheits-, Außen- und Innenpolitik (ggf. auch Wirtschaftspolitik) sammeln, interpretieren und weiterleiten. Annähernd jeder Staat der Welt verfügt über mindestens einen Nachrichtendienst. Bekannte Geheimdienste stellen der Bundesnachrichtendienst (BND) in Deutschland, die US-amerikanische Central Intelligence Agency (CIA) und die National Security Agency (NSA), der israelische Mossad und die Section 6 des britischen Secret Intelligence Service (SIS)/Military Intelligence (MI 6) dar. Berüchtigte ehemalige Dienste sind das Ministerium für Staatssicherheit (MfS, auch Stasi abgekürzt) der DDR, das NKWD (Narodny kommissariat wnutennich del) und der KGB (dt.: Komitee für Staatssicherheit beim Ministerrat der UdSSR) der Sowjetunion sowie die rumänische Securitate. Ihre mythische Bedeutung beruht wesentlich auf ihrer institutionellen wie personalen Undurchschaubarkeit, der Zuschreibung von Überwachungs- und Kontrollmacht und einer Ambivalenz zwischen Skrupel- und Gesetzlosigkeit einerseits und abgeklärter Professionalität und Ordnungsgarantie andererseits. Geheimdienste stehen zwischen Gut und Böse und sind als mythische Institutionen bzw. Figuren politisch und ideologisch funktionalisierbar.

Entstehung

Obwohl Geheimdienste sprichwörtlich als »zweitältestes Gewerbe der Welt« (Krieger, 7) gelten und geheimdienstliche Tätigkeiten bereits für die Antike nachgewiesen werden können, ist ihre Existenz erst ungefähr seit dem späten 19. Jahrhundert in der Bevölkerung bekannt. Das liegt auch an der zunehmenden Institutionalisierung und Bürokratisierung der Apparate. Zudem weckten Ereignisse wie die Dreyfus-Affäre in Frankreich (1894–99) sowie Gerüchte und Intrigen um die rivalisierenden Expansionsbestrebungen Russlands und Großbritanniens in Asien erstmals größeres Interesse an Spionage und Geheimdiensten. Deren Bedeutung hat sich aber erst seit dem Zweiten Weltkrieg und besonders während des ↗Kalten Krieges auch für breitere Teile der Öffentlichkeit gesteigert und mythischen Charakter angenommen. Im Zuge des in der Frühen Neuzeit einsetzenden Wandels, die Sphäre des Politischen nicht mehr geheim, sondern öffentlich zu halten, haben sich weite Teile der regierenden Organisationsstruktur dem interessierten Bürger erschlossen. Geheimdiplomatie, grundsätzliche politische Absprachen und Konspiration unter Ausschluss von Zeugen entsprachen im 20. Jahrhundert zumindest nicht mehr dem Ideal eines Verhältnisses von Politik und aufgeklärter Öffentlichkeit. Umso stärker entfaltete sich das mythische Potenzial der Geheimdienste (Reichert, 12f). Besonders seit dem Ost-West-Konflikt löste sich die mediale öffentliche Beschäftigung und Bewertung mit dem naturgemäß geheimen Vorgehen der Dienste samt ihres Personals immer stärker von einer nüchternen politischen Analyse. Die auf beiden Seiten des Eisernen Vorhangs wachsende Angst vor einem dritten, möglicherweise nuklearen Weltkrieg (↗Atomkrieg/Atomkraft) beförderte die Bemühungen der Politik, sowohl alle denkbaren Mittel zugunsten eines Informationsvorsprungs einzusetzen als auch die Schreckensfantasien der Bürger zu besänftigen. Die universelle und ultimative Bedrohung sollte nicht nur die militärische, sondern auch die nachrichtendienstliche Aufrüstung rechtfertigen, wobei Letztere stets vage kommuniziert wurde (vgl. Corke). Auch und gerade aus diesem Grund wuchsen die Befürchtungen, die von absoluter Kontrolle und Überwachung bis zum Versagen der jeweils ›eigenen‹ Dienste reichten und die die Pole des mythischen Bedeutungsspektrums markierten.

Undurchschaubarkeit und Spekulation

Ein durch fehlende Kenntnis und verweigerte Transparenz entstehendes Vakuum an Wissen wird nicht selten mit imaginierten Handlungen und Möglichkeiten, mit Spekulationen und Plausibilitäten zu füllen versucht. So geschah und geschieht es auch bei Geheimdiensten, die häufig, wenn überhaupt, mit negativen Schlagzeilen ins Bewusstsein dringen. Immer wieder sorgten Enthüllungsskandale, in die Nachrichtendienste verwickelt sind (oder zu sein scheinen) für Aufmerksamkeit und Besorgnis. Zu nennen wären hier die Invasion in der Schweinebucht, der bis zur Ausführung unentdeckte innerdeutsche Mauerbau, die Iran-Contra-Affäre oder die Anschläge des 11. September (↗9/11). Meist ist es der journalistische Versuch einer Aufarbeitung des Geschehenen, der Bruchstücke konkreter Tätigkeit zutage treten lässt, die weiteren Spekulationen Vorschub leistet. Der Geheimdienst als undurchschaubare Institution mit scheinbar unbegrenztem finanziellen, politischen und moralischen Handlungsraum (»Big Brother«, »Schlapphüte«) dominiert die Vorstellung vieler Menschen. Die CIA, der BND und Verfassungsschutz sowie der Mossad stellen bis heute für Außenstehende schwer zu fassende Organe mit unbekannten, aber hoch eingeschätzten Machtbefugnissen und Mitteln dar. Eine Rückbindung dieser Ansichten an die Realität, so sie denn überhaupt angestrebt wird, scheitert stets an mangelnder Durchsichtigkeit und wenig vertrauenswürdigen Informationen und steigert auf diese Weise sowohl das Interesse als auch die spekulativen Projektionen (vgl. Dewerpe; Horn).

Fiktionale Personalisierung

Umso geeigneter erscheint die Arbeit dieser Dienste sowie ihrer Protagonisten für eine fiktionale und mediale Repräsentation und Bearbeitung. Der moderne Mythos der Geheimdienste hat sich maßgeblich durch seine fiktive Aufbereitung konstituiert. Das Genre der »Spy Novel« etablierte sich um die Wende zum 20. Jahrhundert, zunächst besonders im angloamerikanischen Raum. *The Riddle of the Sands* (1903) von Robert Erskine Childers wird oft als erster Spionageroman bezeichnet. In der Verkörperung des Spions oder Agenten rückte ein gefürchteter wie idealisierter Männertyp als schillernde Figur ins Zentrum zahlreicher weiterer Romane (John Buchan, *The Thirty-Nine Steps*, 1915; Eric Ambler, *Epitaph for a Spy* und *Cause for Alarm*, beide 1938; Frederick Forsyth, *The Day of the Jackal*, 1971, etc.). Autoren wie John le Carré, Ian Fleming, Ambler und Forsyth schufen Charaktere wie George Smiley, ↗James Bond oder Josef Vadassy, die, obwohl sehr unterschiedlich in Auftreten und Kontext, zu modernen Rittern, spannender als die üblichen Detektive, wurden. Einige der Schriftsteller verfügten über eigene Erfahrungen im Metier der Agenten, darunter le Carré und Graham Greene. Seit den 1950er Jahren entstanden unzählige Filme (z. B. bis heute 23 James-Bond-Filme; die Verfilmung von Graham Greenes Roman *Our Man in Havanna*, 1959; Robert De Niros Film *The Good Shepherd*, 2006) und Fernsehserien (*Alias*, *24*). Die fiktiven Akteure besitzen in manchen Fällen ein reales Vorbild oder ihre Geschichten lehnen sich an ›wahre Begebenheiten‹ an. Meist stehen sie als Helden auf der Seite des Guten, geben sich aber selten empathisch, emotional oder sozial bindungsfähig. Das Bild der gewissenlosen Maschine, die Befehle und Aufträge erfüllt, keine Loyalitäten – außer zu Arbeit- bzw. Auftraggeber – und kein Vertrauen kennt, zieht sich durch Literatur, Comic (*S.H.I.E.L.D.*), Film und Fernsehen. Ein beispielhaftes reales Vorbild, dessen moralische Bewertung je nach staatlicher und politischer Zugehörigkeit unterschiedlich ausfiel, stellt Günter Guillaume dar, der als Spion des MfS von 1972 bis 1974 unentdeckt als enger Vertrauter ⌐Willy Brandts im Bundeskanzleramt arbeitete und dafür in der DDR gefeiert und mit Auszeichnungen geehrt wurde. In der Bundesrepublik dagegen gilt er bis heute als einer der gewissenlosesten und bekanntesten Verräter der jüngeren deutschen Geschichte. Auch zu Guillaume existiert eine umfangreiche wissenschaftliche und teilfiktive literarische und filmische Aufarbeitung. Weitere berüchtigte und erfolgreiche Doppelagenten sind bspw. Kim Philby, George Blake und Oleg Penkovsky.

Aber auch das weibliche Pendant, die Agentin, ist zu einer mythischen Figur geworden. Mata Hari, die als angebliche Doppelspionin während des Ersten Weltkriegs tätig war, ist wohl als die mysteriöseste und dadurch mythenproduktivste unter ihnen zu bezeichnen. Charakteristisch ist auch in ihrem Fall, dass große Teile ihrer Geschichte im Dunkeln bleiben und ihre Verstrickung in nachrichtendienstliche Aktivitäten, die schließlich zu ihrer Hinrichtung führten, aus geschichtswissenschaftlicher Perspektive stark anzweifelbar sind. Das Motiv der geheimnisumwitterten Frau, die Verbindung von Sex, Macht und Gefahr übte nicht nur auf Zeitgenossen Mata Haris, sondern auch auf Schöpfer und Rezipienten frei erfundener Agentinnen eine beträchtliche Anziehung aus. Die *Black Widow* aus den Marvel-Comics und die CIA-Agentin *Salt*, im gleichnamigen Film (2010) verkörpert von Angelina Jolie, stellen zwei bekannte Beispiele dar. Gemeinsam ist männlichen wie weiblichen fiktiven Spionen häufig der routinierte Einsatz raffinierter psychologischer Tricks sowie elaborierter technischer Geräte (Lippenstiftkameras, Kugelschreiber mit eingebauter Granate, Abhörwanzen etc.). Ein anderes Genre, angesiedelt zwischen sich um Objektivität bemühenden Berichten und reiner Fiktion, bilden die zahllosen Autobiografien, Enthüllungsbücher und Abrechnungen ehemaliger Spione, Doppelagenten oder Behördenleiter (Heinz Felfe, *Im Dienst des Gegners*, 1986; Victor Ostrovsky, *Der Mossad*, 2000; Reinhard Gehlen, *Der Dienst*, 1972). Nicht selten entwickelten sich diese Werke zu Bestsellern und häufig zitierten Referenzrahmen. Typisch für diese Form der biografischen Literatur ist der Versuch des Autors, die eigene Person und Geschichte aufzuwerten und zu überhöhen. Das exklusive Wissen bspw. um Methoden und Informationen über Gefahr, das in diesen Büchern angeführt wird, trägt dazu bei, Geheimdienste als Organisationen wahrzunehmen, deren Funktionsweise durch präzise Aufklärungsarbeit ›entlarvt‹ werden muss.

Erklärung des Unerklärlichen – Verschwörung und Überwachung

Die kollektiven Ideen, die bereits der Begriff Geheimdienst auslöst, umfassen zum einen Assoziationen mit Gefahr und geheimer, daher unsanktionierter Gewalt. Die Vorstellung, es existiere eine Parallelwelt, in der das Gesetz des Stärkeren oder Schlaueren gelte und die sich als meist unsichtbarer Krieg zwischen antagonistisch operierenden Geheimdiensten abspiele, liefert ein simples, aber plausibles Erklärungsmuster für komplizierte und unerklärliche wirtschaftliche und politische Ereignisse (⌐Mafia). Der Wunsch nach solch einer fast universellen Auflösung der täglichen Widersprüche ist zum Teil dem Bedürfnis nach Orientierung in einer als immer komplexer wahrgenommenen Welt zu suchen. Konkrete Verdächtigungen oder Anschuldigungen finden nicht statt, in den Zuweisungen wird eher gemutmaßt, dass z. B. CIA oder BND ›ihre Finger im Spiel‹ hätten, und der Fantasie des Einzelnen wird bewusst Spielraum gegeben (vgl. Hitz).

Zum anderen bedienen die Spekulationen über die Geheimdienste das Faszinations-potenzial einer unbekannten Sphäre, die für Laien wie ein undurchschaubarer Dschun-gel politischer und militärischer Intrigen wirkt, in dem die Agenten mit hoher Risiko-bereitschaft und Abgeklärtheit ihre Aufgaben erfüllen. Diese werden (so sie denn überhaupt bekannt werden) einerseits bewundert, gar als Helden verehrt, andererseits stehen sie außerhalb der Gesellschaft, stets in der Grauzone zu Gesetzlosigkeit und Willkür. Oder aber sie versinnbildlichen ohnehin die staatlichen Abgründe: die Werk-zeuge der schmutzigen politischen Machenschaften, die skrupellos auch über Leichen gehen (z. B. der Mord an Alexander Litwinenko, mutmaßlich durch russische Dienste; Mordpläne gegen Castro, Lumumba etc.). Die mythische Qualität von Geheimdiensten speist sich aus zahllosen Verschwörungstheorien, die eine klandestine Struktur der Mächtigen am Werk sehen. Wann immer überraschende Wendungen oder Informatio-nen in zwischenstaatlichen, sozialen oder sonst sicherheitsrelevanten Bereichen öffent-lich werden, verweisen einige sofort auf die potenziell illegale, in jedem Fall aber heikle Arbeit von Geheimdiensten. Ähnliches lässt sich bei Attentaten oder Anschlägen kon-statieren (Gerüchte um die Ermordung John F. ↗Kennedys oder die Anschläge vom 11. September 2001).

Damit verknüpft ist ein dritter Aspekt, der mythische Qualität besitzt: der Glaube sowohl an die (Überwachungs-)Technik wie auch an den optimierten Menschen. Die ersten Satelliten sowie Lügendetektoren und viele moderne Kriminaltechniken (z. B. Kryptografie, u. a. zur Entschlüsselung von ENIGMA angewandt) wurden tatsächlich zunächst ausschließlich im nachrichtendienstlichen und militärischen Bereich einge-setzt. Ziel scheint nicht ausschließlich die Abwehr und Bekämpfung des Gegners zu sein, sondern auch die lückenlose Kontrolle der eigenen Bevölkerung.

George Orwells Dystopie *1984* aus dem Jahr 1948 hat sich zwar nicht explizit mit Geheimdiensten befasst, aber das Schreckensszenario des totalitären Überwachungs-staates wird von Kritikern der nachrichtendienstlichen Methoden ungebrochen aufge-rufen, verstärkt durch die Enthüllungen des ehemaligen NSA-Vertragsnehmers Edward Snowden. Er ist insofern ein Sonderfall, als er seinen Auftraggebern zum Verräter und den Überwachten zum Helden wurde.

Die Melange aus Informationen, Spekulationen und Fiktion erzeugt nicht nur eine große Schnittmenge kollektiver Ideen und Vorstellungen von Geheimdiensten, sie stärkt auch ein Gemeinschaftsgefühl der ›einfachen Bürger‹ in Abgrenzung zu den unerreich-baren, unsichtbaren Entscheidungsträgern in Machtpositionen. Die Balance zwischen Skepsis und Angst auf der einen Seite und Faszination und Unterhaltung auf der anderen scheint – zumindest in Demokratien – stabil zu sein. Sie rechtfertigt politische und so-ziale oppositionelle Subkulturen und inspiriert weiterhin die Künste und die Popkultur.

Lit.: R.J. Aldrich, The Hidden Hand. Britain, America and Cold War Secret Intelligence, London 2001. – S. Corke, US Covert Operations and Cold War Strategy. Truman, Secret Warfare, and the CIA, 1945–53, London 2007. – A. Dewerpe, L'Espion. Une anthropologie historique du secret d'Etat contemporain, Paris 1994. – G. Hirschfeld, Mata Hari. Die größte Spionin des 20. Jahrhunderts?, in: Geheimdienste in der Weltgeschichte, hg. v. W. Krieger, München 2003, 151–169. – F.P. Hitz, The Great Game. The Myth and

Reality of Espionage, New York 2004. – E. Horn, Der Geheime Krieg. Verrat, Spionage und moderne Fiktion, Frankfurt a. M. 2007. – W. Krieger, Geschichte der Geheimdienste, München 2010. – K. Reichert, Neue Formen des Geheimen am Beginn der Moderne, in: Das Geheimnis am Beginn der europäischen Moderne, hg. v. G. Engel/B. Rang u. a., Frankfurt a. M. 2002, 12–20. – G. Simmel, Das Geheimnis und die geheime Gesellschaft, Berlin 1908.

Eva Neumann

Gelbe Gefahr

Der um 1895 aufkommende Terminus »Gelbe Gefahr« bildete um die Wende vom 19. zum 20. Jahrhundert das zentrale Muster der Wahrnehmung Chinas und Japans in Europa und Nordamerika. Gelbe Gefahr steht für die Behauptung einer existenziellen Gefährdung sogenannter westlicher Gesellschaften durch die Nationen Ostasiens. Man befürchtete die Infragestellung europäischer Dominanz auf dem Weltmarkt und im internationalen System. Begleitet wurde die Behauptung einer Gelben Gefahr von einer vorgeblichen, rassistisch aufgeladenen Bedrohung ›der Kultur und Zivilisation‹ durch die ›gelben Massen‹. Diese angebliche Gefährdung diente zu diesem Zeitpunkt nicht zuletzt auch der Rechtfertigung imperialistischer Intervention und Gewalt. Ausdruck wurde dem Mythos von der Gelben Gefahr in Politik, Publizistik und Literatur gegeben. Das Bild der Gelben Gefahr und seine wesentlichen Gehalte einer unqualifizierten Massenhaftigkeit von Menschen und Produktionspotenzialen der ostasiatischen Gesellschaften, deren substanzieller Amoral und Alterität sowie ›rassischer‹ und/oder kulturell-sozialer Bedrohlichkeit wirken in transformierter Gestalt in Politik und Kulturindustrie bis heute nach.

Ursprünge

Wann genau der Begriff »Gelbe Gefahr« entstanden ist, ist unbekannt. Sicher ist, dass er ab 1895 explizit verwendet wurde. In den folgenden Jahren bis zum Ersten Weltkrieg war er in den öffentlichen Debatten in allen europäischen und nordamerikanischen Gesellschaften präsent und entfaltete große Wirksamkeit (vgl. Gollwitzer; Mehnert). Vorausgegangen waren dem verschiedene Entwicklungen im Laufe des 19. Jahrhunderts: Zum einen hatte sich im Zuge der beginnenden globalen Hegemonie der kapitalistischen Gesellschaften Europas und Nordamerikas ein neues Bild der Menschen und Zivilisationen Asiens etabliert. Hatte namentlich China bis ins 18. Jahrhundert Reichtum, kulturelle Tradition und rationale Ordnung symbolisiert, galt es nun als unveränderlich und statisch, stagnierend und ↗Europa‹ unterlegen. Zum anderen wurde diese – faktisch vorhandene, militärische und ökonomische – Unterlegenheit in Fortschrittsideologien (↗Fortschritt) und zunehmend auch in Rassentheorien essenzialisiert: ›Die Chinesen‹ seien ›rassisch‹ wie kulturell vollkommen ›anders‹, ›sittlich verkommen‹, grausam und als ›Massenwesen‹ ohne jede sie qualifizierende Individualität (vgl. dazu kritisch Dawson; Keevak). Diese Vorstellungen, die zuvor innerhalb der kulturellen

Eliten zirkulierten, entwickelten sich ab der Mitte des 19. Jahrhunderts zu prägnanten Images mit Massenwirkung, die in den entstehenden Medien der Massenpolitik und der Kulturindustrie weltweit verbreitet wurden. Dazu trug insbesondere die Thematisierung chinesischer Migration ab 1850 bei, der weltweit mit rassistischen Ressentiments und gesetzlicher Diskriminierung begegnet wurde. Diese Praktiken des Ausschlusses und der rassistischen Abgrenzung begannen, angesichts zunehmender gesellschaftlicher Verflechtung durch Migration, Imperialismus und Weltmarktintegration, die Mythen exklusiver, ›reiner‹ ↗Nationen und Nationalismen zu definieren und zu radikalisieren (vgl. Conrad).

Alterität und Bedrohung

Der Mythos der Gelben Gefahr handelte, so Keevak, »not simply about the prospect of increased East Asian immigration, but also of military aggression, economic competition, and social degeneration« (Keevak, 126). Die kulturell tradierten Bilder einer absoluten Alterität Ostasiens und dessen vorgeblicher Amoral und Massenhaftigkeit verschränkten sich vor dem Hintergrund eines sozialdarwinistisch aufgeladenen Rassismus und Nationalismus sowie einer sich andeutenden Emanzipation ›farbiger Völker‹ zum Bild einer drohenden ›Überflutung‹ bzw. Gefährdung ›der westlichen Zivilisation‹ durch die ›gelben Massen‹.

Dieses Bedrohungsszenario erschien pseudomythologisch verkleidet paradigmatisch auf einem Stahlstich, den der Hofmaler Knackfuß nach einer Zeichnung des deutschen Kaisers Wilhelm II. 1895 anfertigte. Er zeigte die Nationen Europas als Walküren, denen der Erzengel Gabriel eine auf einem Drachen reitende und die europäische Landschaft verheerende Buddha-Figur präsentierte. Dieser Druck, den Wilhelm an verschiedene Monarchen und Staatsoberhäupter verschickte und der in der Folge weltweit in zahlreichen Zeitschriften nachgedruckt wurde, war viersprachig unterschrieben mit dem Text: »Völker Europas! Wahrt eure heiligsten Güter!« (Keevak, 127).

Das Spektrum der in Politik und Kulturindustrie dieses paranoide und katastrophische Grundmuster wiederholenden Personen reichte, verstärkt durch den »Boxeraufstand« 1900 in China und dessen Niederschlagung, von Vertretern der gewerkschaftlichen Linken bis zu Exponenten der rassistischen Rechten. So zeigten etwa im Deutschen Reich Sozialdemokraten wie Franz Mehring (*Die Gelbe Gefahr*, 1904) »Angst […] vor der billigen chinesischen Produktion« (Leutner, 435), der christliche Sozialpolitiker Franz Hintze evozierte eine kommende ›Überflutung‹ (Gollwitzer, 186) und der Schriftsteller Stefan von Kotze (*Gelbe Gefahr*, 1900) beschrieb die »gewaltigen antagonistischen Massen der gelben Rasse«, jene »erbarmungslosen Feinde« der »Westwelt« und einen nahenden ›Rassenkampf‹ (v. Kotze, 45).

Aktualisierungen

International zählten u. a. Homer Lea in den USA, Gustave Le Bon in Frankreich und Sax Rohmer (A. H. Sarsfield Ward) in Großbritannien zu den Propagandisten einer Gelben Gefahr. Rohmer schuf in seinen Romanen die bis heute bekannteste kulturindustrielle Ikone des Mythos, einen grausamen und mysteriösen Überschurken, dessen Komplotte das Überleben der gesamten ›weißen Rasse‹ infrage stellten: »Dr. Fu-Manchu, the yellow peril incarnate in one man« (Rohmer, 16).

Obwohl die Phantasmagorien der Gelben Gefahr ihre Virulenz nach dem Ende des Ersten Weltkriegs einbüßten, wurden verschiedene Elemente etwa in der US-amerikanischen Kulturindustrie oder der nationalsozialistischen Publizistik weiter tradiert. Auf dem Höhepunkt des ↗Kalten Krieges wurde das Bild der bedrohlichen ›gelben Masse‹ gegen das kommunistische China gewendet (vgl. Glaubitz). In den 1990er Jahren gingen Motive insbesondere der Zivilisationskonkurrenz in die populären Theoreme über einen ↗›Kampf der Kulturen‹ ein. Bis heute bildet der Begriff der Gelben Gefahr und einige seiner Elemente wie ›bedrohliche‹ Massenhaftigkeit und Alterität einen vertrauten Hintergrund für die Wahrnehmung Japans und nun insbesondere Chinas (z. B. Gregory Dorsey u. Stephen Leeb, *Die gelbe Gefahr. Wie Chinas Gier nach Rohstoffen unseren Lebensstil gefährdet*, 2012).

Lit.: S. Conrad, Globale Arbeitsmärkte und die »Gelbe Gefahr«. »Kulis«, Migranten und die Politik der Differenz, Bochum 2010. – R. Dawson, The Chinese Chameleon. An Analysis of European Conceptions of Chinese Civilization, New York u. a. 1967. – J. Glaubitz, Die Volksrepublik China in den deutschen Geschichtslehrbüchern, in: Europa-Archiv 19 (1967), 719–726. – H. Gollwitzer, Die Gelbe Gefahr. Geschichte eines Schlagworts, Göttingen 1962. – M. Keevak, Becoming Yellow. A Short History of Racial Thinking, Princeton/Oxford 2011. – S. v. Kotze, Gelbe Gefahr, Berlin 1900. – M. Leutner, Deutsche Vorstellungen über China und Chinesen und über die Rolle der Deutschen in China, 1890–1945, in: Von der Kolonialpolitik zur Kooperation, hg. v. Kuo H., München 1986, 401–442. – U. Mehnert, Deutschland, Amerika und die »Gelbe Gefahr«. Zur Karriere eines Schlagworts in der Großen Politik, 1905–1917, Stuttgart 1995. – S. Rohmer, The Mystery of Dr. Fu-Manchu, London 1913.

Florian Hessel

Gene/Vererbung

Bis zur Moderne wurde ›Vererbung‹ insbesondere im juristischen Sinne als Weitergabe von Besitz und sozialer Position verstanden. Erst mit der modernen Evolutionstheorie und Genetik wurde ›Vererbung‹ als Verbindung von informationsspeichernden Substanzen und Handlungen, mit denen diese Substanzen weitergegeben werden, beschreibbar. Als Vererbung wird daher die im Rahmen der biologischen Reproduktion von Lebewesen erfolgende Weitergabe von Informationen in Form von bestimmten Molekülen (DNS) an die nächste Generation bezeichnet. Dies führte zu einer Verknüpfung von Zeugung und Zusammengehörigkeit, die in der Moderne sowohl für medizinische Kontexte als auch für die kulturelle Verhandlung mythisch relevant wurde, indem sie die Vorstellung von ›Generation‹, ›Familiengeschichte‹ (↗Familie) und ›Rasse‹ prägte.

Ursprung und Entwicklung

In der Epoche der Aufklärung, welche die zunehmende Etablierung eines rationalistischen Weltbildes und eine differenzierte Erforschung der Natur implizierte, wurde die

Basis für das moderne Verständnis von Vererbung gelegt. Indem der Mensch sich selbst als ein zeitlich bedingtes Wesen dachte, wurde sowohl die Rekonstruktion als auch die Zukunftsbetrachtung der eigenen Geschichte denkbar. In die Zeit der Aufklärung fällt auch die erste Evolutionstheorie, die vom französischen Botaniker Jean-Baptiste de Lamarck formuliert wurde. Dieser ging davon aus, dass Individuen bei der Reproduktion Eigenschaften an ihre Nachkommen weitergeben, die sie während ihres Lebens erworben haben. Ähnliche Gedanken finden sich auch in der äußerst einflussreichen Studie *On the Origin of the Species* (1859) von Charles Darwin. Das Überleben und Verändern von Spezies, inklusive der des Homo sapiens, wurde als deren Angepasstheit an Umweltbedingungen und nicht mehr als göttlicher Schöpfungsakt rekonstruiert (Middeke, 308). Der Begriff des ›Ursprungs‹ konnte somit aus dem Bereich des Sakrosankten herausgelöst und in denjenigen des rational Messbaren übertragen werden. Dies machte ihn zugleich zu einem neuen mythischen Narrativ, das verschiedene Bedeutungszuweisungen und Symbolisierungen ermöglichte.

Hierzu trugen insbesondere die um 1900 durch Hugo Marie de Vries wiederentdeckten Forschungen Gregor Mendels bei, die noch heute als *Mendelsche Regeln* bekannt sind. Denn von da an entwickelte sich die Genetik als Disziplin mit Akteuren wie Francis Galton, der den Begriff ›Eugenik‹ prägte und damit eine wissenschaftliche und populäre Erzählung von der notwendigen oder möglichen Verbesserung des menschlichen Erbgutes schuf. Während Thomas Hunt Morgan (1866–1945) die Lokalisierung von Erbinformationen auf Chromosomen erforschte und somit eine Genetik vorantrieb, die die Parallelen zur Evolutionsgeschichte zu vermeiden versuchte, fand in der deutschen Debatte eine kontinuierliche Auseinandersetzung mit dieser mythischen Erzählung von Entwicklung statt (Harwood, 101 ff.).

Hierbei spielte das sogenannte Keimplasma eine entscheidende Rolle: Dieser ›Grundstock‹ der Zellen, von dem angenommen wurde, dass er ohne den Einfluss äußerer Faktoren an die nächste Generation weitergegeben wird, stellte argumentationslogisch die Basis für eine Unveränderlichkeit ›schlechter‹ wie ›guter‹ Erbanlagen dar. Hiermit leistete August Weismann (1834–1914) einen Beitrag zur sogenannten *Synthetischen Evolutionstheorie*, welche Genetik und Entwicklungsgeschichte zusammenbrachte (Bublitz u. a., 274; Harwood, 105).

Kollektiver Fortschritt und Selektion

Die Erkenntnis, dass die individuelle Fortpflanzung die Grundlage für das Fortbestehen einer Gemeinschaft ist, entwickelt sich nicht erst in der Moderne, sondern ist bereits bei Platon zu finden. Dass Reproduktion und Erziehung ›richtig‹ betrieben werden, sei, so Adeimantos gegenüber Sokrates, notwendig für einen guten Staat (*Politeia*, 449b). Das antike Regulierungsprinzip erfährt durch die Vererbungslehre eine entscheidende Weiterentwicklung: Die von Darwin erkannte natürliche Selektion sowie das genetische und embryologische Wissen werden in der Moderne mit einem mythischen Narrativ des ↗Fortschritts in Verbindung gebracht, in dem Reproduktion auf ganz unterschiedliche Weisen mit dem ökonomischen und politischen Diskurs der Zeit verwoben ist (Bublitz u. a., 236 ff.). Dabei wird der individuelle Leib, wie schon bei Platon (*Politeia*,

462a), als mit dem kollektiven Körper verbunden imaginiert, so z.B. ökonomisch-soziologisch gedacht von Albert Schäffle in *Bau und Leben des sozialen Körpers* (1875/76). Zusammen mit der fortwährenden Industrialisierung wird die Interpretation hinsichtlich eines ›Kampfes um das Dasein‹ beispielsweise in der evolutionistischen Anthropologie Lewis Henry Morgans (1818–1881) von der rein biologischen Grundlage auf das soziale Verhalten des Menschen übertragen. Die fortschrittliche Kulturentwicklung konnte so anthropozentrisch als natürliche Entstehung rekonstruiert werden, die gleichzeitig die Stigmatisierung alles Abweichenden, Rückständigen und Unzivilisierten z.B. in Form von kolonialisierendem Exotismus legitimierte (↗Wilde).

Zudem wurde um 1900 ein Kultur- und Sittenverfall postuliert, der sowohl den literarischen als auch den öffentlichen und wissenschaftlichen Diskurs mit mythisierenden Narrativen des Niedergangs speiste (Middeke, 310). Der Begriff der Degeneration, der medizinisch den Abstieg gesunden Erbgutes hin zu Krankheit, geistiger Behinderung etc. aufgrund von Vermengung mit ›schlechtem‹ Erbgut bezeichnete, gewann im Zusammenhang mit dem Begriff der Generation Bedeutung als Selbstbeschreibungsformel einer kollektiven Identität, die noch heute bei Fragen nach der eigenen ›Familiengeschichte‹ virulent wird. Deutlich wird dies an der mannigfaltigen literarischen Repräsentation familialer Bindungen um 1900, wie z.B. Thomas Manns *Buddenbrooks. Verfall einer Familie* (1901) in Deutschland sowie Samuel Butlers *The Way of All Flesh* (1903) in England.

Als diese Romane erschienen, waren die Selektionsprinzipien von Vererbungslehre und Genetik schon in sozialer Hinsicht auf einzelne Individuen und Gruppen angewandt worden. Für diese Übertragung hatte Charles Darwin 1871 in *The Decent of Man, and Selection in Relation to Sex* die Basis gelegt, welche in Deutschland insbesondere von Ernst Haeckel (1834–1919) verbreitet und eugenisch umgedeutet wurde. Seine Gedanken fanden in der ›Rassenhygiene‹ von Alfred Ploetz und Ernst Rüdin in der ersten Hälfte des 20. Jahrhunderts ihren späteren Höhepunkt. Diese ebnete den Weg für die gezielte Verhinderung der Reproduktion ›degenerierter‹ Menschen durch Sterilisation, Abtreibung, Kindstötung etc. (sogenannte negative Eugenik). Die Vererbungslehre, gedacht als rein deskriptive Wissenschaft, wurde hier also für normative Zuschreibungen des ›lebenswerten‹ und ›lebensunwerten Lebens‹ genutzt. Obwohl Vererbungslehre und Eugenik also zu Beginn des 20. Jahrhunderts sehr vielfältig verhandelt wurden, wurde erst im Zuge nationalsozialistischer Bestrebungen das ›Aus-der-Art-Fallen‹ zu einem Anderssein im politischen, medizinischen oder gesellschaftlich nicht anerkannten Sinne, das der Evolution der menschlichen ›Rasse‹ als solcher bzw. den einzelnen, nationalistisch gedachten Einheiten schaden könnte (Bublitz u.a., 259). So wurde es möglich, die Positionierung von Personen im sozialen Raum mit einer biologisch bestimmbaren Grundlage zu naturalisieren.

Zugunsten ökonomischer Fortschritts- und Nationalismusnarrative wird dabei übersehen, dass Beschreibungen der Natur logisch gesehen nicht als normative Grundlagen für menschliches Handeln genutzt werden können, wie es der englische Philosoph George Edward Moore 1903 in seiner *Principia Ethica* als Gegenbewegung zur naturalistischen Ethik konstatierte. Eine solche Ethik wurde vor allem und folgenreich von Rassenhygienikern, aber auch von Feministinnen wie Helene Stöcker (1869–1943) vertreten, die zwar einerseits eine liberale Position gegenüber Sexualität einnahm, gleichzeitig aber die Fortpflanzung ›degenerierter‹ Personen negativ bewertete. Auch sozialistische und sozialdemokratische Stimmen nutzen die Eugenik für ihre Zwecke: So beispielsweise der Mediziner Alfred Grotjahn (1869–1931), der zwar auch die sozialen Bedingungen der Entstehung und Bekämpfung von Krankheiten mit berücksichtigte, sich aber ebenso für Geburtenregelung und eine qualitative Verbesserung des Erbgutes einsetzte.

Dystopische Verhandlung von Reproduktionstechnologien

Erfahrungen aus dem Ersten Weltkrieg, die entstehende Anonymität in Großstädten und die fortschreitende Technisierung Anfang des 20. Jahrhunderts schafften kulturelle und soziale Verhältnisse, die sich mit den epistemischen Bedingungen rund um die Reproduktionstechnologien vermischten. Zugleich überlagerte damit das Wissen der Moderne um die generische Zugehörigkeit von Menschen zu Familien, ethnischen Gruppen oder Klassen die aufgeklärte Vorstellung von Menschen als einmaligen Persönlichkeiten mit unverkennbaren Eigenschaften.

Das Ineinandergreifen von biologischer und sozialer Formung, das sich bei Platon bereits als Handlungen der »Kinderzeugung« (*Politeia*, 449b) andeutete und auch in klassischen Utopien wie beispielsweise der 1602 veröffentlichten *Civitas Solis* von Tommaso Campanella eine Rolle spielte, gewann somit in der Moderne durch die technische Machbarkeit eine ganz neue Dimension. Erstmals rückte die Veränderung des genetischen Erbgutes und damit eine biologische Veränderbarkeit des Menschen in den Bereich des technologisch Machbaren. Hieraus entstanden auch neue Formen des Romans wie die Dystopie, die traditionelle utopische Elemente mit der Science Fiction zusammenführte, welche sich ebenfalls im 19. Jahrhundert als Genre etablierte. Bekannt geworden ist dieses mythische Narrativ insbesondere durch Aldous Huxleys Roman *Brave New World* (1932). Huxley imaginierte im Rückbezug auf embryologische Forschungen das sogenannte Bokanowsky-Verfahren, bei dem befruchtete Eizellen im Reagenzglas gesplittet werden. Diese frühe Form des Klonens bildet die Basis eines politischen Systems von fünf Kasten, deren endgültige Positionierung im sozialen Raum durch Konditionierung und die Abgrenzung vom ›Unzivilisierten‹ fortwährend stabilisiert wird. Hier knüpft Huxley einerseits an die in der *Politeia* und klassischen Utopien bereits entworfenen Dynamiken an, unterwirft seine Figuren jedoch einem Bestreben nach technologischem Fortschritt: Es sind behavioristische Mechanismen und unbegrenzter Konsum, die letztlich dazu führen, dass sie die jeweilige soziale Position als vollkommenes Glück betrachten. Die utopische Gestaltung eines Kollektivs, wie sie noch bei Platon oder auch in Thomas Morus' *Utopia* (1516) als Differenz zum Bestehenden möglich war, wandelt sich so in Szenarien, die die reale Radikalisierung des Fortschrittsmythos mittels Technologien für möglich erachten bzw. vor ebenjenen warnen wollen.

Dabei ist jedoch der aus Schul- und Einführungsbüchern bekannte Gen-Begriff umstritten und wird seit den 1970er Jahren auch in der Genetik selbst intensiv diskutiert – wie oft welche Gene für die Proteingenerierung decodiert werden und in welchem Verhältnis Genotyp, Phänotyp und Umwelteinflüsse stehen, wird beispielsweise im

Lichte neuerer Forschungsergebnisse der Epigenetik derzeit wieder zur Disposition gestellt.

Die Deutungsmacht der Genetik wird an verschiedenen Orten sogar entkräftet: erstens durch die Erkenntnis, dass die Vorstellung des ›genetischen Codes‹ selbst von Topoi des aufkommenden Informationszeitalters und des kapitalistischen Reduktionismus geprägt war (Kay, 235–294). Zweitens wird betont, dass die ›Entschlüsselung‹ des menschlichen Genoms durch das Human Genome Project um das Jahr 2000 zwar die komplette Sequenzierung der menschlichen DNS umfasste – diese Informationen stellen jedoch nur einen Teil des biologischen und vor allem nur einen sehr geringen Teil des gesamten Wissens über den Menschen dar (Weigel, 226).

Drittens wird die Genetik als Topos kultureller Werke in der Postmoderne neu verhandelt. Ein Beispiel hierfür ist Andrew Nichols preisgekrönter Spielfilm *Gattaca* (1997). Im selben Jahr, in dem die Nachricht vom geklonten Schaf Dolly um die Welt ging, erscheint hier eine Dystopie zur liberalen Eugenik, in der vorgeburtliche Selektion üblich ist. ›Natürlich‹ gezeugte Personen werden ähnlich wie in Huxleys *Brave New World* ausgegrenzt und stigmatisiert. Diese Personen sind ›Invaliden‹, d.h. für alle höheren Dienste nicht zugelassen, im Gegensatz zu den auf ihr Erbgut getesteten ›Validen‹. Die Raumfahrtorganisation Gattaca lässt nur vollkommen gesunde Menschen bisher unerforschte Orte entdecken. Durch die Figur des Vincent Freeman, der eine neue Identität annimmt, mithilfe eines Arztes das System unterwandern und schließlich trotz seiner ›Invalidität‹ zum Saturnmond Titan reisen kann, gelingt so eine kritische, postmoderne Parabel auf die Vorstellung einer menschlichen Determinierung durch das eigene Erbgut.

Aufgrund der genannten grundlegenden Bedeutung von Reproduktion für Kollektive kann davon ausgegangen werden, dass durch die Konzepte ›Vererbung‹ und ›Gen‹ ein »epistemischer Raum« (Müller-Wille/Rheinberger, 25) entsteht – ein Konglomerat aus Diskursen, Praktiken und Symbolisierungen der Reproduktion, das sich aus verschiedenen Interessen und Disziplinen speist. Insbesondere in der Forschung, die sich mit Wissenschaft als Erzählung befasst, werden in diesem Zusammenhang die Parallelen zwischen klassischen und modernen Mythen betont – so stellt beispielsweise Misia Landau (1991) die mythische Qualität und die Deutungsmacht des Evolutionsnarrativs heraus. Der Mensch als ein Wesen, das seine Identität narrativ konstruiert, erzählt hiermit seine eigene Entstehung (Landau, 176).

Lit.: H. Bublitz u.a., Der Gesellschaftskörper. Zur Neuordnung von Kultur und Geschlecht um 1900, Frankfurt a.M./New York 2000. – J. Harwood, Styles of Scientific Thought. The German Genetics Community, 1900–1933, Chicago/London 1993. – L.E. Kay, Who Wrote the Book of Life? A History of the Genetic Code, Stanford 2000. – M. Landau, Narratives of Human Evolution, New Haven/London 1991. – M. Middeke, Charles Darwin. The Origin of the Species (1859), in: Handbuch der britischen Kulturgeschichte, hg. v. R. Beck/K. Schröder, Paderborn 2006, 308–312. – St. Müller-Wille/J. Rheinberger, Heredity. The Formation of an Epistemic Space, in: Heredity Produced. At the Crossroads of Biology, Politics, and Culture, 1500–1870, hg. v. St.M.-W./J.R., Cambridge (MA)/London 2007, 3–34. – Platon, Politeia, in: Ders., Sämtliche Werke, Bd. 2, Reinbek ³⁰2004, 195–538. – S. Weigel, Der Text der Genetik, in: Genealogie und Genetik. Schnittstellen zwischen Biologie und Kulturgeschichte, hg. v. S.W., Berlin 2002, 223–246.

Solveig Lena Hansen

Genie

Unter einem Genie versteht man traditionell einen schöpferischen Menschen »von singulärer intellektueller bzw. künstlerischer Begabung« (Weimar, 701). Allerdings sind spätestens in der Ästhetik des Fin de Siècle konstitutive Elemente dieser Kategorie wie Inspiration, Originalität oder künstlerische Autonomie für obsolet erklärt worden, was die Frage aufwirft, ob die Vorstellung des Genies mittlerweile nicht als insgesamt überholt anzusehen ist. Dieser Annahme widerspricht jedoch die fortdauernde Präsenz vielfältiger Genie-Konzepte in unterschiedlichen gesellschaftlichen und ästhetischen Diskursen des 21. Jahrhunderts, die von einer andauernden suggestiven Kraft dieser Vorstellung zeugt. Aus dieser Spannung erwächst nicht nur die Bedeutung des Genie-Begriffs für die Gegenwart, sondern auch sein mythisches Potenzial.

Historischer Wandel

Zu den Vorstellungen, die auch in der Moderne mit dem Genie assoziiert werden, gehören die antiken Konzepte von göttlicher Auszeichnung, Inspiration, Pathologie und Wahnsinn (Baier, 65–74, 177–189). Im Sturm und Drang hingegen erscheint das Genie als Apotheose des künstlerischen Subjekts, das Authentizität und Autonomie beansprucht, in einem Alteritätsverhältnis zur Welt steht und aus sich selbst originale Werke schafft (ebd., 27–64). Um 1900 führen die Entlarvungspsychologie Nietzsches und die ↗Psychoanalyse Freuds zu einer »Entmystifizierung des schöpferischen Prozesses« (Krieger, 127), in dessen Verlauf auch die Vorstellung des Genies an Überzeugungskraft verliert. Dennoch nehmen die genannten Attribute einerseits in der Figur des Künstlers maßgeblichen Einfluss auf das Menschenbild der Moderne: Gerade durch seine Stellung als gesellschaftlicher Außenseiter kann er seine Subjektivität in einzigartiger Weise aus-

Abb. 14: Albert Einstein

leben. Und da das Genie als Inbegriff einer in vollkommener Eigengesetzlichkeit ausgeprägten Subjektivität angesehen werden kann, wird es im Zeitalter der Individualität zu
einer paradigmatischen Kategorie. Andererseits hat, entgegen traditioneller Auffassungen, in der ↗Moderne auch die Vorstellung des Naturwissenschaftlers als Genie zunehmend an Bedeutung gewonnen. Eine Verkörperung des naturwissenschaftlichen Genies, das mit seinen Experimenten die Geheimnisse des Universums enthüllt, ist der
Physiker Albert Einstein. Nicht nur dank der eminenten Bedeutung seiner Relativitäts-
theorie, die die Vorstellungen von Raum, Zeit, Energie und Materie radikal verändert
hat, sondern auch aufgrund der Bekanntheit der berühmten Formel $E = mc^2$ sowie des
geradezu ikonografischen Fotos mit herausgestreckter Zunge kann Einstein als paradig-
matisches Genie der Moderne und zugleich als moderner Mythos angesehen werden.

Das Genie in der Gegenwart

Obwohl der Genie-Begriff seine Legitimation als ästhetische oder philosophische Kategorie längst eingebüßt hat, ist er in Kunst, Kultur und Unterhaltung der Gegenwart in
einer prototypisch-reduzierten Form dennoch vielfach präsent. In Filmen wie *Amadeus*
(1984), *Pollock* (2000) oder *A Beautiful Mind* (2001) sind der Komponist Wolfgang
Amadeus Mozart (↗Wiener Klassik), der Maler Jackson Pollock und der Mathematiker
John Forbes Nash gekennzeichnet durch singuläre Begabung, Exzentrik, daraus resul-
tierendes Außenseitertum sowie Nähe zu Krankheit und Wahn. Sie verkörpern damit
Ausprägungen schöpferischer Individualität, die trotz ihrer Unterschiede als typisch
›genial‹ empfunden werden.

Zwar gilt auch im 21. Jahrhundert eine Form von Exzeptionalität noch immer als
konstitutives Merkmal des Genies, doch ist weniger die außergewöhnliche Begabung
eines Menschen das entscheidende Kriterium als vielmehr seine einzigartige persönliche Leistung, die in der Kunst, den Wissenschaften oder der sozialen Lebenswelt des
Alltags weitreichende Auswirkungen nach sich zieht. Damit wird die Zuschreibung des
Attributs Genie an den individuellen Erfolg einer Person gekoppelt und Genialität zu
einer Eigenschaft erklärt, die angestrebt und errungen werden kann (*Die Zeit*, 37–39).
Diese Umdeutung schafft eine Voraussetzung für die Akzeptanz und anhaltende Wirk-
samkeit des Geniekonzepts in einer Gesellschaft, in der Leistung – oder zumindest der
Anschein von Leistung, das Image – als Nonplusultra gilt.

Diese ›Genies des Alltags‹ (ebd.) sind keine begnadeten oder exzentrischen Außen-
seiter mehr, sondern von vielen bewunderte Vorbilder, deren Erfolgsgeschichten den
Anschein erwecken, jeder, der gern an Computern schraube wie Apple-Gründer Steve
Jobs oder fantasievolle Geschichten erzähle wie *Harry Potter*-Autorin J. K. Rowling
(↗Harry Potter), könne zum Genie werden und damit nicht nur gesellschaftlichen, son-
dern auch finanziellen Erfolg haben – eine Variante des Mythos vom ↗American Dream.
Der Einfluss dieser Überzeugung erstreckt sich bis hinein in die Diskussionen um die
Förderung kindlicher Hochbegabung oder den richtigen Umgang mit gesellschaftlichen
Eliten (↗Elite). Vor diesem Hintergrund können Rowling und Jobs als beispielhafte Ex-
ponenten eines »wirkungsmächtigen *Kreativitätsdispositivs*« (Reckwitz, 15) angesehen
werden, das mit seiner »Doppelung von Kreativitätswunsch und Kreativitätsimperativ«

(ebd., 10) die »einstmals elitäre und oppositionelle Orientierung am Kreativen« (ebd., 15) zum gesellschaftlichen Paradigma erklärt. Damit wird das durch Originalität und Schöpfertum charakterisierte Genie zu einem Ideal auch der (spät-)modernen kapitalistischen Gesellschaft.

Mythische Dimensionen

Die Geschichte des Genies ist eine Folge einander ablösender sowie zeitgleich nebeneinander bestehender Vorstellungen von Genialität (vgl. Schmidt). Angesichts dieser Vielgestaltigkeit ist das abstrakte Konzept Genie kaum als eigenständiges Mythologem anzusehen. Die individuellen Leistungen einzelner Genies jedoch (Einstein, ↗Napoleon, Mozart) können als so außergewöhnlich empfunden werden, dass sie mittels herkömmlicher diskursiver Kategorien nicht adäquat zu erfassen sind, sondern nur unter Rückgriff auf atavistische Vorstellungen wie göttliche Inspiration oder manische Irrationalität beschreibbar werden – Vorstellungen, die im rationalistischen Gedankensystem der Moderne einzig der Genie-Begriff noch zur Verfügung zu stellen scheint. Andererseits können Personen, in denen sich die gesellschaftliche Tendenz zu einer »Universalisierung der Kreativität« (Reckwitz, 13) exemplarisch verkörpert, durch die Bezeichnung Genie gleichsam nobilitiert werden: Diese Bezeichnung stellt eine geistesgeschichtliche Wahlverwandtschaft her zwischen Zeitgenossen wie J.K. Rowling oder Steve Jobs und historischen Genies wie Goethe, Einstein oder Picasso, sodass der Nimbus des Übernatürlich-Göttlichen oder Irrational-Pathologischen, der sie umgibt, nun auch Rowling und Jobs zugesprochen wird. Sie werden dadurch über die Masse ›gewöhnlicher Menschen‹ erhoben und in eine kleine Gruppe exzeptioneller Individuen aufgenommen. Damit trägt die Zuschreibung Genie in sich das Potenzial, einen Menschen zum modernen Mythos werden zu lassen.

Lit.: C. Baier, Zwischen höllischem Feuer und doppeltem Segen. Geniekonzepte in Thomas Manns Romanen *Lotte in Weimar*, *Joseph und seine Brüder* und *Doktor Faustus*, Göttingen 2011. – V. Krieger, Was ist ein Künstler? Genie – Heilsbringer – Antikünstler. Eine Ideen- und Kunstgeschichte des Schöpferischen, Köln 2007. – E. Portland, Genie, in: Ästhetische Grundbegriffe, hg. v. K. Barck u.a., Stuttgart/ Weimar 2001, 661–709. – A. Reckwitz, Die Erfindung der Kreativität. Zum Prozess gesellschaftlicher Ästhetisierung, Berlin ²2012. – J. Schmidt, Die Geschichte des Genie-Gedankens in der deutschen Literatur, Philosophie und Politik, 2 Bde., Darmstadt ³2004. – A. Senker, Genial! Große Geister fallen nicht vom Himmel. Sieben Zutaten sind nötig, um Weltveränderer zu werden, in: Die Zeit, 13.10.2011, 37–39. – K. Weimar, Genie, in: Reallexikon der deutschen Literaturwissenschaft, hg. v. K.W./H. Fricke, Bd. I, Berlin/ New York 2007, 701–703.

Christian Baier

Globalisierung

Ursprünglich ist der Begriff »Globalisierung« im Marketingbereich entstanden (vgl. Levitt). Er wurde dann Anfang der 1990er Jahre von Wirtschafts- und Sozialwissenschaftlern übernommen und weiterentwickelt. Mittlerweile ist er in aller Munde, drückt in der breiten Öffentlichkeit jedoch mehr eine diffuse Stimmungslage als ein fest umrissenes Phänomen aus (vgl. Beck, 42). Die Globalisierung kann als ein mobilisierender politischer Mythos gelten. Wie alle politischen Mythen größerer Reichweite berichtet der Globalisierungsmythos vom Sprung in eine neue Epoche und bildet eine Perspektive, aus der die ganze Welt gesehen wird (Bottici, 225).

Mit diesem schillernden Modebegriff werden verschiedene Entwicklungen assoziiert, die Ängste schüren, aber auch faszinieren: die Bildung eines globalen Markts für Produktion, Distribution und Technologie, eine grenzenlose Finanzkapitalmobilität, die weltweite Verbreitung einer Einheitskultur, die staatliche Deregulierung und der damit verbundene Sozialabbau, soziale Ausgrenzung der Armen in den Industrieländern bzw. soziale und ökonomische Ungleichheiten zwischen Nord und Süd, die Beschneidung der Handlungsfähigkeit des Nationalstaats, eine Weltkommunikation und -vernetzung (*global village*, ↗Computer/Internet) oder die weltweite Ausbreitung des Terrors bzw. der Umweltprobleme. Nicht selten wird davon ausgegangen, dass diese Prozesse ab Mitte der 1970er Jahre in Gang gesetzt wurden, erdumspannend und einheitlich seien und zu einer weltweiten Angleichung der Ökonomien und der Kulturen führten. Mittlerweile ist die Globalisierung von einem zu erklärenden Prozess zum erklärenden Faktor geworden (vgl. Rosenberg). Die Globalisierung wird so zu einer diffusen, undurchschaubaren Macht, die sich in mannigfaltigen Phänomenen zeigt. Es gibt aber auch Zweifel an der Realität der Globalisierung (vgl. Hafez; Hackmann).

Die Deutung und Wertung des Globalisierungsmythos ist Gegenstand eines mit großer Heftigkeit ausgetragenen Widerstreits, da die Narration in den Dienst unterschiedlicher Ideologien gestellt wird. Die Neoliberalen interpretieren die globale Entwicklung als das erlösende Versprechen der Befreiung vom bürokratischen Wohlfahrtsstaat, während die Anhänger eines zivilgesellschaftlichen Konzepts in ihr das Vorzeichen der Entstehung eines globalen Staats mit grenzenlosen Kommunikationsmöglichkeiten, einer weltweit vernetzen Zivilgesellschaft (Occupy-Bewegung) sowie einer Zunahme internationaler Regime (das Kyoto-Protokoll) sehen, die das postnationale Zeitalter begleitet.

Es sind vor allem die Globalisierungsgegner, die paradoxerweise durch ihre Schriften die Verbreitung der Globalisierung als Deutungsmuster beschleunigten – und dies selbst dann, wenn sie die Darstellung der Globalisierung durch die Neoliberalen als Ideologie abgetan haben (vgl. Bourdieu; Went). Vor allem die für ein breites Publikum verfassten Antiglobalisierungsbestseller leisten einen wichtigen Beitrag zum Durchbruch des Globalisierungsbegriffs in der breiten Öffentlichkeit. Dazu gehören Publikumserfolge von Viviane Forrester, George Soros, Noam Chomsky, Niall Ferguson, Joseph E. Stiglitz und Naomi Klein.

Ambivalenzen und Umkehrung

Das Buch *Empire. Die neue Weltordnung* (2000) von Michael Hardt und Antonio Negri, das schon vor seiner Veröffentlichung als das »Kommunistische Manifest des 21. Jahrhunderts« bezeichnet wurde, liefert ein gutes Beispiel für die Bildung des Globalisierungsmythos durch linke Ideologiekritiker. Die Autoren zeichnen das bedrohliche Bild einer neuen, globalen Macht unter US-amerikanischer Dominanz. Diese totalitäre ›Macht der Finsternis‹ wird von ihnen »Empire« genannt und als archetypisches ›Reich des Bösen‹ dargestellt, das die ehemals getrennten Sphären des Politischen, Ökonomischen und Kulturellen zugunsten von Großkapitalisten und Spekulanten untereinander verschweißt. Schon die Kernbegriffe des Werks »Empire« und »Multitude« provozieren unweigerlich die Assoziation mit der erfolgreichen Filmsaga *Star Wars*, in der das überall agierende, böse und übermächtige Imperium durch eine Koalition von mutigen, zivilgesellschaftlich vernetzten Widerstandskämpfern nur mit viel Mühe in Schach gehalten wird.

Der Globalisierungsmythos weist nicht nur eine für die Moderne mit ihrem Kampf der Ideologien kennzeichnende Entweder-oder-Struktur, sondern auch die Sowohl-als-auch-Struktur der Mythen der schriftlosen Gesellschaften auf (Claviez, 333 f.). Wie diese vereinigt er Teilelemente und Sequenzen aus unterschiedlichen Codes in einem einzigen Diskurs. Außerdem sind hier zahlreiche Bedeutungs- und Bewertungsumkehrungen zu verzeichnen (zur Struktur der Mythen der schriftlosen Gesellschaften vgl. Lévi-Strauss). So wurde der Begriff Globalisierung selbst zunächst als Synonym für die Öffnung bzw. Überwindung des veralteten Nationalstaats (↗Nation), für vermehrte Wirtschaftskraft und für eine gemeinsame politische Weltgesellschaft verwendet, bevor er unter dem heute vorherrschenden Einfluss der Globalisierungsgegner zu einer abwertenden Bezeichnung für den Prozess der Schwächung des demokratischen Nationalstaats, der Ausbeutung der ↗Dritten Welt, der Vergrößerung der Kluft zwischen Arm und Reich, des Erstarkens der fundamentalistischen Strömungen, des neodarwinistischen Sozialkampfs und der Vereinheitlichung der Kulturen auf niedrigem Niveau wurde. Die Entwicklung der Verkehrs- und Kommunikationstechnik (insbesondere des Internets) wird in dieser postmodernen Narration einer enger zusammenrückenden Welt nicht mehr wie in der Moderne nur als ↗Fortschritt bezeichnet, sondern zugleich auch als Bedrohungspotenzial wahrgenommen. Die Stärkung der wirtschaftlichen Verflechtung gilt nicht mehr als vernünftige Strategie zur Verhinderung künftiger Kriege, sondern als Taktik der weltoffenen herrschenden Klasse, um ihre Profite zu steigern. Die Überwindung des Nationalismus wird nicht mehr als Überwindung des Kriegs gefeiert, sondern eher als Gefährdung der Demokratie betrachtet. Der Zusammenbruch des sozialistischen Systems in Osteuropa wird nicht weiter in erster Linie mit Demokratisierungs- und Transformationsprozessen und mit der Überwindung der nuklearen Abschreckung in Verbindung gebracht, sondern mit dem Siegeszug des weltweiten Kapitalismus. Industrielle Großprojekte werden nicht mehr als Voraussetzung für die ökonomische Entwicklung gesehen, sondern gelten eher als kontraproduktiv.

Sogar die Globalisierungsgegner sorgen für Bedeutungsumkehrungen. Sie kritisieren die Liberalisierung der Wirtschaft und des Handels, sind jedoch zugleich auch für die Aufhebung der Handelsbarrieren für Produkte der Dritten Welt in der EU und den USA. Sie sind gegen die Globalisierung, agieren aber selbst international und global, indem sie sich weltweit für soziale und ökologische Mindeststandards einsetzen. Daher bezeichnen sie sich nun selbst nicht mehr als »Globalisierungsgegner«, sondern als »Globalisierungskritiker«. Sie verlangen *global governance*, eine »Weltinnenpolitik« oder eine »Erdpolitik«, die zu einer Erneuerung des Primats des Politischen führen soll. Dadurch wird aber auch dem Prozess der Globalisierung Vorschub geleistet, dem man skeptisch gegenübersteht. Daniel Cohen vertritt hingegen die Auffassung, dass zum Beispiel die Verarmung der Bevölkerung nicht die Folge eines Zuviel, sondern vielmehr eines Zuwenig an Globalisierung sei. Er sieht die Paradoxie der Globalisierung in der Tatsache, dass die armen Länder teil am Prozess der Globalisierung haben wollen, während die reichen sie auszugrenzen versuchen (vgl. Cohen).

Effekte und Perspektiven

Der Globalisierungsmythos hat profunde Auswirkungen auf zahlreiche andere politische mythische Erzählungen unserer Zeit. Er hat die frühere Dominanz des Nationalmythos weitgehend infrage gestellt und die große Zahl der nationalen mythischen Narrationen aus dem 19. und 20. Jahrhundert weitgehend abgelöst. Diese werden infolge des Nachlassens des Nationalismus zum Gegenstand einer Dekonstruktion. Die verstärkte wissenschaftliche Beschäftigung mit der »erfundenen Nation« und ihren Gedächtnisorten, ihrer politischen Symbolik und Wir-Identität zeugt nicht von der Dominanz, sondern im Gegenteil von der auch durch den Globalisierungsmythos bewirkten Brüchigkeit der alten nationalen Identitätskonstruktionen.

Die mythische Narration der Globalisierung ist, wie die meisten mythischen Großerzählungen der Spätmoderne auch, eher ein angstmachendes Szenario als ein hoffnungsvoller Orientierungs- und Verheißungsstifter. Schon aus diesem Grund ist sie nicht in der Lage, in einer Zeit des »Kampfes der Götter« (Max Weber) einen neuen Monotheismus durchzusetzen. Anfänglich versprach der Globalisierungsglaube noch eine bessere Welt und hätte einen solchen neuen Monotheismus erzeugen können. Heute überwiegt jedoch die Abwehrhaltung bezüglich der Globalisierung. Die soziale Lage verarmter Bevölkerungsschichten wird in der neoliberalen mythischen Globalisierungserzählung als ›natürlich‹ dargestellt. Es sei aufgrund mangelnder Flexibilität deren ›natürliche‹ Bestimmung, arm zu sein. »Ökonomie wird zum Schicksal und Standortwettbewerb zum quasi-natürlichen Politikinhalt von Nationalstaaten« (Sauer, 235).

Andererseits ermöglicht der Globalisierungsmythos aber auch ein gemeinsames politisches Handeln. Er dient dazu, die disparate und passive »Multitude« zum politischen Engagement zu ermutigen. Außerdem erfüllt er eine wichtige Orientierungsfunktion. Er liefert eine einheitliche Erklärung für höchst unterschiedliche Phänomene und Entwicklungen, er verleiht diesen einen Namen im Chaos des Unbenannten, überführt »die numinose Unbestimmtheit in die nominale Bestimmtheit« (Blu, 32) und wirkt sich so als »System des Willkürentzugs« aus (ebd., 50 f.).

Der Globalisierungsmythos ist ein Beleg sowohl für die Persistenz mythischer Großerzählungen in der Spätmoderne als auch für deren Transformation. Einerseits konterkariert dieses Narrativ die Annahme, der Zusammenbruch des Sozialismus hätte zur Vorherrschaft des Pragmatismus und der Realpolitik geführt. Andererseits ist eine Transformation sichtbar, da die Großerzählung der Globalisierung zwar mythische Züge trägt, sich zugleich aber auch von den früheren Monomythen der ↗Moderne unterscheidet. Sie zeichnet sich durch ein Schwinden des Vertrauens in die Zukunft und den universalen Fortschritt oder gar die Erwartung eines innerweltlichen Heils aus. Als Narration spiegelt die Globalisierung den spätmodernen Verlust der »innerweltlichen Transzendenz« wider. Der Globalisierungsmythos hat bisher trotz seines besonderen Gewichts die moderne Polymythie nicht zu untergraben vermocht. Er trägt vielmehr selbst zur Vermehrung von Mythen bei (Mythos des ⁊Clash of Civilizations, Mythos des die Welt bedrohenden Empire, Mythos der Netzwerkgesellschaft usw.). In der Spätmoderne erzeugen die angeblichen Einheitserzählungen eine Vielzahl von Varianten und fördern so geradezu den Pluralismus.

Lit.: U. Beck, Was ist Globalisierung? Irrtümer des Globalismus – Antworten auf Globalisierung, Frankfurt a. M. 1997. – Ch. Bottici, A Philosophy of Political Myth, Cambridge 2007. – P. Bourdieu, Der Mythos ›Globalisierung‹ und der europäische Sozialstaat, in: Ders., Gegenfeuer. Wortmeldungen im Dienste des Widerstands gegen die neo-liberale Invasion, Konstanz 1998, 39–52. – Th. Claviez, Grenzfälle. Mythos – Ideologie – American Studies, Trier 1998. – D. Cohen, La Mondialisation et ses ennemis, Paris 2004. – R. Hackmann, Globalization. Myth, Miracle, Mirage, Lanham (MD) 2005. – K. Hafez, Mythos Globalisierung. Warum die Medien nicht grenzenlos sind, Wiesbaden 2005. – M. Hardt/A. Negri, Empire. Die neue Weltordnung, New York 2002. – C. Lévi-Strauss, Strukturale Anthropologie I, Frankfurt a. M. 1967. – Th. Levitt, The Globalization of Markets, in: Harvard Business Review 61.3 (1983), 91–102. – B. Sauer, Die Neustrukturierung der Geschlechterverhältnisse im entgrenzten Markt, in: International Politics and Society 2 (1999), 235–248. – R. Went, Globalization. Myths, Reality and Ideology, in: International Journal of Political Economy 26.3 (1996), 39–59.

Yves Bizeul

Goethe und Schiller

»Goethe und Schiller« steht formelhaft für den produktiven Freundschaftsbund der beiden Dichter, der tatsächlich ein Jahrzehnt lang bis zu Schillers Tod 1805 bestand, in der Rezeptionsgeschichte über das 19. und 20. Jahrhundert indes zum ewigen Gipfel deutscher Kultur mythisiert wurde. Er bildete den Kern des bildungsbürgerlichen deutschen Kulturbewusstseins, auch des Kulturstolzes: Das Werk der beiden galt als höchster und gültigster Ausdruck des ›deutschen Wesens‹, das sich in Goethe als universalistisch und in Schiller als idealistisch feierte. Dass damit zwei Dichter und keine politischen Akteure oder Würdenträger als nationale Repräsentanten dienen, stiftet in der Zeit der anhaltenden kleinstaatlichen Zersplitterung im 19. Jahrhundert das Selbstbild der Deutschen als Kulturnation (im Gegensatz vor allem zur französischen Staatsnation; ⁊Nation) und das Klischee vom Volk der Dichter und Denker (Münkler, 330). Im Verlauf der deutschen Geschichte (gescheiterte bürgerliche Revolution, Reichsgründung, Weimarer Republik, Nationalsozialismus, deutsche Teilung) wird die Kulturstolz-Formel immer neu in Anspruch genommen, aber auch kritisch als Ausdruck der Politikferne und des politischen Versagens im deutschen Bürgertum diagnostiziert (Münkler, 330 ff.) – bis hin zur anhaltenden programmatischen Infragestellung der beiden Dichter als aktualisierbaren Teils des kulturellen Gedächtnisses (Schullektüre, Theaterbühnen), die aber ihrerseits zur Lebendigkeit des Mythos beiträgt.

Abb. 15: Das Goethe-
Schiller-Denkmal auf dem
Theaterplatz in Weimar
von Ernst Rietschel, 1857
eingeweiht

Gemeinschaftswerk und polarisierende Rezeption

Die reale historische Basis ist die strategische Partnerschaft, die Goethe und Schiller im Jahr 1794 eingehen und die bis zu Schillers Tod 1805 anhält. Sie beginnt mit der Zusammenarbeit an Schillers Zeitschrift *Die Horen* (1795–97), die sich als Reaktion auf die ↗Französische Revolution und deren *terreur* einem antirevolutionären kulturellen Bildungsprogramm verschreibt. Ihren publizistischen Höhepunkt findet sie in gemeinsam verfassten Aphorismen (*Xenien*, 1796/97), mit denen beide ihr Überlegenheitsbewusstsein gegenüber ihren Zeitgenossen polemisch ausspielen. Ihr bedeutendstes Dokument ist der Briefwechsel (1794–1805), der neben der persönlichen Freundschaft zugleich die enge Zusammenarbeit in literarischen Dingen dokumentiert. Das gemeinsame Ziel ist ein klassischer Kunstanspruch: Er soll die deutsche Literatur, deren Entwicklungsstand vor allem hinter der zeitgenössischen englischen und französischen zurücksteht, auf eine eigene Höhe und Geltung heben. Nach Schillers Tod hat Goethe seinen Freundschafts- und künstlerischen Arbeitsbund mit ihm als *Glückliches Ereignis* (1817) stilisiert und mit der Polarisierung seines eigenen Realismus gegenüber Schillers Idealismus dabei genau die komplementäre Charakterologie gezeichnet, die später zum

Deutungsklischee geworden ist. Das gemeinsam mit Schiller Erreichte bezeichnet er dabei selbstbewusst als »Aufsprung zu einer höheren Cultur«. Schiller seinerseits hatte die künstlerische Zusammenarbeit als »wechselseitige Perfectibilität« gepriesen (Brief an Goethe vom 21.7.1797).

Die Rezeption des Dichterbundes verläuft wechselhaft und ist zunächst, bevor sich die Doppelformel »Goethe und Schiller« etabliert, von einseitigen Parteinahmen geprägt. Parallel zur Sache selbst liegt der Goethe-Kult der Jenaer Frühromantiker, die in zahlreichen Rezensionen und anderen literaturkritischen Publikationen Goethes Werke als Maßstab einer neuen Poesie verehren, Schiller dagegen mit weitgehender Nichtachtung strafen. Novalis feiert Goethe als den »wahren Statthalter des poetischen Geistes auf Erden« (106. *Blüthenstaub*-Fragment), Friedrich Schlegels *Versuch über den verschiedenen Styl in Goethes früheren und späteren Werken* erklärt ihn schon im Jahr 1800 (↗Um 1800) zum Kanon der modernen Literatur. Im weiteren Publikum kommt Goethe dagegen sehr viel schlechter an als der populärere Schiller. Sein Alterswerk stößt bei den meisten Zeitgenossen auf Desinteresse oder sogar Ablehnung, die posthume Veröffentlichung von *Faust II* (1832) irritiert und provoziert Diagnosen der Senilität. Gegenläufig dazu wird Schiller im Kontext der Befreiungskriege und des bürgerlich-engagierten Republikanismus zunehmend als der volksnahe, moderne Klassiker gegen den alten Aristokraten Goethe profiliert. Diese politische Antithese, die Schiller als ›Dichter der Freiheit‹ gegen den Höfling und Fürstenknecht Goethe stellt, wird vor allem durch den Burschenschaftler Wolfgang Menzel und den Journalisten und Kritiker Ludwig Börne an die Schriftsteller des Vormärz und des Jungen Deutschland vermittelt (Borchmeyer, 193–195). Die Jubiläumsfeiern zu Schillers hundertstem Geburtstag 1859 bilden an etwa 500 Orten das wohl größte Massenfest im Deutschland des 19. Jahrhunderts. Die Goethe-Feiern sind in diesen Zeiten ungleich bescheidener. Die Goethe-Verehrung bleibt im Vergleich zum anderen Klassiker eher elitär und beschränkt sich auf intellektuelle Zirkel wie etwa die Berliner Salons nach dem Vorbild derer von Henriette Herz und Rahel Varnhagen.

Synthesemodell und Dioskurenmythos

Auch das Synthesemodell, das den Dichterbund nach Goethes eigener Vorgabe als komplementären Zusammenschluss zum deutschen Kulturgipfel versteht, ergibt sich zunächst in intellektueller, elitärer Perspektive. Den Anfang machen zwei große Schiller- und Goethe-Essays von Wilhelm von Humboldt (1830), indem sie auf eine vergleichende, gemeinsame Würdigung der beiden Autoren hinwirken. Georg Gottfried Gervinus' *Geschichte der poetischen Nationalliteratur der Deutschen* (1835) ist dann die erste von zahlreichen ihm nachfolgenden Literaturgeschichten, die den zehnjährigen Freundschaftsbund zum unüberbietbaren Höhepunkt der deutschen Kulturgeschichte erklären. Der Germanist Wilhelm Scherer (*Geschichte der deutschen Litteratur*, 1883) erweitert dies zu einem spekulativen Gesamtplan der deutschen Kulturentwicklung, die in einer Art Sinuskurve vom ersten Höhepunkt der »Staufischen Klassik« um 1200 über 600 Jahre Niedergang und Neuaufstieg zur »Weimarer Klassik« um 1800 führt, worauf es, folgt man Scherer, die nächsten 300 Jahre wieder bergab gehen muss: So offenbart die Ruhmrede vom Weimarer Dichterbund einen wesentlich retrospektiven Kulturstolz, der sein Selbstbewusstsein aus der Vergangenheit schöpft. Nach und nach verbreitet sich das Synthesemodell auch publizistisch. Unter dem nüchternen Titel *Schiller und Goethe nebeneinander* findet der Schriftsteller und Publizist Heinrich Laube in der *Zeitung für die Elegante Welt* 1844 dafür die schwungvollsten Worte:»Zusammen sind sie die vollständige Offenbarung deutscher Fähigkeit, und darum nennt man sie zusammen, und drückt mit dem verschlungenen Namen Schiller und Goethe das Höchste und Beste aus, dessen sich Deutschland rühmen kann.« Den prägnantesten Ausdruck findet das Synthesemodell jedoch nicht in Worten, sondern im Doppelstandbild des Bildhauers Ernst Rietschel, das 1857 auf dem Weimarer Theaterplatz eingeweiht wird. Es zeigt Goethe und Schiller nebeneinander, ihre rechten Hände fassen und präsentieren den gemeinsamen Lorbeerkranz, Goethes linke Hand ruht väterlich auf Schillers Schulter. Schillers Blick richtet sich versonnen gen Himmel, Goethe schaut fest geradeaus: So folgt auch Rietschel dem ursprünglich Goetheschen Deutungsmuster von Idealist und Realist. Das Weimarer Doppelstandbild ist bis heute eines der bekanntesten Dichterdenkmäler. Durch zahllose Abbildungen hat es in den verschiedensten Kontexten (von akademischen, schulischen und populären Geschichtsbüchern bis zur Werbung) bis heute eine enorme Präsenz. In ihm findet die Goethe-Schiller-Verehrung als Dioskurenmythos ihren konkretesten, wirksamsten und dauerhaftesten Ausdruck.

Seinen populären Durchbruch aber erlebt das Synthesemodell erst nach der Reichsgründung 1871. Es sind vor allem die Goethe-Vorlesungen des Germanisten Herman Grimm, die in den Jahren 1874/75 Goethe mit nationalem Pathos zum Genius des neuen Reichs und insbesondere ↗Faust zur Identifikationsfigur des Deutschen erklären. Damit tritt der Goethe-Kult aus dem philologisch-professionellen und elitären Bereich heraus und gewinnt über das Ideologem des Faustischen mehr und mehr eine populäre Dimension. Das zuvor bestehende Popularitätsgefälle zwischen den beiden Klassikern ebnet sich ein, wobei man den Unterschied nun volkspädagogisch so deutet, dass Schiller als Idealist der Autor für die Jugend, der Realist Goethe dagegen der für das reife Alter sei. Die politisch motivierte Entgegensetzung tritt nun deutlich hinter der affirmativen Verwendung der Doppelformel zurück. 1898 spricht der damals einflussreiche Schriftsteller und Literaturwissenschaftler Alfred Klaar vom »Doppelwesen Goethe und Schiller«, das »den ganzen Bildungsschatz« der Deutschen verkörpere: »In den breiteren Schichten unseres eigenen Volkstums aber gebraucht man Goethe und Schiller wie ein einziges Wort, um all dasjenige zu bezeichnen, womit sich der Mensch über die gemeine Notdurft des Daseins zu einer höheren Anschauung des Lebens emporarbeiten kann« (Klaar, 204). In der Literaturwissenschaft und auch im gymnasialen Deutschunterricht führt der Dioskurenmythos zu einer Klassik-Doktrin, die das Goethe-Schillersche Kunstprogramm des einen Jahrzehnts aus seinem historischen Kontext und auch aus der weiteren Werkgeschichte der beiden Autoren selbst isoliert und als ewige Norm absolut setzt. Gegen eine solche Fixierung der Deutschen Klassik auf das Doppelwesen Goethe und Schiller erheben sich allerdings immer wieder Stimmen, die die ›anderen‹ Klassiker wie Hölderlin, Kleist, Jean Paul oder Herder als programmatische Alternativen zur Geltung bringen, oder solche, die (wie zuerst Wilhelm Dilthey, *Die dichterische und philosophische Bewegung in Deutschland 1770–*

1800, in seiner Basler Antrittsvorlesung 1876) die monumentalisierende Isolierung der beiden Klassiker durch eine umfassendere Kontext- und Entwicklungsperspektive korrigieren wollen.

Politisch-ideologische Funktionalisierungen

Eine politische Funktion gewinnt die dioskurische Klassik-Doktrin bei der Gründung der Weimarer Republik. Obwohl es pragmatische Gründe (die Gefahren revolutionärer Aufstände in Berlin oder auch anderen Großstädten) waren, warum die verfassungsgebende Nationalversammlung im Februar 1919 im Weimarer Theater tagte, berief sich der dann gewählte Reichspräsident Ebert in seiner Eröffnungsrede doch programmatisch auf die Klassiker Goethe und Schiller, um der neuen Republik ein geistiges Fundament zu suchen. Mit beiden Namen beschwor er dabei den humanen »Geist von Weimar«, der den für das kriegerische Verderben verantwortlichen militärischen »Geist von Potsdam« ablösen müsse (zit. n. Münkler, 354 f.). So stand Rietschels Doppelstandbild, an dem alle Abgeordneten vorbei mussten, Pate bei der Gründung der ersten deutschen Republik. Zu deren Stabilität hat das bekanntlich nicht beigetragen. Eberts Berufung auf den Geist von Weimar wurde zum Streitfall. Während die eine Seite den Dioskurenmythos idealisierend als kulturelle Läuterung beschwor, kritisierte die andere (Dadaisten wie Raoul Hausmann, Expressionisten wie Max Herrmann-Neiße, Bertolt Brecht, auch Carl Sternheim, Hermann Hesse) ihn in seiner nostalgisch-evasiven und reaktionären Funktion.

Die Nationalsozialisten versuchten ihrerseits, Weimar als symbolischen Ort zu besetzen. Dazu wurde die Stadt zum Austragungsort der Nationalfestspiele für die Hitlerjugend und auch anderer propagandistischer Großveranstaltungen (»Woche des deutschen Buches« 1934–42, »großdeutsches Dichtertreffen« 1938–42), wobei nächtliche Fackelzüge um das Rietschel-Denkmal die alte durch die eigene neue Symbolsprache überlagerten. Nationalsozialistisch gleichgeschaltete Germanisten (wie etwa Julius Petersen) interpretierten Goethe und Schiller als Parteigänger der völkisch-deutschen Ideologie.

Nach dem Zweiten Weltkrieg knüpft die Kulturpolitik der SED in der DDR an die bürgerliche Klassik-Doktrin an, um sie nach der Leitlinie der eigenen Erbe-Doktrin als Vorläufer des sozialistischen Humanismus zu vereinnahmen. Die »Nationalen Forschungs- und Gedenkstätten der klassischen deutschen Literatur in Weimar« werden seit 1954 zum institutionellen Zentrum dieser Mission, das sich neben seinem staatlich ideologischen Auftrag allerdings auch durch wissenschaftlich-philologische Arbeit und Edition profiliert. In Westdeutschland setzt nach der restaurativen Phase der 1950er und 1960er Jahre eine ideologiekritische Revision der Klassik-Doktrin ein, deren Auftakt 1971 der von Reinhold Grimm und Jost Hermand herausgegebene Tagungsband *Die Klassik-Legende* macht. Dessen Vorwort beginnt: »Es gehört nun einmal zum Wesen der Weimarer Hofklassik, daß hier zwei hochbedeutende Dichter die Forderung des Tages bewußt ignorieren und sich nach oben flüchten: ins Allgemein-Menschliche, zum Idealisch-Erhabenen, zur Autonomie der Schönheit, um dort in Ideen und poetischen Visionen das Leitbild des wahren Menschentums zu feiern.«

Heute hat sich die ideologische und ideologiekritische Konfrontation um die Klassik weitgehend erschöpft und die monumentalisierende Isolierung des Dichterbunds ist einer komplexeren Perspektive auf die Werkentwicklung der beiden Autoren und deren europäische Einbindungen gewichen. Und auch die nach der Wende anstelle der sozialistischen Institution gegründete »Klassik Stiftung Weimar« hat sich vom Dioskurenmythos distanziert und sieht sich stattdessen der Vielgestaltigkeit und den Brüchen im ›Kosmos Weimar‹ verpflichtet.

Lit.: D. Appelbaum (Red.): Das Denkmal. Goethe und Schiller als Doppelstandbild in Weimar, Tübingen 1993. – G. Bollenbeck, Weimar, in: Deutsche Erinnerungsorte, hg. v. E. François/H. Schulze, München 2001, Bd. 1, 207–224. – D. Borchmeyer, Goethe, in: Deutsche Erinnerungsorte, hg. v. E. François/H. Schulze, München 2001, Bd. 1, 187–206. – J. W. Goethe, Briefe, Tagebücher und Gespräche, Bd. 4 u. 5 (Goethe mit Schiller I u. II), hg. v. V. C. Dörr/N. Oellers, Frankfurt a. M. 1998/99. – J. W. Goethe, Glückliches Ereignis, in: Ders., Schriften zur Morphologie, hg. v. D. Kuhn, Frankfurt a. M. 1987, 434–438. – R. Grimm/J. Hermand (Hg.), Die Klassik-Legende, Frankfurt a. M. 1971. – A. Klaar, Schiller und Goethe, in: Goethe-Jahrbuch 19 (1898), 202–228. – K. Manger, Goethe und Schiller – »Glückliches Ereigniß« oder dioskurisches Isolationsmodell?, in: Jena. Ein nationaler Erinnerungsort?, hg. v. J. John/J. H. Ulbricht, Köln u. a. 2007, 393–398. – H. Münkler, Der Mythos des deutschen Bildungsbürgertums, in: Ders., Die Deutschen und ihre Mythen, Berlin 2009, 328–361. – R. Safranski, Goethe und Schiller. Geschichte einer Freundschaft, München 2009. – R. Selbmann, Sinnstiftung durch Erfindung. Der Mythos »Deutsche Klassik«, in: Deutsche Gründungsmythen, hg. v. M. Galli/H.-P. Preusser, Heidelberg 2008, 115–126.

Stefan Matuschek

Steffi Graf

Stefanie Maria Graf (geb. 1969), Steffi genannt, ist eine ehemalige deutsche Tennisspielerin, die in ihrer Karriere insgesamt 22 Grand-Slam-Turniere (7-mal Wimbledon, 6-mal French Open, 5-mal US Open, 4-mal Australien Open) gewann. Als erste Deutsche und als dritte Tennisspielerin überhaupt schaffte sie 1988 im Alter von 19 Jahren mit den Siegen bei allen vier Grand-Slam-Turnieren eines Kalenderjahres den »Grand Slam«. Im selben Jahr gewann sie zudem die Goldmedaille im olympischen Tennisturnier von Seoul. Dieser bis heute, auch bei den Tennisherren, unerreichte Erfolg (»Grand-Slam« plus Olympiasieg) ging als Neologismus »Golden Slam« in die Tennisannalen ein (Deiss, 257 f.).

Vier Aspekte sind für die moderne Mythisierung der »Tennis-Heldin« Steffi Graf konstitutiv. Ihre Biografie ist erstens von Höhen und Tiefen gekennzeichnet, die ihre mythische Ambivalenz ausmachen: einerseits ›glorreich‹ und mit stetig steigendem Verlaufskurvenpotenzial, andererseits aber auch mit Ecken und Kanten, Skandalen, und Niederlagen. Steffi Graf vereint zweitens den Status als internationaler Star mit der Bodenständigkeit und Vertrautheit des »Mädchens von nebenan« (»Steffi«). Drittens trug die Vernetzung der Tennisikonen Steffi Graf und Boris Becker wesentlich zu deren wechselseitiger Stabilisierung bei. Schließlich spielt viertens das 20. Jahrhundert als Ära des ↗Fernsehens und Beginn des Mediensports eine zentrale Rolle für ihre Mythisierung.

Erfolgskarriere und Medienereignis

Ihr Profidebüt gibt Steffi Graf bereits als Dreizehnjährige. Ihr Bekanntheitsgrad verstärkt sich durch die beginnende Ära der Live-Fernsehübertragungen, in der Sportereignisse zunehmend zur Werbebotschaft genutzt werden. Tennis, bis 1975 noch eher eine Randsportart, wird dadurch allmählich zum beliebten Breitensport (Hauschild u. a., 25–30).

Ab 1985 beginnt die ›goldene Tennis-Ära‹ in Deutschland mit den Repräsentanten Steffi Graf und Boris Becker, die als deutsche Newcomer die arrivierte Tennisszene verändern. Steffi Graf wird von den Medien zur Tennisheldin aufgebaut, wobei der Gewinn der French Open 1987 die endgültige ›Graf-Hysterie‹ markiert. Mit 18 Jahren wird sie erstmals die Nummer eins im Damentennis, 1988 erreicht Steffi Graf mit dem geschichtsträchtigen »Golden Slam« den Gipfel ihrer Karriere und erhält weltweit heroische Beinamen und Superlative, die sich bis heute im kollektiven Gedächtnis gehalten haben: »Tennisfräuleinwunder«, »German Wunderkind«, »Baby Bomber from Brühl«, »Fräulein Vorhand«. Im Jahr 1989 befindet sich die Popularität der Tennisspielerin in Deutschland auf ihrem Höchststand. Die etablierten öffentlich-rechtlichen Anbieter konkurrieren mit den aufstrebenden Privatsendern um die Sportberichterstattung, in Interviews punktet sie gerade nicht durch Eloquenz, sondern durch unverstellte Authentizität ohne Starallüren. Tennis wird mit insgesamt 1019 Stunden zum Spitzenreiter bei den Liveübertragungen und Berichterstattungen und überbietet damit den ⁊Fußball. Überschattet wird der sportliche Erfolg von Steffi Graf durch eine angebliche Affäre ihres Vaters Peter Graf mit einem Aktmodell (Hauschild u. a., 108–156), ihr mythisches Potenzial wird dadurch aber noch gesteigert: Ihre tennisweiße Unschuld wird durch die infrage stehende Integrität des Vaters befleckt.

Im Frühjahr 1993 wird Grafs Kontrahentin Monica Seles während eines Spiels der beiden von einem fanatischen Graf-Fan mit einem Messer angegriffen und dadurch geradezu schicksalhaft als Gegnerin außer Kraft gesetzt. Steffi Graf feiert mit den Siegen bei den French Open, Wimbledon und US Open ein erfolgreiches Jahr.

1995 wird gegen Steffi Graf und ihren Vater ein Strafverfahren wegen Steuerhinterziehung von Einnahmen in Millionenhöhe eingeleitet, welches zumindest in Steffi Grafs Fall gegen eine Geldauflage eingestellt wird. Peter Graf hingegen wird 1997 zu einer Freiheitsstrafe von drei Jahren und neun Monaten verurteilt. Nachdem Steffi Graf 1995 und 1996 noch einmal die Grand-Slam-Turniere in Paris, Wimbledon und New York gewinnt, markieren die folgenden zwei Jahre aufgrund von Verletzungen jedoch den Tiefpunkt ihrer Karriere. 1999 geht Steffi Graf nochmals als Siegerin aus den French-Open hervor. Nach einer erneuten Verletzung erklärt sie am 13.8.1999 im Alter von 30 Jahren ihren Rücktritt und wird kurze Zeit später zur Weltsportlerin des 20. Jahrhunderts in der Kategorie Ballsport gewählt (Deiss, 259 f.). Später erregt vor allem die Beziehung und Ehe zum amerikanischen Tennisstar Andre Agassi große Aufmerksamkeit: Die mythische Steffi Graf schafft nun die Gründung einer harmonischen ⁊Familie – ganz im Gegensatz zu ihrem Co-Mythos Boris Becker, der durch Affären für Skandale sorgt. Seit ihrem Rückzug aus dem Tennissport hat sich Steffi Graf als erfolgreiche Unternehmerin, uneitles Werbegesicht und sozial engagierte Persönlichkeit etabliert. So ist sie Mitbegründerin eines Sportunternehmens und der Stiftung Children for Tomorrow, verknüpft wirtschaftliche Kompetenz mit sozialem Engagement.

Identifikation und Heldenverehrung

Sowohl Grafs Biografie und ihre Persönlichkeit als auch die gesellschaftlichen und medialen Entwicklungen der damaligen Zeit waren die Grundvoraussetzung für ihre Heldenverehrung. Mit dem Profisport und der veränderten Berichterstattung avancierte Tennis zu einem »populärkulturellen Phänomen« (Mikos, 41). Das direkte Mitverfolgen eines Spiels im Tennisstadion glich einem Gang ins Theater: Dramatische Spiele wurden mit Spannung verfolgt, Niederlagen betrauert und Siege bejubelt. Die Berichte und Liveübertragungen ließen durch schnelle Schnitte und Einstellungswechsel, Zeitlupenperspektiven und zunehmende Personalisierungen Sportler, sportlichen Moment und Kulisse zum mythischen Gesamterlebnis werden (ebd., 33). Steffi Graf bietet zudem ein hohes Identifikationspotenzial für viele Menschen, da sie einen sportlichen und finanziellen Aufstieg schaffte, von dem viele träumen, und gleichzeitig ›deutsche Tugenden‹ wie Ehrgeiz, Fleiß und Bescheidenheit vereinte und über die Zeit bewahrte; ihr Erfolg ließ daher auch Anknüpfungen an das mythische »Wunder von Bern« zu. Letztlich wurde Graf als Nationalheldin gefeiert, die das junge, erfolgreiche Deutschland positiv und würdig auf internationaler Bühne vertrat und der man auch ihren Wohnsitz in den USA verzieh. Negativschlagzeilen, wie die des Steuerskandals, wurden verharmlost oder trugen sowohl durch Opfernarrative als auch durch Schuldzuweisungen zu ihrer mythoskonstitutiven Widersprüchlichkeit bei. Dass sie nach ihrer scheinbar einzigartigen Tenniskarriere eine erfolgreiche und sozial engagierte Geschäftsfrau wurde, mit Andre Agassi als Vorzeigepaar des Sports gilt, eher zurückgezogen lebt und ihre mediale Präsenz stark dosiert, hat ihren Status als heldenmythische Figur noch verfestigt.

Lit.: K. Brinkbäumer u. a., Die Akte Graf. Reiche Steffi, armes Kind, Hamburg 1996. – J. Deiss, Stefanie Graf. Die Einmalige, in: Tennis in Deutschland, hg. v. Deutscher Tennis Bund e. V., Berlin 2002, 257–260. – R. Hauschild u. a., Danke, Steffi. Die unvergeßlichen Jahre der Königin des Centre Court, Berlin 1999. – L. Mikos, Freunde fürs Leben. Kulturelle Aspekte von Fußball, Fernsehen und Fernsehfußball, in: Mediensport. Ein einführendes Handbuch, hg. v. J. Schwier, Hohengehren 2002, 27–49.

Lea Puchert

Harry Potter

Harry Potter ist der Protagonist einer siebenbändigen Romanserie (1997–2007) der englischen Autorin J. K. Rowling. Die titelgebende Figur steht als moderner Mythos für die ebenfalls erfolgreich verfilmte Geschichte um den jungen Zauberer Harry, die innerhalb kurzer Zeit weltweite Bekanntheit erwarb und zu einer der populärsten Erzählungen des frühen 21. Jahrhunderts wurde. Der Erfolg begründete einen als ›Pottermania‹ bezeichneten Hype, der aufgrund seiner Omnipräsenz als ein »noch nie dagewesenes Kulturphänomen« (Karg/Mende, 7) stilisiert wurde.

Die chronologisch aufeinanderfolgenden Romane erzählen die fiktive Geschichte des zu Beginn elfjährigen Harry Potter, der an seinem Geburtstag erfährt, dass er magiebegabt ist und die Schule für Zauberei in Hogwarts besuchen soll. Dort lernt er eine völlig andere Welt kennen und findet Freunde, mit denen er zahlreiche Abenteuer erlebt und letztlich den Kampf gegen seinen Widersacher, den ›dunklen Lord‹ Voldemort bestreitet und die erzählte Welt vom Bösen befreit. Die Romane verbinden verschiedene Genres – u. a. Adoleszenz-, Bildungs-, Schul-, Schauer- und Detektivroman – und bewegen sich zwischen Fantastik und Fantasy. Sie folgen alle einer ähnlichen Struktur, werden allerdings – ähnlich wie die Plots und die gezeichneten Charaktere – zunehmend komplexer und differenzierter.

Alle *Harry Potter*-Romane haben einen hohen Intertextualitätsgrad und verweisen auf zahlreiche antike und moderne Mythen, Romane und Überlieferungen. Über die sieben Bände hat Rowling unzählige mythologische Wesen, Figuren und Namen vor allem aus griechischer, römischer und nordischer Mythologie aufgerufen, aber auch über den Artusstoff (↗Artus/Ritter der Tafelrunde) werden mythische Muster und Erzählstrukturen aktualisiert (Prophezeiung, Schicksal und Notwendigkeit). Der gleichermaßen kenntnisreiche wie parodistische Umgang mit literarischen Topoi und Motiven, Rowlings Wortwitz und die oftmals sprechenden Namen haben auch dazu beigetragen, dass die Romane zu einem profilierten Beispiel von All-Age-Literatur geworden sind (vgl. Blümer).

Pottermania – Mythisches Medienereignis

Das Phänomen Harry Potter ist vor allem eine massen- und multimediale Erfolgsgeschichte. Nach der wiederholten Ablehnung des Manuskripts, die später zu einer der Ursprungserzählungen des Mythos werden sollte, ging der erste Band der damals arbeits- und mittellosen Autorin mit 500 Exemplaren in Erstauflage. Nach zögerlichem Beginn wurde Harry Potter dank einer lang anhaltenden medialen Aufmerksamkeit ab dem dritten Band zur Garantie für millionenstarke Auflagen und rasante Verkäufe. Insgesamt wurden die Bände in über 60 Sprachen übersetzt und weltweit 500 Millionen Mal verkauft. Rowling wurde dadurch eine der bekanntesten und reichsten Frauen der Welt, ihr Schicksal als alleinerziehende Mutter, die einen Bestseller schreibt (↗Genie), wurde durch die Medien als eine Art Cinderella-Story ebenfalls mythisiert (vgl. den Film *Magic Beyond Words – die zauberhafte Geschichte der J. K. Rowling*, 2011).

Vor dem Erscheinen jedes Bandes setzten wochenlange Vorberichterstattungen ein, die die gespannten Erwartungen der häufig vor Buchhandlungen campierenden Fans begleiteten. Vergleichbare Szenen spielten sich bei den Premieren der Verfilmungen ab, die auch jeweils zu den populärsten und finanziell einträglichsten ihres Veröffentlichungsjahres gehörten. Aber auch im Bereich der Sekundärprodukte (über 400 lizenzierte Merchandisingartikel und Gadgets) und des Literaturtourismus (King's Cross, Oxford) hat Harry Potter neue Maßstäbe der Kommerzialisierung gesetzt, nicht zuletzt in einem 2010 eröffneten Themenpark in Florida, der die Nachbildung der fiktiven Zaubererwelt in der außerliterarischen Welt versucht.

Eine weitere Spitzenposition verzeichnet Harry Potter im Bereich der Fan-Fiction, d. h. im Bereich nicht autorisierter Fortschreibungen (Episoden, Kurzgeschichten, Novellen), die von Leserinnen und Lesern weltweit verfasst werden und in die Hunderttausende gehen. Diese Text-Sequels gewährleisten die beständige kontextuelle Erweiterung des mythischen Hogwarts-Universums. Auch die wissenschaftliche Literatur, die in wenig mehr als einem Jahrzehnt weltweit Hunderte von Monografien und Anthologien sowie Tausende von Aufsätzen hervorgebracht hat, trägt zur Mythisierung Harry Potters bei.

Deutungen

Das Harry Potter-Universum bildet eine mythische Schnittmenge: Auf Textebene werden alte Mythen zitiert und in neuer Form aktualisiert, während es als internationaler Erfolg und Auslöser eines Fankults selbst zum Mythos wird. Aufgrund der in den Plots nur angedeuteten metaphysischen Dimension sind die Romane für verschiedenste Interpretationen offen und für unterschiedlichste (religiöse, philosophische) Deutungsmuster anschlussfähig. Vor allem auf der Grundlage christlicher Argumentation wurde Harry Potter vielfach untersucht und gegenläufig als Verführung zum Okkultismus oder aber als Reaktualisierung biblischer Mythen gelesen: Harry als *imitatio Christi*, der sich für das Wohl aller opfert, aber den Tod besiegt und als Heilsbringer ›wiederaufersteht‹ (vgl. Killinger).

Auch durch zentrale Themen wie die Bildungseinrichtung Schule, Politik, Karikatur und Kritik von Medien und Bürokratie, Sport und den wiederholt behandelten ›großen‹ Fragen Tod und Abschied, Seele und Menschsein, Technik, Coming of Age, ↗Familie, Liebe und Freundschaft ist die Harry Potter-Welt international anschlussfähig. Als Rezeptionsphänomen kommt ihm als interkultureller Bezugspunkt und Vermittlungsinstanz mythische Qualität zu. Besonders in seiner multioptionalen, mitunter ins Beliebige gehenden Applizierbarkeit aktualisiert Harry Potter die Funktion klassischer Mythen als Ort kultureller Selbstverständigung. Durch eine breite thematische Basis werden u. a. Menschenrechte, Terrorismus, Ökologie, Rassismus, Diktatur, Patriarchat, Multiethnizität und Genderstereotype am konkreten Beispiel Harry Potters verhandelt (vgl. Bryfonski).

Zudem bezieht die Begeisterung für Harry Potter eine Sehnsucht nach einer ›Wiederverzauberung der Welt‹, in der es allgemeine positive Werte gibt, für die es zu kämpfen lohnt. Als mythische Identifikationsfigur ist Harry Potter ein unscheinbarer, menschlicher Held, der den Sieg des Guten über einen ultimativ Bösen erringt, den alle ungeachtet ihrer Verschiedenheit als Feind anerkennen – und darin die Bestätigung erfahren, dass Liebe und Freundschaft die letztlich siegreichen Mächte sein werden. Als ›große Erzählung‹ an der Schwelle vom 20. zum 21. Jahrhundert wird er selbst zum sinnstiftend-mythischen Text, der durch die weltweite Rezeption zugleich das Beispiel einer »erfolgreichen ↗Globalisierung« (vgl. Nexon) und einer retrospektiv den Mythos bekräftigenden Self-fulfilling prophecy gibt: Im ersten Band heißt es bereits: »Er wird berühmt werden – eine Legende […] – ganze Bücher wird man über Harry schreiben – jedes Kind auf der Welt wird seinen Namen kennen« (Rowling, 19).

Lit.: A. Blümer, Crossover/All-Age-Literatur, http://www.kinderundjugendmedien.de/index.php/begriffe-und-termini/494-crossoverall-age-literatur. – D. Bryfonski (Hg.), Political Issues in J. K. Rowling's Harry Potter Series, Detroit 2009. – I. Karg/I. Mende, Kulturphänomen Harry Potter. Multiadressiertheit und Internationalität eines nationalen Literatur- und Medienevents, Göttingen 2010. – J. Killinger, The Life, Death, and Resurrection of Harry Potter, Macon 2009. – D. Nexon, Reactions to Harry Potter Reflect Global Differences and Similarities, in: Bryfonski, 97–103. – J. K. Rowling, Harry Potter und der Stein der Weisen, Hamburg 1998.

Niels Penke

Hitler

Die mythische Fundierung des Nationalsozialismus bot von vornherein wenig Raum für ein mythenfreies Reden über Adolf Hitler. Das utopische Geschichtskonstrukt einer den ›ewigen Naturgesetzen von Volk und Rasse‹ gehorchenden Zeitordnung, die an die Stelle der an ihrer Kontingenz zugrunde gegangenen ↗Moderne treten werde, bildete das Kernmythem der Ideologie. Auf ihm wiederum basierte die von Hitler selbst in *Mein Kampf* begründete Erhöhung seiner Person zum ›Führer‹, Heil bringenden Erlöser und inkarnierten Telos der deutschen Geschichte. Dieser Hitler-Mythos, der vom Propaganda-Apparat des Dritten Reiches planmäßig fortgeschrieben und in seinen Massenritualen kultisch-performativ inszeniert wurde, bildete »das zentrale Triebwerk für die Integration, Mobilisierung und Legitimierung im NS-Herrschaftssystem« (Kershaw, 313). Die am 1. Mai 1945 Hitlers Tod verkündende Rundfunkmeldung zeugte mit ihrer fortdauernden Ergebenheitssemantik für den ›Führer‹ vom Sinngebungspotenzial des Hitler-Mythos, der selbst noch das physische Ende des Diktators und den Zusammenbruch seiner Weltordnung zu integrieren vermochte.

Da der Mythos nicht mit der Person und seiner Herrschaft verschwand, war er nach 1945 (↗Stunde Null) allen mit der Analyse und Bewältigung des Nationalsozialismus befassten gesellschaftlichen Diskursen zur kritischen Reflexion aufgegeben. Aus den ersten Umwertungen des nationalsozialistischen Hitler-Mythos nach dem Zweiten Weltkrieg ging keine Entmythisierung der Person, sondern lediglich die Negativversion des Ursprungsmythos hervor. Die religiöse Semantik des ›positiven‹ Hitler-Mythos wurde beibehalten, aber in ihr Gegenteil verkehrt: Vom Himmel ging es nun direkt in die Hölle. Der ›Führer‹ mutierte zum ›Verführer‹, der ›Erlöser‹ zum ›Dämon‹. Diese Fassung des negativen Hitler-Mythos diente der bundesrepublikanischen Gesellschaft bis in die späten 1960er Jahre hinein als Leugnungsmythem, das jegliche Mitverantwortung breiterer Bevölkerungskreise für die Verbrechen des NS-Systems so weit wie möglich zu ignorieren erlaubte. Doch auch wenn es galt, das Bewusstsein kollektiver Haftung für Hitler und das Dritte Reich im kulturellen Gedächtnis zu verankern und mit ethisch-didaktischem Anspruch die Mythogenese zu durchbrechen, kam es zur Fortschreibung des Hitler-Mythos. Dies belegt exemplarisch die semantische Umkehrung der Redewendung »Unser Hitler«. Dieses ursprünglich von Joseph Goebbels am Ende seiner alljährlichen Radioansprache zu Hitlers Geburtstag liturgisch wiederholte Bekenntnis der Verbundenheit von Volk und Führer wurde in den 1980er Jahren zur Bekenntnisformel deutscher Schuld (Dohnanyj, 58).

Sein mythogenes Potenzial verdankt die Figur Hitler darüber hinaus auch der Tatsache, dass sie »ein ingenieursmäßig fabriziertes [...] Konstrukt« war, das die dahinterliegende »reale Person nahezu spurlos« verschwinden ließ (Atze, 22).

Hitler in der Geschichtswissenschaft

In den 1970er und 1980er Jahren wurde die bundesrepublikanische Geschichtswissenschaft im Rahmen ihrer Grundsatzdebatten über die Beschreibung des Nationalsozialismus und die Bedeutung Hitlers mit der Frage nach den Konsequenzen ihrer Forschungen für die Affirmation oder Destruktion des Hitler-Mythos konfrontiert. Zwischen ›Intentionalisten‹ und ›Strukturalisten‹ wurde vehement über die Bedeutung »des Faktors Hitler für den NS-Staat« (Fischer/Lorenz, 217) gestritten. Während der Intentionalismus die Entstehung und Geschichte des Dritten Reiches allein auf die politischen Ziele Hitlers und seine diktatorische Allgewalt zurückführte, betonte der strukturalistische Ansatz die sozioökonomischen und kulturellen Ermöglichungsbedingungen des NS-Systems sowie seine spezifischen Organisations- und Entscheidungsstrukturen, die – überspitzt formuliert – auch ohne Person und Persönlichkeit Hitlers zu ähnlichen Herrschaftsformen geführt hätten. Die strukturalistische NS-Forschung jener Zeit bezog ihre Impulse auch aus dem Unbehagen darüber, dass der Hitler-Zentrismus an der unkritischen Fortschreibung des nationalsozialistischen Mythos vom allmächtigen und visionären Führer mitwirke (vgl. Hans Mommsen und sein Theorem von Hitler als »schwachem Diktator« als Gegenentwurf zum Führer-Mythos, 702). Zusätzlich angeheizt wurde die Debatte zwischen den Lagern durch die 1973 erschienene Hitler-Biografie von Joachim C. Fest, die in ihrer Fixierung auf Hitler entscheidend zur Perpetuierung des Hitler-Mythos in Gestalt seiner Negativfassung als dunkles Faszinosum beitrug. Fests Film *Hitler – eine Karriere* (1977) und seine Studie *Der Untergang* (2002) über die letzten Tage des Dritten Reiches im Berliner ›Führerbunker‹ hielten den Hitler-Zentrismus ebenfalls aufrecht. Der in der zweiten Hälfte der 1980er Jahre aufkommende Historikerstreit berührte durch die Infragestellung der Einzigartigkeit und Einmaligkeit des /Holocaust indirekt auch den Mythos und die Person Hitlers. Nahezu zeitgleich setzte die skandalträchtige Veröffentlichung der angeblichen Tagebücher Adolf Hitlers durch die Illustrierte *Stern* im Jahre 1983 erneut all jene Effekte und Affekte des Hitler-Mythos frei, gegen die zuvor so vehement angeschrieben worden war. Als Sensationsfund erschienen die gefälschten Tagebücher unter anderem, weil in ihnen die vermeintliche Privatperson Hitler in einem bis dato ungekannten Ausmaß zum Vorschein kam. Obwohl der Fälscher Konrad Kujau lediglich bereits bekannte Informationen über Hitlers Ernährung und seine Beziehung zu Eva Braun in die Tagebucheinträge einfließen ließ, entfaltete diese komprimierte Gesamtschau auf Hitler als menschliches Wesen eine ebenso mythische Faszination wie der nationalsozialistische Ursprungsmythos von Hitler als dem allem Profanen entrückten ›Führer‹.

Hitler in der televisionären Popularhistoriografie

Während in der (Geschichts-)Wissenschaft eine sachliche Auseinandersetzung mit dem Nationalsozialismus stattfand, ließ sich im Fernsehen eine stark mythisierende Darstellung Hitlers beobachten. Musterexempel dieser Entwicklung waren die ›Hitleriana‹ der Redaktion Zeitgeschichte des Zweiten Deutschen Fernsehens unter ihrem damaligen Leiter Guido Knopp, dessen jeweils mehrteilige Serien *Hitler – Eine Bilanz*, *Hitlers Helfer*, *Hitlers Krieger*, *Hitlers Kinder*, *Hitlers Frauen und Marlene* und *Hitlers Manager* zwischen 1995 und 2004 beachtliche Zuschauerzahlen erzielten. Obwohl die Serien auf wissenschaftliche Fundierung setzten, führten die medialen Eigengesetze das Format ausweglos in die ›Mythen-Falle‹.

Das auf audiovisuelle Zeichen angewiesene Medium ↗Fernsehen konnte zwangsläufig nur auf die offiziellen Propagandafilme und -bilder der Mythenfabrik des Dritten Reiches zurückgreifen. Zudem tradierten Knopps Filme die Methodik einer rein personenorientierten Geschichtsschreibung, fielen also in dieser Hinsicht hinter den methodischen Stand der damaligen Geschichtswissenschaft zurück. Die Darstellung der obersten Führungsriege folgte erneut dem Prinzip der Dämonisierung: Hitler, Goebbels, Himmler, Freisler und Co. erschienen als Verkörperungen des absoluten Bösen, sodass ein weiteres Mal der traditionelle Entschuldigungsmythos von den verführten, von ›Wesen der Finsternis‹ ins Verderben gestürzten Deutschen zum Vorschein kam.

Hitler in der Popkultur

Populäre Hitler-Mythen stellen im Vergleich zu anderen Mythen der Popkultur einen Sonderfall dar. Die historische Figur Hitler ist nach wie vor hochpräsenter Bestandteil des kulturellen Gedächtnisses und daher weit weniger frei disponibel für populärkulturelle Bearbeitungen als etwa antike oder mittelalterliche Mythenstoffe. Ebenso wenig können sich populäre, unterhaltungs- und konsumaffine Bearbeitungen des Hitler-Mythos von der ›Erblast‹ der mit diesem Namen verbundenen historischen Ereignisse und Verbrechen lösen. Popkulturelle Hitler-Versionen operieren also in einem hochverminten Grenzbereich zwischen konsequenzlosem Spiel und ethisch sensiblem Ernst.

Am weitesten verschoben die ›Hitleriana‹ des Comicautors Walter Moers den Anspruch ernsthafter Mythenreflexion und -korrektur in den Bereich des ›interesselosen‹ Amüsements, freilich ohne ihn dabei aufzugeben. Die drei zwischen 1998 und 2006 erschienenen *Adolf*-Comicbände über die Erlebnisse des ›Wiedergängers‹ Hitler, der das Kriegsende in der Berliner Kanalisation überlebt hat und nun in die für ihn gänzlich ungewohnte Gegenwart des modernen Großstadtlebens zurückkehrt, greifen aus dem Fundus der Hitler-Mytheme primär die im heutigen kulturellen Gedächtnis noch am nachhaltigsten verankerten Wiederkennungsmarker ›Physiognomie‹, ›Stimme‹ und ›Redegestus‹ Hitlers heraus. Die zugleich unverwechselbaren wie einfach darzustellenden Grundelemente des Gesichts – Seitenscheitel und Schnurrbart – stehen mittlerweile metonymisch für Hitler als Gesamtperson. So zeigt der im Internet verbreitete Trailer des aktuellen Moers-Projekts *Adolf – der Film* (2012) die Monumentalästhetik eines Aufmarsches auf dem Nürnberger Reichsparteitagsgelände, um sie zugleich zu brechen. Hitler muss während einer Ansprache bemerken, dass er ohne Hose vor den angetretenen Massen steht. Der Blick auf sein wenig imposantes Geschlechtsteil, das eine Schamhaarfrisur im Stil des Oberlippenbärtchens ziert, wird frei. Angesichts dieser Szenerie brechen die Kolonnenformationen des tausendfachen Auditoriums in schallendes, anarchisches Gelächter aus. Die Comics, Internetclips und Filme von Walter Moers greifen mit der Stimme und Physiognomie Hitlers, mit der visuellen Ästhetik des Nationalsozialismus (z. B. in *Adolf – der Film*) sowie mit wichtigen Personen- und Charaktermythemen – der Liebe zu Schäferhund Blondi oder Hitlers Vegetariertum beispielsweise – basale Komponenten des Mythos auf. Die satirisch-komische Überspitzung, die karikierend-verzerrende Darstellung der Adolf-Figur und der Spielcharakter des Unterhaltungsmediums Comic verhindern die Gefahr unkritisch-distanzloser, stabilisierender Mythenreproduktion. Zudem geht vom Mediendispositiv des Internets (↗Computer/Internet), das mittlerweile den Hauptdistributionsweg für Moers' Produktionen darstellt, ein erheblicher Schub für die Mythendestruktion aus.

Die Geschichte der deutschen Hitler-Filme verläuft von mimetischen, das äußere Erscheinungsbild der historischen Figur abbildenden – und damit die NS-Ikone ›Hitler‹ tradierenden – Darstellungen der 1950er und 1960er Jahre zu den vom historischen Vorbild zunehmend abstrahierenden Filmen der 1970er Jahre. Exemplarisch für diese Tendenz steht Hans-Jürgen Syberbergs *Hitler, ein Film aus Deutschland* (1977), dessen Verfremdungsästhetik die stilisierten und mythogenen Hitler-Bilder des Dritten Reiches weitestgehend destruiert; Oliver Hirschbiegels *Untergang* (2004) setzte hingegen erneut – gestützt auf Fests Studie *Der Untergang. Hitler und das Ende des Dritten Reiches* (2002) – auf detailrealistische Mimesis und geschichtswissenschaftlichen Hitler-Zentrismus. Zugleich begab sich der Film wieder einmal auf die Suche nach dem ›Menschen Hitler‹, indem bislang ausgeblendete Facetten seines emotionalen Zustands im Angesicht des Endes gezeigt wurden. Der deutsche Film tut sich mit der Sparte ›Lachen über Hitler‹ weitaus schwerer als ausländische Produkte dieser Art à la Mel Brooks oder die unverbindlichere ›Titanic‹-/Comic-Kultur eines Walter Moers. Filme wie *Goebbels und Geduldig* (Regie: Kai Wessel, 2002) oder *Mein Führer – Die wirklich wahrste Wahrheit über Adolf Hitler* (Regie: Dani Levy, 2007) gerieten in ein spezifisches Dilemma: Einerseits boten die Filme das Standardrepertoire komödiantischer Destruktionen des Hitler-Mythos (Sprachgestus, pathetisch-theatrale Gestik), andererseits brach durch die Maske der komischen Figur immer wieder der dämonische Jahrhundertmassenmörder durch. Im Unterschied zu den *Adolf*-Comics von Walter Moers gelang es dem deutschen Hitler-Spielfilm nicht, auch den negativen Hitler-Mythos in ein stimmiges Gesamtkonzept komödiantisch-subversiver Mythendestruktion zu integrieren. Es überwiegt die Furcht, das Lachen über Hitler könne als Verharmlosung seiner Taten und Verhöhnung seiner Opfer missverstanden werden. Ein anderes Bild boten dagegen jene Filme, die weiterhin auf das klassische Inventar der Hitlerparodie setzten, die dabei entstehende Figur aber von der realen Person und ihrem historischen Kontext vollkommen abtrennten und einen »enthitlerisierte[n] Hitler« (Hissen, 205) präsentierten, über den sich vorbehaltlos lachen ließ (*Der Wixxer*, Regie: Tobi Baumann, und *Neues vom Wixxer*, Regie: Cyrill Boss/Philipp Stennert, 2004 und 2007).

Was Walter Moers' Comics vorexerzierten, hat mittlerweile das Genre des traditionellen Romans erreicht. In seinem Debütroman *Er ist wieder da* (2012) lässt Timur Vermes Hitler ebenfalls als Wiedergänger auftauchen und durch das heutige Berlin flanieren. Doch wie schon in den Spielfilmen über Hitler, die auf die historische Figur abzielten, ist auch diesem Roman über Hitler, der ebenfalls den ›echten‹ Hitler meint, nicht das erlaubt, was dem Comic erlaubt war. Der ernste Blick auf den negativen Hitler-Mythos und der ethisch-didaktische Anspruch an den Umgang mit ihm bleibt für die Gattung Roman offensichtlich unverzichtbar. Mit dem Motiv des Wiedergängers haben sich die künstlerischen De- und Remythisierungen Hitlers zunächst einmal in einer selbstreferenziellen Endlosschleife festgefahren.

Lit.: M. Atze, Unser Hitler. Der Hitler-Mythos im Spiegel der deutschsprachigen Literatur nach 1945, Göttingen 2003. – K. v. Dohnanyj, Hitlers Schatten, in: 100 Jahre Hitler. Eine Bilanz, hg. v. R. Augstein, Hamburg 1989, 56–58. – J. C. Fest, Hitler. Eine Biographie, Frankfurt a. M. 1973. – Ders., Der Untergang. Hitler und das Ende des Dritten Reiches, Berlin 2002. – A. Hissen, Hitler im deutschsprachigen Spielfilm nach 1945, Trier 2010. – W. Kansteiner, Die Radikalisierung des deutschen Gedächtnisses im Zeitalter seiner kommerziellen Reproduktion. Hitler und das »Dritte Reich« in den Fernsehdokumentationen von Guido Knopp, in: Zeitschrift für Geschichtswissenschaft 51 (2003), 626–648. – I. Kershaw, Der Hitler-Mythos, Stuttgart 1999. – W. Moers, Adolf. Äch bin wieder da!!, Frankfurt a. M. 1998; Adolf, Teil 2. Äch bin schon wieder da!, Frankfurt a. M. 1999; Adolf – Der Bonker. Eine Tragikomödie in drei Akten, München 2006. – H. Mommsen, Nationalsozialismus, in: Sowjetsystem und demokratische Gesellschaft. Eine vergleichende Enzyklopädie, hg. v. C. D. Kernig, Bd. 4, Freiburg 1971, Sp. 695–713.

Dirk Kretzschmar

Hollywood

Hollywood ist seit über hundert Jahren das symbolische Zentrum der amerikanischen Film- und Medienindustrie. Der Stadtteil von Los Angeles ist als Heimat der ›Traumfabrik‹ nicht nur selbst zum mythischen Ort geworden; vielmehr hat Hollywood auch filmische Ikonen, Stars und Legenden produziert (↗Kino) und amerikanische Ideologien perpetuiert, die global im kollektiven Gedächtnis der Konsumenten verankert sind. Der ikonische Hollywood-Schriftzug am Mount Lee ist nach wie vor ein Wahrzeichen von Los Angeles. Er wurde 1923 als ›Hollywoodland‹ aufgestellt, später zu ›Hollywood‹ verkürzt und immer wieder vor dem Verfall bewahrt. Die elektrische Beleuchtung gibt es zwar längst nicht mehr, seine Strahlkraft jedoch ist ungebrochen. Obgleich der kleine Stadtteil nie Hauptsitz aller großen Filmfirmen war und das vertikal integrierte Studiosystem globalen Multimediakonglomeraten gewichen ist, ist er als metonymischer Tropus in Verbindung mit Hollywoods sogenannter klassischer Ära nach wie vor relevant für den Mythos Hollywood. Dessen enge Verknüpfung mit amerikanischen Ideologien zeigt sich auch daran, dass Hollywood gemeinhin als Ort gilt, an dem das Versprechen des ↗American Dream (zumindest auf der Leinwand) eingelöst werden kann. Die Produkte Hollywoods – glamouröse Stars, Traumwelten und verführerische Bilder – täuschen leicht darüber hinweg, dass die ›Traumfabrik‹ ein lukrativer Industriezweig ist. Im Zeichen der Überzeitlichkeit des Mythos hat sich die amerikanische Filmindustrie immer wieder ästhetisch wie auch ideologisch neu erfunden und sich unterschiedlichen politischen, ökonomischen und kulturellen Kontexten aktualisierend angepasst: »this ongoing reinvention may be the most classical of Hollywood's enduring traditions« (Langford, 284). Entsprechend hat sich der Mythos und Mythenproduzent Hollywood in Erscheinungsform und Funktion von den Anfängen des Studio- und Starsystems und das klassische Hollywood über die Krise und Renaissance der Nachkriegsjahrzehnte bis zum New Hollywood und postklassischen Film gewandelt. Als Inbegriff amerikanischer Populärkultur (↗Pop) spielt Hollywood eine zentrale Rolle für die Selbst- und Fremdwahrnehmung der USA. Dabei ist das Bild Hollywoods ambivalent, denn den Erfolgsgeschichten und Stars stehen Skandale, Pleiten und Exzesse gegenüber. Der Mythos ist zu keinem Zeitpunkt unumstritten, wie etwa die Kritik an Hollywoods stereotypen Repräsentationen ethnischer Minderheiten (verstärkt seit den 1960er Jahren) oder auch deutsche Diskurse um Amerikanisierung (besonders in der Nachkriegszeit) belegen. Dennoch zeugen gerade diejenigen Filmindustrien, welche durch ihre Wirtschaftskraft die globale Dominanz Hollywoods infrage stellen, von dessen anhaltender symbolischer Relevanz, da ihre Namen – ↗Bollywood und Nollywood (d. h. die nigerianische Filmindustrie) – auf das amerikanische Filmzentrum rekurrieren.

Studiosystem und Starsystem

Die Entstehung eines von oligopolen Strukturen gekennzeichneten Studiosystems (›Big Five‹: 20th Century Fox, MGM, Paramount Pictures, RKO Pictures, Warner Bros.) zu Beginn des 20. Jahrhunderts und dessen Wechselwirkung mit dem aufkommenden Starsystem, innerhalb dessen Schauspieler durch Verträge an Studios gebunden und gezielt zu Stars aufgebaut wurden, deren Images »always extensive, multimedia, intertextual« waren (Dyer, 3), begründete den Mythos Hollywood als monolithisches industrielles und auf kommerzielle Unterhaltung ausgerichtetes Großunternehmen, das von nun an weltweit normgebend für die Filmbranche sein sollte. Um staatlicher Zensur zu entgehen, zensierte Hollywood sich lieber selbst und schuf damit den eigenen Mythos als normgebende Instanz: Unter der Ägide von Will H. Hays trat 1930 der Production Code (»Hays-Code«) in Kraft, der ab 1934 zum Standard für amerikanische Filme wurde. Er legte moralische Grundsätze fest und reglementierte u. a. die Darstellung von Sexualität und Gewalt. Bereits 1917 verfestigte sich ein einheitlicher Filmstil, der bis ca. 1960 vorherrschte: »We all have a notion of the typical Hollywood film. The very label carries a set of expectations […] about cinematic form and style« (Bordwell u. a., 3). Technik und Stil werden einer figurenzentrierten Handlung und erzählerischer Geschlossenheit untergeordnet, Kausalität und Linearität werden ebenso hergestellt wie zeitliche und räumliche Kohärenz. Diese narrativen Techniken wurden zur Lingua franca des globalen Filmschaffens (Bordwell, 1). Miriam Hansen sieht das klassische Hollywoodkino sogar als »cultural practice on a par with the experience of modernity, as an industrially-produced, mass-based, vernacular modernism« (Hansen, 65, ↗Moderne).

Hollywood wird von einer Riege ihrerseits mythisierter Stars getragen. Zum Mythos gehören insbesondere die ikonischen Stars und Filme der ›Goldenen Jahre‹ wie zum Beispiel Buster Keaton, Audrey Hepburn oder John Wayne. Stars waren in der Regel auf bestimmte Rollen festgelegt: Joan Crawford spielte ambitionierte (Karriere-)Frauen, Marilyn ↗Monroe erotisch-sinnliche Blondinen und Rita Hayworth wurde als ›Liebesgöttin‹ gefeiert; Clark Gable gab meist den romantischen Helden und James Dean wurde als *Rebel Without a Cause* (1955) zum Jugendidol. Vor allem sein früher Tod und seine Rollen in *East of Eden* (1955) und *Giant* (1956) machten Dean zur Legende. Elizabeth Taylors Karriere kann als paradigmatisch für die letzte Blüte des klassischen Hollywood und den Übergang zum New Hollywood gelten. Zu ihren wichtigsten Filmen zählen *Giant* (1956), *Cat on a Hot Tin Roof* (1958), *Butterfield 8* (1960), für den sie ihren ersten Oscar bekam, *Who's Afraid of Virginia Woolf?* (1966), der das Ende des Hays-Codes bedeutete und bereits zum New Hollywood gerechnet werden kann, sowie der Monumentalfilm *Cleopatra* (1963), für den sie eine Gage in Rekordhöhe (1 Mio. US-Dollar) erhielt. Und nicht zuletzt trug das öffentliche Interesse an Taylors Affären und Ehen (u. a. mit Conrad Hilton, Jr. und Richard Burton) zu ihrem Status als Hollywoodlegende bei.

Als kommerziell erfolgreichster Film und Inbegriff des klassischen Hollywood gilt *Gone With the Wind* (1939), obwohl er nicht aus der Fließbandproduktion der großen Studios hervorging (Langford, 89). Vivien Leigh und Clark Gable sind als Scarlett O'Hara und Rhett Butler in die Filmgeschichte eingegangen, ebenso wie Hattie MacDaniel, die als erste afroamerikanische Schauspielerin für ihre stereotype Rolle als »Mammy« mit einen Oscar ausgezeichnet wurde. Das sogenannte Paramount-Urteil

Abb. 16: Ikonischer Schriftzug am Mount Lee, Hollywood

(1948), in dessen Folge die Studios u. a. ihre Kinos aufgeben mussten, läutete das Ende des Studiosystems ein; der klassische Hollywoodstil ist jedoch noch heute zentraler Referenzpunkt des kommerziellen Films (Bordwell, 12 f.).

Von Kritik und Krise zu neuem Glanz: Das postklassische Hollywood

Der Siegeszug des ⁄Fernsehens und das Ende des Studiosystems gelten als Krise bzw. Umbruchphase in der Geschichte Hollywoods. Unabhängige Produktionen gewannen an Gewicht, die Macht des Hays-Codes erodierte und einige Filme widmeten sich nach 1945 sozialen und politischen Themen (Rassismus, Sexismus, soziale Ungerechtigkeit); mit *Sunset Boulevard* (1950), einem *film noir* von Billy Wilder, wurde gar das klassische Hollywood selbst satirisch-kritisch reflektiert. Der Mythos Hollywood wurde aber auch in dieser Zeit mehr affirmiert denn subvertiert. Spätestens mit der sich zuspitzenden Krise begann die nostalgische Überhöhung der Studioära und ihrer Stars, und letztlich schaffte es Hollywood, sich als Zentrum der modernen Unterhaltungsindustrie neu zu positionieren (Langford, 270 ff.).

Der Zweite Weltkrieg hatte die Rolle des Films für die Verbreitung von Ideen und Ideologien verdeutlicht und einen Schulterschluss Hollywoods mit der amerikanischen Regierung begünstigt. Hollywood verbreitete neben eskapistischer Unterhaltung auch patriotische Propaganda – besonders in Auftragsarbeiten für die Regierung wie Frank Capras *Why We Fight* (1942–45) – und der offensive Export des American Way of Life im ⁄Kalten Krieg bot Hollywood neue Absatzmärkte. In Hollywood selbst führte gleichzeitig das House Committee on Un-American Activities eine Hexenjagd auf Kommunisten und Sympathisanten; die Filmindustrie wehrte sich kaum gegen die Anhörungen, Verhaftungen und Berufsverbote, durch die viele Karrieren (und Existenzen) beeinträchtigt oder zerstört wurden. Auf der Leinwand wurde dieses Klima der Angst in der McCarthy-Ära indirekt thematisiert, v. a. in Science-Fiction-Filmen wie Don Siegels *Invasion of the Body Snatchers* (1956) (Langford, 50 ff.). Hollywood gewinnt hier eine mythenreflexive Dimension.

Als sich in den 1960er Jahren die Krise Hollywoods nicht mehr hinter spektakulären Monumentalepen und technischen Neuerungen verbergen ließ, bot sich mit dem New Hollywood bzw. der Hollywood-Renaissance ein kurzes Zeitfenster für junge Regisseure und künstlerisch innovative Filme. Themen der sozialen Bewegungen der 1960er Jahre rückten in den Fokus, ebenso wie kritischere Perspektiven auf die USA und Hollywood. Dem New Hollywood werden Dennis Hoppers *Easy Rider* (1967) und Stanley Kubricks *2001. A Space Odyssey* (1968) ebenso zugerechnet wie Francis Ford Coppolas *The Godfather* (1972) oder Martin Scorseses *Taxi Driver* (1976). Coppola und Scorsese können neben Steven Spielberg und George Lucas bereits zu den Regisseuren gezählt werden, die klassische Traditionen erfolgreich erneuerten und damit Hollywood zu neuem Glanz verhalfen. Im Corporate Hollywood seit den 1980er Jahren sind aus den Studios Großbetriebe geworden, die sich auf die multimediale Vermarktung von Großprojekten konzentrieren (Langford, 193). Zu den neuen *director-technicians* zählen z. B. Robert Zemeckis (die *Back to the Future*-Reihe, 1985–90; *Forrest Gump*, 1994) und James Cameron (*The Terminator*, 1984; *Terminator 2. Judgment Day*, 1991;

Titanic, 1997). Für die Vermarktung ist eine Riege hauptsächlich männlicher Stars relevant, u. a. Arnold Schwarzenegger, Harrison Ford, Bruce Willis und Tom Cruise, später Nicolas Cage, Johnny Depp und Brad Pitt sowie Will Smith und Denzel Washington (Langford, 208 f.). Parallel zur ›regressiven‹ Entwicklung Hollywoods in den späten 1980er und frühen 1990er Jahren gab es eine Hochphase unabhängiger Filmproduktionen (der sogenannte Indie-Boom) und Bewegungen wie das New Black Cinema (bekannt v. a. durch Spike Lee), die marginalisierte Subjektpositionen artikulierten.

Es ist umstritten, inwieweit sich das postklassische Hollywoodkino vom klassischen unterscheidet. Der Rückgriff auf etablierte Konventionen und Genres zählt ebenso wie das (ironische) Zitieren aus der Filmgeschichte (z. B. in Quentin Tarantinos Filmen) zum Repertoire des zeitgenössischen Hollywood. Blockbuster, Stars und Medienkonglomerate prägen das Bild Hollywoods, die Filmlandschaft wird weiterhin von einer kleinen Anzahl korporativer Akteure dominiert: Hollywoods American Dream war und ist einigen wenigen vorbehalten.

Der Hollywoodfilm hat seine Vormachtstellung in der amerikanischen Kultur behauptet und verbreitet weitestgehend dominante amerikanische Ideologien, die das Selbst- und Fremdbild der USA prägen (↗Walt Disney). »›Hollywood movies‹ are indeed hegemonic within American public culture, having borne the message of dominant American culture, and having powerfully shaped American consciousness in line with dominant ideologies, over« the course of the past hundred or so years« (Ortner, 8). Der American Dream etwa war schon im frühen Hollywood ein beliebtes Sujet und ist bis heute ein zentrales Thema vieler Filme (Winn, 1). Die generische und narrative Formelhaftigkeit des Hollywoodfilms (z. B. des Western oder der romantischen Komödie) geht einher mit inhaltlich-thematischen Konventionen und Konventionalitäten, welche selten vom soziokulturellen Mainstream abweichen und vielmehr dominante Setzungen und Deutungen affirmieren. Dies zeigt sich u. a. in der weitgehend ungebrochenen Idealisierung der Kernfamilie (↗Familie), der amerikanischen Konsumgesellschaft oder auch der romantischen Liebe.

Der Mythos Hollywood speist sich aus den (verklärten) Vorstellungen eines alten, klassischen Hollywood sowie der ungebrochenen Anziehungskraft der Filmbranche und ihrer Versprechen von Reichtum und Erfolg. Stars und Regisseure mit Kultstatus, filmische Legenden und Großereignisse haben zur Mythenbildung beigetragen. Nicht zuletzt feiert sich die amerikanische Filmwelt seit 1929 jährlich bei der Verleihung der Academy Awards öffentlichkeitswirksam selbst und verewigt ihre Größen seit 1960 auf dem Hollywood Walk of Fame. Trotz und vielleicht teils auch gerade wegen der vielfältigen Kritik an Hollywood als global dominierendem Produzenten von Massenware und Kriegspropaganda (vgl. z. B. zum Zweiten Weltkrieg: Koppes/Black, Doherty), als rassistischem und sexistischem System und als korruptem und dekadentem Quell zahlloser Skandale und Exzesse (vgl. z. B. zu Hollywoods Skandalen McLean/Cook) hat der Mythos Hollywood nichts von seiner Wirkmächtigkeit verloren.

Lit.: D. Bogle, Bright Boulevards, Bold Dreams. The Story of Black Hollywood, New York 2006. – D. Bordwell u. a., The Classical Hollywood Cinema. Film Style and Mode of Production to 1960, London 1988. – Ders., The Way Hollywood Tells It. Story and Style in Modern Movies, Berkeley/Los Angeles

2006. – T. Doherty, Projections of War. Hollywood, American Culture, and World War II, New York 1999. – R. Dyer, Heavenly Bodies. Film Stars and Society, London ²2004. – M. Hansen, The Mass Production of the Senses. Classical Cinema as Vernacular Modernism, in: Modernism/Modernity 6.2 (1999), 59–77. – C. Koppes/G. Black, Hollywood Goes to War. How Politics, Profits and Propaganda Shaped World War II Movies, Berkeley 1987. – B. Langford, Post-Classical Hollywood. Film Industry, Style and Ideology Since 1945, Edinburgh 2010. – A. McLean/D. Cook, Headline Hollywood. A Century of Film Scandal, New Brunswick 2001. – S. Ortner, Not Hollywood. Independent Film at the Twilight of the American Dream, Durham/London 2013. – E. Winn, The American Dream and Contemporary Hollywood Cinema, New York/London 2007.

Katharina Gerund

Sherlock Holmes

Sherlock Holmes, der durch Arthur Conan Doyles (1859–1930) Romane berühmt ge-wordene Detektiv, kann als eine der Gründungsfiguren des modernen Kriminal- und Detektivromans gelten. Als mythische Figur ist er durch seine Methode der logischen Deduktion zur Ikone des liberalen und individualistischen Rationalismus geworden (vgl. Ginzburg; Eco/Sebeok). Dabei ist von entscheidender Bedeutung, dass Sherlock Holmes trotz seiner wissenschaftlichen, d. h. logisch-rationalen Weltsicht institutionell vollkommen ungebunden ist. Als Privatdetektiv (*consulting detective*) ist er dezidiert *kein* Teil der professionellen Institutionen zur Verbrechensbekämpfung. Vielmehr steht es ihm in dieser Funktion offen, als Berater mit der Polizei zusammen- oder ggf. als Vertreter eines Klienten auch an dieser ›vorbeizuarbeiten‹.

Die mythische Figur

Holmes' äußere Merkmale wie auch seine charakterlichen Eigenschaften sind vor allem durch die Illustrationen von Sidney Paget (»Holmes-Stories« im Magazin *The Strand*) und die zahlreichen Verfilmungen (ca. 250) geprägt. Sowohl die berühmte Deerstalker-Mütze als auch Pfeife, Lupe und Invernessmantel spielen in den Texten eine untergeordnete Rolle, während sie in bildlichen bzw. filmischen Darstellungen wichtige my-thenkonstitutive Requisiten sind und für Bürgerlichkeit und Exzentrik zugleich stehen. Vor allem in älteren Adaptionen (besonders ikonisch sind dabei die US-amerikanischen Filme mit Basil Rathbone als Holmes und Nigel Bruce als Watson, 1939–46) spielen diese Erkennungszeichen eine große Rolle, in neueren Darstellungen wie z. B. der BBC-Serie *Sherlock* werden sie nur noch ironisch in Szene gesetzt. Holmes' Aufmerksamkeit für sein Äußeres wird in den neueren Adaptionen allerdings sehr viel stärker (und nä-her am Text) seinem Ordnungs- bzw. Logikbedürfnis als einem bürgerlichen Sinn für Mode zugeordnet.

Holmes erweist sich als außerordentlich gebildet und kulturinteressiert, neigt je-doch, wenn es ihm an intellektueller Stimulation mangelt, zu Drogenexzessen und Selbstvernachlässigung. Die selbstzerstörerischen Tendenzen sind nur konsequent, macht man sich klar, dass Holmes zugleich am meisten und am wenigsten ›bei sich‹

ist, wenn er arbeitet. Seine Methode der vorurteilsfreien Beobachtung erfordert es, geradezu charakterlos zu sein, um nicht nur vorgefasste Theorien zu beweisen, sondern aus Spuren die ›wahren‹ Abläufe einer Tat abzuleiten. Dadurch entsteht der Eindruck, dass Holmes zwischen seiner Rolle als geradezu maschinenhafter Logiker und Schöngeist hin und her gerissen ist. Tatsächlich sind jedoch alle bildungsbürgerlichen Vergnügen seiner logischen Tätigkeit ganz untergeordnet. Die Technik des Spurenlesens weist Holmes als Repräsentanten moderner Wissensbildung aus (vgl. Ginzburg; Moretti) und bildet den zentralen Aspekt seiner mythischen Qualität. Die Grenzposition der Figur zwischen Mensch und Maschine ist Anlass für eine Reihe neuer Beschäftigungen mit dem Holmes-Mythos. Während Rathbones' Holmes – noch ganz englischer Gentleman – nie die Kontrolle verliert, betonen neuere Adaptionen (z. B. *Sherlock Holmes and the Case of the Silk Stocking*, BBC 2004; TV-Serien wie *Sherlock*, BBC ab 2010; *Elementary*, CBS 2012) die Gefahr des Kontrollverlusts bzw. (Selbst-) Reduktion auf das Logische.

Mythische Triade

Die Einzigartigkeit des Detektivs Sherlock Holmes beruht nicht auf seiner dandyhaften Exzentrik und auch nicht auf seinen überragenden detektivischen Fähigkeiten – in beidem unterscheidet er sich kaum von seinem literarischen Vorgänger C. Auguste Dupin (Edgar Allen Poe). Es ist vielmehr die spezifische Kombination seiner detektivischen Methode und seiner Beziehung zu zwei Nebenfiguren, die ihn als Mythenkomplex komplementieren: Sein Bruder Mycroft, der seine Intelligenz in den Dienst der britischen Krone stellt, und der Schurke und Kontrahent Prof. Moriarty. Mycroft begegnet dem ungebundenen Treiben seines Bruders mit Herablassung, während die Beziehung zwischen Holmes und Moriarty von Konkurrenz geprägt ist. Ihre Feindschaft gleicht einem durchaus spielerischen Wettkampf darum, wessen geistige Fähigkeiten am Ende triumphieren werden. Die Festsetzung des Schurken ist dabei für Holmes weniger moralische Pflicht als intellektuelle Herausforderung. Moriarty ist der einzige Verbrecher, dem Holmes nicht überlegen ist, sondern für dessen Intelligenz und Skrupellosigkeit er durchaus Bewunderung hegt. Die Reichenbachfälle symbolisieren dabei den Ort des finalen Wettkampfs. Moriarty hat es geschafft, Holmes so zu diskreditieren, dass dieser aus England fliehen muss. Der hier stattfindende letzte Kampf ist ein körperlicher, kein intellektueller, was nahelegt, dass das (intellektuelle) Kräftemessen unentschieden ausgehen muss. Die gegenseitige Vernichtung der Kontrahenten in Conan Doyles letztem Sherlock-Holmes-Band *The Final Problem* von 1893 folgt demnach nicht allein dem ebenfalls legendären Wunsch des Autors, sich seiner Figur zu entledigen, sondern auch der Anlage ihrer Fähigkeiten. Holmes' ›Wiederauferstehung‹ in der später folgenden Kurzgeschichte *The Empty House* (1903) stellt diese Konstellation zwar rückwirkend infrage, hat aber natürlich wesentlich Anteil an der Mythisierung des Detektivs, dessen zeitenthobenes Fortleben somit ermöglicht wird. Mycroft und Moriarty sind das Wenige, was Holmes nicht selbst sein kann – sie bilden eine sich ergänzende Triade. Sherlock Holmes wird auf diese Weise zum ↗Genie, dessen Unerreichbarkeit durch die beiden Nebenfiguren zugleich gesteigert und relativiert wird.

Watson als Vermittler und Mythenleser

Holmes wird nur in Ausnahmefällen selbst zum Erzähler seiner Fälle, Informationen über ihn sind demnach immer vermittelt. Sein enger Freund und Assistent, der Arzt Dr. Watson, hat es sich zur Aufgabe gemacht, die außergewöhnlichen Fälle zu dokumentieren und zu veröffentlichen. Der Holmes-Mythos ist ohne Watson nicht existent, jener übernimmt gleichzeitig die Rolle des Begleiters und die des Rhapsoden. Weil er mit Holmes zusammenlebt, gewinnt seine Erzählung Authentizität und generiert Unmittelbarkeit, gerade weil sie die Mittlerrolle ausstellt. Die Leserschaft einzubeziehen und gleichzeitig Holmes' scheinbare Allwissenheit zu propagieren, stellt die schwierigste Aufgabe und gleichzeitig das »Erfolgsgeheimnis« der Figur dar (Moretti, 216). Während für die Klienten Expertise und Ergebnisse zählen, hat Holmes in Watson seinen (privilegierten) Leser. Der Holmes-Mythos setzt voraus, dass hinter jeder offenbaren Wirklichkeit eine weitere, verdunkelte Wirklichkeit zu finden ist, die nur durch einen außergewöhnlichen Spurenleser enthüllt werden kann (Vogl, 195). Holmes' Fähigkeiten – das macht diesen Mythos modern – sind jedoch keinesfalls übersinnlich: Denn auch wenn die Fähigkeit zur »retrospektiven Wahrsagung« (Ginzburg, 38) Holmes vorbehalten bleibt, so repräsentiert Watson immerhin die Chance, an diesem so wundersam erscheinenden Verfahren teilzuhaben.

Lit.: U. Eco/T. A. Sebeok (Hg.), Der Zirkel oder Im Zeichen der Drei. Dupin, Holmes, Peirce, München 1985. – C. Ginzburg, Spurensicherung. Die Wissenschaft auf der Suche nach sich selbst, Berlin 2011. – F. Moretti, The Slaughterhouse of Literature, MLG 61.1 (2000). – P. J. Reiter, Doctors, Detectives, and the Professional Ideal. The Trial of Thomas Neill Cream and the Mastery of Sherlock Holmes, in: College Literature 35.3 (2008), 57–95. – J. Vogl, Mimesis und Verdacht. Skizze zu einer Poetologie des Wissens nach Foucault, in: Spiele der Wahrheit. Michel Foucaults Denken, hg. v. F. Ewald/B. Waldenfels, Frankfurt a. M. 1991, 193–204.

Solvejg Nitzke

Holocaust

Der Völkermord an den europäischen Juden, den die Täter mit der Metapher »Endlösung der Judenfrage« umschrieben, den die Überlebenden und Nachkommen der Opfer hebräisch Shoah (Untergang, Verderben) nennen, für den sich aber allgemein der aus dem Griechischen über das Englische kommende irreführende Begriff »Holocaust« (»Brandopfer«) eingebürgert hat, war das zur Metapher gewordene Verbrechen des 20. Jahrhunderts. Nicht nur die Bilanz von mindestens sechs Millionen Opfern, die im Vollzug der NS-Rassenideologie gemordet wurden, macht diesen Genozid singulär. Der Holocaust war keine Serie von Exzesstaten, von Pogromen oder plötzlichem kollektiven Mordrausch, er war geplant, durchorganisiert und bis zur letzten Konsequenz nach kaltem Kalkül realisiert. Und zwar als Staatsraison von Angehörigen eines Volkes, das sich als vornehmste Kulturnation begriff und daraus das Recht ableitete, andere als minderwertig zu betrachten und nach Belieben zu vernichten. Es ist strittig, ob das NS-

Regime von Anfang an den Völkermord beabsichtigte (die Auswanderungspolitik bis 1941 spricht dagegen) oder einem Radikalisierungsprozess unterlag. Mit der deutschen Besetzung Polens begann dort im Herbst 1939 die Verfolgung der Juden in radikaler Form mit Zwangsarbeit, Kennzeichnung und Konzentrierung der Juden in Ghettos. Durch Massenerschießung, in Gaskammern spezieller Vernichtungslager (Chelmno, Belzec, Sobibor, Treblinka) und in den KZ Auschwitz und Majdanek wurde der Völkermord ab 1941 vollzogen. Dem Mythos Holocaust sind verschiedene Topoi immanent wie die Einzigartigkeit oder seine spätere Instrumentalisierung für politische, humanitäre, moralische Zwecke, seine Leugnung oder Marginalisierung. Der Holocaust fungiert als Gründungsmythos des Staates Israel und er hat im öffentlichen Gedächtnis als angeblich klandestines Verbrechen, von dem die Deutschen nichts gewusst haben und nichts wissen konnten, eine Position als Abwehrstrategie gegen Emotionen von Schuld und Scham.

Einzigartigkeit

Der Holocaust ist nicht nur in seiner Dimension mit sechs Millionen Opfern und mit seinem übernationalen Schauplatz Europa einzigartig; er war auch ein Anschlag gegen die Zivilisation, denn seine Intention, alle Juden auszurotten, richtete sich nicht gegen eine Minderheit in einem Land und folgte nicht politischen, religiösen oder sozialen Feindbildern, wie sie frühere Genozide ausgelöst hatten. Den Holocaust begründete die staatlich organisierte Inszenierung des Hasses gegen eine als »Rasse« definierte Gruppe von Menschen, die jahrhundertelang wegen ihrer Religion verfolgt und kulturell sowie gesellschaftlich ausgegrenzt worden war. Der geplante Mord an den elf Millionen europäischen Juden war schließlich Staatsziel des Deutschen Reiches, das unter Einsatz aller verfügbaren staatlichen Mittel verfolgt und zu einem erheblichen Teil verwirklicht wurde. Diese Merkmale unterscheiden den Holocaust von den anderen Völkermorden des 20. Jahrhunderts. Die Einzigartigkeit des Holocaust in seiner Dimension, der Systematik und der Perfektion des zielgerichteten Mordens und wegen des territorial unbegrenzten Anspruchs der Vernichtung wird durch die vergleichende Betrachtung anderer Völkermorde nicht tangiert. Der Judenmord ist vielmehr das wichtigste Paradigma vergleichender Genozidforschung. Das gilt ebenso für die ihm zugrunde liegende Ideologie des Antisemitismus, die als Parameter der Vorurteilsforschung mit anderen Ressentiments wie Islamophobie oder Antiziganismus zu vergleichen ist.

Leugnung

Die Leugnung der Realität des Holocaust (z. B. Thies Christophersen, *Die Auschwitzlüge*, 1973), das Nichtwahrhabenwollen von sechs Millionen ermordeter Juden (Richard Harwood, *Starben wirklich sechs Millionen?*, 1975), das Fortargumentieren nationalsozialistischer Verbrechen war und ist einem kleinen Kreis von Apologeten des NS-Regimes vorbehalten, dessen Bedeutung in der rechtsextremen Szene zwar zu schwinden scheint, dessen Argumente aber in der Mitte der Gesellschaft auf Zustimmung stoßen oder Hoffnungen bedienen. Das Bemühen, ein von deutschen Verbrechen gereinigtes Geschichtsbild zu etablieren, charakterisiert das internationale revisionistische Kartell der Holocaust-Leugner.

Instrumentalisierung

Die Etablierung der Erinnerung an den Judenmord als feste Größe der politischen Kultur ist für Aktivisten Anlass, den Holocaust für unterschiedliche politische, soziale oder ethische Ziele zu instrumentalisieren. Eine fundamentalistische Internetplattform, die der reaktionären katholischen Piusbruderschaft nahesteht, instrumentalisiert z. B. den Judenmord für ihre Zwecke: Abtreibung wird nicht nur mit dem Holocaust gleichgesetzt, die »Kinderschlachtung« sei vielmehr das größere Verbrechen. Die Metapher Holocaust wird auch für die israelische Politik gegenüber Palästinensern benutzt. Der Holocaust wurde von Tierschützern (mit dem Slogan »der Holocaust auf Deinem Teller«), von Abtreibungsgegnern (»Babycaust«) und anderen Interessengruppen semantisch in Anspruch genommen. Begriffe und Symbole der Erinnerung an den Holocaust wurden nach der Wende auch von Opfern stalinistischer Verfolgung und der Aktivitäten des Ministeriums für Staatssicherheit der DDR usurpiert: Die Gleichsetzung von sowjetischen Speziallagern und Stasigefängnissen mit NS-Konzentrationslagern, das Postulat, die Verfolgung in Lagern der SBZ und DDR habe, wie der Völkermord unter nationalsozialistischer Ideologie, die physische Vernichtung zur Intention gehabt. Der Judenmord wird auch zur Beschwörung deutscher Leiden beansprucht. Die Kriegsgefangenenlager am Rhein, die im Frühjahr 1945 von den US-Streitkräften improvisiert worden waren, sind charakterisiert durch hohe Sterblichkeit. Daraus wob ein kanadischer Journalist die Legende, die Amerikaner hätten gezielt und aus bösem Willen eine Million deutscher Soldaten, die sich in ihrem Gewahrsam befanden, ermordet (James Bacque, *Der geplante Tod*, 1989). Im Bemühen, den Opfern der Rheinwiesenlager einen prominenten Platz in der Erinnerungskultur zu verschaffen und nationalsozialistische Verbrechen zu relativieren, konstruieren Interessenten unter Vermeidung des Begriffs Holocaust, aber mit Konnotationen wie KZ oder Auschwitz Parallelen zwischen dem Judenmord und den Leiden deutscher Landser.

Die Tatsache, dass die Erinnerung an den Holocaust als Menschheitsverbrechen konsensfähig in der politischen Kultur demokratischer Gesellschaften ist, wird unterschiedlichen Zielen dienstbar gemacht. Ein Beispiel dafür war die Beschwörung von Auschwitz durch den damaligen deutschen Außenminister Joschka Fischer, um im Kosovokonflikt den Luftkrieg gegen Serbien zu rechtfertigen. Ein anderes Exempel statuierte die Europäische Rabbinerkonferenz in der Beschneidungsdebatte, als sie ein drohendes Verbot des religiösen Initiationsritus in Deutschland mit dem Holocaust und dessen Folgen in Beziehung setzte.

Die Indienstnahme des Mythos Holocaust für bestimmte Interessen ist weniger erfolgreich als es die Versuche sind, den Holocaust zu leugnen oder zu marginalisieren und durch unsinnige Vergleiche zu relativieren.

Marginalisierung

Eine häufige Form der Leugnung ist die Marginalisierung des Genozids durch die Behauptung niedrigerer Opferzahlen, die sich auf fiktive Dokumente berufen. Damit sollen Zweifel an der Realität des Judenmords generell genährt werden. Das Schlagwort »Holocaust-Industrie« wurde mit einigem Erfolg im öffentlichen Diskurs lanciert. Nach der Überzeugung des amerikanischen Politologen Norman Finkelstein existiert ein Kartell aus Personen, Organisationen und Institutionen, das aus den Leiden des jüdischen Volkes politischen oder finanziellen Profit zieht und damit die Hauptursache des gegenwärtigen Antisemitismus bildet (Norman Finkelstein, *Holocaust-Industrie*, 2000). Die rechtsextreme NPD provoziert mit Formulierungen wie der »ewigen jüdischen Opfertümelei«, die sich kein Deutscher gefallen lassen müsse, fordert das Ende der angeblichen jüdischen psychologischen Kriegführung gegen das deutsche Volk. Es sei klar, »dass die Holocaust-Industrie mit moralischen Vorwänden die Deutschen immer nur wieder finanziell auspressen« wolle.

Israel

Neben Zionismus und christlichem Philosemitismus sowie dem mit der Balfour-Deklaration vermuteten britischen Protozionismus ist der Holocaust ein zentraler Gründungsmythos des Staates Israel. Die Gedenkstätte Yad Vashem, Gedenktage und die nationale Selbstdarstellung dienen der politischen, sozialen und moralischen Identität der jüdischen Bürger Israels. Das Existenzrecht Israels wird weltweit mit den Leiden der Juden im Holocaust begründet. Auch für die 1949 gegründete Bundesrepublik Deutschland bildet der Holocaust einen quasi negativen Gründungsmythos. Trotz der bis in die 1970er Jahre verbreiteten Neigung, die Erinnerungen an den Judenmord zu verdrängen, war das Ziel, internationale Anerkennung und Souveränität zu erlangen, untrennbar mit der politischen Reaktion auf den Holocaust verbunden: Wiedergutmachung und Entschädigung sowie die moralische Auseinandersetzung mit der belasteten Vergangenheit waren unerlässlich. In der Abgrenzung zur DDR durch das Bekenntnis zu Rechtsstaatlichkeit, Demokratie und Freiheit spielte der Umgang mit belasteter Geschichte eine erhebliche Rolle, lange bevor die historische Erinnerung im Vereinigten Deutschland zentrale Bedeutung für die politische Kultur erlangte. Das besondere Verhältnis zu Israel ist deren Bestandteil.

Geheimhaltung/Nichtwissen

Zum Mythos Holocaust gehört auch die entgegen dem historischen Forschungsstand immer noch propagierte Überzeugung, der Judenmord sei nicht nur gegen den Willen der Mehrheit der Deutschen, sondern auch ohne deren Wissen geschehen. Die Geheimhaltung des Genozids sei so perfekt gewesen, dass die Deutschen erst nach dem Ende des NS-Staats davon erfahren hätten. Die Beteuerung, man habe nichts gewusst, dient der Abwehr von Leidensdruck und patriotischen Emotionen.

Sekundäre Mythisierungen

Zum Komplex Holocaust sind auch mehrere sekundäre Mythen entstanden. So wurde Auschwitz zum Synonym für den Judenmord im kollektiven Gedächtnis. Das 1940 errichtete Konzentrationslager, in dem die Methode mit dem Giftgas Zyklon B erprobt worden war, in dessen Zweiglager Birkenau dann rund eine Million Juden in Gaskammern ermordet worden sind, wird als emblematischer Ort des Holocaust wahrgenommen. Die Widmung des 27. Januar in der Erinnerung an die Befreiung des Lagerkomplexes Auschwitz 1945 durch die Rote Armee zum Gedenktag, der seit 1996 in Deutschland begangen wird und 2005 von der UNO als internationaler Holocaust-Gedenktag proklamiert wurde, festigte den Mythos Auschwitz als zentralen Ort des Holocaust im realen wie im transzendentalen Verständnis der Nachwelt.

Ein anderer Sekundärmythos findet Ausdruck in der kanonisierten Gestalt des Überlebenden des Holocaust. Nachdem ↗Zeitzeugen in den ersten Jahren nach dem Zusammenbruch des NS-Regimes kaum wahrgenommen (oder als lebende Mahnmale an schuld- und schambesetzte Historie abgelehnt) wurden, fanden sie als Autoren von Zeugnisliteratur, beginnend mit dem Tagebuch der Anne Frank (erste Veröffentlichung 1950), öffentliche Beachtung und wurden dann seit den 1980er Jahren in der Folge der allgemeinen Betroffenheit nach der Ausstrahlung des Fernseh-Vierteilers *Holocaust* (1978) begehrte Mitwirkende im öffentlichen Erinnerungsdiskurs. Bei Auftritten in Schulen und bei öffentlichen Anlässen wurde ihnen Deutungshoheit weit über ihren Erlebnis- und Erfahrungshorizont hinaus zum Thema Holocaust und Nationalsozialismus zugebilligt, verbunden mit der in Politik und Medien verbreiteten Sorge, wie das Thema angemessen zu behandeln ist, wenn Zeitzeugen nicht mehr zur Verfügung stehen.

Ein weiterer sekundärer Mythos entstand in großem Abstand zum historischen Ereignis des Genozids an den Juden Europas: Im kulturellen jüdischen Gedächtnis wuchs als Element der Auseinandersetzung mit der zweiten und dritten Generation das Bedürfnis nach einem Narrativ von jüdischem Widerstand, mit dem das Trauma, die Juden hätten sich wie Schafe zur Schlachtbank treiben lassen, überwunden würde. In der Standardliteratur (beginnend mit Raul Hilberg) war jüdischer Widerstand lange Zeit überhaupt nicht thematisiert oder es wurde argumentiert, dass Widerstand gegen den Holocaust nicht möglich war und deshalb nicht stattfand. Die israelische Gedenkstätte Yad Vashem setzte mit der von ihr herausgegebenen Enzyklopädie des Holocaust (Israel und USA 1990, Deutschland 1993) politische Akzente mit zahlreichen Lemmata über jüdische Widerstandskämpfer als Partisanen in Weißrussland, der Ukraine, im Baltikum oder auch in Polen. Der früh öffentlich gepflegten Erinnerung an den Aufstand im Warschauer Ghetto, der dem Bedürfnis nach jüdischen Heroen entsprach, folgte die Kenntnisnahme der Erhebungen im Ghetto Bialystok, im KZ Auschwitz und in den Vernichtungslagern Treblinka und Sobibor. Das verzweifelte Auflehnen in letzter Minute angesichts bevorstehender Vernichtung war aber ebenso wenig wie der Partisanenkampf einzelner Juden oder jüdischer Gruppen Teil eines breiten jüdischen Widerstands, wie er etwa von dem Holocaust-Überlebenden Arno Lustiger durch literarische Kompilation publikumswirksam propagiert wurde (*Zum Kampf auf Leben und Tod*, 1991). Symbol für das Bedürfnis nach Anerkennung des jüdischen Widerstandes gegen

den Holocaust ist die Dekoration mit einem Orden, die einem 89-jährigen Überlebenden des Warschauer Ghetto-Aufstands zum 70. Jahrestag 2013 durch den polnischen
Staatspräsidenten zuteil wurde.

Der Holocaust spielt, wenn es um die Anerkennung des Völkermords an Sinti und
Roma und dessen Folgen geht, eine erhebliche Rolle. Vertreter der Minderheit der Sinti
und Roma betonen, dass die Verfolgung und Vernichtung ihrer Volksgruppe dem gleichen Plan, der gleichen Intention und dem gleichen System folgte wie der Judenmord.
Damit wird an das gegenüber den Juden ausgeprägte Schuldbewusstsein der Mehrheit
auch für die berechtigten Interessen von Sinti und Roma appelliert. Nicht zuletzt das
2013 eingeweihte Denkmal für die ermordeten Sinti und Roma Europas vor dem Reichstagsgebäude in Berlin ist Ausdruck dieses Bedürfnisses nach gleichberechtigter Wahrnehmung, das sich im sekundären Holocaust-Mythos manifestiert.

Der Holocaust als Mythos gründet sich auch auf seine scheinbare Unerklärbarkeit.
Monokausale Deutungsversuche der Intention des Holocaust führen in die Irre. Von
einem »eliminatorischen Antisemitismus« der Deutschen, der behauptet wurde (Daniel
Goldhagen, *Hitlers willige Vollstrecker*, 1996), um die These von der Folgerichtigkeit des
Judenmords zu stützen, kann keine Rede sein: Die Judenfeindschaft war in anderen
Ländern stärker und wurde rabiater manifestiert. Umso schwieriger sind Erklärungs-
versuche des Holocaust. Sozialisationsdefekte (mündend im »autoritären Charakter«),
Obrigkeitsdenken, der Glaube an die nationalen Versprechungen der Hitlerdiktatur,
mangelndes rechtsstaatliches Selbstbewusstsein, kompensiert durch Herrenmenschen-
tum sind ebenso Elemente, die zur Erklärung gehören, wie die These der allmählichen
Radikalisierung nationalsozialistischer Herrschaft oder das Modell einer rationalen, auf
Rassismus basierenden Bevölkerungspolitik, die vernichtende Bevölkerungsbewegun-
gen in Kauf nahm.

Lit.: W. Benz (Hg.), Lexikon des Holocaust, München 2002. – Ders. (Hg.), Dimension des Völkermords.
Die Zahl der jüdischen Opfer des Nationalsozialismus, München ²1996. – W. Długoborski/F. Piper (Hg.),
Auschwitz 1940–1945, 5 Bde., Óswiecim 1999. – B. Dörner, Die Deutschen und der Holocaust. Was
niemand wissen wollte, aber jeder wissen konnte, Berlin 2007. – R. Hilberg, Die Vernichtung der europäischen Juden, 3 Bde., Frankfurt a. M. 1990.

Wolfgang Benz

Michael Jackson

Michael Jackson (1958–2009) gilt als einer der größten Popmusikstars aller Zeiten.
Musikalisch vereint er mit seinem Album *Thriller* (1982) schwarze Musikstile mit weißer Popmusik und überwindet damit in den USA die bis dahin noch geltende Trennung
in (schwarze) R&B-Musik und (weiße) Rockmusik. Er ernennt sich selbst zum »King of
Pop« (↗Pop) und gilt kommerziell als der erfolgreichste Popmusikstar mit den am meisten verkauften Alben und Singles. Dem kommerziellen und künstlerischen Erfolg bis in
die 1990er Jahre steht sein Absturz nach seinem Album *HIStory* (1995) und dem Abschluss der gleichnamigen Welttournee nach 1997 gegenüber. Ab diesem Zeitpunkt

steht Jacksons privates Leben als kosmetisch operierter Freak und möglicherweise pädophiler Kinderschänder im Mittelpunkt der Öffentlichkeit (nach außergerichtlichem Vergleich eingestelltes Verfahren 1993–94 und Freispruch in allen Anklagepunkten nach Prozess 2003–05). Sein öffentliches Bekenntnis »I'm Peter Pan« (*Living with Michael Jackson*, BBC 2003, Martin Bashir), die Benennung seines Wohnsitzes als »Neverland« und seine mit zahlreichen Kindern verbrachte Freizeit in künstlich erschaffenen Märchenwelten verleihen ihm zu Lebzeiten einerseits Züge des ewigen Kindes, andererseits Züge des gefallenen, sündig gewordenen Engels. Nach seinem Tod zeigt sich außerdem seine kulturelle Funktion als *monstre sacré*, als Außenseiter und Symbol für bizarre Abweichung.

Monster

Michael Jackson ist als Leadsänger der Gruppe *The Jackson 5* beim schwarzen Label Motown Records zunächst ein Kinderstar US-amerikanischer, schwarzer Musik in den 1970er Jahren. Misshandlungen durch den Vater und die Brüder machen die verlorene Kindheit nach eigenen Aussagen (*Childhood*, 1995) zur das ganze Leben prägenden traumatischen Erfahrung. Seit dem Ende der 1970er Jahre verfolgt Michael Jackson mit dem Produzenten Quincy Jones gezielt seine Solokarriere und revolutioniert mit seinem Album *Thriller* (1982) und Songs wie *Billy Jean* nicht nur die Popmusik, sondern auch das Genre des Videoclips, das durch das Musikvideo zum Titelsong erst eigentlich als eigenständiges Genre begründet wird (Sendestart von MTV in den USA 1981). Jackson und sein Regisseur John Landis legen 1982 mit *Thriller* einen 14-minütigen Kurzfilm mit aufwendiger Montage und *mise en scène*, Maske und Requisite, Tanzeinlagen und Choreografien vor. Michael Jackson verkörpert in seinem die Realitätsebenen verschmelzenden Musikvideo die aus dem klassischen Horrorfilm bekannte Rolle des Monsters (vgl. Pabst). Die titelgebende Pointe ist dabei die Ambivalenz des besungenen »Thrill«, der sowohl die sexuelle Erregung des angesungenen Mädchens durch die Liebe des singenden Mannes als auch das Schaudern vor den Monstern wie den Werwölfen und anderen Untoten meinen kann. An die Stelle einer praktizierten Sexualität tritt die symbolische Show der choreografiert tanzenden Untoten. Die verdrängte Sexualität (↗Psychoanalyse) kehrt als ein monströs-bedrohliches Anderes zurück, das sich der Popstar performativ aneignet und unterwirft.

Überwindung kultureller Oppositionen

Von *Thriller* aus überträgt sich auf Michael Jackson selbst das Merkmal der monströsen Abweichung auf allen Ebenen, unterstrichen durch seine extreme operative Umgestaltung, die ihn zu seinem eigenen ↗Frankenstein werden lässt. Körperlich integriert Michael Jackson mit seiner hohen Stimme und seinem kieksenden Falsettgesang weibliche Merkmale in seine männliche Person. Sein berühmter Moonwalk-Tanzschritt vereint in einer tänzerischen Bewegung genau gegensätzliche Bewegungsrichtungen. Die konstant durchgeführten kosmetischen Operationen verwandeln sein Aussehen von einem schwarzen Jungen in das Äußere einer weißen Frau. Körperlich überschreitet Michael Jackson als Person hier fundamentale kulturelle Oppositionen von Rasse und Geschlecht (vgl. Mercer) und wird damit zu einem modernen, wandlungsfähigen und zwielichtigen »Trickster«.

In der Zusammenschau von fiktionalem Image in seinen Videos und faktualem Image in der Berichterstattung über ihn vermischt er weitere kulturelle Oppositionen. Seiner aggressiven Performance auf der Bühne steht sein scheues, zurückhaltendes Auftreten als Privatmann gegenüber. Seine erfolgreichen Geschäfte (u. a. Erwerb an den Wiedergaberechten aller Beatles-Songs) und damit eine erwachsene Persönlichkeit kontrastieren mit seiner künstlichen Re-Inszenierung einer vermeintlich paradiesischen Utopie von Kindheit. Seine angeblich pädophilen Neigungen stehen seinen beiden Ehen (1994–95 mit Lisa Marie Presley, 1996–99 mit Debbie Rowe) und der Geburt seiner (wohl nicht leiblichen) Kinder (1997 Prince Michael, Jr., 1998 Paris Michael Katherine, 1999 Prince Michael II) gegenüber. Damit überschreitet Michael Jacksons Verhalten fundamentale kulturelle Grenzen der Geschlechterrollen, des Lebensphasenmodells, der Rassen- und Klassenzugehörigkeit. Unter den Vorzeichen des Monströsen ist dies nicht mehr in die Populärkultur und in das kulturelle Wissen integrierbar. Michael Jackson wird von der Presse gejagt und zieht sich aus der Öffentlichkeit zurück, ohne künstlerisch und kommerziell an alte Erfolge anknüpfen zu können (vgl. Halperin).

Monumentalisierung

Mit dem Best-of-Album *HIStory*, das seine größten Hits mit neuen kombiniert, rechnet er mit seinen Kritikern und Verfolgern in den ihn verfolgenden Medien und der Justiz zeichenhaft ab. Das fiktionale Lebenswerk als Popmusik-Künstler wird mit der künstlerisch überformten Version der eigenen biografischen Geschichte verknüpft (wie vorher schon in *Moonwalker*, 1988). Jackson mutiert in der Berichterstattung der Medien durch seine Haltung zu sich selbst als zu bewältigende Geschichte, durch seinen schwindenden Erfolg, durch seine Prozesse und seinen Rückzug ins Private im kulturellen Gedächtnis zu einer als untot oder außerirdisch mythisierten Figur. Treu halten jedoch weltweit seine Fans zu Michael Jackson (vgl. Lohr): Sie sehen ihren Helden als Stimme gegen Rassismus (*Black or White*, 1991), gegen die Umweltzerstörung (*The Earth Song*, 1995) und gegen soziale Ungerechtigkeit (*They Don't Care About Us*, 1995). Dagegen sieht ihn die Öffentlichkeit in der Dokumentation *Living with Michael Jackson* 2003 als trotzigen Verteidiger seiner bizarren Beziehungen zu Kindern. Das versuchte Comeback 2009 mit geplanten 50 Konzerten weltweit wird durch Jacksons Tod während der Proben jäh unterbrochen. Selbst die Trauerfeier mit vergoldetem Sarkophag und vor die Kameras gezerrter, weinender Tochter gerät zur monströsen Idolatrie des »King of Pop«.

Lit.: I. Halperin, Unmasked. Die letzten Lebensjahre des Michael Jackson, Hamburg 2009. – M. Lohr, Das Fan-Star-Phänomen. Musikstars und ihre Fans im Austausch. Elvis Presley und Michael Jackson zum Beispiel, Marburg 2008, 65–147. – K. Mercer, Monster Metaphors. Notes on Michael Jacksons Thriller, in: Screen 27. 1 (1986), 26–43. – E. Pabst, Das Monster als die genrekonstituierende Größe im Horrorfilm, in: Enzyklopädie des phantastischen Films, hg. v. H. Wimmer/N. Stresau (†), Meitingen 1995, 1–18. – J. R. Taraborelli, Michael Jackson. Die ultimative Biographie, Bonn-Oberkassel 2009.

Jan-Oliver Decker

Jeanne d'Arc

Jeanne d'Arc (Johanna von Orléans) ist katholische Heilige und französischer Nationalmythos mit transnationaler Reichweite. Im Glauben an eine göttliche Berufung mobilisierte sie das französische Heer im Kampf gegen England und wurde 1431 als rückfäl-
lige Ketzerin zum Tode verurteilt. 25 Jahre später erfolgte ihre Rehabilitation, zu Beginn
des 20. Jahrhunderts ihre Kanonisierung. Als Heldin, Heilige und Märtyrerin, als Hexe,
Volksverführerin und Ketzerin polarisierte Jeanne d'Arc bereits zu Lebzeiten, und bis
heute sorgen differente Rezeptionsmuster der Erinnerungskulturen für eine breite mediale Mythisierung. Mit ihrem festen Glauben an eine göttliche Berufung, ihrem politischen Widerstand und ihrer moralischen Integrität erscheint sie anschließbar an diverse Ideologien und Narrationsformen. Kollektive Sinnzuschreibungen erstrecken sich
daher auf ästhetische, (populär-)kulturelle und gesellschaftspolitische Erscheinungsformen, die Jeanne d'Arc vor allem als Befreierin Frankreichs bzw. als Symbol der nationalen Idee rezipieren (↗Nation). In diesem Sinne halten zahlreiche Orte (Kirchen,
Plätze, Denkmäler, Parks, Institutionen etc.) die Erinnerung an sie lebendig. Als fester

Abb. 17: Jean-Auguste-
Dominique Ingres: *Jeanne
d'Arc bei der Krönung Karls
VII. in der Kathedrale von
Reims* (1854)

Bestandteil der französischen Nationalgeschichte ist sie in Chroniken und Geschichtsbüchern, Lexika, Dramen und Romanen, Liedern, Bildern und Skulpturen etc. verewigt. Eine Stilisierung der Figur hin zur Marke für französische Kultur und Lebensweise zeigt sich hingegen zum Beispiel in nach ihr benannten Konsumartikeln, Hotels
und Restaurants. Für eine Popularisierung und weltweite Verbreitung sorgen heute vor
allem moderne mediale Adaptionen (Film, Computerspiel, Zeichentrick), die das Bedeutungsspektrum Jeanne d'Arcs auch jenseits religiöser und nationaler Inanspruch-
nahmen nutzen. Diese divergierenden und global installierten Verankerungen des Mythos Jeanne d'Arc sichern seine ungebrochene Wirkungskraft.

Geschichte und Geschichtsschreibung

Die Dokumente der beiden Prozessverläufe (Jules-Étienne Quicherat 1841–49, Ruth
Schirmer-Imhoff 1956) gelten als wichtigste Quelle bei der Rekonstruktion der Fakten,
aber auch bei der Konstruktion des Selbst- und des Fremdbildes Jeanne d'Arcs, ihrer
Motive und ihrer Rolle im Krieg gegen England. Sie wird vermutlich am 6. Januar 1412
in Domrémy/Lothringen geboren. Im Alter von 13 Jahren vernimmt sie zum ersten Mal
göttliche Stimmen, später erscheinen ihr der Erzengel Michael, die Heilige Katharina
und die Heilige Margareta. Der Weisung der Stimmen folgend, zieht sie 1429 in den
Krieg, nachdem sie die Rückeroberung von Orléans und Paris sowie die Krönung des
Dauphins prophezeit hatte. Wichtigste Station ihres Feldzuges ist Orléans, das nach
halbjähriger Besatzung befreit werden kann. Dieses Ereignis gilt fortan als Zeichen ihrer Berufung und visionären Gabe und bildet den Auslöser für die Legendenbildung um
»La Pucelle« (die Jungfrau). Nach weiteren siegreichen Kämpfen entlang der Loire und
nach der Kaiserkrönung Charles VII. in Reims wird sie am 23. Mai 1430 bei Compiègne
gefangen genommen und schließlich in Rouen inhaftiert, wo ihr zu Beginn des Jahres
1431 der Prozess gemacht wird. Nach den Regeln der Inquisition geführt, ist der Prozess Jeanne d'Arcs ein religiös wie politisch brisanter Fall, in dem eine insgesamt unübersichtliche Zuständigkeits- und Rechtslage sowie die beiden Widerrufe der Ange-
klagten nachhaltig die Historiografie beschäftigen und die künstlerische Rezeption
inspirieren. Jeanne d'Arc wird der Ketzerei gegen Kirche und Gott angeklagt und stirbt
auf dem Scheiterhaufen. Die Revision des Verdammungsprozesses rehabilitiert sie bereits 1456 in allen Anklagepunkten. 1909 leitete Papst Pius X. ihre Seligsprechung ein,
1920 erfolgte ihre Heiligsprechung durch Papst Benedikt XV. Als ihr Gedenktag gilt
unter anderem ihr Todestag, der 30. Mai. Sind die Motive und Umstände ihres Weges
z.T. unklar bzw. umstritten, so herrscht hinsichtlich der Chronologie der Ereignisse
weitgehender Konsens (vgl. z.B. Nette; Krumeich). Dass auch im zweiten Prozess nicht
alle Aspekte zweifelsfrei geklärt werden konnten, trägt wesentlich zum Reaktualisie-
rungspotenzial des Mythos bei. Glaubensstärke, göttliche Berufung und Freiheitskampf
gehören, wie die Fragen nach der Herkunft der Stimmen und den Gründen für Motiva-
tion und Scheitern, zu den zentralen und ambivalent rezipierten Bausteinen der mythischen Erzählung. Für die Geschichtsschreibung Frankreichs wird Jeanne d'Arc spätestens unter ↗Napoleon zum Symbol nationaler Identitätsbildung und gilt fortan als
Personifikation eines aus dem Volk geborenen Patriotismus (Michelet, Lavallée), was

sie später zur Identifikationsfigur unterschiedlicher politischer Lager prädisponiert (Krumeich, 112–116; Winock, 368–410). Die Fülle der Quellen, ihre sukzessive Aufarbeitung, Veröffentlichung und Interpretation schlagen sich in einer andauernden, in verschiedenen Diskursen geführten Auseinandersetzung mit der Geschichte und ihrer Sinnstiftungspotenziale nieder.

Mythenpräfiguration und Deutungsspektrum

Wesentlichen Anteil an der mythischen Strahlkraft Jeannes hat die Prophezeiung Merlins von der Rettung Frankreichs durch die Tatkraft einer Jungfrau (Fraisse, 849; Krumeich, 26; Tanz), die sich mit Jeanne d'Arc zu erfüllen schien: Ihr Schicksal ist somit in einem zweiten bedeutenden Mythoskomplex (↗Artus/Ritter der Tafelrunde) präfiguriert, die mythische Figur existierte insofern vor der historischen (vgl. Fraisse, 849; Rieger, 179 f.). Epochen, Nationalliteraturen und Künste überschreitend, stehen sich bis heute Interpretationen gegenüber, die Jeanne d'Arcs Handeln symbolisch deuten bzw. zwischen einem individuellen fehlgeleiteten oder gesellschaftlich instrumentalisierten Anspruch polarisieren (Christine de Pizan, Voltaire, Schiller, Shaw, Brecht etc.; vgl. Frenzel). Erzählen als Voraussetzung für die Entstehung eines Mythos sowie als Bedingung für seine Ent- und Remythisierungen thematisieren metafiktionale/metamythische Narrationen (z. B. Claudel/Honegger, Anouilh, Hoppe; vgl. Wodianka). Ikonografische Darstellungen zeigen Jeanne d'Arc mit Vorliebe entweder als junges Mädchen in ländlicher Umgebung, das Engelsstimmen lauscht (z. B. Lenepveu, Bastien-Lepage, Thirion, Rude), oder als androgyne Kämpferin in Ritterrüstung, meist hoch zu Pferd (z. B. Scherrer, Etty, Ingres, d'Epinay). Das Rätsel um das Aussehen Jeanne d'Arcs, in dem ein Argument für ihre Überzeugungskraft vermutet wird, wird hier wie in allen anderen Künsten in der Darstellungsvielfalt evident (Kind/Frau, weibliche Attraktivität/männliche Tatkraft, Verführung/Verführbarkeit etc.). Filmische Adaptionen widmen sich Jeanne d'Arc kontinuierlich in Dokumentationen, Stumm-, Kurz-, TV- und Kinofilmen (z. B. Clark 1895, Dreyer 1928, Fleming 1948, Bresson 1962, Rivette 1994, Besson 1999), die musikalischen Bearbeitungen des Stoffes reichen von Oper (Verdi 1845) bis Pop (Tangerine Dream 2005). Daneben ist Jeanne d'Arc längst auch in den neuen Medien und in der Populärkultur angekommen: Computerspiele, Comics, Mangas und Animes setzen zumeist die körperliche und psychische Stärke ihrer Protagonistin in Szene und funktionalisieren sie zu einer adoleszenten Identifikationsfigur. Aktuelle Kinder- und Jugendbücher bemühen sich um ein authentisches und differenziertes Bild Jeanne d'Arcs (Himmel, 274–276.), während ihre Geschichte in historischen Romanen z. T. auf eingängige Abenteuer- und Heldinnenkonzepte reduziert wird. Mit der größtmöglichen Verbreitung durch eine (mediale) Popularisierung kommt es zu einer weitgehenden Entkoppelung des national-patriotischen Kontextes; übrig bleibt allenfalls eine Verschlagwortung auf (unspezifische) Eigenschaften der Figur wie Stärke, Kampfgeist und Unabhängigkeit. Daneben lässt sich aber auch die Rekontextualisierung des Mythos in aktuelle politische und gesellschaftlich relevante Diskurse erkennen: als Attribut für aussagekräftige und kontrovers diskutierte Politikerinnen (Himmel, 281–283); als parteiübergreifende Ikone bzw. relevanter Baustein innerhalb der

Geschichte Frankreichs und seinem Selbstverständnis als Grande Nation (z. B. Sarkozy bzw. Le Pen zum Gedenktag 2012); als Vorbild für christliche Glaubensfestigkeit und Gottvertrauen (Papst Benedikt XVI. in einer Generalaudienz 2011).

Mythos und Moderne

Jeanne d'Arc ist eine Figur, die polarisiert und nicht vermittelt, was ihr ein enormes Potenzial an Funktionalisierungen sichert und ihre mediale Präsenz bis heute stabilisiert. Sie erscheint als Präfiguration eines modernen selbstbestimmten Menschen bzw. eines alternativen Lebens-/Glaubenskonzeptes. Als Gegenentwurf zu konformen und konservativen Haltungen verkörpert sie einen engagierten, zukunftsgerichteten und idealistischen Menschen im Kampf für eine bessere Welt. Eine schärfere Konturierung erhält die Figur erst durch die politische Popularisierung bzw. im Kontext einer nationalen Zuweisung, die ihre historische Relevanz integriert. Die Persistenz des Mythos gründet daher vor allem auf seiner überzeitlichen Dimension und polyvalenten Verfügbarkeit, mit der bestehende Strukturen einerseits gestützt, andererseits infrage gestellt werden können.

Lit.: S. Fraisse, Jeanne D'Arc, in: Dictionnaire des mythes littéraires, hg. v. P. Brunel, Paris 1988, 849–860. – E. Frenzel, Stoffe der Weltliteratur, Stuttgart ⁸1992, 405–411. – S. Himmel, Von der »*bonne Lorraine*« zum globalen »*magical girl*«. Wandlungen Jeanne d'Arcs in populären Medien, in: Nationale Mythen – kollektive Symbole. Funktionen, Konstruktionen und Medien der Erinnerung, hg. v. K. Knabel u. a., Göttingen 2005, 265–286. – G. Krumeich, Jeanne d'Arc. Die Geschichte der Jungfrau von Orleans, München 2006. – H. Nette, Jeanne d'Arc, Reinbek ¹⁰2002. – D. Rieger, Jeanne d'Arc oder das engagierte Engagement, in: Nationale Mythen – kollektive Symbole, hg. v. K. Knabel u. a., Göttingen 2005, 173–203. – S. Tanz, Jeanne d'Arc. Eine Frau entscheidet Frankreichs Schicksal, in: Mythen Europas. Schlüsselfiguren der Imagination, Bd. 3: Zwischen Mittelalter und Neuzeit, hg. v. A. Schneider/M. Neumann, Regensburg 2005, 66–81. – M. Winock, Jeanne d'Arc, in: Erinnerungsorte Frankreichs, hg. v. P. Nora, München 2005, 365–410. – St. Wodianka, Reflektierte Erinnerung. Metamythische Renarrationen des Jeanne-d'Arc-Mythos, in: Nationale Mythen – kollektive Symbole, hg. v. K. Knabel u. a., Göttingen 2005, 37–66.

Christiane Dahms

Kalter Krieg

Der Kalte Krieg bezeichnet die radikalste Phase des seit der Oktoberrevolution 1917 bestehenden ideologischen Ost-West-Konflikts zwischen der Sowjetunion und »dem Westen«, die 1946/47 begann und 1991 mit dem Zerfall der UdSSR endete. Kern war die Auseinandersetzung zwischen dem kommunistischen Modell der staatssozialistischen »Volksdemokratie« auf der einen und dem westlichen Modell einer liberalkapitalistischen parlamentarischen Demokratie auf der anderen Seite. Prinzipiell beharrten beide Seiten auf universaler Anwendung und globaler Gültigkeit. Dabei bildete die Ablehnung der einen Seite in ihrer Gegensätzlichkeit einen zentralen Bestandteil des Gründungsmythos der jeweils anderen. Die Erfindung der Atomwaffen läutete das »Nuklearzeitalter« ein (↗Atomkrieg/Atomkraft), womit der bisherige Ost-West-Konflikt auf eine neue, bislang unbekannte Stufe gestellt wurde. Neu war die Möglichkeit, mit einem letzten, dritten Weltkrieg die Lebensgrundlagen der Erde nachhaltig zu zerstören. Da angesichts der immer weiter ausgebauten nuklearen Rüstung rasch klar wurde, dass deswegen ein umfassender militärischer Konflikt nicht mehr sinnvoll war, wurde die Systemauseinandersetzung nun permanent und tendenziell umfassend auf zahlreichen politisch-ideologischen, ökonomischen, technologisch-wissenschaftlichen und kulturell-sozialen Ersatzfeldern sowie in konventionellen »Kleinen Kriegen« in der ↗Dritten Welt geführt (Greiner, 8).

Unbestrittene Führer der beiden Lager blieben die Hauptsiegermächte des Zweiten Weltkrieges, die USA und die Sowjetunion, die sich mit dem Erreichen ihres wichtigsten gemeinsamen Ziels, der Zerstörung des Nationalsozialismus, nicht über die Nachkriegsordnung einigen konnten. Als (quasi-)offizielle Eröffnung des Kalten Krieges gilt die Rede des US-Präsidenten Harry S. Truman am 12. März 1947, in der er die Eindämmungspolitik verkündete. Die sowjetische Antwort folgte im September 1947 mit der sogenannten Zwei-Lager-Rede Andrej Schdanows.

In die im Kern bipolare Konfrontation zwischen den Führungsmächten Sowjetunion und USA ordnete sich ein Großteil der anderen Staaten den jeweiligen Blöcken zu. Die Ausnahme bildeten schließlich China und die Gruppe der »Blockfreien«, die ohne (Vertrags-)Bindung an den Westen und den Osten größtmögliche politisch-wirtschaftliche Unabhängigkeit bewahren wollten. Daneben existierten zahlreiche kleine, teilweise überraschend eigenständige Mitspieler, so die beiden deutschen Staaten, aber auch zahlreiche Lobbygruppen (Stöver, 25).

Sein mythisches Potenzial entfaltet der Kalte Krieg durch die scheinbar klare, bipolare Konstellation auf der einen Seite und die Undurchschaubarkeit und Unsichtbarkeit des Konfliktes auf der anderen.

Entstehungsetappen

Schon der US-Journalist Walter Lippmann sprach von einer mythischen Erzählerlosigkeit des Begriffs »Kalter Krieg«. Die »drôle de guerre«, der »seltsame Krieg«, nämlich das Unterlassen von Kampfhandlungen an der deutschen Westfront zwischen Kriegsbeginn und Mai 1940, bis dann der Angriff der Deutschen auf Frankreich erfolgte, habe schon viele Züge eines »kalten Krieges« gehabt, und der Begriff habe sozusagen bereits Jahre zuvor »in der Luft gelegen« (Kernig, Bd. III, 466). Heute ist der Begriff trotz der schiefen Metapher – schließlich war der Kalte Krieg umso heißer, je kälter er wurde – so geläufig, dass fast unterschiedslos jeder Konflikt, der unterhalb der militärischen Schwelle unter Einsatz von Propaganda stattfindet, zu einem »Neuen Kalten Krieg« erklärt wird. Dies ergibt analytisch jedoch keinen Sinn.

Wie in mythischen Erzählungen üblich, scheint auch der »Kalte Krieg« eine widerspruchsfreie Erzählung zu sein, die klare Verläufe, aber auch »Täter« und »Opfer« kennt (»Meistererzählung«, »Master Narrative«, Stöver, 16): Die historische Forschung präsentierte in den 45 Jahren der Auseinandersetzung klare Schuldzuweisungen und war damit gleichzeitig immer auch Teil des Konflikts und der Mythopoiesis. 1. Nach der traditionellen Vorstellung, der frühesten Erklärung, war für die Entstehung und Forcierung des Kalten Krieges die jeweils andere Seite mit ihrem Anspruch auf die Weltherrschaft verantwortlich. 2. Die in der westlichen Forschung ab den 1960er Jahren als sogenannte revisionistische Erklärung kursierende Deutung entsprach auf den ersten Blick im weitesten Sinne der sowjetischen Interpretation, da sie ausdrücklich die amerikanische Verantwortung unterstrich. Die USA seien 1945 viel stärker als die UdSSR gewesen. 3. Beide Positionen näherten sich seit den 1970er Jahren mit der postrevisionistischen Interpretation des Kalten Krieges an: Sie ging davon aus, dass gerade die angenommene Bedrohung durch die Gegenseite für die rasante Dynamik der Auseinandersetzung maßgeblich war. Kontinuierlich habe die verfehlte Wahrnehmung falsche Entscheidungen produziert. 4. Erst die im Rückblick auf den vergangenen Kalten Krieg nach 1991 unter Nutzung neuer Archivalien entstandene vierte, mentalitätsgeschichtlich-empirische Erklärung machte erstmalig deutlich, dass die Interpretationen immer selbst Teil der Auseinandersetzung gewesen und entsprechend zu historisieren sind (Mauch/Wersich, 239). Entscheidend war jedoch vor allem, dass der Kalte Krieg nicht als ein Versehen entstanden war, sondern von Beginn an und bewusst, auf allen Ebenen, mit Ausnahme des Nuklearkriegs, als ein Krieg anderer Art durch Eskalations- und Entspannungsphasen geführt wurde. Ziel war, ihn zu gewinnen, was nicht zuletzt die heftigen und lang anhaltenden Diskussionen um Sieger und Besiegte nach 1991 zeigen.

Unübersichtlichkeit und Ambivalenz

Für seine Zeitgenossen war der Kalte Krieg mehr als unübersichtlich. Dutzende Male wurde der Kalte Krieg zwischen 1945/47 und 1991 in angeblichen oder tatsächlichen Entspannungsphasen für beendet erklärt, um kurze Zeit später bei der nächsten Konfrontation erneut proklamiert zu werden (Stöver, 19). Erst seit seinem Ende 1991 ist klar, dass es – anders als Zeitgenossen noch glaubten – keinen ersten, zweiten oder dritten Kalten Krieg gab, sondern Konflikt und Entspannung über seine gesamte Dauer gleichzeitig verliefen, wobei je nach Standort des Beobachters einmal mehr der Konflikt, einmal mehr die Verständigung im Vordergrund schienen. Dass der grundsätzliche Antagonismus auch mit den Entspannungsphasen nicht beendet wurde, sondern schließlich selbst die Détente (Entspannung) zu einer Waffe im Kalten Krieg wurde, wurde vielen ebenfalls erst im Rückblick klar.

Erst die Auflösung der Sowjetunion 1991 beschloss daher offiziell die Auseinandersetzung. Sieben Phasen lassen sich im Rückblick erkennen (Mauch/Wersich, 240f.): (a) Formierung und offizielle Eröffnung (1945/47), (b) Blockbindung (1947/48–1955), (c) Phase der Eskalation und Stilllegung des Konflikts in Europa (1953–61), (d) Die Verlagerung des Konflikts in die Dritte Welt (seit 1961), (e) Phase der Entspannungspolitik (1953–81), (f) Rückkehr zur Konfrontation (1979–89), (g) Auflösung des Ostblocks (1985–91). Selbst das Ende des Konflikts wurde politisch instrumentalisiert und mythisiert: Anders als die offizielle Version des Westens vorgibt, kann von einem »Totrüsten« der Sowjetunion keine Rede sein, da Diktaturen prinzipiell nur wenig auf ökonomischen Druck von innen oder außen ansprechen. Stattdessen war der (gescheiterte) Versuch des 1985 angetretenen neuen sowjetischen Generalsekretärs, Michail Gorbatschow, mit neuer »Offenheit« (Glasnost) und einer grundsätzlichen »Umgestaltung«

(Perestroika) die UdSSR und den Ostblock zu modernisieren und auf die kommenden Runden des Kalten Krieges vorzubereiten, dafür verantwortlich.

Als besonderes Problem der Erzählstruktur erwies sich kontinuierlich die Unübersichtlichkeit des Kalten Krieges, der sich nicht nur in der Wahrnehmung, sondern auch in der Praxis zu einem ›totalen Krieg‹ entwickelte. Während mit Ausnahme der atomaren Waffen, die die Mehrheit nicht einsetzen wollte, auf beiden Seiten tendenziell alles materiell und immateriell Verfügbare zur Anwendung kam oder zumindest bereitgestellt wurde, um diesen Konflikt zu gewinnen, okkupierte der Kalte Krieg direkt oder indirekt sogar Bereiche, die auf den ersten Blick wenig mit ihm zu tun hatten. Der Kalte Krieg wurde zu einer entgrenzten politisch-ideologischen, ökonomischen, technologisch-wissenschaftlichen und kulturell-sozialen Auseinandersetzung, die ihre Auswirkungen bis in den Alltag zeigte. Das zentrale Paradoxon blieb, sich in einem totalen Krieg zu befinden, den man aber im Gegensatz zu den bisher bekannten Phasen totaler Kriegführung nicht mit Aufbietung aller, das heißt auch militärischer, Mittel führen konnte und den die Mehrheit auf diese Weise auch nicht führen wollte. Besonders anschaulich lässt sich die Totalität und Ubiquität des Konflikts dort nachvollziehen, wo der Konflikt angeblich unpolitische Bereiche berührte oder sogar okkupierte, so etwa die Kulturpolitik, die universale Waffe im Kalten Krieg blieb. In den einzelnen Gesellschaften führte der totale Konflikt darüber hinaus zu deutlichen Polarisierungen. Annäherungen an die jeweils andere Seite oder Neutralität blieben nicht nur in der Sowjetunion und in den USA bis zum Schluss verdächtig. Für dieses Phänomen eines »inneren Belagerungszustands« unter dem angenommenen Druck von außen wurde bereits in den 1950er Jahren der Begriff des »Kalten Bürgerkriegs« (»cold civil war«) geläufig (Stöver, 227).

Sinn und Sinnstiftung

Grundsätzlich schuf der Kalte Krieg trotz aller Bedrohung bei vielen Beteiligten eine gesellschaftlich akzeptierte Sinnstiftung, eine individuelle und kollektive Ordnung sowie politische Disziplinierung. Loyalitätsversicherungen auf der einen und Exklusionen von tatsächlichen oder angeblichen Illoyalen auf der anderen Seite stärkten zwangsläufig den Zusammenhalt, aber auch die Identitätsfindung. Dies betraf nicht zuletzt Teilungsgesellschaften wie Deutschland, Korea oder Vietnam. Auch ökonomisch brachte der Kalte Krieg Vorteile. Die enormen Rüstungsprogramme schufen Konjunkturen, die ohne den Konflikt nicht denkbar gewesen wären: Speziell in die Nuklearwaffen- und Raketenprogramme flossen gigantische Summen, die nicht nur für die Bildungs-, sondern auch für die sozialen Sicherungssysteme von erheblicher Bedeutung waren. Deren Umfang wurde für viele erst nach 1991 sichtbar, als im Zuge der Auflösung des globalen Konflikts infolge ausbleibender Einnahmen auch die Sozialsysteme drastischen Kürzungen unterworfen werden mussten.

Aber auch für bestimmte Entwicklungsländer, nicht zuletzt die blockfreien Staaten, brachte er handfeste finanzielle Vorteile, je nachdem wie virtuos sie den großen Konflikt für sich zu nutzen verstanden. Darüber hinaus verhinderte der Kalte Krieg aber auch die Notwendigkeit, nach Lösungen für unbequeme Probleme zu suchen: Die Deutsche Frage blieb nicht nur offen, mit ihr wurden Teile der Vergangenheitsbewältigung, etwa die Frage der Entschädigung von Zwangsarbeitern des Zweiten Weltkriegs, ausgespart. Der nahezu bruchlose Übergang vom Zweiten Weltkrieg in den Kalten Krieg enthob aber gleichzeitig auch viele der ehemals von Deutschland besetzten Staaten – West- wie Osteuropäer – von der Last, ihre »Meistererzählungen« etwa zum eigenen Widerstand (↗Résistance/Resistenza/Widerstand) gegen den Nationalsozialismus und Faschismus zu hinterfragen (Stöver, 466).

Diese Suche nach dem »Sinn« des Kalten Krieges gehört nach wie vor zur mythischen Dimension seiner Geschichte. Kurz vor seinem Ende publizierte 1989 der konservative amerikanische Historiker John L. Gaddis seine umstrittene These vom »langen Frieden«, der der Kalte Krieg gewesen sei (Gaddis, 215). Heute weiß man: Es gab zwar keinen globalen nuklearen Showdown, dafür aber mehr als 150 Kriege in der Dritten Welt, womit sich die These vom »langen Frieden« als Zynismus erweist.

Lit.: J. Dülffer, Europa im Ost-West-Konflikt 1945–1990, München 2004. – J.L. Gaddis, The Long Peace. Inquiries into the History of the Cold War, New York 1987. – B. Greiner u.a. (Hg.), Heiße Kriege im Kalten Krieg, Hamburg 2006. – J. Hanhimaki/O.A.Westad, The Cold War. A History in Documents and Eyewitness Accounts, Oxford 2003. – J. Isaacs/T. Downing, Der Kalte Krieg, München 2001. – C.D. Kernig, Sowjetsystem und demokratische Gesellschaft. Eine vergleichende Enzyklopädie, 6 Bde., Freiburg 1966–1973. – Ch. Mauch/R.B. Wersich (Hg.), USA-Lexikon, Berlin ²2013. – B. Stöver, Der Kalte Krieg. Geschichte eines radikalen Zeitalters, München 2011.

Bernd Stöver

Kampf der Kulturen (Clash of civilizations)

Der Mythos vom »Kampf der Kulturen« ist in den vergangenen zwei Jahrzehnten zu einer deutungsmächtigen, aber auch umstrittenen Denkfigur in politischen, wissenschaftlichen und populären Diskursen geworden. Zentrale Aussage des Kultur-Kampf-Narrativs ist, dass internationale kriegerische und wirtschaftliche Konflikte sowie im Rahmen von Migrationsbewegungen entstehende Probleme primär als Ausdruck der Unvereinbarkeit kultureller Prägungen der Konfliktparteien zu verstehen sind. Die umfassende Erzählung vom Kampf der Kulturen dient hierbei nicht nur politisch-globalen Abgrenzungsmechanismen, sondern auch der Festschreibung eigener kultureller Identität in Abgrenzung vom Fremden der anderen Kultur. Auf der globalen Ebene findet diese kulturalistische Denkfigur vor allem in den politischen Debatten um die Auseinandersetzungen des Westens oder Russlands mit muslimischen Gruppierungen z.B. in Afghanistan, dem Irak und Tschetschenien Anwendung. Auf europäischer Ebene manifestiert sich diese Form abgrenzender kultureller Identitätsfindung z.B. in den Diskussionen um die EU-Aufnahme der Türkei, aber auch in den Diskussionen um die Formulierung von eigenen spezifisch europäischen Werten (↗Europa). Auf deutscher Ebene spielt das Kultur-Kampf-Narrativ vor allem in der Integrationsdebatte eine bedeutende Rolle. So ist die Rede von der deutschen Leitkultur, von Parallelkultur und Multikulturalismus immer wieder von expliziten und impliziten Rückgriffen auf diesen Mythos mitbestimmt.

Entstehungsetappen

Um die Konjunktur kulturalistischer Konflikterklärungsansätze in den vergangenen beiden Jahrzehnten zu verstehen, lohnt ein Blick auf die historische Entwicklung des Mythos vom Kampf der Kulturen und vor allem der exemplarische Blick auf die Debatten um die provokativen Thesen von Samuel Phillips Huntington (1927–2008), die als prominenter Kristallisationspunkt des Narrativs gelten können. Im Jahr 1996 veröffentlichte der Harvard-Professor und sicherheitspolitische Berater verschiedener US-amerikanischer Regierungen sein umstrittenes Buch *Clash of Civilizations*. Im Deutschen wird Huntingtons Kampfbegriff unscharf als »Kampf der Kulturen« übersetzt, damit inhaltlich abgeschwächt und zugleich in die ältere deutsche Tradition des Bismarckschen Kulturkampfs des 19. Jahrhunderts gestellt. Als Huntington 1993 den Kampf der Kulturen erstmals ausrief, war der ↗Kalte Krieg und mit ihm das Narrativ der Aufteilung der Welt in zwei Blöcke zu einem Ende gekommen. Huntington antwortete auf diese Veränderung der Weltlage mit der These, dass die ideologischen Konflikte der Vergangenheit von nun an von Kämpfen zwischen Kulturen abgelöst würden. Huntington verfolgte mit seinen Veröffentlichungen das Ziel, ein umfassendes Deutungsmuster für die internationale Politik des 21. Jahrhunderts bereitzustellen (Huntington, 14) und führte hierzu verschiedene Erzählstränge zusammen, die über das vergangene Jahrhundert hinweg das Denken über Kulturkontakte geprägt haben. Drei der bedeutendsten Narrative der Kulturgeschichte, die Huntington für seine Erzählung vom Kampf der Kulturen fokussierte und simplifizierte, sind die Kulturkreistheorie, die Dekadenztheorie und das Feindbild des Islam.

Kulturkreise und die Essenzialisierung der Kultur

Huntingtons Grundthese besagt, dass die bipolare Welt des Kalten Krieges von der multipolaren Welt des Kampfes der Kulturen abgelöst wird und kulturelle Abgrenzungen zu dem bedeutendsten Instrumentarium der Selbstidentifikation, der Fremdcharakterisierung und der Konflikterklärung werden (Huntington, 20 f.). Der Kulturbegriff als Grundkategorie der Analyse bleibt bei Huntington weitgehend unbestimmt und umfasst alle gesellschaftlichen Kategorien wie u. a. Religionen, Sprachen und Wertesysteme. Er wird vom Begriff der Zivilisation nicht unterschieden. Die internationalen Konflikte erscheinen bei Huntington primär bestimmt durch die sieben bzw. acht großen Kulturen der Welt, zu denen die westliche, lateinamerikanische, japanische, islamische, chinesische, hinduistische, orthodoxe und unter Einschränkung die afrikanische Kultur zählen (Huntington, 26 f.). Hiermit greift Huntington das Konzept der Kulturkreise auf, das sich bis auf die Arbeiten von Friedrich Ratzel und Leo Frobenius im 19. Jahrhundert zurückführen lässt. Bis ins 20. Jahrhundert entstand eine Vielzahl von Kulturkreistheorien, die im Rahmen verschiedener Kolonialdiskurse als Klassifikationsschemata dienten, um die eroberten Gebiete in größere kulturelle Einheiten einzuteilen und von den kolonialen Herren kulturell zu unterscheiden. Die Gemeinsamkeit der verschiedenen Kulturkreistheorien liegt darin, dass sie Kulturen als scheinbar monolithische Größen konstruieren und ihre Charakteristik auf eine essenzialisierte ›wahre

Natur‹ zurückführen. Während der islamische Kulturkreis in diesen Narrativen so meistens als grundlegend von Gewaltbereitschaft geprägt erscheint, tritt der chinesische Kulturkreis als ökonomischer Konkurrent (↗Gelbe Gefahr) auf. Zudem wird die generelle Unterschiedlichkeit verschiedener Kulturen deklariert; eigene kulturelle Selbstverortung und Differenzwahrnehmung gehen hierbei Hand in Hand. Ein Ausdruck dieser funktionalen Essenzialisierung von Kultur sind die Debatten um die Leitkultur, in deren Rahmen eine klare Formulierung von europäischen Werten gefordert wird, um so die Integration von Migranten zu fördern.

Dekadenztheorien und der Untergang des Westens

Der Kontakt zwischen den Kulturen ist bei Huntington vor allem von Kämpfen um die globale Machtverteilung geprägt und im besten Fall auf unangenehme Koexistenz, wirtschaftliche Konkurrenz und taktische Beziehungen reduziert (Huntington, 207). Als zentrale Probleme der globalen Unruhen sieht Huntington dabei den machtpolitischen, wirtschaftlichen und ethischen Niedergang des Westens und seinen Versuch, in anderen Kulturen westliche kulturelle Werte durchzusetzen. Den Sieg der westlichen Kultur, wie er von Francis Fukuyama proklamiert wurde, bestreitet Huntington ebenso wie V. S. Naipauls Denkfigur der Entwicklung einer universellen Kultur, die Huntington als eine rein elitäre Bewegung von wenigen sieht. Gegen diesen elitären Zusammenschluss stehen bei Huntington nicht nur 99 Prozent der Weltbevölkerung, die an dieser globalen Kultur keinen Anteil haben, sondern auch die kulturellen Trends der Indigenisierung, der globalen Wiederkehr der Religion, des wirtschaftlichen Erstarkens Asiens und des militärischen Erstarkens des Islam. Statt zum endgültigen Sieg der westlichen Welt zu führen, bewirken aktuelle Entwicklungen nach Huntington die Stärkung multipolarer Kulturen und eine letztendliche Schwächung des Westens. Mit diesem Szenario des Untergangs greift Huntington die Erzählung vom Untergang des Abendlandes auf, wie sie durch Oswald Spengler (1918/23) ikonischen Wert erlangte.

Der Islam als Feindbild

Ein immer wiederkehrender Schauplatz des Mythos des Kampfes der Kulturen ist die vermeintliche Unvereinbarkeit der westlichen und der islamischen Kultur. So versteht auch Huntington die Konflikte zwischen dem Westen und dem Islam nicht als Kampf zwischen politisch-ökonomischen Interessen oder fundamentalistischen Gruppen, sondern als Ausdruck eines seit 1.400 Jahren andauernden Konflikts, der sich aus der Unverträglichkeit der den Kulturen zugrunde liegenden Religionen speist. Die Debatte um den westlich-muslimischen Kulturkontakt weist nicht nur bei Huntington eine besondere Tendenz zur Zuspitzung und medialen Eskalation auf. Zu den medialen Großereignissen zu diesem Thema gehören dabei in den vergangenen Jahrzehnten primär die Debatten um ↗9/11 und den Kampf gegen den Terrorismus, aber auch Nebenschauplätze wie der islamistische Mord an Theo van Gogh 2004, der Streit um die dänischen Muhammad-Karikaturen 2006 und die Regensburger Papst-Rede über religiös motivierte Gewalt 2006 (Todorov, 165–213). In Deutschland zogen die kulturalistisch-biologistischen Thesen Thilo Sarrazins zur Lage muslimischer Unterschichten (*Deutschland schafft sich ab*, 2010) und die unter zweifacher bundespräsidialer Beteiligung geführte Diskussion, ob der Islam (nicht) zu Deutschland gehöre, die Aufmerksamkeit auf sich.

Abgrenzungen – Arbeit am Mythos

Das durch Huntington popularisierte mythische Narrativ vom Kampf der Kulturen löste große Resonanz aus. Das breite Spektrum der Kritik reicht dabei vom triumphalen Aufgriff und der weiteren Radikalisierung der Thesen Huntingtons (Bassam Tibi) bis zu einer völligen Ablehnung kulturalistischer Konflikterklärungen (Amartya Sen). Insbesondere wurde die im Narrativ des Zusammenpralls der Kulturen vorzufindende Essenzialisierung von Kultur kritisiert. So erscheint die Bildung von geschlossenen Kulturkreisen in religiös, sprachlich und historisch heterogenen Gebieten wie der »westlichen Kultur«, der »hinduistischen Kultur« und der »afrikanischen Kultur« gewagt (u. a. Sen, 60 ff.). Sen bezeichnet diese Essenzialisierung von Kultur als »Illusion der Singularität« und antwortet mit der zunächst trivial erscheinenden und doch wichtigen Anmerkung, dass jede menschliche Identität nicht nur durch eine einzelne kulturelle Zugehörigkeit, sondern durch die Zugehörigkeit zu einer Vielzahl von Gruppen wie Religion, Nation, Berufsstand etc. gebildet werde (Sen, 58). Tzvetan Todorov erkennt die Funktion von kulturellen Zugehörigkeiten und kollektiven Identitäten durchaus an, definiert das Verhältnis der Menschen zu ihnen jedoch nicht als passive Akzeptanz einer vorgegeben Natur, sondern als aktive Konstruktionen, die für plurikulturelle Einflüsse offen sind (Todorov, 81 ff.). Gerade die Leugnung von produktiven kulturellen Kontakten wird in der Kritik am Mythos vom Kampf der Kulturen immer wieder in den Vordergrund gestellt. Diese Reduktion von Kulturkontakt auf den Konfliktfall sei eine selbsterfüllende Prophezeiung, die die Identitäten und politischen Realitäten, welche sie theoretisch vorhersagt, selbst schaffe (vgl. u. a. Bottici/Challand, 2).

Um die mythische Funktion der Erzählung des Kampfes der Kulturen zu bestimmen, ist die Frage nach der Kritik an ihrem Wahrheitsgehalt und ihrer Realitätsnähe zunächst irrelevant. Vielmehr ist die kritische Rezeption und die Abgrenzung zu anderen Theorien zu einem definierenden Merkmal geworden und hat die kämpferische Struktur des Mythos weiter befördert. Von Anfang an ist die Erzählung vom Kampf der Kulturen in Abgrenzung zu anderen Theorien und als ein Gegennarrativ zu multikulturellen oder universalistischen Weltbildern konstruiert worden. Charakterisierend für diesen Mythos ist somit, dass er zwar eine scheinbare Evidenz herstellt, indem immer wieder die rein realistische Einschätzung der »leider« derart gelagerten Weltsituation betont wird (Tibi, 41), er jedoch in aktuellen Debatten in einem ständigen Konkurrenzverhältnis zu alternativen Modellen steht. In diesem Kontext grenzen sich Vertreter des Kultur-Kampf-Mythos vehement von ihren Kritikern ab, denen sie vorwerfen, durch die Unterstützung von Partikularinteressen und die fehlende Anerkennung von gemeinsamer kultureller Identität Spaltungen zu erzeugen. Zu den so kritisierten Gruppen gehören ethnische Minderheiten, Frauen und Homosexuelle ebenso wie Multikulturalisten (Huntington, 306) und Gesinnungsethiker (Tibi, 13). Spätestens hier wird deutlich, dass der Kampf der Kulturen keineswegs nur Modell der Realität ist, sondern immer auch das Zusammenrücken zu einer Leitkultur normativ einfordert.

Deutungen und Funktionalisierungen

Der Mythos vom Kampf der Kulturen hat sich vom Status der Erzählung eines Einzelnen losgelöst und eine globale Wirkung entfaltet. Obwohl oder gerade weil Huntingtons Thesen von einer großen Anzahl wissenschaftlicher Kollegen als simplizistisch, essenzialistisch und konfliktfördernd zurückgewiesen wurden, haben sie in der Öffentlichkeit regen Zuspruch erhalten.

In Deutschland ist das Narrativ zu einem dominanten Ansatz der Weltdeutung geworden: Der Allensbach-Studie zufolge gingen 44 Prozent der Deutschen 2004 davon aus, dass sie sich in einem Kampf der Kulturen befinden. In den USA hat das mythische Narrativ im Jahr 2012 eine so große Popularität erreicht, dass sogar ein Brettspiel unter diesem Namen erschien, bei dem Spieler um die Ausbreitung von kulturellen Einflussgebieten und die zivilisatorische Oberhoheit kämpfen können. Auch in den arabischen Medien hat der Mythos vom Kampf der Kulturen einen festen Platz gefunden, der vergleichbaren Konjunkturen folgt wie in den US-amerikanischen und französischen Medien (Bottici/Challand, 107).

Dabei hat das Buch Huntingtons ikonischen Wert erlangt, auch wenn die wenigsten Verfechter dieses Mythos auf Huntingtons Anfangsthesen im Detail zurückgreifen. Was von Huntington in der öffentlichen Debatte bleibt, ist die vage Analyse eines kulturellen Bedrohungsszenarios, die Sorge vor dem Niedergang des Westens und die Skepsis gegenüber dem Islam. Die gesellschaftliche Wirkungsmacht des Mythos liegt dabei partiell gerade in der wissenschaftlich kritisierten Simplifizierung, denn der Kampf der Kulturen verkörpert in Zeiten der komplexen und vieldeutigen Identitätszuschreibungen ein einfaches Modell der Selbstfindung. Alternative Erklärungen internationaler Konflikte wie der Kampf um politische Interessen oder wirtschaftliche Ressourcen werden dem mythisch überhöhten Modell des Überlebenskampfes der Kulturen untergeordnet. Dabei war Huntington sich der Simplifizierungen, die er am Stoff vornahm, durchaus bewusst, sah aber gerade in diesen eine Grundvoraussetzung für die Wirksamkeit seines Modells der Realität (Huntington, 30). Der Mythos vom Kampf der Kulturen bietet so ein einfaches und scheinbar evidentes Angebot zur Konstruktion kollektiver Identität, Sinnstiftung und Weltdeutung, welches insbesondere in krisenhaft erlebten politischen Situationen immer wieder globale Konjunkturen erlebt.

Lit.: C. Bottici/B. Challand, The Myth of the Clash of Civilizations, London/New York 2010. – G. Çağlar, Der Mythos vom Krieg der Zivilisationen. Der Westen gegen den Rest der Welt, München 2002. – S.P. Huntington, »The Clash of Civilizations?«, in: Foreign Affairs (1993), 22–49. – Ders., The Clash of Civilizations and the Remaking of World Order, London 2002. – A. Sen, Die Identitätsfalle. Warum es keinen Krieg der Kulturen gibt, München 2012. – O. Spengler, Der Untergang des Abendlandes, München 1981. – B. Tibi, Krieg der Zivilisationen. Politik und Religion zwischen Vernunft und Fundamentalismus, Hamburg 1995. – T. Todorov, Die Angst vor den Barbaren. Kulturelle Vielfalt versus Kampf der Kulturen, Hamburg 2010.

Lisa Medrow

John F. Kennedy

John F.(itzgerald) Kennedy (1917–1963) – oft mit seinen Initialen JFK abgekürzt – war ein Politiker der Demokratischen Partei und der 35. Präsident der USA (1961–63). Der Spross einer sozial angesehenen irisch-amerikanischen Familie aus Boston diente im Zweiten Weltkrieg als Kommandeur eines Patrouillenboots im Pazifik, bevor er von 1947 bis 1961 seinen Heimatstaat Massachusetts im amerikanischen Kongress als Repräsentant und Senator politisch vertrat. In einer äußerst knappen Wahl besiegte er im November 1960 den späteren Präsidenten Richard Nixon und zog als erster (und bisher einziger) Katholik ins Weiße Haus ein. Kennedy gab wichtige gesellschaftliche Impulse für die Bürgerrechtsbewegung der 1960er Jahre sowie für den Aufbau eines amerikanischen Raumfahrtprogramms und trat in erste Verhandlungen über Nuklearwaffen mit der politischen Führung der UdSSR ein. Seine politische Bilanz fällt jedoch insgesamt gemischt aus (vgl. Posener). In seine Amtszeit fallen außenpolitische Krisen wie die gescheiterte Invasion Kubas, die Eskalation des Vietnamkriegs sowie der Bau der Berliner Mauer. Kennedy starb 1963 infolge eines Attentats während eines Besuchs in Dallas (Texas).

Kennedy genießt bis heute eine hohe Popularität in der amerikanischen Bevölkerung und spätere Präsidenten wie Bill Clinton bezogen sich in ihrem Führungsanspruch explizit auf das Bild des modernen Präsidenten. So veröffentlichte Clinton im Präsidentschaftswahlkampf ein Foto, auf dem abgebildet ist, wie er als Teenager dem damaligen Präsidenten Kennedy die Hand schüttelt. Die andauernde Präsenz Kennedys ist auch das Ergebnis einer sorgfältigen Inszenierung der Person zu Lebzeiten und nach seinem Tod. Er nutzte als einer der ersten amerikanischen Politiker das Fernsehen für Wahlkampfzwecke, z. B. indem er Homestorys mit seiner Familie veröffentlichte, und nahm damit scheinbar eine Vermischung von persönlich-privater und politisch-öffentlicher Sphäre vor. Kennedys Talent für griffige politische Slogans und Einzeiler (»Ich bin ein Berliner«; »Frage nicht, was dein Land für dich tun kann; frage, was du für dein Land tun kannst«) hallen bis heute in den politischen Debatten der USA und Europas nach. Dabei bediente sich Kennedy klassischer amerikanischer Mythen wie dem der »frontier« (↗Wilder Westen), mit dem er den amerikanischen Führungs- und Zivilisationsanspruch auf den Weltraum ausdehnte. Nach seinem Tod waren es vor allem Mitglieder der Familie und politische Weggefährten, die den Mythos Kennedy aktiv förderten.

Dem mythischen Potenzial der Person John F. Kennedys liegen vor allem drei Deutungsmuster zugrunde: Königtum und Dynastie, ewig junger (Ver-)Führer sowie Held und Märtyrer.

Königtum und Dynastie

Kurz nach seinem Tod verglich Jacqueline Kennedy (genannt Jackie), die Witwe des Präsidenten, die Regierungszeit ihres Mannes mit dem mythischen Camelot der englischen Artus-Legende (↗Artus/Ritter der Tafelrunde). Die Gleichsetzung mit der sagenhaften Tafelrunde des Frühmittelalters interpretiert Kennedys Amtszeit als Regentschaft von Kollegialität, Klugheit und Mission. Zugleich bedient sie Deutungsmuster, die die amerikanische Präsidentschaft mit ihrer exekutiven Machtfülle als Quasimonarchie sehen. Der Vergleich mit einem weisen König berührt jedoch auch einen Aspekt von Kennedys Herkunft. Kennedy entstammt einer politisch und gesellschaftlich ambitionierten Familie, deren Einfluss in den USA bis heute anhält. Seine Brüder Robert und Ted haben das politische Leben des Landes als Senatoren, Minister und Präsidentschaftskandidaten geprägt. Daher werden »die Kennedys« in der öffentlichen Wahrnehmung oft als politische Dynastie gedacht, die an europäische Königshäuser erinnert. Gleichzeitig ist damit auch der sogenannte Fluch der Kennedys verbunden, der vor allem die männlichen Mitglieder der Familie zu befallen scheint. So starben nach John F. Kennedy auch sein Bruder Robert (Attentat), sein Neffe Michael (Skiunfall) und sein Sohn John (Flugzeugabsturz) eines unnatürlichen Todes.

Der ewig junge (Ver-)Führer

Kennedy wurde 1961 im Alter von 43 Jahren als zweitjüngster Präsident vereidigt. Kritikern galt er aufgrund seiner Jugend als politisches Leichtgewicht (Dallek, 15). Er wandte diesen Umstand jedoch zu seinem Vorteil und suchte mit inszenierter Jugendlichkeit seine starken gesundheitlichen Probleme und Krankheiten zu überdecken. Spielende Kinder im Weißen Haus und seine junge, attraktive Frau Jackie verstärkten den Eindruck von Jugendlichkeit und einem gesellschaftlichen Generationenwechsel. Daneben gab es jedoch auch immer wieder Gerüchte über außereheliche Affären (u. a. mit der Schauspielerin Marilyn ⁊Monroe), die das Image eines Frauenhelden entstehen ließen. Dadurch bleibt bis heute das Bild des virilen Verführers Kennedy bestehen, der aufgrund seines frühen Todes nicht gealtert ist und damit als ewig jugendlicher (⁊Ewige Jugend) Präsident erinnert wird (Hellman, 61).

Held und Märtyrer

Meist wird Kennedys Leben von seinem Sterben aus gedacht – gerade in populärkulturellen Kontexten. Stephen King reduziert im Titel seines Romans *11/22/63* von 2011 den Tod Kennedys lakonisch auf eine Datumsangabe und setzt ihn damit in seiner Bekanntheit und Wirkmächtigkeit anderen Zäsuren der amerikanischen Geschichte gleich (vgl. 9/11). Kennedys Ermordung wird von vielen als Beginn eines ›schwarzen Zeitalters‹ der 1960er und 1970er Jahre interpretiert: Amerikas verfehlter Krieg in Vietnam, die Krise der Präsidentschaft unter Richard Nixon, die Öl- und Weltwirtschaftskrise (⁊Wirtschaftskrise) oder die iranische Geiselkrise (Hellman, 175). Kennedy war zum einen jedoch auch in Amerikas Goldenem Zeitalter verwurzelt. Zu Beginn seiner politischen Karriere deutete der Kandidat Kennedy schon seinen Einsatz im Zweiten Weltkrieg als strahlende Heldengeschichte. Zum anderen waren Präsident Kennedys persönlicher und politischer Stil ein Bruch mit dem Programm seines Vorgängers, des Weltkriegsgenerals Dwight D. Eisenhower. Kennedy schien den Glanz der 1940er und 1950er Jahre in neuer Form weiterführen zu können. Doch mit ihm starb in den Augen vieler Amerikaner ein Held der goldenen (Nach-)Kriegsgeneration und damit auch der uneingeschränkte Glaube an die moralische, wirtschaftliche und politische Führungsrolle der USA (Hellman, 175). Wie andere Persönlichkeiten der 1960er Jahre (z. B. Marilyn Monroe, James Dean) bediente der frühe Tod des Präsidenten ein mythisches Erklärungsmuster, das die Schicksalhaftigkeit seiner Rolle akzentuiert: »Helden sterben jung.« Sein gewaltsamer Tod macht ihn zudem zu einem zivilreligiösen Märtyrer, der in einer Reihe mit anderen amerikanischen Helden wie Abraham Lincoln oder Martin Luther ↗King steht, die ebenso politisch motivierten Attentaten zum Opfer fielen. Dieses Bild wird nicht zuletzt durch eine Reihe von Theorien untermauert, die Kennedy als Opfer einer schicksalhaften Verschwörung sehen (Hellman, 145) – wahlweise der ↗Mafia, von ↗Geheimdiensten oder des amerikanischen Militärs – und immer wieder im Fokus von Filmen wie Oliver Stones' *JFK* (1991) stehen.

Sein gewaltsamer Tod, seine scheinbar ewig währende Jugend sowie seine vermeintliche Unvollendetheit verleihen Kennedy mythische Unantastbarkeit und machen ihn zu einem Präsidenten, der bis heute in populärkulturellen und politischen Diskursen das unberührbare Idealbild der modernen amerikanischen Präsidentschaft prägt.

Lit.: R. Dallek, John F. Kennedy, Oxford 2010. – J. Hellman, The Kennedy Obsession. The American Myth of JFK, New York 1997. – K. Kelley, Capturing Camelot. Stanley Tretick's Iconic Images of the Kennedys, New York 2012. – Alan Posener, John F. Kennedy. Biografie, Reinbek 2013. – A. M. Schlesinger Jr., A Thousand Days. John F. Kennedy in the White House, Boston 1965.

Sebastian Jobs

Martin Luther King

Reverend Dr. Martin Luther King, Jr. (1929–1968) – oft mit seinen Initialen MLK abgekürzt – war ein Pastor, politischer Aktivist und eine zentrale Figur der amerikanischen Bürgerrechtsbewegung. Seit den 1950er Jahren setzte er sich prominent für die Gleichstellung weißer und schwarzer Amerikaner ein und wandte sich gegen die politische, wirtschaftliche und kulturelle Diskriminierung von Afroamerikanern, besonders in den amerikanischen Südstaaten. Seine politische Strategie fußte dabei auf den Botschaften christlicher Nächsten- und Feindesliebe sowie, daran anschließend, auf dem Paradigma absoluter Gewaltlosigkeit (↗Gandhi). Auf nationaler Bühne tauchte der Pastor King erstmals 1955 auf, als er in Montgomery (AL) als einer der Wortführer einen Streik der schwarzen Bevölkerung gegen die lokale Busgesellschaft organisierte. Danach trat King immer wieder als Vordenker der Bürgerrechtsbewegung auf, u. a. beim »March on Washington«, an dessen Ende er vor 300.000 Protestierenden seine berühmteste Rede (*I Have a Dream*) hielt. King wurde 1968 in einem Motel in Memphis erschossen.

Martin Luther King erfuhr schon zu Lebzeiten internationale Anerkennung für seine Aktivitäten und wurde u. a. für seinen gewaltlosen Widerstand (z. B. auch gegen den Vietnamkrieg) 1964 mit dem Friedensnobelpreis ausgezeichnet. Auch wenn er bis heute weltweit als Integrationsfigur und Stichwortgeber für politische Protestbewegungen gilt, ist seine mythische politisch-spirituelle Strahlkraft mittlerweile am stärksten in den USA ausgeprägt. Dort war er seit den 1950er Jahren *die* politische Identifikationsfigur der schwarzen Minderheiten und wurde bspw. im Stil eines ↗Superhelden in Comics dargestellt (*Martin Luther King and the Montgomery Story*, 1956). Durch die mediale Verbreitung seiner Reden erlangte er jedoch auch Bedeutung jenseits der afroamerikanischen Gemeinschaft und wurde zu einer Symbolfigur der gesellschaftlichen Erneuerung der 1960er Jahre (vgl. Miller). 1964 kürte das Wochenmagazin *Time* ihn zum »Man of the Year« und erhob ihn damit in den Status eines politischen Führers für die gesamte amerikanische Gesellschaft. Dieser Stellung trägt die öffentliche Erinnerungskultur in den USA bis heute Rechnung. Heutzutage gibt es in den meisten amerikanischen Städten eine Straße oder einen Platz, der nach King benannt ist. Im Januar wird sein Geburtstag durch einen öffentlichen Feiertag gewürdigt (Martin Luther King Day, dritter Montag im Januar) und seit 2012 erinnert ein Denkmal im Herzen des amerikanischen nationalen Gedächtnisses, der Washingtoner National Mall, an Martin Luther King. Seine Rolle als Integrationsfigur der schwarzen Bürgerrechtsbewegung und als universelle moralische Institution und Vorbild machen ihn bis heute zu einem Maßstab amerikanischer politischer Redner, an dem bspw. Präsident Barack Obama gemessen wird. Seine breite Akzeptanz innerhalb des amerikanischen Erinnerungskanons basiert im Wesentlichen auf zwei mythischen Deutungsmustern, die stark an religiöse Motive angelehnt sind: King als Apostel und Prophet sowie als Christus, Märtyrer und Heiliger.

Apostel und Prophet

Durch seine charismatische, predigthafte Art zu sprechen verband Martin Luther King Kritik an bestehenden sozialen Verhältnissen mit der hoffnungsvollen Vision von Veränderung. Mediale Interpretationen seiner Figur, aber auch seine eigene Darstellung knüpften an biblische Figuren und Narrative an und verliehen der politischen Mission Kings und der Bürgerrechtsbewegung eine mythisch-religiöse Komponente. Viele Artikel und Kommentare sahen King bspw. in der Tradition des Apostels Paulus, der für seinen Glauben unschuldig inhaftiert war und dennoch weiterhin christliche Gemeinden unterstützte und aufbaute (Hoffman, 126 f.). Im Anschluss an den Auszug des jüdischen Volkes aus Ägypten wurde King als neuer Prophet Moses gefeiert, der die Gemeinschaft der Afroamerikaner aus der Gefangenschaft der Segregation und der Diskriminierung in den USA führe (Hoffman, 129). Sein vom Vater nachträglich gewählter Name machte ihn zudem anschließbar an Martin ↗Luther als religiös-mythische Figur bzw. ließ ihn als dessen Reinkarnation erscheinen. Kings quasiprophetische Reden bieten bis heute ikonische Zitate (z. B. »How long, not long«, »I've been to the mountaintop«), die die Botschaften der Bürgerrechtsbewegung prägnant zusammenfassen und gerade in Zeitungen gut zitierbar waren. Nicht zuletzt in seiner bekanntesten Rede *I Have a Dream* (1963) eignete sich King ein Grundmotiv amerikanischer politischer Mythologie an. Indem er ein Ende der Rassendiskriminierung forderte, reklamierte er den ↗American Dream – die Möglichkeit zur freien Entfaltung – für Schwarze und damit für alle Amerikaner. In der Verknüpfung religiöser und politischer Motive entstand eine zivilreligiöse Basis für die Bürgerrechtsbewegung und eine transzendente Kritik an den bestehenden Verhältnissen, die sowohl schwarzen als auch politisch gemäßigten weißen Amerikanern verständlich und zugänglich war (vgl. Miller). Somit konnte Martin Luther King eine wichtige Scharnier- und Moderatorenfunktion zwischen diesen verschiedenen Gruppen innerhalb der amerikanischen Gesellschaft einnehmen.

Christus, Märtyrer, Heiliger

Ähnlich wie nach der Ermordung der beiden Präsidenten Abraham Lincoln (1865) und John F. ↗Kennedy (1963) sowie von dessen Bruder Robert (1968) änderten sich die Wahrnehmung und die Deutung Martin Luther Kings nach seinem gewaltsamen Tod am 4. April 1968. Infolge des politisch motivierten Attentats auf King kam es 1968 in vielen amerikanischen Städten (z. B. Washington und Chicago) zu gewalttätigen Ausschreitungen und Protesten von Afroamerikanern. Nach Kings Tod nahmen die Vergleiche mit Propheten und Aposteln ab und es erfolgte eine Re-Interpretation, die King als Christus, Märtyrer oder als Heiligen darstellte (Hoffman, 134 f.). So deuteten viele seinen Tod direkt nach dem Attentat als eine Art Kreuzigung. Denn ähnlich wie Jesus hatte King zu Lebzeiten einen gewaltlosen politischen Widerstand propagiert und für die (politische) Mission sein Leben gegeben. Zu Lebzeiten hatte ihn diese Haltung freilich innerhalb der afroamerikanischen Gemeinschaft teilweise hochumstritten gemacht und brachte ihm unter anderem die scharfe Kritik militanter schwarzer Aktivisten wie Malcolm X ein, die ihn mit der Figur des willfährigen und kollaborierenden Sklaven Tom aus *Onkel Toms Hütte* verglichen (Richardson, 166). Gleichzeitig sah er sich immer wieder Anfeindungen aus dem weißen rechten Milieu gegenüber. Sein Martyrium verstärkte die Wahrnehmung von King als gewaltlosem und friedlichem Helden, der in vielen politischen und religiösen Zusammenhängen wie ein Heiliger verehrt wird. So verleiht er als Patron vielen heutigen Protestbewegungen (z. B. Occupy Wall Street) Legitimität, wird aber auch durch offizielle Praktiken der Heiligenverehrung gewürdigt: Die Episkopalkirche der USA hat King in ihren Heiligenkalender aufgenommen, und am Westeingang der Londoner Westminster Abbey steht eine Heiligenstatue von King in einer Gruppe moderner Märtyrer.

Lit.: C. Carson, The Martin Luther King, Jr. Encyclopedia, Westport (CT) 2008. – S. W. Hoffman, The Overlooked Canonization of Dr. Martin Luther King, Jr., in: Religion and Culture 10 (2000), 123–148. – K. D. Miller, The Voice of Deliverance. The Language of Martin Luther King, Jr. and Its Sources, New York 2000. – T. Jackson, Becoming King. Martin Luther King Jr. and the Making of a National Leader, Lexington (KT) 2008. – R. Richardson, Black Masculinity and the U. S. South. From Uncle Tom to Gangsta, Athens (GA) 2007.

Sebastian Jobs

Kino

Bis heute werden gute Filme mit dem Attribut *bigger than life* beschrieben, um die immense Wirkung des Films auf einer Kinoleinwand zu erklären, aber auch um die kulturelle Bedeutung des Kinos zu beschreiben. Das Kino erschafft Leinwandstars, erzählt Geschichten, spiegelt den Zeitgeist und regt zu Tagträumen an. So konstituiert sich der Mythos Kino im Spannungsfeld zwischen der Rezeption der Filme und dem Ort der Vorführung, aber auch im Widerspruch zwischen Film als Kunstwerk und Film als Teil der ↗Hollywood-Unterhaltungsindustrie (vgl. auch ↗Bollywood). Gleichzeitig führte die übermächtige Wirkkraft der laufenden Bilder, rezipiert im dunklen Raum, schon in den 1910er Jahren zur Sorge um mögliche negative Folgen der Filmbetrachtung.

Kino als mythischer Ort

Von der ersten Kinoaufführung bis zu einer prosperierenden Unterhaltungsindustrie vergingen nur wenige Jahre. Die Filmgeschichtsschreibung ist übereingekommen, die Aufführung der Brüder Lumière vom 28. Dezember 1895 in Paris als Geburtsstunde des Films zu bezeichnen. Eine überlieferte Legende über die starke Filmwirkung berichtet, dass bei einer der ersten Filmvorführungen der Kinobegründer Auguste und Louis Lumière, die einen einfahrenden Zug auf einen Bahnhof zeigte (*Die Ankunft eines Zuges auf dem Bahnhof in La Ciotat*, 1895), die Besucher sich unter ihren Stühlen versteckten, um nicht vom Zug überrollt zu werden. Nur wenige Jahre später, ab 1900, etablierten sich die ersten ortsfesten Abspielstätten, nachdem Filmvorführungen bis dahin auf Varietétheater, Jahrmärkte und das fahrende Gewerbe beschränkt waren. Ab ca. 1906 gehörten ortsfeste Kinos zum Standard (Zglinicki, 296).

Konstitutiv für den modernen Mythos Kino ist die Entstehung pompöser Spielstätten und die Herausbildung eines Starsystems in den 1920er Jahren. In diesem Goldenen Zeitalter des Kinos etablierten sich vor allem die riesigen von Stararchitekten errichteten »Paläste der Zerstreuung« (Kracauer, 230 ff.), die mit Platzkapazitäten von ca. 2.000 Sitzen vornehm ausgestattet waren (Jacobsen u. a., 20). Gleichzeitig entfaltete sich das Spannungsfeld von Kino zwischen Kunst und Kommerz. Es entstanden wegweisende ästhetische Filmkunstwerke wie *Metropolis* (1927) oder *Das Cabinet des Dr. Caligari* (1920), die aber schon damals nicht dem Massengeschmack des Publikums entsprachen und kommerziell meist nicht erfolgreich waren (Prommer 1999, 76). In den 1920er und 1930er Jahren entwickelte sich das Kino auch technisch weiter, hinzu kam die theoretische Auseinandersetzung mit dem faszinierenden Medium Film.

Die Einführung des Tonfilms (ab 1927) erfolgte etwa zeitgleich mit dem Beginn der Weltwirtschaftskrise, und erstmalig sanken die Kinobesucherzahlen. In den 1930er bis 1950er Jahren gewann das Kino durch farbtechnische Möglichkeiten neue Faszination (z. B. Disneys *Schneewittchen und die sieben Zwerge*, 1937; ↗Walt Disney). Die Einführung des ↗Fernsehens, das sogenannte Heimkino, kombiniert mit der neuen Mobilität der Menschen, führten in den 1960er bis Anfang der 1980er Jahre zu einem weltweiten Rückgang der Kinobesucherzahlen, dem sogenannten Kinosterben (Prommer 2011, 206). Das kommerzielle Kino verlor an Popularität. Schachtelkinos in Rotlichtbezirken, schlechte Ausstattung und schlechte Filme ließen den Mythos verblassen. Gleichzeitig entwickelten sich die künstlerischen Gegenantworten wie New American Cinema in den USA, der Autorenfilm in Deutschland oder die Nouvelle Vague in Frankreich, deren Vertreter sich in den 1960er und 1970er Jahren um neue Erzählformen bemühten.

Erst als zu Beginn der 1980er Jahre in Hollywood das »Blockbuster«-Konzept entwickelt wurde, konnte das Kino neue Kraft entfalten. Als Meta-Genres vereinen Blockbuster alle Zuschreibungen des kommerziellen Kinos: Filme mit aufwendigen Special Effects, mit großen Produktionsbudgets, mit großen Stars, publiziert mit gigantischen Marketingaufwendungen, treffen den Publikumsgeschmack und sind Kassenknüller. Beispielhaft für den Beginn dieser Entwicklung sind die Filme *Star Wars* (1977) und *Terminator* (1984). Das Wiedererstarken des kommerziellen Hollywoodfilmes geht einher mit der Errichtung der neuen Kinopaläste der 1990er Jahre. Multiplexe, Kinos mit mehr als sieben Leinwänden erweiterten die Darstellungsverfahren und wurden zum Ausdruck moderner und postmoderner Wahrnehmungsästhetiken (3D, Dolby Digital).

Auf dem legendären roten Teppich der Filmpremieren scheinen die Welt des Films und die Welt der darstellenden Stars ineinander überzugehen. Der Mythos Kino ist mit Hollywood, mythisierten Schauspielerinnen und Schauspielern und Filmmythen vernetzt. Die 1920er Jahre sind die Jahre, in denen die Leinwandgöttinnen und -helden geschaffen wurden. Marlene ⁊Dietrich wurde mit dem Film *Der blaue Engel* von Josef von Sternberg (1930) über Nacht zum Kinostar. Schon damals gab es Starpostkarten und ähnliche Fanartikel. Auch heutige Filmschauspieler inszenieren sich und ihr Leben, um einen Starmythos zu generieren. Wichtig scheint dabei heute wie damals zu sein, dass sie der realen Welt entrückt wirken und den Eindruck erwecken, ein unerreichbares Leben zu führen (z. B. Marilyn ⁊Monroe).

Funktionen und Funktionalisierungen

Das mythische Potenzial des Kinos wurde für unterschiedliche ideologische, politische und kulturelle Intentionen funktionalisiert. In den Jahren von 1920 bis 1945 nutzten amerikanische, russische, englische und deutsche Regierungen die starke ⁊Macht der Medien und setzten den Film und Pflichtkinovorführungen zu Propagandazwecken ein. Die Nationalsozialisten unterstellten im Zuge der gesellschaftlichen Gleichschaltungspolitik auch die Filmindustrie der staatlichen Kontrolle. Dazu gehörten Produktion, Einfuhr ausländischer Filme, Programmablauf, Kritik, Reklame und die organisierten Pflichtbesuche im Kino (Wilke, 23). Neben Propagandafilmen wie *Jud Süß* wurden gleichzeitig ›Durchhaltefilme‹ wie *Die große Liebe* (1942) gedreht, in dem Zarah Leander noch heute unvergessen *Es wird einmal ein Wunder geschehen* singt.

Als moderner Mythos steht das Kino für eine neue Art und Weise der Darstellung von Narrationen. Das Durchleben und Miterleben von Ängsten, Spannung und intensiven Gefühlen bei Actionfilmen, Krimis oder Liebesgeschichten macht den Kinobesuch zum emotionalen Erlebnis.

Filmtheoretische Analysen haben das mythische Potenzial des Kinos nachhaltig in Wissenschaftsdiskurse getragen – frühe Beispiele dafür sind Béla Balázs (1924), Siegfried Kracauer (1929) und Rudolf Arnheim (1932). In Frankreich hat das Kino spätestens seit der Nouvelle Vague in den 1950er Jahren auch eine kulturelle identitätsstiftende Funktion – sowohl die filmtheoretischen als auch die kinematografischen Werke französischer Intellektueller und Regisseure (z. B. François Ozon, Jean-Luc Godard) sind bis heute ein tragender Pfeiler für das Selbstverständnis der Grande Nation. Das Kino als moderner Mythos steht vor allem, aber nicht nur in Frankreich sowohl für Intellektualität (die »Siebte Kunst«) als auch für populäre Massenunterhaltung und ist insofern ambivalent.

Lit.: R. Arnheim, Film als Kunst, Frankfurt a.M. 1979. – B. Balázs, Der sichtbare Mensch. Oder die Kultur des Films, Wien 1924. – W. Jacobsen u.a. (Hg.), Geschichte des deutschen Films, Stuttgart 1993. – S. Kracauer, Die kleinen Ladenmädchen gehen ins Kino (1929), in: Ders., Das Ornament der Masse. Essays, Frankfurt a.M. 1977, 279–294. – E. Prommer, Film und Kinopublika, in: Das Kulturpublikum. Fragestellungen und Befunde der empirischen Forschung, hg. v. P. Glogner/P. Föhl, Wiesbaden 2011. – Dies., Kinobesuch im Lebenslauf. Eine historische und medienbiographische Studie, Konstanz 1999. – J. Wilke, Film, in: Fischer-Lexikon Publizistik, Massenkommunikation, hg. v. E. Noelle-Neumann u.a., Frankfurt a.M. 2009. – F. Zglinicki, Der Weg des Films. Die Geschichte der Kinematographie und ihrer Vorläufer, Berlin 1956.

Elizabeth Prommer

Helmut Kohl

Helmut Kohl (geb. 1930), der mit 16 Jahren Amtszeit (1982–98) am längsten amtierende Kanzler der Bundesrepublik Deutschland, besitzt besonders im Ausland einen mythischen Status. Von seiner politischen Herkunft, dem äußeren Erscheinungsbild und seinem Auftreten verfügte er über geringe mythische Anknüpfungspunkte. Vielmehr versetzten ihn die äußeren Zeitumstände, das Ende des ↗Kalten Krieges und die deutsche Vereinigung (↗Mauerfall/Wende), in diese Lage, er wurde »aufs Weltpodest geschleudert«, wie Rudolf Augstein feststellte (Der Spiegel 40/1996, 8, 48). Er gilt als Kanzler der Einheit und vorerst als Kanzler des Euro, Ende 1998 verlieh der Europäische Rat dem »Architekten des neuen Europa« den Titel »Ehrenbürger Europas« (Schwarz, 619 ff.). Seit 1990 hatte er immer wieder darauf verwiesen: »Deutsche Einheit und europäische Einheit sind zwei Seiten einer Medaille.« 1990 sprach er erstmals von den »blühenden Landschaften«, zu denen sich die neuen Länder entwickeln würden. Kritiker verwendeten im Zeichen der Transformationskrise stattdessen die Bezeichnung »beleuchtete Wiesen«.

Sein unrühmlicher Abgang durch die CDU-Parteispendenaffäre 1999 und der unsichere Ausgang des Projekts Europäische Union förderten Zweifel an seiner historischen Rolle. Seinen Gegnern wurde er zum negativen Symbol des Aussitzens und eines Reformstaus. Nach dem Freitod seiner Ehefrau Hannelore Kohl 2001 und der Distanzierung der beiden Söhne von dem Übervater hat sich das zwischenzeitlich entstandene Bild von einem *elder statesman* in der deutschen Öffentlichkeit wieder verflüchtigt. Die anhaltenden Ehrungen Kohls vonseiten internationaler Politiker wie Bill Clinton, Henry Kissinger u.a. haben diesen Eindruck in Deutschland bislang nicht korrigieren können.

Person und Erscheinungsbild in der Bundesrepublik Deutschland

»Er war schon immer groß in der historischen Inszenierung«, damit beginnt eine 1.000 Seiten lange Biografie über Kohl, deren Prolog den bezeichnenden Titel »Der Riese« trägt (Schwarz, 9). Auf fast allen Bildern wirkt Kohl raumgreifend. Nach einem pannenreichen Amtsbeginn 1983 wurde er als Bundeskanzler von der Linken und einzelnen konservativen Intellektuellen gleichermaßen abgelehnt. Seine Anfangszeit wurde mit einem aus dem Taoismus stammenden Prinzip des »Wirken durch Nichthandeln« verglichen, wobei ihm dieser Mangel an Meinungsführerschaft offenbar nicht geschadet habe. Vielmehr verkehre er »mit seinem Volk gewissermaßen osmotisch, subzerebral, auf dem Wege nonverbaler Kommunikation« (Gross, 172). Andere hielten ihm Kleinbürgerlichkeit, Provinzialismus und Aufsteigertum vor, er galt als »Unschuld vom Lande« (Bohrer, 346). Die »Birne«-Bilder und -Witze aus den 1980er Jahren und die mangelnde Beachtung vonseiten der Intellektuellen schadeten Kohl wenig. Er reagierte mit der nicht sehr feinsinnigen Unterscheidung zwischen »öffentlicher und veröffentlichter Meinung«. Notorischer Optimismus, Durchhaltevermögen und Fehlen jeglicher Larmoyanz ließen ihn zum Antityp des damaligen Zeitgeistes werden. Er machte wenig Konzessionen an Modeströmungen, hörte kaum auf PR-Berater und pflegte den Umgang mit Parteimitgliedern und »einfachen Leuten« gerne übers Telefon. Sein persönliches Telefonbuch sei so umfangreich gewesen wie das von Köln, wird behauptet.

Ende der 1980er Jahre schien seine Zeit abgelaufen, mit dem Fall der Mauer und dem entschlossenen Handeln mit Blick auf eine zügige deutsche Vereinigung schlug seine große Stunde. Bei den ersten gesamtdeutschen Wahlen 1990 galt er vielen (Ost-)Deutschen (↗DDR) als Hoffnungsträger: »Helmut, nimm uns bei der Hand und zeig uns den Weg in das Wirtschaftswunderland«, so lautete ein Spruchband in Leipzig. Durch die Verbindung der deutschen mit der europäischen Vereinigung gewann seine Politik visionäre Züge, gleichzeitig knüpfte er an jüngere Traditionen (Westbindung) und deutsche Mythen (↗Wirtschaftswunder) an.

Die Bundestagswahl 1998 galt auch als Anti-Kohl-Wahl, erstaunlich schnell erholte er sich zunächst von der Niederlage und begann eine internationale Verabschiedungstour.

Das mythische Potenzial

Der promovierte Historiker Kohl hat von der Notwendigkeit des gezielten Wartens auf den richtigen Moment gesprochen, um dann sozusagen den »Mantel der Geschichte« zu ergreifen (Werz, 226). Im Zuge der deutschen Wiedervereinigung gelang ihm dies vor allem aus ausländischer Sicht sehr gut, er zeigte dabei die Mischung von Handeln und Zurückhaltung, die ihm von Kritikern in der BRD häufig abgesprochen wurde. In seiner ersten Regierungserklärung kündigte er die Gründung von zwei Museen zur deutschen Geschichte an. Befürchtungen, ein »Kohlosseum« entstünde, bewahrheiten sich nicht.

Einiges, was ihm in Deutschland vorgehalten wurde, gereicht ihm aus der Außenperspektive zum Vorteil: 1. Kanzler der deutschen Einheit: Nach der Vereinigungskrise ab 1992 sanken zwar die Sympathiewerte für Kohl im eigenen Land, im Ausland gilt die

deutsche Einheit dagegen schon seit Längerem als eine große außen- und innenpolitische Leistung. 2. Kohl gilt als »Architekt des neuen Europa«. Dies habe dem »sanften
Riesen« in Frankreich ähnlich hohe Beliebtheitsquoten verschafft wie Claudia Schiffer,
die sich daraus ergeben, dass beide »einerseits dem traditionellen deutschen Klischee
entsprechen und doch andererseits vorgefassten Meinungen über die Deutschen widersprechen« (Picaper, 488). 3. Sein informeller und etwas hemdsärmeliger politischer Stil,
mit dem es ihm gelang, ein globales Netzwerk persönlicher Beziehungen aufzubauen.
Kohl erfüllte gewisse stereotype Vorstellungen über die Deutschen (Gemütlichkeit) und
wusste sie gleichzeitig für sich einzusetzen. 4. Im Ausland galt er als »Doktor Zuverläs-
sig«, so die Londoner *Times* (Werz, 229). Gleichzeitig stießen seine lange Amtszeit,
seine Erfahrung und seine leicht patriarchalische Erscheinung auf Bewunderung. Er
nahm sich auch Zeit für weniger bekannte Politiker aus kleineren Staaten und begeg-
nete ihnen mit Respekt.

Ausblick

Anzeichen für einen Kohl-Mythos sind im Ausland ausgeprägter als im Inland, wo er
vor allem von seinen Anhängern als Kanzler der Einheit in eine Reihe mit Bismarck und
Adenauer gestellt wurde. Politische Anhänger haben in der CDU-Spendenaffäre einen
Versuch gesehen, die »in seiner Amtszeit erreichte Wiedervereinigung und die Irrever-
sibilität des europäischen Einigungsprozesses« einzuschränken, »indem die zentrale
Figur kriminalisiert werden soll« (Bergsdorf, 78). Im Übrigen gelte: Helmut Kohl hatte
immer mehr Wähler als Personen, die sich öffentlich zu ihm bekannt haben. Zur selbst
aufgelegten Messlatte seiner historischen Bedeutung und eines Mythos dürfte die weitere Entwicklung Europas werden. Hier könnte sich möglicherweise eine »tragische
Größe« erweisen, wenn Historiker in Zukunft ein Urteil über den Vorkämpfer des Euro
fällen (Schwarz, 936), der der Abschaffung eines deutschen Mythos, der D-Mark, zuge-
stimmt hat.

Lit.: W. Bergsdorf, Helmut Kohl – Ein Mythos der CDU?, in: Politische Meinung 424 (2005), 75–79. – K. H.
Bohrer, Die Unschuld an die Macht!, in: Merkur 38 (1984), 342–346. – J. Gross, Wie das Wunder in die
Jahre kam. Essays zu Deutschland, Düsseldorf 1994. – J.-P. Picaper, Von Kohl-Mitterand zu Kohl-Chirac.
Die ganz besondere Beziehung, in: K. H. Pruys, Helmut Kohl. Die Biographie, Berlin 1995, 487–526. – H.-
P. Schwarz, Helmut Kohl. Eine politische Biographie, München 2012. – C. R. Strong, The Role of Charis-
matic Leadership in Ending the Cold War. The Presidencies of Boris Yeltsin, Václav Havel, and Helmut
Kohl, New York 2009. – N. Werz, Helmut Kohl. Auf dem Weg zum Mythos?, in: Politische Mythen und
Rituale in Deutschland, Frankreich und Polen, hg. v. Y. Bizeul, Berlin 2000, 219–234.

Nikolaus Werz

Kolumbus

Der Kolumbus-Mythos ist ein Mythos der ›alten‹ Welt über die Entdeckung der ›neuen‹
und ein Mythos der ›neuen‹ über ihre vermeintlichen Anfänge im Zeitalter der soge-

nannten Entdeckungsreisen und des einsetzenden europäischen Kolonialismus. Insofern ist er gleichzeitig ein europäischer Mythos (mit spezifischen spanischen, italienischen usw. Ausprägungen) und ein amerikanischer Mythos (mit unterschiedlichen Akzentuierungen in Nord- und Südamerika). Die Jahreszahl 1492, das Jahr, in dem Christoph Kolumbus erstmals den Boden der ›neuen Welt‹ betrat, wird häufig als Zäsur, ja gar als »Wendepunkt« (vgl. Rinke) betrachtet und gilt vielfach als Beginn einer neuen Zeit – der frühen Neuzeit. Die prekären Umstände dieser Anfänge, die im Zeichen von Gewalt, Sklaverei und Genozid standen, wurden dabei lange Zeit wenig beachtet und sind erst in den vergangenen Dekaden in unterschiedlichen Disziplinen stärker in das Blickfeld revisionistischer Ansätze gerückt (vgl. Todorov; Mackenthun; Loewen). Trotz dieser neueren kritischen Betrachtungen der euroamerikanischen Geschichte hat der Kolumbus-Mythos Langlebigkeit bewiesen, und der Tag der Landung wird noch immer in vielen Ländern als Feiertag begangen. So ist der Columbus-Day ein Feiertag in den USA; der spanische Nationalfeiertag am 12. Oktober liegt auf dem überlieferten Tag der Landung von Kolumbus in der Karibik; und auch in Lateinamerika finden an diesem Datum, das hier als »Día de la Raza« firmiert, Gedenkfeiern statt. Zahlreiche Denkmäler – an so unterschiedlichen Orten wie Barcelona, San Juan (Puerto Rico), Long Island (Bahamas) und New York City – erinnern an Kolumbus. »Columbia« war lange Zeit der poetische Name der USA und die weibliche Allegorisierung des Landes in zahlreichen Gedichten und historiografischen Texten; die Hauptstadt der USA liegt im District of Columbia, kurz D.C. (vgl. Dennis). Ein lateinamerikanisches Land, Kolumbien, ist nach Kolumbus benannt, ebenso wie zahlreiche Städte, Straßen und Plätze. Kolumbus' Antlitz und Szenen seiner Landung finden sich auf den Banknoten und Briefmarken vieler Länder. Kolumbus und die Entdeckung Amerikas sind Bestandteile eines Mythos, der eine europäische (↗Europa), genauer: eine eurozentrische Neuzeit begründet.

Historischer Kontext und Entwicklung des Mythos

Dem Mythos zufolge gilt Christoph Kolumbus, ein italienischer Seefahrer, unterwegs im Auftrag der spanischen Krone, als Entdecker der ›neuen Welt‹, die er auf der Suche nach einem neuen Seeweg nach Asien mit drei Segelschiffen (der Santa Maria, der Niña und der Pinta) am 12. Oktober 1492 nach einer etwa zehnwöchigen Reise erreicht – eine Welt, die er bis zu seinem Tode für die ›Rückseite‹ Asiens halten wird. Dementsprechend bezeichnete er die Ureinwohner der Inselgruppe und des Festlandes als »indios«, als Indianer, und positionierte sie im Kontext damaliger Vorstellungen vom indischen Subkontinent. Auch aufgrund dieses grundlegenden Irrtums und der Fehleinschätzung des ›Entdeckers‹ hinsichtlich seiner eigenen ›Entdeckung‹ steht der Kolumbus-Mythos historisch auf wackligem Grund und bedarf einiger Kontingenzbewältigung. Er ist in seiner dominanten Form erst nach Lebzeiten des Seefahrers zementiert worden, wobei auch schon einige Zeitzeugen (u.a. der spanische Priester und spätere Kolonialkritiker Bartholomé de las Casas und Kolumbus' Sohn Fernando) mit ihren Schriften zur Mythisierung beigetragen haben. Zunächst wurden seine Reisen zu Lebzeiten nicht im engeren Sinne als Erfolg gewertet: Das der spanischen Krone in Aussicht gestellte Gold fand sich nur spärlich und die enormen Kosten der Expedition ließen sich mit dem ökonomischen Ertrag der Reise kaum decken. Natürlich war die Kolonisierung Amerikas mittel- und langfristig in vielfältiger Hinsicht durchaus gewinnbringend (vgl. Gewecke; Todorov). Doch lag, wie zu zeigen ist, die mythische Qualität bzw. das mythische Potenzial der ersten ›Entdeckungsreise‹ (der noch drei weitere Reisen folgen sollten) auch auf anderem Gebiet.

Die Heroisierung und damit einhergehende Mythisierung von Kolumbus ist über unterschiedliche Begründungszusammenhänge mit verschiedenen Aspektierungen erfolgt: Erstens gilt der mythische Kolumbus als die Person, die die neue Welt ›entdeckt‹ hat – was genau dabei unter ›Entdeckung‹ zu verstehen ist, bleibt dabei häufig unbestimmt und widersprüchlich (schließlich lebten in Amerika bereits Menschen); zweitens wird Kolumbus als kluger Seefahrer und als Navigationsgenie gefeiert, der das geschafft hat, was vermeintlich kein Europäer vor ihm vermocht hatte; drittens wird er als tragischer Held verehrt, dessen herausragende Leistung zu Lebzeiten zu wenig Anerkennung gefunden hat und der – nachdem er bei Hofe in Ungnade gefallen war – sogar vorübergehend im Kerker saß (vgl. die mehrbändige Biografie von Irving und deren Analyse bei Bushman). Als verkanntes ↗Genie wird er im Zuge einer nachhaltigen Mythisierung rehabilitiert. Auch wenn mit Kolumbus und der ›Entdeckung‹ Amerikas häufig auch deren Schattenseiten (in Form einer brutalen Kolonialherrschaft) assoziiert werden, so wird Kolumbus selbst in der Regel in den dominanten Narrativen seiner Mythisierung von jeglicher Mitschuld an den kolonialen Gewaltexzessen freigesprochen und diese werden meist seinen Nachfolgern bzw. anderen Protagonisten des spanischen Kolonialismus (wie Hernán Cortez und Francisco Pizarro) zugerechnet (vgl. Irving; Bancroft). Somit wird der Akt der ›Entdeckung‹ vom Akt der Kolonisierung sequenziell abgetrennt, auch wenn beides natürlich eng verknüpft ist. Die Mythisierung der Entdeckerfigur und ihrer überlegenen individuellen Fähigkeiten scheint letztlich in der dominanten Deutung auf fragwürdige Weise das Projekt des Kolonialismus zu legitimieren.

Im Zuge europäischer Entdeckungsreisen und Vorstellungen anderer Erdteile wurden vielfach ›neue‹ Welten imaginiert. Kolumbus greift die Vorstellungen und Sehnsüchte seiner Zeit auf und thematisiert sie in seinem ersten Brief aus der ›neuen‹ Welt (Kolumbus, Erster Brief). Seine Beschreibungen verweisen auf antike und biblische Vorstellungen: Die ›neue Welt‹ scheint ein Paradies auf Erden zu sein. Dieses irdische Paradies erzeugt gleichzeitig ökonomische Begehrlichkeiten. Kolumbus (auch um die Finanzierung dieser und weiterer Reisen besorgt) entwirft das Bild einer gelungenen Entdeckungsreise: Gold und andere wertvolle Rohstoffe (Gewürze sowie weitere Edelmetalle) finden sich oder werden in Aussicht gestellt; zudem beschreibt er scheue, nackte Eingeborene, die ihre eigene Unterlegenheit gegenüber dem Ankömmling intuitiv zu erfassen scheinen und ihm ihre Ehrerbietung erweisen – sie sind »furchtsam« und »angsterfüllt«, aber auch »ehrlich« und »vertrauenswürdig« (↗Wilde). Im Kolumbus-Brief finden wir eine Urszene des kulturellen Erstkontakts, die in seiner Beschreibung überdeutliche Asymmetrien aufweist. Es wird klar, dass das ›entdeckte‹ Land mit einem einfachen Sprechakt zum Besitz der spanischen Krone wird, in deren Namen sofort »Gesetze« und »Verordnungen« »erlassen« werden – die Kolonialherrschaft beginnt unmittelbar nach der Landung (vgl. Greenblatt). Zudem reist Kolumbus als gläubiger

Christ und sieht sich in seinem Unterfangen von Gott geschickt und bevollmächtigt – unterwegs im Auftrag Spaniens und der »gesamte[n] Christenheit«. Er prägt in seinem Brief eine neue Sprache der ›Entdeckung‹, die religiöse, politische und ökonomische Aspekte benennt und verbindet, und er kreiert damit eine koloniale Hermeneutik, die die Ungleichheit der beiden Gruppen im Kulturkontakt im Sinne einer Ideologie des Kolonialismus nachhaltig wirksam naturalisiert (vgl. Greenblatt; Todorov).

Trotz schwankender Konjunktur lässt sich festhalten, dass der Kolumbus-Mythos sich über die Jahrhunderte stabilisiert und auf beiden Seiten des Atlantiks in unterschiedlichen Ausprägungen identitätsbildend wirkt und zu einem festen Bestandteil regionaler, nationaler und transnationaler Erinnerungskulturen wird. Um nur ein Beispiel zu nennen: Im Zuge der US-amerikanischen Unabhängigkeitsbestrebungen hat der Kolumbus-Mythos Hochkonjunktur und wird von den US-Amerikanern als Gründungsmythos ihrer ⁊Nation installiert. Amerikanische Dichter von Joel Barlow und Philip Freneau über Walt Whitman bis hin zu Robert Lowell verweisen auf den ›Entdecker‹ und die Folgen seiner ›Entdeckung‹. Die US-Amerikaner sehen sich im Zuge der Expansion westwärts über den Kontinent (⁊Wilder Westen) als die ›Erben‹ des Kolumbus, die dessen Entdeckungsreise fortsetzen. Auch die mehrbändige Kolumbus-Biografie von Washington Irving, verfasst in der Alhambra in Spanien, trägt erheblich zur Glorifizierung und Mythisierung des Seefahrers bei. In Lateinamerika findet man die Kolumbus-Verehrung häufig auch in der Ideologie des Kolonialismus verhaftet wie z. B. in Rubén Daríos Gedicht *A Colón* (1892), auf tragikomische Weise thematisiert ihn später Alejo Carpentiers *El arpa y la sombra* (1979).

Revisionistische Perspektiven auf den Mythos

Generell überwiegen in den vergangenen Dekaden in den USA wie auch andernorts deutlich die revisionistischen Bezugnahmen auf Kolumbus. Im Kontext der Native American Studies und einer postkolonialen Kulturwissenschaft werden kritische Perspektiven auf die historische Figur des Kolumbus und die ›Entdeckung‹ formuliert (vgl. Todorov; Vizenor). So fundiert den Mythos von einem Neuanfang verbunden mit Entdeckung, Landung, Ankunft in einem zuvor den Europäern unbekannten Erdteil eine kolonialistische und expansionistische Logik. Die Dekonstruktion von Kolumbus als ›Entdecker‹ stattet ihn mit negativen Attributen aus und beschreibt auch seine historische Rolle als durchweg fragwürdig. Als Komplize des spanischen Kolonialismus ist er kein Held, sondern ein Verbrecher, der die indigene Bevölkerung der Amerikas kolonisiert, gefoltert und versklavt hat bzw. zumindest den Anstoß dazu gab. Hier wird hervorgehoben, dass Kolumbus keineswegs das entrückte Entdeckergenie war, als das er häufig dargestellt wird, sondern selbst handfeste ökonomische Interessen verfolgte (vgl. Bushman; Todorov): So wurde er selbst Besitzer einer Plantage in der Karibik, die von Sklaven bewirtschaftet wurde. Zudem wollte er sich von der spanischen Krone weitreichende Landrechte zusichern lassen, über die es später zu Rechtsstreitigkeiten kam.

Das Jahr 1992, 500 Jahre nach der ›Entdeckung‹ Amerikas durch Kolumbus, ist ein Kristallisationspunkt für die komplexen Aushandlungsprozesse zur Bedeutung und anhaltenden Relevanz des Mythos. In kaum einem Jahr sind die Thematisierungen von Kolumbus so zahlreich (vgl. Shohat/Stam), Beispiele dafür sind der Hollywood-Film *1492: Conquest of Paradise* (mit Gérard Depardieu als Kolumbus), der den Mythos grundsätzlich affirmiert, sowie der magisch-realistische Roman des paraguayischen Autors Augusto Roa Bastos' *Vigilia del almirante*. Die amerikanische Stadt Berkeley nimmt das Jubiläumsjahr zum Anlass, im Zuge der kritischen Auseinandersetzung mit dem Kolumbus-Mythos den Feiertag ihm zu Ehren abzuschaffen, und ersetzt ihn durch den »Indigenous People's Day« zum Gedenken an die Folgen, die ihre ›Entdeckung‹ für die Ureinwohner der Amerikas hatte – ganz im Sinne etwa von Georg Christoph Lichtenbergs berühmtem Aphorismus, den dieser bereits Ende des 18. Jahrhunderts prägte: »Der Amerikaner, der den Kolumbus zuerst entdeckte, machte eine böse Entdeckung« (Lichtenberg, 166; vgl. auch Dennis).

Die Kontinuität von Kolonialismus und Neokolonialismus und deren neoliberalen Ausbeutungsstrukturen thematisiert der spanische Spielfilm *También la lluvia* (2010), in dem die Filmarbeiten zu einem Historienfilm über Kolumbus, der in Bolivien gedreht werden soll, zeitgleich mit Protesten der Bevölkerung gegen die Privatisierung der Wasserversorgung stattfinden – angelehnt an die Proteste in Cochacamba (die sogenannten Wasserkriege) von Oktober 1999 bis April 2000. Hier unterscheidet sich die dargestellte historische Gewalt nicht grundsätzlich von der kontemporären und der Film thematisiert die Legitimierung von Ausbeutungsstrukturen über den Mythos der ›Entdeckung‹. Im Jahr 2013 wurde in der argentinischen Hauptstadt Buenos Aires die Kolumbus-Statue (auch begleitet von Protesten) symbolisch ›umgesetzt‹, um Platz für eine lateinamerikanische Guerillaführerin und Freiheitskämpferin, Juana Azurduy de Padilla, zu machen. All diese neueren Beispiele zeigen, dass in der Bewertung von Kolumbus kaum Konsens besteht und die kulturelle Arbeit am Mythos auch die Arbeit an dem geistigen Fundament Europas und der ›alten‹ Welt bedeutet. Taugt ein seefahrender Sklavenhalter als Gründungsmythos der europäischen Moderne und der ›neuen Welt‹? Jüngste Rettungsversuche, wie man sie auch in Schulbüchern allenthalben findet, ergehen sich im Hervorheben allgemein menschlicher Tugenden und Stärken der historischen Figur: Tatendrang, Disziplin, Willensstärke, Ausdauer. Über diese Zuschreibungen wird der Mythos der Person aufrechterhalten, auch wenn die Folgen seiner Reisen verurteilt werden (vgl. Shohat/Stam; Loewen). Und auch aus einer ganz anderen Richtung kommen die Versuche, den Kolumbus-Mythos als Mythos der Entdeckung zu demontieren: Es gilt mittlerweile als erwiesen, dass Leif Eriksson und andere Isländer bereits etwa 500 Jahre vor Kolumbus von Europa aus nach Amerika gelangten und Kolumbus mithin nicht die Entdeckerfigur war, für die er lange Zeit gehalten wurde.

Abschließend lässt sich konstatieren, dass Kolumbus sicherlich als »fundierender Mythos« für die Moderne im Sinne Jan Assmanns zu betrachten ist; im Zuge seiner Revision wird er hinsichtlich der ihm eingeschriebenen Gewalt kritisiert und dekonstruiert, allerdings erscheint er in populären Erinnerungsdiskursen nach wie vor relevant und wirkmächtig.

Lit.: G. Bancroft, A History of the United States from the Discovery of America to the Present Time, Boston 1834. – C. Bushman, America Discovers Columbus. How an Italian Explorer Became an American Hero, Hanover (NH) 1992. – M. Dennis, Red, White, and Blue Letter Days. An American Calendar,

Ithaca 2002. – F. Gewecke, Wie die neue Welt in die alte kam, Stuttgart 1986. – St. Greenblatt, Marvellous Possessions. The Wonder of the New World, Chicago 1991. – W. Irving, The Life and Voyages of Christopher Columbus, London 1828. – Ch. Kolumbus, Erster Brief aus der Neuen Welt, komm. u. hg. v. R. Wallisch, Stuttgart 2000. – G. C. Lichtenberg, Schriften und Briefe, Bd. 1., München ³1991. – G. Mackenthun, Metaphors of Dispossession. American Beginnings and the Translation of Empire, 1492–1637, Norman 1997. – J. W. Loewen, Lies My Teacher Told Me. Everything Your American History Textbook Got Wrong, New York 1995. – St. Rinke, Kolumbus und der Tag von Guanahani. 1492. Ein Wendepunkt der Geschichte, Stuttgart 2013. – E. Shohat/R. Stam, Unthinking Eurocentrism. Multiculturalism and the Media, New York 1994. – T. Todorov, The Conquest of America. The Question of the Other, New York 1984. – G. Vizenor, The Heirs of Columbus, Hanover (NH) 1991.

Heike Paul

Königin Luise

Luise von ⁊Preußen, geb. Prinzessin von Mecklenburg-Strelitz (1776–1810), heiratete 1793 Friedrich Wilhelm III. und war die Mutter Kaiser Wilhelms I. Nach der Niederlage gegen Frankreich 1806 floh die königliche Familie nach Ostpreußen ins Exil. 1807 verhandelte die Königin dort erfolglos mit ⁊Napoleon um bessere Friedensbedingungen, erst 1809 kehrte sie nach Berlin zurück. Bereits zu Lebzeiten galt sie als Vorbild für preußische Frauen und Mädchen. Das Grundgerüst ihres späteren historischen Personenmythos bildeten idealisierte Elemente ihrer Lebensgeschichte wie zum Beispiel ihre Liebesheirat mit Friedrich Wilhelm, ihr bürgerliches Familienleben, ihre Rolle als ›Landesmutter‹, ihr Missachten höfischer Konventionen, ihre Wohltätigkeit, Mütterlichkeit, Religiosität sowie nicht zuletzt ihre ›Hingabe an das Vaterland‹, ihr Leiden auf der Flucht und ihre ›Opferbereitschaft‹. Von 1813 an wurde die inzwischen Verstorbene zum »Schutzgeist deutscher Sache« (Körner) stilisiert und so Teil des Gründungsmythos des deutschen Reiches (Wülfing u. a., 59–76; Hagemann, 350–374).

›Ideale deutsche Frau‹ und »Frauenhoheit«

Im Zuge von Nationalbewegung und Reichsgründung gewann der Mythos der nun zur ›idealen deutschen Frau‹ erklärten Königin an Bedeutung – bedingt nicht zuletzt durch Massenmedialisierung (Familienzeitschriften, Zeitungen), den sich ausdifferenzierenden Buchmarkt sowie immer kostengünstiger werdende Bildreproduktionen. Die Königin war ein wichtiger Bestandteil des kollektiven wie kulturellen Gedächtnisses – dies zeigen die Zentenarfeiern von 1876 und 1910 ebenso wie der Geschichtsunterricht und zahlreiche Denkmalsinitiativen (bspw. die Encke-Statue im Berliner Tiergarten). In den 1920er Jahren erreichte die Verbreitung des Königin-Luise-Mythos mit Bestsellern von Walter von Molo (*Luise*, 1919) und Ina Seidel (*Das Wunschkind*, 1930) sowie in verschiedenen Verfilmungen (*Die Jugend der Königin Luise*, 1927; *Die Königin*, 1928; *Luise, Königin von Preußen*, 1931) einen erneuten Höhepunkt. Nach 1945 verlor er seine Vorbildfunktion, im Unterricht spielte die Lebensgeschichte der Königin keine Rolle mehr. In der historischen Belletristik aber blieb der Mythos präsent, die Stiftung

Preußischer Kulturbesitz nahm 2010 in mehreren Ausstellungen eine Umdeutung der als *Miss Preußen* titulierten Königin zur *working mum, fashion victim* und *it-girl* vor (Förster, 402).

Die Mediengeschichte des Königin-Luise-Mythos zeigt, dass es neben der ›Landesmutter‹ und ›religiösen Dulderin‹ stets konkurrierende Deutungsangebote gab. Deren Wasserscheide war jeweils das politische oder öffentliche (Nicht-)Handeln der Königin im Konflikt zwischen Preußen und Frankreich. Von Heinrich von Treitschke 1876 als Inbegriff einer »Frauenhoheit« (v. Treitschke, 418) bezeichnet, von deren Taten nichts zu berichten sei, feierte die *Gartenlaube* sie im gleichen Jahr als begabte Politikerin. Häufig beruft sich die Königin in diesen alternativen Schilderungen auf die ↗›Nation‹ oder das ›Nationalgefühl‹, um politische Tätigkeiten zu rechtfertigen. Das nationale Engagement lässt sich dabei sehr wohl mit der weiblichen Sphäre vereinbaren: »Die König […] erkannte, daß sie nicht nur Frau, sondern daß sie auch Herrscherin war, und sie gelobte sich, in der ihr angewiesenen Sphäre für die Ehre und das Ansehen Preußens zu wirken« (Halden, 96). Anhand dieser mehrheitlich aus der Feder professioneller Schriftstellerinnen stammenden Darstellungen wird sichtbar, wie Akteurinnen ›die ideale deutsche Frau‹ konfigurierten und wie sie damit den nationalen Diskurs mitprägten. Diese Deutungen standen bis zum Ersten Weltkrieg im Widerspruch zur institutionellen Deutungsvariante, welche die Königin als ›ergebene Dulderin‹ darstellte, waren aber – dies zeigt ein Blick auf die Verkaufszahlen – auf dem Buchmarkt viel erfolgreicher. Als Wilhelm II. dann 1910 erklärte, von Königin Luise sei nicht das »Erreichen von vermeintlichen Rechten« zu lernen, sondern die »Arbeit im Hause und in der Familie« (Krieger 142–144), regte sich nicht nur bei der SPD, sondern auch bei konservativen Frauenvereinen Widerspruch (Förster, 236 ff.). Agnes Harder, Vorsitzende des konservativen Deutschen Frauenbunds konterte: »Bis in ihre Todesstunde reichte ihr politisches Verantwortungsgefühl« (Harder, 79).

Pflicht und Entsagung

Für die Langlebigkeit des Mythos waren neben dieser Polyvalenz seine fortlaufenden Anpassungen an den zeithistorischen Kontext sowie die mediale Entwicklung verantwortlich. Dies ist besonders nach dem Ersten Weltkrieg zu beobachten: Die Ehe des Königspaares ist zu einem Schlachtfeld um die Nation geworden, der König handlungs- wie führungsschwach. In dieses politische Vakuum tritt die Königin in der Mythennarration nun gezwungenermaßen; in Romanen wie auch seitens des rechtskonservativen Bundes Königin Luise (1923–34) und von DNVP-Politikerinnen wird sie zur ›Führerin‹, die ›Verteidigung nationaler Ehre‹ zum genuin weiblichen Handlungsfeld, wenn nicht gar zur -pflicht erklärt. Zeitgleich sind die zunehmende Erotisierung Königin Luises und die Darstellung außerehelicher Beziehungen zu verzeichnen, denen die Königin aber letztlich wegen ihrer nationalen Verantwortung entsagt – etwa 1931 im ersten Tonfilm *Luise, Königin von Preußen* mit Henny Porten in der Titelrolle. Eine ähnliche Modernisierung gelang nach dem Zweiten Weltkrieg vermutlich auch deshalb nicht, weil sich das Entsagungs- und Pflichtmodell in der aufkommenden Konsumgesellschaft nur schlecht verkaufen ließ und zudem attraktivere historisierende Identifikationsmodelle wie *Sissi* (↗Romy Schneider) oder *Anna und der König von Siam* kursierten (Förster, 385–402).

Der Königin-Luise-Mythos zeigt, wie eng mythische Sinnstiftung an deren Kontext gebunden ist: Das ihm eigene Weiblichkeitsbild war im 19. und frühen 20. Jahrhundert – in einem gewissen Rahmen – verhandel- und pluralisierbar. Nach dem Ersten Weltkrieg wurde der Deutungsrahmen einerseits weiter, andererseits blieben die maßgeblichen Trägerschichten das protestantisch-konservative Milieu, das sich zudem radikalisierte. Ohne Preußen oder die ›Nation‹ als positive Bezugsrahmen war der Mythos der ›idealen deutschen Frau‹ nicht überlebensfähig. Nicht länger ein Vorbild für Frauen und Mädchen, steht Königin Luise heute als Protagonistin historischer Belletristik und in Ausstellungen (Bad Pyrmont 2001, Berlin 2010) für die ›sanfte‹ und ›schöne‹ Seite Preußens.

Lit.: G. de Bruyn, Preußens Luise. Vom Entstehen und Vergehen einer Legende, Berlin 2001. – B. Förster, Der Königin Luise-Mythos. Mediengeschichte des »Idealbilds deutscher Weiblichkeit«, 1860–1960, Göttingen 2011. – K. Hagemann, »Mannlicher Muth und Teutsche Ehre«. Nation, Militär und Geschlecht zur Zeit der Antinapoleonischen Kriege Preußens, Paderborn 2002. – E. Halden, Königin Luise, 3. Aufl., Berlin o.J. [um 1906]. – A. Harder, Ein Wort zu der Königsberger Kaiserrede, in: Deutscher Frauenbund. Zeitschrift für Berlin und die Ortsgruppen 2 (1910), 78f. – H. Simon, Die Bildpolitik des preußischen Königshauses im 19. Jahrhundert. Zur Ikonographie der preußischen Königin Luise (1776–1810), in: Wallraff-Richartz-Jahrbuch 60 (1999), 231–262. – H. v. Treitschke, Königin Luise. Vortrag gehalten im Kaisersaale des Berliner Rathauses, in: Preußische Jahrbücher 37 (1876), 417–429. – Die Reden Wilhelms II., Bd. 4, 1906–1912, hg. v. B. Krieger, Leipzig 1913, 142–144. – W. Wülfing u.a., Historische Mythologie der Deutschen 1798–1918, München 1991, 59–111.

Birte Förster

Lady Diana

Lady Diana (kurz ›Lady Di‹) ist die populäre Bezeichnung von Lady Diana Frances Spencer (1961–1997), die über europäische Grenzen hinaus als ›The People's Princess‹, und ›Queen of Hearts‹ mythisiert wurde. Durch ihre Eheschließung mit dem britischen Thronfolger Charles wurde Lady Diana zur Princess of Wales und über ihren Tod hinaus zu einer internationalen Medienikone. Die mit der Hochzeit einsetzende, ihre Rolle als Prinzessin, Ehefrau und Mutter umfassende und schließlich in ihrem Tod kulminierende Mythisierung vollzog sich in erster Linie über Fotos und Schlagzeilen in Boulevardmedien (↗Macht der Medien). Der Unfalltod der Prinzessin in Paris löste eine öffentliche, von weltweiter Medienberichterstattung begleitete Trauerbewegung aus. Ihr Tod bzw. ihr Begräbnis gilt als bis dahin größtes Medienereignis der Geschichte. Inzwischen ist Diana als mythische Figur der gescheiterten Märchenprinzessin von bildender Kunst, Literatur, Film, Dokumentationen, Popsongs, Musicals und Bildbänden vereinnahmt worden. Lady Diana nimmt in ihren medialen Repräsentationen unterschiedliche, teils widersprüchliche Funktionen ein. Neben den ihr zugeschriebenen Rollen als Wohltäterin, Nationalheilige, Vertreterin des Jetsets und erotisierter Star, alleinerziehende Mutter, betrogene Ehefrau sowie Opfer der Sensationspresse und des britischen

Königshauses gilt sie als Symbol für das Ende der Thatcher-Ära und steht für eine volksnahe Monarchie. Sie scheint zugleich unerreichbar fern (Märchenprinzessin, Heilige) und menschlich nah (gescheiterte Frau, Emotionalität).

Adel und Bürgertum, Kollektivfigur und schutzbedürftiges Individuum

Im öffentlichen Diskurs wurde Lady Diana trotz ihres adeligen Stammbaumes und ihrer Angehörigkeit zur britischen Königsfamilie als bürgerlich inszeniert, häufig indem z. B. auf ihre Vergangenheit als Kindergärtnerin verwiesen wurde. Der so implementierte Aufstieg und die damit einhergehende Vermittlung zwischen Bürgertum und Adel sind seitdem konstitutive Elemente des Mythos. Mit seiner Rede anlässlich des Unfalltodes prägte der damalige Premierminister Tony Blair Dianas Beinamen ›The People's Princess‹; sie ging als Vermittlerin zwischen Volk und Monarchie ins kollektive Gedächtnis ein. Durch ihre Ämter und ihre medienwirksamen Auftritte im Bereich der Wohltätigkeitsarbeit repräsentierte Lady Diana bald eine ›Wohltäterin der Armen‹ (Davies, 161 ff.). Auf die Trennung des Thronfolgerpaares 1992 folgend, wurde in einem BBC-Interview und einer autorisierten Biografie Dianas (Andrew Morten, *Diana. Her True Story*, 1993) die Opfersemantik einer unter der Kaltherzigkeit ihrer Umgebung leidenden, sensiblen Frau entworfen, in der Königin Elizabeth II. und Prinz Charles die Rollen der Antagonisten einnahmen. Die Figur Diana bot sich damit über nationale Grenzen hinaus als Identifikationsfigur für das an gesellschaftlichen Individualisierungsprozessen und sozial-politischen Konflikten leidende Individuum an. In Ägypten, der Heimat ihres damaligen Partners Dodi al-Fayed, der mit ihr in Paris ums Leben kam, wurde Diana hingegen als Vermittlerin zwischen dem christlichen England und dem muslimischen Ägypten funktionalisiert (vgl. Hamzawy). Mit dem Unfalltod, in den u. a. Pressefotografen involviert waren, intensivierte sich der Diskurs um Persönlichkeitsrechte und die Frage nach der Schuld der Paparazzi wurde weltweit in diversen Massenmedien diskutiert. Post mortem wurde die Figur Lady Diana auch als Opfer des männlich-hegemonialen Diskurses gezeigt (z. B. Alice Schwarzer, »Diana hatte nicht die Kraft, ihren eigenen Weg zu gehen«, in: *Die Zeit*, 5.9.1997). Die Repräsentationen der englischen Prinzessin stehen im Spannungsfeld zwischen ›royal‹ und ›bürgerlich‹, ›typisch englisch‹ und ›international‹ sowie ›glamourös‹ und ›einfach‹.

Weiblichkeitsmythos

Diana verkörperte den Zeitgeist der 1990er Jahre, z. B. indem sie sich scheiden ließ und als alleinerziehende Mutter Identifikationsfigur für ebenjene soziale Gruppe wurde (Meyer, 175). Die von Diana repräsentierte Weiblichkeit ist stellvertretend für eine Quasi-Emanzipation (↗Emanzipation): Sie fordert ihr Recht auf Selbstbestimmung ein, bleibt allerdings einem klassisch-weiblichen Rollenbild verhaftet, indem sie z. B. als Mutterfigur auftritt oder die Hoffnung auf romantische Liebe hegt. Im Mythos Diana werden Eigenschaften wie Mitgefühl und Emotionalität dem weiblichen Geschlecht zugeschrieben und eine liebevolle (Landes-)Mutterfigur konstruiert – ein Gegenbild zu den zeitgenössischen Landesmüttern Britanniens, Margaret Thatcher und Königin Elizabeth II. sowie zu dem Bild des rational-autoritären Politikers oder Staatsoberhauptes im internationalen Kontext.

Durch den Wohltätigkeitsaspekt steht der Mythos Lady Diana in einer Traditionslinie mit der Jungfrau Maria sowie Mutter Teresa. Gleichzeitig lassen sich zahlreiche Mythenvernetzungen mit anderen Landesmüttern wie Elisabeth von Österreich (Sissi), Eva Perón (Evita) und ↗Königin Luise von Preußen in Literatur und Medien feststellen. So titelte z. B. *Der Spiegel* am 17.8.1998 »Schwestern im Schmerz« und veröffentlichte in seiner Titelgeschichte biografische Vergleiche zwischen Lady Diana und ›Sissi‹. Ebenso wird Luise von Preußen immer wieder als die »Lady Di des 19. Jahrhunderts« bezeichnet (z. B. *Der Tagesspiegel*, 7.11.2012).

Emotionalität und Gemeinschaftsgefühl

Mit seiner Infragestellung der britischen Monarchie sowie der Einforderung von Mitgefühl (»Show us you care« lautete eine an die Queen gerichtete Schlagzeile des *Express* am 5.9.1997) spiegelt der Diana-Mythos aus britischer Perspektive ein Bedürfnis nach Erneuerung des Nationalgefühls und einer ›volksnahen‹ Monarchie wider. Die Hinwendung zu Emotionalität und Gemeinschaftsgefühl kann als Abschied von der Thatcher-Ära gelesen werden (Berghahn/Koch-Baumgarten, 19). Ein Bedürfnis nach Ausdruck von Kollektivität lässt sich zudem in der Strategie einiger britischer Zeitungen ablesen, die sich als sich gegen die Windsors erhebende Stimme des Volkes zu inszenieren suchten (Thomas, 11). Die klassenübergreifende kollektive Identität der Trauergemeinde ließ ein ›United Kingdom‹ imaginieren, was sich z. B. in dem erfolgreichen Titel Elton Johns (*Candle in the Wind*, 1973, mit neuem Text 1997) niederschlug, der Diana den Titel »England's Rose« eintrug. Die Imagination von nationaler Kollektivität konnte sich besonders durch das Medienereignis um den Tod der Figur Diana auch über die Grenzen Großbritanniens hinaus manifestieren. Diana inkarniert den Gegenentwurf zu Materialismus, das Leiden an sozialer Vereinsamung sowie Grenzen und Möglichkeiten der Selbstbeherrschung. Als solchermaßen mythisierte Figur ist sie vor allem in den westlichen Industrieländern etabliert und kann als globale Sehnsuchtserzählung der späten Postmoderne von Mitmenschlichkeit und Sozialstaatlichkeit gesehen werden.

Lit.: S. Berghahn/S. Koch-Baumgarten (Hg.), Mythos Diana. Von der Princess of Wales zur Queen of Hearts, Gießen 1999. – J. Davies, Diana, a Cultural History. Gender, Race, Nation and the People's Princess, Hampshire/New York 2001. – A. Hamzawy, Der lokale im globalen Diskurs. Die ägyptische Berichterstattung über die Affäre und den Tod von Lady Diana und Doudi al-Fayed, in: Berghahn/Koch-Baumgarten, 253–262. – M. Meckel u. a., Medien-Mythos? Die Inszenierung von Prominenz und Schicksal am Beispiel von Diana Spencer, Opladen u. a. 1999. – T. Meyer, Die Lady und die Lästigen. Prinzessin Diana und die Politik der britischen Konservativen gegen Alleinerziehende, in: Berghahn/Koch-Baumgarten, 175–190. – J. Thomas, Diana's Mourning. A People's History, Cardiff 2002.

Nicole Karczmarzyk

Die Legende von Paul und Paula

Der Kinofilm *Die Legende von Paul und Paula* (Premiere: 16.3.1973) entstand unter der Regie von Heiner Carow nach einem Drehbuch von Ulrich Plenzdorf im DEFA-Studio für Spielfilme/DDR. Plenzdorf veröffentlichte 1979 das Buch zum Film mit einer Fortsetzung der Geschichte (*Die Legende vom Glück ohne Ende*); es folgten die gleichnamige Roman-Zeitung bei Volk und Welt (Nr. 373, 1981), das Bühnenmanuskript und Theateraufführungen. Nach 1989 gehörte *Die Legende von Paul und Paula* zu den wenigen DDR-Filmen, deren Bekanntheit bis heute bestehen blieb. Von einer eher noch gewachsenen Popularität zeugen das Berliner »Paul-und-Paula-Ufer« (seit 1998), eine »Paul und Paula«-Oper (Ludger Vollmer, 2004) und die mediale Inszenierung als ›Lieblingsfilm der Kanzlerin‹ (2013).

    Die Legende von Paul und Paula erzählt von der Kraft der romantischen Liebe. Paul (Winfried Glatzeder) und Paula (Angelica Domröse) sind das utopische, ideale Paar, dessen unbedingte Liebe die Schranken des Milieus, der repressiven Gesellschaft, selbst des Todes überwindet (↗Romeo und Julia). Erlösende Kraft besitzt diese Liebe zunächst für Paul, durch Identifikation mit der unbekümmerten und veränderungsbereiten Paula aber auch für den Zuschauer: Die Widersprüche und Uneindeutigkeiten der Moderne, zu der auch die Erfahrung der Diktatur gehört, scheinen vorübergehend gelöst.

Deutsch-deutsche Rezeptionen

Die Legende von Paul und Paula ist einerseits ein ›Ost-Kultfilm‹, übersteigt andererseits aber auch diesen Deutungshorizont durch sein Anknüpfen an übergreifende Mythen, Ikonen und Stereotype sowie durch die Nutzung leicht rezipierbarer Narrationsformen: Teils ironisierende Mischungen verschiedener Erzählstile bringen eine Vieldeutigkeit mit sich, in der sich der konkrete Zeitkontext mit legendenhaften Überhöhungen kreuzt. In den 1970er und 1980er Jahren wird *Die Legende von Paul und Paula* in der Bundesrepublik mit dem viel zitierten ›Love Story, DDR-made‹ als exotischer Liebesfilm rezipiert, wobei sich bereits Interpretationen zeigen, die die spätere Konstruktion ›Ostdeutschlands‹ im wiedervereinigten Deutschland vorwegnehmen (so das Stereotyp der unabhängigen, wenn auch naiven ›DDR-Frau‹). Andere Deutungen sehen in der Protagonistin Paula das ›Andere‹ der Bundesrepublik: In ihrer »Ablehnung materieller Sicherheit und materiellen Komforts« sei sie frei von »kapitalistische[r] Konsumideologie« (Mews, 78). In der DDR trifft *Die Legende von Paul und Paula* wie kaum ein anderer Film der einheimischen Produktion das Zeitgefühl der 1970er Jahre. Wichtigster Aspekt der beispiellosen Wirkung des Films ist sein dominierendes Erlösungs- bzw. Bekehrungsmotiv. *Die Legende von Paul und Paula* erfüllt Hoffnungen auf Liebe und Erotik als subversive, befreiende Kraft, unterstützt durch die an den Rolling Stones orientierte musikalische Interpretation der Liebesgeschichte (Peter Gotthardt, die Puhdys), durch ironische Wendungen und durch einen eskapistisch-märchenhaften Grundton. Damit entsprach der Film einem sich in der Honecker-Ära zunehmend ins Individuelle und

Innere verlagernden gesellschaftlich-politischen Anpassungsdruck, der wiederum Bedürfnisse nach Befreiung und Entladung produzierte (↗Freiheit). Es ist erst die politische Emanzipation des Herbstes 1989/90, die öffentlich auch in der ↗DDR aussprechbar macht, dass »die Freiheit, die sich Paula für sich selbst nimmt, die Freiheitssehnsucht der geschlossenen Gesellschaft« ist (Gersch, 348). Nun erhält neben der zentralen Liebesszene im Kahn auch die zweite surreal-märchenhaft gesteigerte Szene ihre nahezu legendäre Bedeutung: Wenn Paul in einem letzten Entschluss die ›ideale Liebe‹ rettet, indem er »vom Aufsteiger zum Aussteiger« wird (Miltschitzky, 444) und Paulas Tür mit der Axt einschlägt, dann ist deutlich, dass hier »Verkrustungen aufbrechen«, dass dieser »Befreiungsschlag« (Schenk, 334) sich gegen die Lügen und Halbheiten einer ganzen Gesellschaft richtet.

Neudeutungen im Zeichen von Wende und ›Ostalgie‹

Zur Mitte der 1990er Jahre hin verändert sich mit der DDR-Nostalgie auch die Mythisierung des Films. 1993 wird *Die Legende von Paul und Paula* neu in den Kinoumlauf gebracht und endgültig zum ostdeutschen Kultfilm. Während Aspekte der Diktaturaufarbeitung in den Hintergrund treten, heften sich an den Film nun Deutungen eines ›besseren Sozialismus‹, artikuliert besonders über Paula und das Stereotyp der DDR-Frau als »un›emanzipiert‹, aber frei, innerlich, weil unabhängiger«, als »ein Stück Utopie« (Plenzdorf, 165). Die Premiere der DDR-Komödie *Sonnenallee* von Leander Haußmann markiert 1998 den Höhe- und Endpunkt dieser ersten ›Ostalgie‹-Welle. In satirischem Bezug auf die Axtszene in *Die Legende von Paul und Paula* wird hier die nostalgische Rückschau zu einer produktiven Wiederbegegnung mit der Vergangenheit (Cooke, 116). Die scheinbare Re-Inszenierung wird modifiziert (die Tür der Geliebten öffnet sich nun mühelos), sodass deutlich wird: Die ursprüngliche Gewaltsamkeit ist nicht mehr nötig, da auch die Gewaltsamkeit der Verhältnisse geschwunden ist. Seit der Jahrtausendwende sind historisierende Tendenzen im DDR-Bezug des Filmmythos zu erkennen und es treten modernisierungskritische und sozialwissenschaftliche Zugänge in den Vordergrund. Zum einen wird jetzt der leitmotivische Gegensatz zwischen Alt und Neu hervorgehoben, zwischen Fortschrittsglaube und Erinnerungs- bzw. Heimatverlust (Fröhlich, 169). Zum anderen erkennt auch die feministische Kritik der Weiblichkeit Paulas an, dass der Mythos der absoluten Liebe utopische Potenziale aufweist (Dölling, 117). *Die Legende von Paul und Paula* enthält das Angebot einer umfassenden, kohärenten Sinnstiftung, die als Reaktion auf die Notwendigkeit begriffen werden kann, grundlegende gesellschaftliche Wandlungsprozesse der Moderne zu bewältigen. Damit verbundene Ohnmachtsgefühle können mithilfe der filmischen Fantasie gebannt werden, dass Liebe und Körperlichkeit einen Zufluchtsort vor Erneuerungs-, Umbruchs- und Modernisierungsängsten bieten. Mit seinem vieldeutbaren Versprechen einer Selbstbefreiung des Menschen aus den ihn beherrschenden Zwängen ist der Film daher für eine Vielzahl moderner Lebenserfahrungen anschlussfähig geblieben und weist über seine regionale Bedeutung als DDR-Mythos weit hinaus.

Lit.: P. Cooke, Representing East Germany since Unification. From Colonization to Nostalgia, Oxford 2005. – I. Dölling, »Wir alle lieben Paula, aber uns liegt an Paul« (H. Carow). Wie über die ›Weiblichkeit‹

einer Arbeiterin der ›sozialistische Mensch‹ konstruiert wird, in: »Frauen-Bilder« in den Medien, hg. v. H. Baumann, Münster 2000, 103–119. – H. Fröhlich, Das neue Bild der Stadt. Filmische Stadtbilder und alltägliche Raumvorstellungen im Dialog, Stuttgart 2007, 166–178. – W. Gersch, Film in der DDR, in: Geschichte des deutschen Films, hg. v. W. Jacobsen u. a., Stuttgart 1993, 323–364. – S. Mews, Ulrich Plenzdorf, München 1984, 71–83. – E. Miltschitzky, Als Individuum im Kollektiv. »Massenwirksamkeit« und Publikumserfolg im DDR-Film, in: Positionen deutscher Filmgeschichte, hg. v. M. Schaudig, München 1996, 419–454. – U. Plenzdorf/C. Klauß, »Paul und Paula« – eine Legende? Vielleicht haben wir überhaupt nichts erfunden? Vielleicht sind wir erfunden worden?, in: Die DDR wird 50. Texte und Fotografien, hg. v. V. Handloik/H. Hauswald, Berlin 1999, 164–169. – R. Schenk, Die Legende von Paul und Paula, in: Metzler Film-Lexikon, hg. v. M. Töteberg, Stuttgart 1995, 333–335.

Anne Barnert

Martin Luther

Martin Luther (1483–1546) ist die zentrale, wenngleich nicht die einzige historische Figur der deutschen und europäischen Reformation. Die Singularität seiner Erscheinung als Prediger und Schriftsteller haben Luther früh zur heroisch-mythischen Vorbild-, Identifikations- und Symbolfigur werden lassen. Weit über die Grenzen seiner Wirkungsstätte hinaus, einer Universitätsprofessur für Biblische Exegese in der Provinzstadt Wittenberg, hat er erhebliche Berühmtheit erlangt. ›Mythos‹ lässt sich im Blick auf Luther fünffach differenzieren (mit internen Übergängen): 1. Ikonisierung durch enthusiastische Heroisierung/Entheroisierung, 2. Mythenaffinität der Biografie Luthers; 3. Orte, Zeiten, Riten; 4. Die neue Luther-Mythologie der Kunst? und 5. Außereuropäische Mythenbildung und imaginäres Luthertum.

Heroisierung, Entheroisierung, Ikonisierung

Luther trug selbst nur wenig zu seiner enthusiastischen Heroisierung durch andere bei, obwohl er gelegentlich zur Mythisierung seiner außergewöhnlichen Biographie neigte, wenn er beispielsweise unterstrich, wie viel Zeit die Befreiung aus dem altgläubigen Religionssystem und seine eigene Wandlung vom Saulus zum Paulus gekostet habe (WA 54; 179, 22–33). Die zeitgenössischen Maler Hans Holbein und Lucas Cranach visualisierten Luther heroisch als neuen Hercules und versetzten ihn damit in eine sagenhafte mythische Vorzeit. Zeitgleich kamen Antimythen in Umlauf: 1529 wurde Luther als siebenköpfige Bestie dargestellt in einem Pamphlet des Kontroverstheologen Johannes Cochläus (Apok 17,3) oder als neuer Papst und Kryptopapist verdächtigt von Vertretern des linken Reformationsflügels. Die Bildung von Luther-Mythen zeichnete sich durch eine ungeheure Persistenz, Weitläufigkeit und Polyvalenz aus: Luther wurde dargestellt als Adoleszent auf der Suche, als Heiliger/falscher Prophet, Unheiliger/wahrer Prophet (wie Elias, Moses, David), als Übermensch/Barbar, als Zerstörer der abendländischen Christenheit/ihr Retter, als konzilianter Ökumeniker/engstirniger Konfessionalist, liberal als Kulturprotestant/intolerant gegenüber Andersgläubigen (wie Täufern, Spiritualisten oder Bauern), als sensibler Interkultureller/hetzender Antisemit/Postmoderner, als Begründer neuzeitlicher Toleranz und streitsüchtiger Polemiker, als restaurativer Mystiker des Mittelalters/Entzauberer der mittelalterlichen Kirche, als Aufklärer/Subjektivitätstheoretiker/Hexenverbrenner, als *marginal man* (soziologischer Mythos) – oder er wurde verstanden schlicht als genialer Autor und bibelübersetzender Sprachschöpfer mit (sc. fragmentiertem) Nachleben bis in die Gegenwart. Als imaginative Mythenmaschine blieb Luther Projektionsfläche für alle möglichen Fantasien seiner Interpreten zwischen Fiktionen und Fakten. Entsprechend heftig fielen und fallen die Publikumsreaktionen aus, wenn die Rolle *des* ›Gründervaters‹ des Protestantismus relativiert wird. Nicht selten investieren Mythenkritiker Energie in Neomythen: Als Ersatz des alten heroisierenden fungiert ein ›neuer‹, *anti*heroisierender Historismus (vgl. U. Wolff).

Schon zu Luthers Lebzeiten bildete sich eine Luther-Verehrung heraus, die kultische Züge annahm und ihn in mythisch-sakrale Sphären entrückte, sinnlich präsent durch massenhaft verbreitete Luther-Ikonen. Ikonisierung und Emblematisierung bedeuteten teilweise auch Idolisierung und Fetischisierung der Luther-Bilder. Luther wurde durch Verbildlichung tendenziell der Zeit ›enthoben‹: »Die unvergänglichen Abbilder seines Geistes […] bringt Luther selbst hervor, seine Züge jedoch das Wachs des Lukas«, hieß es in einer Bildunterschrift eines weit verbreiteten Serienbildnisses von Lucas Cranach d. Ä. (1520). Der orthodox-pietistische Straßburger Theologe Johann Conrad Dannhauer (gest. 1666) stellte Luther als Heros dar. Barocke Apologeten wie der Hamburger Pfarrer Johannes Müller nahmen an, Luther selbst sei vollkommen erleuchtet gewesen – die Minute der Erleuchtung könne aber nicht genau bestimmt werden. Diese heilsgeschichtliche Hypostasierung wurde bei Hegel transformiert zur geistesgeschichtlichen Mythisierung: Erst die Reformation habe das Prinzip der ↗Freiheit in die Welt eingeführt (Werke 12, 497). Hegel war der Ansicht, sie sei »die Alles verklärende Sonne, die auf jene Morgenröte am Ende des Mittelalters folgt« (ebd., 491). Die Reformation selbst wurde zur Ikone der Protestanten. Der bedeutendste Luther-Forscher des vergangenen Jahrhunderts, Gerhard Ebeling (1912–2001), beurteilte diese ›Mythisierungen‹ als »Heilspathos«, das wegen der Lichtmetapher »auch in dem Worte ›Aufklärung‹« liege (Ebeling, 31). Die Hermeneutik einer Theologie Luthers gerate in Gefahr, wenn man das Neuzeitliche bei Luther »losgelöst vom Sündenverständnis« identifiziere »in der Idee der Freiheit. Ohne das rechte Verständnis von Sünde versinkt die Theologie überhaupt in Moralismus. Darauf lief in der Aufklärung und läuft heute […] eine schlechte Anpassung an die Neuzeit hinaus« (ebd., 58 f.).

Mythenaffinität der Biografie Luthers

Luthers frühe Biografie war und ist in hohem Maße mythenaffin. Sie wurde und wird in Schulen und Kirchen und anderen Bildungsinstitutionen immer wieder als Ursprungs- und Monomythos tradiert. Selbst die universitäre Forschung konzentrierte sich trotz kritischer Distanz zu schlichten Mythisierungen in Anlehnung an Geniekonzeptionen (↗Genie) auf die Ausarbeitung der frühen ›Ursprünge‹ von Luthers Theologie (Lohse). Der vorzeitliche Übervater, wie ihn ein heroisierender Historismus darstellte, bewies Kraft, Stärke und Urteilsvermögen in vier (nicht unbedingt historischen) Pa-

thosszenen: 1. Luthers Pilgerreise nach Rom, 2. der Akt des Annagelns der 95 Ablass-
thesen an die Tür der Schlosskirche zu Wittenberg (1517), 3. Luthers Auftreten vor dem
Reichstag zu Worms (1521), als er sich vor Kaiser und Reich weigerte, seine Schriften
zu widerrufen vermutlich mit den Worten:»Hier stehe ich, ich kann nicht anders«, und
4. Luthers Aufenthalt auf der Wartburg, wo er sich versteckte, nachdem er offiziell für
vogelfrei erklärt worden war. Die Reise nach Rom als junger Mönch war Luthers ›mythisches‹ Schlüsselerlebnis im späteren Kampf gegen ›die‹ Romanisten, d.h. Altgläu-
bige, Kurie und Papst. Luthers theologisch begründete Kritik verband sich mit einem
antirömischen Nationalmythos verdichtet in einer seiner reformatorischen Hauptschrif-
ten (*An den christlichen Adel deutscher Nation*, 1520). Das nach Ketzerrecht geführte
Gerichtsverfahren gegen Luther machte deutlich, dass er gegebenenfalls wie der Reformator Jan Hus auf dem Scheiterhaufen enden könnte. Theologische Wahrheit, meinte
Luther vor und nach dem Wormser Reichstag, könne nur unter Einsatz des eigenen
Lebens gewonnen werden (quasi als mythologisches Selbstopfer im Martyrium).

Orte, Zeiten, Riten

Luthers Person (vielleicht mehr noch als seine Theologie) zeitigte plurimediale Folgen
in Kunst, Kultur, Literatur und Geschichte. Trägerschichten der äußerst vielschichtigen
Luther-Mythen sind in Anknüpfung und Widerspruch heterogene Personengruppen.
Luther-Mythen wurden ritualisiert in lutherkultischen Gedenkfeiern (1617, 1717, 1817!,
1917!, 2017) – nach der alten Definition, Mythos sei, was einmal war und immer gelte
(Sallust). Luther-Gedenkfeiern werden zur mythisierenden Wiederholungsobsession
mit Tendenz zur Banalisierung. Das Luther-Bild im Wandel von Jubiläumshistorien ist
inzwischen zum eigenen Forschungszweig geworden. Bereits eine Inschrift auf Luthers
Jenenser Grabmal mahnte 1571, Luther-Gedenkpräsentationen sollten nicht der Anbe-
tung, sondern schlicht der Erinnerung dienen.
  Nicht selten wurden Luther-Orte mythisch aufgeladen. Drei Städte tragen den Namen
Lutherstadt, nämlich Mansfeld (Kindheitsort), Eisleben (Geburts- und Sterbeort) und
Wittenberg (Wirkungsstätte). Mythenort wurde nicht zuletzt die Wartburg als Luther-
Refugium oberhalb von Eisenach, wo sich der Reformator nach dem Wormser Reichs-
tag von 1521/22 inkognito und als Vogelfreier unter dem Namen »Junker Jörg« aufhielt.
Dort übersetzte er das Neue Testament in die deutsche Sprache (übrigens nicht als
Erster), dort ›kämpfte‹ er mit Dämonen und dort ›warf‹ er das Tintenfass nach dem
Teufel (eine Legende, die Thomas Mann im *Doktor Faustus* parodierte). Bereits im
18. Jahrhundert wurde der Tintenfleck regelmäßig erneuert, weil Wartburgbesucher
ihn als Reliquie abschabten. Die Wartburg wurde genutzt von freiheitsliebenden Bur-
schenschaften, die 1817 den 300. Jahrestag des Thesenanschlags zum Anlass nahmen,
Luther als freiheitsliebenden Patrioten zu glorifizieren, sein antirömisches in antifran-
zösisches Ressentiment umzumünzen und nach Napoleons Niederlage in der Leipziger
Völkerschlacht den Code civil zu verbrennen – ›ähnlich wie‹ Luther einst Bannandro-
hungsbulle und kanonisches Recht dem Feuer übergeben hatte. Die mythisch-mysti-
sche Mittelaltereuphorie kulminierte im 19. Jahrhundert nicht nur in der musikalischen
Monumentalisierung (vgl. Richard ↗Wagners romantische Oper *Tannhäuser und der*

Sängerkrieg auf der Wartburg), sondern in architektonischen Restaurierungswellen, die zum Umbau der Wartburg führten (1999 Aufnahme ins UNESCO-Weltkulturerbe).

Neue Luther-Mythologie der Kunst?

Noch in der jüngeren Gegenwart weist Luther erhebliches Mythisierungspotenzial auf. Das zeigt das Staatsmonument *Frühbürgerliche Revolution in Deutschland* im nordthüringischen Bad Frankenhausen. Diese »Sixtina des Nordens« ist bis heute das flächenmäßig größte deutsche Kunstwerk mit einer gewaltigen Malfläche – zweieinhalbmal so groß wie Michelangelos sixtinische Fresken. Der Panoramabau entstand im Auftrag der damaligen DDR-Führung und wurde 1987 durch Werner Tübke und Mitarbeiter vollendet. Das Bauernkriegspanorama bildet Luther neben Müntzer als einen der Initiatoren der ›frühbürgerlichen Revolution‹ ab. Als historisches Konstrukt fand er im Zuge der Vorbereitungen der 500-Jahrfeier seines Geburtstages (1983) Aufnahme in das geschichtsmythologische Bewusstsein der damaligen Führung als »progressives Erbe sozialistischer Nationalkultur«. Tübkes Kunstwerk machte Anleihen bei Meistern wie Lucas Cranach, Albrecht Dürer, Hieronymus Bosch und Albrecht Altdorfer – fokussiert auf 1517 bis 1525. Das Panoramamuseum als kultureller Gedächtnisort entwickelte sich zum museal-visuellen Gründungsmythos der DDR. Der phalloide Gebäudezylinder ist dem 1962 eröffneten Moskauer Panoramamuseum der (1812 gegen Napoleon geführten) Schlacht von Borodino nachempfunden. Der Monumentalzylinder in Bad Frankenhausen blieb architektonisch ironischerweise ›konservativ‹ – und schon zwei Jahre nach seiner feierlichen Einweihung überholten die Ereignisse die malerisch konstruierte ›frühbürgerliche Revolution‹: Der revolutionäre Fall der Mauer 1989 zeigte die Vergeblichkeit normativer mythischer Sinngebungsversuche (zweihundert Jahre nach 1789).

Außereuropäische Mythenbildung und imaginäres Luthertum

Die (eklektische) Würdigung zeigt: Luther wurde bis in die Gegenwart hinein durch diversifizierte Medienpraktiken und Kulturtechniken zur mythosaffinen Imaginationsfigur. Häufig handelt es sich dabei um (politische, theologische oder kulturelle) Gründungsmythen, welche die eigene Gegenwartsposition stärken, legitimieren oder popularisieren sollen. Luther-Mythen sind zu einem unbestimmten Phänomen der Erinnerungskultur geworden mit Variationsgeschichten über Genre-, Zeit- und Epochengrenzen hinweg. Selbst entmythologisierende Luther-Rekonstruktionen sind nicht dagegen immun, in Remythisierungen umzuschlagen, eine Folge der gewaltigen Weitläufigkeit von Luthers Textweltpalästen (ca. 120 Bände kritische Werkausgabe). Bereits Herder notierte: »Luther war ein großer patriotischer Mann. Als Lehrer der deutschen Nation, ja als Mitreformer des ganzen jetzt aufgeklärten Europa ist er längst anerkannt; auch Völker, die seine Religionssätze nicht annehmen, genießen seiner Reformation Früchte« (Briefe zur Beförderung der Humanität, 1793–97). *Die* ›Lutheraner/Innen‹ können als imaginäre Gemeinschaft gelten. Glokale bzw. polyzentrische Erscheinungsformen (Indonesien, Nigeria) und zugleich radikal säkularisierte Gestaltwerdungen (Ostdeutschland) gehören zu diesem imaginären Luthertum. Die asiatischen haben gegenwärtig neun, die nordamerikanischen ca. acht und die afrikanischen lutherischen Kirchen 19 Millionen Mitglieder. Die Europäer machen mit 37 Millionen Mitgliedern nur ungefähr die Hälfte des sogenannten Weltluthertums aus. Seine eigene Berühmtheit sah Luther skeptisch. Sein Selbstbild ist zwar nicht anti-, letztlich aber doch postmythisch (J. Wolff): »Wie keme denn ich armer stinckender madensack datzu, das man die kynder Christi solt mit meynem heyloszen namen nennen?« (WA 8; 685,8–10). Der Weltberühmte rühmte sich nicht seines Ruhms, sondern lenkte auf einen anderen: »Was ist Luther? ist doch die lere nitt meyn. Szo byn ich auch fur niemant gecreuzigt« (ebd., 685 f.).

Lit.: Y. Bizeul, Glaube und Politik, Wiesbaden 2009. – G. Ebeling, Luther und der Anbruch der Neuzeit, in: Ders., Wort und Glaube, Bd. III. Beiträge zur Fundamentaltheologie. Soteriologie und Ekklesiologie, Tübingen 1975, 29–59. – C. Fey, Luther zwischen Präformation und ›Re-Formation‹, in: Film und kulturelle Erinnerung. Plurimediale Konstellationen, hg. v. A. Erll/St. Wodianka, Berlin/New York 2008, 53–75. – G. W. F. Hegel, Vorlesungen über die Philosophie der Geschichte, Werke, Bd. 12, Frankfurt a. M. 1986. – C. Jungklaus, Werner Tübkes Panorama in Bad Frankenhausen. Die Transformation einer Bildgattung, Regensburg 2004. – B. Lohse, Der Durchbruch der reformatorischen Erkenntnis bei Luther, Stuttgart 1988. – M. Luther, Weimarer Ausgabe, Weimar 1883–2009 [= WA]. – H. Medick/P. Schmidt, Luther zwischen den Kulturen. Zeitgenossenschaft – Weltwirkung, Göttingen 2004. – P. Opitz, The Myth of the Reformation, Göttingen 2013. – M. Warncke, Cranachs Luther. Entwürfe für ein Image, Frankfurt a. M. 1984. – J. Wolff, Metapher und Kreuz. Studien zu Luthers Christusbild, Tübingen 2005. – U. Wolff, Iserloh. Der Thesenanschlag fand nicht statt, Basel 2013.

Jens Wolff

Macht der Medien

»Das, was wir über die Welt und Umwelt wissen, wissen wir aus den Medien« – diese Beobachtung des Journalisten Walter Lippmann von 1922 pointiert nicht nur die Annahme einer Macht der Medien in der globalisierten (↗Globalisierung) und vor allem medialisierten Welt, sondern verweist auch auf ihre Doppelfunktion als moderner Mythos: Einerseits auf die Annahme, dass die Medien die Meinung des Volkes abbilden und repräsentieren, andererseits dass sie diese erst unter Einfluss bzw. Manipulation politischer und wirtschaftlicher Akteure, die bestimmte Interessen verfolgen, hervorbringen. So erzeugt die Abhängigkeit der Menschen von einem weitverzweigten, komplexen und schwer durchschaubaren Mediensystem verschiedene Deutungen der Macht der Medien, die die mythische Qualität konstituieren.

Die Macht der Medien bezieht sich auf zwei Ebenen: Auf der Mikroebene wird z. B. ein negativer Einfluss der Medien auf die Rezipienten, vor allem Kinder und Jugendliche, gefürchtet, auf der Makroebene wird ein Einfluss von Medienorganisationen (z. B. ↗Bild-Zeitung) auf Politik und Gesellschaft und damit die öffentliche Meinung angenommen. Positiv gedeutet, kann die Macht der Medien als ›Vierte Gewalt‹ oder ›Vierte Macht‹ im Sinne der demokratischen Gewaltenteilung und damit der demokratischen Kontrolle von Politik interpretiert werden (Vowe, 177). Der Mythos von der Macht der

Medien wird von populär-öffentlichen und wissenschaftlichen Diskursen gleichermaßen getragen. Deutlich wird hier ein weiteres Spannungsfeld: Zum einen haben die Medien Macht über die Rezipienten, wobei hier die Medien als Teil eines gesellschaftlichen Machtapparates gesehen werden (Cultural Studies), zum anderen bilden die Medien wiederum die Gesellschaft ab und repräsentieren sie. Marshall McLuhans These »The medium is the message« (1964) trug mit zur Überhöhung der Medien und ihrer Bedeutung bei. In diesem Sinne entsubjektiviert, haben Medien demnach Wirkkraft.

Entstehungsetappen

Im Allgemeinen wird die Entwicklung der Medienwirkungsforschung, die sich mit der Macht der Medien beschäftigt, in drei Phasen eingeteilt (Jäckel, 28). Anfangs (von der Jahrhundertwende bis Ende der 1930er Jahre) gingen die Forscher von der Allmacht der Medien aus. Deutlich wird dies in Theorien mit fantasievollen Namen, wie Magic-Bullett-Theorie (Theorie der magischen Patronenkugel) oder Hypodermic-Needle-Theorie (Injektionsnadel-Theorie), die allein schon durch die Namensgebung die Allmacht mythisierend in sich tragen. So trifft der Medieninhalt eines Films oder einer Radiosendung wie eine magische Patronenkugel alle Zuhörer gleichzeitig und wirkt auf alle gleich ein. All diese Theorien gehen von Medienwirkungen im Sinne eines Reiz-Reaktionsschemas aus (z. B. schlechte Schulnoten als negative Filmwirkung). Auftraggeber dieser Untersuchungen waren die ›Kinoreformer‹, die glaubten, dass alles Übel der Gesellschaft vom ↗Kino (Prommer, 74) komme. Fürchtete man zu Beginn des 20. Jahrhunderts, dass das Kino eine ›Schule des Verbrechens‹ sein könnte, so schreibt man diese Eigenschaft heute eher den neuen Medien zu (↗Computer/Internet, ↗Fernsehen).

In der zweiten Phase bis Anfang der 1960er Jahre herrschte ein Theoriemodell vor, das den Medien nur eine eingeschränkte Wirkung (Ohnmacht) zugestand. Die Studie *The Peoples Choice* (Lazarsfeld) zur amerikanischen Präsidentschaftswahl von 1940 zeigte, dass der Einfluss auf Wahlentscheidungen durch die Berichterstattung weniger dramatisch war als erwartet, sodass sich daraus die Theorie der ›Mediating Factors‹ ergab (Jäckel, 28). Dies bedeutet, dass die soziale Verankerung der Rezipienten (Schichtzugehörigkeit, Geschlecht, Vorwissen) starke Medienwirkungen verhindert.

Der Paradigmenwechsel hin zum aktiven Rezipienten klassifiziert die dritte Phase ab den 1960er Jahren. Katz und Foulkes entwickelten den Forschungsansatz ›Uses-and-Gratifications‹ aus der Forderung heraus, dass sich die Forscher weniger mit »what media do with people«, sondern mit der Umkehrung »what people do with the media« beschäftigen sollten (Katz/Foulkes, 377). Die mythische Erzählung der Macht der Medien basiert aber weiterhin auf der Entsubjektivierung der Medienapparate und ihrer Rezipienten.

Inzwischen herrscht in den Medienwissenschaften Einigkeit darüber, dass das Publikum aktiv ist, selektiert, interpretiert und die Medien sinnstiftend nutzt. Dies führt dazu, dass die Medien weniger das konkrete Denken über Themen beeinflussen, sondern vielmehr jene Themen bestimmen, über die nachgedacht werden soll.

Auch in politischen und juristischen Diskursen ist der Mythos von der Macht der Medien wirkmächtig. Einerseits weisen Medienwahlkämpfe, wie die der US-amerikanischen Präsidenten, auf den Einfluss der Medien hin, und Fernsehduelle gehören auch im deutschen Wahlkampf zum politischen Ritual. Andererseits zeigen zahlreiche Beispiele, wie durch das Medium Internet Gegenöffentlichkeiten hergestellt werden können. Prominente Beispiele dafür sind die Vorkommnisse um den arabischen Frühling, aber auch Internetsperren verschiedener Regierungen, die diese Form der Öffentlichkeit fürchten.

Der Meinungspluralismus, geschützt durch Artikel 5 des Grundgesetzes, ist eines der Grundprinzipien der Demokratie. Das Recht auf freie Meinungsäußerung und das Recht auf freie Meinungsbildung geht von einer starken Macht der Medien aus. Regelungen zur Begrenzung von Medienkonzentration garantieren ein vielfältiges Presse- und Rundfunkangebot und ermöglichen eine Meinungsvielfalt. Der Fall Silvio Berlusconi, der die Absenz dieses Prinzips und die Vereinigung von politischem (Ministerpräsident) und medialem Einfluss (Fernsehmogul) repräsentiert, gilt seit den 1990er Jahren als mythisches Exempel für den Missbrauch der Macht der Medien.

Lit.: M. Jäckel, Medienwirkungen. Ein Studienbuch zur Einführung, Opladen 1999. – E. Katz/D. Foulkes, On the Use of the Mass Media as ›Escape‹. Clarification of a Concept, in: Public Opinion Quarterly 26 (1962), 377–388. – P. F. Lazarsfeld u. a., The People's Choice, New York 1944. – W. Lippmann, Public Opinion, New York 1922. – M. McLuhan, Understanding Media. The Extensions of Man, New York 1964. – E. Prommer, Kinobesuch im Lebenslauf. Eine historische und medienbiographische Studie, Konstanz 1999. – G. Vowe, Medienmacht, in: Lexikon der Kommunikations- und Medienwissenschaft, hg. v. G. Bentele u. a., Wiesbaden 2006, 177 f.

Elizabeth Prommer

Madonna

Madonna Ciccone (geb. 1958) ist einer der weltweit erfolgreichsten und bekanntesten Popmusikstars (↗Pop). Diesen Erfolg verdankt sie ihrer Eigenschaft als Gestaltwandlerin, die in stark variierenden Erscheinungsformen paradigmatische Aspekte eines modernen Frauenbildes verkörpert. Sie ist die mythische Figur, die kulturelle Widersprüche harmonisierend vereint. So gibt sie in ihren Videoclips, Konzerten und Dokumentationen dem Publikum in einer medial als exklusiv fingierten, künstlerischen Kommunikationssituation Zugang zu fiktionalen Gegenwelten und utopischen Paradiesen, gewährt aber auch Einblicke in Geheimnisse der Seele und in spirituelle, aber auch geo- und ökopolitische Zusammenhänge. Als Sängerin, die alle aktuellen Strömungen der Popmusik von Funk, über Rock, HipHop, House und Electro aufgreift, prägt sie den alltäglichen Soundtrack. Ihre zentrale Funktion ist damit das Unterhalten durch Stiften einer tanzenden, fröhlichen Gemeinschaft und damit letztlich die Erschaffung einer Heterotopie im Sinne Foucaults. Madonnas Kunstwerke dienen also einerseits der rein medialen Etablierung eines zeitlich begrenzten popkulturellen Zeichenraumes, der Haltungen, Mentalitäten, Werte und Normen der ihn hervorbringenden Kultur sinnstiftend verarbeitet. Andererseits erschafft sie eine mediale Gegenwelt, einen Projektionsraum für individuelle Wünsche nach Abweichung und Integration des Einzelnen in eine kohärent mit Sinn versehene, auch mythische Vorstellungswelt.

Paradigmatischer Lebenslauf

Madonnas Leben folgt scheinbar einem prototypischen Lebenslauf, der zentrale Werte der modernen Frau und des ⟋American Dream repräsentiert (vgl. Guilbert). Er ergibt sich aus den Berichten über sie (faktuales Image), aber auch aus den Alben, Videos und Konzerttourneen (fiktionales Image). Ihr privates Leben wird vor allem durch Aneignung bekannter Selbstfindungsmythen inszeniert: Nach dem frühen Tod ihrer Mutter prägen sie eine strenge katholische Erziehung und, als drittes von sechs Geschwistern, die Rivalität um die Liebe des Vaters. Vor dem Hintergrund dieser Familiensituation geht Madonna ohne Geld nach New York, um Tänzerin zu werden, letztlich aber, so die Legende, um sich aus sich selbst heraus als Künstlerin autonom zu erschaffen (vgl. Taraborelli). Madonna gilt dementsprechend als narzisstische, egoistische, aber auch als selbstbestimmte und erfolgreiche Geschäftsfrau mit zwölf Studioalben (über 140 Mio. Mal verkauft), 75 Singles (zwölf Nummer-eins-Hits in den USA) und neun Welttourneen mit Millionen Besuchern und einem 2013 geschätzten Vermögen von mehreren hundert Millionen US-Dollar. Dem materiellen und künstlerischen Erfolg stehen jedoch auf privater Ebene zwei gescheiterten Ehen gegenüber. Gelungen ist dagegen eine moderne Familiengründung (zwischen 1996 und 2009 zwei leibliche und zwei adoptierte Kinder), in der stabile Mutter-Kind-Verhältnisse mit wechselnden Erotikpartner(-inne-)n koexistieren.

Erotik und Mutterschaft als künstlerische Codes

Zu Beginn ihrer Karriere eignet sich Madonna erotische Codes an, mit denen sie offensiv eine selbstbestimmte weibliche Erotik verkörpert (*Like a Virgin*, 1984; *Express Yourself*, 1989), vergangene Stars wie Marilyn ⟋Monroe zitiert (*Material Girl*, 1985) und erotische mit religiösen Zeicheninventaren verknüpft (*Like a Prayer*, 1989). Schließlich werden Erotik und Sexualität, gerade auch in mehr oder weniger expliziten Abweichungen (SM, Homosexualität, Inzest, Prostitution), zu ihrer dominanten Ausdrucksweise (in den Videos *Justify My Love*, 1990; *Erotica*, 1992; *Bad Girl*, 1993; *Human Nature*, 1995; Veröffentlichung des erotischen Fotobuchs *SEX*, 1992; Hauptrolle als mit Sex tötende Mörderin in *Body of Evidence*, 1993, die als Burleske inszenierte Welttournee *The Girlie Show*, 1993; vgl. Decker 2005). Nach der Geburt der ersten Tochter wechselt Madonna dann kurzzeitig das Genre (Musical *Evita*, 1997) und etabliert sich als ernsthafte Künstlerin (u. a. *American Life*, 2003), die jetzt auch Singer-Songwriter-Traditionen in ihre Musik integriert und die US-amerikanische Politik und die Umwelt zum Thema macht (vgl. Krützen). Seit 2005 kehrt Madonna wieder zur Tanzmusik und zur erotischen Selbstinszenierung zurück.

Der Rollenfachwechsel von der Popmusik ins Musical und die Mutterschaft trennen also eine ›jugendliche‹ Phase, in der mit Erotik experimentiert wird, von einer aktuellen Phase, in der die Person ›gereift‹ ist. In diesem Zustand schöpft Madonna als etablierte Künstlerin aus den bisher erarbeiteten Motiven und Themen im Wechsel zwischen künstlerischem Anspruch der Inszenierung und alltäglichem Inszenierten, zwischen erotisch aufgeladener Tanzmusik und politischer Botschaft und verschmilzt Wissensmengen der Hoch- und Populärkultur miteinander (vgl. Decker 2011). Ihre Reife als Künstlerin und erwachsene Person, die auch sendungsbewusst ihrem Publikum für sie wichtige Botschaften vermittelt, steht dabei heute ihrem ewig jugendlichen Erscheinungsbild gegenüber (↗Ewige Jugend).

Pastichebildung

Madonnas audiovisuelles Werk als Popikone revolutioniert von ihren Anfängen an die Populärkultur, indem verschiedene, kulturell eigentlich oppositionelle Zeicheninventare an ihren Körper als Figur und Sängerin gebunden werden. Dabei eignet sich Madonna Verfahren der Pastichebildung an: Mediale Prätexte werden ernsthaft in einer Neuschöpfung nachgeahmt und so kombiniert, dass die Kopien und Zitate als solche markiert und als Inszenierung gekennzeichnet werden (vgl. Curry). Damit haftet Madonnas Werk von Anfang an das Merkmal der Simulation und der Erschaffung medialer Simulakren im Sinne Jean Baudrillards an. Schon ihr erster Hit bezeugt dies: »*like* a virgin«, *wie* eine Jungfrau fühlt sich das weibliche Sprecher-Ich wieder durch die Liebe des angesungenen männlichen Du, sie ist aber keine mehr und möchte ihre erfüllende Liebe auch sexuell ausleben.

Damit bedient sich Madonna einer postmodernen Ästhetik, verwendet diese aber durchaus zur Konstruktion klarer Bedeutungen und mit einer didaktischen Absicht, denn als Star will sie verstanden werden, um erfolgreich Musikstücke zu verkaufen. Sie bricht dabei mit den in der Rockmusik der 1970er Jahre wurzelnden Inszenierungsformen handgemachter Musik und authentischen Selbstausdrucks und drückt stattdessen modern-aggressiv eine selbstbewusste weibliche Erotik und weiblichen Spaß an der Selbstinszenierung aus (↗Emanzipation). Madonnas große Innovation liegt damit vor allem darin, Versatzstücke postmoderner Theoriebildung zu popularisieren und damit umgekehrt auch Popmusik und sich selbst als Künstlerin zu elitarisieren (vgl. Decker 2011). Madonna bezieht sich dabei zunehmend auch auf sich selbst und auf das von ihr geschaffene Medienuniversum in ihren Videos und in von ihr autorisierten Dokumentationen (*Madonna: Truth or Dare*, 1991; *I'm Going to Tell You a Secret*, 2005). Ihr ästhetischer Einfluss auf die Popkultur zeigt sich durch ihre Nachahmerinnen von Britney Spears, die Madonna als unerreichbarem, sich ihr entziehendem Vorbild hinterherjagt (*Me Against the Music*, 2003), bis zu Lady Gaga. Gerade diese radikalisiert in ihrer hyperbolischen Ästhetik als rein mediale Kunstfigur im Grunde nur die selbstreflexiven audiovisuellen Inszenierungsverfahren, die Madonna in die Popkultur eingeführt hat, und bestätigt damit deren ästhetische Wirkmächtigkeit bis in die Gegenwart.

Lit.: R. Curry, Madonna von Marilyn zu Marlene. Pastiche oder Parodie?, in: Vom Doppelleben der Bilder. Bildmedien und ihre Texte, hg. v. B. Naumann, München 1993, 219–248. – J.-O. Decker, Madonna. »Where's That Girl?« Starimage und Erotik im medialen Raum, Kiel 2005. – Ders., Madonna. Die Konstruktion einer Popikone im Musikvideo, in: Bilder, die Geschichte schrieben, hg. v. G. Paul, Göttingen 2011, 244–251. – G.-C. Guilbert, Madonna as Postmodern Myth. How One Star's Self Construction Rewrites Sex, Gender, Hollywood and the American Dream, Jefferson u. a. 2002. – M. Krützen, Madonna ist Marilyn ist Marlene ist Evita ist Diana ist Mummy ist Cowgirl ist – Madonna, in: Stars. Annäherungen an ein Phänomen, hg. v. W. Ullrich/S. Schirdewahn, Frankfurt a. M. 2002, 62–104. – J. R. Taraborelli, Madonna. Die Biographie, Hamburg 2001.

Jan-Oliver Decker

Mafia

Mit Mafia wird die Form des organisierten Verbrechens auf Sizilien, auch bekannt als Cosa Nostra (»Unsere Sache«), bezeichnet. Im alltäglichen Sprachgebrauch findet die Bezeichnung Mafia auch Verwendung für andere Verbrecherorganisationen wie die Camorra (Neapel), 'Ndrangheta (Apulien), Sacra Corona Unita (Apulien), aber auch die chinesischen Triaden oder die japanische Yakuza. Ihnen gemein ist die Vorstellung von einer Parallelwelt, in der eigene Gesetze und Ordnungen herrschen und in die der Einblick von außen größtenteils verwehrt bleibt. Die Entwicklung der sizilianischen Mafia vollzieht sich parallel und in Abhängigkeit zum Entstehen des italienischen Nationalstaates in der zweiten Hälfte des 19. Jahrhunderts und ist daher ein Phänomen der Moderne. Die zeitgenössischen Beobachter sind sich uneins, ob es sich bei der Mafia um eine Sekte, eine Verbrecherorganisation oder einen Kodex bäuerlicher Ritterlichkeit (*Cavalleria rusticana*, Oper von 1890) handelt. Das Oszillieren zwischen Verschleierung und Evidenz, Mythisierung, Verharmlosung oder gar Leugnung ihrer Existenz prägt die Mafia seit Anbeginn.

Ehre und Schweigen

In ihrer Struktur orientiert sich die sizilianische Mafia an der Geheimgesellschaft der Freimaurer und praktiziert noch immer ein seit den Anfängen nahezu unverändertes Initiationsritual, bei dem der Aufnahmekandidat, begleitet von seinem »compare« (Gevatter) oder »padrino« (Pate), einige Tropfen seines Blutes auf ein Heiligenbild träufelt, welches anschließend verbrannt wird. Durch den Blutschwur wird der Neu-Mafioso zur unbedingten Treue gegenüber der Mafia verpflichtet und akzeptiert, dass Verräter vernichtet werden. Die Ritualisierung ihrer Handlungen bewirkt, dass die mythische Aufladung der Mafia auch nach innen funktioniert, wenn ihre Mitglieder glauben, sie gehörten einer bereits im antiken Rom (Renga, 9) oder seit dem Mittelalter existierenden Geheimgesellschaft an (Dickie, 51). In der Außenwahrnehmung ist die Mafia Teil des stereotypisierten Italienbildes (vgl. z. B. das Titelblatt des Wochenmagazins *Der Spiegel*, auf dem ein Teller Spaghetti abgebildet ist, statt Soße ziert ihn eine Pistole, *Der Spiegel* 31/1977).

Die Mitglieder der Mafia bezeichnen sich selbst als »uomini d'onore« (Ehrenmänner). Dieser Ehrbegriff lässt sich mit den begangenen Verbrechen und der systematischen Gewalttätigkeit vereinbaren, da er sich auf den unbedingten Gehorsam und das Ausrichten der eigenen Handlungen auf den Zweck bezieht, die Organisation zu erhalten. Verbunden mit dem Begriff der Ehre ist der Begriff des Schweigens (»omertà«) in Bezug auf die Mafia. Mithilfe der »omertà« wird die Unsicherheit der Erkenntnisse über

die Mafia aufrechterhalten. »Ehre« und »Schweigen« bilden nicht nur die Funktions-
prinzipien der Mafia, sondern auch den narrativen Kern des Mythos. Im Begriff der
»omertà« konzentriert sich das Wissen bzw. Nichtwissen um die Mafia.

Mythische Leerstelle

Insbesondere das Hollywoodkino (⁊Hollywood) trägt wesentlich zur Ästhetisierung der
Mafia bei. Die großen Filme, die das Innere der Mafia darzustellen vorgeben, füllen die
Leerstellen mit eigenen Bildern und Geschichten, die sehr an die fiktiven Figuren wie
die der Familie Corleone aus *The Godfather I-III* (*Der Pate*, 1972, 1974, 1990) gebunden
sind. Besonders auffällig ist in den Filmen *The Godfather*, *Mean Streets* (1973) oder
Good Fellas (1990), dass die herausragenden Darsteller und Regisseure dieser Filme
oftmals italienischer Abstammung sind und somit der Mafia im Film ein unverwechsel-
bares Gesicht und Authentizität verleihen (Schauspieler Al Pacino und Robert De Niro,
Regisseure Martin Scorsese und Francis Ford Coppola). Einzelne Filmzitate (»Ich mache
ihm ein Angebot, das er nicht ablehnen kann«, *Der Pate* I) und das Porträt Don Vito
Corleones im Halbdunkel, verkörpert von Marlon Brando, sind fest im kulturellen Ge-
dächtnis verankert. Der Schriftzug des Filmtitels *The Godfather*, dessen auffälligstes
Merkmal die Gestaltung der Buchstaben als Marionetten ist, wird Teil der Ikonografie
der Kino-Popkultur. Das insbesondere im amerikanischen Hollywoodkino konstruierte
Bild der Mafia und die Ästhetik der Figur Vito Corleones finden unter den Mafiosi
Nachahmer und wirken in die Mafia zurück, wenn Mafiamitglieder Kleidungsstil und
Mimik der Figur Vito Corleones imitieren (Saviano, 301 f.). Die fiktionale Rezeption
innerhalb der Mafia wird wiederum als *mise en abyme* inszeniert, wenn sich zwei Protagonisten aus der US-amerikanischen Erfolgsserie *Sopranos* über ihre Lieblingsstelle
aus der *Pate*-Trilogie unterhalten (Renga, 4).

Mafia und Staatsordnung

Die Mafia ist eng mit dem modernen italienischen Nationalstaat verbunden, an vielen
Stellen mit ihm verwoben. Gleichzeitig bildet die Geheimgesellschaft alternative Strukturen von Macht, Herrschaft und Wirtschaft aus, die einer inneren Logik des Selbster-
halts verpflichtet sind. Sie stellt durch ihre archaischen Werte Ehre, Treue und Freundschaft eine eskapistische Identifikationsgelegenheit für die bürgerliche Gesellschaft der
Moderne dar (vgl. Stölting, 19). Die in der *Pate*-Trilogie dargestellte Mafiafamilie Corleone und insbesondere die Figur Vito Corleones fasziniert den Zuschauer, weil sie ein
Strafsystem etabliert, wo der Rechtsstaat versagt, und somit für eine »Freiheit von jeder
exogenen Kontrolle« steht (vgl. Bittmann, 8), obwohl sie mitursächlich für das Staats-
versagen ist.

Auch Gegner der Mafia stellen Symbolfiguren der modernen Gesellschaft dar, die
oftmals mit ihrem Leben für ihren Einsatz zum Schutz der staatlichen Ordnung bezahlen (z. B. Paolo Borsellino und Giovanni Falcone). Der neapolitanische Autor Roberto
Saviano wird nach der auch außerhalb Italiens stark rezipierten Verfilmung seiner »Ent-
hüllung« der Camorra als jüngster Anti-Mafia-Held inszeniert, der die Unterwanderung

der Gesellschaft durch die organisierte Kriminalität aufdeckt. Der Titel *Gomorrha – Reise in das Reich der Camorra* (2008) suggeriert durch die klangliche Nähe von »Gomorrha« und »Camorra« eine schon immer dagewesene mythische Parallelwelt, die in sündiger Gottlosigkeit existiert. In Anlehnung an Dantes Jenseitsreise (*Divina Commedia*) erleben die Rezipienten eine Passage durch die zuvor als undurchdringlich wahrgenommene Grenze in das Innere der »echten« Camorra und erschaudern angesichts der sich sonst im Verborgenen abspielenden Gewaltherrschaft.

Lit.: D. Bittmann, Mythos Mafia. Zur Funktionsweise einer poetischen Fiktion, 2009, http://www.my thos-magazin.de. – J. Dickie, Cosa Nostra. Die Geschichte der Mafia, Frankfurt a. M. ²2007. – G. Dietz, Mythos der Mafia im Spiegel intermedialer Präsenz, Göttingen 2008. – H. Hess, Mafia. Ursprung, Macht und Mythos, Freiburg u. a. 1993. – D. Renga (Hg.), Mafia Movies. A Reader, Toronto u. a. 2011. – R. Saviano, Gomorrha. Reise in das Reich der Camorra, München 2007. – E. Stölting, Mafia-Faszination. Würde im historischen und literarischen Diskurs, in: Sizilien. Geschichte – Kultur – Aktualität, hg. v. H. Harth/T. Heydenreich, Tübingen 1987, 13–32. – M. Vorauer, Die Imaginationen der Mafia im italienischen und US-amerikanischen Spielfilm, Münster 1996.

Anna Charlotte Thode

Marxismus-Leninismus

Unter Marxismus-Leninismus versteht man ein von der Union der Sozialistischen Sowjetrepubliken (UdSSR) entwickeltes und auf verschiedene sozialistische Autokratien übertragenes kodifiziertes weltanschauliches Dogmensystem, das sich auf die beiden Namenspatrone Karl Marx (1818–1883) und Wladimir Iljitsch Lenin (1870–1924) beruft. Als staatlich verbindlich festgelegtes Deutungsmuster entfaltete der Marxismus-Leninismus im 20. Jahrhundert im Kontext der Blockbildung des ↗Kalten Krieges seine politische Wirksamkeit vor allem in Osteuropa und übte seine Strahlkraft zugleich in Latein- und Südamerika und im asiatischen Raum sowie in westlichen Intellektuellenkreisen aus.

Der Marxismus-Leninismus kann als prototypischer politischer Mythos der Moderne begriffen werden. Er lieferte Erklärungsmuster für als Fehlentwicklungen empfundene historische Zusammenhänge. Seine politische Attraktivität speiste sich aus der Behauptung, den Universalschlüssel zur Erklärung des historischen Geschehens gefunden zu haben. Die Ideologie war vom Bewusstsein eines historischen ↗Fortschritts getragen, der einen Kulminationspunkt erreicht zu haben schien, den es für einen fundamentalen Umschwung zu nutzen galt. Man wähnte sich im Dienste welthistorisch bedeutsamer Ziele zu handeln, die die Menschheit in eine neue und bessere Epoche führen sollten (Becker, 112–117).

Kapitalismuskritik, Klassenkampf, Personenkult

Der Marxismus entstand als Gegenströmung zu den individualistisch begründeten Gesellschaftsordnungsentwürfen des 19. Jahrhunderts. Er war eine Philosophie des Materialismus und übte massive Gesellschaftskritik an der Religion, am Privateigentum und an der Kapitalagglomeration. Es wurde ein Wechselverhältnis von Überbau und Basis bzw. von Sein und Bewusstsein postuliert, aus dem eine Geschichtstheorie des Klassenkampfes entwickelt wurde, deren moralphilosophische Grundlage eine Arbeitswertlehre bildete.

Lenins Beitrag zur marxistischen Theorie bestand vor allem in der Lehre von der kommunistischen »Partei neuen Typs« (Lenin). Er suchte die Kluft zwischen der Ideologie des Marxismus und dem sich nicht von selbst einstellenden sozialistischen Bewusstsein in der Gesellschaft durch die Instanz einer Partei zu überbrücken. Eine aus Berufsrevolutionären bestehende, konspirativ konzipierte Kaderpartei sollte eine Art Avantgarderolle einnehmen und als Ausdruck des proletarischen Klasseninteresses fungieren. Ferner ergänzte er eine Imperialismustheorie, die den Imperialismus als höchstes Stadium des Kapitalismus begreift. Lenins Interpretation des Marxismus führte zur Zurückdrängung der Rolle des Proletariats und verschob den Fokus auf die Vernichtung des Imperialismus (Löw, 1417).

Für die politische Wirksamkeit des Marxismus-Leninismus zeichnete in erster Linie Josef Wissarionowitsch Dschugaschwili, genannt Stalin (1878–1953), verantwortlich, der zugleich selbst als mythische Figur zählen kann. Bei der Durchsetzung der marxistischen Lehre zu einer alle Lebensbereiche umfassenden Doktrin schreckte er nicht vor terroristischen Mitteln wie Enteignung, Kollektivierung und massenhaftem Kulakenmord zurück. Im Stalinismus verband sich Marx' Lehre mit einem exzessiv betriebenen Personenkult und der Verabsolutierung der Einparteienherrschaft. Laut einer am 14. November 1938 vom Zentralkomitee der KPdSU verabschiedeten Resolution bildeten Marxismus und Leninismus eine untrennbare Einheit. Der Marxismus-Leninismus wurde mit diesem Tag zur offiziellen Ideologie des sowjetischen Staates und nach dem Zweiten Weltkrieg auch als für die kommunistischen Parteien außerhalb der Sowjetunion verbindlich erklärt (Hornung, 390).

Pseudoreligion und Propheten

Ein pseudoreligiöser bzw. religionsadaptierender Charakter des Marxismus-Leninismus zeigt sich unter anderem in der äußeren Performanz: Ungeachtet ihrer prinzipiellen Ablehnung tradierter Religiosität als Sedativ der herrschenden Klassen zur Ausbeutung der Arbeiter übten sich die marxistisch-leninistischen Staaten in der Imitation religiöser Ausdrucksformen, Symbole und Rituale. Mit der Revolution von 1917, die die Heilsversprechen der Propheten Marx und Engels zu erfüllen schien, wurde in Russland das politische Monopol auf Macht mit dem sakralen Monopol auf Glauben in eins gesetzt (Kula, 371–378). Mit den Parteikadern und Führungszirkeln gab es in fast allen marxistisch-leninistischen Regimen eine mit Priestern vergleichbare Kaste, die die Jüngeren in die Lehren und Regeln der Ideologie einführte. Es existierten »heilige« Stätten wie Moskau, Leningrad, Karl-Marx-Stadt etc. und eine Verehrung von kommunistischen Säulenheiligen. Marx als der geistige Schöpfer und Lenin als der öffentlichkeitswirksame Verkünder und Umsetzer erinnerten stark an die klassisch religiöse Konstellation zwischen der Gottheit und dem ersten Propheten. Darüber hinaus gab es politische Festtagskalender sowie offiziell organisierte Feiern, die christliche Sakramente wie Taufe, Kommunion, Konfirmation oder Ehe ersetzen sollten.

Der pseudoreligiöse Charakter offenbart sich neben der äußeren Performanz aber auch im ideologischen Kern: Der Marxismus-Leninismus offerierte das Heilsversprechen einer weltimmanenten Erlösung. Die Geschichte selbst wurde zum Ort desjenigen Heilsversprechens, das klassische Religionen stets geschichtstranszendent definiert haben, sei es in einer außerweltlichen Paradiessituation oder in einer Erfüllung versprechenden postmortalen Existenz. Das von der Natur geschichtlich vorbestimmte Gesetz sollte nicht am Ende aller Tage, sondern im Hier und Jetzt eingelöst werden: die Überwindung der Ausbeutung, die sich in der Utopie der klassenlosen Gesellschaft widerspiegelte, in der Arme und Reiche nicht mehr voneinander zu unterscheiden sein sollten.

Zukunftsglaube und mythisches Ende

Das spezifisch Moderne dieses Denkens zeigt sich in dem ihm zugrunde liegenden tief verwurzelten Glauben an die Möglichkeit einer zukünftigen Verbesserung der Welt. Damit eng verwoben war dessen machtpolitischer Vorzug: Entbehrungen und Widrigkeiten ließen sich durch das Versprechen einer besseren Zukunft leichter rechtfertigen. Die für unfehlbar erklärte Ideologie immunisierte die Machthaber gegen Kritik und legitimierte insofern auch deren Machtmonopol. Dem alles dominierenden Fortschrittsgedanken und der kreationistischen Perfektionierung des Menschen wurde dabei in der konkreten politischen Praxis allzu oft die Humanität geopfert. In dieser Hinsicht war der Marxismus-Leninismus seinem weltanschaulichen Gegner, dem nationalistischen Rassismus, nicht ganz unähnlich.

Mit China, Kuba, Laos und Vietnam berufen sich heute lediglich noch vier Staaten weltweit auf den Marxismus-Leninismus, die jedoch in ihrer konkreten Politik zum Teil andere Wege gehen, als es die klassische Lehre nahelegt. Seit der Epochenwende 1989 bis 1991 scheint die Strahlkraft des Marxismus-Leninismus als politische Leitidee für das 21. Jahrhundert erschöpft zu sein, sein Ende gereicht dem Mythos aber zu weiterer Vitalität u. a. in Filmen (vgl. *Good Bye Lenin*, Regie: Wolfgang Becker, 2003) und modischen Accessoires (Buttons, T-Shirt-Aufdrucke, Poster).

Lit.: M. Becker, Ideologiegeleitete Diktaturen in Deutschland. Zu den weltanschaulichen Grundlagen im »Dritten Reich« und in der DDR, Bonn 2009. – O. Figes, Die Flüsterer. Leben in Stalins Russland, Berlin 2008. – F. Furet, Das Ende der Illusion. Der Kommunismus im 20. Jahrhundert, München 1996. – K. Hornung, Marxismus-Leninismus, in: Lexikon des DDR-Sozialismus, hg. v. R. Eppelmann u. a. Paderborn 1996, 390–396. – L. Kolakowski, Die Hauptströmungen des Marxismus, 3 Bde., München 1977/1978. – M. Kula, Communism as Religion, in: Totalitarian Movements and Political Religions 3 (2005), 371–381. – W. I. Lenin, Staat und Revolution, Berlin (Ost) ⁵1970. – K. Löw, Zur Funktion des Marxismus-Leninismus im SED-Staat, in: Materialien der Enquete-Kommission »Aufarbeitung der Geschichte und Folgen der SED-Diktatur in Deutschland«, hg. v. Deutschen Bundestag, Bd. III/2, Baden-Baden 1995, 1401–1442. – P. C. Ludz/U. Ludz, Marxismus-Leninismus, in: DDR-Handbuch, hg. v. Bundesministerium für innerdeutsche Beziehungen, Köln 1985, 858–874.

Manuel Becker

Mauerfall/Wende

Die ›Berliner Mauer‹ wurde ab dem 13. August 1961 als Sperrwerk zur geradezu herme-
tischen Grenzschließung zwischen Ost- und Westberlin errichtet (vgl. Taylor). Es verwirklichte und symbolisierte innerhalb dieser einen Stadt die seit 1949 ohnehin bestehende und mehrere Hundert Kilometer lange Grenze zwischen der Deutschen
Demokratischen Republik (↗DDR) und der Bundesrepublik Deutschland. Diese war
keine einfache Staatsgrenze, sondern ein Bollwerk oder eine Trennlinie zwischen zwei
feindlichen politischen Systemen innerhalb des ↗Kalten Krieges und Teil des gesamteuropäischen Eisernen Vorhangs. Vorrangig diente die Mauer dazu, die Bürger der DDR
am Verlassen bzw. an der Flucht aus dem Staat zu hindern.

Überhöhungs- und mythenfähig wurde die Mauer bereits durch die sprachliche Sin-
gularisierung (»die« Mauer), als ob es sich um ein einziges und einheitliches, wie von
Wunderhand errichtetes Objekt ›aus einem Guss‹ gehandelt hätte, und darüber hinaus
durch die ebenso metaphorische wie allegorische Verdichtung, die der »Mauer«-Topos
bereits als solcher evoziert (massive Materialisation von Grenzen, Indikator von Stabilität, langer Dauer und hoher Undurchdringlichkeit, vgl. Briese). Bereits diese Benennung setzte also mythische Assoziationen frei, gerade wenn man bedenkt, dass es sich
in den Anfangswochen noch gar nicht um eine Mauer im Singular oder um Mauern im

Abb. 18: West- und Ostberliner auf der Berliner Mauer am 10. November 1989

Plural gehandelt hatte, sondern um ein Sperrsystem aus Stacheldrahtzäunen, Gräben und Postenketten, das über Jahrzehnte hinweg in mehreren Etappen zunehmend komplexer wurde und aus ganz verschiedenen Elementen bestand: Hinterlandmauern, Vorderlandmauern, Grenzsignalzäunen, Beobachtungstürmen, Lichttrassen, Kolonnenwegen, Kontrollstreifen, Gräben gegen Kfz-Durchbrüche usw. (vgl. Gröschner/Messmer; Conrad). Sowohl die Rede von »der Mauer« als auch von »dem Mauerfall« wirkt somit komplexitätsreduzierend.

Moment und Prozess

»Der Mauerfall« bezeichnet die plötzliche Grenzöffnung am Abend des 9. November 1989 in Berlin und die damit einhergehende, um wenige Stunden zeitlich verzögerte Öffnung der gesamten Staatsgrenze zwischen beiden deutschen Staaten (vgl. Hertle). Der Mauerfall steht aber auch für den Prozess der juristischen, politischen und ökonomischen Normalisierung der Grenzverhältnisse einschließlich des Abbaus der militärisch-architektonischen Anlagen zwischen Ost- und Westdeutschland. Walter Ulbrichts Versicherung »Niemand hat die Absicht, eine Mauer zu errichten« (15.6.1961) kann als eines der frühesten mythischen Binnennarrative gelten, ikonisch wirksam wurde das Foto eines über die trennende Stacheldrahtrolle springenden DDR-Soldaten als ›erstem Grenzflüchtling‹. Weitere mythische Elemente sind neben Gorbatschows (»Gorbis«) Perestroika und Glasnost die im Jubelschrei der Menge untergehende Mitteilung Genschers über die Genehmigung der Ausreise für die DDR-Flüchtlinge in der deutschen Botschaft in Prag (30.9.1989) und Günter Schabowskis folgenreiches Stammeln auf die journalistische Frage nach dem Beginn der angekündigten Reisefreiheit (»Das tritt nach meiner Kenntnis… ist das sofort, unverzüglich«). Eng verknüpft mit dem Mauerfall ist auch der Terminus ›Wende‹, mit dem die Ergebnisse der politischen Revolution in der DDR des Jahres 1989 (vgl. zu diesen Ereignissen u. a. Neubert) beschrieben werden. Die politische Dauerkrise der sozialistischen Diktatur mündete in massenhaften öffentlichen Protest und Widerstand. Die SED-Führung rief eine politische ›Wende‹ aus und kündigte Reformen an (Fernsehansprache von Egon Krenz am 18.10.1989), die jedoch weit hinter den Forderungen der Demonstranten zurückblieben. Der Begriff war also anfangs ein apologetisches Schlagwort des Machterhalts, der sich im Verlauf der Jahre 1989/90 dann aber für den revolutionären Sturz der sozialistischen Machthaber einbürgerte. Als Mythos ermöglicht die Wende somit Deutungsspielräume, die Zeit vor und nach dem Mauerfall zu überbrücken und zu verbinden.

Entsubjektivierung und kollektive Identität

Die Mythisierung von Mauerfall und Wende gründet sich auf mehrere Aspekte. Einerseits klammerte die den beiden Begriffen eingeschriebene Entsubjektivierung konkrete Akteure weitgehend aus – als sei die Mauer wie von Geisterhand und von allein ›gefallen‹, als sei ihre Beseitigung nicht ein Ergebnis massenhafter revolutionärer Straßenproteste gewesen und als habe sich die Wende als ein abrupter kollektiver Richtungswechsel vollzogen. Andererseits wirkt die friedliche Revolution mit der Parole »Wir sind das

Volk« dieser Entsubjektivierung entgegen und bildet ein bis heute wirksames Element ostdeutscher Identität im Sinne einer in der Retrospektive bewusst und freiwillig vollbrachten Kollektivleistung. Ikonische Verdichtung erlangte der Mauerfall durch Presse- und Fernsehbilder, die feiernde und sich umarmende Menschen auf der gestürmten Mauer zeigen. Darüber hinaus wurde der Mauerfall mythenfähig, weil er komplex verschlungene Ereignisse auf ideale Weise verdichtete. Die Beseitigung bzw. der Zusammenbruch diktatorisch-sozialistischer Strukturen wird auf ein singuläres Ereignis reduziert: auf den Akt einer erkämpften Grenzöffnung. Diese Grenzöffnung bindet sich an ein konkretes materielles Substrat, nämlich die Mauer, deren kompliziertes Sperrsystem aus verschiedenen Elementen als scheinbar kohärentes Gebilde wahrgenommen wird, das nun ebenso kohärent abgeschafft wurde. Prominente Erinnerungsorte der mythisierten Mauer sind der ehemalige Berliner Grenzposten Checkpoint Charlie, die Gedenkstätte Bernauer Straße sowie der sogenannte Tränenpalast, vor dem sich DDR-Bürger von ihren rückreisenden Westverwandten verabschieden mussten (vgl. Wolfrum).

Die Ambivalenzstruktur des mythischen Mauerfalls zeigt sich im Verhältnis zwischen Zerstörung der baulichen Materialität (Abriss, Niemandsland) und ihrer fragmentarischen Erhaltung (East Side Gallery und Bernauer Straße). Insofern weist der Mauerfall in mehrfacher Hinsicht mythisierende Qualitäten auf. Erstens nivelliert er der Tendenz nach konkrete historische Handlungssubjekte. Zweitens strukturiert er zeitliche Prozesse auf vereinfachende Weise und verdichtet historische Langzeitprozesse auf ein Schlüsselereignis. Drittens bindet er sie an einen konkreten Ort, der darüber hinaus noch materiell gegenständlich fixiert ist. Das komplexitätsreduzierende Potenzial mythischer Narration zeigt sich hier deutlich. Die Erzählung vom »Mauerfall« verwandelt Geschichte in ein entsubjektiviertes Naturereignis, die »Wende« vereint vielfältige und widersprüchliche Prozesse in die säkulare Erzählung einer gleichgerichteten Umkehr.

Lit.: O. Briese, Steinzeit. Mauern in Berlin, Berlin 2011. – J. Cramer u. a., Die Baugeschichte der Berliner Mauer, Petersberg 2011. – A. Gröschner/A. Messmer (Hg.), Aus anderer Sicht. Die frühe Berliner Mauer, Ostfildern 2011. – K.-D. Henke (Hg.), Die Mauer. Errichtung, Überwindung, Erinnerung, München 2011. – H.-H. Hertle, Chronik des Mauerfalls, Berlin [11]2009. – H. Münkler, Die Deutschen und ihre Mythen, Berlin 2009. – E. Neubert, Unsere Revolution. Die Geschichte der Jahre 1989/90, München 2008, – F. Taylor, Die Mauer. 13. August 1961 bis 9. November 1989, München 2009. – E. Wolfrum, Die Mauer, in: Deutsche Erinnerungsorte, hg. v. F. Etienne/H. Schulze, München 2001, Bd. 1, 552–568.

Olaf Briese

Mittelalter

Als »Mittelalter« wird – annähernd und immer wieder differenzierend umstritten – das Millennium zwischen dem 5. und 15. Jahrhundert bezeichnet. Der von den Humanisten eingeführte Begriff (*medium aevum*) bringt die Vorstellung einer ›Zwischenzeit‹ zum Ausdruck, die auf der einen Seite durch das Ende der Antike (Ende des weströmischen Kaisertums), zur anderen Seite von deren ›Wiedergeburt‹ (Renaissance) begrenzt wird. Die mythisierende Auseinandersetzung mit dem Mittelalter steht in engem Zusammenhang mit der Frage, wann der Beginn der Moderne anzusetzen ist.

Das Mittelalter ist in dreierlei Hinsicht ein Mythos der Moderne: 1. im Sinne ihrer eigenen, für sie selbst konstitutiven Abgrenzung vom »dunklen« oder rückständigen Mittelalter (Renaissance, Aufklärung), 2. im Sinne ihrer Selbstbesinnung auf ins Mittelalter zurückreichende kulturelle Wurzeln (Romantik, Weltkriege, Jahrtausendwende) und 3. im Sinne des Streites um die ›richtige‹ Erinnerungskultur des Mittelalters, die es vor dem ›falschen‹ Mittelalterbild zu bewahren gelte (Mediävistik vs. Populärkultur).

Abgrenzung und Gegenerzählung

Das Mittelalter dient der Moderne in verschiedenen Konjunkturen als eine Erzählung der sich abgrenzenden Selbstdefinition. Zuerst in der Renaissance, als die Humanisten den christlichen Glauben nicht grundsätzlich, sondern als Deutungsmodell für weltgeschichtliche Entwicklungen infrage stellten und ihm das Ideal der scheinbar neu zu entdeckenden griechisch-römischen Antike sowie einer profanen Wissenskultur und Welterklärung entgegenhielten. Setzt man den Beginn der Moderne mit der Renaissance an, rücken ihre Ursprünge somit – vermittelt über das Mittelalter als kultureller Katalysator – in den mythischen Fernhorizont der Antike. Zugleich hebt mit der Selbstabgrenzung der Renaissance vom Mittelalter der moderne Mythos vom ↗Fortschritt an: Die Humanisten verstanden das Mittelalter als *aetas obscura* (dunkles Zeitalter) und im Vergleich zu sich selbst abwertend als rückständig. Diese Sichtweise bezog sich vor allem auf den Umgang mit (antikem) Wissen bzw. mit dem Streben nach Erkenntnis. Auch für die Aufklärung in ihrem Selbstverständnis als »siècle des lumières« ist das ›dunkle‹ Mittelalter die abschätzig betrachtete Gegenerzählung, in der aufklärerische Ideale wie Vernunft, Mündigkeit und Individualität, aber auch die Ideale der Französischen Revolution (Freiheit, Gleichheit, Brüderlichkeit) keinen Platz haben (vgl. Amalvi).

Nationale und europäische Ursprungserzählung

Mit der Romantik beginnt eine Mythosgeschichte des Mittelalters, die es zur Ursprungserzählung der Moderne werden lässt: (a) bezogen auf die Konstruktion nationaler Identitäten im 19. Jahrhundert und im Sinne romantischer Geschichtsverklärung (v. a. Frankreich, Deutschland), (b) bezogen auf ein westlich gedachtes Europa, das sich auf Christentum und Latinität beruft.

Das romantische Mittelalterbild in Literatur, Kunst und Geschichtsschreibung war einerseits durch ein verklärendes, literarisch geprägtes Ideal tugendhafter Ritter, minnewürdiger Damen und guter, weil ursprünglich-naiver Menschen geprägt, das stark normvermittelnd wirkte. Andererseits gehört aber auch die düstere, bereits in der Aufklärung vorbereitete Vision eines von Armut, Seuchen und Unterdrückung gezeichneten Mittelalters zu den Kennzeichen der romantischen Perspektive, die das Mittelalter ins Negative überzeichnet (Emery/Morowitz, 13–36).

Die ambivalente Vorstellung einer das Mittelalter auszeichnenden natürlich-urwüchsigen Grausamkeit und zugleich ebenso ›ursprünglichen‹, positiv bewerteten kindlichen Naivität begründete in der Romantik darüber hinaus eine bis in den diffusen Fernhorizont reichende zeitliche Erinnerungsdistanz zum Mittelalter, die zugleich dessen mythisierende Stilisierung zum Archetypischen bedeutete. Das Mittelalter wurde im 19. Jahrhundert zwar auf diese Weise als evasive Kontrastwelt zur zeitgenössischen Gegenwart konstruiert, schien aber dennoch nachahmend in der Gegenwart wiederholbar. Darüber hinaus führte das evolutionistische Geschichtsmodell des 19. Jahrhunderts, demzufolge in den volkssprachlichen Texten dieser Epoche Anfang und Wesen aller späteren Entwicklung der europäischen Nationalliteraturen verborgen lag (vgl. Jauß), zu einer im Zeichen der nationalen Identitätssuche stehenden Betonung der Kontinuitätslinie vom Mittelalter zur romantischen Gegenwart (vgl. Amalvi).

Für Frankreich funktionierte die nationale Indienstnahme neben der für die Romantiker attraktiven ›anti-klassischen‹ Wiederentdeckung des Christentums (z. B. François-René de Chateaubriand) vor allem über ästhetische Kategorien und Ideale, namentlich die Lyrik des Mittelalters. Man konstruierte ausgehend von den Liedern der Trouvères und Trobadors eine Kontinuitätslinie bis zur eigenen Gegenwart, die sich in ihren Inhalten und Formen in der *poésie du coeur* eines Lamartine oder in den französischen ↗Chansons fortsetzte. Noch Louis Aragon macht diese über das Lyrische begründete ästhetische *francité* des Mittelalters stark, wenn er so weit geht, Frankreich als Ursprungsland gereimter Dichtung zu deklarieren (Aragon, 113–138).

In Deutschland beruht die nationale Funktionalisierung des Mittelalters im 19. Jahrhundert stärker als in Frankreich auf Tugenden, Stoffen und Idealen, die man als mittelalterlich definiert und als Gründungswerte für die eigene (nationale) Gegenwart deutet.

Das ›dunkle‹ Mittelalter wird über das romantische Interesse am Unheimlichen und Düsteren zur Attraktion, sein von der Renaissance als rückständig stigmatisiertes Verhältnis zu Wissenskulturen wird nun im Sinne von Ursprünglichkeit, unschuldiger Naivität und dichterischer Freiheit zum Anknüpfungspunkt. Die Nähekonstruktionen zum Mittelalter verlaufen auch über Gefühl und Liebe (Minnelyrik) sowie über auch militärisch instrumentalisierbares Heldentum (höfischer Roman, ↗Artus/Ritter der Tafelrunde), wo darüber hinaus die Reisekultur des 18. und 19. Jahrhunderts in den Ritteraventiuren angelegt schien. Die von den Romantikern beschworene »Volkspoesie« schloss sich kurz mit den (z. T. anonymen) Dichtungen des Mittelalters, die den Hang romantischer Dichtung zum Wunderbaren als Nationalcharakter erscheinen ließ (*Grimms Märchen*). Von großem Einfluss war bei der gerade in Konkurrenz zur französischen und englischen Konstruktion des Verhältnisses zwischen Mittelalter und Moderne Richard ↗Wagner, dessen »moderne Musik« über die Rezeption mittelalterlicher Mythen und Stoffe verlief (u. a. *Parsifal*, *Tristan und Isolde*, *Der Ring des Nibelungen*, *Siegfried*), die er zu ›deutsch-germanischen‹ Mythen machte.

Über die nationalmythische Bedeutung hinaus konnte das romantische Mittelalterbild mit seinen Schwarz-Weiß-Oppositionen zum modernen Mythos werden, weil gerade diese Ambivalenz auch die Widersprüche der Moderne zu repräsentieren und in sich komplexitätsreduzierend aufzuheben schien.

Während sich das identitätskonstitutive Potenzial des Mittelalters bei den Romantikern vor allem nationenbezogen wirksam zeigte, wurde das Mittelalter im 20. Jahrhundert zunehmend als Gründungsmythos ↗Europas erzählt. Dieses Phänomen erlebt zwei (allerdings nicht wirklich unterbrochene) Konjunkturphasen: im Kontext der beiden Weltkriege, die die Integrität national gedachter Kulturen nachhaltig infrage stellte, und die Jahrtausendwende.

Wenn Ernst Robert Curtius in seiner zwischen den beiden Weltkriegen verfassten, 1947 erschienenen Schrift *Europäische Literatur und lateinisches Mittelalter* erneut auf die Verbindungslinien zwischen Mittelalter und Gegenwart verweist, so geschieht dies im Unterschied zur romantischen Mittelalterkonjunktur nicht mit dem Ziel nationaler Identitätsbegründung. Sein Ziel ist es hingegen, dem kulturellen Nationalismus entgegenzuwirken und stattdessen über die Latinität die Gemeinsamkeiten westlicher Literaturtraditionen herauszustellen. »Mein Buch ist nicht aus rein wissenschaftlichen Zwecken erwachsen, sondern aus Sorge für die Bewahrung der westlichen Kultur. Es macht den Versuch, die Einheit dieser Tradition in Raum und Zeit mit neuen Methoden zu beleuchten. Im geistigen Chaos der Gegenwart ist es nötig, aber auch möglich geworden, diese Einheit zu demonstrieren. Das kann aber nur von einem universalen Standpunkt aus geschehen. Diesen gewährt die Latinität« (Curtius, 9).

Jacques Le Goff sieht die »Geburt Europas im Mittelalter«, und die im französischen Original noch formulierte Frage »L'Europe est-elle née au Moyen Age?« (vgl. Le Goff) scheint durch den Erfolg des Buches in der im Folgejahr vorgelegten deutschen Übersetzung damit schon beantwortet. Le Goff beschreibt seine Publikation als mythische Erzählung, wenn es im Vorwort heißt: »Wir setzen unseren ganzen Ehrgeiz daran, all denen, die am Aufbau und Ausbau Europas beteiligt sind, aber auch jenen in der Welt, die sich dafür interessieren, Bausteine zur Beantwortung der fundamentalen Frage ›Wer sind wir? Woher kommen wir? Wohin gehen wir?‹ zu liefern« (Le Goff, 10). Das Mittelalter wird hier zur Weltdeutungsbrille und Handlungsanleitung, zu Fundament, Hammer und Meißel beim Bau des »Hauses Europa«. Die »Modernité du Moyen Âge« wird insbesondere um das Jahr 2000 beschworen: Der EU-konstituierende Vertrag von Maastricht und die bevorstehende Einführung des Euro als Währung legen als ›Zeitenwende‹ den evidenten Kurzschluss der beiden Millennien nahe und lassen Mittelalterfrage und Europaidee zusammenrücken. Das Jahr 2000 erscheint als mythische Wiederholung des Jahres 1000, das sich in ihm versichern kann: »Modernité du Moyen Âge. Vive l'An 1000« titelt das Magazine littéraire im Jahr 1999. Dass der US-amerikanische Außenminister Ronald Rumsfeld bei einer Pressekonferenz im Kontext des Irakkrieges 2003 von Frankreich und Deutschland als dem ›alten Europa‹ sprach, bestärkte die identitätsbegründenden Rückblicke auf das ›europäische Mittelalter‹ zusätzlich aus der Außenperspektive.

Wem gehört das Mittelalter? – Populärkultur und Mediävistik

Kaum ein moderner Mythos ist so sehr betroffen von einem alltagssprachlichen Begriffsverständnis im Sinne von »nur ein Mythos« wie das Mittelalter. In einem dritten Sinne besteht das Mythische aber nicht in sogenannten modernen Irrtümern über das Mittelalter, sondern es wird konstituiert über den in verschiedenen Diskursen des 19. Jahrhunderts bis heute lebendigen Streit darüber, inwiefern es sich dabei um Irrtümer handelt und wie ihnen zu begegnen sei. Maßgebliche Mythengeneratoren sind dabei in ihrem Wechselverhältnis die Mediävistik und die Populärkultur. »Richtiges« und »falsches« Mittelalterbild sowie die Frage, wem das Mittelalter ›gehört‹ und inwiefern es ein ›fremdes‹ oder ein ›vertrautes‹ Phänomen darstellt, sind dabei mythenkonstitutive Diskussionsmuster (vgl. Wodianka).

Eine Schlüsselstellung in diesem Mythenfeld nimmt eine Forschergruppe um die französische Zeitschrift *Annales* ein. Repräsentiert durch Namen wie Marc Bloch, Lucien de Febvre, Jacques Le Goff und Georges Duby traten diese Forscher insofern für eine Popularisierung der Mediävistik ein, als sie das öffentliche Interesse für die Vergangenheit und insbesondere für das Mittelalter gewinnen wollten. Auch die Vertreter der *Annales* sprachen im Zeichen ihrer »histoire de l'imaginaire« von der Geburt Europas im Mittelalter und begründeten so ihr Bemühen um eine über die akademischen Kreise hinausreichende Verbreitung mediävistisch erarbeiteter Kenntnisse. Der Erfolg dieses Bemühens ist eine regelrechte populärkulturelle Konjunktur des Mittelalters seit den 1970er und 1980er Jahren, für die die explizite Bezugnahme auf historisch-mediävistische Fundierung zwar charakteristisch ist – dazu gehört auch die konjunkturelle Romanautorschaft bekannter Mediävisten –, allerdings ein von der Mediävistik zum Teil misstrauisch beäugtes Eigenleben in Literatur (z. B. Noah Gordons *Der Medicus*, 1986; *Die Päpstin* von Donna Woolfolk Cross, 1996), Film (*Braveheart* von und mit Mel Gibson, 1995; Luc Bessons *Jeanne d'Arc*, 1999), Musik (*In Extremo*), Spielen (*Die Siedler von Catan, World of Warcraft*) und Festkultur (Mittelaltermärkte, Burgfeste, Ritterturniere) entwickelt. Dass aus dieser Konstellation das Mittelalter umso mehr als moderner Mythos hervorgehen konnte und lebendig bleibt, verdankt sich der Tatsache, dass die populärkulturellen Mittelalterbilder beratungsresistent dem romantischen Mittelalter nahestehen und von der Mediävistik (trotz der zahlreichen von Mediävisten verfassten Mittelalterromane, z. B. *Der Name der Rose* von Umberto Eco, 1980) als Konkurrenz wahrgenommen werden, der es aus historischer Perspektive zu widersprechen gelte. So entstehen informierte Publikationen, die »10 Irrtümer über das Mittelalter« benennen und ausmerzen wollen (vgl. Schneider-Ferber), oder aber die einstige *Annales*-Vertreterin Régine Pernoud versucht ein Schlusswort unter dem Buchtitel *Pour en finir avec le Moyen âge!*, um insbesondere mit dem gefährlich konkurrierenden Medium ↗Fernsehen aufzuräumen. Auch und gerade in der Betonung der spezialistenbedürftigen Alterität des Mittelalters, die der Mythisierung des Mittelalters in der Romantik und der laienhaften Annäherung an das Mittelalter ein Ende bereiten soll, liegt ein ›mythischer Kern‹. Einerseits wird die (ohne Spezialisten) unüberwindliche besondere kulturelle Distanz zum Mittelalter betont, andererseits aber auch ein besonderes identifikatorisches Näheverhältnis, das sich aus einer kulturellen Gründungsidee speist. Der Versuch der Historisierung einer als falsch qualifizierten, weil mythisierenden Mittelalter-Erinnerung und die erneute Mythisierung des Mittelalters liegen nah beieinander und bedingen sich wechselseitig. Das historisch informierte, Wahrheit prätendierende ›Zu-Ende-Erzählen‹ des Mittelalters führt wesentlich mit zu seiner mythischen Persistenz.

Lit.: Chr. Amalvi, Le Goût du Moyen Âge, Paris 1995/2002. – L. Aragon, Les Yeux d'Elsa [1941], Paris 1959. – E. R. Curtius, Europäische Literatur und lateinisches Mittelalter, Bern/München 1961. – E.

Emery/L. Morowitz, Consuming the Past. The Medieval Revival in Fin-de-Siècle France, Hants/Burlington 2003. – H.-R. Jauß, Alterität und Modernität der mittelalterlichen Literatur. Gesammelte Aufsätze 1956–1976, München1977. – J. Le Goff, Die Geburt Europas im Mittelalter, München 2004 [L'Europe est-elle née au Moyen Âge?, Paris 2003]. – J.-M. Montrémy, Modernité du Moyen Age. Vive l'an 1000! Dossier, in: Magazine littéraire 382 (1999), 18–64. – R. Pernoud, Pour en finir avec le Moyen Âge, Paris 1977. – K. Schneider-Ferber, Alles Mythos! 10 Irrtümer über das Mittelalter, 2009. – St. Wodianka, Zwischen Mythos und Geschichte. Ästhetik, Medialität und Kulturspezifik der Mittelalterkonjunktur, Berlin/New York 2009.

Stephanie Wodianka

Moderne/Postmoderne

Der Begriff »Moderne« bezeichnet kulturhistorisch gesehen die Epoche der zweiten Hälfte des 19. Jahrhunderts, oft auch »Klassische Moderne« genannt. Dieser Begriffs-verwendung steht die nicht minder häufig anzutreffende, unspezifische Bezeichnung »Moderne« für die »Gegenwart« gegenüber. Ganz allgemein wird der Begriff »Moderne« aber auch von Geschichtswissenschaftlern, Literatur- und Kunsthistorikern, Politikwis-senschaftlern, Soziologen oder Philosophen zur Bezeichnung der »Neuzeit«, der Zeiten eines überwiegend rationalistischen Zugriffs auf die Welt, verwendet. Neben diesen Epochenbegriffen kann »Moderne« auch eine ästhetisch-künstlerische Stilrichtung des 20. Jahrhunderts bezeichnen (↗Avantgarde).

Der Begriff »modernus« ist bereits im frühen ↗Mittelalter des 5. Jahrhunderts, seit den *Epistolae Romanorum pontificum* des Gelasius, belegt, wo die gerade gültigen Regu-larien und Institutionen gegenüber den überkommenen, antiken bezeichnet (Gum-brecht, 99 f.). Die Vorstellung von einer eigenständigen, neuen Epoche der Moderne existiert im Mittelalter allerdings ebenso wenig wie in der Renaissance, die auf der Wiederbelebung der Antike fußt. Erst am Ende des 17. Jahrhunderts in der sogenannten Querelle des Anciens et des Modernes taucht zum ersten Mal der Gedanke auf, dass die Gegenwart, die Zeit der *modernes*, eine Zeit der Vollendung der Geschichte und damit der Überlegenheit über frühere Epochen (insbesondere der *anciens*) darstellt. Zu Beginn des 19. Jahrhunderts wird dann von Friedrich Schlegel in Deutschland sowie von Mme de Staël in Frankreich die Epoche der Romantik von der der Klassik der Antike abge-grenzt. Die eigene Gegenwart sah man jedoch als moderne Verflachung der Romantik an, die nur ökonomischem Nutzdenken unterstehe. Von dieser negativen Sicht auf die Moderne setzt sich schließlich eine um 1830 einsetzende positive Umwertung der Epo-che Moderne ab (Gumbrecht, 107). Von dieser Epoche, die mythische Dimensionen gewinnt, ist hier die Rede sowie von ihrer Demythisierung durch die Postmoderne.

Der Mythos Moderne und seine Mytheme

Erst mit der positiven Umwertung ist die Voraussetzung für die Mythisierung der Mo-derne gegeben. Dabei treten einzelne Phänomene besonders in den Vordergrund und werden zu Mythemen der Epoche. Die Freisetzung des Einzelnen aus seiner ständischen Gebundenheit durch die ↗Französische Revolution wird unmittelbar nach dem historischen Ereignis in der Romantik in Frankreich als *mal du siècle*, in Deutschland mit Hegels Formulierung als ›unglückliches Bewusstsein‹ zunächst beklagt. Im Zuge der positiven Umwertung der Periode – nicht unwesentlich bedingt durch Industrialisierung und technischen ↗Fortschritt – entsteht dann jedoch der Mythos der Moderne als Epoche der Individualität. Die Individualität erscheint als Möglichkeit, unterschiedliche Rollen anzunehmen, mit den unterschiedlichsten sozialen Gruppen Beziehungen aufzubauen und über die Freiheiten der Lebensführung zu verfügen (↗Freiheit). Das moderne Individuum gewinnt zudem die Fähigkeit zur Selbstreflexion. Damit deckt der Mythos der modernen Individualität gleich drei Ebenen ab, auf denen Mythisierungen in der Moderne stattfinden: die ökonomische, die philosophische und die ästhetische. In der Literatur der Moderne, die sich vom Utilitarismus der Lebenswelt radikal absetzt, werden solche Mytheme reflektiert und kritisch hinterfragt. Ein Beispiel liefert Gottfried Kellers Novelle der *Schmied seines Glücks* (1865) aus dem Zyklus *Die Leute von Seldwyla*. Der Protagonist, ein fast vierzigjähriger Barbier, schwängert nach mehreren vergeblichen Heiratsversuchen die Gattin eines entfernten Verwandten, der ihn kurz zuvor als Erbe eingesetzt hatte, worauf der Held von seinem Verwandten verstoßen wird. Die Geschichte parodiert die ökonomischen und sozialen Aufstiegswünsche des modernen Individuums und verhilft ihm auf humorvolle Art zur Selbstreflexion. Der Mythos von der Individualität und ihren Möglichkeiten ist hier – mit einem ironischen Unterton – in einer sprichwörtlichen Redensart verdichtet.

Die Individualisierung (↗Um 1800) vollzieht sich auf dem Boden einer weitgehend verbreiteten Säkularisierung, die ebenfalls mythische Dimensionen gewinnt. Bezeichnete der während der Verhandlungen zum Westfälischen Frieden aufkommende Begriff zunächst den Umgang mit dem Gut der katholischen Kirche durch die Protestanten, so gewinnt er mit der Aufklärung die Bedeutung einer umfassenden Verweltlichung des Denkens und Handelns, gebunden an einen Anspruch auf Wahrheit, der allein den Wissenschaften zukommt. Die Freisetzung des Individuums aus seinen ständischen Banden ist zugleich auch eine Freisetzung aus dem Glauben, der nunmehr zunehmend zur Privatangelegenheit des Einzelnen wird. Die Briefe des Protagonisten vor seinem Selbstmord in Goethes *Die Leiden des jungen Werther* (1774) zeugen von der einzigartigen inneren Befreiung eines Individuums aus den bürgerlichen Verhältnissen und ihren moralisch-religiösen Zwängen (↗Goethe und Schiller, ↗Faust). Werthers private – quasireligiöse – Einstellung zur geliebten Natur weicht alsbald der Anschauung, dass die Natur in ihren Gesetzmäßigkeiten wissenschaftlich erforschbar ist und dass aus diesen Gesetzmäßigkeiten modellhafte Erkenntnisse für die menschliche Gesellschaft abzulesen sind. Die jugendlichen Helden der Romane Balzacs, orientiert an ihrem ökonomischen und gesellschaftlichen Aufstieg, bewegen sich in einer durch und durch säkularisierten Gesellschaft, deren Struktur der Autor nach den wissenschaftlichen Kriterien der Biologie und Zoologie beschreibt.

Die Moderne als solche wird jedoch vor allem dadurch zum Mythos, dass der Begriff in der zweiten Hälfte des 19. Jahrhunderts weitgehend auf Anschauungen wie die der fortwährenden ↗Beschleunigung, des Flüchtigen (↗Flaneur), des Vergänglichen, des technischen Fortschritts reduziert wird, die die fortschreitende Industrialisierung mit sich bringt (Baudrillard, 8). Die Vorstellung der Beschleunigung lebensweltlicher Vorgänge als einer immer gleichen Natur der Moderne wird zum mythischen Kern der Epoche. Dies reflektiert wiederum mustergültig ein Gedicht von Arthur Rimbaud: *Mouvement* aus der Sammlung *Illuminations* (1886), welches auch die Mythisierung der Individualität und der Säkularisierung mit bedenkt. Das Gedicht beschreibt die schnelle Bewegung eines Schiffes, welches sich offenkundig im Aufbruch in die neue Welt befindet. Es thematisiert die flüchtige Wahrnehmung der Passagiere, die Wahrnehmung der Dynamik der das Schiff umgebenden Natur. Die Reisenden, gebildete, sportliche Geschäftsleute, erscheinen als Welteroberer auf der Suche nach ihrem persönlichen Glück. Geradezu besessen vom Geschwindigkeitsrausch lässt dieses ›Schiff der Menschheit‹ alle überkommenen Lebensweisen als vorzivilisatorische Wildheit hinter sich.

Der Mythos von der Moderne als unaufhaltsamer Beschleunigung bringt allerdings eine weitreichende Verlorenheit des Individuums mit sich. Diese Unbehaustheit im Geschwindigkeitsrausch der modernen Zeit wird durch den Mythos von der ↗Nation kompensiert, der die Anschauung eines Raums der Geborgenheit vermittelt. Besonders in Deutschland, wo der Begriff der Nation weniger staats- als kulturbezogen durch Fragen der Abstammung, der Sprache, der Tradition und der Sitten des ›Volkes‹ geprägt ist, gewinnt der Nationenbegriff mythische Dimensionen, welche vor allem gegen Frankreich gerichtet sind. Der Bonner Schriftsteller Ernst Moritz Arndt erklärt in seiner Schrift *Über Volkshaß und über den Gebrauch einer fremden Sprache* (1814) die »glücklichen Deutschen« zu einem »ursprünglichen Volk«, da sie »nicht durch fremde Völker verbastardet« seien. Die historischen Spätfolgen dieser Mythisierung der Nation sind bekannt.

In der zweiten Hälfte des 19. Jahrhunderts findet sich aber auch das Modell einer Mythisierung der Moderne bei gleichzeitiger Kritik an diesem Mythos. Wie Rimbaud greift Charles Baudelaire das Moment der Fortbewegung und des Reisens in der Moderne auf. Der moderne Mensch findet für Baudelaire in *Le Peintre de la vie moderne* (1863) ein geradezu ekstatisches Vergnügen darin, sich den unvorhersehbaren Bewegungen des flüchtigen Lebens zu überlassen. Auf diese Weise nimmt er lebensbejahend die elektrisierenden Energien der Moderne in sich auf. Im Abschlussgedicht der *Blumen des Bösen* (*Les Fleurs du Mal*), *Le Voyage* (1859), wird der Mensch der Moderne als ein Reisender beschrieben, der sich um des ständigen Aufbruchs willen fortwährend neue Welten erschließt. Das Gedicht ist dem Pionier der Fotografie und Verfasser der *Chants modernes* (1855), Maxime du Camp gewidmet, der unter den Zeitgenossen als ›chantre du progrès moderne‹ (»Sänger des modernen Fortschritts«) gehandelt wird. Zugleich hat diese Widmung jedoch auch etwas Sarkastisches und damit Demythisierendes, ist Baudelaire doch in *Fusées* (XIV) der Meinung, dass die Idee des Fortschritts absurd und dass der Mensch zu allen Zeiten, in der modernen Zivilisation wie im vorzivilisatorischen Zustand der Wildheit, der gleiche sei (Baudelaire, 1, 663, 1097). Für Baudelaire bedarf es des Künstlers und seiner Feinfühligkeit, um den Erscheinungen des Flüchtigen der Moderne das Ewige und damit Klassische abzugewinnen (»tirer l'éternel du transitoire«, Baudelaire, 2, 694). Dabei argumentiert er aus der Position einer traditionellen christlichen Anthropologie heraus. Für ihn ist der Mensch ein duales Wesen, einerseits flüchtig und in ständiger Bewegung, andrerseits voller Sehnsucht nach dem Dauerhaften, dem Ewigen.

Demythisierungen

Radikalisiert man die Positionen Baudelaires, so gelangt man zu einer dritten Einstellung gegenüber der Lebensweise der Moderne, die zu einer totalen Demythisierung der Epoche führt. Diese besonders nachhaltige Position, die bereits Züge der sogenannten Postmoderne der vergangenen dreißig Jahre unserer Gegenwart erkennen lässt, vertritt Gustave Flaubert. Er versagt sich jedweder Mythisierung. Für ihn ist der Horizont seiner Gegenwart hauptsächlich einer der Klischees, die er in einem *Dictionnaire des idées reçues* (1884) katalogisiert. In seinen Romanen *Madame Bovary* und *Éducation sentimentale* wird die Gleichförmigkeit und Perspektivlosigkeit des modernen Lebens in der Provinz wie in ↗Paris vorgeführt, die jeder Vorstellung vom Fortschritt auf der einen und von der historischen Tiefe auf der anderen Seite hohnspricht. Bei Flaubert gibt es keine Tiefendimension mehr, wie man sie aus der Romantik kennt: Sogar der Versuch eines Selbstmordes verliert jede tiefere Bedeutung, wenn der Held der *Éducation sentimentale*, Frédéric Moreau, versucht, vom Pont de la Concorde in die Seine zu springen, jedoch an der Breite des Geländers scheitert. Der bei den Zeitgenossen besonders beliebte Karthagoroman *Salammbô* wie auch die Berichte seiner Reise nach Ägypten, die er zusammen mit Maxime Du Camp unternimmt, führen dem Leser vor Augen, dass das Leben des Menschen der Antike nicht weniger von der *sottise* (Dummheit) bestimmt ist als das in der Moderne. Diese Aufhebung eines Denkens in historischen Kategorien und Tiefendimensionen, mit dem sich die Moderne von der Tradition abgesetzt hatte, führt bei Flaubert zu der Anschauung, dass die Alltäglichkeit lebensweltlicher Erscheinungen nur von deren Simultaneität, Unmittelbarkeit und Banalität geprägt ist. Diese Beobachtungen kehren dann als Signa der Postmoderne wieder.

Die Postmoderne ist vom grundlegenden Zweifel an der historiografischen Beschreibbarkeit gesetzmäßiger Entwicklungen der Lebenswelt und damit an der Allmacht rationaler Strukturen gekennzeichnet. Die Bezeichnung Postmoderne ist gerechtfertigt, da die Anschauung vom fortwährenden gesellschaftlichen Fortschritt der Moderne in Zweifel gezogen wird. Damit einher geht eine grundlegende Entzauberung all jener Erzählungen, die versuchen, die Phänomene der Epoche adäquat auf den Punkt zu bringen. Wie schon bei Flaubert angedeutet, verliert alles Erhabene und Herausragende (in den Bereichen der Moral, der Normen, der Werte, der Politik usw.) seinen Stellenwert. In einer skeptizistischen Grundeinstellung verbunden mit einer Haltung profunder Ironie sehen die Zeitgenossen der Postmoderne die lebensweltlichen Phänomene unterschiedlichster Provenienz als gleichwertig an. Gedanklich vorbereitet wird dieses grundsätzlich antimythische Denken durch das Projekt der Dekonstruktion in den Schriften Jacques Derridas seit den 1960er Jahren sowie in den Befunden Jean-François Lyotards (bes. in *La Condition postmoderne*, Paris 1979), wonach es keine übergeordnete, generelle Rationalität gibt, sondern nur eine Vielzahl von Diskursen (Michel ↗Foucault), die jeweils eigenen Steuerungsmechanismen des Rationalen folgen. Nicht zufällig fallen diese Auffassungen in eine Zeit der Auflösung nationaler Interessenräume und ökonomischer Schutzzonen, in denen die Dekonstruktion traditioneller Strukturen ohnehin in alle gesellschaftlichen Bereiche Einzug hält.

Allerdings scheinen in der sich radikal antimythisch gebenden Postmoderne die Mytheme der Moderne in anderer Gestalt wieder auf, allen voran der Mythos der Individualität. Das Fehlen der Metaerzählungen und mit ihnen das Vertrauen auf ihre Verbindlichkeit und normierende Autorität steigert den modernen Mythos der Individualität geradezu ins Unermessliche: Er verleiht dem individuellen Denken frei von ideologischen Schranken weitgehende Spielräume, wie es der österreichische Philosoph Paul Feyerabend mit der Formel *anything goes* getan hat (*Against Method*, 1975).

Auch der Mythos der Beschleunigung erfährt in der Postmoderne seine Steigerung ins Immense: Die Verbreitung der digitalen Technologie bringt eine Schnelllebigkeit sozialer Interaktion mit sich. Die technisch bedingten neuen Kommunikations- und Informationsmöglichkeiten (↗Computer/Internet) erfordern erheblich höhere Aufmerksamkeitsleistungen vom Individuum. Mit der Vernetzung der Welt durch das Internet ändert sich auch die Struktur des Wissens und Denkens. Nicht mehr hierarchisch geordnet und vertikal ausgerichtet, sondern horizontal angelegt, muss der postmoderne Mensch befähigt sein zu Assoziation, Flexibilität und Multitasking. Er wird zum proteischen Menschen (Jeremy Rifkin, *The Age of Access*, 2000), dessen Erfahrung des Tempos des Lebens – mit Georg Simmel gesprochen – von der wirklichen Zeit des Lebens abgekoppelt ist (*Die Philosophie des Geldes*, 1900).

Gegen diese Vorstellungen etabliert sich auch in der Postmoderne ein mythischer Gegenentwurf: Der schon in der Moderne Individualisierung und Beschleunigung kompensierende Mythos der Nation, dem die Anschauung der Geborgenheit in einem Schutzraum innewohnt, kehrt in veränderter Gestalt wieder. Die Vorstellung vom Leben im Global Village transformiert den Mythos der Nation in die Anschauung vom friedfertigen Zusammenleben in einem quasi dörflichen, wenngleich nunmehr internationalen Raum der Ruhe und Sicherheit, der problemlosen interkulturellen Kommunikation. Der Mythos vom Global Village erweist sich als besonders trügerisch in solchen theoretischen Ausgestaltungen wie Francis Fukuyamas These vom Ende der Geschichte (*The End of History and the Last Man*, 1992). Durch die Bestellung ihres Urhebers zum Berater im State Department 1989 ist diese Auffassung zeitweilig sogar zu einer offiziellen Staatsdoktrin der USA erhoben worden. Sie beinhaltet die Ansicht, dass nach dem endgültigen Sieg des Liberalismus das Ende der Geschichte unter der Führung der amerikanischen Zivilisation in einem globalen Weltsystem Realität wird. Fukuyamas Anschauung ist durch die Ereignisse vom 11. September (↗9/11) widerlegt. Sie lässt ein Desiderat der Postmoderne besonders stark hervortreten: die Erforderlichkeit eines Bewusstseins dafür, wer welche mythische Erzählung zu welchen Zwecken erfindet und aus welchen Machtinteressen einsetzt.

Lit.: Ch. Baudelaire, Oeuvres complètes, 2 Bde., hg. v. Cl. Pichois, Paris 1976. – J. Baudrillard, Modernité, in: Encyclopaedia universalis, Paris 1980, 8–17. – Chr. Dipper, Die deutsche Geschichtswissenschaft und die Moderne, in: Internationales Archiv für die Sozialgeschichte der Literatur 37 (2012), 37–62. – J. Habermas, Die Moderne, ein unvollendetes Projekt [1980], in: Ders., Die Moderne, ein unvollendetes Projekt. Philosophisch-politische Aufsätze 1977–1990, Leipzig 1990, 32–53. – H.-U. Gumbrecht, Modern, Modernität, Moderne, in: Geschichtliche Grundbegriffe, hg. v. O. Brunner u. a., Stuttgart 1978, Bd. 4, 93–131. – C. Klinger, Modern/Moderne/Modernismus, in: Ästhetische Grundbegriffe, hg. v. C. Barck

u. a., Bd. 4, Stuttgart/Weimar 2002, 121–167.– A. Rimbaud, Illuminations, in: Ders., Oeuvres, hg. v. S. Bernard, Paris 1960, 304 f.

Michael Bernsen

Mondlandung

Referenzpunkt des Mythos ist die (vermutliche) Landung von zwei US-amerikanischen Astronauten auf dem Erdtrabanten am 20. Juli 1969. Einen Tag später soll Neil Armstrong als erster Mensch die Oberfläche eines fremden Himmelskörpers betreten haben. Sein im Fernsehen live ausgestrahlter Satz zu jenem Schritt auf den Mond »That's one small step for [a] man, one giant leap for mankind« ging wie das Ereignis selbst in die Geschichtsbücher ein. Diese ›erste Mondlandung‹ war gleichzeitig ein medial durchinszeniertes, ebenso vorgeprägtes wie prägendes Ereignis in der Geschichte des vergangenen Jahrhunderts. Es war die bis dahin in doppelter Hinsicht (von der Zuschauerzahl wie von der Sendeentfernung her) größte Liveübertragung seit Erfindung des ↗Fernsehens (vgl. Rosenfeld). Der außergewöhnliche medienkulturelle und politische Kontext ist wesentlicher Motor verschiedener Mythisierungen, von denen zwei Richtungen besonders hervorzuheben sind: Die offizielle Erzählung der Mondlandung als Triumph der zivilen Weltraumforschung und eine heterodoxe Verschwörungstheorie, nach der die Mondlandung so nie stattgefunden hat. Beide Mythenstränge prägen bis heute die Erinnerungskultur an die Mondlandung zumindest in den westlichen Gesellschaften. Auch wenn mit zunehmender zeitlicher Entfernung vom Referenzereignis heterodoxe Erzählungen an Bedeutung gewinnen, dominiert der erstgenannte Mythenstrang jedoch weiterhin im Hinblick auf seine kulturelle Relevanz.

Die offizielle Deutung: Triumph der zivilen Weltraumforschung

In den internationalen Leitmedien wie in der Fach- und Sachliteratur der 1960er und 1970er Jahre wird die Mondlandung fast durchgängig als technische Meisterleistung mit primär wissenschaftlichen Erkenntniszielen beschrieben (vgl. exemplarisch Büdeler). Eine politikgeschichtliche Betrachtung spricht hingegen für eine andere Interpretation: Das Apollo-Programm, das 1969 zur Mondlandung führte, war Ergebnis wie Mittel des Wettstreits zwischen den USA und der UdSSR um die Vorherrschaft im Weltraum – und damit auch um politisch-militärische Dominanz auf der Erde zu Zeiten des ↗Kalten Krieges (Logsdon, 31–34). Im Vordergrund standen bei diesem Projekt nicht wissenschaftliche Erkenntnisziele – es ging vielmehr um die (v. a. durch die Liveübertragung) weltweit unübersehbare Demonstration der technischen Überlegenheit der USA. Der direkte personale und organisatorische, finanzielle und technische Zusammenhang zwischen militärischen Raketenprogrammen – insbesondere mit den Atomsprengköpfe tragenden Interkontinentalraketen – und dem ›Ereignis Mondlandung‹ wurde in der Öffentlichkeit lange Zeit ebenso ausgeblendet wie der richtungweisende militärpolitische Hintergrund des Apollo-Programms selbst (vgl. etwa noch v. Puttkammer; kritisch

Abb. 19: Buzz Aldrin betritt nach Neil Armstrong den Mond und salutiert vor der US-Flagge, im Hintergrund die Mondlandefähre Eagle von Apollo 11.

Neufeld). Alle Argumente des angeblich großen ›wissenschaftlichen Nutzens‹ der Mission waren Teil der öffentlichen Legitimierung der immensen finanziellen Aufwendungen des machtpolitischen Prestigeprojekts (v. Welck, 13). Sinnfälligster Ausdruck dieser Machtpolitik war das bei jeder bemannten Mondlandung obligatorische Hissen der US-amerikanischen Flagge (auch dies im Fernsehen live übertragen) auf dem nun offensichtlich nationalstaatlich ›eroberten‹ Himmelskörper. Über diesen symbolischen Akt wird die Mondlandung auch mit anderen mythischen Erzählungen wie dem Wettlauf um die Eroberung des Südpols von Scott/Amundsen oder der Besteigung des Mount Everest verknüpft.

Die heterodoxe Deutung: Die Mondlandung hat nie stattgefunden

Gleichsam das Gegenstück zur offiziellen Deutung und Bedeutung des Apollo-Programms ist eine Verschwörungstheorie, derzufolge die Mondlandung im Jahre 1969 real gar nicht stattgefunden hat, sondern im Fernsehstudio simuliert wurde. Nur wenige Jahre nach Apollo 11 erschien eine erste kleine ›Dokumentation‹ (Kaysing/Reid) über das vermutete Täuschungsmanöver der NASA. Zwar dauerte es anschließend noch Jahre, bis diese These unter dem Stichwort »moon hoax« größere öffentliche Aufmerksamkeit fand – die schon damals vorgelegten ›Beweise‹ für die Simulation der Mondlandung (wie etwa Bildanomalien) bestimmen aber bis heute die öffentlichen Debatten. In den vergangenen drei Jahrzehnten hat dieser Mythos immer weitere Kreise gezogen, jährlich erscheinen neue ›Enthüllungsbücher‹ zum Thema (vgl. Dette). Diese Deutung der Mondlandung ist Teil eines ganzen ›Universums‹ von Verschwörungstheorien, in denen es letztlich um das Verhältnis zwischen Regierenden und Regierten geht. Grundannahme solcher Konspirationstheorien ist es, dass die Bevölkerung der USA von der Regierung und anderen politischen und ökonomischen ›Kräften‹ zum Zweck des Machterhalts systematisch manipuliert wird. Erklärt werden soll damit die Stabilität von als ungerecht empfundenen politischen und ökonomischen Herrschaftsverhältnissen (vgl. Butter). Von offizieller Seite zunächst ignoriert, zwangen die Debatten (sie werden heute insbesondere auch im Internet geführt – exemplarisch: http://www.apfn.org/apfn/moon.htm und http://equapio.com/de/politik/mondlandung/) schließlich sogar die NASA zu verschiedenen offiziellen Dementis. Für die Wirkmächtigkeit der Mondlandung als Mythos ist es irrelevant, ob im Juni 1969 tatsächlich Menschen auf dem Mond gelandet sind oder nicht. Entscheidend ist allein die ›Überzeugung der Weltöffentlichkeit‹, dass die USA organisatorisch wie technisch tatsächlich zu einer solchen Großtat in der Lage gewesen sind. Als Beweis für ihre technische und politische Überlegenheit – und umso mehr als Impuls der mythischen Erzählungen und den Mythos letztlich stabilisierenden Kontroversen – hätte die mediale Simulation der Mondlandung letztlich ausgereicht (vgl. Schetsche).

»Der Mann im Mond« – alte und neue Mythen

Begünstigt und beeinflusst wird die Mythopoiesis der Mondlandung nicht nur durch den Tod der unmittelbar Beteiligten (Neil Armstrong verstarb 2012), sondern auch dadurch, dass der Mond als am Nachthimmel unübersehbarer Begleiter der Erde einer der wichtigsten traditionellen Mythengeber in vielen Kulturen ist. Er war nicht nur Referenz vieler Kalendergebungen, sondern hat auch die kollektiven Fantasien beflügelt und das Weltbild der Menschheit nachhaltig geprägt: Von den Mondgöttern und insbesondere Mondgöttinnen vieler antiker Kulturen über Vorstellungen zur Bedeutung des Mondes für Fruchtbarkeit von Mensch, Tier und Feldfrüchten bis hin zur Idee der Verhaltensbeeinflussung durch die Mondzyklen, die im Werwolf-Mythos kulminiert. Die zwar technisch alles andere als triviale, aber eben doch auch profane Landung von Menschen auf jenem Himmelskörper schien in geradezu paradigmatischem Gegensatz zu all jenen Mythen zu stehen, die seit Jahrtausenden mit dem Erdmond verknüpft sind. Der Mythengeber wurde in dieser Hinsicht ›entzaubert‹, von einem spirituell-mystischen Ort zum technisch erreichbaren Himmelskörper degradiert – insofern ist von einer kompensatorischen, neuen Mythisierung zu sprechen, die an Entdeckungs- und Eroberungserzählungen (↗Kolumbus) anschließt. Auch wenn die menschheitszivilisatorische Deutung der Mondlandung als Teil des Programms zur ›friedlichen Nutzung des Weltraums‹ weltraumpolitisch eher irrelevant war, hatte sie (wie jede gute mediale Inszenierung) sinnstiftende Wirkungen, die über die Ziele der politischen Akteure hinausgingen. Der eigentlich legitimatorisch gemeinte Appell an Forscherdrang, Fernweh und Erobererstolz löste – zumindest bei jener Generation, die am Fernsehschirm ›live‹ mit dabei war – ganz reale Sehnsüchte und visionäre Anmutungen aus: »Die Apollo-Missionen erschlossen den Menschen eine grundlegend neue Perspektive auf die Erde und die Menschheit« (Marsiske, 183). Solche das kollektive Bewusstsein verändernden Nebenfolgen des offiziellen Mondlandungsmythos lassen sich noch heute in der westlichen Kultur nachweisen (s. etwa den *neuen* Gaia-Mythos; exemplarisch: Harding) – auch wenn die konkreten Bezugnahmen auf das Apollo-Programm im Laufe der Jahrzehnte zunehmend blasser geworden sind und durch andere Deutungen, wie ebenjene Verschwörungstheorie, immer mehr infrage gestellt werden.

Lit.: W. Büdeler, Das Abenteuer der Mondlandung, Gütersloh 1969. – M. Butter, Konspirationistisches Denken in den USA, in: Konspiration. Soziologie des Verschwörungsdenkens, hg. v. A. Anton u. a., Wiesbaden 2014, 259–276. – H. Dette, Apollo 11. Der erste Flug zum Mond – Wahrheit oder Täuschung?, Petersberg 2006. – S. Harding, Lebendige Erde. Gaia, München 2008. – B. Kaysing/R. Reid, We Never Went to the Moon. America's Thirty Billion Dollar Swindle, Fountain Valley (CA) 1976. – J. M. Logsdon, A Sustainable Rationale for Human Spaceflight, in: Issues in Science and Technology 4 (2004), 31–34. – H.-A. Marsiske, Heimat Weltall. Wohin soll die Raumfahrt führen?, Frankfurt a. M. 2005. – M. J. Neufeld, Die Rakete und das Reich. Wernher von Braun. Peenemünde und der Beginn des Raketenzeitalters, Berlin 1997. – J. v. Puttkammer, Abenteuer Apollo 11, München 2009. – A. Rosenfeld, Medien auf dem Mond. Zur Reichweite des Weltraumfernsehens, in: Diskursgeschichte der Medien nach 1945, Bd. 2, hg. v. I. Schneider u.a, Wiesbaden 2003, 17–33. – M. Schetsche, Rücksturz zur Erde? Zur Legitimierung und Legitimität der bemannten Raumfahrt, in: Rückkehr ins All (Ausstellungskatalog, Kunsthalle Hamburg), Ostfildern 2005, 24–27. – S. v. Welck, Weltraum und Weltmacht. Überlegungen zu einer Kosmopolitik, in: Europa-Archiv 41.1 (1986), 11–18.

Michael Schetsche

Marilyn Monroe

Marilyn Monroe (1926–1962) ist zu Lebzeiten als Filmstar der Inbegriff einer Filmgöttin und weibliches Sexsymbol im 20. Jahrhundert. Sie verkörpert die Rolle der vor allem durch ihre Körperlichkeit und Sexualität definierten, naiv-unschuldigen Blondine (*Gentlemen Prefer Blondes*, 1953; *The Seven Year Itch*, 1955; *Some Like It Hot*, 1959; aber auch die gefährliche Blondine in *Niagara*, 1952). Marilyn Monroes Image ist darüber hinaus nach ihrem Tod anhaltend zum Referenzpunkt für Inszenierungen weiblicher Sexualität und ihrer soziokulturellen Bewertung in der Populärkultur (↗Pop) wie in den Künsten im 20. und 21. Jahrhundert geworden (Richard Hamilton, Andy Warhol, Richard Serra, Joyce C. Oates, Madonna). Damit tendiert Marilyn Monroe zur Verkörperung überzeitlicher und universeller Muster von Weiblichkeit in der westlichen Kultur.

Mythische Ambivalenz

Diese umfassende Mythisierung der Person Marilyn Monroe in der Alltags- und Hochkultur erfolgt im Wesentlichen auf dem narrativen Fundament des ›Tricksters‹, der allen Erzählungen über Marilyn Monroes Image nach ihrem Tod zugrunde gelegt wird. Als Trickster verkörpert Marilyn Monroe eine ambivalente und geheimnisvolle Persönlichkeit, die wesentliche Widersprüche in Bezug auf die kulturelle Konzeption wünschenswerter und normativer Weiblichkeit in einer Erzählung über sie miteinander harmonisieren kann. Ihre Funktion als Trickster baut dabei auf der Opposition von Fremd- und

Selbstbild, von Rolle und Person auf. Ihrer Rolle als Sexsymbol, das massenmedial erfolgreich in den 1950er Jahren dem (männlichen) Zuschauer einen in seiner Sexualität selbst genossenen und Genuss versprechenden Körper präsentiert, steht die sensible Künstlerpersönlichkeit gegenüber. Diese versucht, sich autonom als Charakterdarstellerin und ernsthafte Schauspielerin zu verwirklichen. Die selbstbewusste Inszenierung der körperlichen Oberfläche im Rampenlicht der Öffentlichkeit kontrastiert in der Tiefe der Person mit psychischer Verletzlichkeit und der Suche nach Anerkennung und Liebe für das, was man authentisch ist (vgl. Churchwell). Diese personale Differenz von Rolle versus Person, von Inszenierung und Authentizität harmonisiert den Widerspruch ihres beruflichen Erfolgs als berühmte Schauspielerin in der Öffentlichkeit auf der einen Seite und ihrem privaten Scheitern in drei unglücklichen Ehen (mit James Dougherty 1942–46, mit Joe DiMaggio Januar bis November 1954, mit Arthur Miller 1956–61), mit unzähligen Fehlgeburten bis hin zu Tablettenabhängigkeit, Alkoholmissbrauch und ihrem vermuteten Selbstmord durch Schlafmittel auf der anderen Seite. Hierauf baut auch die Vereinigung ihrer widersprüchlichen Rollen als naive Kindfrau, Femme fragile und Femme fatale auf. So verspricht sie eine ungezügelte, gesunde, Spaß machende Sexualität um ihrer selbst willen, die jedoch in gewissen kulturellen Grenzen erfolgen und domestiziert werden muss, damit sie nicht die Sexualmoral der 1950er Jahre in ihren Grundfesten erschüttert (vgl. Dyer). Diese kulturelle Funktion des Tricksters Marilyn zu ihren Lebzeiten, Sexualität in ideologisch wünschenswerte Bahnen umzuleiten, dient nach ihrem Tod als Basis für die Temporalisierung des Widerspruchs von weiblicher Anpassung und ↗Emanzipation der Frau: Als Lebende repräsentiert Marilyn den Versuch des Sich-Arrangierens, einer Eingliederung und Anerkennung als Frau in die bestehenden kulturellen Rahmenbedingungen. Kurz nach ihrem Tod beginnt in den USA die zweite Welle des Feminismus, prominent mit Betty Friedans Studie *The Feminine Mystique* (1963), die traditionelle Reduktionen der Frau auf ihre Körperlichkeit und Sexualität infrage stellt (vgl. Paige Baty). Gerade durch ihr Scheitern als Individuum geht nach ihrem Tod ihr individuelles Streben nach Emanzipation und Autonomie im schrittweise erfolgreichen kulturellen Kampf der Frauen um Gleichberechtigung bis heute auf.

Kalkulierter erotischer Tabubruch und fiktionales Image

Kolportiert werden bis heute die erbärmlichen familiären Umstände, aus denen sich Norma Jeane Baker (Taufname) als die Kunstfigur Marilyn Monroe zu befreien versucht (↗American Dream): Als Produkt der unehelichen Affäre einer psychisch labilen Film-Cutterin geboren und nach wechselnden Aufenthalten bei verschiedenen Pflegefamilien und vermutetem sexuellen Missbrauch in Kindheit und Jugend erscheint der Sechzehnjährigen nur die Ehe mit dem Jugendfreund als Möglichkeit, in eine selbst gegründete, stabile Zielfamilie überzugehen. Nach ersten Aufnahmen als Pin-up 1945 wird sie 1946 erstmals bei der 20th Century Fox unter Vertrag genommen und ihr Künstlername erfunden. Mühsam und mit kleinen und kleinsten Rollen versucht sich Marilyn als Schauspielerin zu etablieren und posiert 1949 der Legende nach für 50 US-Dollar nackt für zwei Aufnahmen vor einem roten Samthintergrund. 1952 wird eine dieser

Aufnahmen als Kalenderfoto veröffentlicht und löst einen weltweiten Sexskandal der als Nebendarstellerin und aufstrebendes Starlet bekannten Marilyn aus. Sie begründet die Aufnahmen damit, dass sie ihre Miete hätte zahlen müssen. Als ein Reporter nachfragt, ob sie denn wirklich nichts auf dem Foto anhätte, antwortet sie schlagfertig: »Doch, das Radio!« (vgl. Mellen). Diese Anekdote verweist auf grundlegende Eigenschaften des Tricksters Marilyn: Ihre Antwort ist ambivalent, denn sie kann entweder als unglaublich naive, spontane Reaktion oder/und als selbstbewusst kalkulierte Frechheit gedeutet werden und indiziert damit eine als selbstverständlich zum eigenen weiblichen Wesen gehörende Sexualität. Hiermit bricht Marilyn ein Tabu, denn Aktaufnahmen einer Schauspielerin in den 1950er Jahren schließen in den sittenstrengen USA und ihren durch die Frauenverbände durchgesetzten Produktionscodes eigentlich eine Karriere als Schauspielerin in ⁊Hollywood aus. Diese Grenzüberschreitung macht Marilyn weltberühmt. 1953 erscheint das Kalenderblatt als erster Centerfold im allerersten *Playboy*. Marilyn ist das erste Playmate.

Ab 1952 wird mit Filmen wie *Gentlemen Prefer Blondes*, *How to Marry a Millionaire*, *The Seven Year Itch*, *The Prince and the Showgirl* und *Some Like It Hot* konsequent Marilyns fiktionales Image als sexy-naive, intellektuell begrenzte Blondine aufgebaut. Sie verkörpert einen Typus Frau, der, auch singend und tanzend (*Diamonds Are a Girl's*

Abb. 20: Marilyn Monroe während der Dreharbeiten zu *Das verflixte 7. Jahr*, 1955

Best Friend, *I Want to Be Loved By You*), vor allem mit viel Körpereinsatz Männer beeindruckt, diesen aber nicht als komplexe Persönlichkeit mit differenzierten Ansprüchen an emotionale Erfüllung und gleichberechtigte Beziehungsformen gefährlich wird. Ihre Erotik relativiert sich neben den von den Filmen erzählten Geschichten dabei vor allem auch in Marilyns Körper. Auffällig ist Marilyns hyperbolische Inszenierung ihres platinblond-weißen Haares und ihres weißen Körpers und ihrer oftmals auch weißen Kleidung. Sie wird damit zur Verkörperung der weißen (Haut-)Farbe und zur fast überwirklichen, idealen Frau und semantisiert sich gleichzeitig als im Kern unverdorbene, unschuldige Frau, die ihren Körper nur zu einer genussvollen, erfüllten Sexualität einsetzt und nicht für andere Zwecke instrumentalisiert (vgl. Dyer).

Beispielhaft für diese Inszenierung ist die Kampagne für *The Seven Year Itch*, bei der Marilyn über einem U-Bahn-Schacht posiert und durch den Luftzug einer vermeintlich unter ihr durchfahrenden Tram in der Hitze des nächtlichen New York eine Abkühlung erfährt. Das Werbefoto zeigt sie, wie sie ihren Rock gegen den Luftzug nach unten vor ihr Becken stemmt und einen Blick auf ihre Unterwäsche verweigert. Die Bilder präsentieren sie zudem in einer tänzerischen Pose und mit einer Gestik, die einen vorausgesetzten Betrachter adressiert und diesem den Spaß an der kalkulierten Teilhabe an einem erotisch aufgeladenen Selbstgenuss vermittelt (vgl. Bronfen).

Verarbeitung des faktualen Images

Marilyns Tod, der wohl ein Unfall beim unsachgemäßen Gebrauch verschiedener Schlafmittel war, ist signifikanter Bestandteil ihres Mythos. Das mythische Narrativ erzwingt systemlogisch, die Sinnlosigkeit und damit den Charakter der durch ihren Tod entstehenden Leerstelle mit einer Sanktion für ihr grenzüberschreitendes Leben zu füllen: Marilyns Leben wird im Zeichen ihres überzeitlichen Mythos verlängert. Im medialen Raum des Mythischen und seiner Bedeutung wird ihr Lebensende entweder zum Rätsel, das durch Verschwörungstheorien erklärt wird (darin vergleichbar ↗Lady Diana), oder aber zum Selbstmord. Damit harmonisiert Marilyn erneut einen kulturellen Widerspruch, nämlich entweder selbstbestimmt bis zum Schluss den eigenen Todeszeitpunkt festzulegen und damit zeichenhaft eine Autonomie zu verkörpern oder ein fremdbestimmtes Opfer äußerer Umstände zu sein.

Im Zusammenhang mit den Verschwörungstheorien wird immer wieder eine angebliche Affäre mit John F. ↗Kennedy konstruiert, die durch Marilyns Inszenierung ihres Geburtstagsständchens für ihn auf einer Gala der demokratischen Partei am 19. Mai 1962 sichtbar würde (vgl. Paige Baty). Marilyn haucht in einem von Jean Louis entworfenen Nacktkleid, ähnlich denen von Marlene ↗Dietrich, *Happy Birthday Mr. President* ins Mikrofon und bekennt angeblich durch diese Inszenierung ihre Gefühle. Weil Kennedy auf diese Weise öffentlich brüskiert worden sei, habe er die Beziehung beenden müssen. In der Verschwörungstheorie lässt die CIA Marilyn daraufhin beseitigen, ebenso wie sie dann am 22. November 1963 Kennedy selbst in Dallas ermorden lässt (↗Geheimdienste). Marilyn erscheint hier als ein Sicherheitsrisiko, als eine außer Kontrolle geratene Frau, die mit ihrer Erotik als Femme fatale Männer ins Verderben und in die Verzweiflung führt. Dieser Auftritt ist damit der Höhepunkt einer Entwicklung, die in den Berichten über Marilyns Verhalten am Set bestätigt zu werden scheint: Ihre Unpünktlichkeit, ihre Textunsicherheit, ihr Bemühen um Einfühlung in die Rolle gemäß des von ihr (und Marlon Brando) popularisierten ›Method Acting‹ führen regelmäßig zu Verzögerungen und Verlängerungen der Dreharbeiten und damit zur Kostenexplosion. Regisseure wie Billy Wilder und Laurence Olivier verzweifeln ebenso an ihrer Arbeitsweise wie ihre Kollegen Tony Curtis und Jack Lemmon. Marilyn ist isoliert, lässt sich gehen, scheitert schließlich an sich selbst und den Anforderungen an sie und sieht als einzigen Ausweg den Selbstmord.

Unmittelbar nach ihrem Tod fertigt Andy Warhol 1962 im Rahmen seiner Werkreihe der *Death and Disaster*-Bilder sein berühmtes *Marilyn diptych* an. Warhol druckt einen Ausschnitt aus einem Filmstill zum Film *Niagara*, der einen Bericht zu ihrem Tod illustriert hat. Das Foto von Marilyn wird auf zwei Leinwänden, eine vielfarbig, die andere monochrom, immer wieder mittels Siebdruck auf einen Bildträger so in Registern untereinander und nebeneinander gedruckt, dass das prinzipiell immer wieder identisch reproduzierbare Foto als immer schlechterer Siebdruck in einer Bildfolge auf der monochromen Leinwand erscheint. Auf diese Weise vermittelt Warhol die symbolische Bedeutung, dass Marilyn als reale, konkrete Person hinter ihrem Image verschwindet, das in den Medien durch ihre fotografischen Abbilder erschaffen wird (vgl. Crow): Ebenso wie im Siebdruck des immer gleichen Fotos die ikonischen Zeichen der dargestellten Person verwischen, so verwischt sich die konkrete Person hinter den visuellen Zeichen. Die gedruckten Fotos bezeichnen nur eine Rolle der Schauspielerin Marilyn Monroe, die als konkrete Person schließlich hinter den Bildern verschwindet, von ihnen erdrückt wird und sich unter dem Druck ihres Images das Leben nimmt. Marilyns Bild wird endgültig zur Projektionsfläche der modernen Frau, die mit ihren Rollenanforderungen in Konflikt geraten ist.

Lit.: E. Bronfen, Marilyn. Diva und Sexikone der 50er Jahre, in: Bilder, die Geschichte schrieben, hg. v. G. Paul, Göttingen 2011, 148–155. – S. Churchwell, The Many Lives of Marilyn Monroe, London 2004. – T. Crow, Die Kunst der sechziger Jahre, Köln 1997, 83–92. – R. Dyer, Heavenly Bodies. Film Stars and Society, London ²2004, 17–63. – J. Mellen, Marilyn Monroe. Ihre Filme – ihr Leben, München 1983. – S. Paige Baty, American Monroe. The Making of a Body Politic, Berkeley u. a. 1995.

Jan-Oliver Decker

Napoleon

Aufgrund einer im Verlauf seiner Herrschaft institutionalisierten, alle Künste und Lebensbereiche umfassenden Kunst- und Propagandapolitik wurde Napoleon bereits zu Lebzeiten zu einem Mythos. Dabei wusste er sowohl die eigens initiierte als auch die an ihn herangetragene mythische Überhöhung seiner Person geschickt mit historischen Ansprüchen zu verbinden und ins Politische zu wenden. Von seinen Zeitgenossen als ›Halbgott der Moderne‹ mythisiert, verkörperte Napoleon wie kein anderer die Widersprüchlichkeiten der anbrechenden Epoche. Mit zahlreichen mythischen, historischen und literarischen Figuren identifiziert, nahm er besonders häufig die Gestalt von Prometheus und Satan (bzw. Luzifer) an. Diese markieren einerseits die beiden Pole der Mythenbildung – in Frankreich hat sich die Rede von der goldenen (oder rosafarbenen) bzw. schwarzen Legende etabliert –, andererseits stehen sie für die Ambivalenz der Figur Napoleons, sind doch Prometheus im Zuge der Aufklärung, Satan mit Miltons *Paradise Lost* (1667) und dessen Rezeption durch die Romantik selbst zu ambivalenten Gestalten geworden. Als Archetyp des modernen Helden avancierte Napoleon zu einer der wichtigsten Figuren erst der europäischen Literatur des 19. Jahrhunderts, danach des Kinos im 20. Jahrhundert. Zusammen mit Napoleon erlangten auch bestimmte Topoi wie etwa die ›Sonne von Austerlitz‹ oder ›Waterloo‹ mythische Ausstrahlungskraft. Die mythische Gestalt Napoleons ist mit der historischen derart verschmolzen, dass sie bis heute Teil der Geschichtsschreibung ist. Aber Napoleon ist nicht nur eine der prominentesten mythischen Gestalten der Moderne; mit Blumenbergs *Arbeit am Mythos* (1979) wurde Napoleon auch zum bevorzugten Gegenstand des Nachdenkens über den Mythos in der Moderne selbst.

Kunstpolitik und -propaganda

Napoleon führte die »radikale Indienstnahme der bildenden Kunst« (Telesko, 17), wie sie die Französische Revolution hervorbrachte, weiter. Ein frühes Beispiel für diese zielgerichtete Kunstpropaganda sind die bereits in den Jahren 1800 bis 1803 angefertigten fünf Versionen des Gemäldes *Bonaparte franchissant le Grand-Saint-Bernard* von David, der nach Napoleons Machtergreifung 1804 zu dessen Hofmaler avancierte. Das historische Ereignis von Napoleons Alpenüberquerung wurde von David mythisch überhöht (↗Alpen, Abb. S. 16) und im geschickten Spiel von stilistischen Kontrasten und aktualisierten historischen Zeichen ins Politisch-Programmatische gewendet. Auf traditionelle imperiale Reiterbildnisse und -standbilder zurückgreifend, verschränkte er die imperiale Bildsprache mit dem bürgerlichen Ideal des ›Verdienstes‹ und dem Bildtypus des romantisch-genialischen Helden (↗Genie), der einsam den alpinen Naturgewalten trotzt. Eine in den Fels gemeißelte Ahnenreihe berühmter Alpenbezwinger macht Napoleon zum legitimen Nachfolger von Hannibal und Karl dem Großen.

Zusammen mit David trieb Antoine-Jean Gros die Ikonisierung Napoleons voran. Dessen Auftragsarbeit *Bonaparte visitant les pestiférés de Jaffa* (1804) zeigt, wie Napoleon den in der christlichen Ikonografie wurzelnden Ritus des *Roi thaumaturge* vollzieht. Die Figur Napoleon wird hier wie schon bei David mythisch überhöht – diesmal in Analogie zu Christus – und tritt zugleich in historischer Perspektive das legitime Erbe der französischen Könige an. Im Verbund mit einer durch eigens eingerichtete Presseorgane regulierten und manipulierten (Kriegs-)Berichterstattung und den im Exil auf St. Helena dirigierten und diktierten Memoiren arbeitete Napoleon so bereits während seines Lebens erfolgreich an seinem eigenen Mythos.

Der Lichtbringer

Für die Polarisierung bzw. die Ambivalenz des Blicks auf Napoleon charakteristisch ist die Figur des Lichtbringers in der Gestalt von Prometheus und Luzifer (bzw. Satan). In der einen, analog zum Prometheus-Mythos erfolgenden Lesart bringt Napoleon Europa das Licht der Aufklärung, wofür er dann im Exil auf St. Helena jenes Martyrium erleidet, das Prometheus an den Felsen des Kaukasus geschmiedet erlitt. Ausgehend von Großbritannien verbreitete sich früh schon in ganz Europa die Vorstellung von Napoleon als einem »menschenfressenden Ungeheuer« (Petiteau, 27 ff.). Auch in Frankreich kamen infolge der vollständigen Erschöpfung nach den vielen Jahren des Krieges zuerst einmal negative Lesarten auf – Mme de Staëls Ausführungen zu Zacharias Werners Drama *Attila* in ihrem von Napoleon verbotenen, im Londoner Exil erschienenen Buch *De l'Allemagne* (1813) wurden im zeitgenössischen Kontext als Allusion auf Napoleon gelesen, der als »Geißel Gottes« Europa mit Entsetzen erfüllt. Unter dem Eindruck der Restauration von 1815 verstärkte sich jedoch die wohlwollend-liberale Lesart, die gerade in Frankreich zu einer anhaltenden Napoleon-Nostalgie führte. Wiewohl in den Jahren 1815 bis 1824 jede Darstellung des Kaisers verboten war, zirkulierten damals und später nicht nur Abbildungen, sondern auch mit Napoleon-Darstellungen versehene alltägliche Gebrauchsgegenstände. Insbesondere die alten Soldaten der Grande Armée, die sogenannten *demi-soldes*, spielten eine wichtige Rolle bei der Initiation und Etablierung dieses Napoleon-Kultes (vgl. Heines Gedicht *Die Grenadiere*, 1822). Aus der legendären Nähe und Verbundenheit Napoleons zu seinen Soldaten erwuchs die volkstümliche Gestalt des *petit caporal*, in welcher Napoleon in der Restaurationszeit vermehrt erschien. Endgültig in den Horizont der europäischen Romantik rückte die Gestalt Napoleons mit Manzonis anlässlich von Napoleons Tod geschriebenem, äußerst einflussreichem Gedicht *Il cinque maggio* (1821); und das nicht nur in Frankreich, Deutschland und Italien, sondern auch in England (Byron, Scott), Russland (Lermontov) und Polen (Mickiewicz). Gegen Ende der 1820er Jahre wendete sich die französische Romantik Napoleon zu. Sie bezog ihren Stoff hauptsächlich aus dem von Las Cases veröffentlichten *Mémorial de Sainte Hélène* (1823). Im Romanwerk Stendhals steht die napoleonische Ära für eine offene, fortschrittliche Gesellschaft, die der Jugend nicht nur Abenteuer, sondern auch Aufstiegschancen bot. Als nationale Identifikationsfigur Frankreichs fungierte Napoleon insbesondere in Kriegszeiten bis zum Zweiten Weltkrieg.

Ein Leben im Modus des Mythos

Als eine Art mythisches Erweckungserlebnis beschrieben Goethe und Heine ihre Begegnungen mit Napoleon. Goethes Begegnung mit dem Kaiser im Oktober 1808 in Erfurt fungierte als Initiationsritus, in welchem Goethe von höchster Stelle die Weihen des Genies erhielt: »Vous êtes un homme«, soll Napoleon Goethe begrüßt haben (*Unterredung mit Napoleon*, Sämtliche Werke, I. Abt., Bd. 17, Frankfurt a. M. 1994, 379). Goethe schrieb dazu an Cotta, ohne sich »auf das Detail der Unterredung einzulassen«, könne er doch so viel sagen, als dass Napoleon ausdrücklich zu verstehen gab, dass »mein [Goethes] Wesen ihm gemäß sei« (Sämtliche Werke, II. Abt., Bd. 6 (33), Frankfurt a. M., 414). Diese Begegnung markierte den Anfang einer lebenslänglichen Auseinandersetzung mit sowie Selbsterhebung an und durch Napoleon, an deren Ende Goethe sich »selber mythisch vor[kommt]« (Goethe an Jenny von Pappenheim, 14. Februar

1830). Auch Goethe rechnete Napoleon unter die Halbgötter, bevorzugte aber die Bezeichnung »Dämon«. Im »Dämonischen« sah Goethe eine »durchaus positive […] Tatkraft« am Werk, die »durch Verstand und Vernunft« nicht zu fassen ist (Eckermann, *Gespräche mit Goethe*, Sämtliche Werke, II Abt., Bd. 12 (39), Frankfurt a. M. 1999, 445 f.). So entzog Goethe das Leben Napoleons, dieses »Schreiten eines Halbgottes von Schlacht zu Schlacht und von Sieg zu Sieg«, der menschlichen Urteilskraft, indem er es mythisierte bzw. dämonisierte (ebd., 651).

In *Ideen. Das Buch Le Grand* (1827) gestaltete Heine den von ihm im November 1811 erlebten Einzug Napoleons in Düsseldorf mit zahlreichen Parallelen zu Jesu Einzug in Jerusalem, wobei der Text zwischen religiöser Epiphanie und Blasphemie schwankt. In *Die Reise von München nach Genua* (1829) ist diese zugleich bewundernde und ironische Haltung gegenüber Napoleon erneut anzutreffen. Einerseits wird der gebräuchliche Prometheus-Vergleich von Heine überspitzt und dadurch ins Lächerliche gezogen, andererseits zeigt er sich sicher, dass Napoleons »ungeheure Geschichte« die Zeiten überdauern und – bei aller Deifikation sowohl in griechisch-mythologischer als auch in christlich-jüdischer Tradition – »endlich ein Mythos« werden wird (Heine, Kap. XXVIII; Historisch-kritische Gesamtausgabe der Werke, Bd. 7/1, Hamburg 1986, 67). Dadurch entzieht sich Napoleons Leben bei Heine dem historischen Urteil.

Mit einem »Geist der Natur« vergleicht Hölderlin Napoleon in seinem Gedicht *Buonaparte* (1797). Napoleons Leben wird, insofern es weder mit dem Verstand noch mithilfe der Geschichtsschreibung oder der Dichtung zu fassen und zu beurteilen ist, zum Mythos verklärt.

Halbgott der Moderne

Im Halbgott, einer Figur, die laut Hölderlin an »Epochenübergängen« aufzutauchen pflegt, fällt das Individuelle der Gestalt Napoleons mit charakteristischen historischen Tendenzen zusammen. Hölderlin, später auch Nietzsche, sahen Napoleon als einen ›Halbgott der Moderne‹ (↗Moderne) zusammen mit Rousseau die anbrechende Epoche verkörpern. Hegel nannte Napoleon in seinen *Vorlesungen über die Philosophie der Geschichte* (1837) als ein Beispiel für jene »welthistorischen Individuen«, »geschichtlichen Menschen« oder »Heroen«, durch die in Zeiten des Umbruchs der »Weltgeist« waltet (Hegel, Werke in 20 Bdn., Bd. 12, Frankfurt a. M. ³1992, 45 f.). Auch Chateaubriand sah in der Figur Napoleons den Anbruch einer neuen, aus den Trümmern der Französischen Revolution sich erhebenden Welt verkörpert (Chateaubriand, *Mémoires d'outre-tombe*, 1848). Als Halbgott und Held der Moderne wird Napoleon zu einer Identifikationsfigur für eine Epoche, die ebenso widersprüchlich sein soll wie er selbst.

Etwas anders gewichtet Hugo die historische Rolle Napoleons. Im Roman *Les Misérables* (1862), in dem Hugo aus einiger Distanz bereits einen spielerischen Umgang mit der mythisch verklärten antinomischen Dualität des gefallenen Lichtträgers pflegt, gestaltete er Waterloo zu einem »Frontwechsel des Universums«, in welchem Gott selbst die Niederlage des ihm lästig gewordenen Titanen Napoleon herbeiführt, um der Revolution und Freiheit, die er zwar verkörperte, aber zugleich verhinderte, zum Durchbruch zu verhelfen (Hugo, *Les Misérables*, 2. Band, 1. Buch, 9. Kapitel). Napoleon wird bei Hugo zum Geburtshelfer einer neuen Zeit, aus welcher er selbst jedoch als störender Faktor zu verschwinden hat.

Tolstoi schließlich degradierte Napoleon in *Krieg und Frieden* (1868) zu einem »ganz unbedeutende[n] Werkzeug der Geschichte«. Angesichts der Partikularinteressen von Millionen von Menschen und der daraus resultierenden Unkalkulierbarkeit der historischen Ereignisse wird das vermeintliche Genie Napoleons von Tolstoi systematisch als für das 19. Jahrhundert charakteristische Geschichts- und Heldenrhetorik demaskiert und Napoleon der Lächerlichkeit preisgegeben.

Byronic hero

Als Archetyp des modernen Helden avancierte Napoleon auch deshalb zu einer bevorzugten Gestalt der literarischen Bearbeitung und Mythisierung, weil das politische und militärische Genie Napoleons das neue Selbstverständnis des Dichters als Originalgenie beglaubigte. Über die Identifizierung des Dichters mit Napoleon ging, wie im Fall des Zusammentreffens von Goethe mit Napoleon, eine gewollte Mythisierung des Dichters einher. Auch in Byrons Heldengestalt, dem sogenannten *Byronic hero*, wie er in *Childe Harold's Pilgrimage* (1812–18) entworfen wird, ist diese doppelte Mythisierung am Werk. Der *Byronic hero* verkörpert, indem er prometheische und satanische Züge in sich vereint, sowohl Napoleon als auch den Dichter selbst.

Gegenmythen

Insbesondere in Deutschland wurde anlässlich der militärischen Niederlagen der Versuch unternommen, dem Mythos Napoleon Gegenmythen entgegenzusetzen. Dazu gehörte der ↗Königin-Luise-Mythos, dessen gegen den ›Erbfeind‹ Frankreich gerichtete Identifikationsfunktion bis zur Weimarer Republik Bestand hatte.

Kleist unternahm mit der Ode *Germania an ihre Kinder* und der Schrift *Katechismus der Deutschen* (beide 1809) den Versuch, einen deutschen Nationalismus zu fördern und für den Kampf gegen Napoleon einen Gegenmythos mit dem Potenzial eines künftigen Nationalsymbols zu erschaffen. Wider den »Höllensohn« und »Vatermördergeist« Napoleon beschwor Kleist die Einheit des deutschen Volkes und des von ihm bewohnten Lebensraumes, die zusammen eine unüberwindbare Naturgewalt darstellen. Diese Funktionalisierung des Napoleon-Mythos zur Stiftung einer eigenen deutsch-nationalen Identität währte bis in die Zeit der Weltkriege.

Napoleon auf der Kinoleinwand

Die Bildproduktion, die Napoleon mithilfe der bildenden Künste angestoßen hatte, wurde bereits zu seinen Lebzeiten von sogenannten prä-kinematografischen Techniken der (bewegten) Bildproduktion wie der Laterna magica oder dem Panorama und schließlich im 20. Jahrhundert vom ↗Kino weitergeführt. Mehr noch: In und mit dem Film *Napoléon* (1927) wird Napoleons Bildproduktion zum historischen Vorläufer des Kinos und der erwarteten Vorherrschaft des Bildes im 20. Jahrhundert. Napoleon und seine Zeit avancieren dadurch zu einer wichtigen, für die Geschichte des Kinos konstitutiven Figur bzw. Etappe (*Napoléon*, 1955; *Waterloo*, 1970; *Napoléon*, 2002). Die Napoleon-Filmografie zählt über 600 Filme. Damit leistete das Kino einen wichtigen Beitrag zur Mythisierung und beeinflusste nachhaltig unser aktuelles Bild von Napoleon.

Lit.: U. Broich, Prometheus oder Satan? Zur Mythisierung von Napoleon im Deutschland und England des frühen 19. Jahrhunderts, in: Komparatistik als Arbeit am Mythos, hg. v. M. Schmitz-Emans/U. Lindemann, Heidelberg 2004, 257–273. – M. George/A. Rudolph (Hg.), Napoleons langer Schatten über Europa, Dettelbach 2008. – J.-P. Mattei (Hg.), Napoléon et le cinéma. Un siècle d'images, Ajaccio 1998. – N. Petiteau, Napoléon, de la mythologie à l'histoire, Paris 2004. – H. N. Rohloff (Hg.), Napoleon kam nicht nur bis Waterloo. Die Spur des gestürzten Giganten in Literatur und Sprache, Kunst und Karikatur, Frankfurt a. M. 1992. – W. Telesko, Napoleon Bonaparte. Der »moderne Held« und die bildende Kunst 1799–1815, Wien/Köln 1998. – W. Wülfing, »Heiland« und »Höllensohn«. Zum Napoleon-Mythos in Deutschland im 19. Jahrhundert, in: Mythos und Nation. Studien zur Entwicklung kollektiven Bewußtseins in der Neuzeit, hg. v. H. Berding, Frankfurt a. M. 1996, 164–184.

Patrick Stoffel

Nation

Die Nation ist eine abstrakte ›imaginäre‹ bzw. ›erfundene Gemeinschaft‹ (Benedict Anderson), die veranschaulicht und emotional aufgeladen werden muss. Erst mythische Erzählungen stiften der Nation Einheit und Identität, überwinden ihre strukturelle Anonymität und stillen die Sehnsucht nach enger Bindung der Einzelnen an eine menschlich warme Gemeinschaft. Die Mythen verleihen auch der Nation mittels Personalisierung konkretere Züge (Dörner, 77). Zugleich wird die Nation durch derartige Narrationen zu einer altehrwürdigen Gemeinschaft und zur Heil bringenden Trägerin einer göttlichen Erwähltheit bzw. einer weltgeschichtlichen Mission (Berding, 8). Die Nation ist nicht nur Gegenstand mythischer Erzählungen. Sie ist im Laufe der Zeit – auch aufgrund der Existenz der nationalen Teilmythen und des Nationalmythos – selbst zum Mythos avanciert. Der Nationalmythos gibt Auskunft über den Ursprung und die Ziele der nationalen Gemeinschaft.

Jede Nation verfügt über einen Fundus von Mythen (für Deutschland vgl. Münkler 2009). Die einzelnen Teilmythen lassen sich idealtypisch vier Grundkategorien des politischen Mythos unterordnen (vgl. Girardet): dem Typus des ›Erlöser-Mythos‹, dem des ›Verschwörungsmythos‹, dem des Mythos des Goldenen Zeitalters und dem des ›Einheitsmythos‹. Nationen haben ihr jeweiliges Goldenes Zeitalter, das meist die Form einer mehr oder weniger imaginierten vergangenen Glanzzeit annimmt. Die Auswahl des Goldenen Zeitalters verrät viel über die Sehnsüchte und Wertpräferenzen der Staatsbürger. Für zahlreiche Deutsche ist das Wirtschaftswunder (↗Wirtschaftskrise/Wirtschaftswunder) der 1950er und 1960er Jahre eine solch glückselige Zeit, für einen Großteil der US-Amerikaner ist es die Zeit der Entdeckung des ›gelobten Lands‹ durch die Gründerväter, die des Unabhängigkeitskriegs und die des Sezessionskriegs (vgl. Monneyron). Charles Maurras, ein französischer katholisch-konservativer Schriftsteller und Verfechter des ›integralen Nationalismus‹, trauerte dem ›Grand Siècle‹ von Ludwig XIV. nach. Viele Franzosen sehen allerdings in der ersten Phase der Großen Revolution (↗Französische Revolution) das Goldene Zeitalter ihrer Nation.

Nationen bilden in den mythischen Narrationen politisch, kulturell oder rassistisch erdachte Einheiten. Es handelt sich jedoch um bedrohte Gemeinschaften, die stets der Gefahr eines persönlichen bzw. kollektiven Verrats oder einer gegen sie gerichteten Verschwörung ausgesetzt sind. In Krisenzeiten müssen sie von mythischen Heldengestalten verteidigt und erlöst werden, so von Hermann dem Cherusker oder Bundeskanzler Konrad Adenauer in Deutschland, Vercingetorix (↗Asterix), ↗Jeanne d'Arc oder General de Gaulle (↗Résistance/Resistenza/Widerstand) in Frankreich.

Der Nationalmythos als Ursprungserzählung

Die Teilmythen der Nation werden meist zu einem großen einheitlichen Narrativ mit einem klaren, linear ablaufenden Plot zusammengeschnürt. Aus dem narrativen Zusammenschweißen einzelner nationaler Teilmythen sind unter aktiver Mitwirkung von Dichtern (Friedrich Rückert), Literaten (Heinrich von Kleist, Gustav Freytag), Komponisten (Richard ↗Wagner), Politikern (Charles Maurras), Bildhauern und Architekten (Reinhold Begas, Hugo Lederer, Johann Emil Schaudt) und vor allem Historikern (Theodor Mommsen, Jules Michelet, František Palacký, Mychajlo Hruschewskyj) die gewaltigen ›Nationalmythen‹ des 19. Jahrhunderts und der ersten Hälfte des 20. Jahrhunderts entstanden (für Deutschland vgl. u. a. Münkler 2009). Unter dem Begriff »Nationalmythos« versteht man die einheitliche Meistererzählung des mythischen Ursprungs und Aufbaus einer Nation (vgl. Citron). Ihr Ursprung und ihre Genese werden in einer solchen Narration weit in die Vergangenheit zurückprojiziert, in eine Zeit also, in der es sie zwar eigentlich noch nicht gab, sie aber zumindest latent bereits vorhanden gewesen sein soll. Durch ein derartiges Narrativ verlieren die historischen Ereignisse ihren kontingenten Charakter und werden in eine Art säkulare Heilsgeschichte eingebettet (Münkler 1994, 22). Die Nation wird in der Moderne zum einzigen echten »Geschichtssubjekt« verklärt. Dabei wurde die nationale Geschichte aus einer manichäistischen Perspektive als Kampf des Guten gegen das Böse und aus der Sicht der Sieger nacherzählt. Die künstliche Entstehungsgeschichte der Nation wird erfolgreich verborgen, indem man sie in Form einer Ontogenese erzählt, so im Werk Jules Michelets. Bei Michelet nimmt die Ontogenese auch die Form einer Psychogenese an, denn er beschreibt in seinen Werken letztendlich die Selbsterschaffung bzw. Selbstkonstruktion der Nation. Sie braucht bei ihm keinen Schöpfergott, da sie diese Rolle selbst ausfüllt. Michelet vergleicht das Vaterland mit einem unsichtbaren Gott, der sich erst durch seine Glieder und Taten offenbart (Michelet, 351). Er betrachtet folgerichtig die Revolution (*Révolution*) als Synonym für Offenbarung (*Révélation*).

Wie jeder Mythos weist auch der Nationalmythos eine »historisch-ahistorische Struktur« (Lévi-Strauss) auf. Die signifikanten Ereignisse der nationalen Geschichte werden etwa bei Gedenkfeiern, an Denkmälern, aber auch in Ausstellungen beinahe wieder unmittelbare Gegenwart, die die Rezipienten oft zutiefst berühren: »[M]an empfindet eine fast magische Faszination, die in verschiedenem Grade auftreten und bis zum ›heiligen Erschauern‹ gehen kann« (Hübner, 275).

Funktionalisierungen

Der Nationalmythos wurde gezielt zur Legitimation real existierender politischer Machtverhältnisse eingesetzt, zumal jede Art von Legitimation einer politischen Ordnung eine mythische Grundlage erfordert. Die mythische Erzählung gibt den Institutionen und politischen Systemen ihre Beständigkeit. Sie wurde auch immer wieder eingesetzt, um territoriale und machtpolitische Ansprüche gegenüber anderen Nationen bzw. Gemeinschaften zu erheben. Zahlreiche nationalistische und nationalistisch-fundamentalistische Mythen beruhen auf dem ideologischen Missbrauch von Geschichte. Wie Hobsbawm feststellt, erfolgt dieser Missbrauch des Kollektivgedächtnisses zu machtpolitischen Zwecken vor allem mithilfe von Anachronismen (Hobsbawm, 338).

Da die moderne Nation eine »Kriegsgeburt« ist (Buschmann/Langewiesche, 9), ist es nicht erstaunlich, dass zahlreiche nationale mythische Erzählungen Kriege zum Gegenstand haben. Die symbolische Gleichsetzung von Krieg und schmerzvoller Geburt eines Menschen soll die angebliche Materialität und Körperähnlichkeit der in Wahrheit eingebildeten nationalen Gemeinschaft beweisen. Ferner versucht man dadurch die Opferbereitschaft der Staatsbürger zu steigern und diese davon zu überzeugen, sie stünden in der Schuld der heldenhaften Nationengründer bzw. der Vorfahren und könnten jederzeit dazu verpflichtet werden, einen Blutzoll für das Gemeinwesen zu entrichten.

Nicht selten weist die Nation – zumal die republikanische – eine Nähe zur Revolution auf. Der Mythos der republikanischen Nation gehört zu den Meistererzählungen, die ihre Inspiration aus dem »historizistischen Prometheismus« (Brun, 15) der Moderne gespeist haben und die eine performative Wirkung vorweisen. Nicht minder als die Vergangenheit ist auch die Zukunft Gegenstand des Nationalmythos. Er beinhaltet eine »Versprechensdimension« (Speth, 192). Das mag die künftige Größe des Nationalstaats sein. Ebenso kann dies aber auch eine universalistische bzw. zivilisatorische heilige Mission sein, die es zu erfüllen gilt, wie im Falle des französischen Republikanismus oder des US-amerikanischen Exzeptionalismus.

Nation, Religion und Natur

Die Mythisierung der Nation ist nur vor dem Hintergrund einer Ideologie des Nationalismus möglich gewesen, die religiöse Züge aufweist. Der Nationalismus war die erste politische bzw. säkulare Religion der Moderne. Er ist zu einer Zeit entstanden, als die Offenbarungsreligionen an Überzeugungskraft zu verlieren begannen. Er trat zwar zunächst nicht an die Stelle der alten Religionen, sondern neben diese und zehrte lange vom religiösen Glauben. Oft genug hat man sich zwischen den beiden Überzeugungssystemen entscheiden müssen (so im Nationalsozialismus oder im real existierenden Sozialismus). Aufgrund des quasi-religiösen Nationalismus erhielt die Nation – ganz egal, ob sie kulturalistisch als Abstammungsgemeinschaft (wie früher in Deutschland, s. David Friedrich Strauss oder Theodor Mommsen) oder politisch als Willensgemeinschaft (wie in Frankreich, s. Ernest Renan, Fustel de Coulanges) verstanden wurde – eine numinose Aura. Sie wurde zum Gegenstand eines säkularen Glaubens. Hagen Schulze stellt fest: »[D]a die Nation nicht unmittelbar sichtbare Realität ist, muß sie geglaubt werden [...]. Nicht mehr von Gott empfing der neue Staat seine Rechtfertigung, sondern von der Nation« (Schulze, 172).

Als Gottesersatz und gelebte Einheit sollte die Nation die internen Differenzen zwischen den Einzelnen und den widerstreitenden Interessengruppen aufheben. Dies geschieht vor allem in Kriegs- und Krisenzeiten, in denen von den Einzelnen eine ungebrochene Loyalität zur Gemeinschaft verlangt wird. In solchen Zeiten wird die Nation von einem latenten zu einem wirksamen Monomythos. Dieser liefert dann die erwartete »Bedeutsamkeit« (Bottici, 125, 178, 245), d. h. er fordert Stellung- und Parteinahme, duldet keine Indifferenz und trennt somit das Erhabene von der alltäglichen Sorge um das Nützliche. Mit der Nation wird ein Ganzes assoziiert, das nicht in einzelne Teile zerlegt werden kann und das in jedem Staatsbürger personifiziert wird (Hübner, 272).

Die mythische Narration macht aber auch die Nation, obschon eng mit einer sich stets transformierenden und an ihrer Umwelt adaptierenden Kultur verbunden, zu einem Teil der ›ewigen‹ Natur. Roland Barthes hat darauf hingewiesen, dass der Mythos Geschichte in Natur verwandelt (Bar, 115). Vor allem die mythische Verbindung der Nation mit einer ethnischen Abstammung und mit der Vorstellung der Blutsgemeinschaft dient ihrer Naturalisierung. Die sich zur mythischen Erzählung gesteigerte ethnische Nation wird zu etwas Natürlichem und deswegen auch Ewigem (so in manchen Strömungen der deutschen Völkischen Bewegung der Weimarer Republik). Wie hinter den meisten ideologischen Mystifikationen verbirgt sich auch hier eine Strategie des ›Natürlichmachens‹ von Institutionen, die das Ziel verfolgt, die Macht der Herrschenden und die politische Herrschaft als naturgegeben und deshalb auch als zwingend anzuerkennen.

Die Frage, ob sich Europa heute wirklich in einer »postnationalen Phase« (Jürgen Habermas) befindet, wie manche Intellektuelle behaupten, ist Gegenstand einer heftigen Diskussion. Man findet heute sowohl Anzeichen für eine Reaktivierung des alten Nationalmythos (so während der vom damaligen Staatspräsidenten Nicolas Sarkozy lancierten Debatte zur nationalen Identität) als auch für einen postmodernen lockeren Umgang mit dem Patriotismus (so in der Bundesrepublik während der WM 2006), der eher zur Dekonstruktion bzw. Entweihung als zur Stärkung der einzelnen nationalen Mythen bzw. des Nationalmythos führt.

Lit.: H. Berding (Hg.), Nation und Mythos. Studien zur Entwicklung des kollektiven Bewußtseins in der Neuzeit, Bd. 3, Frankfurt a. M. 1996. – Ch. Bottici, A Philosophy of Political Myth, Cambridge (MA) 2007. – J. Brun, Philosophie de l'histoire. Les promesses du temps, Paris 1991. – N. Buschmann/D. Langewiesche, Vorwort, in: Der Krieg in den Gründungsmythen europäischer Nationen und der USA, hg. v. N. B./D. L., Frankfurt a. M. 2004, 9–10. – S. Citron, Le Mythe national. L'histoire de France revisitée, Paris, ²2008. – A. Dörner, Politischer Mythos und symbolische Politik, Reinbek 1996. – R. Girardet, Mythes et mythologies politiques, Paris 1986. – E. J. Hobsbawm, Wieviel Geschichte braucht die Zukunft, München 2001. – K. Hübner, Das Nationale. Verdrängtes, Unvermeidliches, Erstrebenswertes, Graz 1991. – C. Lévi-Strauss, Strukturale Anthropologie I, Frankfurt a. M. 1967. – F. Monneyron, La Nation aujourd'hui. Formes et mythes, Paris 2000. – H. Münkler, Politische Mythen und nationale Identität, in: Mythen der

Deutschen, hg. v. W. Frindte/H. Pätzolt, Opladen 1994, 21–28. – Ders., Die Deutschen und ihre Mythen, Berlin 2009. – H. Schulze, Staat und Nation in der europäischen Geschichte, München 1994. – R. Speth, Nation und Revolution. Politische Mythen im 19. Jahrhundert, Opladen 2000.

Yves Bizeul

New York

New York City, Großstadt an der Ostküste der USA, besteht seit 1899 aus den fünf Stadtteilen Bronx, Brooklyn, Manhattan, Queens und Staten Island. Bis zum Ende des 19. Jahrhunderts wurde die Stadt durch die Gründung der New Yorker ↗Börse an der Wall Street (1792) sowie den Bau von Häfen, Überlandkanälen und Bahnhöfen zum größten Handels- und Finanzstandort auf dem nordamerikanischen Kontinent. Gleichzeitig war New York im 19. Jahrhundert wichtigster Anlaufpunkt für Einwanderer aus Europa. Die Industrie- und Bankenmetropole wurde im 20. Jahrhundert auch geistiges und kulturelles Zentrum der USA, in dem einige der angesehensten Galerien, Museen, Theater und Universitäten der Vereinigten Staaten entstanden (z. B. Metropolitan Opera oder Metropolitan Museum of Art). Daher bleibt die Stadt bis heute einer der wichtigsten Anlaufpunkte für Maler, Architekten, Modedesigner, Musiker, Schriftsteller, Journalisten und Wissenschaftler in der westlichen Welt.

»If I can make it there, I'll make it anywhere.« Wie in der mit Frank Sinatra verbundenen Songzeile (*New York, New York*, 1977) ist New York häufiger Bezugspunkt in Musik, Literatur (z. B. *The Great Gatsby*, F. Scott Fitzgerald, 1925), bildender Kunst (z. B. in den Bildern Edward Hoppers), Comics (z. B. *Spider-Man*), in Filmen (z. B. in der *Pate*-Trilogie, 1972–90) oder auch Computerspielen wie *Grand Theft Auto IV* (2008) das hier in Anspielung auf New York Liberty City heißt. In Sinatras mythischer Einschätzung kulminieren vor allem Erwartungshaltungen an die Stadt. Zum einen ist New York eine Metropole, die ihren Bewohnern durch ihre Komplexität viel abverlangt. Sie müssen oft große Distanzen innerhalb der Stadt überwinden, mit den Verkehrsbedingungen kämpfen, teilweise horrende Mieten bezahlen; der Konkurrenzdruck ist hoch. Doch gleichzeitig wird New York spätestens im 20. Jahrhundert zur Ikone des American Way of Life, der auf kommerziellem und kulturellem Überfluss und Konsum fußt, und zum Sehnsuchtsort für diejenigen, die – scheinbar unbegrenzte – Selbstentfaltung suchen. In Filmen wie Woody Allens *Manhattan* (1979) wird dieser Raum in seiner Rätselhaftigkeit ausgeleuchtet und gefeiert. Es ist diese Stellung New Yorks als *die* amerikanische Stadt, die den Ort zum symbolisch aufgeladenen Ziel der Anschläge vom 11. September 2001 (↗9/11) machte. Obwohl die USA viel zu groß und kulturell divers sind, um sie auf einen Ort zu reduzieren, ist New York – vor allem auch in der nicht-amerikanischen Wahrnehmung – die mythische Verräumlichung des ↗American Dream. Diese Ikonizität findet vor allem in drei Deutungsdimensionen der Stadt ihren Ausdruck: New York als *rite de passage*, als Labor der ↗Moderne sowie als Gotham City.

New York als *rite de passage*

Im nationalen Gedächtnis ist New York eng mit der kulturellen Meistererzählung des ethnischen Schmelztiegels (*melting pot*) verknüpft. Die Freiheitsstatue, »Ellis Island« oder auch die Häuser in der Lower East Side Manhattans sind Erinnerungsorte, die darauf verweisen, dass Einwanderung ein konstitutiver Faktor für die Stadtentwicklung war. Die Ankunft in der Hudson Bay schien für viele Migranten aus Europa im 19. und frühen 20. Jahrhundert ein *rite de passage* zu einer neuen, amerikanischen Identität. Vor den Augen der Einwanderungsbehörden traten alle gleich auf: Immigranten wurden registriert, medizinisch untersucht, ihr Name wurde ggf. amerikanisiert. Die Vorstellung von New York als dem großen Gleichmacher, der allen gleiche Chancen zum Aufstieg bietet, ging über den Akt der Einwanderung hinaus. Die Stadt wurde als Gefäß interpretiert, in dem Menschen verschiedenster Ethnien, Religionen, Sexualitäten und Klassen zusammenlebten und eine neue amerikanische Identität bildeten (Reitano, 131). Freilich entsprachen die Lebenswirklichkeiten nur selten den idealisierten Vorstellungen des *Melting pot*-Mythos (vgl. den Mythos ↗Kampf der Kulturen). Für viele Einwanderer (gerade aus Ost- und Südeuropa) war und ist der »amerikanische Traum« mit bescheidensten Arbeits- und Überlebensbedingungen verbunden, während die wirtschaftliche Elite der Stadt lange Zeit dem weißen, angloamerikanischen, protestantischen (WASP) Milieu entstammte, das eng mit der Wall Street assoziiert ist (Reitano, 106).

Labor der Moderne

Mit seinem kulturellen wie wirtschaftlichen Reichtum galt New York lange Zeit im 20. Jahrhundert als »Labor« einer westlichen und kapitalistischen Moderne. Nicht zuletzt die Entscheidung, das Hauptquartier der Vereinten Nationen am East River zu errichten, verstärkte das Narrativ von New York als moderner und kosmopolitischer Hauptstadt der Welt. Wolkenkratzer, U-Bahnen und Stadtautobahnen galten seit den 1930er Jahren nicht nur als städteplanerische Notwendigkeiten, sondern als Zukunftsvisionen einer urbanen Modernität, die auf Effizienzsteigerung und individueller ↗Freiheit basierte. Eng damit verbunden sind architektonische Ikonen wie die Brooklyn Bridge, das Empire State Building oder das Chrysler Building. Ihre stilbildende Kraft entfaltete sich nicht nur in Manhattan, sondern etablierte die New Yorker Skyline weltweit als Vorbild einer fortschrittlichen Stadt (Jackson, 1073). Doch auch das materielle Gesicht der Stadt änderte sich fortwährend. New York zog immer wieder Künstler an, die heutzutage mit der klassischen Moderne assoziiert werden oder selbst zu den mythischen Figuren der Moderne gehören: Schriftsteller wie Edgar Allen Poe oder Langston Hughes, Musiker wie George Gershwin oder Benny Goodman oder Maler wie Jackson Pollock und Andy Warhol wohnten zeitweise oder dauerhaft in New York. Sie begründeten den Ruf New Yorks als Versuchslabor der Moderne, der bis heute Bezugspunkt für Kunstrichtungen wie Rap ist. New York ist zudem Ort eines modernen Lebensgefühls und Life-Styles (z.B. die Fernsehserie *Sex and the City*, 1998–2004).

Gotham City: Dunkle Stadt des Verbrechens

Viele Bücher und Filme stellen eine enge Verbindung zwischen New York und Kriminalität her. Francis Ford Coppolas *Der Pate* (1972, 1974, 1990) verknüpft vor allem organisiertes Verbrechen (↗Mafia) und Immigration im New Yorker Viertel Little Italy. In solchen Darstellungen manifestiert sich sowohl die Vorstellung von New York als gewaltgeprägem Raum als auch die Idee einer korrupten Gesellschaft, in der Wirtschaft und Politik eng miteinander verzahnt sind. Aber auch die Topografie der Stadt ist mythisch-kriminell aufgeladen. In literarischen wie filmischen Darstellungen bilden die dunklen und schwer zu kontrollierenden Räume der Stadt wie die U-Bahn, kleine Seitenstraßen oder die Abwasserkanäle (in denen angeblich Alligatoren leben) einen Resonanzraum für menschliche Ängste und Irritationen, Anonymität und Isolation (Reitano, 181). In Paul Austers *New York Trilogy* (1980er Jahre) bereitet New York den Boden für drei Detektivgeschichten, in denen sich urbane Vielschichtigkeit in Unverständlichkeit wandelt und zum Mysterium für den Protagonisten wird. Der Angst vorm Dunklen und Unsichtbaren scheinen nur einsame Rächer (*vigilante*) entgegentreten zu können: wie Travis Bickle, die Hauptfigur aus Martin Scorceses Film *Taxi Driver*, der frustriert von der Dysfunktionalität New Yorks das Recht selbst in die Hand nimmt und einen Zuhälter erschießt. Das Motiv des heldenhaften Alleinkämpfers ist auch in den *Batman*-Comics und -Verfilmungen mit der Stadt verknüpft und gewinnt im Zusammenspiel mit der mythischen Komplexität der Stadt seine besondere Bedeutung.

New York bleibt bis heute globaler Sehnsuchtsort und Identifikationspunkt für eine freie westliche Moderne.

Lit.: E. G. Burrows/M. Wallace, Gotham. A History of New York City to 1898, New York 1999. – K. T. Jackson (Hg.), The Encyclopedia of New York City, New Haven 1995. – J. Reitano, The Restless City. A Short History of New York from Colonial Times to the Present, New York 2006. – L. Sante, Low Life. Lures and Snares of Old New York, New York 1992.

Sebastian Jobs

9/11

Mit der amerikanischen Datumsangabe 9/11 werden die terroristischen Anschläge bezeichnet, bei denen am 11. September 2001 zwei von Mitgliedern der islamistischen Terrororganisation al-Qaida entführte Passagierflugzeuge in die Türme des World Trade Center gesteuert wurden. Der kurz darauf erfolgende Einsturz der Türme kostete nahezu 3.000 Menschen das Leben und führte zu einer vollkommenen Zerstörung beider Gebäude. Die koordinierten Entführungen, die von insgesamt neunzehn Menschen durchgeführt wurden, schlossen noch ein drittes Flugzeug mit ein, das im Pentagon bei Arlington/Virginia zerschellte, sowie ein viertes, das vermutlich aufgrund des Eingreifens von Passagieren und Crew auf ein freies Feld stürzte. Der 11. September 2001 wird von vielen Historikern und Kulturwissenschaftlern vor allem aufgrund der global-politischen, gesellschaftlichen und auch kulturellen Folgen als Zäsur interpretiert (vgl. Schüller/Seiler), doch ist diese These umstritten.

Zuschreibungen und Inszenierungen

Die Anschläge wurden als der erste Angriff auf amerikanisches Territorium seit den japanischen Angriffen auf ⁊Pearl Harbor im Zweiten Weltkrieg verstanden. Die amerikanische Regierung unter George W. Bush ordnete daraufhin aufgrund des Fehlens eines staatlich organisierten Feindes den umstrittenen Angriff auf Afghanistan an, da die dortige Talibanregierung als potenzielle Verbündete des al-Qaida-Führers Osama bin Laden galt (»Achse des Bösen«) und dieser sich auch mutmaßlich in dem Land versteckt hielt. Es folgte ein weiterer, noch umstrittenerer Krieg gegen den Irak, der gemeinhin ebenfalls als Folge von 9/11 gedeutet wird. Aufgrund des Angriffs sowie der darauf folgenden kriegerischen Maßnahmen seitens der USA veränderte sich nach Meinung zahlreicher Experten die globale politische Situation entscheidend in Richtung einer Verschärfung des jahrzehntelang schwelenden Ost-West-Konfliktes (vgl. Wright). In Verbindung mit einer zunehmenden Verunsicherung der amerikanischen Bevölkerung hinsichtlich ihrer nationalen Sicherheit (die unter anderem im Zuge des von der Bush-Regierung eingeführten Patriot Act auch eine starke innenpolitische Zäsur darstellt) kann man hier von einer historischen Zäsur im globalen und, im Falle der USA, nationalen Sinne sprechen.

Einer der wohl wichtigsten Faktoren, die zur Mythisierung von 9/11 beigetragen haben, ist die immense Zahl an Verschwörungstheorien, die in der Folge des Ereignisses kursierten. Am häufigsten tauchte hierbei die These auf, dass die USA selbst die Angriffe inszeniert hätten, sowohl um ihre Rolle im Nahostkonflikt zu stärken, als auch um massive Einschnitte in die Bürgerrechte zu legitimieren (vgl. Bröckers). Gerade das Internet spielte bei der Verbreitung von Verschwörungstheorien eine große Rolle, zu denen auch das Aufkommen sogenannter Internet-Hoaxes gezählt werden muss (⁊Computer/Internet). Das berühmteste Beispiel hierfür ist wohl der *tourist guy*, ein leicht als Tourist zu erkennender Jugendlicher, der auf einem Handybild vom Dach der Twin Towers grüßt, während eines der Flugzeuge hinter ihm im Anflug ist. Am unteren Bildrand kann man noch das Datum erkennen. Das Bild erwies sich später als Fälschung, zählt aber ebenso zur Ikonografie von 9/11 wie die brennenden Hochhäuser oder der ›*falling man*‹.

Ikonografie

In der Folge von 9/11 wurde häufig auf Samuel P. Huntingtons umstrittenes Buch *The Clash of Civilizations* aus dem Jahr 1996 (⁊Kampf der Kulturen) verwiesen, in welchem das Aufkommen einer neuen Weltordnung nach dem Ende des Kalten Krieges im Mittelpunkt steht. Unter anderem beschreibt Huntington die in seinen Augen drohende Gefahr einer »Islamic resurgence« (Huntington, 109), was nach 9/11 von manchen Seiten als weitsichtig und gar prophetisch apostrophiert wurde.

Ein wichtiges Element, das zur Mythisierung der Anschläge beigetragen hat, war nicht zuletzt die Tatsache, dass die zu erwartende Ikonografie des Ereignisses den Beschluss der Attentäter entscheidend prägte. Der terroristische Anschlag zielte demnach nicht nur darauf ab, Menschen zu töten und die Weltmacht USA zu treffen, sondern sollte vor allem einen symbolischen Gewaltakt darstellen und hierbei auch mediale Bilder schaffen, die fortan als Symbole des Terrors im kollektiven Gedächtnis eingebrannt sein würden (vgl. Baudrillard, 47 f.).

Wichtig für die Wahrnehmung von 9/11 als modernem Mythos ist somit vor allem jene mit dem Ereignis verknüpfte Ikonografie, die sich zunächst anhand von Fernsehbildern und Fotografien, später anhand der künstlerischen und medialen Verarbeitung dieser Bilder im Laufe der Zeit entwickelt hat (Packard, 261 f.). Das zentrale Bild, mit dem die Anschläge in der Regel assoziiert werden, ist das der brennenden Twin Towers, doch gibt es auch zahlreiche vereinzelte Aufnahmen, die zur Mythisierung beigetragen haben. Hier ist vor allem das Bild des sogenannten *falling man* zu nennen, das einen Mann zeigt, der sich in seiner Verzweiflung von einem der brennenden Gebäude stürzte und dessen fallender Körper von dem Fotografen Richard Drew in einer Haltung festgehalten wurde, die zwangsläufig willkürlich war, jedoch wie inszeniert wirkte (Raspe, 372 f.). Das Bild wurde jahrelang aus Pietätsgründen zurückgehalten, hat jedoch nach seinem Erscheinen eine zunehmende Ästhetisierung erfahren, nicht zuletzt aufgrund Don DeLillos 2007 erschienenem Roman *Falling Man*. In diesem stellt ein Künstler die Figur des *falling man* an verschiedenen Orten in New York immer wieder nach und rekurriert dabei auf die suggestive Macht der Zeichen um 9/11.

9/11 in der Kunst: Semiotik und Ästhetisierung

Als Ereignis markiert 9/11 eine veränderte ästhetische Wahrnehmung zahlreicher Themenkomplexe – von politischen Konstellationen wie dem Nahostkonflikt, der Inneren Sicherheit oder religiösen Konflikten bis hin zu psychologischen Fragestellungen wie die Verarbeitung von Traumata – sowie eine Recodierung von Bildern. Dass 9/11 auch als eine solche kulturelle Zäsur interpretiert wird (Poppe u. a., 7), liegt an der unmittelbaren und international umfangreichen Rezeption in Literatur, Film, Fotografie oder bildender Kunst, in denen das Ereignis als bereits mythisiert angesehen wird. Es fungiert als Zeichen, auf das sich explizit als auch implizit stets berufen wird. Dies zeigt nicht zuletzt auch die anfängliche Schwierigkeit, mit der Symbolik umzugehen, wie beispielsweise die seinerzeit viel diskutierte Problematik um die Eliminierung aller Referenzen auf die Twin Towers aus dem damals laufenden Trailer zum Film *Spider-Man* zeigt (vgl. Neuhaus).

Insgesamt lässt sich die künstlerische Rezeption von 9/11 in drei Phasen einteilen. Zunächst kann eine Phase der Betroffenheit, des verschleierten, allegorischen Sprechens über das Ereignis beobachtet werden. Dies betrifft beispielsweise Romane von New Yorker Autoren wie Paul Auster oder Don DeLillo, von denen eine schnelle literarische Reaktion erwartet wurde, die mit *Cosmopolis* (DeLillo, 2003) bzw. *Oracle Night* (Auster, 2004) zwar auf den ersten, oberflächlichen Blick ausblieb, jedoch durchaus in beiden Werken zu finden ist. Auch das amerikanische Kino verarbeitete die Anschläge nicht auf konkrete, sondern auf allegorische Weise, so etwa Spike Lee in seinem Film *The 25th Hour* (2002).

In einer zweiten Phase, die ca. 2005 einsetzt, ist ein Wandel zu einer direkten Thematisierung der Ereignisse offensichtlich; nicht nur Autoren wie eben Auster oder De-Lillo veröffentlichten mit *The Brooklyn Follies* (2005) bzw. *Falling Man* (2007) ihre ›9/11-Romane‹, auch Werke wie Jonathan Safran Foers *Extremely Loud and Incredibly Close* (2005) und Jay McInerneys *The Good Life* (2006) setzen sich mit den psychologischen Auswirkungen der Anschläge auseinander. Im filmischen Bereich wären hier Paul Greengrass' *United 93* (2006) oder Oliver Stones *World Trade Center* (2006) zu nennen, die sich einzelnen Aspekten der Anschläge widmen, wie z. B. dem Schicksal von Feuerwehrleuten in den einstürzenden Türmen oder dem Schicksal der Passagiere des einzigen Flugzeugs, das sein Ziel verfehlte.

Es ist jedoch die dritte Phase, die ca. 2010 einsetzt, die für die Mythisierung von besonderer Bedeutung zu sein scheint. Mit dem notwendigen zeitlichen Abstand ist 9/11 zum global verständlichen Zeichen geworden, auf das man mithilfe von einzelnen Bildern, Anspielungen oder indirekten Bezugnahmen nur kurz verweisen muss, um einen Referenzraum zu öffnen, in dem die komplexe und auch widersprüchliche Erzählung hinter diesem Zeichen gespeichert ist. So reicht es, wenn Jonathan Lethem in seinem 2010 erschienenen Roman *Chronic City*, in dem ein dystopisches New York in einer Parallelwelt dargestellt wird, einen kurzen, scheinbar unbedeutenden, jedoch an einer zentralen Stelle stehenden Verweis auf die Türme des World Trade Centers platziert, um die Deutung des ganzen Romans maßgeblich zu beeinflussen. In jener dritten Phase rekurrieren Künstler auf das Zeichen 9/11 und die Assoziationsräume, auf die es verweist. Hierbei stehen oft auch Aspekte einer ungenannten Bedrohung im Mittelpunkt sowie das Rekurrieren auf archetypische Figuren wie z. B. den ›Schläfer‹, die sich im Kontext von 9/11 etabliert haben (vgl. Koch).

Wissenschaftliche Rezeption in Deutschland

Während die künstlerische Rezeption von 9/11 zumindest in Deutschland zunächst überschaubar blieb – nur einzelne Romane und Filme beschäftigten sich mit der deutschen Sicht auf das Ereignis –, entwickelte sich jedoch recht schnell eine rege und umfangreiche wissenschaftliche Beschäftigung mit der Thematik, die zu zahlreichen Publikationen gerade in den Folgejahren führte und ebenso wie die massenmediale internationale Ikonografie dazu beitrug, dass Deutschland an der nunmehr globalen Mythopoiesis 9/11 teilhatte (Lorenz; Helms/Phleps; Poppe u. a.; Irsigler/Jürgensen).

Lit.: J. Baudrillard, The Spirit of Terrorism, in: Ders., The Spirit of Terrorism and Requiem for the Twin Towers, London/New York 2002, 3–34. – M. Bröckers, Verschwörungen, Verschwörungstheorien und die Geheimnisse des 11.9., Frankfurt a. M. 2002. – D. Helms/T. Phleps (Hg.), 9/11 – The World's All Out Of Tune. Populäre Musik nach dem 11. September 2001, Bielefeld 2004. – S. Huntington, The Clash of Civilizations and the Remaking of World Order, New York 1996. – I. Irsigler/C. Jürgensen, Nine Eleven. Ästhetische Verarbeitungen des 11. September 2001, Heidelberg 2008. – L. Koch, Das ›Schläfer‹-Phantasma. Mediale Signaturen eines paranoiden Denkstils vor und nach 9/11, in: Von Zäsuren und Ereignissen. Historische Einschnitte und ihre mediale Verarbeitung, Bielefeld 2010, hg. v. T. Schüller/S. Seiler, 69–88. – S. Neuhaus, Die zwei Türme. Spider-Man und der 11. September, in: Narrative des Entsetzens. Künstlerische, mediale und intellektuelle Deutungen des 11. September 2001, Würzburg 2004, hg. v. M.L. Lorenz, 105–116. – S. Packard, Die Rede von der Zäsur. Ein Versuch anhand von Nietzsches neuer Bildlichkeit, in: Von Zäsuren und Ereignissen, Bielefeld 2010, hg. v. T. Schüller/S. Seiler, 257–273. – S. Poppe u. a. (Hg.), 9/11 als kulturelle Zäsur. Repräsentationen des 11. September 2001 in kulturellen Diskursen, Literatur und visuellen Medien, Bielefeld 2009. – M. Raspe, The Falling Man. Der 11. September in der Momentaufnahme, in: Irsigler/Jürgensen, 369–382. – L. Wright, The Looming Tower. Al-Qaeda and the Road to 9/11, New York 2007.

Sascha Seiler

Ozonloch/Klimawandel

Das als »Ozonloch« bekannt gewordene Phänomen bezeichnet eine ausgedehnte Zone mit verringerter Ozonkonzentration in der Stratosphäre über der Antarktis (Clodic, 66), die seit den 1980er Jahren zu beobachten ist. Ozon ist als natürlicher Bestandteil der Erdatmosphäre unersetzlich, weil es in der Stratosphäre eine Ozonschicht bildet, die die krebserregende UV-Strahlung der Sonne zu großen Teilen absorbiert und damit zu einem »Schutzschild« für die Biosphäre wird (Grießhammer u. a., 12; Ludwig, 149). Seit den 1990er Jahren gilt das Ozonloch als eine der größten klimatischen Veränderungen, die durch schädliches menschliches Einwirken auf die Umwelt (Treibhauseffekt) ausgelöst wurde.

Als Mythos steht das Ozonloch für die Gefährdung einer personifizierten Natur (»Mutter Erde«), die der Mensch aufgrund seiner Hybris, sie beherrschen zu können, zu verantworten hat. Darin enthalten sind sowohl das Potenzial eines selbst verschuldeten Weltuntergangs als auch die Möglichkeit der »Heilung« der Natur. Das Heilungsnarrativ kann zwar als Beweis für das Umdenken der industriellen Welt gedeutet werden, überhöht jedoch letztlich mythisierend die Dominanz des Menschen gegenüber der Natur.

Risiko und Weltuntergang

Die mediale Prominenz, die das Ozonloch insbesondere in den 1990er Jahren in Presse, Fernsehreportagen und -dokumentationen zur Sommerzeit bzw. Urlaubssaison gewann, lässt sich nicht allein durch das Gefährdungspotenzial erklären, das ihm zugeschrieben wird (z. B. signifikante Zunahme von Hautkrebserkrankungen in den USA, Clodic, 66). Vielmehr wurde es zu einem der konstituierenden Elemente einer Mythologie des Klimawandels. Unter dem Begriff »Klimawandel« wird eine Vielzahl von komplexen Prozessen zusammengefasst. Man befürchtet, dass die durch Treibhausgase (z. B. CO_2) verursachte Erwärmung der durchschnittlichen Temperatur auf der Erde und ihre Konsequenzen (z. B. der Anstieg des Meeresspiegels) zusammengenommen zu einer »Katastrophe von wahrhaft biblischen Ausmaßen« (Grießhammer u. a., 7) führen könnten. Der in solchen Prognosen enthaltene Katastrophismus, der auch die Rede vom Ozonloch bestimmt, gründet sich einerseits auf eine kulturkritische Perspektive bezüglich des Umgangs der Industrienationen mit natürlichen Ressourcen und andererseits auf die Angst vor dem Untergang der menschlichen Zivilisation. Abel Ferrara gibt bspw. in seinem Film *4:44 Last Day on Earth* (2011) das Ozonloch als Ursache des genau berechenbaren Weltunterganges an. Das Ozonloch wird insofern zum Element eines säkularen Weltuntergangsmythos, dessen Rhetorik sich an mythischen Vorbildern sowohl der biblischen Apokalypse als auch Endzeitvisionen anderer Ausprägungen (z. B. der nordischen Götterdämmerung, Mythen der Maya etc.) orientiert.

Schon seit ihrer Entstehung in den 1960er Jahren bemühten sich die modernen Umweltbewegungen, lokale Umwelt-»Sünden« mit dem holistischen Bild einer gefährdeten Welt in Verbindung zu bringen (Heise, 22). Doch die These, dass lokale Verschmutzung Einfluss auf globale Prozesse und insbesondere Einfluss auf etwas so Umfassendes wie das Weltklima nehmen könnte, erschien lange einer größenwahnsinnigen Fantasie zu entspringen und wurde immer wieder bestritten (vgl. Pearce, Maduro/Schauerhammer; große Aufmerksamkeit in der Presse gewann z. B. die finanzielle Förderung von Anti-Klimawandelforschung durch den Mineralölkonzern Exxon Mobil). Die Rede vom Ozonloch und der drohenden Klimakatastrophe sowie die positiv wie negativ besetzbare Rede vom anthropogenen Klimawandel konstituieren eine Mythologie der Weltgefährdung.

Gefährdung und Rettung von »Mutter Erde«

Die Perspektive auf die Welt veränderte sich durch die ersten aus dem All aufgenommenen Fotos des »blauen Planeten« radikal (Heise, 22–28). Zum ersten Mal war es möglich, die Erde insgesamt in den Blick zu nehmen, wodurch sie radikal verkleinert und nicht nur schützenswert, sondern auch schutzbedürftig erschien (ebd.). Vielfach wurden auch mythische Beschreibungen der Erde als lebendes Wesen reaktiviert, die die Verletzung der (mütterlichen) Erde zum Verbrechen bzw. zur Sünde werden ließen und damit auch die drohende Strafe in Form einer sich gegen ihre »Kinder« wendenden Erde evozierten (z. B. die Gaia-Hypothese von James Lovelock).

Die mythische Qualität des Ozonlochs ergibt sich aus seiner Deutung als Gefährdungs- und gleichzeitig Rettungsgeschichte der schützenden »Mutter« Erde durch den Menschen. Es ist also weniger die Angst um individuelles Leben, welches durch die vermehrt durch die Atmosphäre dringende UV-Strahlung in Gefahr sein mag, sondern das Entsetzen angesichts der »Tat« an der personifizierten Erde, die die mythische Qualität dieses Phänomens ausmacht. Nicht zuletzt die Optimismus verbreitenden Nachrichten verstärken diese Vernetzung des Ozonloch-Mythos mit dem Mythos der verletzten Mutter Erde um ein Vielfaches, indem sie ihre Heilbarkeit in Aussicht stellen: 1987 verpflichteten sich die Industriestaaten im Montrealer Protokoll zu einer drastischen Verringerung des Einsatzes von Treibgasen (seit 1990 ist der Einsatz von FCKW verboten). Der negative Trend scheint gestoppt zu sein und es wird immer wieder gemeldet, dass sich die Ozonschicht »erholt« oder dass das Ozonloch dabei ist, sich zu schließen (Ludwig, 153; Clodic, 67; *SZ* 12.2.2013).

Gelingt die Rettung von »Mutter Erde«, ist das Ozonloch nicht (mehr) nur das Phänomen, das den Menschen ihren fehlgeleiteten Lebensstil vor Augen geführt hat, sondern kann auch als erster Erfolg der Klimapolitik im Kampf gegen den Klimawandel verbucht werden. Wenn es der Welt tatsächlich gelingt, das Ozonloch zu »heilen« (*SZ*

3.9.2010), dann besteht die Hoffnung auf ein gutes Ende der mythischen Erzählung, d. h., die drohende Katastrophe doch noch (aus eigener Kraft) abwenden zu können.

Lit.: D. Clodic, Langsam erholt sich die Ozonschicht, in: Atlas der Globalisierung. Klima, hg. v. P. Bovet u. a., Berlin 2008, 66–67. – R. Grießhammer u. a., Ozonloch und Treibhauseffekt. Ein Report des Ökoinstituts, Reinbeck b. H. 1989. – U. K. Heise, Sense of Place and Sense of Planet. The Environmental Imagination of the Global, New York 2008. – R. Konersmann, Unbehagen in der Natur. Veränderung des Klimas und der Klimasemantik, in: 2 Grad. Das Wetter, der Mensch und sein Klima, hg. v. P. Lutz/T. Macho, Göttingen 2008, 32–37. – K.-H. Ludwig, Eine kurze Geschichte des Klimas, München 2006. – S. Rahmstorf/H. J. Schellnhuber, Der Klimawandel. Diagnose, Prognose, Therapie, München 2006.

Solvejg Nitzke

Paris

Die Metropole Paris bildet den Kristallisationspunkt der zentralistischen Macht Frankreichs, ist kultureller, künstlerischer und gesellschaftlicher Mittelpunkt des Landes und hat sich spätestens seit dem 19. Jahrhundert zu einem facettenreichen nationalen wie internationalen Mythos entwickelt. Paris ist nicht nur die Stadt der Liebe, Welt- und Kulturhauptstadt, Stadt der Aufklärung und des Fortschritts, sondern wird ebenso als Sündenbabel, Monster und Unruheherd gedeutet sowie zum Ort moderner Fremdheitserfahrung stilisiert. Ebenjene Koexistenz gegenläufiger, häufig einander bedingender Deutungen ist konstitutiv für das mythische Paris, das verschiedene modernespezifische Zeit- und Raumstrukturen zugleich hervorbringt und widerspiegelt.

Das ›alte‹ und das ›neue‹ Paris

Wesentlich bestimmt wird die mythische Wahrnehmung der Hauptstadt durch die Gegenüberstellung des ›alten‹ mittelalterlichen und des ›neuen‹ modernen Paris, in der auch die viel diskutierte Frage nach der Beziehung zwischen ↗Mittelalter und ↗Moderne aufgeworfen wird. Als Wahrzeichen der Stadt gilt die im Herzen von Paris auf der Île de la Cité erbaute gotische Kathedrale Notre-Dame, deren Doppeltürme bis heute die steingewordenen Ursprünge des »alten Paris« vergegenwärtigen. Der Blick auf die Stadt von den Türmen hinab im Kapitel *Paris à voil d'oiseau* in Hugos Roman *Notre-Dame de Paris* (1831) schafft durch »die räumliche Entfernung vom Erdboden« eine »historisch distanzierende Objektivierung« (Freigang, 93), bei der die mittelalterliche Stadt als idealisiert und erhaben wahrgenommen wird. Der Roman etabliert den für nachfolgende Paris-Repräsentationen typischen »Blick über die Dächer von Paris« und präformiert die auf der Sehnsucht nach Bewahrung der verschwundenen (mittelalterlichen) Stadt basierende Paris-Nostalgie.

Mit der 1853 von Napoleon III. angeordneten und maßgeblich durch den Stadtplaner Eugène Haussmann durchgeführten Umgestaltung der Hauptstadt kam es zu einer »spektakuläre[n] Schöpfung eines neuen Paris« (Warning, 149), das als moderne Metropole neu begründet und anderen europäischen Großstädten des Industriezeitalters

Abb. 21: Das moderne Paris mit dem Eiffelturm

gleichgestellt werden sollte. Haussmann schuf ein komplexes sternenförmiges Straßensystem, dessen Boulevards und Prachtstraßen als Sichtachsen auf zentrale Monumente zulaufen. Die so entstandene repräsentative und monumentale »Stadt des Bürgertums« (Lampugnani, 25) wird von Intellektuellen und Künstlern kritisiert, die in Haussmann nicht den Schöpfer des neuen, sondern vielmehr den Zerstörer des alten Paris sehen (ebd.). Gerade im Moment seines Verschwindens aus dem modernisierten Stadtbild wird das ›alte Paris‹ zum mythischen Sehnsuchtsort und zum literarischen wie künstlerischen Reflexionsraum (z. B. in der Lyrik Baudelaires, in den Radierungen Charles Meryons und in den Fotografien Charles Marvilles).

Glanz, Größe, Fortschritt

Seit dem Ende des 18. Jahrhunderts ist Paris zum Schauplatz historischer Großereignisse geworden, z. B. der ihrerseits zum Mythos gewordenen ↗Französischen Revolution sowie weiterer Folgeaufständen und Unruhen, die das zuvor vom *Ancien Régime* geprägte Land in eine moderne Republik verwandelten. Die im Mai 1968 stattfindenden Studentenproteste machten die Stadt auch im 20. Jahrhundert zum Ausgangspunkt revolutionärer Veränderungen (↗68er-Bewegung).

Die französische Metropole wird somit zum »Brennpunkt eines Kontinents, der seinen Weg in die Moderne suchte« (Matz, Zeit online, 3.12.1993). In Paris liefen die Vorstellungen von einer »Welthauptstadt, der Stadt des Lichtes und der Aufklärung, der Menschenrechte, des Fortschrittes, der Kunst- und Kultur« zusammen und erreichten ihren Höhepunkt in der künstlerisch und wissenschaftlich produktiven Zeit der Belle Époque (Schüle, 155).

Als das damals höchste von Menschen errichtete Bauwerk wurde der Eiffelturm zur Weltausstellung von 1889 präsentiert. Er bildet das Pendant zum religiösen Symbol des ›alten Paris‹, der Kathedrale Notre-Dame, und steht als »nichtreligiöse Eisenkonstruktion« (Schüle, 128) und säkulares Zeichen für das ›neue Paris‹ und für den damit verbundenen technischen ⁄Fortschritt der Moderne. Im 20. Jahrhundert erwirbt es sich dazu noch den Rang des intellektuellen und künstlerischen Zentrums Europas, das in der Literaten- und Philosophenszene des Quartier Latin am »linken Ufer der Seine« und dem Künstler- und Vergnügungsviertel Montmartre (Moulin Rouge) seine symbolträchtigen Orte findet.

Die Größe von Paris definiert sich auch durch sein Verhältnis zur Provinz. Diese wird häufig als bedeutungslose Einöde oder gar als Wüste im Vergleich zur turbulenten, vorwärtsstrebenden Metropole beschrieben, wodurch die herausragende Stellung von Paris noch gefestigt wird (Schüle, 134).

Erfahrungsraum und Zeichensystem

Die modernespezifische Bedeutung des Paris-Mythos wurde maßgeblich durch die Literatur beeinflusst. Im engen Wechselspiel mit der Stadt entsteht eine Ästhetik der Moderne, die gesamteuropäische Bedeutung erlangen wird.

Während Paris sein mythisches Potenzial in Hugos Roman *Notre-Dame de Paris* (1831) durch den retrospektiven Blick auf die historische Architektur und somit auf den bevorstehenden folgenreichen Wandel der Stadt gewinnt, werden die urbanen Räume im Roman *Les Misérables* (1862) zur Projektionsfläche für die gesellschaftspolitische Situation; so steht z. B. der städtische Untergrund metaphorisch für die sich erhebende Revolte von 1830 (Schüle, 146 f.). Hugo stellt dem mittelalterlichen Paris-Mythos somit auch einen modernen Paris-Mythos gegenüber, nämlich jenen »des sich aus der Dunkelheit zum Licht des Bewußtseins und der Emanzipation emporarbeitenden peuple de Paris« (Stierle, 141). Honoré de Balzac entwickelt in seinem Romanzyklus der *Comédie humaine* (1799–1850) eine auf detailgenauer Beobachtung basierende Sitten- und Milieugeschichte der bürgerlichen Gesellschaft. Paris wird darin zum sozialgeschichtlichen Mikrokosmos und Kaleidoskop, zur »perspektivisch auf Typen und Schicksale wie auf geschichtliche Verläufe und Umschwünge geöffnete Stadtlandschaft, in der alle Aspekte und Momente der Stadt sich versammeln« (Stierle, 501). Balzac führt in seinem Werk den noch von einem strengen Wahrheitsanspruch geleiteten neuen Stadtdiskurs der *Tableaux de Paris* (1782–88) von Louis-Sébastian Mercier weiter, welcher als Erster eine umfassende Soziologie der Stadt »als Ort, als Ursprung und Manifestation der Jetzt-Zeit« lieferte (Stierle, 115). Paris wird auf diese Weise zum dynamischen Zentrum gegenwärtiger Zeiterfahrung stilisiert, wobei es selbst immer wieder Gegenwart erzeugt (Stierle, 115).

Die mythische Paris-Wahrnehmung kulminiert schließlich in Baudelaires Konzeption der *modernité*, die moderne Raum- und Zeiterfahrungen zusammenbringt. Mit der Figur des durch Paris schlendernden ⁄Flaneurs erschafft Baudelaire einen Leser des Zeichensystems Großstadt, der gemäß seines Postulates »tirer l'éternel du transitoire« aus der flüchtigen Gegenwart das Ewige herausdestilliert (z. B. im Gedicht *À une passante*,

1855). Eine weitere mythenkonstitutive Komponente ist die Fremdheitserfahrung, die Baudelaire auch im Gedicht *Le Cygne* zum Thema macht. Ein entflohener, sich windender Schwan wird darin zur Allegorie der radikalen Entfremdung (vgl. Stierle, 858) des modernen Subjekts in der sich immer rasanter wandelnden Großstadt (↗Beschleunigung). Inspiriert durch Baudelaire, sieht auch der Kulturtheoretiker Walter Benjamin Paris als Hauptstadt des 19. Jahrhunderts. Im in den 1930er Jahren entstandenen *Passagen-Werk*, seiner »Urgeschichte der Moderne« (Theodor W. Adorno) und seinen berühmten Essays unternimmt er den Versuch, das Selbstverständnis der Moderne anhand der Kulturgeschichte von Paris zu ergründen. In den Pariser Passagen als Schwellenphänomenen zwischen Vergangenem und Zukünftigem offenbart sich nach Benjamin die Ambivalenz der Moderne: Einerseits stehen die überdachten Geschäftsmeilen mit ihrem Eisen- und Glasdesign für die sich ausdehnende Marktökonomie, Profitdenken und kapitalistische Konsumorientierung, andererseits bieten sie als Zufluchts- und Schutzräume vor den Unannehmlichkeiten der Großstadt eine Projektionsfläche für sozialvisionäre Utopien und Imaginationen einer ›neuen Welt‹ (Rollason, 268). Ebenso repräsentativ für die Moderne ist die Pariser Metro, die mit ihren Jugendstileingängen und -stationen zum einen eine romantische Reminiszenz an die Hochzeit der Belle-Époque verkörpert, zum anderen als unterirdisches, pulsierendes Nervensystem bzw. als zweite Stadt unter der Erde fungiert, in der Masse und Schnelligkeit eine ebenso enge Verbindung eingehen wie in der ersten.

Liebe, Ewigkeit, französische Identität

Paris steht als mythischer Ort auch für Werte und Ideale wie Liebe, Ewigkeit und nationale Identität. Die zahlreichen malerischen Plätze, die versteckten Cafés, das Seineufer, die allseits bekannten Sehenswürdigkeiten und die bis heute im Stadtbild präsente Vergnügungskultur machen in ihrem harmonischen Zusammenspiel nicht nur das spezielle Flair der französischen Hauptstadt aus, sondern ermöglichen auch seine Stilisierung zum idealen Ort der romantischen Liebe. Es zieht nicht nur Liebende aus aller Welt magisch an, sondern scheint auch selbst die Liebe mythisch hervorzubringen. Robert Doisneaus vorgeblicher Schnappschnuss *Le Baiser de l'Hôtel de Ville* (1950) wird zur Ikone der Verliebten von Paris – der intime Moment des Kusses wird in dieser tausendfach vervielfältigten Aufnahme für die Ewigkeit gebannt. Die nach dem Zweiten Weltkrieg entstandenen Fotografien der Pariser Straßen und ihrer Bevölkerung von Doisneau, Henri Cartier-Bresson und Brassaï prägen bis heute das mythische Paris-Bild und liefern eine Art ewiggültigen, kollektiv verankerten visuellen Bezugspunkt, mit dem die aktuelle Paris-Wahrnehmung abgeglichen wird. Auch im französischen ↗Chanson gehen Paris, die Liebe und die Ewigkeit eine enge Symbiose ein. Im Anschluss an den ↗Rom-Mythos wird Paris als »ewige Stadt« mythisiert, die über die Zeiten beständig ist, in ihrer Essenz unveränderlich bleibt (z. B. im Chanson *Paris sera toujours Paris* von Maurice Chevalier, 1939) und immer wieder die Liebe hervorbringt (*La Romance de Paris* von Charles Trenet, 1941). Den Höhepunkt der zeitgenössischen Paris-Faszination bildet Jean-Pierre Jeunets international erfolgreicher Kinofilm *Le fabuleux destin d'Amélie Poulin* (2001), in dem Paris als verzauberte und poetische

Märchenwelt dargestellt wird, die zudem ein stereotypisiertes Bild Frankreichs transportiert. Weitere filmische Zeugnisse der Vitalität des Paris-Mythos bilden der Episodenfilm *Paris, je t'aime* (2006), eine facettenreiche Hommage an die Stadt der Liebe, und Woody Allens im Jahr 2011 erschienene Komödie *Midnight in Paris*, in der eine Reise durch die künstlerischen Blütezeiten der Hauptstadt einmal mehr Paris-Nostalgie und romantische Liebe aufscheinen lässt. Gerade die für die französische Kultur typischen Medien Fotografie, Chanson und Film verleihen dem Paris-Mythos auch eine nationale Markierung: Sie vermitteln größtenteils das mit Romantik, Charme und Leichtlebigkeit verbundene französische Lebensgefühl und entwerfen ein idealisiertes Frankreich-Bild.

Moloch, Abgrund, Unruheherd

Dem Kulturhauptstadt-Mythos und jenem der Stadt der Liebe stehen – wenn auch nicht ganz so wirkmächtig – verschiedene mythisierende Deutungen des eher düsteren und abseitigen Paris gegenüber.

Die dunkle,»lichtlose« Seite der Großstadt ist bereits in Eugène Sues Roman *Les Mystères de Paris* (1842) und in Hugos *Les Misérables* zu finden – sie zeigt sich in der Verelendung der Pariser Unterschichten infolge der Industrialisierung. Die tatsächliche Finsternis der »ville lumière« durch die mangelnde Straßenbeleuchtung in der nachrevolutionären Zeit wird zu deren Metapher. Dunkelheit und Armut formieren sich zum Bild des Molochs, welches die mit Fortschritt verbundene Rede der modernen Hauptstadt (Kneißl, 355) bedroht. In diesem Sinne setzen sich auch Paris-Visionen durch, die es als Sündenbabel voller Vagabunden, Prostituierter und »Fremder« imaginieren (Schüle, 136). Andererseits werden diese Figuren auch in das romantisch verklärte Paris-Bild integriert und gelten als feste Bestandteile der Pariser Straßen, verkörpert z.B. durch den Clochard oder das im Moulin Rouge tanzende Freudenmädchen.

Gerade in den vergangenen Jahrzehnten wird auch die Pariser *banlieue* immer stärker der finsteren und problembehafteten Seite der Stadt zugeschlagen. In der Konstellation Paris-*banlieue* verschärft sich der Gegensatz zwischen den wohlhabenden, weißen Stadtvierteln im Innern und den an den Rand verbannten, prekären Neubausiedlungen der Migranten. Die *banlieue* wird zu einer Paris umschlingenden Gegenwelt, in der sich die gesamte verdrängte Kolonialgeschichte zu verdichten scheint und zu explodieren droht (wie es z.B. die Unruhen von 2005 zeigten).

Paris steht einerseits als historisch, politisch und national markierter Schauplatz für eine konkrete Räumlichkeit und Zeitlichkeit. Andererseits ist es übergeordneter Reflexionsraum, Bewusstseinsspiegel (vgl. Stierle) und »Abkürzung des Universums« (Mercier, zit. n. Schüle, 143) und erreicht durch seine semiotische Verfasstheit eine zeit- und raumübergreifende universelle Gültigkeit.

Lit.: W. Benjamin, Das Passagen-Werk, Bd. 1 und 2, hg. v. R. Thiedemann, Frankfurt a.M. 1996. – C. Freigang, Verwesende Kadaver und fliegende Walfische. Denkfiguren der literarischen Großstadtutopie in Frankreich, in: Metropolen. Mythen – Bilder – Entwürfe, hg. v. J.-L. Cohen/H. Frank, Berlin/München 2013, 89–108. – D. Kneißl, Die Republik im Zwielicht. Zur Metaphorik von Licht und Finsternis in der französischen Bildpublizistik 1871–1914, München 2010. – V.M. Lampugnani, Das großmaßstäbliche

Muster der bürgerlichen Stadt. Haussmann und Paris, in: Metropolen. Mythen – Bilder – Entwürfe, hg. v. J.-L. Cohen/H. Frank, Berlin/München 2013, 3–31. – W. Matz, Karlheinz Stierle über den »Mythos von Paris«. Laboratorium der Moderne, Zeit online, 3.12.1993. – C. Rollason, The Passageways of Paris. Walter Benjamin's Arcades Project and Contemporary Cultural Debate in the West, in: Modern Criticism, hg. v. C. R./R. Mittapalli, New Delhi 2002. – K. Schüle, Die kulturelle Konstruktion der französischen Metropole. Alltag, mentaler Raum und soziokulturelles Feld in der Stadt und in der Vorstadt, Opladen 2003. – K. Stierle, Der Mythos von Paris. Zeichen und Bewußtsein der Stadt, München/Wien 1993. – R. Warning, Der Chronotopos Paris bei Émile Zola, in: Städte der Literatur, hg. v. R. Galle/J. Klingen-Protti, Heidelberg 2005, 145–160.

Juliane Ebert

Pearl Harbor

Pearl Harbor, eine Bucht der hawaiianischen Insel O'ahu, wurde Anfang des 20. Jahrhunderts zu einem fest installierten Marinestützpunkt der USA umfunktioniert. Mythische Bedeutung erlangte Pearl Harbor durch den Angriff japanischer Streitkräfte auf die Militärbasis der U. S. Navy am 7. Dezember 1941. Historisch markiert der japanische Militärschlag den amerikanischen Einstieg in den Zweiten Weltkrieg und gilt als eine der größten militärischen Überraschungen der Kriegsgeschichte, da er trotz der laufenden Friedensverhandlungen mit den USA verübt wurde.

Der Mythos »Pearl Harbor« ist ausgehend von dieser als Trauma gedeuteten Verletzbarkeitserfahrung der USA (vgl. Neal) zu verstehen als eine Legitimations- und Ursprungserzählung nationaler Einigung sowie notwendiger militärischer Wachsamkeit und Stärke (vgl. Rosenberg). Präsident Franklin D. Roosevelt stellt in seiner Rede am Folgetag des Angriffs den Konnex zwischen »December 7« und einem »Day of Infamy« her, der im amerikanischen Kulturkontext fortan synonyme Verwendung findet. Zum Mythos gehören Verschwörungstheorien, die dem Militärschlag einen diametral entgegengesetzten Sinn zuschreiben. So habe etwa Präsident Roosevelt den Angriff provoziert, um die USA aus der Great Depression zu befreien und gleichzeitig nicht als Aggressor in den Zweiten Weltkrieg einzutreten (vgl. McConnachie/Tudge).

Bilder des Überraschungsangriffs erreichten erst drei Monate nach Roosevelts Rede die Öffentlichkeit – diese temporäre visuelle Leerstelle mag die Mythosgenerierung beschleunigt haben. Die visuelle Fixierung der Erinnerung an die Militäroperation bietet eine sechsminütige Amateuraufnahme der brennenden »USS Arizona« vom 7. Dezember 1941 (vgl. White), die als ikonischer Objektbezug in den weiteren medialen Darstellungen des Angriffs dominiert. Das versunkene Schiff selbst ist das Zentrum des USS Arizona Memorial in Pearl Harbor.

Pearl Harbor und amerikanische Identität

Angesichts der stetig sinkenden Zahl überlebender Zeitzeugen und eines damit einhergehenden gesteigerten Interesses, die Erinnerung an den Zweiten Weltkrieg im öffentlichen Diskurs wachzuhalten, sind in den USA insbesondere seit dem 50. Jahrestag des

Ereignisses regelmäßige Erinnerungsrituale unter großer medialer Präsenz zu beobachten. Hierzu zählen Zeremonien unter Anwesenheit von Kriegsveteranen, Dokumentationen und Themenabende im Fernsehen sowie Publikationen in Ton- und Printmedien (z. B. *Pearl Harbor – Two Hours that Changed the World*, ABC, 1991). Ausgehend von dem im August 1994 vom Kongress der Vereinigten Staaten deklarierten Gedenktag, dem National Pearl Harbor Remembrance Day, findet sich Pearl Harbor als Chiffre für den Angriff auf die Marinestation, eingebettet in ein als kollektiv empfundenes Zeitkontinuum nationaler Geschichte (vgl. Rosenberg). Jedes Jahr am 7. Dezember erfolgt seither eine öffentliche Erinnerungsproklamation des Präsidenten und staatliche Einrichtungen flaggen auf Halbmast.

Begleitend liefern die seit dem Angriff zirkulierenden Pearl-Harbor-Erzählungen die Mytheme für die mediale und emotionale Reformulierung der Erinnerung an Pearl Harbor. Durch die Verwendung nationaler Symbole wie der amerikanischen Flagge, der Nationalhymne sowie der Figur des Uncle Sam etabliert die mediale Pearl-Harbor-Erinnerung stets einen Nexus zwischen Nationalität und ihrer Bedrohung durch heterokulturelle Kräfte – stilprägend ist hierfür der Propagandafilm *December 7th* (1943) von Gregg Toland und John Ford (vgl. Hartwig). Dabei wird vor allem durch die Darstellung amerikanischer Streitkräfte ein multikultureller nationaler Körper adressiert (z. B. *Pearl Harbor*, 2001), der in einem retrospektiv als traumatisch repräsentierten Moment durch den Angriff auf Pearl Harbor beschädigt wurde. Im Anschluss daran entfalten die gepeinigten Heeresverbände selbstheilende Kräfte und nehmen erfolgreich den Kampf gegen den externen Aggressor auf. Die Pearl-Harbor-Erinnerung ist dabei durch ihren Bezug auf den Sieg der USA im Zweiten Weltkrieg positiv besetzt, sie gilt als wichtiges nationales Konzept für das Selbstverständnis der USA als internationale ›Supermacht‹.

Ursprünge/Entstehungsetappen

Schon mit Roosevelts »Infamy«-Rede vom 8. Dezember 1941 und dessen Aufruf »with confidence in our Armed Forces [...] we will gain the inevitable triumph« ist Pearl Harbor zum sinnstiftenden Zeichen für den amerikanischen Kriegseintritt und -erfolg geworden. Eingebettet in das Narrativ des Zweiten Weltkrieges tritt sodann der Name der hawaiianischen Bucht/Marinestation wiederholt unter dem Appell »Remember December 7« oder »Remember Pearl Harbor« als Incipit der dazugehörigen Erinnerungserzählung über den gemeinsamen wie erfolgreichen Vergeltungsschlag gegen Japan in Erscheinung. Geprägt hat diesen Aufruf Sammy Kayes in seinem Schlager *Remember Pearl Harbor* (1941): »Let's remember Pearl Harbor / As we did the Alamo«. Das Lied eröffnet eine Anschlussfähigkeit der Pearl-Harbor-Erinnerung an die Schlacht von Alamo im texanischen Unabhängigkeitskrieg und fungiert damit als Element einer scheinbar widerspruchsfreien nationalen Geschichte (vgl. Rosenberg). Denn sowohl der Krieg gegen Mexiko (1835–36) als auch der Angriff auf Pearl Harbor ließen sich nun über die Erinnerungsparolen (»Remember the Alamo«, »Remember Pearl Harbor«) zu einem historisch fundierten, rechtmäßigen nationalen Unterfangen gegen heterokulturelle Kräfte umdeuten. Unter Kayes' Titel entstand 1942 ein erster Kriegsfilm von Joseph Stantley, der die Botschaft des Schlagers visuell als Racheakt wiederholt. Zudem wurde der Erinnerungsaufruf in den frühen 1940er Jahren vielfach auf Propagandaplakaten gedruckt, die für Neukrutierungen im amerikanischen Militär warben. Pearl Harbor realisiert eine affektbesetzte Bindung an eine national verbindliche, mythische Erzählung der amerikanischen Teilnahme am Zweiten Weltkrieg als Verteidigungskrieg. Dieses Narrativ findet sich vielfach über das Propagandakino des Zweiten Weltkrieges hinaus im amerikanischen Erinnerungsfilm. Der Objektbezug zu Pearl Harbor als Ereignis zeitigt eine enorme Flexibilität und erlaubt Wiederholung sowie einen Gattungspluralismus vom historischen Dokudrama (z. B. *December 7ᵗʰ*, 1943) bis hin zum Science-Fiction-Film (z. B. *Battleship*, 2012).

Aktualisierungen

Als sinnhafter Verweis auf einen erfolgreich abzuwendenden Überraschungsangriff finden sich zahlreiche »Pearl Harbor«-Analogien auch heute noch vor allem im politischen Diskurs. Der Mythos ist somit in den unterschiedlichsten Kontexten aktualisierbar: Kennedys Staatssekretär George Ball schlägt zur Lösung der Raketenkrise auf Kuba ein Pearl Harbor vor; Präsident George W. Bush bezeichnet ⁷9/11 als »das Pearl Harbor des 21. Jahrhunderts«; der ehemalige Verteidigungsminister Leon Panetta versteht das nächste Pearl Harbor als einen groß angelegten Cyberangriff.

Lit.: M. Hartwig, Die traumatisierte Nation? ›Pearl Harbor‹ und ›9/11‹ als kulturelle Erinnerungen, Bielefeld 2011. – J. McConnachie/R.Tudge, A Rough Guide to Conspiracy Theories, New York 2005. – A. Neal, National Trauma and Collective Memory, New York 1998. – E. Rosenberg, A Date Which Will Live. Pearl Harbor in American Memory, Durham 2003. – G. White, Mythic History and National Memory. The Pearl Harbor Anniversary, in: Culture & Psychology 3.1 (1997), 63–88.

Marcel Hartwig

Pippi Langstrumpf

Pippi Langstrumpf, Hauptfigur des gleichnamigen Kinderbuchklassikers (schwed. Orig. *Pippi Långstrump*, 1945; dt. 1949), ist die wohl bekannteste Kinderbuchheldin der Welt. Weitere Bücher der Autorin Astrid Lindgren (1907–2002) und zahllose Bearbeitungen und Nacherzählungen trugen zur großen Bekanntheit des Mädchens mit den abstehenden roten Zöpfen bei, das ohne Eltern, mit einem Affen und einem Pferd in einer Villa lebt, fantasievoll, reich und unglaublich stark ist und sich die »Welt macht, wie sie ihr gefällt« (so heißt es im Titelsong der Fernsehserie *Hey, Pippi Langstrumpf!*).

Mindestens genauso wirkungsmächtig wie die Pippi-Langstrumpf-Bücher sind Olle Hellboms legendäre Verfilmungen aus den Jahren 1968–75 (4 Spielfilme und eine 21-teilige Fernsehserie, in schwedisch-deutscher Koproduktion mit Inger Nilsson in der Hauptrolle). Besondere Popularität errang Pippi Langstrumpf im deutschsprachigen Kulturbereich; in Nachkriegsdeutschland besaß Lindgrens Werk eine geradezu katalysatorische Funktion (vgl. Surmatz). Der Boom von Kinderklassikern auf dem deutschen Buchmarkt in den 1980er und 1990er Jahren hat, unter der Voraussetzung veränderter

Abb. 22: Pippi und ihr Affe Herr Nilsson in der Verfilmung von 1969 (Pippi: Inger Nilsson)

Marktstrukturen (Produkt- und Vertriebsmanagement) sowie medialer Wandlungs-prozesse (Neue Medien), zusätzlich dazu beigetragen, dass die Figur sich aus dem ur-sprünglichen kinderliterarischen Produktions- und Publikationskontext gelöst hat. Astrid Lindgrens Figur ist damit nicht nur zu einer Marke und einem Verkaufsprodukt geworden, sondern zu einem quasi zeitlosen, im kollektiven Gedächtnis fest veranker-ten Mythos, der mediale und diskursive Grenzen überschreitet: Pippi Langstrumpf lebt und wandelt sich je nach medialem (z.B. Buch, Fernsehserie, Computerspiel), diskur-sivem (z.B. ↗Emanzipation, Jugendkultur) und performativem (z.B. Vorlesen, Kinder-geburtstag) Kontext, unabhängig vom prinzipiell unveränderlichen Originaltext.

Gerade auf Kinderbuchklassiker wie *Pippi Langstrumpf* wird häufig eine ahistorische Perspektive eingenommen; im Gegensatz zu anderen, auf erwachsene Leserinnen und Leser zugeschnittenen literarischen Texten werden hier oftmals Erscheinungsform, -medium und -jahr des Originals ausgeblendet. Die als bekannt vorausgesetzten Figu-ren werden in verschiedenen Zusammenhängen funktionalisiert; Lexe spricht vom »in-szenatorischen Moment« (Lexe, 13) in der Kinderliteratur, ermöglicht durch die voraus-gesetzte Bekanntheit des Textes, der zum Ausgangspunkt verschiedener Inszenierungen werde. Die dadurch entstehende Zeit- und Erzählerlosigkeit des Narrativs fördert zwei-fellos die mythische Qualität des Erzählten.

Kindern begegnet Pippi Langstrumpf nicht nur in Buch, Film und Hörspiel, sondern auch auf Musik-CDs und im Theater, in der Schule und auf ihr gewidmeten Websites (http://www.efraimstochter.de; www.pippi-langstrumpf.de); sie ist beliebtes Karnevalskostüm und Partymotto. Doch auch jenseits kindlichen Alltagslebens, an dem Erwachsene als Eltern oder Pädagoginnen und Pädagogen partizipieren, gehört das sommersprossige Mädchen als Figur mit hohem Wiedererkennungswert und Bekanntheitsgrad zum kommunizierbaren kollektiven Wissen, das immer wieder neu rekontextualisiert wird, bspw. im Kontext frauenemanzipatorischer Tendenzen (vgl. Hartmann).

Welche kollektiven Ideen und Erfahrungen verkörpert der Mythos Pippi Langstrumpf, wo liegt sein Sinnstiftungspotenzial? Drei seit der Antike existierende kulturelle Konzepte sind zu unterscheiden, die in den modernen Mythos eingehen. Von diesen haben zumindest die beiden ersten selbst mythische Qualität: 1. das ewige Kind (↗Ewige Jugend), 2. das goldene Zeitalter, 3. die verkehrte Welt.

Das ewige Kind

Pippi Langstrumpf steht in der Tradition des literarisch-kulturellen Mythos vom ewigen Kind (der eine Nähe zum Mythos vom göttlichen Erlöserkind aufweist). Trotz »Fall und […] Verendlichung der Figur des ewigen Kindes in der Moderne« (Ewers, 59) weist sie zahlreiche Merkmale des ewigen Kindes (unbekannte oder rätselhafte Herkunft, Alterslosigkeit bzw. Nichtaltern, Funktion als Hoffnungsträger) auf: Plötzlich und unmotiviert taucht Pippi in der ›kleinen Stadt‹ auf, kämpft für Gerechtigkeit und rettet Leben; sie ist neun Jahre alt und will – durch Einnahme der Zauberpille Krummelus gegen das Erwachsenwerden – für immer ein Kind bleiben (vgl. *Pippi in Taka-Tuka-Land*, Kap. 12).

Das Goldene Zeitalter

Allgemein eignet sich die Lebensphase Kindheit aufgrund ihrer zeitlichen Entrücktheit und Fremdheit zur Projektionsfläche von Idealität. Der Mythos vom ›Kindheitsparadies‹ überträgt die aus der Antike stammende Vorstellung eines vergangenen Goldenen Zeitalters, in dem Unschuld, Reinheit, Natürlichkeit und Glückseligkeit herrschten, auf die frühe Lebensphase des Menschen: »Wo Kinder sind, da ist ein goldnes Zeitalter« (Novalis, 457).

Pippi Langstrumpfs Leben in der Villa Kunterbunt ist derart paradiesisch: frei von Zwängen, bestimmt von Freundschaft, Lust, Glück und Fantasie. In Astrid Lindgrens Originaltext wird dieses mythische Konzept durchaus gebrochen. Carl Pietzcker, der in seiner psychoanalytischen Lesart die Protagonistin als »eine aus narzisstischen und ödipalen Wünschen gebildete Phantasiefigur« (Pietzcker, 277) deutet, verweist auf Erfahrungen von Verlust, Einsamkeit und Zurückweisung. In den modernen Mythos vom stets glücklichen, lustigen, frechen, starken, emanzipierten und kreativen Kind sind diese textuellen Aspekte nicht eingegangen.

Verkehrte Welt

Die Welt der Pippi Langstrumpf ist nicht nur eine ideale Welt, sondern zugleich eine Gegenwelt: Es herrschen Unordnung, Regellosigkeit und Nonkonformität. Der von der

Antike bis zur Moderne reichende literarisch-kulturelle Topos von der ›verkehrten Welt‹ im Sinne einer erwünschten Anderswelt nimmt konkrete Gestalt an, wenn Pippi mit den Füßen auf dem Kopfkissen schläft und an der Zimmerdecke entlang wandert und ganz besonders, wenn – in Umkehrung traditioneller Geschlechterrollen – ein kleines Mädchen den stärksten Mann der Welt besiegt (vgl. *Pippi Langstrumpf*, Kap. 7).

Dass Pippi Langstrumpf die mythisch-kulturellen Konzepte des ewigen Kindes, des Goldenen Zeitalters sowie der verkehrten Welt integriert, macht sie in besonderem Maß geeignet zur sinnstiftenden Identitätsbildung auch noch und gerade in der Moderne. Die Figur repräsentiert einen Gegenentwurf zu technokratischen, normierenden und entindividualisierenden Tendenzen modernen Lebens. Dabei kann sie als gestaltgewordenes Kindheitsideal zu passiver Rückschau anregen – oder auch Impulse geben zum Ausagieren emanzipatorischer, kreativ-künstlerischer oder politisch-kritischer Bestrebungen. Der Mythos Pippi Langstrumpf nimmt also durchaus verschiedene Funktionen ein: als regressiv-sentimentale Fantasie, deren Kompensationswirkung das bestehende System zusätzlich stabilisiert, oder im Sinne einer echten, zukunftsorientierten Erprobung alternativer Lebensmodelle.

Lit.: H.-H. Ewers, Kinder, die nicht erwachsen werden. Die Geniusgestalt des ewigen Kindes bei Goethe, Tieck, E. T. A. Hoffmann, J. M. Barrie, Ende und Nöstlinger, in: Kinderwelten. Kinder und Kindheit in der neueren Literatur, hg. v. d. Freundeskreis des Instituts für Jugendbuchforschung, Frankfurt a. M. 1985, 42–71. – J. Hartmann/A. Thiel, Was für Enkelinnen und Enkel hat Pippi Langstrumpf? Mädchen und Jungen in neuerer Kinder- und Jugendliteratur, Berlin 1995. – H. Lexe, Pippi, Pan und Potter. Zur Motivkonstellation in den Klassikern der Kinderliteratur, Wien 2003. – Novalis, Vermischte Bemerkungen (Blüthenstaub), in: Ders.: Schriften. Die Werke Friedrich von Hardenbergs, Bd. 2, hg. v. R. Samuel, Stuttgart ³1981. – C. Pietzcker, Ausbruch aus dem Ghetto des Mädchenbuchs. Astrid Lindgrens »Pippi Langstrumpf«, in: Bei Gefahr des Untergangs. Phantasien des Aufbrechens, hg. v. I. Brückel, Würzburg 2000, 273–293. – D. Richter, Das fremde Kind. Zur Entstehung der Kindheitsbilder des bürgerlichen Zeitalters, Frankfurt a. M. 1987. – A. Surmatz, Pippi Langstrumpf als Paradigma. Die deutsche Rezeption Astrid Lindgrens und ihr internationaler Kontext, Tübingen 2005.

Nikola Roßbach

Piraten

Das Piratentum schöpft sein mythisches Potenzial wesentlich aus dem Antagonismus zwischen anarchischer und stark hierarchischer Lebensform. Piraten bewegen sich in einem Grenzraum zwischen Natur und Kultur, in dem Fragen des Rechts und der Gewalt, der Gier und des Glückes gleichermaßen verhandelt werden (vgl. Witt). Die Figur des Freibeuters steht dementsprechend sowohl für Abenteuerlust, Zwanglosigkeit, Naturbeherrschung und Willensstärke als auch für Grausamkeit, Verrat und Regelbruch (vgl. Stehr). Das Segelschiff als mythischer Lebensraum der Piraten wird durch das Zusammenwirken von individueller Führung durch einen Kapitän und dem Kollektivgeist der Mannschaft bestimmt. Es fungiert damit als politischer Mikrokosmos, in dem sich auf engstem Raum Machtstrukturen, Hierarchiebildungen und Rollenverteilungen widerspiegeln und der sich als Gegenentwurf zu normierten Staats- und Wirtschaftsformen versteht. Auch bietet bereits die Wortgeschichte (gr. »peiran«: »etwas unternehmen, auskundschaften«) Platz für spezifisch neuzeitliche Vorstellungen von Räumen der Macht und von Menschen als Abenteurern und Unternehmern auf eigenes Risiko. Für den Wirtschaftshistoriker Werner Sombart (1863–1941) war Piraterie in der Frühen Neuzeit neben der Straßenräuberei eine weitere »übliche Form bürgerlicher Vermögensbildung« (Kempe 2009, 31).

Kriegführung und Machtinstrument

Die Piraterie als nach willkürlichen Regeln funktionierende Plünderungs- und Bereicherungsmentalität zielt darauf ab, die eigenen Besitzverhältnisse ohne Rücksicht auf die beraubten »Anderen« zu verbessern. Mitunter als das »zweitälteste Gewerbe« der Welt bezeichnet, dürfte der Raub auf See so alt wie die Seefahrt selbst sein. Er hat seit der Antike nicht nur Griechen und Römer in ihren Staatenbildungen und Machtbestrebungen beschäftigt, sondern stellt bis heute auch ein Instrument der wirtschaftlichen und politischen Kriegführung auf nahezu allen Meeren der Erde dar.

In der mittelalterlichen und frühmodernen europäischen, dann auch überseeischen Staatenwelt stellten Piraten und Seeraub einen zeitweise wichtigen Machtfaktor dar (zunächst die Normannen und Wikinger, dann Störtebeker und die Vitalienbrüder, die Raubfahrten venezianischer oder genuesischer Korsaren im Mittelmeer, schließlich die Freibeuter im Dienste der Kolonialmächte). Die Seeräuberei trug gleichzeitig zur Destabilisierung bestehender Ordnungen und zur Konstitution neuer Mächte bei, ggf. auch »aus dem Geist der Gewalt« (Bartlett, 252).

Gegenwelt

Im Zeitalter des Weberschen »Beutekapitalismus« stellen die durch die Piratenökonomie neu entstehenden politischen und wirtschaftlichen Strukturen die »Schattenseite der offiziellen Handelsmonopolpolitik« dar (Kempe 2009, 31). Die damit verbundenen Kämpfe um Einflusszonen, die Etablierung von Herrschaftsstrukturen und überstaatlichen Organisationsformen beschränken sich nicht auf europäische Akteure, sondern werden auch von arabischen, chinesischen, afrikanischen und indischen Akteuren forciert. Zentren der Piraterie wurden Westindien, zeitweise die nordamerikanische Ost- und die afrikanische Westküste. Die Piraten dehnten ihre Fahrten nicht nur bis Madagaskar und an die Ostküste Afrikas (Piratenrunde) aus, sondern trugen auch als Spurensucher und Glücksritter (Gold, Gewürze, Sklavenhandel) zur ↗Globalisierung der Ökonomie bei. In ihrer Eigenständigkeit als Händler und Geschäftsleute sowie durch ihre Bereitschaft, je nach Erfolgschancen die Seiten zu wechseln, stellen Piraten eine Form des frühmodernen Unternehmertums dar. Dieses erfuhr mit der zunehmenden Regulierung von Wirtschaftsbeziehungen, Handelswegen, Geld- und Güterverkehr dann im Laufe des 18. Jahrhunderts seine Grenzen. Das goldene Zeitalter der »klassischen« Piraten, von dem bereits Daniel Defoe berichtet und das so auch Eingang in die Kulturgeschichte und Abenteuerliteratur fand, blieb auf einige Jahrzehnte vor und nach 1700 beschränkt. Ihre Konjunktur stand im Schatten europäischer und überseeischer

Staatenbildung und trug so auch zur Entstehung der Weltwirtschaft bei. Dort wo, wie z. B. am Horn von Afrika, staatliche Macht zerfällt, treten auch Piraten erneut in Erscheinung. Sie verkörpern eine scheinbar anarchische Gegenwelt, die einerseits gängige Macht- sowie Marktstrukturen unterläuft und zerstört, andererseits aber selbst durch Willkürherrschaft und strenge Hierarchien funktioniert.

Vom historischen Phänomen zum modernen Mythos

Als historisches Abbild und zugleich in einer ästhetischen Funktion treten Piraten bereits im 3. bzw. 4. Jahrhundert n. Chr. in Heliodors *Äthiopika* auf; ebenso in Sindbads Abenteuern und anderen arabischen Erzählungen. Weitere literarische und später filmische Bearbeitungen, zumal der großen Piraten des 17. und frühen 18. Jahrhunderts wie Blackbeard, Edward England, Francis Drake oder Captain Kidd, faszinierender Piratinnen wie Anne Bonny und Mary Read oder auch bestimmter Gruppen wie der in Westindien ansässigen Bukanier, fanden über zeitgenössische Schilderungen »großer Kriminalfälle« in Lebensläufen, Balladen, Flugblättern über Hinrichtungen oder »schreckliche« Taten und die daran anschließende Abenteuerliteratur ein breites Publikum, das Schauer, Spannung und Unterhaltung suchte. Das Spektrum reicht hier von Daniel Defoes *Berichten* (1724) über Robert Louis Stevensons *Treasure Island* (1883) und Karl Mays *Kapitän Kaiman* (1913) bis zu weltweit erfolgreichen Verfilmungen wie *Piraten* von Roman Polanski (1986) und der Tetralogie *Pirates of the Caribbean* (2003–11), in der Johnny Depp die weniger blutrünstige als ironische Figur des Captain Jack Sparrow verkörpert; ein eigenes Genre des Piraten-Films begann mit *Der schwarze Pirat* (1926) und fand mit den Film-Piraten Errol Flynns in den 1940er und 1950er Jahren einen Höhepunkt.

Die aktuelle Mythopoiesis dürfte nicht zuletzt durch Kinder- und Jugendliteratur sowie entsprechende Filmadaptationen, von *Peter Pan* (1904) über ↗*Pippi Langstrumpf* (1945) bis zu Michael Endes *Jim Knopf und die Wilde 13* (1962) geprägt sein. Eigenschaften wie Freiheitsstreben, Infragestellung von Besitzansprüchen und Normen, Segeln unter eigener Flagge und Abenteuerlust machen als Hinweise auf ↗Emanzipation und Subversion wohl aktuell den Mythos der Piraten (und ihrer Totenkopf-Flaggen) aus; Motorradfahrer, Fußballfans (FC St. Pauli) knüpfen hier ebenso an wie Freizeitgruppen, Touristen und politische Gruppierungen (»Die Piraten«, 2011), während das Wiederauftreten »echter« Piraten zu Beginn des 21. Jahrhunderts nicht nur Militäreinsätze erfordert, sondern auch das internationale Völker- und Strafrecht vor neue Aufgaben stellt.

Lit.: R. Bartlett, Die Geburt Europas aus dem Geist der Gewalt, München 1996. – R. Bohn, Piraten, München 2007. – D. Defoe, Eine allgemeine Geschichte der Piraten [1724], Münster/New York 1996. – V. Grieb/S. Todt (Hg.), Piraterie von der Antike bis zur Gegenwart, Stuttgart 2012. – M. Kempe, Piraterie, in: Enzyklopädie der Neuzeit, hg. v. F. Jaeger, Bd. 10, Stuttgart/Weimar 2009, Sp. 30–33. – Ders., Fluch der Weltmeere. Piraterie, Völkerrecht und internationale Beziehungen 1500–1900, Frankfurt a. M./New York 2010. – C. R. Pennell (Hg.), Bandits at Sea. A Pirates Reader, New York 2001. – M. Puhle, Die Vitalienbrüder. Klaus Störtebeker und die Seeräuber der Hansezeit, Frankfurt a. M./New York 1992. – M. Stehr, Piraterie und Terror auf See. Ein Handbuch, Berlin 2004. – J. M. Witt, Piraten. Eine Geschichte von der Antike bis heute, Darmstadt 2011.

Werner Nell

Pop

Pop bezeichnet einen in der Mitte des 20. Jahrhunderts entstandenen kulturellen Teil-
bereich, der sich vor allem ästhetisch (Musik, bildende Kunst, Literatur, Mode) artikuliert und durch eine spezifische Verknüpfung von lokal begrenzten kulturellen Codes
und deren universeller Kommunikation bestimmen lässt.

Bedeutung

Die Bedeutung von Pop hängt ab von seiner Positionierung gegenüber unterschiedlichen Oppositionsbegriffen. Als Abkürzung von *popular (music)* entstanden, befindet
sich Pop in Relation zu mindestens vier Konzepten: Im Gegensatz zu jeder Spezialkul-
tur bezeichnet Pop den prinzipiell offenen Zugang zu seinen Artefakten (universell vs.
restringiert); im Gegensatz zur elitären Kultur dient Pop als Benennung abgewerteter
Kultur (*low brow* vs. *high brow*); im Gegensatz zur bis heute weitgehend handwerklich
produzierten Kunst meint Pop, als Resultat der Industrialisierung kultureller Produktion, die für eine große Masse hergestellten Kulturgüter (technisch reproduziert vs.
singulär); schließlich bezeichnet Pop im Gegensatz zu jeder kulturellen Produktion *für*
ein breites Publikum die kulturelle Produktion dieses Publikums selbst (produktiv vs.
rezeptiv). Es liegt auf der Hand und gehört zum mythischen Potenzial des Pop-Begriffs,
dass diese vier Bedeutungselemente nicht völlig vereinbar sind. Jedoch lässt sich festhalten, dass die abwertende Bedeutung im Zuge der Integration des Pop in die Hochkultur bzw. der Auflösung der Grenze zwischen *high* und *low brow* an Einfluss eingebüßt hat. Die reproduktive Weise der Herstellung wird angesichts der neueren
Theorieentwicklung der Populärkultur (vgl. u. a. Hall; Fiske) gegenüber der produktiven Rezeption relativiert. Damit entsteht ein Spannungsverhältnis von Universalität des
Zugangs und lokaler Begrenztheit der Produktivität, das in mythisierenden Formeln des
Pop als »Mainstream der Minderheiten« (Holert/Terkessidis) oder »Geheimcode […],
der aber gleichzeitig für alle zugänglich ist« (Diederichsen 1996, 40), zum Ausdruck
gelangt.

   Der Pop-Mythos formiert sich auf der Grundlage unterschiedlicher, zusammenwir-
kender Entwicklungen in der Produktion, Distribution und Konsumtion von kulturellen
Artefakten: 1. Kulturgeschichtlich ist die im Rahmen der kapitalistischen Dynamik des
19. Jahrhunderts sich konstituierende Massen- bzw. Populärkultur eine unabdingbare
Voraussetzung für Pop. 2. Mediengeschichtlich ist die Herausbildung elektrischer bzw.
elektronischer Medien von Bedeutung, die zeitgleich zur Etablierung des Pop-Begriffs
erstmals von Marshall McLuhan theoretisch reflektiert wurde. Dieser sieht in seinem
medientheoretischen Hauptwerk *Understanding Media* (1964) eine Ablösung der hier-
archischen und auf Spezialisierung beruhenden Kultur des Druckzeitalters durch eine
neue, enthierarchisierte und auf Partizipation basierende Kultur der elektrischen Medien seit der Mitte des 20. Jahrhunderts gekommen, als deren Teil Pop zu begreifen ist.
3. Soziokulturell ist die Erfindung des *teenage* eine notwendige Voraussetzung zur Konstitution von Pop (vgl. Savage 2007). Damit wird nicht nur von den Marketingabteilun-

gen der Medienkonzerne eine immer jünger werdende Konsumentengruppe definiert, sondern es entsteht eine weitgehend autonome Subkultur mit einer ausgeprägten Tendenz zur Expansion. Dadurch gewinnt die spezifisch androgyne Sexualität des Pop an Bedeutung, die sowohl das thematische Spektrum als auch seine performative Dimension wesentlich prägt. 4. Hinzu kommt eine sich ebenfalls seit den 1950er Jahren entwickelnde zunehmende »Massenbohemisierung« (Bezzola) bestimmter Bereiche der Populärkultur. Diese nimmt den Impuls der historischen Avantgarden (↗Avantgarde) der ersten Jahrhunderthälfte zur »Überführung von Kunst in Lebenspraxis« (Peter Bürger) auf. Die Orientierung sozialer Großgruppen an Lebensformen und Semantiken der ehemals marginalen künstlerischen Boheme erzeugt die für den Pop-Mythos typische Hybridität von eingeschränkter Produktion und universellem Zugang (vgl. Ullmeier), von Subkultur und Mainstream. Daraus resultiert auch die besonders seit den 1970er Jahren offenkundige Ambivalenz des Pop-Mythos: Einerseits werden Authentizität, Spontanität und Natürlichkeit evoziert, andererseits aber auch Reflexivität, Technizität und Künstlichkeit indiziert (Schumacher, 32). Aus dieser semantischen Ambivalenz speist sich nicht zuletzt die Entwicklungsdynamik des Pop, die auf keine der beiden Seiten verzichten kann.

Ursprünge und Geschichte

Beim Pop handelt es sich auch deshalb um einen Mythos, weil sich um seine Entstehung zahlreiche konkurrierende Geschichten ranken, die Urheberschaft des Pop-Begriffs umstritten und die Extension seines Begriffsumfangs variabel ist. Nachdem in den 1950er Jahren der Begriff Pop vermehrt als Bezeichnung von Sparten und Marktsegmenten der Musikindustrie und seit den frühen 1960er Jahren auch von Radio- und TV-Programmen wie dem britischen *Top of the Pops* verwendet wurde, erfolgt die ästhetische Durchsetzung des Pop-Konzepts in den späteren 1950er und den 1960er Jahren über die Rezeption populärer Kultur durch das Kunstsystem, wodurch Pop seine bis heute virulente reflexive Dimension erhält.

Die sich in den 1950er Jahren als Gegenprogramm zum abstrakten Expressionismus in der bildenden Kunst der USA etablierende Pop-Art (Andy Warhol, Robert Rauschenberg, Claes Oldenburg, Roy Lichtenstein u. a.) ist zunächst gerade nicht Teil der populären Kultur. Sie thematisiert diese vielmehr in Form von Comics, Filmstars und Werbung im Feld der Hochkultur, was allerdings deren Transformation bedingt. Die Grenze von *high* und *low brow culture* gerät so zum Reflexionsgegenstand der Hochkultur. Wenn dann aufseiten der Pop-Musik wiederum die Aneignung der Pop-Art erfolgt – so wenn Pete Townshend, Gitarrist der Pop-Band The Who, 1965 sagt: »We stand for pop art clothes, pop art music and pop art behaviour. We live pop art« (zit. nach Savage 1995, xxvif.) –, scheint die Grenze zwischen Popkultur und Hochkultur endgültig aufgelöst und das Cross-over zum ästhetischen »Grundprinzip« (Diederichsen 1996, 38) geworden zu sein. Die Pop-Literatur (der Begriff erscheint erstmals 1964 bei dem österreichischen Schriftsteller H. C. Artmann, vgl. Schäfer, 18) reiht Pop in die Tradition avantgardistischer Bewegungen wie Dada ein. Der Begriff steht nun nicht mehr als Abkürzung für populäre Künste, sondern als Bezeichnung für »alles, was knallt« (Hermand, 13), d.h. für plötzliche, schnelle, laute, gefährliche Bewegung – eine semantische Umbesetzung, die erheblich zum mythischen Potenzial von Pop beiträgt. Im Zuge der Ausdifferenzierung der Pop-Musik in den späten 1960er und frühen 1970er Jahren etabliert sich die reflexive, postmoderne Variante des Pop auch in der Musik. Durch die Zusammenarbeit Andy Warhols mit der Avantgarde-Band Velvet Underground (u.a. John Cale, Lou Reed) sowie durch den Erfolg von »art school musicians« (Savage 1995, xxvi) wie Bryan Ferry mit seiner Band Roxy Music und David Bowie werden die Ideen der Pop-Art in den musikalischen Mainstream überführt. Es entsteht eine »Second Order Hipness« (Diederichsen 1985, 17), die grundlegenden Kategorien der Postmoderne wie Historismus, Selbstreferenzialität, Intertextualität und Fragmentarizität zum Durchbruch verhilft und in der elektronischen Musik seit Mitte der 1980er Jahre (u.a. House, Techno, HipHop) mit digitalen Sampling-Techniken endgültig zum State of the Art des Pop gerät. Dieser spiegelt sich auch in der neuen Welle der Pop-Literatur insbesondere in Deutschland ab 1995 (Rainald Goetz, Andreas Neumeister, Thomas Meinecke u.a.) wider.

Mythologie

Das mythische Potenzial des Pop entspringt einer diskursiven Biologisierung kultureller Prozesse, wie sie bereits in der Jugendbewegung um 1900 vorzufinden ist, die in manchem als Vorläufer des Pop angesehen werden kann. Im Einzelnen beinhaltet dies die Mythen der Androgynität, der Selbstschöpfung, der rauschhaften Intensität und der totalen Inklusion.

Der Mythos der Androgynität ist der einzige traditionelle Mythos, der im Pop verarbeitet wird. Androgynität wurde bereits frühen Pop-Ikonen wie ⌐Elvis Presley und James Dean zugeschrieben (später z.B. Michael ⌐Jackson) und ohne sie sind der Glamour und das Charisma der Pop-Stars unvorstellbar. Gebunden an die weitreichende Sexualisierung des Pop und die damit einhergehende Fokussierung des Körperlichen sowie verknüpft mit kulturellen Praktiken des *drag* und des *cross-dressing*, entfaltet die Ambiguität der sexuellen Orientierung ein erhebliches Attraktionspotenzial. Männliches und weibliches Begehren überkreuzen sich darin und sind prinzipiell für jede/n anschließbar – im Unterschied zum Rock mit seiner eindeutig männlichen Sexualisierung. Für die 1970er Jahre insbesondere gilt die Opposition Rock = *angry young men with phallic guitars* (der DJ, Musiker und Pop-Autor Thomas Meinecke spricht vom »Mythos des Ejakulierens in der Rockmusik«) vs. Pop = *androgynous beings with electric devices*.

Der Androgynitätsmythos des Pop ist, im Unterschied zur traditionellen Androgynität, gebunden an den Mythos der Selbstschöpfung (*self-creation*). Sich selbst im und durch Pop neu erfinden und gestalten zu können, schafft eine Unabhängigkeit vom Vergangenen und eine Verabsolutierung performativer Identität, die sich u.a. in der Persistenz des *teenage* jenseits des konkreten Lebensalters äußert und mit der grundsätzlichen Anachronie postmoderner Kultur verbunden ist. Mit dem Mythos performativer Selbstschöpfung hängt auch die Vorstellung der Vergänglichkeit und Flüchtigkeit (*transience*) zusammen (⌐Moderne), die, ähnlich der Mode, eine ständige Erneuerung der Identität ermöglicht. Ablesbar ist diese etwa an den wechselnden Selbsterfindungen eines Jahrzehnte überdauernden Pop-Stars wie ⁊Madonna. Damit verbindet sich der Mythos der Selbstschöpfung mit demjenigen der Wiedergeburt, sofern die Vergänglichkeit und Flexibilität des Selbstentwurfs in ein Modell regelmäßiger Erneuerung eingebunden wird.

Mit der sexuell-körperlichen und performativen Ausrichtung des Pop hängt der Mythos rauschhafter Intensität zusammen. Pop steht dabei paradigmatisch für das Spannungsschema der gegenwärtigen »Erlebnisgesellschaft« (Schulze), das durch Stilelemente wie rhythmische Aggressivität, Tempo, Lautstärke, Intensität, expressive Show und körperzentrierte Action bestimmt wird. Im Rückgriff auf den modernen Mythos des Dionysischen, wie ihn insbesondere Nietzsche in der *Geburt der Tragödie aus dem Geiste der Musik* (1872) propagiert hat, sowie in Verbindung mit den Beschreibungen des Drogenrausches und der Transgression (Thomas de Quincey, Charles Baudelaire, Arthur Rimbaud, André Breton) wird Pop als *The Sound of Speed* (vgl. den gleichnamigen Albumtitel der schottischen Indie-Band The Jesus and Mary Chain von 1993) verstanden. Mit dem Mythos rauschhafter Intensität kommt auch die religiös-kultische Dimension des Pop zum Ausdruck. Es wird eine bereits von Nietzsche im Dionysischen beschworene ambivalente Mischung aus »Grausen« und »wonnevolle[r] Verzückung« zelebriert, die die Pop-Stars als The Lords of the New Church (so der Name einer Post-Punk-Band der 1980er Jahre) erscheinen lässt. Aus dieser Konkurrenzsituation gegenüber der Hochkultur resultiert auch das dem Pop immer wieder zugeschriebene Subversionspotenzial, das oftmals in eklatantem Widerspruch zu seiner kapitalistischen Vermarktung steht und in Bezeichnungen wie ›Independent‹ für verschiedene Labels und Musiksparten sichtbar wird.

Im Mythos totaler Inklusion kulminieren schließlich Zuschreibungen, die Pop als kulturellen Ort sozialer, ethnischer und sexueller Diversität begreifen und ihn damit zum Gegenentwurf moderner Exklusionserfahrung stilisieren. Tatsächlich ermöglicht die Dynamik von kommerziellem Mainstream und scheinbar unabhängiger Subkultur die Funktion des Pop als Artikulationsmedium kultureller Minderheiten und damit die permanente Integration abweichender kultureller Auffassungen, die als prinzipiell universalisierbar behandelt werden, sofern die Abweichung als Attraktion zu vermarkten ist. Aufgrund des erheblichen, vor allem ökonomisch motivierten Innovationsdrucks, der sich medial als Zwang zur Entdeckung neuer ›Talente‹ in Castingshows u. ä. präsentiert, entsteht so der Eindruck weitgehender sozialer und kultureller Durchlässigkeit. So scheint der Weg von der Garagenband zum Megastar prinzipiell gangbar und erzeugt ebenjene kulturelle Dynamik des Pop, die ihn immer wieder aufs Neue bestätigt und als Mythos stabilisiert.

Lit.: R. Behrens, Pop Kultur Industrie. Zur Philosophie der populären Musik, Würzburg 1996. – T. Bezzola, Massenboheme. Das Lachen der Beatles und das Schweigen von Marcel Duchamp, in: Kunstforum international 134 (1996), 177–182. – D. Diederichsen, Sexbeat. 1972 bis heute, Köln 1985. – Ders., Pop – deskriptiv, normativ, emphatisch, in: Literaturmagazin 37 (1996), 36–44. – J. Hermand, Pop International. Eine kritische Analyse, Frankfurt a. M. 1971. – R. Hinz, Pop-Diskurse. Zum Stellenwert von Cultural Studies, Pop-Theorie und Jugendforschung, Bochum 2009. – T. Holert/M. Terkessidis (Hg.), Mainstream der Minderheiten. Pop in der Kontrollgesellschaft, Berlin 1996. – J. Savage, The Simple

Things You See are All Complicated, in: The Faber Book of Pop, hg. v. H. Kureishi/J.S., London u.a. 1995, xxi-xxxiii. – Ders., Teenage. The Creation of Youth Culture, London 2007. – J. Schäfer, Pop-Literatur. Rolf Dieter Brinkmann und das Verhältnis zur Populärkultur in der Literatur der sechziger Jahre, Stuttgart 1998. – E. Schumacher, Gerade Eben Jetzt. Schreibweisen der Gegenwart, Frankfurt a.M. 2003. – J. Ullmaier, Felder eingeschränkter Produktion im Pop – Eine Skizze zum Applikationspotential einer Kategorie von Pierre Bourdieu, in: Popularisierung und Popularität, hg. v. G. Blaseio u.a., Köln 2005, 217–242.

Günter Butzer

Preußen

Preußen umfasst als Mythos vielfältige Bedeutungsdimensionen: als geografisches, kulturgeschichtliches und staatsrechtliches Phänomen oder im Sinne innergesellschaftlicher Integration und Abgrenzung vom ethnisch, politisch oder soziokulturell Fremden. Seit dem 12. Jahrhundert verwies der Begriff Preußen auf das Volk der Prußen, das zwischen Weichsel und Memel siedelte, dem Territorium des späteren Ordensstaates (14./15. Jh.) bzw. des Herzogtums Preußen (16. Jh.). Er bezeichnete im 17. Jahrhundert das Kurfürstentum Brandenburg, von 1701 an das Königreich der Hohenzollern, seit 1824 auch seine östliche Provinz und benannte 1871 den größten Bundesstaat des Deutschen Reiches. Preußen und das Preußische erhielten je nach Anlass, Perspektive, Erzähltradition und Intention sachliche, stereotype oder eher legendäre und mythische Attribute. Die Gegner des Preußentums verdammten es, weil es Untertanengeist und militaristisch-kulturfeindliche Gesinnungen fördere; die Verteidiger lobten die »preußischen Tugenden« und Erfolge. Spätestens seit der Revolution von 1848/49 schrumpften die Sachinhalte zu einem Konglomerat von Klischees, sodass »Preußisches« oft zur Karikatur gerann.

Im Militär- und Beamtenstaat Friedrich Wilhelms I. entstand der politische Mythos Preußen; unter Friedrich dem Großen wurde er mit Lebenshaltung und Regierungsstil des Monarchen eng verknüpft und durch ihn ikonisch repräsentiert. Die im Siebenjährigen Krieg erstmals umfassend praktizierte mediale Inszenierung des Preußischen wurde von der westeuropäischen Öffentlichkeit in Flugblättern, Flugschriften, Liedern, Zeichnungen und Zeitungen interessiert wahrgenommen. Von nun an bildete der politische Begriff Preußen den Grundstock für einen vielschichtigen, ikonografisch trivialen oder bedeutungsvollen Bestand an Symbolen. Sie reichten ebenso wie die Porträts über die nationalen Grenzen hinaus. Englische, französische, italienische, portugiesische oder spanische Lexika und Handbücher enthielten in der ersten Hälfte des 20. Jahrhunderts die Preußen-Stereotype und Klischees wie »mais rígida economia« (äußerst rigide Wirtschaftspolitik) oder »administração imparcial da justiça« (unparteiische Rechtspflege). Diktatoren wie Piłsudski, Mussolini (»Preußentum all'italiana«) und Franco versuchten ihre Bevölkerungen im Krieg mit Beispielen aus der preußischen Geschichte zum Durchhalten zu motivieren (Sösemann 2013, 346f., 357f., 376f.).

Herausragende Persönlichkeiten

Die borussische Historiografie mythisierte preußische Persönlichkeiten zu charismatischen Helden der Tat und des Geistes (vgl. Kathe); Denkmale, Sachbücher und Geschichtswerke, Jubiläumsartikel in Zeitungen und Essays in Zeitschriften, Theaterbühnen und Filme präsentierten sie mit sprechenden Beinamen: Friedrich der Große (»Der Philosoph auf dem Thron«, »Salomon des Nordens«, »der Alte Fritz«), ↗Königin Luise (»Königin der Herzen«), Bismarck (»Der eiserne Kanzler«), Moltke der Ältere (»Der große Schweiger«), Fontane (»der Schriftsteller der preußischen Welt«) und Hindenburg (»der Sieger von Tannenberg«). Im Bewusstsein historisch Interessierter erweiterte sich dieser engere Kreis um den Großen Kurfürsten, Friedrich Wilhelm I., Marschall Blücher, Hardenberg und Wilhelm von Humboldt, Heinrich von Kleist, Wilhelm II. und um den Vertreter eines »demokratischen Preußens«, Otto Braun. Das kollektive Trauma der Niederlage von 1918 (Sösemann 2012) verarbeiteten Preußen-Filme wie *Die Tänzerin Barberina* (1919/20), *Fridericus Rex* in vier Teilen (1920–23), *Die Mühle von Sanssouci* (1925/26), *Der Alte Fritz* in zwei Teilen (1927/28), *Das Flötenkonzert von Sanssouci* (1930), *Die Tänzerin von Sanssouci* (1932), *Der Choral von Leuthen* (1932/33) oder *Der alte und der junge König* (1935).

Preußische Werte und Weltsichten

Die normative Dimension des Preußen-Mythos zeigt sich zum einen in einem Kanon preußischer Werte: Fleiß und Diensteifer, Pflicht- und Ehrbewusstsein, Gehorsam, Tapferkeit, Härte sich und anderen gegenüber, Sparsamkeit, Verlässlichkeit und Pünktlichkeit, Ordnungssinn, Anständigkeit und Unbestechlichkeit, Treue, Bescheidenheit. Die Gegner erkannten darin allerdings keine exklusiv preußischen Werte, sondern allgemein nützliche Sekundärtugenden (Augstein, 250–253), z. T. sogar Unwürdigkeiten, da sie keineswegs Freiheit und Menschenwürde schützten, respektive parlamentarisch-demokratische Rechtsstaatlichkeit und sozialen Frieden sicherten. Sie sahen im Monarchen und in den ihm zugewiesenen Werten vielmehr die Ausgangsposition einer »recht schauderhaften Katastrophe«, da der »Weg von Roßbach und Leuthen nach Königgrätz und Sedan […] in Versailles und Stalingrad« endete (ebd., 256).

Als preußisch galten zum anderen ein sachorientiert-strenger, patriarchalischer, spartanisch-sparsamer Regierungsstil und eine calvinistisch-pietistische Religiosität, die weiteren Bekenntnissen Raum ließ. Nach der Aufnahme verfolgter Glaubensgenossen (Hugenotten, böhmische Brüder, Salzburger u. a.) stieg Preußen in der Meinung Europas sogar zur »Schutzmacht des Protestantismus« auf (Clark, 176f.). Gleichzeitig gehörten Zucht und Ordnung, verkörpert im Stock, zum öffentlichen Bild eines preußischen Herrschers. Am Hof, in den Amtsstuben und der Öffentlichkeit, aber besonders im Militär wurde geprügelt – bis hin zum »Spießrutenlauf«. Doch offensichtlich erzielte Preußen nach der desaströsen Niederlage gegen ↗Napoleon von 1806 seinen Wiederaufstieg mit Disziplin, Willenskraft, Diensteifer und Erneuerungswillen: mit der Fähigkeit zu Reformen im Stil einer »Revolution von oben« (repräsentiert durch Stein, Hardenberg, Humboldt, Clausewitz) in Heer und Gesellschaft. Das Bildungswesen und die allgemeine Schulpflicht galten seitdem in ganz Europa als eine der vornehmsten Verpflichtungen des Staates. Auch die wirtschafts-, handels- und finanzpolitischen Innovationen (Zollverein) ließen Preußen zum »reichste[n Land] in Mitteleuropa« werden und stärkten nicht nur in Großbritannien, Frankreich, Russland und Italien das Bild von Preußen als »Motor der Moderne« (Treue, 579).

Bis heute wird das Wort Friedrichs des Großen vom »ersten Diener des Staates« zitiert oder die Parole aus den Befreiungskriegen »Das Volk steht auf, der Sturm bricht los« (Vers in Theodor Körners Gedicht *Männer und Buben*, 1813), auf die auch Goebbels im Stimmungstief nach ↗Stalingrad (28.2.1943) zurückgriff.

Mythoskonstituierend sind zudem Siege wie die bei Tannenberg (Deutscher Orden; Hindenburg) und die erfolgreichen Schlachten von Fehrbellin (1675), Malplaquet (1709), Hohenfriedberg (1745), Leuthen (1757) – doch auch Niederlagen wie Kunersdorf (1759) oder Jena und Auerstedt (1806) –, Waterloo (1815), Königgrätz (1866) oder Gravellote (1870), die im 19. Jahrhundert Schulkinder memorieren konnten. Seit den 1960er Jahren steht die These »Militärstaat Preußen« zur Diskussion. Der »Kasernenton« und das Denken in militärischen Kategorien hätten zur »sozialen Militarisierung der preußisch-deutschen Gesellschaft« geführt (Büsch, 21–74), zu Renommisterei und zu einer aggressiven Minderheiten- und Außenpolitik. Dass ein europaweiter Vergleich die Zuschreibung »militaristisch« erheblich relativiert, tut dem mythisch-ikonischen Potenzial der preußischen Pickelhaube jedoch keinen Abbruch.

Orte und Medien preußischer (Selbst-)Deutung

Residenzen, Museen und Denkmale trugen zur Mythisierung Preußens bei. Herrschaftssitze und Krönungsplätze wie Berlin (Schloss), Potsdam (Sanssouci, Garnisonkirche) und Königsberg gehörten zu den Orten einer demonstrativen ästhetischen Präsentation. Die Marienburg in Ostpreußen, der Sitz des Hochmeisters des Deutschen Ordens (1309–1454), galt als Zeugnis (preußischer) nationaler Identität. Das Brandenburger Tor in Berlin sollte ursprünglich an Friedrich den Großen erinnern und die Berliner Siegessäule mit der sie krönenden »Victoria« an die Einigungskriege und den Sieg über Napoleon.

Die intensivierte transnationale Kommunikation (Verbesserungen im Nachrichten-, Verkehrs- und Postwesen) belebte seit dem 18. Jahrhundert europaweit auch den Mythos Preußen und insbesondere das Bild seines bedeutendsten Monarchen Friedrichs des Großen: Gaststätten in England trugen seinen Namen; in der Öffentlichkeit forderte man Reformen nach preußischem Vorbild. Die Illustrationen des Kupferstechers Daniel Chodowiecki und noch stärker Adolph Menzels Holzstiche in der Friedrich-Biografie von Franz Kugler (1840) sowie die Kritik Fontanes am dröhnenden Wilhelminismus auf der Folie des Alten Preußens steigerten den Mythos ebenso wie die zahllosen populären Geschichten und Anekdoten über die Regenten (vgl. Attwood). Sie zeichneten z. B. den »Alten Fritz« völlig ahistorisch, aber höchst wirkungsvoll als »allgegenwärtigen Herrscher«, behaupteten seine Nähe zu »bürgerlichen« Einstellungen und suggerierten aus der Perspektive von 1871, er habe den

Boden für die Reichseinheit bereitet: Preußens historische Aufgabe sei der deutsche Nationalstaat gewesen (↗Nation), die harmonische Verbindung des preußischen Machtbedürfnisses mit dem deutschen Nationalgefühl. Die mehrbändigen Geschichtswerke von Leopold von Ranke, Heinrich von Treitschke, Johann Gustav Droysen, Heinrich von Sybel und Reinhold Koser führten in unterschiedlicher Entschiedenheit zu einem Mythisierungsschub im Bürgertum (Brunschwig, 18–20). Zu den wirkungsmächtigsten Gegenbildern gehörte das Junkertum. Die pejorativen Text- und Bildkarikaturen allein in den Humorzeitschriften *Kladderadatsch*, *Der Wahre Jakob* und *Simplicissimus* sind Legion: der Junker als blasiert-dümmlich bramarbasierender Offizier im Kasino oder als leuteschindender, reaktionärer Großgrundbesitzer (Ostelbier): provinziell, arrogant und verkrampft frauenverachtend (Carsten, 190–196).

Preußen und die Propaganda

Die kontextangepasste Inanspruchnahme Preußens durch die sozialdemokratische, liberale, konservative und nationalsozialistische politische Werbung ist bekannt, doch so gut wie gar nicht die kommunistische. Die sowjetischen Propagandisten ermunterten im Zweiten Weltkrieg mit einem korrekt abgedruckten Briefdokument aus dem 18. Jahrhundert und einer Karikatur deutsche Soldaten zum Desertieren. Im Deutschen Reich unternahmen in beiden Weltkriegen die Dritte Oberste Heeresleitung und die

1. Knaben einer deutschen Schule in Deutsch-Südwestafrika. Seit dem Jahre 1934 ist in Deutsch-Südwestafrika kein deutsches Kind mehr ohne deutschen Unterricht

Abb. 23: Abbildung in *Meyers Lexikon*, 8. Auflage, dem sogenannten *Braunen Meyer*, Leipzig 1936–1942.

Propagandaeinrichtungen des NS-Regimes ebenfalls Profilierungs- und Vereinnahmungsversuche. Jeweils in der Endphase beider Kriege konzentrierten sie sich auf Friedrich den Großen, wenn sie »preußische Tugenden« propagierten. Dabei verfuhren sie ähnlich wie später die DDR. Für die Propagandisten war Preußen in Friedrich aufgegangen; sie inszenierten den politischen Mythos als »Nothelfer«.

Den europäischen Diktaturen war die Erwartung gemein, mit Friedrich dem Großen in einer militärischen oder politischen Krise die Moral und das Durchhaltevermögen der Bevölkerung steigern zu können. Sie favorisierten dabei militärische Stereotype. Je nach Zielrichtung übergingen sie Abweichendes, Unbequemes und Irritierendes: den Aufklärer, Frankophilen, philosophisch, musisch und literarisch Ambitionierten, den Komponisten und Künstler sowie dessen Vorstellungen von Toleranz, Herrschaft, Ethik und Moral. Der Monarch wurde deshalb seiner konkreten Biografie weitgehend entkleidet. Dergestalt entindividualisiert konnte er zum personifizierten Modell für positive Bestrebungen und Werte, aber auch zum Gegenbild alles Negativen, Abgelehnten, Gehassten geformt werden. Friedrich der Große war zum Prinzip geworden. In den beiden Weltkriegen verwendeten die diktatorialen Regime dieselben Texte und Bilder. Das Friedrich-Zitat »Es wird das Jahr stark und scharf hergehen, aber man muss die Ohren steif halten und jeder, der Ehre und Liebe für das Vaterland hat, muss alles daran setzen« erschien 1918 und 1941 auf millionenfach verbreiteten Plakaten. Die Reichspropagandaleitung der NSDAP verlieh dem Medium dabei eine pseudoreligiöse Dimension, indem sie es in der Reihe der »Wochensprüche der NSDAP« veröffentlichte und bewusst in die lange Tradition der Spruch-Publizistik der Kirchen stellte.

Die /DDR orientierte sich bis in die 1970er Jahre an den Einschätzungen der Geschichte Preußens durch Marx, Lenin und bis 1956 auch durch Stalin: militaristisch, imperialistisch, ausbeuterisch. Ähnlich wie ihre Kollegen im östlichen Europa und in der UdSSR rühmte die DDR-Historiografie lediglich die Waffenbrüderschaft von Tauroggen, den Freiheitskrieg von 1813/14 und die Heeresreformer. Die übrige Geschichte Preußens verkörpere die Klassensymbiose zwischen ostelbisch-kapitalistischem Junkertum und reaktionärem bourgeoisen Ausbeutungssystem. Eine Modifikation kündigte sich mit den politischen Unruhen in der DDR der 1970er Jahre an, die zur Entdeckung eines identitätsstiftenden Patriotismus führten. Die Historikerin Ingrid Mittenzwei durfte als Erste Preußen aufwerten. Friedrich der Große avancierte in ihrer Biografie (1980) zum progressivsten Typ unter den feudalen Ausbeutern. Es folgten die spektakuläre Wiedererrichtung des Reiterdenkmals von Christian Daniel Rauch Unter den Linden (1980) und der deutliche Anstieg von Heimat- und Traditionsfesten, die preußisches Erbe bewusst integrierten. Die Komödie *Die Preußen kommen* von Claus Hammel (1981) – Friedrich im VEB »Prüfungsanstalt für Reintegration historischer Persönlichkeiten« – wurde zu einem großen Erfolg.

Obwohl Preußen längst für mehr in Anspruch genommen wird als nur für Ordnung, Pflichterfüllung oder Gehorsam, ist der politische Mythos in seinem Kernbestand bis heute nicht verblasst.

Lit.: K. Attwood, Fontane und das Preußentum, Berlin 2000. – R. Augstein, Preußens Friedrich und die Deutschen, Frankfurt a. M. 1981. – O. Büsch, Militärsystem und Sozialleben im alten Preußen, 1713–

1807, Berlin 1962. – Henri Brunschwig, Propos sur le prussianisme, in: Annales, Bd. 3, Paris 1984, 16–20. – F. L. Carsten, Geschichte der preußischen Junker, Frankfurt a. M. 1988. – Chr. Clark, Preußen, München 2007. – G. Fesse, Preußische Mythen. Ereignisse und Gestalten aus der Zeit der Stein-Hardenbergschen Reformen und der Befreiungskriege, Bremen 2011. – E. J. Feuchtwanger, Preußen – Mythos und Realität, Frankfurt a. M. 1972. – H. Kathe, Die Hohenzollern-Legende, Berlin 1973. – I. Mittenzwei/K. H. Noack (Hg.), Preußen in der deutschen Geschichte vor 1789, Berlin (Ost) 1983. – H. Münkler, Die Deutschen und ihre Mythen, Berlin 2009. – B. Sösemann, Instrumentalisierung von historischen Analogien. Sinn-stiftungen in autoritären und diktatorialen Regimen, in: Friedrich der Große in Europa. Geschichte einer wechselvollen Beziehung, hg. v. B. S./G. Vogt-Spira, Stuttgart ²2013, Bd. 2, 345–383. – Ders., Mit Fried-rich siegen – vor Verdun, in: Friedrich der Große in Europa – gefeiert und umstritten, hg. v. B. S., Stuttgart 2012, 114–129. – W. Treue, Preußens Wirtschaft, in: Handbuch der Preußischen Geschichte, hg. v. O. Büsch, Bd. 2, Berlin/New York 1992.

Bernd Sösemann

Psychoanalyse

Die Psychoanalyse ist in Bezug auf Menschenbild und Weltdeutung als moderner Mythos zu verstehen. Nicht nur die Methode der Psychoanalyse, sondern auch Sig-mund Freud (1856–1939) als ihr ›Erfinder‹ entwickeln im 20. Jahrhundert bis zur Gegenwart mythisches Potenzial. Wesentlich sind dabei die Fragmentierung der menschlichen Psyche in »Ich«, »Es« und »Über-Ich« sowie die Entdeckung des Unbe-wussten (v. a. in der *Traumdeutung*, 1900). Insbesondere sexuelle Triebe und ihre »Verdrängung« und »Sublimierung« im Zeichen kultureller Formation werden zum Erklärungsmuster menschlichen »natürlichen« und pathologischen Verhaltens und Empfindens und zwischenmenschlicher Beziehungen (v. a. Frau und Mann, Mutter und Sohn, Vater und Sohn). Auf der Basis seiner Grundannahmen entwickelt Freud auch mythisierend anthropologische Konstanten wie z. B. die Unterlegenheit der Frau und soziale Ungleichheit als »Naturgesetze«.

Charakteristisch ist der Rekurs der psychoanalytischen Erklärungsmuster auf an-tike Mythen wie insbesondere auf den Ödipus-Mythos, die aber nicht im üblichen Sinne ›aktualisiert‹, sondern zu einem modernen Mythenkomplex geformt werden.

Der Mythos und das Unbewusste

Freud rekurriert zwar auf verschiedene Figuren aus der griechischen Mythologie wie Narziss, Zeus und Kronos, Medea, Sphinx, Prometheus, Ariadne, Medusa, jedoch ist Ödipus die zentrale Figur in seiner Theoriebildung. Die Grundannahme in seiner Mythenrezeption ist die »Projektion unbewusster psychischer Realität auf die kollek-tive kulturelle Mythenproduktion« (Traverso, 32). Freud versteht die neurotischen Symptome seiner Patienten sowie die Traumsymbolik als von unbewussten Fantasien geprägt, die sowohl eine individuelle als auch eine kollektive Bedeutungsebene auf-weisen. Im Unbewussten, das erst über symbolische, metaphorische Ausdrucksfor-men manifest wird, erkennt er selbst eine strukturelle Ähnlichkeit zum Mythos. In diesem Sinne deutet Freud in der *Traumdeutung* den antiken Ödipus-Mythos als Projektion einer unbewussten infantilen Dynamik.

Ödipus als moderner Sohnesmythos

In der *Traumdeutung* entziffert Freud anhand der mythischen Ödipus-Konstellation von Mutterinzest und Vatermord die allgemeine psychische Gesetzmäßigkeit der »Verliebtheit gegen den einen, Haß gegen den andern Teil des Elternpaares« (Freud, 265). Freud rekonstruiert Ödipus als die Figur, in der sich das Schicksal aller »Menschenkinder« (ebd.) wiederfinden lasse. Die Psychoanalyse rekurriert somit auf die antike mythische Erzählung, hebt sie aber durch ihre semantische Aufladung als Ausdruck von Traum, Unbewusstem und Triebstruktur auf eine weitere mythische Ebene. Diese ödipale Dynamik versteht Freud als anthropologische Konstante und als universelles Erklärungsmuster familiärer Strukturen sowie der Geschlechterbeziehung und bildet damit zugleich einen modernen Mythenkomplex aus. Eine kritische Auseinandersetzung mit dem Ödipuskomplex als modernem Mythos wird bis heute sowohl aus klinischer als auch aus kulturanalytischer Perspektive geführt. So untersucht z. B. Groenewold (1985) den Ödipus-Mythos in Abgrenzung zur psychoanalytischen Perspektive und zeigt auf, dass dieser über den Vatermord hinaus ein größeres Motiv- und Themenspektrum bietet. Psychoanalytiker entwickeln ein neues Verständnis des Ödipalen, für das weniger die psychosexuelle Entwicklung und das Über-Ich als vielmehr Konzepte von Bindung und Trennung, von Nähe und Distanz sowie die Bedeutung des Dritten ein zentrale Rolle spielen (vgl. Wellendorf/ Werner).

Mythos und Geschlecht

›Weiblichkeit‹ und ›Männlichkeit‹ werden um 1900 von Freud über den Ödipus-Sphinx-Mythos psychoanalytisch konstruiert und dabei zugleich erneut mythisiert (Stephan, 15). Aus seiner Deutung der Ödipus-Figur leitet Freud den sogenannten Ödipuskomplex ab, der für ihn den Kern der Neurosenentwicklung bildet. In diesem Modell beruht jedoch die weibliche psychosexuelle Entwicklung auf der männlichen, zumal Freud diesem Sohnesmythos keine mythologische Tochter-Figur an die Seite stellt. Der positive Ödipuskomplex bezeichnet innerhalb des Dreiecks ›Vater – Mutter – Kind‹ den Liebeswunsch gegenüber dem gegengeschlechtlichen Elternteil bzw. die Rivalität gegenüber dem gleichgeschlechtlichen. Umgekehrt dazu benennt der negative Ödipuskomplex den Liebeswunsch dem gleichgeschlechtlichen und die Rivalität dem gegengeschlechtlichen Elternteil gegenüber. Während der Junge durch die Kastrationsangst den Ödipuskomplex aufgebe, trete das Mädchen erst durch die Entdeckung des Penismangels in den Ödipuskomplex ein. Während der »Sohn Ödipus« seine kindlichen Verstrickungen mit Mutter und Vater überwindet und zum Mann wird, führt das »Primat des Phallus« zu der Annahme, dass das Mädchen den Ödipuskomplex nicht zwangsläufig aufgeben müsse, an den Vater fixiert bleibe und so die Position der Tochter kaum zu überwinden vermöge. Freuds Weiblichkeitstheorie und die daraus resultierende Mythisierung der Geschlechterbeziehung, der patriarchalen Gesellschaft sowie der Unterlegenheit der Frau und ihre Pathologisierung (Hysterie) sind vielfach aus psychoanalytisch-feministischer Perspektive seit den 1970er Jahren kritisiert worden (↗Emanzipation). Freuds Theorien werden somit zugleich als überzeitliches anthropologisches Erklärungsmuster und als historisch zu kontextualisierende Normsetzung rezipiert (vgl. Schlesier; Rohde-Dachser).

Während bei Freud der Elektrakomplex ungelöst bleibt und Elektra erst in der Gegenwart als moderner Tochtermythos rezipiert wird (vgl. Halberstadt-Freud), geht Ödipus nicht nur im gleichnamigen Ödipuskomplex in die Geschichte der Psychoanalyse ein, sondern wird als moderner Sohnes-Mythos zu einem kulturell bedeutsamen Deutungsmuster: So prägen Vater-Sohn-Konflikte und Vatermord vielfach Erzählungen von Familie und Gesellschaft. Das zur Ikone gewordene Sofa des Psychoanalytikers wird zum repräsentativen Ort des Individuums der Moderne, das sich in Selbstergründung ergeht. Die Aktualität und Vitalität der Psychoanalyse erweist sich insbesondere auch in ihrer medial und diskursiv vielfältigen Mythenrezeption, da sie sowohl für populärkulturelle (wie beispielsweise in Loriots Film *Ödipussi*, 1988; in Woody Allens Film *New York Stories* bzw. in dessen Episode *Oedipus Wrecks*, 1989) als auch für medizinische Diskurse (wie z. B. in der sich fortsetzenden Theoriebildung präödipaler und ödipaler Dynamiken, vgl. Wellendorf/Werner) fruchtbar gemacht wird.

Lit.: S. Freud, Die Traumdeutung, Studienausgabe, Bd. II, hg. v. A. Mitscherlich/A. Richards, Frankfurt a. M. 2000. – G. Groenewold, Ich und kein Ende. Der Mythos von Oedipus und der Sphinx, Frankfurt a. M. 1985. – H. C. Halberstadt-Freud, Elektra versus Ödipus. Das Drama der Mutter-Tochter-Beziehung, Stuttgart 2000. – Ch. Rohde-Dachser, Expedition in den dunklen Kontinent. Weiblichkeit im Diskurs der Psychoanalyse, Berlin u. a. 1991. – R. Schlesier, Mythos und Weiblichkeit bei Sigmund Freud. Zum Problem von Entmythologisierung und Remythologisierung in der psychoanalytischen Theorie, Frankfurt a. M. 1981. – I. Stephan, Im Zeichen der Sphinx. Psychoanalytischer und literarischer Diskurs über Weiblichkeit um 1900, in: Musen & Medusen. Mythos und Geschlecht in der Literatur des 20. Jahrhunderts, hg. v. I. S., Köln/Wien 1997, 14–36. – P. Traverso, »Psyche ist ein griechisches Wort…«. Rezeption und Wirkung der Antike im Werk von Sigmund Freud, Frankfurt a. M. 2003. – F. Wellendorf/H. Werner (Hg.), Das Ende des Ödipus. Entwertung und Idealisierung ödipaler Konzepte in der Psychoanalyse heute, Tübingen 2005.

Julia Freytag

RAF

Die Rote Armee Fraktion (RAF) war eine von Anfang der 1970er Jahre bis zu ihrer Selbstauflösung am 20. April 1998 aktive linksextremistische Vereinigung in der Bundesrepublik Deutschland, die sich den militanten antiimperialistischen, antikapitalistischen und antifaschistischen Kampf zum Ziel gesetzt hatte. Sie verübte zahlreiche Morde, Entführungen, Bombenanschläge und Banküberfälle, denen 34 Menschen zum Opfer fielen, darunter prominente Personen aus Wirtschaft und Politik. Aus ihren eigenen Reihen führt die RAF in ihrer Auflösungserklärung 26 Tote auf.

Mythische Schlüsselereignisse

Insbesondere mit der frühen RAF verbinden sich einige Schlüsselereignisse der Nach-kriegsgeschichte, die die bundesdeutsche Politik, Gesellschaft und Kultur entscheidend geprägt und nachhaltig beschäftigt haben: die Brandstiftung in zwei Frankfurter Kauf-häusern am 2. April 1968 als erste gemeinsame militante Aktion Andreas Baaders und Gudrun Ensslins; die Haftzeit führender RAF-Mitglieder, während der Holger Meins 1974 an den Folgen eines Hungerstreiks starb und Ulrike Meinhof 1976 Selbstmord beging; der von 1975 bis 1977 in der Justizvollzugsanstalt Stuttgart-Stammheim ge-führte Prozess, der einer der aufwendigsten der jüngeren deutschen Geschichte war; der ›Deutsche Herbst‹ mit den Entführungen Hanns Martin Schleyers und des Luft-hansa-Flugzeugs Landshut, um die RAF-Gefangenen freizupressen, der in der Erstür-mung des Flugzeugs und den Selbstmorden Baaders, Ensslins und Jan Carl Raspes in Stammheim und der Ermordung Schleyers am 18. Oktober 1977 kulminierte. Als poli-tisch-gesellschaftliches und kulturelles Phänomen ist die RAF Gegenstand des öffentli-chen und medialen Diskurses sowie künstlerischer, wissenschaftlicher und publizisti-scher Arbeiten.

Produzenten politischer und kultureller RAF-Mythen

Die RAF entstand im Kontext der ↗68er-Bewegung und ihrer Kritik an autoritären Struk-turen und bürgerlichen Lebensformen, kapitalistischer Wirtschaft und hegemonialer Ausbeutung der ↗›Dritten Welt‹, dem Krieg der USA in Vietnam und der unzulänglichen Aufarbeitung des Faschismus (↗Hitler, ↗Holocaust). Im Zuge der Ausdifferenzierung und Radikalisierung von Teilen der Bewegung bildeten sich nach dem Vorbild latein-amerikanischer Guerillabewegungen (↗Che Guevara) militante Gruppierungen, von denen die RAF rasch ins Zentrum der öffentlichen Aufmerksamkeit rückte.

Als »Mythenproduzenten« fungieren die RAF selbst »im Sinne einer heroischen Selbstdeutung«, der Staat »im Sinne einer entgrenzenden Dämonisierung der terroristi-schen Herausforderung«, die Massenmedien »im Sinne einer populistischen Dramati-sierung«, das Massenpublikum »im Sinne einer Selbstsuggestion« sowie die Unterstüt-zer- und Sympathisantenszene »im Sinne einer Delegierung von Wünschen und Zielsetzungen sowie Selbst- und Fremdstilisierungen« (Kraushaar, 1189) – darüber hin-aus liefert die Kultur wirkmächtige künstlerische Darstellungen und Reflexionen der Geschehnisse.

Die erste Generation der RAF beherrschte die Kunst der medialen Selbstinszenierung, um sich so in eine »mythische Aura« zu hüllen, wodurch »eine mit historischen Asso-ziationen überfrachtete Bildermaschine in Gang [kam], die bis heute nicht zum Still-stand gekommen ist und sich der kollektiven Erinnerung dauerhaft eingeprägt hat« (Koenen, 317). Zu dieser »Bildermaschine« gehören das Logo, das mit einer stilisierten Maschinenpistole vor rotem Stern das RAF-Programm des bewaffneten Kampfes für den Kommunismus einprägsam illustriert, ebenso wie die Selbstdarstellung der RAF-Mitglieder während der Prozesse, bei denen sie die Pose rebellischer Rockstars einnah-men, oder ihre mit kulturellen Referenzen aufgeladenen Decknamen.

Abb. 24: Logo der RAF

Der westdeutsche Staat erklärte die Gruppe in den 1970er Jahren zum ›Staatsfeind Nr. 1‹ und reagierte mit zahlreichen Maßnahmen, die sich nicht allein gegen die Terroristen richteten, sondern auch Druck auf deren weiteres gesellschaftliches Umfeld ausübten. Die äußerst hitzigen politischen und öffentlichen Auseinandersetzungen um die Einschätzung des von der RAF ausgehenden Bedrohungspotenzials und die Ergreifung adäquater Abwehrmaßnahmen wurden zu einer Bewährungsprobe für die noch junge Demokratie in Westdeutschland (↗Helmut Schmidt). Die bundesdeutsche Terrorismusdebatte der 1970er Jahre ist Ausdruck einer Zeit der Richtungsentscheidungen, eines »Kulturkampfes um gesellschaftliche Hegemonien – zwischen liberaler Emanzipation und konservativer Restauration« (Balz, 320).

Einen erheblichen Anteil an der Meinungs- und Mythenbildung haben auch die Medien und ihr Publikum. Einerseits gewannen Massenmedien wie ↗Fernsehen und Boulevardpresse, allen voran die ↗Bild-Zeitung (s.a. ↗Macht der Medien), an Einfluss, andererseits lernte auch die studentisch-alternative Gegenöffentlichkeit, sich medienwirksam selbst darzustellen. So entstand eine Dialektik zwischen den tendenziell konservativen, staatstragenden Medien und den staatskritischen Protestbewegungen. In dieser neuen deutschen Medienrepublik wurde die »Jagd auf die ›Baader-Meinhof-Bande‹ […] ein Medienereignis par excellence« (Stamm, 52), was die RAF auch für ihre eigenen Zwecke zu nutzen wusste. In dieser Situation konnten paradoxerweise selbst Maßnahmen wie die Nachrichtensperre, die die Bundesregierung im Anschluss an die Schleyer-Entführung verhängte, das Gegenteil bewirken, indem so die mythenbildenden Spekulationen um die ›Todesnacht‹ von Stammheim ungewollt noch befördert wurden (Aust, 581–592).

Ein anderes Bild der RAF als das von Staat und medialer Öffentlichkeit gezeichnete entwirft die linke Szene, die jedoch keinesfalls, wie von Politik und Presse polarisierend unterstellt, eine homogene Gruppe von ›Sympathisanten‹ bildet. Das Spektrum reicht dabei von radikalen Linken, die in der RAF Vorbilder für ein Leben im Untergrund in konsequenter Abkehr von bürgerlichen Existenzformen sehen, bis hin zu engagierten

Intellektuellen und kritischen Kulturschaffenden, die den militanten Mitteln der RAF und den staatlichen Maßnahmen gleichermaßen skeptisch gegenüberstehen. So nährt die RAF einerseits die Sehnsucht einiger militanter Linker nach einer »Komplexitätsreduktion mit der Waffe« (Münkler, 1212). Andererseits erwächst aus dem Unbehagen darüber, dass »die Waffe der Kommunikation geopfert, [...] Denk- und Kritikverbote errichtet« werden (Stamm, 55), zunehmend das Bedürfnis nach differenzierter Auseinandersetzung mit der RAF.

Dieses in den 1970er Jahren begründete Spannungsfeld aus Kommunikationsverlust und Meinungskampf, Informationsmangel und Bilderüberfluss wirkt äußerst inspirierend auf die kulturelle Imagination. Dabei können unterschiedliche Phasen der RAF-Rezeption in Literatur, Film, bildender Kunst und Musik unterschieden werden: Die literarischen und filmischen Arbeiten der 1970er und frühen 1980er Jahre befassen sich vor allem mit den Formen und der Legitimation von Gewalt und den Implikationen des Terrorismus für das Leben Einzelner, wobei meist versucht wird, mithilfe fiktiver, im Deutschland der Zeit angesiedelter Charaktere eine solidarische, zugleich kritisch-distanzierte Position einzunehmen. Exemplarisch hierfür sind in der Literatur z. B. Heinrich Bölls *Die verlorene Ehre der Katharina Blum* (1974) sowie F. C. Delius' *Ein Held der inneren Sicherheit* (1981) und *Mogadischu Fensterplatz* (1987). Auch der Episodenfilm *Deutschland im Herbst* (1978), eine Kooperation elf deutscher Regisseurinnen und Regisseure, u. a. Rainer Werner Fassbinder, Alexander Kluge und Volker Schlöndorff, oder Margarethe von Trottas Spielfilm *Die bleierne Zeit* (1981), dessen Titel zum Inbegriff der Atmosphäre im ›Deutschen Herbst‹ geworden ist, sind typisch für diese frühe Phase der RAF-Rezeption. Dagegen werden bei den späteren Auseinandersetzungen mit der RAF etwa ab Mitte der 1980er Jahre zunehmend dokumentarische und biografische bzw. dokudramatische, dokufiktionale, biofiktionale u. ä. Ansätze gewählt und Mitglieder der RAF, vor allem der ersten Generation, in den Mittelpunkt gestellt, um nach dem Verhältnis von Faktizität und Fiktionalität, Rekonstruktion und Konstruktion, Erinnerung und Amnesie, Aufklärung und Mythos zu fragen, so z. B. in Rainald Goetz' Roman *Kontrolliert* (1988), Gerhard Richters Gemäldezyklus *18. Oktober 1977* (1988), den Dokumentarfilmen *Black Box BRD* (2001) und *Starbuck Holger Meins* (2001) und dem Spielfilm *Der Baader-Meinhof-Komplex* (2008). Ab der Jahrtausendwende erregen zudem popkulturell geprägte Beiträge wie T-Shirts mit dem Aufdruck ›Prada Meinhof‹, Jan Delays Rap über die »Söhne Stammheims« (2001), Leander Scholz' Roman *Rosenfest* (2001) und der Spielfilm *Baader* (2002) von Christopher Roth Aufsehen.

Mythologeme ›Kampf ungleicher Gegner‹ und ›Nexus Liebe und Tod‹

Der politische und kulturelle Mythos RAF ist vielschichtig und umfasst verschiedene Teilmythen, die in ›Personenmythen‹, ›Mythos Terrorismus‹, ›Mythos Stammheim‹ und ›Dämonisierungsmythos‹ unterschieden werden können (vgl. Baumann). In der Zusammenschau erscheinen vor allem zwei Mythologeme als besonders produktiv: zum einen der Kampf eines kleinen Einzelnen bzw. einer Minderheit gegen einen großen, übermächtigen Gegner und zum anderen der Nexus von Liebe und Tod.

Die Vorstellung einer Auseinandersetzung zwischen zwei ungleichen Gegnern nach dem Beispiel des alttestamentarischen Kampfs von David gegen Goliath wird in verschiedenen Varianten immer wieder aufgerufen: So ist sie etwa in der Referenz auf die Geschwisterkinder Hänsel und Gretel, die sich gegen die böse Hexe behaupten müssen, in den dem grimmschen Märchen entlehnten Aliasen Baaders und Ensslins enthalten. Auch die *Moby Dick* (1851) entnommenen Decknamen im Gefängnis liegen auf dieser Assoziationslinie, schildert der Roman doch die Jagd einer Schiffsmannschaft auf einen weißen Wal, der Herman Melvilles moderne Interpretation des mythologischen Seeungeheuers Leviathan darstellt, welches wiederum in der gleichnamigen staatstheoretischen Abhandlung (1651) von Thomas Hobbes als Allegorie des allmächtigen Staates fungiert. Ebenso verbreitet ist dieses Konzept in publizistischen und kulturellen Auseinandersetzungen mit der RAF, etwa in Bölls viel diskutierter Formel vom »Krieg von 6 gegen 60.000.000« (Böll, 55).

Leitmotivisch zieht sich die Vorstellung einer ebenso leidenschaftlichen wie verhängnisvollen Verbindung von Eros und Thanatos im Innersten der RAF durch die (Selbst-) Darstellungen der Gruppe: So wecken die Fotos des Liebespaares Baader und Ensslin im Brandstifterprozess und auf der Flucht in Paris fast unweigerlich diese Assoziation, und auch die sexualisiert-aggressive Sprache der ersten Generation verweist plakativ hierauf. In den Boulevardmedien reduziert sich die Berichterstattung über den Terrorismus vielfach auf reißerische Sex-and-Crime-Storys, wie schon Böll in *Katharina Blum* kritisiert. Auch werden die RAF-Mitglieder oftmals unter Hinzuziehung anderer kulturgeschichtlich aufgeladener Figuren in diesem Sinne weiter ausgestaltet: Baader als Che Guevara ähnlicher proletarischer Macho (oder alternativ auch als selbstverliebter Dandy), Ensslin und Meinhof als schwarzromantische Femmes fatales (Meinhof komplementär auch als Femme fragile bzw. keusche Heilige Teresa von Ávila oder jungfräuliche Gottesmutter Maria). Baader und Ensslin werden in einem popkulturellen Referenzrahmen wie etwa in *Rosenfest* und *Baader* zudem vielfach mit dem US-amerikanischen Gangsterpaar Bonnie Parker und Clyde Barrow parallelisiert und damit in dem Narrativ der unbedingten, erst mit dem Tod endenden Amour fou zwischen zwei von der Obrigkeit gejagten Outlaws beide Mythologeme verbunden.

Kritik und Arbeit am RAF-Mythos

Ob es einen Mythos RAF überhaupt gebe, geben dürfe, wenn ja, worin dieser bestehe und wie er zu bewerten sei, ist Anlass anhaltender kontroverser Diskussionen. Die Brisanz dieses Schlagwortes zeigt sich eindrücklich an der Ausstellung *Zur Vorstellung des Terrors. Die RAF* (2005) in den Berliner Kunst-Werken, deren anfänglicher Arbeitstitel *Mythos RAF* eine breite, stark polarisierte Diskussion auslöste. Die massive Ablehnung, die eine Beschreibung der RAF als Mythos hervorruft, erwächst dabei zumeist aus einem alltagssprachlichen Verständnis von Mythos, das hiermit Überhöhung, Glorifizierung, Idealisierung konnotiert, mithin also eine unreflektierte positive Affirmation. Während in diesem Verständnis ein politischer Rest unterstellt wird, nämlich der einer weiterwirkenden und einzudämmenden Gefahr militanten Widerstands, entzündet sich gegenläufig dazu auch Kritik daran, dass mit der Rede vom Mythos der politische Gehalt überdeckt werde bzw. verloren gehe (Bar, 251–254). Mit diesen Zurückweisungen einer Auffassung der RAF als Mythos geht zumeist die Forderung nach Aufklärung einher, wahlweise verstanden als objektive, neutrale Faktentreue oder verbale Eindeutigkeit und klare Positionierung. Dieser undialektisch gedachte Anspruch greift jedoch zu kurz, ist doch der Mythos Terrorismus »Signal für das Unbewältigte der Zeitgeschichte. Und dieses Unbewältigte lässt sich nicht äußerlich in Entmythisierung überführen. Aufklärung über den Mythos schließt ein, sich auch seiner Faszinationsgeschichte zu vergewissern – nicht affirmativ, sondern begreifend« (Preußer, 83).

Im ›Alltagsmythos‹ RAF ist das Reale der geschichtlichen Fakten und Ereignisse kaum noch direkt und präzise, sondern nur mehr in einer zweiten Sprache der uneigentlichen, mythischen Bilder erfassbar (Bar, 221 f., 254 f.). Insofern leisten neuere künstlerische Arbeiten, die ihren Gegenstand von vornherein als mythisch markieren und anerkennen, erkenntniskritisch wichtige ›Arbeit am Mythos‹ (Hans Blumenberg). Indem sie, oft mit einem popkulturell geschulten Gespür für den Reiz der Oberfläche, das Artifizielle, Inszenierte und Uneigentliche, die zirkulierenden Klischees und Versatzstücke der RAF aufgreifen und im Zuge einer ausgeprägten medialen Selbstreflexion ihre und andere Geschichte(n) der RAF als gemachte deutlich werden lassen, richten sie die Aufmerksamkeit darauf, wie und wozu im RAF-Mythos politische, gesellschaftliche und kulturelle Positionen generiert, tradiert, modifiziert und instrumentalisiert werden.

Lit.: St. Aust, Der Baader-Meinhof-Komplex, Hamburg ⁹2008. – H. Balz, Der ›Sympathisanten‹-Diskurs im Deutschen Herbst, in: Terrorismus in der Bundesrepublik. Medien, Staat und Subkulturen in den 1970er Jahren, hg. von K. Weinhauer u. a., Frankfurt a. M./New York 2006, 320–350. – C. Baumann, Mythos RAF. Literarische und filmische Mythentradierung von Bölls *Katharina Blum* bis zum *Baader-Meinhof-Komplex*, Paderborn 2012. – H. Böll, Will Ulrike Gnade oder freies Geleit?, in: Der Spiegel 10.1.1972, 54–57. – M. Galli/H.-P. Preußer (Hg.), Mythos Terrorismus. Vom Deutschen Herbst zum 11. September, Heidelberg 2006. – ID-Verlag (Hg.), Rote Armee Fraktion. Texte und Materialien zur Geschichte der RAF, Berlin 1997. – G. Koenen, Vesper Ensslin Baader. Urszenen des deutschen Terrorismus, Köln 2003. – W. Kraushaar (Hg.), Die RAF und der linke Terrorismus, 2 Bde., Hamburg 2006. – Ders., Mythos RAF. Im Spannungsfeld von terroristischer Herausforderung und populistischer Bedrohungsphantasie, in: Kraushaar 2006, Bd. 2, 1186–1210. – H. Münkler, Sehnsucht nach dem Ausnahmezustand. Die Faszination des Untergrunds und ihre Demontage durch die Strategie des Terrors, in: Kraushaar 2006, Bd. 2, 1211–1226. – H.-P. Preußer, Warum *Mythos* Terrorismus? Versuch einer Begriffsklärung, in: Galli/Preußer, 69–83. – K.-H. Stamm, Die Botschaft der Medien. Zur Dialektik von ›revolutionärer Gewalt‹ und Öffentlichkeit, in: K. Hartung u. a., Der blinde Fleck. Die Linke, die RAF und der Staat, Frankfurt a. M. 1987, 49–61.

Charis Goer

Résistance/Resistenza/Widerstand

Nationalsozialismus und Faschismus haben in allen europäischen Ländern Gegenbewegungen in Form von kollektiv organisierten Widerstandsgruppen oder Einzelkämpfern hervorgerufen, die sich der deutschen Besatzungsmacht oder der eigenen Kollaborationsregierung zu widersetzen versuchten. Der Widerstand reichte von Flugblattaktionen über humanitäre Hilfe bis zu bewaffneten Sabotageaktionen. Nach Beendigung des Krieges spielte die Erinnerung an diesen Widerstand vor allem für Deutschland, Italien und Frankreich eine zentrale Rolle in Hinblick auf die Gestaltung ihrer Zukunft. Der Beweis, dass sie zu einem friedfertigen Europa bereit waren, musste durch ihre Haltung gegenüber der Vergangenheit und insbesondere gegenüber dem ↗Holocaust erbracht werden. In diesem identitätsbildenden Prozess waren die Widerstandsbewegungen der maßgebliche Anknüpfungspunkt und die Grundlage für eine antifaschistische Tradition (Ueberschär, 5). In Deutschland sah sich der Widerstand mit einem gesamtgesellschaftlichen Konsens und schärfsten Repressalien konfrontiert und war daher nur in stark fragmentierter Form einzelner Personen und isolierter Gruppen möglich. In Frankreich hingegen stellte der abrupte Übergang zur Kollaboration nach der schnellen Niederlage im Mai 1941 einen Bruch im politischen System dar. Die Résistance erhielt außerdem Unterstützung von der durch General de Gaulle koordinierten Exilregierung. Die Resistenza in Italien setzte erst Ende 1943 nach dem Bruch mit Nazideutschland und der anschließenden Besatzung des Landes durch die Wehrmacht ein. Bis dahin hatte Italien von Anfang an mit Nazideutschland kollaboriert, da das Land, diktatorisch regiert durch Benito Mussolini, schon lange in faschistischer Tradition stand. Diese unterschiedlichen Gestaltungen des Widerstandes haben retrospektiv auch die Funktionalisierung des Phänomens beeinflusst: Das mythische Deutungsspektrum von Résistance, Resistenza und Widerstand reicht von der Heroisierung Einzelner oder eines Kollektivs bis zur Verurteilung der Beteiligten. Polyvalente Diskurse tragen zum mythischen Potenzial des Phänomens bei, das sich an drei Merkmalen beschreiben lässt: 1. an der fortwährenden Instrumentalisierung des Widerstandes für politische Zwecke, 2. an der hohen medialen Präsenz der Thematik, in der sowohl Wandel als auch Beständigkeit des Mythos zum Ausdruck kommen, und 3. an der Funktionalisierung des Phänomens als Ursprungserzählung.

Politische Instrumentalisierung: Gaullismus, memoria (con)divisa und 20. Juli 1944

In Frankreich wird die Résistance noch während des Krieges und insbesondere im ersten Nachkriegsjahrzehnt als einheitliche Bewegung gedeutet. Frankreich sei ein Volk von Widerstandskämpfern gewesen, das sich selbst aus den Zwängen der Nationalsozialisten befreit habe (Rousso, 30 ff.). Attentismus und Kollaboration wurden hingegen für lange Zeit aus der Erinnerung ausgeklammert. Als mythische Gründungsfigur der Résistance fungiert Charles de Gaulle, der einen ›Résistance-Mythos‹ bewusst politisch erzeugt und dadurch die Weichen für seine Präsidentschaft gelegt hat. Sein Appell vom 18. Juni 1940, in dem er von London aus zum Widerstand aufruft, wird zu einem mythischen Text (Flood, 220 ff.). Nach Ende der De Gaulle-Ära in den 1970er Jahren wird der Mythos einerseits verstärkt, andererseits aber vorübergehend vom Kollaborationsmythos dominiert, als die Verbrechen der Kollaboration aufgedeckt und in den 1980er Jahren offiziell anerkannt werden (Anerkennung der Mitschuld am Holocaust durch Jacques Chirac). Konjunkturen erlebt der Mythos immer wieder, z. B. durch seine Funktionalisierung im Zuge von Präsidentschaftswahlen. Als prominentes Beispiel ist die Pantheonisierung des Résistance-Kämpfers Jean Moulin zu nennen, die de Gaulle 1964, ein Jahr vor den Präsidentschaftswahlen, veranlasste. »On célèbre le mort pour mieux célébrer le vivant«, kommentiert später der Historiker Henry Rousso das Medienereignis, durch das die Résistance in das nationale Erbe aufgenommen wurde (Rousso, 115). Die historische Aufarbeitung der Résistance erfolgte erst durch einen Anstoß von außen: Der amerikanische Historiker Robert Paxton (*La France de Vichy*, 1972) zog eine Welle von Nachahmern nach sich, die als ›révolution paxtonienne‹ (Jean-Pierre Azéma) wiederum zur Mythisierung des Phänomens beigetragen hat.

In Italien wird die Resistenza drastischer noch als in Frankreich von kontroversen Bewertungen bestimmt. Unmittelbar nach Kriegsende kann von einer Überhöhung der Resistenza gesprochen werden. Man orientierte sich vordergründig an Frankreich, bspw. mit der Gründung des *Comitato di Liberazione Nazionale* oder einer *epurazione* der Kollaborateure, um die Selbstbefreiung des Landes durch die Partisanen zu unterstreichen. Übertriebene Zahlenangaben von Resistenza-Kämpfern, die Reduzierung der Kollaboration auf den Begriff »Nazifaschismus« und die Verharmlosung Mussolinis als Dilettanten schufen einen Mythos vom ›guten Italiener‹ (Staron, 16). Aber gerade die Nichtaufarbeitung hat zu einer Identitätskrise geführt, die bis heute als Motor des Mythos fungiert. Italien schwankt zwischen *memoria divisa* (geteilte Erinnerung zwischen Anhängern der Resistenza und der breiten Masse) und *memoria condivisa* (faschistische Gruppen kämpfen um die Anerkennung ihres Verdienstes für Italien unter Mussolini) (Lingen, 5f.). Weitere mythisierende Dualismen sind die christdemokratische und kommunistische Instrumentalisierung der Resistenza (Lingen, 11) sowie die unterschiedliche Funktionalisierung des Phänomens in Nord- und Süditalien. Eine Infragestellung des »Mythos des ›sauberen Italienkriegs‹« (Staron, 19) mit dem Verweis auf den *attentismo* der Bevölkerung fand erst in den 1990er Jahren statt. Durch die Koalition der ersten Regierung Silvio Berlusconis mit der neofaschistischen *Alleanza Nazionale* erfährt der Mythos eine erneute Aktualisierung (Prauser, 29f.).

In Deutschland konnte die kollektive Schuld nicht durch die Taten einiger weniger aufgewogen werden, denn »[d]ie Erinnerung an den Widerstand hätte die Lebenslügen vom fatalen Zwang zur Anpassung in Frage gestellt« (Danyel, 227) – Hans Mommsen spricht vom »Widerstand ohne Volk«. Schließlich ruft die Teilung Deutschlands zwei konkurrierende Erinnerungskulturen hervor. Auf diesem ambivalenten Umgang mit dem Phänomen fußt die Entstehung des Widerstandsmythos. Im Rahmen des Ost-West-Konflikts wurde die Frage nach dem ›richtigen Widerstand‹ ausgefochten. Dem kommunistischen Widerstand in der ↗DDR stand jener der konservativen Linken der BRD entgegen. Nach der Wiedervereinigung wurde der 20. Juli 1944, der Tag, an dem der prominenteste Bombenanschlag auf Hitler verübt worden war, als *der* Gedenktag auserkoren und damit »der gesamte Widerstand [...] auf das unmittelbare Geschehen des Staatsstreiches an jenem magischen Datum reduziert« (Danyel, 224), die mythische Narration dadurch auch komprimiert.

Mediale Erscheinungsweisen

Kontinuität und Wandelbarkeit des Mythos zeigen sich in der Medialisierung des Phänomens. Im Bereich des Kinofilms, der in Frankreich und Italien das herausragende Medium des Widerstandsmythos darstellt, sind René Cléments *La Bataille du rail*

(1946) und die beiden neorealistischen Filme *Roma città aperta* (1945) und *Il bandito* (1946) zu nennen, die in der Nachkriegszeit dazu beigetragen haben, den Widerstandskämpfer auf der Leinwand als Helden zu verewigen. In den 1970er Jahren nimmt im Zuge der intensiven Auseinandersetzungen mit der Vichy-Zeit diese heroisierende Perspektive des Widerstandes zugunsten der Kollaborationsproblematik ab. So ist z.B. Marcel Ophüls' Dokufiktion *Le Chagrin et la Pitié* (1969) mit ihrer kritischen Haltung gegenüber der Résistance gerade deshalb paradigmatisch für die Kontinuität des Mythos, weil der Film erst zwanzig Jahre nach seinem Kinodebüt die Rechte für das öffentliche Fernsehen bekam (Rousso, 259–275). Filme, die eine Hommage an die Résistance darstellen und Ikonen der Bewegung zu Helden stilisieren, wie bspw. *Lucie Aubrac* (1997), werden zwar kontrovers diskutiert, funktionieren aber weiterhin. In Italien hat eine Wende in den 1990er Jahren stattgefunden: Der Film *Il portaborse* (1991) setzt sich mit der politischen Instrumentalisierung des Themas auseinander und *La vita è bella* (1997) erinnert an die Mitschuld Italiens am Holocaust. In Deutschland gibt 1982 *Die weiße Rose* von Michael Verhoeven den Auftakt für Filme über den Widerstand. Vermehrt wird aber erst seit der Jahrtausendwende den ›Neinsagern‹ ein Denkmal gesetzt, so in Margarethe von Trottas Film *Rosenstraße* (2003) und Marc Rothemunds Film *Sophie Scholl – Die letzten Tage* (2005). Auch ein US-amerikanischer Film widmet sich der Geschichte eines Deutschen, der sich dem Naziregime widersetzt: Steven Spielbergs *Schindlers Liste* (1993) erzählt die Geschichte des deutschen Industriellen Oskar Schindler, der Hunderten Juden das Leben rettete, und erzielt damit einen außergewöhnlichen internationalen Erfolg. Außerdem widmen sich in allen drei Ländern unzählige Reportagen mit Interviewcharakter der Thematik.

Mythisierende Diskurse finden in Deutschland hauptsächlich in der Literatur statt. Der Roman *Jeder stirbt für sich allein* (1947) von Hans Fallada hatte erst kürzlich mit einer Neuauflage in der ungekürzten Fassung (2011) großen Verkaufserfolg im In- und Ausland. Fiktionale Erzählungen des Widerstands bleiben in Deutschland aber aus Angst vor einer fehlerhaften Aufarbeitung häufig auch problematisch. So wurde erleichtert festgestellt, dass der doppeldeutige Romantitel *Wer wir sind* (2012) von Sabine Friedrich mit »wir« nicht etwa die Deutschen meint, sondern die deutschen Widerstandskämpfer (Spörl, 136). Obwohl es sich um einen fiktionalen Text handelt, mutet er mit seinen 2.000 Seiten eher wie eine enzyklopädische Aufarbeitung der Thematik an. Literarische Kontroversen sind auch in Italien zu beobachten. Der Verleger von Ferdinando Camons Roman *Mai visti sole e luna* (1994) weigerte sich, das Buch mit dem Begriff »Resistenza« zu bewerben (Petersen, 10). Der literarisch-künstlerische Mediendiskurs ruft implizit durch seine Form den Widerstand auf, der von vielen Literaten und Künstlern geleistet wurde. Zahlreiche Dichter waren auch im bewaffneten Widerstand tätig (Louis Aragon, René Char, Elsa Triolet, Primo Levi, Italo Calvino). Ihre Vorbilder waren meist Künstler, die sich während des ↗Spanischen Bürgerkriegs engagiert hatten. Die Vielzahl der zu dieser Zeit entstandenen Werke und ihre zu Ikonen gewordenen Verfasser brachten auch eine Konjunktur von Literaturverfilmungen mit sich (z.B. *Le Silence de la Mer*, 1947, oder *L'Armée des ombres*, 1969, Regie jeweils: Jean-Pierre Melville). Eine personifizierende Reduktion des Mythos in der Öffentlichkeit schlägt sich in der häufigen Benennung von Straßen, Plätzen und öffentlichen

Einrichtungen nach diesen Personen nieder. Fast in jeder Stadt tragen Schulen den Namen ›Geschwister Scholl‹ oder ›Jean Moulin‹.

Nationaler und europäischer Gründungsmythos

Résistance, Resistenza und Widerstand sind in zweifacher Hinsicht als Gründungsmythos zu verstehen. Einerseits werden sie als Ursprungserzählung nationaler Identität (↗Nation) gedeutet, andererseits als völkerverbindendes Phänomen, das den Übergang in ein modernes, demokratisches ↗Europa markiert. Mit der Lichtmetaphorik, »der Flamme des französischen Widerstands, die nicht erlöschen darf und wird«, knüpft de Gaulle an die Epoche der französischen Aufklärung an und erinnert an die in der ↗Französischen Revolution errungenen Werte der Freiheit, Gleichheit und Brüderlichkeit, auf denen Frankreichs nationale Identität basiert. Seine Nachfolger greifen die Symbolik in ihren Wahlkampf- und Inaugurationsreden auf und setzten das Erbe der Résistance gleichzeitig in einen europäischen Kontext (vgl. Nicolas Sarkozys Rede vom 31.3.2012, in der er den Widerstand nicht als Heldentat Einzelner, sondern als natürliche Notwendigkeit einer ganzen Generation bezeichnet). Auf eine noch weiter zurückreichende Gründungsepoche französischer Kultur greift der Dichter Louis Aragon zurück, der die Wurzeln der Résistance in der mittelalterlichen Tradition sucht und sie damit als quasi naturhaftes Phänomen definiert. In der Bundesrepublik trägt die Metapher vom »besseren« oder »anderen« Deutschland (Danyel, 232) dazu bei, den Widerstand als Fundament für die Neugründung der Nation zu betrachten. »Der erzielte ›Gründungskonsens‹ wurde Grundlage für die Neudefinition nationaler Identität und formte dessen moralisch-gesellschaftliche Basis« (Lingen, 1). Einen primordialen Anknüpfungspunkt bildet der Widerstand auch für die nationale Identität Italiens: So sei die Verfassung aus dem Geiste der Resistenza entstanden. Die Tendenz zur Gleichsetzung von ›demokratisch‹ und ›antifaschistisch‹ verweist hier auf die Funktion des Resistenza-Mythos zur Selbstbeschreibung der Moderne (Petersen, 5 ff.). Zunehmend wird die Opposition gegen Faschismus und Nationalsozialismus auch als gesamteuropäisches Phänomen behandelt. Beispielhaft für die Bedeutung von Résistance, Resistenza und Widerstand als europäischer Gründungsmythos ist das weltweit berühmte *Tagebuch der Anne Frank*, das »symbolisch für das Leben und die Hoffnung gegen die Unterdrückung« (Vree, 350) steht und vielfach als Symbol des Widerstandes gedeutet wird. Der Widerstand als konkrete Bewegung weicht damit einem moralischen Selbstverständnis, die nationale Auslegung einer europäischen Sinngebung.

Lit.: J. Danyel, Der 20. Juli, in: Deutsche Erinnerungsorte, hg. v. E. François/H. Schulze, Bd. 2, München 2001, 220–237. – C. Flood, Political Myth. A Theoretical Introduction, New York u. a. 2002, 195–234. – K. v. Lingen, Gründungsmythos und nationales Gedächtnis. Wiedergeburt der italienischen Nation in der Resistenza, 2013, http://portal-militärgeschichte.de/lingen_gruendungsmythos.pdf. – J. Petersen, Mythos Resistenza, in: Zibaldone. Schwerpunkt Resistenza 1943–1945. Widerstand in Italien, 1995, 5–18. – S. Prauser, Italien.»Resistenza« gegen Faschismus und Nationalsozialismus 1943–45, in: Handbuch zum Widerstand gegen Nationalsozialismus und Faschismus in Europa 1933/39 bis 1945, hg. v. G. Ueberschär, Berlin 2011, 21–30. – H. Rousso, Le syndrome de Vichy. De 1944 à nos jours, Paris 1990, 259–275. – G. Spörl, Das große Nein, in: Der Spiegel (40) 2012, 134–136. – J. Staron, Fosse Ardeatine und Marzabotto. Deutsche Kriegsverbrechen und *Resistenza*. Geschichte und nationale Mythenbildung in

Deutschland und Italien (1944–1999), Paderborn 2002. – G. Ueberschär, Deutsches Reich. Gegner des Nationalsozialismus im »Dritten Reich« 1933–1945, in: Handbuch zum Widerstand gegen Nationalsozialismus und Faschismus in Europa 1933/39 bis 1945, hg. v. G. Ue., Berlin 2011, 3–19. – F. v. Vree, »Anne Frank«, in: Europäische Erinnerungsorte, hg. v. P. den Boer, München 2012, Bd. 2, 345–352.

Jennifer Roger

Rhein

Das mythische Potenzial des Rheins, seit Martial auch als »Vater Rhein« verehrt (Kempter, 14), wird im 19. Jahrhundert entdeckt. Lange Zeit als Fluss- und Weingott besungen, wird er nun als Landschaft idealisiert, als Hüter und Beschützer personalisiert sowie als nationaler Mythos sakralisiert. Im 20. Jahrhundert verlagert sich der mythische Inhalt von der Rheinromantik, die nur noch in Karnevalsliedern eine Rolle spielt, zur Rheinökonomie (↗Wirtschaftswunder).

Ästhetisierung

Der Rhein als Landschaft, besonders das Rheintal zwischen Bingen und Bonn, wird von Engländern auf Bildungsreise entdeckt. Als bedeutender europäischer Strom findet er zwar schon seit der Antike Beachtung, neu ist in der Moderne jedoch die fast sakrale Verbindung von kraftvoller Natur – wie am Rheinfall bei Schaffhausen – und Geschichtsträchtigkeit zu einem nationalen Mythos (Böschenstein, 24 f.). Im Zuge der preußischen Restaurationsmaßnahmen im mittleren Rheintal wird die Rheinlandschaft wie keine andere mit Deutschland assoziiert, u. a. ist für Schlegel das Zusammenspiel von Zivilisation und Landschaft in der Burg spezifisch deutsch (Münkler, 405). Rhein, Romantik und Deutschland sind letztlich untrennbar miteinander verbunden (Dieterle, 99).

Personalisierung

Die Bezeichnung als »Vater Rhein« ist Ausdruck der romantischen Mythisierung und greift auf die archaische Wahrnehmung von Flüssen als männliche Götter zurück (Böschenstein, 26). Ende des 18. Jahrhunderts wird dies, wie in Hölderlins Hymne *Der Rhein* (1801), um das Bild des Flusses als Symbol des Lebenslaufes erweitert. Der Rhein gilt so als erhaltender Beschützer, Hüter und tatsächlich als Vaterfigur, wie in Brentanos *Das Märchen von dem Rhein und dem Müller Radlauf* (1846 posth.). Joseph von Eichendorffs Roman *Ahnung und Gegenwart* (1815) beschreibt das Rheinwasser auch als ein »verwandtes, individuelles Lebendiges« und somit nicht als Todesverlockung (Böschenstein, 30). Im Gegensatz dazu steht allerdings Brentanos Legende der *Loreley* (1800), in der die Strudel und der Echoeffekt am Loreley-Felsen zum tödlichen Gesang einer modernen Sirene werden. Zum Dionysos wird der Rhein als Schutzgeist der Rheinweine, was sich auch in einer umfassenden Verarbeitung des romantischen Mythos in Moritz von Schwinds Gemälde *Der Rhein mit seinen Nebenflüssen* (1847/48) zeigt. Mit der zunehmenden Nutzung als Verkehrsader verliert die Rede vom »Vater Rhein« jedoch an Bedeutung und wird erst wieder von der Umweltbewegung aufgegriffen. Als kranker Mann auf der Intensivstation steht er für die ökologische Katastrophe der Verschmutzung, Begradigung und industriellen Ausbeutung des Flusses (Böschenstein, 48).

Sakralisierung und Nationalisierung

Seit den Napoleonischen Kriegen weckt der Rhein als nationales Symbol patriotische Gefühle. So evoziert Speyer als Ort der Grablege der salischen Kaiser eine romantisch-deutsche Reichsidee und avanciert zum Symbol des alten deutschen Kaiserreichs (Münkler, 399). Nationalepische Vereinnahmung erfährt der Rhein durch das Nibelungenlied, das den Nibelungenschatz bei Worms verortet. Max von Schenkendorf greift dies während der Befreiungskriege in seinem *Lied vom Rhein* (1814) auf: Erst die Bergung des Schatzes ermöglicht die Wiederherstellung des Deutschen Kaisertums, als dessen Hüter der Rhein verstanden wird. Nibelungenhort und Rhein werden so zum Sinnbild der deutschen Macht. Und in ↗Wagners *Rheingold* (1869) – hier wird der Nibelungenschatz sogar titelgebend mit dem Rhein verbunden – hängt schließlich das Wohl der Welt davon ab, den Hort zurück zum Rhein zu bringen.

Zum Streitobjekt wird der Rhein zwischen Deutschland und Frankreich in der *bataille lyrique* (vgl. Suckow) der 1840er Jahre. Der Rhein wird hier politisch instrumentalisiert und symbolisiert eine gegen Frankreich gerichtete ↗Freiheit (Münkler, 392), die zur Einigung des Reiches führen soll (Nikolaus Beckers *Rheinlied:* »Sie sollen ihn nicht haben / Den freien deutschen Rhein« (Silcher/Erk, 93) und Schneckenburgers *Wacht am Rhein*, beide von 1840). Denkmalpolitische Prestigeprojekte wie das Niederwalddenkmal bei Rüdesheim und das Reiterstandbild Wilhelm I. am Deutschen Eck, Mahnmal der Wiedervereinigungen 1871 und 1990, tragen zur Nationalisierung des Rheins und des Rheinlandes bei. Das Rheinland als deutsches Kernland etabliert sich mit der Industrialisierung zudem als wirtschaftliches Zentrum. Und schließlich werden die rheinischen Industriegebiete zum Motor des Wirtschaftswunders und verwandeln den romantischen so in einen »eisernen Rhein« (Cepl-Kaufmann, 307).

Deutscher, französischer und europäischer Strom der Moderne

Als Fluss ist der Rhein einerseits ein trennendes Element (Quelle und Mündung, rechtes und linkes Ufer), andererseits dient er als Verkehrsweg der Verbindung und markiert von der Antike bis in die Moderne eine Kulturkontaktzone der von ihm getrennten Gebiete. Sein Verlauf selbst wird dabei mit dem Lebenslauf eines Menschen assoziiert und ist Ausdruck der Individualisierung in der ↗Moderne. So forme sich in den Alpen seine »Bahn brechende Persönlichkeit« (Honold, 333), die Sinnbild der persönlichen Freiheit sei. Nach vielfachen Richtungsänderungen komme er ab Basel zur Ruhe und müsse erst im mittleren Rheintal, seiner Midlife-Crisis, seinen Willen noch einmal unter Beweis stellen.

Ernst Moritz Arndts Traktat *Der Rhein, Teutschlands Strom, aber nicht Teutschlands Gränze* (1813), der auf der Sprachgrenze als einzig gültiger Grenze pocht, macht als

Beispiel der deutschen Nationalisierung des Rheins den Gegensatz zur französischen Perspektive deutlich, der zufolge der Rhein die natürliche Grenze Frankreichs ist (Cloots, 53); für Danton sind alle Grenzen Frankreichs mit Rhein, Alpen, Pyrenäen und dem Meer natürlich (Archives parlementaires, 102b), sie erscheinen somit im mythischen Sinne naturgegeben. Das von Mme de Staël geweckte Interesse an Deutschland und seiner Kultur führt zwar zunächst dazu, den Rhein und das Rheinland, Reiseziel zahlreicher französischer Intellektueller, als Ausdruck des deutschen Charakters zu betrachten. Hugo, Lamartine, Musset und Apollinaire erahnen jedoch im Rhein die Möglichkeit eines geeinten Europa unter deutsch-französischer Führung: »Die ganze europäische Geschichte [...] spiegelt sich in diesem Strome« (V. Hugo, 193).

Spätestens seit dem Ende des 19. Jahrhunderts wird die Nationalisierung des Rheins auch kritisch betrachtet. Schon Heine bedauert in *Deutschland. Ein Wintermärchen* (1844) den Fluss, der in jedem Gedicht patriotische Gefühle wecken soll. Und Kurt Schwitters befindet ironisch: »Eigentlich ist der Vater Rhein gar kein Vater, sondern ein Fluss« (zit. n. Suckow). Der Rheinmythos wird dessen ungeachtet weitererzählt: Die UNESCO erklärte das mittlere Rheintal als trennende und einende, natürlich wilde und kulturell gebändigte Landschaft 2002 zum Weltkulturerbe.

Lit.: Archives parlementaires de 1787 à 1860, t. 58. – G. Cepl-Kaufmann/A. Johanning, Mythos Rhein. Kulturgeschichte eines Stromes, Darmstadt 2003. – A. Cloots, Oeuvres II, München 1980. – R. Böschenstein, Der Rhein als Mythos in Deutschland und Frankreich, in: Wessen Strom? Ansichten vom Rhein, hg. v. L. Decloedt, Amsterdam 2001, 23–48. – B. Dieterle, Der Rhein. Landschaft, Kultur, Literatur, in: KulturPoetik 1 (2001) 96–113. – A. Honold, Der Rhein. Poetik des Stroms zwischen Elementarisierung und Domestikation, in: Anglia 126 (2008) 330–344. – Victor Hugo's sämmtliche Werke. Der Rhein. Briefe an einen Freund, Th. 1, hg. v. J. V. Adrian/W. Wagner. Frankfurt a. M. 1842. – L. Kempter, ›Vater Rhein‹. Zur Geschichte eines Sinnbildes, in: Hölderlin-Jahrbuch 19–20 (1977), 1–35. – H. Münkler, Die Deutschen und ihre Mythen. Berlin 2009. – F. Silcher/F. Erk, Allgemeines Deutsches Kommersbuch, Lahr 1914. – D. Suckow, www.bpb.de/geschichte/zeitgeschichte/geschichte-im-fluss/135684/deutscher-rhein-franzoesischer-rhein (2.4.2014).

Jakob Peter

Robinson Crusoe

Robinson Crusoe, die Figur des Mannes auf der einsamen Insel, ist einer der wirkmächtigsten Gründungsmythen der modernen bürgerlichen Kultur (vgl. Watt 1996). Davon zeugt, neben der Übersetzung von Daniel Defoes englischem Roman *The Life and Strange Surprising Adventures of Robinson Crusoe* (1719) in fast jede Sprache der Welt, die vielfältige internationale Tradition der Bearbeitungen, die von nachahmenden Abenteuergeschichten und Robinsonaden bis zu komplexen Um- und Weiterdichtungen in den unterschiedlichsten Genres und Medien reicht. Konstant bleibt bei aller Variation die Feier menschlicher Überlebenskunst, aber auch die Frage nach den Formen der Subjektivierung, die mit sich verändernden ökonomischen und kulturellen Bedingungen einhergehen. Der prototypisch realistische Charakter des Textes ergibt sich dabei weniger aus Defoes Treue zu seinen Vorlagen, sondern vor allem aus der durch

Herausgeberfiktion und Anleihen bei Autobiografie und Tagebuch überzeugenden Herstellung einer ›wahren Geschichte‹, welche eine ökonomisch, epistemologisch und sozial im Wandel begriffene Gegenwart analysierte (vgl. Watt 1957).

Ökonomischer Individualist

Neugestaltungen des Robinson Crusoe greifen Themen und Fragen auf, die in Defoes Text bereits angelegt sind: körperliche, emotionale und mentale Isolation als Voraussetzung für das Durchspielen neuer Identitäts- und Gesellschaftsentwürfe, Flucht und Erlösung, die Beziehung des Menschen zu Natur und Gesellschaft, zu unterschiedlichen Kulturen sowie die Ideologie des Imperialismus. Immer wieder neu arbeiten sich Adaptionen an den Aporien von Defoes Text ab, der je nach Blickwinkel als abenteuerlicher Reisebericht, als religiöse Allegorie, als *Do-it-yourself*-Handbuch, ökonomische oder imperialistische Parabel gedeutet wird (vgl. Bieber). Im Kontext aufklärerischer und frühkapitalistischer Werteumbrüche und einer zunehmenden sozialen und geografischen Mobilität verkörpert Robinson Crusoe sowohl den robusten Individualismus eines englischen Grundbesitzers als auch ein monarchistisches Verlangen nach Ordnung und Kontrolle über das Herrschaftsgebiet seiner Insel. Er illustriert das kapitalistische Ideal des Erwerbs und der Produktion von Gütern, doch auf seiner Insel sind monetäre Güter wertlos. Die Insel repräsentiert Verlust wie auch Fülle, sie ist Ort der Verbannung und der Zuflucht. Robinson Crusoe rettet die Überreste der englischen Zivilisation aus dem Schiffswrack und lebt ein Leben in paradigmatisch-bürgerlicher Respektabilität (er besitzt Hund und Katze, spaziert mit einem Sonnenschirm über die Insel und projiziert seine Ängste auf als Kannibalen entworfene Fremde); gleichzeitig ist er Repräsentant des natürlichen Menschen, der mit bloßen Händen um sein Überleben kämpft (vgl. James).

Kolonialismus- und Zivilisationskritik

Zur Zeit der durch Expansions- und Handelsinteressen getragenen Cook-Expeditionen in die Südsee im 18. Jahrhundert inszenieren Bearbeitungen des Crusoe-Stoffes die kulturelle Überlegenheit der Europäer in abenteuerlichen Reiseberichten über fremde Völker (↗Wilde). Daneben stehen frühaufklärerische Gesellschaftsutopien wie Johann Gottfried Schnabels *Wunderliche Fata einiger Seefahrer* (1731–43). Von Ludwig Tieck bearbeitet, erscheint der Text 1828 unter dem sehr viel bekannteren Titel *Insel Felsenburg*. Während des 19. Jahrhunderts war die Mythisierung des Robinson Crusoe vor allem von der praktischen Instruktion in der Tradition Rousseaus geprägt. In seinem Erziehungsroman *Émile* (1762) empfiehlt Rousseau eine gekürzte Version des Textes als beste Abhandlung über die natürliche Erziehung des Menschen. Rousseaus Fürsprache lancierte Defoes Text ins Zentrum einer von aufklärerischen Werten beflügelten Welle der Kinderliteratur. Im weiteren Verlauf des 19. Jahrhunderts prägte die koloniale Expansion die Mythisierung des Robinson Crusoe, z.B. in R.M. Ballantynes populärer Robinsonade *The Coral Island* (1858) oder Jules Vernes fortschrittsgläubiger Variante *L'Île mystérieuse* (1874/75). Eine kritische Betrachtung des Mythos nahm ihren Ausgangspunkt in Marx' Überzeugung, dass die Geschichte des Robinson Crusoe der sozialen Natur des Menschen widerspreche. Prominentes und selbst weiter adaptiertes Beispiel für neuere englischsprachige Bearbeitungen in einer zivilisationskritischen Tradition ist William Goldings Dystopie *Lord of the Flies* (1954), die den aus sozialen Regeln befreiten Menschen als Gewaltwesen vorstellt.

Insbesondere postkoloniale Bearbeitungen wie Jack Golds Film *Man Friday* (1975), Michel Tourniers *Vendredi*-Romane (1968, 1987), Caleb Deschanels Filmdrama *Crusoe* (1989) über den Sklavenhandel in den amerikanischen Südstaaten oder die Gedichte, Dramen und Essays des karibischen Autors und Literaturnobelpreisträgers Derek Walcott (*The Castaway, and Other Poems*, 1965; *Pantomime*, 1980; *The Figure of Crusoe*, 1965) werfen ein kritisches Licht auf die imperialistischen Tendenzen des europäischen Jedermann, der auf einer fernen Insel ein Königreich erschafft.

Erst seit dem ausgehenden 20. Jahrhundert findet die androzentrische Qualität des Mythos kritische Beachtung: Unter Berücksichtigung der häufig übersehenen kulturellen und geschlechtsspezifischen Codierungen, denen der Mythos unterliegt, kritisieren Jane Gardams *Crusoes Daughter* (1986), Barbara Einzigs *Robinson Crusoe; A New Fiction* (1983) und J. M. Coetzees *Foe* (1986) die Vorstellung einer sich selbst generierenden, individuellen Autonomie. Diese neuen Texte knüpfen jedoch an eine weitgehend vergessene Tradition weiblicher Crusoe-Figuren aus dem 18. Jahrhundert an, welche die Autorisierung der Handlungsmacht von Frauen beförderten (vgl. Owen).

Robinson Crusoe-Figuren finden sich überall. Sie stehen im häufig transkulturellen Horizont erneut tief greifender ökonomischer, sozialer und epistemologischer Transformationen. Sie suchen Antworten auf den globalisierten Kapitalismus (↗Globalisierung) und seine Kräfte der Subjektformation, so wie Robert Zemeckis' Hollywoodproduktion *Cast Away* (2000), die den Mythos mit einer Mischung aus Zivilisationskritik und einer neoliberalen Feier des aus politischen und sozialen Kontexten scheinbar enthobenen uramerikanischen, letztlich unternehmerischen Selbst belebt. Sie hinterfragen moralische Universalismen und vermeintlich selbstverständliche Vorstellungen von eigener und fremder Identität sowie von sozialem Zusammenleben, wie die US-Fernsehserie *Lost* (2004–10), die über transmediale Erzählformen wie begleitende Webseiten, Videospiele und zusätzliche Kurzepisoden auch stark von ihrer engen Bindung an die Fans lebt. Oder sie formulieren, wie die Videoarbeit des Kanadiers Rodney Graham *Vexation Island* (1997), eine künstlerische Einladung zur Auseinandersetzung mit bekannten Narrativen sowie mit den Funktionsweisen der Wahrnehmung und der Erkenntnis. Darüber hinaus bieten Science-Fiction-Formate und postapokalyptische Szenarien weitere Projektionsflächen für zivilisatorische Sehnsüchte und Ängste.

Lit.: A. Bieber u. a. (Hg.), Angeschwemmt – Fortgeschrieben. Robinsonaden im 20. und beginnenden 21. Jahrhundert, Würzburg 2009. – L. James, Unwrapping Crusoe. Retrospective and Prospective Views, in: Robinson Crusoe. Myths and Metamorphoses, hg. V. L. Spaas/B. Stimpson, New York 1996, 1–9. – K. Marx, Das Kapital, Hamburg 1867, 1. Kap. – C. M. Owen, The Female Crusoe. Hybridity, Trade and the Eighteenth Century Individual, Amsterdam 2010. – I. Watt, The Rise of the Novel. Studies in Defoe, Richardson and Fielding, London 1957, 60–92. – Ders., Myths of Modern Individualism. Faust, Don Quixote, Don Juan, Robinson Crusoe, New York 1996, 141–192, 228–242.

Antje Kley

Rom

Die Stadt Rom in Mittelitalien (lat. u. ital. *Roma*) blickt auf eine wechselvolle Geschichte von fast drei Jahrtausenden zurück. Die Kleinstadt entwickelte sich seit dem 3. Jahrhundert v. Chr. durch eine Reihe von Eroberungskriegen zum Zentrum des *imperium Romanum*, später blieb der Sitz des Bischofs von Rom Zentrum der Kirche bzw. des Kirchenstaates (vgl. Hibbert). 1871 wurde Rom schließlich die Hauptstadt des im Zuge des Risorgimento entstandenen Nationalstaates Italien. Nicht nur die Stadt Rom selbst, sondern auch das antike römische Reich bezeichnet man als Rom. Die mythischen Qualitäten der Stadt und des antiken Weltreiches Rom sind oft nicht deutlich voneinander zu trennen. Diese Unschärfe wird gerade für Rom als modernen Mythos kennzeichnend bzw. macht ihn besonders effektiv. Die zentralen Aspekte des Rom-Mythos bilden sich bereits in Antike und Mittelalter heraus und werden in der Moderne in den verschiedensten Kontexten und Medien immer wieder neu gedeutet und verwendet. Kennzeichnend für den Rom-Mythos in der Moderne ist, dass diese Aspekte stärker als zuvor reflektiert, problematisiert und ironisch gebrochen werden (Czapla/Fattori, 10–12).

Herrschaft und Legitimation

Rom ist vor allem zu einem Gründungs- und Legitimationsmythos für Herrschaftskonstruktionen mit universalem Anspruch geworden. Dies geschah vielfach durch die Suggestion konkreter Nachfolge (das Heilige Römische Reich Deutscher Nation), auch ohne jede geografische Kontinuität (Konstantinopel als Zweites Rom, Moskau als Drittes Rom; Kytzler, 127–256). Trotz der Vielfalt der Erscheinungsformen und -kontexte bleiben Kernbestandteile des römischen Herrschaftsmythos bis in die Moderne konstant. Ein Rückgriff auf Rom zur Legitimation der eigenen Herrschaft impliziert in der Regel für diese Herrschaft einen Universalitätsanspruch, die Gründung der Herrschaft auf dem Recht und einen ordnenden Gestaltungswillen (Giardina/Vauchez, 9). Im 20. Jahrhundert war es insbesondere das faschistische Italien, das die Nachfolge des antiken römischen Reiches ideologisch für sich beanspruchte. Gerade auch der kolonialistische Herrschaftsanspruch des faschistischen Regimes ließ sich durch den Rückgriff auf das einstige römische Weltreich begründen und scheinbar legitimieren (Bondanella, 182 ff.).

Neben solch konkreten Ansprüchen auf die Nachfolge des antiken Rom zeigt sich die Wirkmacht des Mythos in der westlichen Welt vor allem in der römischen Bildsprache der Macht, die sowohl für republikanische wie monarchische Staatsformen der Moderne ein reichhaltiges Arsenal an Symbolen, Riten und Formen lieferte. So sind die phrygischen Mützen der französischen Revolutionäre (↗Französische Revolution) ein Rückgriff auf ein römisches Symbol der Freiheit – schon die Caesarmörder Brutus und Cassius nutzten den sogenannten *pileus*, die Kopfbedeckung des freien Bürgers, als Symbol der Freiheit (*libertas*) auf ihren Münzen (Giardina/Vauchez, 94 ff.). Die *fasces*, Rutenbündel, die im antiken Rom die Macht der höchsten Ämter symbolisierten, finden sich ebenfalls in der Symbolik der französischen Republik und haben im 20. Jahrhundert dem Faschismus seinen Namen sowie ein einprägsames Bildsymbol geliefert.

Vergänglichkeit und Ewigkeit

Eng verknüpft mit dem Herrschaftsaspekt des Rom-Mythos ist die mythische Komponente der Ewigkeit Roms. Der schon antiken Mythisierung Roms als ewige oder sich ewig erneuernde Stadt (vgl. Vergil, *Aeneis*, 1.279, Tibull, *Elegien*, 2.5.23) steht allerdings seit dem Mittelalter ein anderes Bedeutungspotenzial gegenüber und bewirkt die Ambivalenz des modernen Mythos. Durch den Gegensatz zwischen vergangener Größe und gegenwärtigem Verfall, beide gleichermaßen verkörpert in den antiken Ruinen der Stadt, wird Rom auch zu einem Symbol der Vergänglichkeit irdischer Macht und Größe (vgl. die Rom-Elegie des Hildebert von Lavardin aus dem frühen 12. Jahrhundert). Im 19. Jahrhundert reflektieren die Reaktionen der zahlreichen gebildeten Rom-Besucher beide Aspekte des Mythos. Besonders die Vergänglichkeitstopik inspirierte Künstler und Schriftsteller der Romantik: Byron apostrophiert in *Childe Harold's Pilgrimage* Rom als trauernde Mutter, »lone mother of dead empires« (4, 78). Die Idee der ›Ewigen Stadt‹ findet sich nun nicht mehr primär als Hoffnung für die Zukunft, sondern als mythische Erklärung für das Alter und die Überlebenskraft der Metropole. In der Propaganda des italienischen Faschismus spielt der Zukunftsaspekt des Ewigkeitstopos hingegen eine entscheidende Rolle (Pratt, 41 f.). In der kirchlichen und päpstlichen Rhetorik des 20. Jahrhunderts wird die Ewigkeit Roms auch im christlichen Sinne umgedeutet und als Argument für das kirchliche Primat Roms eingesetzt (Pratt, 42 f.).

Tugend und Dekadenz

Mit dem antiken Rom verbindet sich in der modernen Imagination auch ein moralisches Wertesystem, insbesondere durch identitätsstiftende *exempla* römischer Helden, die sich durch typisch römische Tapferkeit und Pflichtbewusstsein auszeichnen. So wurde im faschistischen Italien das Ideal des ›Neuen Mannes‹ mit der Erneuerung der ›römischen Tugenden‹ wie Disziplin, Tapferkeit und Härte verbunden (Bondanella, 176, 192 ff.). Andererseits fungiert das (meist kaiserzeitliche) Rom regelmäßig als Chiffre für Dekadenz und Zügellosigkeit – ein Bild, das heute besonders starken Einfluss auf die populäre Rezeption des Rom-Mythos hat. Die Fernsehserie *Rome* (HBO/BBC, zwei Staffeln, 2005–07) etwa zeichnet ein Bild voller Gewalt, Sex und Exzesse.

Liebe

Der Name *Roma* ist ein Palindrom des lateinischen Wortes *amor* (›Liebe‹). Schon auf dieser Basis wird eine besondere Verbindung zwischen Rom und der Macht der Liebe angenommen, die in der Moderne in immer neuen Deutungen einen Teil des Rom-Mythos ausmacht und die ihn in Konkurrenz mit dem ↗Paris-Mythos treten lässt. Zunächst gedeutet als Hinweis auf die Abstammung des Helden Aeneas von der Liebesgöttin Venus, wird die Präsenz des *amor* in *Roma* später auch als Anwesenheit der christlichen Liebe in Form von Papst und Kirchenzentrale interpretiert bzw. in reformatorischen Kreisen negativ umgedeutet als Beweis der römischen Unmoral (Kytzler, 304 f.). Dem Mythos von Rom als prädestiniertem Ort der Liebe ist immer wieder in verschiedenen Medien neu Form gegeben worden, von den *Römischen Elegien* Goethes (»Eine Welt zwar bist du, o Rom; doch ohne die Liebe / Wäre die Welt nicht die Welt, wäre denn Rom auch nicht Rom«, I.) bis zum Film (*A Roman Holiday*, 1954; *La Dolce Vita*, 1960; *When in Rome*, 2010). Durch die Ironisierung von Klischees, z.B. in Woody Allens Film *To Rome With Love* (2012), wird Rom als mythische Stadt der Liebe zunehmend dekonstruiert.

Lit.: P. Bondanella, The Eternal City. Roman Images in the Modern World, Chapel Hill 1987. – R.G. Czapla/A. Fattori (Hg.), Die verewigte Stadt. Rom in der deutschsprachigen Literatur nach 1945, Bern 2008. – C. Edwards, Writing Rome, Cambridge 2000. – A. Giardina/A. Vauchez, Il mito di Roma. Da Carlo Magno a Mussolini, Rom 2008. – C. Hibbert, Rome. The Biography of a City, London 1985. – B. Kytzler (Hg.), Rom als Idee, Darmstadt 1993. – K.J. Pratt, Rome as Eternal, in: Journal of the History of Ideas 26 (1965), 25–44.

Bettina Reitz-Joosse

Romeo und Julia

Romeo und Julia sind das wohl berühmteste Liebespaar der Welt. Ihre prototypische Umsetzung hat die Liebesgeschichte in ↗Shakespeares Drama *The Most Excellent and Lamentable Tragedy of Romeo and Juliet* gefunden (1597). Mit weiteren prominenten Liebespaaren der Weltgeschichte teilt der Mythos von Romeo und Julias das Motiv der Liebenden, deren Liebesglück durch widrige Umstände beeinträchtigt wird. In diesem Fall ist es das Motiv der verfeindeten Familien Montague und Capulet, denen die beiden Liebenden jeweils angehören. Die Ursprünge der mythischen Erzählung von Romeo und Julia lassen sich grundlegend auf drei Quellen zurückführen: Auf die spätmittelalterliche Sage von Tristan und Isolde, auf Musaios' *Hero und Leander* (5./6. Jh. n.Chr.) und auf die ovidische Geschichte von Pyramus und Thisbe. Ovids *Metamorphosen* stehen dabei über die Thematik hinaus auch für den Modus der Rezeption der tragischen Geschichte um Romeo und Julia ein.

Generell lassen sich folgende Kerngebiete bei allen folgenden Rezeptionen des Romeo-und-Julia-Mythos festhalten: Die Helden sind jugendlich und als solche mit allen Komponenten und Charakteristika ausgezeichnet, die diesem Alter zu eigen sind: energische Leidenschaftlichkeit; Konfrontationspotenzial mit Autoritätsinstanzen (für welche die verbietenden Eltern nur paradigmatisch stehen); Voreiligkeit in Entscheidungen (bspw. die eigentlich vermeidbaren Selbstmorde, hätte eine vernünftige Betrachtung der Umstände stattgefunden). Insbesondere ist die Erzählung von ewiger, treuer Liebe und der Einigungskraft der Liebe entgegen allen widrigen Umständen in einer ansonsten heterogenen Welt prägend. Der Liebestod bedeutet demzufolge kein Ende, sondern er initiiert die Vollendung der Liebe. Vor allem die normsetzende Vorstellung von der Überzeitlichkeit ihrer unangreifbaren Liebe hat dem Mythos einen Rang im universalen Bildungskanon gesichert.

Zwischen Intimität und öffentlicher Angelegenheit

Schon im 16. Jahrhundert erscheinen Romeo und Julia in englischen, französischen und italienischen Aktualisierungen: Luigi Da Porto *Historia novellamente ritrovata di due nobili amanti,* 1524; Pierre Boisteau *Rhomé et Juliette* (Übersetzung), 1559; Arthur Brookes *The Tragicall History of Romeus and Juliet,* 1562. Die öffentlich-kollektive Dimension des Mythos gründet sich auf die jugendliche Auseinandersetzung der beiden Protagonisten, welche unter anderem als ein Abbild der Transformationen des Elisabethanischen Zeitalters gesehen werden konnte, das sich zwischen modernen und traditionellen Weltbildern neu zu positionieren hatte (vgl. Rothe). Romeo und Julia können nicht nur als private Liebeständelei vor Augen gestellt werden, sondern auch als öffentlich bedeutsame Angelegenheit des Gemeinwesens. Auf der einen Seite findet sich eine nahezu überirdische, reine Liebe, und auf der anderen Seite die Verpflichtung gegenüber übergeordneten Instanzen (Familie, städtisches Kommunalwesen) (↗Bollywood). Beide Ebenen proklamieren eine geradezu mythische Macht bzw. unanfechtbare Gültigkeit. Die Tragödie Shakespeares stellt in der Frühen Neuzeit, die von Signaturen der Pluralisierung und Autorität gekennzeichnet ist (Oesterreicher u. a., 13–17), insofern einen exzeptionellen Text dar, als hier Dynamiken und Statiken der Zeit besonders prägnant zutage treten. Die jugendliche Lovestory steht scheinbar dissonant oder diskrepant ›quer‹ zu den etablierten Normansprüchen der Zeit. Tatsächlich aber sind die zeitgenössischen autoritären Muster komplementäre Geltungsansprüche in einem komplexen Zusammenspiel von (privater) Liebe und (öffentlicher) Macht. Die Leitdiskurse der Elisabethanischen Zeit, wie Ökonomie oder Religion, werden durch den vorgeblich rein intimen Bereich der Liebe zur selbstkritischen Reflexion herausgefordert.

Aktualisierungen und Medienwechsel

Durch die Elogen Gotthold Ephraim Lessings in den *Briefen, die neueste Literatur betreffend* sowie durch Schlegels Übersetzungen fasst der Mythos weiter Fuß. »Romeo und Julia« werden zum »Mythus, der die Phantasie immer bannt« (Gundolf, 45). Als lyrische Liebestragödie mit gleichwohl komödiantischen Anteilen ist *Romeo und Julia* auch gattungsbezogen zu mythischen Expansionen geeignet. Besonders bekannt ist Gottfried Kellers Novelle *Romeo und Julia auf dem Dorfe* (1890), welche den adligen Mythos der Liebenden in ein provinzielles Ambiente versetzt. Die ›Intimität‹ der elisabethanischen Liebesgeschichte wird insofern in den Gestus der Überbietung geführt, als das mondäne Setting Veronas nun in ein Dorf transferiert wird. Es ist allerdings gerade diese bukolische Variante von Romeo und Julia, welche das mythische Potenzial der Vorlage Shakespeares noch stärker hervortreibt.

Nicht zuletzt hat das Liebespaar eine bemerkenswerte Karriere in der Filmgeschichte absolviert. Bereits in der Stummfilmzeit sind zwischen 1900 und 1927 rund zwanzig Versionen entstanden. Die berühmteste ist Ernst Lubitschs *Romeo und Julia im Schnee* (1920). Der heißblütige Kampf um Familie, Ehre und Liebe wird hier aus den mediterranen Gefilden in den schneeverwöhnten Schwarzwald verlagert. Allen moderneren Folgeprojekten voran ist dann Franco Zeffirellis Verfilmung von 1968 ein kommerzieller

Erfolg gewesen; zu nennen sind außerdem die Filme zum Thema von Baz Luhrmann (1996) sowie *Romeo Must Die* von Andrzej Bartkowiak (2000) und *Shakespeare In Love* (1998) von John Madden. In der intermedialen Rezeption ist die Geschichte des unglücklich endenden Liebespaares vor allem in der Musik (Oper, Ballett, Symphonien) beliebt gewesen, so u. a. bei Gounod (1867), Tschaikowski (1867), Bellini (1830), Berlioz (1839), Prokofiev (1935), und auch die *West Side Story* von Bernstein (1957) ist in dieser Filiation zu verankern. In den genannten Adaptionen sind es weiterhin die Bedrohungen der zivilen Ordnungen, welche mit der Exzeptionalität einer unangreifbaren Liebe kollidieren und tragische Entscheidungskonflikte generieren. Die Darstellungen in den bildenden Künsten sind zahllos. Nicht nur hat der Text eine Vielfalt von bebilderten Ausgaben inspiriert, sondern es existieren auch wichtige, bahnbrechende Varianten des mythischen bzw. mythologischen Potenzials von Romeo und Julia: So agierte z. B. der Maler William Blake zwischen den Zeitaltern der ausgehenden Aufklärung und der aufkommenden Romantik und war besonders fasziniert vom intim-öffentlichen Antagonismus des Mythos zwischen romantischer Liebe und gesellschaftlicher Pflicht. Die ungebrochene Beliebtheit und das mythische Potenzial von Romeo und Julia lassen sich am ehesten in einer Abwandlung des Filmtitels von Bartkowiak auf den Punkt bringen:»Romeo and Juliet will never die«: Unsterblichkeit der Liebe und Überzeitlichkeit des Mythos werden hier zusammengeführt.

Lit.: Romeo and Juliet, hg. v. J. L. Levenson. Oxford 2000. – G. Frank, Über die Shakespeare-Übersetzerei, München 1995, 8–24. – Fr. Gundolf, Shakespeare und der deutsche Geist, München/Düsseldorf 1959. – O. H. Moore, The Legend of Romeo and Juliet, Columbus (OH) 1950. – W. Oesterreicher u. a., Autorität der Form, Autorisierung, Institutionelle Autorität, Münster 2003. – H. Rothe, Shakespeare als Provokation, München 1961. – I. Schabert, Shakespeare-Handbuch, Stuttgart 1972. – K. P. Steiger, Geschichte der Shakespeare-Rezeption, Stuttgart u. a. 1987.

Angela Oster

Helmut Schmidt

Der Sozialdemokrat Helmut Schmidt (geb. 1928) würde der Frage, ob er sich selbst als ›Mythos‹ ansehe, zweifelsohne mit Verhaltenheit begegnen. Der bundesdeutsche Altkanzler (1974–82) stand einem populistischen Gestus, der womöglich auf persönliche Meriten zielt, stets reserviert gegenüber. Legendär ist seine kolportierte Antwort auf die Frage, was er von politisch-gesellschaftlichen Visionen halte. Schmidt erwiderte darauf: »Wer eine Vision hat, der soll zum Arzt gehen« (u. a. in: *Zeit-Magazin*, 4.3.2010). Von dieser Äußerung, die sich angeblich auf das große sozialdemokratische Vorbild Willy ⁊Brandt bezogen haben soll, hat sich Schmidt in der Folge wiederholt distanziert.

Rationalist und Praktiker

Helmut Schmidt ist gebürtiger Hamburger und als solcher mit allen vermeintlichen oder tatsächlichen Charakteristika des ›kühlen Hanseatentums‹ ausgestattet. Das ver-

hindert nicht, dass er von einem Großteil der deutschen Bevölkerung geradezu warm-
herzig als glaubwürdige Autorität und verlässliche Moralinstanz verehrt wird: »Einem
inzwischen einundneunzigjährigen Kettenraucher wird mehr Vertrauen entgegenge-
bracht als dem Rest der politischen Klasse« (Smoltczyk, 50). Schmidts mythisches
Charisma hat sein Fundament in nur scheinbar mythenfernen Tendenzen, die ihn zu
Beginn seiner Karriere nicht immer zum Sympathieträger prädestinierten. Der nord-
deutsche Protestant galt (und gilt) als strenger Rationalist und Pragmatiker, als Apolo-
get der Empirie, als kühl abwägender Stratege und besonnener, aber weitgehend emo-
tionsloser Analytiker. In der Tat sind Schmidts Reserven gegen womöglich allzu offen
oder pathetisch demonstrierte Gefühle evident. Extraversion oder gar Extravaganz sind
ihm zuwider, es sei denn, sie dienten dazu, soziale Verantwortung zu mobilisieren.

Beispiele für Schmidts Pflichtbewusstsein waren seine engagierten Aktionen als Kri-
senmanager in scheinbar aussichtslosen Situationen. Er bewältigte als Innensenator mit
der von ihm favorisierten praktischen Vernunft (Immanuel Kant gehört zu den von
Schmidt besonders geschätzten Philosophen, neben dem römischen Kaiser Marc Aurel)

Abb. 25: Helmut Schmidt
im Jahr seines Antritts als
Verteidigungsminister, 1969

die Hamburger Flutkatastrophe von 1962. Das hat dem Hobbysegler den Spitznamen eines »Water-Kant« eingetragen. Im Jahr 1968 erzwang er – gegen die Forderungen der Studentenproteste – die Notstandsgesetze und setzte sich 1979 für den NATO-Doppelbeschluss ein. Davor war Schmidt 1974 eine entscheidende Figur der sozialliberalen Regierung während der Guillaume-Affäre und gilt als geradliniger Akteur in den Wirren des Linksterrorismus im Jahr 1977. Die Anschläge der ↗RAF (Rote Armee Fraktion) gelten als eine der größten Krisen im bundesrepublikanischen Nachkriegsdeutschland; umso größer war das Ansehen, welches sich Schmidt durch sein couragiertes Auftreten u. a. bei der Entführung Hanns Martin Schleyers und des Lufthansa-Flugzeugs Landshut verschaffte.

Generalist und Experte

Parallel zu dieser praktischen Durchsetzungskraft bezog Schmidt seine Entscheidungsmotivationen aus einer weitreichenden, nicht zuletzt auch kulturellen Bildung. Schmidt gilt als Generalist und Experte zugleich für unterschiedlichste Wissensgebiete. Von der internationalen Außen- und Sicherheitspolitik über die Wirtschaftsphilosophie bis hin zu den verschiedenen Künsten (der Altkanzler wollte ursprünglich Architekt und Städteplaner werden und hat diverse Klavierkonzerte eingespielt) reichen Schmidts Kompetenzgebiete. Sinnbild dieser belesenen Sachkenntnis ist Schmidts häusliche Bücherwand, die voller Lexika steht. Auf die provokative Frage Sandra Maischbergers: »Sammeln Sie Lexika, Herr Schmidt?«, antwortete der hanseatische Pragmatist: »Das eine ist ein Literaturlexikon, das andere ist ein Kunstlexikon, das dritte ist ein Staatslexikon, das vierte eine Encyclopaedia Britannica usw. Ich habe mich im Haus und im Büro überall mit Lexika umgeben, weil ich sie bräuchte« (Schmidt im Gespräch mit Maischberger, 78).

Helmut Schmidt hat sich derart lexikalisch gerüstet in einer Tour d'Horizon nahezu auf allen Gebieten kontinuierlich zu Wort gemeldet und nach seiner politischen Karriere einen zweiten Berufsweg eingeschlagen, der ihm diese öffentlichen Verlautbarungen besonders wirksam ermöglichte. Schmidt wurde Autor und Publizist bei der *Zeit*, für die er heute noch ›im Dienst‹ ist. *Außer Dienst* lautet hingegen Schmidts Quasibiografie, die er jedoch im Untertitel nüchtern als *Eine Bilanz* verstanden wissen will. Die Zielrichtung des Buchs gelte nicht der Person, sondern dem Gemeinwohl: »Salus publica suprema lex« ist nicht nur an dieser Stelle Schmidts Motto (Schmidt 2008, 8). Oder anders formuliert: Macht habe zu dienen (Schmidts Einsatz im Kontext der oben genannten RAF-Anschläge sind ein Beispiel dafür), nicht individualistisch zu agieren.

Schlichte und gründliche Klarheit ist dem Altkanzler wichtiger als intellektuelle Sottisen, und dieser wie mancher andere »Schmidtismus« (*SZ-Magazin*, 2.7.2010) münden in das Credo des frankophilen (gleichwohl weitgehend fremdsprachenabstinenten) Norddeutschen: »Le style, c'est l'homme.«

Kampfredner und Tugendideale

Gleichzeitig hat Schmidt wiederholt das Geschäft der Politik als »Kampfsport« charakterisiert (Roth). Dass Kritiker dabei den Altkanzler als ›Abkanzler‹ gesehen haben, hat ihm unter anderem den Ausdruck der leger-legendären »Schmidt-Schnauze« (Sommer, 289) eingetragen, die sich nicht zuletzt in aggressiven Bundestagsdebatten mit dem CSU-Kontrahenten Franz Josef Strauß bewährt hat. Eine humorvolle Variante dieser Titulierung hat der Kabarettist Loriot während der Regierungszeit des Politikers mehrfach medial in Szene gesetzt (*Die Zeit online*, 23.12.2013, Loriots Clip mit Helmut Schmidt). Gleichwohl zollte der Hanseat Schmidt dem cholerischen Bajuwaren Strauß immer auch seine Hochachtung, weil dieser trotz aller persönlichen Eskapaden der mangelhaften Selbstkontrolle stets die Geltung des Gemeinwohls im Blick behalten habe.

Die zeitlos-mythische Aura, die Helmut Schmidt umgibt, resultiert nicht zuletzt daraus, dass er einen scheinbar überholten Tugendkatalog in Zeiten gesellschaftlicher Unsicherheiten als zuverlässige Orientierungsinstanz beharrlich in Erinnerung ruft: Ehrlichkeit, Höflichkeit, Treue, Anstand, Gerechtigkeit, Maß, Tapferkeit, Ausdauer, Disziplin. Sinnbild dieser unerschütterlichen Tugendallianz war für viele Deutschen die Beziehung, die Helmut Schmidt mit Loki Schmidt (1919–2010) verband. Beide lernten sich bereits als Kinder kennen, heirateten früh und führten eine Ehe, die ein Leben lang hielt: »Allerdings haben wir immer Ja gesagt, wo wir Ja meinten, und Nein, wo wir Nein meinten. Und es könnte sein, dass diese, ich sage mal, Geradlinigkeit für einige Menschen ein Grund ist, uns besonders zu mögen« (Schmidt/Lehberger, 193).

Lit.: H. Albrecht, Pragmatisches Handeln zu sittlichen Zwecken. Helmut Schmidt und die Philosophie, Bremen 2008. – Hand aufs Herz. Helmut Schmidt im Gespräch mit Sandra Maischberger, München 2003. – J. Roth, Helmut Schmidt, »Politik ist ein Kampfsport« (Audio-CD), München 2011. – H. Schmidt, Menschen und Mächte, Berlin 1987. – Ders., Weggefährten. Erinnerungen und Reflexionen, Berlin 1996. – Ders., Außer Dienst. Eine Bilanz, München 2008. – L. Schmidt/R. Lehberger, Auf einen Kaffee mit Loki Schmidt, Hamburg 2010. – A. Smoltczyk, Die neuen Deutschen, in: Der Spiegel 34 (2010), 50–54. – H. Soell, Helmut Schmidt. Vernunft und Leidenschaft, München 2003. – T. Sommer, Unser Schmidt. Der Staatsmann und der Publizist, Hamburg 2010.

Angela Oster

Romy Schneider

Romy Schneider (1938–1982) war eine preisgekrönte deutsch-französische Filmschauspielerin, die in den 1950er Jahren durch ihre Darstellung der jungen Königin Elisabeth von Österreich in der von Ernst Marischka produzierten *Sissi*-Trilogie international bekannt wurde. Seit den 1960er Jahren etablierte sich Romy Schneider erfolgreich in Frankreich, wo sie bis zu ihrem Tod mit wenigen Unterbrechungen lebte. In Deutschland blieb ihr Image als »Sissi« bzw. ihre Abkehr von der Rolle der kindlich-natürlichen Kaiserin in breiten Teilen des Publikums bestimmend, auch wenn ihre schauspielerischen Leistungen vom Feuilleton hervorgehoben wurden und sie in ihren über 58 Filmen diverse Frauentypen verkörperte (z.B. moderne und emanzipierte Frauen, Prostituierte, Opfer des NS-Regimes). Als »Sissi«, aber auch durch ihren frühen Tod avancierte Romy Schneider ähnlich wie Marylin ↗Monroe, James Dean oder ↗Lady Diana zum

Mythos. Das deutsche Fernsehen strahlt die *Sissi*-Trilogie alljährlich zu Weihnachten aus, zahlreiche Ehrungen, Internetseiten, Ausstellungen, Presseartikel, Filmdokumentationen und biografische Romane zeugen von der medialen Breite der Mythisierung Romy Schneiders und »Sissis« gleichermaßen.

»Sissi« als Nationalmythos

Als der Regisseur und Produzent Ernst Marischka die siebzehnjährige Romy Schneider 1955 für die Rolle der Sissi engagierte, besaß sie in der Filmbranche bereits das Image des ›Idealbackfischs‹ und hatte ihr schauspielerisches Können an der Seite ihrer Mutter Magda Schneider in Filmen wie *Wenn der weiße Flieder wieder blüht* (1953) und *Mädchenjahre einer Königin* (1954) in Manier alter Ufa-Filme unter Beweis gestellt. Der erste Teil der *Sissi*-Trilogie (*Sissi*, 1955) erzählt, wie die jugendliche Sissi durch Zufall den österreichischen Kaiser Franz Joseph (Karlheinz Böhm) kennenlernt, obgleich dieser aus Gründen der Staatsräson und auf Wunsch seiner Mutter ihre Schwester, die bayerische Prinzessin Helene heiraten soll. Sissi und Franz Joseph verlieben sich jedoch und heiraten am Ende des Films in einem 20-minütigen Happy End. Sissi nimmt Abschied von ihrer Kindheit und der Familie. Ebenso wie der erste Teil vereinen auch die beiden Fortsetzungen *Sissi – die junge Kaiserin* (1956) und *Sissi – Schicksalsjahre einer Kaiserin* (1957) mehrere Genres. Sie sind Heimatfilm, Liebesfilm, Familiendrama, Historien-, Ausstattungs- und Kostümfilm zugleich (Lowry/Korte, 112). Die nostalgische Verklärung einer »heilen, schönen« Welt wird in der filmwissenschaftlichen Literatur als Teil der nationalen Mythenproduktion angesehen, schien sie doch den politischen, historischen und sozialpsychologischen Bedürfnissen vor allem des deutsch-österreichischen Publikums zu entsprechen. Die Medienwissenschaftlerin Susanne Marschall betont die Funktion Sissis als märchenhafte »Erlösergestalt« vor dem Hintergrund der nationalsozialistischen Vergangenheit für die »Projektion zu lange vernachlässigter Tugenden: Trauer, Hoffnung, Opferbereitschaft, zukunftsorientiertes Handeln, Pazifismus, Sanftmut« (Marschall, 382). Als personifizierte Unschuld konnte Sissi die deutsche Nation, so die Lesart, wieder hoffähig machen und über Scham- und Schuldgefühle hinwegtrösten.

Image und Persona: Gleichsetzung von Person und Rolle

Die ablehnende Haltung der Öffentlichkeit gegenüber Romy Schneiders Versuchen, das Sissi-Image abzulegen, resultierten nicht zuletzt aus der auffälligen Gleichsetzung von Person und Rolle, die die Karriere der Schauspielerin von Beginn an begleitete und ein weiterer Bestandteil ihres Mythos ist. Ausschlaggebend dafür war zum einen das familiäre Umfeld. Ihre Mutter Magda Schneider und deren zweiter Ehemann kontrollierten die Karriere Romy Schneiders in den 1950er Jahren und inszenierten durch Einblicke in das Privatleben und die Wahl der Rollen das Image des Nachwuchsstars als unschuldig, liebenswürdig, natürlich und förderten eine entsprechende Projektion auf die Privatperson Romy Schneider. Zum anderen trugen aufwendige Werbe- und Merchandisingkampagnen – das Konterfei Sissis wurde nicht nur auf Plakaten, sondern auch auf Streichholzschachteln und Postkarten verbreitet – dazu bei, die Person Romy Schneider mit der zum Fantasiebild modellierten Prinzessin gleichzusetzen. Umso schneller sank Romy Schneider in der Gunst des Publikums, als sie 1958 die Verfilmung eines vierten *Sissi*-Teils ablehnte und Deutschland verließ, um in Paris mit dem französischen Schauspieler Alain Delon unverheiratet zusammenzuleben. Zehn Jahre später war es bei den Dreharbeiten zu dem Film *Swimmingpool* wiederum die Beziehung zu Alain Delon, die im Mittelpunkt des medialen Interesses stand, obgleich oder gerade weil Romy Schneider mittlerweile mit dem deutschen Schauspieler und Regisseur Harry Meyen verheiratet war. Spätere Filme, in denen sie gebrochene Frauenpersönlichkeiten spielte, führten die Gleichsetzung von Person und Rolle weiter, indem Romy Schneiders Alkohol- und Tablettenkonsum während der Dreharbeiten thematisiert wurde. Einen Höhepunkt fand die Parallelisierung von Person und Rolle im Rahmen des Films *La passante du Sans-Souci* (1982). Hier überlagerte laut Medienberichten die Trauer der Schauspielerin um den Tod ihres Sohnes David am 5. Juli 1981 die Dreharbeiten und ihre künstlerische Darstellung der Protagonistin Elsa Wiener.

Erfolg und Scheitern

Der intensiven Publicity um ihre Person stand Romy Schneider wohl stets ambivalent gegenüber, einerseits aktiv-fördernd und andererseits ablehnend. Zugleich ist das medial inszenierte Zusammenspiel von persönlicher Lebensgeschichte und Filmkarriere Teil des Mythos Romy Schneider. Inhalt des Mythos ist zum einen ein konstruierter Konflikt zwischen Arbeit und Privatem, den Romy Schneider zum Teil selbst beförderte mit kolportierten Zitaten wie: »Ich kann nichts im Leben, aber alles auf der Leinwand« (zit. n. Seydel, 293). Bezogen wird diese Aussage auf die Schwierigkeiten der Schauspielerin, Familie, Partnerschaft und Arbeit zu vereinbaren, ihre innere Zerrissenheit sowie die Schicksalsschläge, die sie durch den Selbstmord ihres ersten Ehemannes Harry Meyen und durch den Tod ihres Sohnes David erfuhr. Damit verbunden ist die vor allem in den Biografien des Journalisten Michael Jürg und der Feministin Alice Schwarzer anzutreffende Interpretation Romy Schneiders als Opfer und Leidtragende (Lowry/Korte, 135). In den letzten Jahren wurde zudem – in Kongruenz zu öffentlichen Diskursen über Sexualität und Weiblichkeit – die Bisexualität Romy Schneiders hervorgehoben und ihre Rolle als selbstbestimmte Frau (↗Emanzipation) im Gegensatz zum Bild der »unterdrückten« Frau stärker konturiert (vgl. Trimborn). Gerade die Widersprüchlichkeit der Deutungen und die Konstruktion der schicksalhaften Dichotomie von Beruf und Privatleben verstärken den Mythos Romy Schneider im Sinne einer Orientierungs- und normgebenden Erzählung.

Lit.: R. Fuderer, Die Ästhetisierung des Frauenbilds im Spielfilm der Wirtschaftswunderjahre unter besonderer Berücksichtigung der Sissi-Trilogie, unveröff. Magisterarbeit, Gießen 2007. – M. Jürgs, Der Fall Romy Schneider, München 1991. – S. Lowry/H. Korte, Der Filmstar, Stuttgart/Weimar 2000. – S. Marschall, Sissis Wandel unter den Deutschen, in: Idole des deutschen Films, hg. v. T. Koebner, München 1997, 372–383. – A. Schwarzer, Romy Schneider. Mythos und Leben, Köln ⁵1998. – R. Seydel, Ich Romy, München 2002. – J. Trimborn, Romy und ihre Familie, München 2008. – T. Wydra, Romy Schneider, Frankfurt a.M. 2008.

Lu Seegers

Shakespeare

Das mythische Potenzial Shakespeares (1564–1616) beruht auf drei Aspekten. Erstens griff Shakespeare in seinem dramatischen und lyrischen Werk weithin bekannte antike, mittelalterliche und frühneuzeitliche historisch-mythologische Figuren und Stoffe auf – Caesar und Cleopatra, Lucretia, Titus Andronicus oder die schon zur Shakespeare-Zeit mythogenen englischen York-, Lancaster- und Tudor-Könige. Dabei ging er mit diversen literarischen und kulturellen Traditionen – so auch in den Sonetten mit dem frühneuzeitlichen Petrarkismus, der selber bereits mythischen Charakter angenommen hatte – weniger nachahmend als wetteifernd/überbietend um und gab ihnen sein ganz eigenes Gepräge. Spätere Mythenbearbeitungen sind daher häufig von den seinigen beeinflusst. Zweitens schuf er auf der Basis historischer und literarischer Quellen mythische Figuren wie Lear, Macbeth, Hamlet, Othello, ↗Romeo und Julia oder Falstaff, die nicht nur in das englische nationale, sondern weltumspannend in das kulturelle Gedächtnis Eingang fanden. Drittens gibt die lebensweltliche Person Shakespeare aufgrund ihrer höchst unsicheren historischen Identität eine durch Fakten kaum begrenzte, zur Ausgestaltung freigegebene Projektionsfläche ab. Als »happy hunting-ground« bezeichnet James Joyce im *Ulysses* die Suche nach dem wahren Menschen Shakespeare hinter dem Werk. Die Autorschaftsdebatte wird dabei nicht nur wissenschaftlich betrieben (vgl. Höfele) und findet mitunter weniger aus Interesse am historischen William Shakespeare statt, sondern dient vielmehr der eigenen Identitätsstiftung oder -sicherung.

Zwischen philosophischer und ästhetischer Deutung

Das dramatische und lyrische Werk Shakespeares wird um 1800 von den deutschen Stürmern und Drängern bzw. von den deutschen Romantikern zum literarischen Gründungsdokument erklärt, Shakespeare selbst wird als Vorbild der gegen das Establishment des Ancien Régime aufbegehrenden modernen und paneuropäischen Subjektivität verehrt (vgl. Herder; ↗Um 1800). Durch Goethe wird das Drama Shakespeares zum Inbegriff der Natürlichkeit im Gegensatz zur klassizistischen Künstelei: »Natur! Natur! nichts so Natur als Shäkespears Menschen« (Rede *Zum Schäkespears Tag*, 1771). Shakespeare steht für den genialischen Künstler (↗Genie), der als Teil der jeweils unterschiedlichen (klimatischen) Bedingungen seines Landes den wahren (Volks-)Geist auszudrücken vermag. Bei Herder wird Shakespeare so zu »Sophokles' Bruder«. Shakespeares Werk wird in diesem Sinne zu »Weltliteratur«, bleibt dabei aufs Engste gebunden an einen äußerst starken Begriff von individueller Subjektivität – dem Signum der ↗Moderne. Schiller sieht in Shakespeare einen »naiven« Dichter und stilisiert dessen ganzheitliche Weltverbundenheit als sehnsuchtsvolles, aber unerreichbares Gegenmodell zur eigenen modernen Kontingenzerfahrung.

Für die deutsche Romantik werden Shakespeares *Sonnets* zum Inbegriff gefühlsexpressiver Bekenntnislyrik – und ihr Autor zur mythischen Basis: »Sie schildern ganz augenscheinlich wirkliche Lagen und Stimmungen des Dichters, sie machen uns mit den Leidenschaften des Menschen bekannt, ja sie enthalten auch sehr merkwürdige Geständnisse über seine jugendlichen Verirrungen«, so August Wilhelm Schlegel 1808 in seinen *Vorlesungen über dramatische Kunst und Literatur* in Wien.

Eine enorm produktive Phase literarischer Übersetzungen (vgl. Pfister/Gutsch zu den *Sonnets*) und Bearbeitungen von Shakespeares Werk setzt nun in Deutschland und international ein – und hält bis heute an. In der Malerei und bildenden Kunst ist es vor allem das dramatische Werk, das zu weiterer Kunstproduktion anregt (vgl. Hammerschmidt-Hummel).

Shakespeares Stücke gehören zu den meistgespielten auf den Bühnen der Welt. Doch auch das Kino liebt Shakespeare: Das *Guinness Buch der Rekorde* hat ihn mit 420 Verfilmungen als den meistverfilmten Autor ausgemacht. In den vergangenen Jahrzehnten bringt das Kino neben sowohl historisierenden als auch radikal modernisierenden und z.T. sehr frei mit den Vorlagen umgehenden Adaptionen von Shakespeare-Dramen (wie die Musical-Verfilmung *West Side Story*, 1961 oder *Romeo and Juliet*, 1996) auch zahlreiche Shakespeare-Mythen auf die Leinwand (z.B. *Anonymous*, 2011). In anderen Produktionen wird Mythenbildung als solche erkannt und mal ernst, mal spielerisch in einer wechselseitigen Überlagerung von Fakt und Fiktion reflektiert, wie in John Maddens Film *Shakespeare in Love* (1998).

Nationale, politische und ideologische Funktionalisierung

Parallel zu ästhetischen und philosophischen Ikonisierungen wird Shakespeare auch politisch – und sogar völkisch – funktionalisiert: In England hatte die Indienstnahme Shakespeares als Nationalbarde und Verkörperung der *Britishness* einen regelrecht religiösen Zug angenommen (*bardolatry*). Schon in den 1770er Jahren bricht auch in Deutschland ein ›Hamlet-Fieber‹ aus; der melancholische Zweifler wird neben ↗Faust zum ›deutschen Charakter‹. Das deutsche Bürgertum des 19. Jahrhunderts nutzt seine Shakespeare-Pflege als dissidenten politischen Akt gegen das aristokratische Establishment. Der Shakespeare-Mythos wird im 19. Jahrhundert jedoch auch institutionalisiert, an Universitäten gelehrt (Gundolfs *Shakespeare und der deutsche Geist* von 1911 ist wohl der Höhepunkt der akademischen Euphorie) und ›vergesellschaftet‹: 1864 wird die Deutsche Shakespeare-Gesellschaft als erste Vereinigung dieses Typs gegründet. Hier steht die Shakespeare-Pflege jedoch unter der Schutzherrschaft der Aristokratie und ist deshalb später für den Nationalsozialismus leicht adaptierbar – verbunden mit dem Versuch, England seinen Nationalbarden zu entwinden. Ohne Übertreibung kann man sagen, dass Shakespeare als »dritter deutscher Klassiker« (Ledebur) neben ↗Goethe und Schiller als ›deutscher Mythos‹ im nationalen Gedächtnis einen zentralen Platz einnimmt. Aber auch die antibürgerliche Rezeption hat ihren Shakespeare gefunden: Das Deutungsspektrum wird z.B. durch die *Sonnets* insofern erweitert, als das Augenmerk der Rezeption gerade auch auf die libidinös uneindeutige Ménage-à-trois zwischen Dichter, *young man* und *dark lady* gelegt wird. Wurde diese noch bei Schlegel verwirrt bestaunt, taugt sie spätestens seit Oscar Wildes forensischer Verteidigungsrede für homosexuelle Deutungen – man denke z.B. an die homophil aufgeladene Verehrung im George-Kreis.

Schließlich gilt: »Klassik und Romantik, Viktorianismus und [klassische] Moderne, Postmoderne und Dekonstruktion haben jeweils ihren eigenen Shakespeare wahrgenommen« (Schabert, 610) – und stets neue Shakespeare-Mythen produziert.

Lit.: H. Hammerschmidt-Hummel (Hg.), Die Shakespeare-Illustration (1594–2000), 3 Bde., Wiesbaden 2003. – J. G. Herder, Shakespear, in: Ders., Schriften zur Ästhetik und Literatur 1767–1781, Bd. 2, hg. v. G. E. Grimm, Frankfurt a. M. 1993, 498–521. – A. Höfele, ›The happy hunting-ground‹. Shakespeare-kult und Verfasserschaftstheorien, in: Shakespeare Jahrbuch 139 (2003), 13–32. – R. F. v. Ledebur, Der Mythos vom deutschen Shakespeare. Die Deutsche Shakespeare-Gesellschaft zwischen Politik und Wissenschaft 1918–1945, Köln 2002. – M. Pfister/J. Gutsch, William Shakespeare's Sonnets. For the First Time Globally Reprinted. A Quartercentenary Anthology 1609–2009, Dozwil 2009. – I. Schabert, Die Rezeption Shakespeares in Literatur und Kultur, in: Shakespeare-Handbuch, hg. v. I. S., Stuttgart ⁴2000, 610–705.

Stefan Schukowski

Spanischer Bürgerkrieg

Der Spanische Bürgerkrieg (1936–39) gehört zu den historischen Ereignissen des 20. Jahrhunderts, die in besonderem Maße das Interesse der Öffentlichkeit auf sich gezogen und eine starke mythische Strahlkraft entwickelt haben. Der Krieg beginnt am 17./18. Juli 1936 mit dem Militärputsch gegen die gewählte Regierung der Zweiten Republik. Den Putschisten gelingt es in den folgenden Monaten und Jahren, immer mehr Teile des Landes unter ihre Kontrolle zu bringen. Am 1. April 1939 erklärt Francisco Franco den Krieg für beendet und errichtet ein autoritär-repressives Regime, das bis zu seinem Tod im Jahr 1975 Bestand haben wird. In den Kampfhandlungen kommen zwischen 100.000 und 150.000 Menschen ums Leben, etwa ebenso viele fallen den Repressionen der Nachkriegszeit zum Opfer (Bernecker/Brinkmann, 96).

In Bezug auf die Mythisierung des Spanischen Bürgerkrieges sind vor allem drei Aspekte von Bedeutung. Erstens ist seine mythische Wahrnehmung kein nachträgliches, sondern bereits ein zeitgenössisches Phänomen. In der Kriegszeit steht die Mythenbildung sowohl auf der franquistischen als auch auf der antifranquistischen Seite im Zeichen von politischer Propaganda und Legitimation der jeweiligen militärischen Ziele. Dabei spielen Medien und mediale Darstellungen in Film, Literatur, Fotografie und bildender Kunst eine wesentliche Rolle. Zweitens ist der Spanische Bürgerkrieg nicht nur in Spanien, sondern weltweit zu einem Mythos avanciert. Dies wurzelt in der inter- und transnationalen Dimension des Konfliktes selbst. Die Unterstützung der Kriegsparteien durch die Sowjetunion bzw. durch die faschistischen Staaten Deutschland und Italien, die Bildung von Internationalen Brigaden im Rahmen des antifranquistischen Kampfes, das Engagement ausländischer Künstler und Intellektueller wie George Orwell, Ernest Hemingway, John Dos Passos, Robert Capa, Gerda Taro, André Malraux, Antoine de Saint-Exupéry, Simone Weil, Arthur Koestler, Carl Einstein und anderen zeigen, dass der Krieg nicht nur ein Bürgerkrieg und Spanien in diesen Jahren in den Fokus der Weltöffentlichkeit gerückt ist. Damit verbunden ist drittens, dass der Spanische Bürgerkrieg zugleich internationaler Mythos und nationaler Erinnerungsort ist. Als Mythos, der sich aus verschiedenen Teilmythen zusammensetzt, hat er eine universell-abstrakte Dimension, die Aktualisierungen und Re-Semantisierungen in ganz unterschiedlichen Zusammenhängen ermöglicht; als Erinnerungsort ist ihm eine kulturspezifische Dimension eigen, die auf einen Schlüsselmoment der spanischen Geschichte des 20. Jahrhunderts verweist.

Die Perspektive der Franquisten

Mit der Geschichte des Spanischen Bürgerkriegs beginnt auch seine Mythisierung. Sowohl aufseiten der Aufständischen als auch aufseiten der Linken wird er zu Propagandazwecken funktionalisiert. Auf der franquistischen Seite werden der Militärputsch zum Glorioso Alzamiento Nacional, zur ›ruhmreichen nationalen Erhebung‹ und der Krieg zur *cruzada*, zu einem ›Kreuzzug‹ stilisiert, der der Verteidigung des christlichen Abendlandes und des vermeintlich ›ewigen‹ und ›wahren‹, nämlich konservativ-katholischen Spanien gegen die als ›Rote‹ und ›Antispanier‹ diffamierten Gegner dient (vgl. Trappe). Dies reflektiert einer der zentralen franquistischen Kriegsmythen, der Mythos von der Verteidigung des Alcázar von Toledo. Unter Verzerrung der historischen Tatsachen spricht die franquistische Legende von der mehr als zwei Monate dauernden heroischen Verteidigung des Gebäudes, in dem sich seinerzeit eine Militärakademie befand, durch Anhänger der Aufständischen, darunter der Militärkommandant der Stadt, der bereit war, das Leben seines von den Republikanern als Geisel festgehaltenen Sohnes für das Vaterland zu opfern. Der propagandistische Erfolg dieser Erzählung ist groß, nicht zuletzt weil sie das Geschehen an andere Nationalmythen wie den der Verteidigung von Tarifa gegen die Mauren durch Guzmán El Bueno am Ende des 13. Jahrhunderts anschließbar macht (Bernecker/Brinkmann, 200f.).

Neben Ereignissen werden auch Personen im Hinblick auf die Stiftung kollektiver Identität mythisiert, allen voran der Diktator Francisco Franco selbst, um den sich ein Personenkult entwickelt, der besonders in der öffentlichen Omnipräsenz seines Namens und Konterfeis (Straßenbezeichnungen, Porträts, Reiterstandbilder, Münzen usw.) zum Ausdruck kommt. Prominentester Vertreter derjenigen, die vom Regime als ›Gefallene für Gott und das Vaterland‹ verehrt werden, ist der von den Republikanern zu Beginn des Krieges hingerichtete Begründer der spanischen faschistischen Partei *Falange*, José Antonio Primo de Rivera, der zur wichtigsten Märtyrergestalt der Franquisten wird.

Die Perspektive der Antifranquisten

Auf der Seite der Antifranquisten wird der Krieg zum Kampf für die Errungenschaften der Republik und gegen eine Ideologie, die die spanische Identität allein in Nationalismus, Konservatismus und Katholizismus fundieren möchte. Vor allem in Katalonien wird er darüber hinaus mit dem Revolutionsmythos verknüpft, der besonders vom Anarchisten Buenaventura Durruti verkörpert wird, der nach dem »kurzen Sommer der Anarchie« (Hans Magnus Enzensberger, *Der kurze Sommer der Anarchie. Buenaventura*

Durrutis Leben und Tod, 1972) bereits im November 1936 ums Leben kommt. Weitere Persönlichkeiten, die für die Gegner der Franquisten zu Symbolfiguren geworden sind, sind der Schriftsteller und Philosoph Miguel de Unamuno, dessen Kritik an den Aufständischen sich in der viel zitierten Formel »Venceréis, pero no convenceréis« (»Ihr werdet siegen, aber ihr werdet nicht überzeugen«) kristallisiert, sowie der Dichter Federico García Lorca, Repräsentant des liberalen und fortschrittlichen Spanien seiner Zeit, der in den ersten Kriegswochen von den Putschisten in seiner andalusischen Heimat ermordet und an einem bis heute unbekannten Ort verscharrt wird.

Einer der wichtigsten Geschehenskomplexe, der für die antifranquistische Seite zu einem Mythos geworden ist, ist die Verteidigung von Madrid. Die Stadt wird bis kurz vor Kriegsende von den republikanischen Truppen und der Zivilbevölkerung gegen die wiederholten Angriffe der Franquisten gehalten. Auch die legendären Internationalen Brigaden, die sich aus ausländischen Freiwilligen zusammensetzen und vor allem eine große symbolische Bedeutung für den antifranquistischen Kampf haben, sind an der Verteidigung der »capital de la gloria« (Rafael Alberti) beteiligt. In diesem Zusammenhang ist auch die Kommunistin Dolores Ibárruri, genannt »La Pasionaria«, zu einer mythischen Gestalt geworden. Mit dem Ausspruch »¡No pasarán!« (»Sie werden nicht durchkommen!«), der später in anderen politischen Kontexten aufgegriffen wird, ruft sie die Bevölkerung der Hauptstadt zur Fortsetzung des Widerstands auf.

Mediale Konstruktionen und Erscheinungsweisen

Zur Mythisierung des Spanischen Bürgerkriegs auf der antifranquistischen Seite hat wesentlich seine mediale Präsenz vor allem in Film, Literatur, Fotografie und Malerei beigetragen – künstlerische und journalistische Arbeiten werden in dieser Zeit zu Instrumenten des politischen Engagements. Im Bereich des Films ist zunächst Joris Ivens' zur Unterstützung der Republik gedrehter Dokumentarfilm *The Spanish Earth* (1937) zu nennen, der die Unterstützung der Verteidiger von Madrid durch die kastilische Landbevölkerung thematisiert. Auch André Malraux verfolgt mit dem Film *Sierra de Teruel* (1938/39), der auf seinem Roman *L'Espoir* (1937) basiert und von dem Kampf republikanischer Soldaten gegen den Vormarsch der Franquisten handelt, das Ziel, international für die Unterstützung der republiktreuen Truppen zu werben. George Orwells Buch *Homage to Catalonia* (1938) ist ein autobiografischer Bericht über seine Erlebnisse bei dem marxistischen Partido Obrero de Unificación Marxista (POUM), über den Kampf gegen die Aufständischen und die Auseinandersetzungen innerhalb des linken Lagers. Ernest Hemingway, der als Kriegsreporter aus Spanien berichtet, erzählt in seinem Roman *For Whom the Bell Tolls* (1940) von einem US-amerikanischen Sprengstoffexperten, der sich im antifranquistischen Guerillakampf engagiert. Der Roman wird 1943 von Sam Wood mit Gary Cooper und Ingrid Bergmann in den Hauptrollen verfilmt.

Im Bereich der Fotografie dokumentiert vor allem Robert Capa das spanische Geschehen in einer Vielzahl von Bildern, die in verschiedenen internationalen Magazinen veröffentlicht werden. Seine Fotografie des republikanischen Soldaten, der im Moment der Aufnahme, von einer feindlichen Kugel getroffen, sterbend zu Boden fällt, ist zu

Abb. 26: Pablo Picasso: Guernica (1937)

einer der weltweit bekanntesten Kriegsfotografien geworden – unabhängig von den Diskussionen um ihre Authentizität. Die berühmteste Thematisierung des Spanischen Bürgerkriegs im Bereich der Malerei ist zweifellos das großformatige Gemälde *Guernica*, das Pablo Picasso im Auftrag der republikanischen Regierung anlässlich der Zerstörung der heiligen Stadt der Basken durch deutsche Flieger der Legion Condor im April 1937 malt. Das Bild, das die an der spanischen Zivilbevölkerung begangenen Verbrechen der Aufständischen und ihrer Verbündeten anklagt, löst sich im Verlauf seiner Rezeptionsgeschichte zunehmend von seinem Entstehungskontext ab und wird zu einer universalen und medial omnipräsenten Ikone, die in verschiedenen Zusammenhängen (etwa anlässlich des Vietnamkrieges) aktualisiert und re-semantisiert wird (Warncke, 137).

Von der Nachkriegszeit bis zur Gegenwart

Mit dem Ende des Spanischen Bürgerkriegs und dem nur wenig später beginnenden Zweiten Weltkrieg rückt Spanien aus dem Fokus der Weltöffentlichkeit heraus. Im Land selbst wird der Bürgerkrieg in der Nachkriegszeit zum Gründungsmythos des neuen Regimes, das sich über die Erinnerung an den Triumph über die Volksfront selbst legitimiert (vgl. Aguilar Fernández). Manifest wird dies vor allem im zentralen Erinnerungsort des Franquismus, dem 1959 eingeweihten Valle de los Caídos, dem Tal der Gefallenen. Die monumentale Gedenkstätte birgt neben den Grabstätten Francos und J. A. Primo de Riveras die Gebeine von etwa 40.000 Kriegsgefallenen vornehmlich des franquistischen Lagers, deren Tod als Opfertod für das Vaterland präsentiert wird. In den Jahren des Übergangs von Diktatur zu Demokratie wird die politisch-ideologische Mythisierung des Bürgerkriegs abgelöst von dem Bestreben, im Namen von Konsens, Ausgleich und Versöhnung eine öffentliche Auseinandersetzung mit dem Erbe von Krieg und Diktatur zu vermeiden. Vermehrt rekurriert wird auf das bereits im Franquismus auf den Bürgerkrieg bezogene Deutungsmuster des Bruderkonflikts (vgl. Juliá), das unter Anspielung auf biblisch-archetypische Muster (Kain und Abel) den Krieg als eine kollektive Tragödie interpretiert, unter der alle gelitten haben und für die alle verantwortlich sind.

Um die Mitte der 1990er Jahre rückt der Bürgerkrieg in Spanien dann erneut ins Zentrum des öffentlichen Interesses und wird zum Gegenstand kontroverser politischer und zivilgesellschaftlicher Diskussionen. Erst jetzt beginnt auf breiter Ebene die kollektive Aufarbeitung und Bewältigung der Verbrechen von Krieg und Diktatur, etwa in Gestalt der Suche nach Massengräbern und der Exhumierung und Identifizierung der dort verscharrten Opfer der franquistischen Repression. Als Erinnerungsort stiftet der Bürgerkrieg im heutigen Spanien somit gerade nicht eine einvernehmliche nationale Identität, sondern verweist auf die Pluralität von Gedächtnisgemeinschaften, zwischen denen politische und erinnerungskulturelle Bruchstellen verlaufen (vgl. Winter). Weniger konfliktiv verläuft die Auseinandersetzung mit dem Bürgerkrieg in Literatur und Film, wo sich unterschiedliche Tendenzen herauskristallisieren: die nostalgische Evokation der Revolutionsutopie (z. B. im Film *Land and Freedom*, Regie: Ken Loach, 1995), die Überwindung der alten Gräben im Zeichen von Versöhnung (z. B. in Javier Cercas' Roman *Soldados de Salamina*, 2001) oder die Universalisierung des historischen Substrats zu einem Modell für den Kampf zwischen Gut und Böse (z. B. im Film *El laberinto del fauno* [*Pans Labyrinth*] von Guillermo del Toro, 2006).

Der Spanische Bürgerkrieg und die (Selbst-)Beschreibung der Moderne

Der Spanische Bürgerkrieg spielt eine wichtige Rolle für die Selbstreflexion und Selbstbeschreibung der Moderne, und dies in zweierlei Hinsicht. Erstens wird der Krieg durch die mythentypische semantische Verdichtung metaphorisch oder metonymisch funktionalisiert im Hinblick auf die Darstellung der zentralen spanischen, europäischen und weltpolitischen Konflikte in der ersten Hälfte des 20. Jahrhunderts: Er wird zu einem Symbol für den Konflikt zwischen den ›Zwei Spanien‹, zwischen Tradition und Moderne, zwischen Konservativismus und Liberalismus und vor allem zwischen Faschismus und Antifaschismus. Die besondere weltpolitische Konstellation um die Mitte der 1930er Jahre befördert die Abstraktion von der Tatsache, dass der Krieg in erster Linie in innerspanischen Problemen wurzelt, und begründet die mythische Aura des Geschehens. Zweitens kann der Spanische Bürgerkrieg als Teil des ›negativen Gründungsmythos‹ des Europa der Nachkriegszeit betrachtet werden (vgl. Kreis), der vor allem von der Erinnerung an die Shoah (↗Holocaust) konstituiert wird. Bilder wie Capas sterbender Soldat oder Picassos unter dem Terror des Luftkriegs leidende Menschen werden zu universalen Ikonen, aus denen der moralische Imperativ abgeleitet wird, die Zukunft in Solidarität und Frieden zu fundieren.

Lit.: P. Aguilar Fernández, Memoria y olvido de la Guerra Civil española, Madrid 1996. – W. L. Bernecker/S. Brinkmann, Kampf der Erinnerungen. Der spanische Bürgerkrieg in Politik und Gesellschaft 1936–2006, Nettersheim 2006. – S. Juliá, De ›guerra contra el invasor‹ a ›guerra fratricida‹, in: Víctimas de la Guerra Civil, hg. v. S. J., Madrid 1999, 11–54. – G. Kreis, Guernica, in: Europäische Erinnerungsorte, hg. v. E. François/H. Schulze, München 2001, Bd. 2, 445–454. – U. Trappe, Kriegsmythen. Politische Mythen in Propaganda und Romanen der Aufständischen im spanischen Bürgerkrieg, Frankfurt a.M. 2011. – C.-P. Warncke, Picasso, in: Mythen Europas. Schlüsselfiguren der Imagination, Bd. 7: Moderne, hg. v. J.A. Fuchs/M. Neumann, Regensburg 2005, 134–151. – U. Winter, ›Localizar a los muertos‹ y ›reconocer al Otro‹. Lugares de memoria(s) en la cultura española contemporánea, in: Casa Encantada. Lugares de Memoria en la España Constitucional (1978–2004), hg. v. J.R. Resina/U. Winter, Frankfurt a.M./Madrid 2005, 17–39.

Claudia Jünke

Stalingrad

Stalingrad bezeichnet die wohl bekannteste Schlacht des Zweiten Weltkrieges, die um die gleichnamige Rüstungsmetropole an der Wolga geführt wurde. In deutscher Perspektive verbindet sich mit Stalingrad vor allem der Mythos von der Opferung der Soldaten im ›Kessel‹ durch eine gewissenlose Armeeführung. Dem gegenüber steht die mythische Heldenerzählung der Verteidiger des Vaterlands auf russischer Seite. Die Rede von Stalingrad als Mythos (in seiner deutschen Ausprägung) verweist vor allem auf das Geschehen, das mit dem russischen Gegenangriff als Reaktion auf den deutschen Angriff einsetzt, der daran anschließenden Einkesselung der 6. Armee und der folgenden Kapitulation (19. November 1942 bis zum 2. Februar 1943). Es sind insbesondere der »Kessel von Stalingrad« sowie die damit verbundenen Leidenserfahrungen deutscher Soldaten, die zum Gegenstand mythisierender Erinnerung geworden sind. Dabei lassen die zeitliche Verkürzung und der implizite entpolitisierende Effekt außer Acht, dass der Angriff auf Stalingrad ein Bestandteil des Russlandfeldzuges »Barbarossa« und der damit verbundenen Lebensraumpolitik im Osten gewesen war. Diese Dekontextualisierung der Schlacht begünstigt die Umdeutung der geschichtlichen Ereignisse, die sich vor allem in der Nachkriegszeit beobachten lässt. Bereits die zeitliche Einordnung des Ereigniszusammenhangs der Schlacht zeugt somit von der Ambivalenz, die mit der Rede vom Mythos Stalingrad einhergeht.

Es sind verschiedene Phasen und Richtungen der mythisierenden (vergangenheits-) politischen Auseinandersetzung mit Stalingrad zu unterscheiden. Während die von der nationalsozialistischen Propaganda betriebene Mythisierung der Schlacht davon geprägt war, eine Stabilisierung und weiterführend eine Mobilisierung der deutschen ›Volksgemeinschaft‹ zu erreichen, stehen in der Nachkriegszeit vor allem die Frage nach der Schuld und die Leiden der deutschen Soldaten im Mittelpunkt der Wahrnehmung von Stalingrad (vgl. Wette; Frei). Eine solche ideologisch motivierte Perspektive zeichnet bis heute die meisten der zahlreichen literarischen Texte – insbesondere die Memoirenliteratur von beteiligten Soldaten und Offizieren –, Filme (etwa Joseph Vilsmaiers *Stalingrad*, 1993) und massenmedialen Aufbereitungen, vor allem im Fernsehen, aus. Eine Ausnahme stellt allerdings Alexander Kluges *Schlachtbeschreibung* (1964, 1968, 1978, 2000) dar, der darauf verzichtet, die problematische binäre Logik von Opfer und Schuld zum Gegenstand seiner Darstellung zu machen. Zudem muss zwischen einem deutschen und einem russischen Mythos Stalingrad unterschieden werden. Die deutschen Soldaten sahen sich als Opfer, die russischen im Gegensatz dazu als Helden. Die russische Heroisierung hat das offizielle Selbstverständnis der ⁷DDR als antifaschistischer Staat mitbegründet.

Stalingrad in Deutschland: Opfermythos und Legitimation

Den Ausgangspunkt des deutschen Stalingrad-Mythos markiert Hermann Görings Rede vom 30. Januar 1943. Darin verglich Göring den Kampf um die Stadt mit dem Kampf der Spartaner und ihres Anführers Leonidas an den Thermopylen im Jahre 480 v. Chr. Die Gleichsetzung der »heroischen Opfer« mit dem »höchsten Soldatentum« der Wehrmacht dient dabei nicht nur dazu, dem militärisch sinnlosen Festhalten an einer bereits verlorenen Schlacht nachträglich einen Sinn zuzuschreiben. Zugleich sollte auf diese Weise jede Form rationaler Kritik unterbunden werden, um sich der unbedingten Loyalität des deutschen Volkes – entgegen allen Nützlichkeitserwägungen und womöglich realistischen Einschätzungen des Kriegsverlaufs – zu versichern (Wette, 44–53).

Es ist die in Görings Rede angelegte Opfersemantik, die in der Nachkriegszeit in Deutschland wirkmächtig blieb. »Die ebenso unbestrittene wie breit entfaltete Stalingrad-Interpretation der fünfziger Jahre war die des ›Opfergangs‹ der deutschen Soldaten, die Wahrnehmung der Niederlage als ›Anfang vom Ende‹ – und die eindeutig, nämlich mit Verweis auf Hitler, beantwortete Frage nach der Schuld daran« (Frei, 115; vgl. als Untergangsmythos ⁷Verdun, ⁷Hitler). Zu dieser Interpretation trugen maßgeblich literarische Texte wie etwa *Die verratene Armee* von Heinrich Gerlach (1957) oder *Hunde, wollt ihr ewig leben* (1958) und *Der Fisch beginnt am Kopf zu stinken* (1960) von Fritz Wöss bei. Dabei verfolgte diese individuell wie gesellschaftlich »entlastend« wirkende[n] Selbstviktimisierung« vor allem das Ziel, der offiziellen Abgrenzung zum NS-Regime zu entsprechen (Frei, 116). Vergangenheitspolitisch folgenreich war diese Perspektive dahingehend, dass damit zusätzlich die Möglichkeit gegeben war, an die militärischen Leistungen deutscher Soldaten zu erinnern, ohne sie als Teil des deutschen Vernichtungskriegs wahrnehmen zu müssen (Wegner, 191). Damit aber wurde die Einsicht blockiert, dass ein Teil der Wehrmacht sehr wohl zu Tätern geworden war. Zudem ließ sich eine solche Interpretation problemlos in die geopolitische Konfrontation des ⁷Kalten Krieges einpassen, sodass Stalingrad »geradezu wie ein vorweggenommener Blutzoll, den die unerledigte Gefahr des ›Bolschewismus‹ gefordert« hatte, erscheinen konnte (Frei, 116; vgl. auch Ulrich, 110).

Aktualisierungen

Bis in die 1980er Jahre hat diese Perspektive den öffentlichen Diskurs über Stalingrad geprägt (vgl. etwa die gesammelten Erlebnisberichte in *Bittere Pflicht*, 1986). Als Teil einer spezifisch deutschen Erinnerungskultur hat sich Stalingrad bis in die Gegenwart halten können, wobei es noch einmal zu einer bedeutsamen Verschiebung gekommen ist. Galt die Erinnerung hauptsächlich und zu Recht den Überlebenden des ⁷Holocausts, hat sich insbesondere in den vergangenen 20 Jahren der Fokus der Medien, insbesondere des Fernsehens, erweitert. Die damit verbundene Aufwertung der Figur des Zeitzeugen als Träger vermeintlich »authentischer Erfahrung« (Frei, 119; ↗Zeuge/ Zeitzeuge) und die Behauptung eines Rechts darauf, ›endlich‹ auch über deutsche Opfer des Zweiten Weltkrieges sprechen zu dürfen, haben dazu geführt, in Stalingrad vor allem eine Mahnung für blinden Befehlsgehorsam zu sehen. Stellvertretend steht Stalingrad heutzutage für die Sinnlosigkeit des Krieges im Allgemeinen. Die verheerende Folge einer solchen Sichtweise besteht darin, dass die Differenzierung zwischen Tätern und Opfern hinfällig wird. Stalingrad in dieser Weise zu verstehen, »ebnet nachträglich den Unterschied zwischen den Gegnern ein: In einer Situation allgemeiner Sinnlosigkeit kann es keine Sieger und Verlierer geben; sie alle sind gleichermaßen Opfer der Geschichte und stehen als solche auf derselben Stufe« (Wegner, 192). Der Stalingrad-Mythos zeigt hier auch sein Widersprüche tilgendes bzw. überdeckendes Potenzial.

Lit.: N. Frei, Mythos Stalingrad. Die ›Kriegswende‹ in der Wahrnehmung der Deutschen, in: Ders., 1945 und wir. Das Dritte Reich im Bewußtsein der Deutschen, München 2009, 112–120. – M. Kumpfmüller, Die Schlacht von Stalingrad. Metamorphosen eines deutschen Mythos, München 1995. – R. G. Renner, Hirn und Herz. Stalingrad als Gegenstand ideologischer und literarischer Diskurse, in: Stalingrad. Ereignis – Wirkung – Symbol, hg. v. J. Förster, München ²1993, 472–492. – B. Wegner, Der Mythos ›Stalingrad‹ (19. November – 2. Februar 1943), in: Schlachtenmythen. Ereignis – Erzählung – Erinnerung, hg. v. G. Krumreich/S. Brandt, Köln 2003, 183–197. – W. Wette, Das Massensterben als ›Heldenepos‹. Stalingrad in der NS-Propaganda, in: Stalingrad. Mythos und Wirklichkeit einer Schlacht, hg. v. W. W./G. R. Ueberschär, Frankfurt a. M. ⁴2003, 43–60.

Kai Fischer

Stonehenge

Stonehenge bezeichnet einen mythisierten prähistorischen Steinkreis, gelegen im südwestenglischen Wiltshire nahe der Stadt Salisbury. Die prägnante Silhouette der Megalithanlage ist heute eine Ruine des um die Mitte des 3. vorchristlichen Jahrtausends erbauten Steinkreises.

Die wissenschaftliche und zugleich mythopoietische Beschäftigung mit dem berühmten Steinkreis beginnt im 17. Jahrhundert. John Aubrey (1626–1697) schloss anhand von Ähnlichkeiten mit anderen Monumenten auf einheimische Erbauer und brachte das damals sagenumwobene prähistorische Bauwerk mit den ›Kelten‹ in Verbindung (Maier, 70 f.). Diese mittlerweile archäologisch widerlegte Verknüpfung war folgenschwer und bestimmt bis heute den Mythos Stonehenge, wie wir ihn in Zeitungen, Büchern, Film und Fernsehen, in der Kunst sowie über performative Praktiken wiederfinden (z. B. Comic: *Asterix bei den Briten*, ↗Asterix; *Wallace and Gromit and the Lost Slipper*; TV-Dokumentation: *Der Geheimcode von Stonehenge*, 2009 sowie der Film *Tess*, 1979).

Drei komplementäre Funktionen konstituieren das Deutungspotenzial des Mythos Stonehenge, die man mit den Begriffen ›identitätsstiftend‹, ›kompensatorisch‹ und ›nostalgisch-idealisierend‹ beschreiben kann.

Abb. 27: Der Steinkreis von Stonehenge, 13 km nördlich von Salisbury

Identität: ›Keltisches Erbe‹

Aubreys Verknüpfung der Anlage mit den Kelten wurde von William Stukeley (1687–1765) aufgegriffen und erweitert, der in den 1720er Jahren intensive topografische Untersuchungen an dem Monument durchführte (*Stonehenge, a Temple Restor'd to the British Druids*, 1740). Er kam zu der Überzeugung, bei dem Steinkreis handele es sich um einen Tempel einheimischer ›keltischer Druiden‹ und nicht um ein Bauwerk, das von Römern, Wikingern oder gar dem mythischen Zauberer Merlin (↗Artus/Ritter der Tafelrunde) geschaffen worden war. Der sagenhaften Aufstellung der von Riesen erschaffenen und von Merlin mit Zauberhand von Irland nach Südengland transportierten Steine, wie sie Geoffrey von Monmouth (um 1100–55) in seinem zwölf Bücher umfassenden Werk *Historia regum Britanniae* (um 1135) überliefert hat, erteilte Stukeley somit eine Absage. Als vermeintlich ›keltisches Erbe‹ avancierte Stonehenge für Großbritannien zu einem mächtigen Nationalmythos, der eine historische Kontinuität zu einer weit zurückliegenden Vergangenheit suggerierte. Als UNESCO-Weltkulturerbe (seit 1986) besitzt Stonehenge über den Nationalmythos hinaus heute eine universelle Bedeutungsdimension.

Kompensation: Stonehenge als neoheidnische Kultstätte

Stukeley brachte die Ausrichtung der Anlage darüber hinaus als Erster mit der Sommersonnenwende in Verbindung. Er ergänzte damit den Mythos um ein Detail, das die

Entwicklung eines bis heute praktizierten modernen Druidentums mit Stonehenge als zentralem neoheidnischem Kultplatz begünstigte. Der Ort besitzt daher für das Neo-druidentum in Großbritannien nicht nur eine identitätsstiftende, sondern auch eine besondere spirituelle Bedeutung, die ab den 1960er Jahren auf andere gesellschaftliche Gruppierungen – wie z. B. Mystiker, Friedensaktivisten und Hippies – überging (Holtorf 2002, 289 f.). Die zunehmende Vereinnahmung der prähistorischen Anlage durch diese unterschiedlichen Gruppen hat den Mythos von Stonehenge als geheimnisumwitterte und heilige Stätte der Kelten weiter befördert. Zugleich diente das Monument als kom-pensatorisches Ventil gegen die bürgerlich-konservative Gesellschaft. Die Sommerson-nenwende in Stonehenge hatte über Jahre hinweg Festivalcharakter und wurde teil-weise von bis zu 70.000 Besuchern gefeiert, ehe das Betreten des Steinkreises von der zuständigen Behörde nach der *Battle of the Beanfield* 1985 – einer Schlacht zwischen der Polizei und Teilnehmern der Sonnenwendfeier – verboten wurde. Seitdem ist mit Stonehenge auch eine Erzählung des Widerstands gegen staatliche Gewalt verknüpft (Holtorf 1993, 58), standen sich doch an diesem Ort jahrelang »Staatsgewalt und Volks-wille, Gesetz und Rechtsempfinden, Mächtige und Ohnmächtige gegenüber« (ebd., 59).

Stonehenge in der Kunst: Nostalgie und Ideal

Stonehenge war aber nicht nur Mittelpunkt gesellschaftlicher Auseinandersetzungen und Kultort neopaganer Gruppen, sondern aufgrund seiner magisch-mystischen Faszi-nation seit dem 14. Jahrhundert stets ein anziehender Ort für Künstler und ihre nostal-gisch-idealisierenden Projektionen. Besonders ab dem 18. Jahrhundert änderte sich die Art der künstlerischen Darstellung. Bedingt durch Stukeleys Interpretation und die »Ge-dichte Ossians« des Schotten James Macpherson (1736–1796), in denen eine ihrerseits mythisierte schön-schaurige gälische Vergangenheit gezeichnet wird, präsentieren die Bilder – nicht ohne eine gewisse Dramatik – ein eher düsteres Stonehenge, das an diese literarischen Heldenmythen anschließt. Auch William Turner (1775–1851), einer der führenden Vertreter der Romantik, war von dem Steinkreis angetan und malte ihn in einem Gemälde aus dem Jahr 1828 während eines Gewittersturms. In der Romanlitera-tur diente die Anlage seit frühester Zeit als Kulisse für sagen- und rätselhafte Stoffe; seit dem Ende des 20. Jahrhunderts dominieren historische und fantastische Romane (z. B. C. Holland, *Pillar of the Sky*, 1985; W. Hohlbein, *Die Druiden von Stonehenge*, 1995; B. Cornwell, *Stonehenge. A Novel of 2000 BC*, 1999; M. Zimmer Bradley, *Die Ahnen von Avalon*, 2004). Welche besondere Bedeutung Stonehenge bis heute im kulturellen Ge-dächtnis besitzt, zeigt die 2012 zu den Olympischen Spielen in London präsentierte Performance *Sacrilege* des britischen Künstlers Jeremy Deller. Er ließ den Steinkreis in Originalgröße nachbauen und tourte mit dieser in wenigen Minuten aufblasbaren Plas-tikhüpfburg durch das Land. Er wollte damit das ›Nationalheiligtum‹ der Briten zugäng-licher machen und so »zu einer schöneren, absurderen Erfahrung« beitragen (*Die Zeit* 33, 9.8.2012, 59).

Stonehenge ragt aus einer fernen Vergangenheit in unsere moderne Welt hinein und ist aufgrund seiner monumentalen Ausmaße für jeden unmittelbar sicht- und erfahr-bar: als realer, zu besichtigender Ort, als historische Kulisse im Roman, als romantisierende Fotografie im Reiseführer oder als nachgebaute Hüpfburg. Kontinuität und Wandel bestimmen das mythische Potenzial von Stonehenge. In seiner Funktion als nationales, die Zeit überdauerndes Monument steht es einerseits für den scheinbar ›keltischen‹ Ursprung Großbritanniens, andererseits ist es zur Projektionsfläche wechselnder spiritueller und ästhetischer Vorstellungen der Moderne geworden.

Lit.: C. Chippindale, Stonehenge Complete, London 2004. – C. Holtorf, Tatort Stonehenge – ein archäologisches Bodendenkmal als moderner Bedeutungsträger, in: Macht der Vergangenheit – Wer macht Vergangenheit. Archäologie und Politik, hg. v. S. Wolfram/U. Sommer, Wilkau-Haßlau 1993, 53–65. – Ders., Die Rezeption vorgeschichtlicher Objekte im zeitgenössischen Alltag. Zum Beispiel Stonehenge, in: Dino, Zeus und Asterix. Zeitzeuge Archäologie in Werbung, Kunst und Alltag heute, hg. v. I. Jensen/A. Wieczorek, Mannheim/Weißbach 2002, 289–294. – R. Hutton, Blood and Mistletoe. The History of the Druids in Britain, New Haven/London 2009. – B. Maier, Stonehenge. Archäologie, Geschichte, Mythos, München 2005. – M. Parker Pearson, Stonehenge Exploring the Greatest Stone Age Mystery, London/New York 2012.

Stefanie Samida

Stunde Null

Als »Stunde Null« haben Zeitgenossen und Nachlebende die Tage um die totale militärische Kapitulation des Deutschen Reiches am 8. Mai 1945 empfunden und mythisierend postuliert. Der Soziologe Alfred Weber zum Beispiel sah den »Abschied von der bisherigen Geschichte« gekommen, der aus dem Krieg heimgekehrte Dramatiker Wolfgang Borchert, eine Galionsfigur der sogenannten Kahlschlagliteratur, sprach von einer »Generation ohne Heimat und ohne Abschied«, der Theologe Karl Barth empfand kurz vor Ende des Krieges aus Baseler Warte den »Nullpunkt«, Theodor Spitta, der Bürgermeister von Bremen, sprach im Dezember 1945 vom »völligen Neuanfang«. ›Junge Generation‹ nannte sich exemplarisch eine (altersmäßig gar nicht so junge) Gruppe von Publizisten und Literaten um Alfred Andersch und Hans Werner Richter sowie um die Zeitschrift *Der Ruf. Unabhängige Blätter der jungen Generation*, die für einen radikalen literarisch-politischen Neuanfang nach 1945 eintrat (Zitate n. Hobuß, 42).

Zäsur und Kontinuität

Die Politik- und Literaturgeschichtsschreibung haben hingegen den Zäsur- bzw. Endzeitcharakter der Stunde Null oder gar ein vermeintliches »Finis Germaniae« abgelehnt und im Gegenzug die Kontinuität zwischen dem Deutschen Reich und seinen im ↗Kalten Krieg zu Widersachern gewordenen Nachfolgestaaten Bundesrepublik Deutschland und Deutsche Demokratische Republik betont (z.B. Kocka, 17f.). Es handelt sich beispielsweise um die Kontinuität in den Basisstrukturen des privatwirtschaftlichen oder kapitalistischen Wirtschaftssystems, um jene des deutschen Beamtentums und um Kontinuitäten durch den äußerst problematischen Verzicht auf eine gründliche Entnazifizierung sowie solche des Sozialstaats, des Föderalismus und der Kirchen. Ein jüngerer Historiker spitzte dies 2005 noch zu: »Die gesellschaftspolitische Kontinuität der Funktionseliten, der höheren Beamten und Juristen, der Mediziner und Wissenschaftler, Wirtschaftsgrößen und Intellektuellen, ist der Grund, warum bei diesem Thema die Phänomene so doppeldeutig werden können. Eigentlich kaschierte man nämlich beides, also sowohl das Weitermachen als auch das Neuanfangen. Der Begriff Stunde Null ist das Scharnier zwischen beiden und markiert mithin den Moment des Kaschierens mehr als jeder andere Ausdruck« (Berg, 207).

Nicht zu ignorieren bleibt indessen der Tatbestand der Kapitulation, die totaler war als viele Niederlagen und Zusammenbrüche besiegter Staaten und Gesellschaften in der Geschichte: Nicht nur militärisch lag die Wehrmacht am Boden, auch wurde die Existenz des Deutschen Reiches und des Landes Preußen beendet, waren Verwaltung, Produktion, Infrastruktur und Kommunikationsnetze eingestellt und sogar elementare Alltagsvollzüge zum Erliegen gekommen. Markante, bildmächtige Symbole der Zeit um 1945 sind Trümmerwüsten, Ausgebombte, Heimkehrer und *displaced persons*, die demoralisiert und orientierungslos herumirren und nach Anknüpfungspunkten für die Wiederaufnahme eines normalen Lebens suchen. Chaos und Normalität liefen ebenso synchron, wie Täter, Opfer und Mitläufer sich weiterhin täglich begegneten.

Tabula rasa – alles wird abgeräumt und neu aufgestellt: Dieser radikale Akt ist für einzelne Menschen und ganze Gesellschaften Traum und Albtraum zugleich und bedingt die Potenz und Attraktion eines Mythos von der Stunde Null. Denn eine solche Zäsur impliziert die totale existenzielle Entwurzelung aus dem Gewohnten genau wie die Verheißung eines ganz anderen Lebens. Dass die Zeit stehen bleiben könnte, widerspricht dem in der Moderne vorherrschenden chronologischen, stets nach vorne drängenden und irreversiblen Verständnis von Zeit (↗Fortschritt, ↗Beschleunigung), bleibt aber metaphorisch und auch als technische Größe erhalten: Die Stunde Null war seinerzeit aus militärischen Manöverbefehlen (Null plus x Stunden) bekannt. Dass es ein zeitgenössisch breit verwendeter Terminus war, belegt Roberto Rossellinis Film *Deutschland im Jahre Null* von 1948.

Auf die historische Zeit übertragen, haben vor allem revolutionäre Protagonisten der Vorstellung einer radikalen Zäsur und Bresche etwas abgewinnen können. Die Akteure der ↗Französischen Revolution deklarierten das Jahr 1792 als »Jahr Eins« und verkündeten eine neue Zeitrechnung samt Kalender. Zum Auftakt der Julirevolution 1830 wurde auf die Turmuhren geschossen, erneut als Zeichen einer neu beginnenden Ära und Stopp der ›alten‹ Zeit. Selbst die Amerikanische Revolution, die auf die Wiederherstellung guter alter Zustände ausgerichtet war, lehnte sich an Vergils Formel vom *novus ordo saeculorum* an, mit der die neue Regierung unter Augustus (und der Beginn der Kaiserzeit) gefeiert wurde (Weizsäcker, 7 ff.).

Revolutionäre Ideen hatten im Mai 1945 nur wenige, zumeist aus dem Exil heimkehrende Personen; in der Masse der Bevölkerung herrschte eher Erleichterung vor, dass »es« endlich vorbei war (i. e. die Bombenangriffe, die latente oder akute Bedrohung der individuellen und familiären Integrität, Zugriff und Zumutungen eines totalitären Systems).

Eine gelungene zeithistorische Synopse (vgl. Buruma 2013) hat jüngst die Überlagerung konträrer Erfahrungen und Gefühlslagen 1945 für ganz Europa und in globaler

Hinsicht herausgestellt: Dem Horror und Chaos entronnen, mischten sich anfangs Jubel und Hochgefühl mit Hunger und Rachebedürfnis, dann folgte das große Aufräumen der zerstörten und darniederliegenden Infrastruktur, eine gewaltige, in der Regel erzwungene Völkerwanderung von Ost nach West, die Restauration (rechts-)staatlicher und administrativer Strukturen. Allerorts tauchte rasch, vor allem im Zusammenhang mit Strafprozessen, die Forderung nach einem »Schlussstrich« auf, wo immer Opfer der nationalsozialistischen Diktatur und der Kollaborationsregime Anerkennung, materielle Wiedergutmachung und Bestrafung der Täter forderten. Zugleich wurde unter der plakativen Formel des »Nie wieder!« (nach dem Schwur der Überlebenden des Konzentrationslagers Buchenwald) die Selbstverpflichtung ausgesprochen, die abominablen Staatsverbrechen des »Dritten Reiches« und seiner Verbündeten nicht in Vergessenheit geraten zu lassen, Deutschland zu rezivilisieren und das am extremen Nationalismus gescheiterte Europa neu zu gründen. Die komplizierte und hoch differenzierte Wirklichkeit des Jahres Null war, dass die Sehnsucht nach einer »neuen Welt« ebenso zu spüren war wie das lähmende Gefühl, weiter nur in der »ganzen alten Scheiße« (Karl Marx, MEW 3, 35) zu stecken.

Deutsch-deutsche Neubeginne

Nachgeborene können diese Gleichzeitigkeit des Ungleichzeitigen als Generationserfahrung von Heimkehrern, Trümmerfrauen und Geschlagenen in der Literatur und Bildgeschichte des sogenannten Kahlschlags nachvollziehen, dem ein heute fremd wirkendes Pathos der Abgeklärtheit innewohnt. Eher nüchtern wird die Ambivalenz dokumentiert in Versuchen wie dem »Echolot«, einem mehrbändigen kollektiven Tagebuch, das Walter Kempowski aus diversen Quellen collagiert hat (hier vor allem die Fuga Furiosa und der Abgesang '45, neu aufgelegt 2005 und 2007). Ein surreales Panoptikum bot der 1959 erschienene Roman *Die Blechtrommel* von Günter Grass, die 1979 von Volker Schlöndorff verfilmt wurde, und zur Abrundung sei nur der viel gesehene, 2004 von Bernd Eichinger produzierte Streifen *Der Untergang* erwähnt, um die anhaltende Brisanz des Übergangs von den letzten Tagen des Dritten Reiches in die »Zusammenbruchsgesellschaft« (Wehler, 951) nach 1945 zu belegen.

Die Bewertungen in der (seit 1945 selbst allmählich erneuerten) Geschichtswissenschaft, deren Kriegs- und Vorkriegsgeneration noch ganz im Schatten der »deutschen Katastrophe« (vgl. Meinecke) stand, sind sehr differenziert. Die Zwischenbilanz der Entmythisierung der Stunde Null zog Kocka (ebd., 18) und er betonte dabei echte Zäsuren, Brüche und Wendepunkte: das Ende der ostelbischen Großgrundbesitzer und des Militarismus, der Elitenwechsel, vor allem in Regierung, Parlament und Parteien und insbesondere die erfolgreichste Parteigründung nach 1945, der konfessionsübergreifenden CDU/CSU (Kocka, 18 f.)

Nicht genug betont werden kann die wachsende Ost-West-Differenz in der Erfahrung der Zeit nach 1945. Denn während sich die Westdeutschen bei der Alternative »Niederlage oder Befreiung« allmählich dem Befreiungspol annähern konnten, hatte jenseits der Elbe und Oder, wo dieses Motiv die offizielle Erinnerung prägte, für die Mehrheit der Bevölkerung definitiv keine Befreiung stattgefunden – rasch nach der NS-Diktatur etablierte sich eine spätstalinistische Diktatur in der SBZ wie in ganz Ostmitteleuropa. Die SED-Regierung nährte hier eine besondere Variante der Stunde Null, indem sie im Mythos des Antifaschismus die radikale Zäsur für den Osten beanspruchte (↗DDR), während sie die »braune Kontinuität« dem Westen zuschanzte. Diese Polarisierung tradierte viele weitere Mythen der Stunde Null, die etwa im Zeichen des Antikommunismus in konservativen Kreisen der Bundesrepublik, z. B. in der Bundeswehr und bei den Geheimdiensten, für eine fatale Gesinnungs- und Personenkontinuität sorgte: »Mitte der fünfziger Jahre mußte [in der BRD] fast niemand mehr befürchten, ob seiner NS-Vergangenheit von Staat und Justiz behelligt zu werden« (Frei, 20).

Ambivalente Bewertungen des »Jahres Null« in der Erinnerungskultur

Die Opposition »Niederlage oder Befreiung« ist eine retrospektive mythisierende Interpretation jener Zäsur, für die Zeitgenossen war sie hingegen ein Abstraktum und entsprach nicht ihren vorherrschenden Gefühlslagen (Kocka, 16). Bundeskanzler ↗Brandt gab 1970 zum ersten Mal vor dem deutschen Parlament eine »förmliche Erklärung« zum 8. Mai ab, und es blieb dem einstigen Wehrmachtssoldaten und Bundeskanzler ↗Schmidt vorbehalten, fünf Jahre später den Begriff der Befreiung auf den besagten Tag zu verwenden. Schon in der Rede des Bundespräsidenten Scheel 1975 erhielt die »Widersprüchlichkeit« des Datums Eingang in den offiziellen Sprachgebrauch auf höchster Staatsebene: Scheel »unterschied bei der Erinnerung an den ›in unserem Namen‹ verübten ›millionenfachen Mord‹ die Opfergruppen der Juden, ›Zigeuner‹, Geisteskranken und politischen Gefangenen. Offen, wenn auch privatisierend, sprach er die Schuldfrage an und betonte, dass ›die deutsche Tragödie im Jahre 1933, nicht im Jahre 1945‹ begonnen habe« (Schmid, 197). Den Höhepunkt des öffentlichen Streits bildete die im In- und Ausland berühmt gewordene Rede des damaligen Bundespräsidenten von Weizsäcker (1985), dessen Vater tief in die NS-Diplomatie verstrickt gewesen war. Aus der ganz unhistorischen Gegenüberstellung Zusammenbruch versus Befreiung wurde eine Abwägung der zeitgenössischen Gefühlslagen und Kontinuitäten mit einer wachsenden kritischen Distanz zu ihnen. Diese verlangte eine Einordnung in andere Zäsuren und Wendejahre: Der Zusammenbruch von 1945 war der Vorgeschichte von 1933 geschuldet und konnte durch die symbolische Neugründung der Bundesrepublik 1968 dann als Befreiung thematisiert werden. Vor diesem Hintergrund war es möglich, 1990 mit der deutschen Vereinigung eine Folge von 1933/45 zu bereinigen, ohne dass damit, wie 1918 ff., ein revisionistischer Mythos geboren und am Leben gehalten wurde.

Diese glückliche Entwicklung könnte am Ende dann doch für eine gewisse *tabula rasa* sprechen. Wenn überhaupt, ist eine Stunde Null heute vor allem in globaler Perspektive zu betrachten. Die Resultate des Zweiten Weltkriegs ermöglichten West-Europa mit dem Wegfall traditioneller Eliten und Machtverhältnisse eine beachtliche Modernisierung und supranationale Einigung. Es begann die Dekolonisation, in Bandung konstituierten sich die Blockfreien Staaten, chinesische Revolution und indische Demokratie stellten weitreichende Zäsuren dar, die in die Formierung des heutigen globalen Südens hineingewirkt haben.

Die »Stunde Null« war ohne Zweifel ein formgebender Mythos, der den Deutschen und Europäern (im Westen) den gewünschten Neubeginn trotz Kontinuität ermöglichte. Mit wachsender Distanz zum »Jahr Null« wurde dies ein hinterfragter Mythos, der den europäischen Gesellschaften Selbstreflexion erlaubte, bis hin zu dem glücklich gescheiterten Versuch der ⁷68er-Bewegung, den Mythos vom Neubeginn zu zerstören und darauf hinzuweisen, welche Eliten- und Bewusstseinskontinuität geherrscht hatte und zu unterstellen: »Der Schoss ist fruchtbar noch / Aus dem das kroch« (Brecht, *Der aufhaltsame Aufstieg des Arturo Ui*, 1941/1981, Epilog). Insofern ist die mythische Erzählung von der Stunde Null besonders vielschichtig. »Stunde Null« illustriert die oszillierende, ambivalente Zeiterfahrung der Moderne, die zwischen Erfahrungsraum und Erwartungshorizont aufgespannt ist.

Lit.: N. Berg, Zwischen Legende und Erfahrung. Die ›Stunde null‹, in: Kriegsende in Deutschland. Mit einer Einleitung von Ralph Giordano, Hamburg 2005, 206–213. – I. Buruma, Year Zero. A History of 1945, New York 2013. – D. Diner, Reims, Karlshorst, Sétif. Die multiple Bedeutung des 8. Mai 1945, in: Was heißt und zu welchem Ende studiert man Geschichte des 20. Jahrhunderts?, hg. v. N. Frei, Göttingen 2006, 190–195. – N. Frei, Vergangenheitspolitik. Die Anfänge der Bundesrepublik und die NS-Vergangenheit, München ²2003. – S. Hobuß, Mythos ›Stunde Null‹, in: Lexikon der ›Vergangenheitsbewältigung‹ in Deutschland. Debatten- und Diskursgeschichte des Nationalsozialismus nach 1945, hg. v. T. Fischer/M. N. Lorenz, Bielefeld ²2009, 42 f. – W. Kempowski, Das Echolot. Ein kollektives Tagebuch, Winter 1945. Teil 3, Fuga furiosa, Berlin 2004. – Ders., Das Echolot, Ein kollektives Tagebuch. Teil 4, Abgesang '45, Berlin 2007. – J. Kocka, Wie tief war die Zäsur von 1945 wirklich?, in: Deutschland, Europa und die »deutsche Katastrophe«. Gemeinsame und gegensätzliche Lernprozesse, hg. v. B. Faulenbach/G. Adler, Essen 2006, 15–29. – F. Meinecke, Die deutsche Katastrophe, Wiesbaden 1946. – H.-U. Wehler, Deutsche Gesellschaftsgeschichte, Bd. 4., Vom Beginn des Ersten Weltkrieges bis zur Gründung der beiden deutschen Staaten 1914–1949, München 2003.

Claus Leggewie

Superhelden

Superhelden sind zunächst mit dem US-amerikanischen Comic assoziierte Heldenfiguren, die in der weitläufigen Tradition des antiken Heros stehen. Der Superheld, dessen Prototyp Superman ist, zeichnet sich durch das menschliche Maß überschreitende körperliche und geistige Kräfte aus, die aus weitgehend unhinterfragter Überzeugung oder Selbstverpflichtung zum Kampf gegen ›das Böse‹ eingesetzt werden – »with great power comes great responsibility«, wie Spider-Man nicht müde wird zu betonen. Charakteristisch ist eine unkritische Haltung zum jeweiligen gesellschaftlichen Istzustand. Superheldenfiguren haben zwei Identitäten: die öffentliche, (meist farbenfroh) kostümierte und maskierte, unter der sie ihre Heldentaten vollbringen, und eine häufig stark angepasste private: Supermans Clark Kent, Spider-Mans Peter Parker usw. Trotzdem sind die Alter Egos in der Regel soziale Außenseiter, deren Devianz sich u. a. in körperlichen Gebrechen (Matt Murdock/Daredevil, Dr. Don Blake/Thor), jugendlichem Alter (Peter Parker/Spider-Man), selbst in überbetonter Großbürgerlichkeit (Bruce Wayne/Batman) äußern kann. Obwohl die Bedeutung der Frau sowie nicht-amerikanischer ethnischer

Hintergründe für den Superhelden-Mythos wächst (z. B. Kamala Khan/Ms. Marvel), sind Superhelden überwiegend männliche, weiße US-Bürger zwischen 20 und 40 Jahren, Vertreter einer patriarchalen, puritanischen, beinahe asexuellen Gesellschaft (vgl. Housel).

Unterscheiden lassen sich Superhelden mit irdischen oder außerirdischen, ›natürlichen‹ Kräften (Superman), wozu auch solche gerechnet werden können, die diese durch Mutation erworben haben (X-Men), göttliche und gottgleiche Figuren (Thor, Herkules). Des Weiteren gibt es Helden, die ihre Kräfte durch wissenschaftliche Experimente oder Unfälle erhalten haben (Captain America, Flash) bzw. deren Fähigkeiten antrainiert und/oder durch hoch entwickelte Technologien verstärkt wurden (Batman, Ironman). Weniger präsent sind anthropomorphe Tier- oder Mischwesen (Beast, Wolverine) und nur noch eingeschränkt als menschlich zu bezeichnende Monstrositäten (Der Hulk, Das Ding).

Mediale Vielfalt und Variationen

Vorläufer des Superhelden finden sich bereits in Groschenheften (u. a. Johnston McCully, *Zorro*, 1919) und vereinzelt im Comic, bspw. in Lee Falks *Mandrake* (1934–2013) und *Das Phantom* (1936).

Das Korpus der beherrschten Fähigkeiten ist ebenso breit und umfasst tradierte Wünsche und Machtfantasien des sich als unzureichend empfindenden *homo compensator*: maßlose Körperkraft, Flugfähigkeit, Verwandlungsfähigkeit, Unsichtbarkeit, Unverwundbarkeit, hohe Geschwindigkeit, Allwissenheit usw. Der Figurenkanon speist sich aus allen erdenklichen Quellen, vor allem aber aus der antiken griechisch-römischen Mythologie, Märchen und Legenden aus verschiedensten Kulturen, die oftmals amalgamiert werden. Den Helden stehen wie Spiegelbilder Superschurken gegenüber, die aus dem gleichen Figurenvorrat schöpfen, jedoch mit negativem Vorzeichen. Superhelden und ihre Gegner neigen dazu, sich in Gruppen wechselnder Besetzung zusammenzufinden, in denen sich ihre Kräfte ergänzen (*Avengers, Justice League of America*), die aber vornehmlich medial, namentlich dramaturgisch und identifikatorisch sowie kommerziell begründet sind. So lassen sich leicht dynamische Prozesse in und zwischen Gruppen inszenieren, die die Spannung steigern können und die Zahl möglicher Plots erweitern. Zudem gelingt es Lesern unterschiedlich gut, sich mit einzelnen Figuren zu identifizieren – und sie deshalb zu konsumieren –, weshalb Heldengruppen mit größerer Wahrscheinlichkeit mehr Leser ansprechen. Außerdem existieren Heldenfiguren oft in Alters-, Geschlechts- sowie weiteren Varianten (Super-Boy, Super-Girl, Krypto, der Super-Hund etc.). Darüber hinaus wurden erfolgreiche Konzepte bald unter anderem Namen kopiert. Dazu treten zahlreiche parodistisch angelegte Figuren (Adolescent Radioactive Black Belt Hamsters, Darkwing Duck, Axe Cop). Über die Mediengrenzen hinweg, aber selbst innerhalb eines Mediums, existieren zudem heterogene, aber gleichwertige Versionen eines Helden. So sind die Batmans in den Verfilmungen der verschiedenen Regisseure (u. a. Tim Burton, Christopher Nolan) andere als die der Comics, die wiederum andere sind als die der Zeichentrickserien usw. Vermehrt treten vor allem in den USA sogenannte Real-Life-Superheroes auf, reale Normalbürger, die kostümiert und unter Decknamen im Kleinen für Recht und Ordnung eintreten; diese werden wiederum medialisiert (z. B. *Kick-Ass*, 2008–09, verfilmt 2010).

Dimensionen des Superhelden-Mythos

Mythen sind für den Superhelden auf dreifache Weise bedeutsam: Erstens als im kulturellen Gedächtnis fest verankerte textuelle Vorlagen (antiker) mythischer Gestalten, aus denen Superheldenfiguren abgeleitet werden können (Thor, Herkules). Zweitens im Rahmen der (Selbst-)Beschreibungsmechanismen des Superheldendiskurses; so werden verschiedene Entwicklungsphasen in Anlehnung an Ovid als Goldenes (ca. 1938–56), Silbernes (ca. 1956–70) sowie Bronzenes Zeitalter (1970–85) usw. bezeichnet. Drittens und hauptsächlich sind moderne Superhelden Gegenstand der Mythisierung.

Was Superhelden selbst mythisch macht, ist u. a. ihre internationale Verbreitung und interkulturelle Anschlussfähigkeit. In beinahe allen kulturellen und medialen Kontexten haben sie – kommerziell erfolgreich – Fuß gefasst: (Web-)Comic, Hörspiel, Zeichentrickfilm, Theater und Musical, Computerspiel, Werbung, Kleidung, Spielzeug und andere Merchandising-Produkte. In den vergangenen Jahren ist es im Zuge kinotechnischer Verbesserung zu einem regelrechten Boom von Superheldenverfilmungen gekommen. Damit einher ging eine Erneuerung des Interesses an diesem Figurentypus. Superhelden sind zudem ein fester Bestandteil der rezent populär gewordenen Nerd-Kultur. Die Figuren bieten vielen gesellschaftlichen Schichten Identifikationspotenzial.

Mit Superman entsteht der Typus des Superhelden aus einer gesellschaftlichen Krisensituation heraus. *Action Comics* Nr. 1, das Heft, in dem die 1933 erfundene Figur debütiert, erscheint 1938. Die USA der 1930er Jahre sind geprägt von der *Great Depression*: Arbeitslosigkeit, sinkende Löhne und mangelnde soziale Sicherheit stärken einerseits das Bedürfnis nach eskapistischer Unterhaltung (aussagekräftig ist die Abschaffung der Alkoholprohibition 1933), wozu auch die Comics, speziell die sich rasch vervielfachenden Superheldencomics gezählt werden müssen. Andererseits wächst der Wunsch nach moralischen Vorbildern. Superman, der zuerst als Kämpfer gegen Verbrechen und Korruption auftritt, ist als omnipotenter Übermensch immun gegen die gesellschaftlichen Bedingungen, denen sich die US-amerikanische Bevölkerung in dieser Zeit ausgeliefert fühlt. Dabei sollte jedoch nicht vergessen werden, dass Superman den Erfahrungen und Wünschen zweier Teenager, Joseph (Joe) Shuster und Jerome (Jerry) Siegel, entspringt. Da die Antagonisten immer nur beinahe so stark sind wie die Helden, liefern sie einen spannenden und unterhaltsamen Kampf, müssen letztlich aber unterliegen. Superheldengeschichten gehorchen daher einer permanenten Überbietungslogik: In dem Moment, in dem der Gegner zu siegen scheint, muss der Superheld über seine Übermenschlichkeit hinauswachsen, um noch einen Funken stärker zu werden, was dazu führt, dass der nächste der sich schnell abwechselnden Gegner noch etwas stärker sein muss. Das führt in den 1980er Jahren zu nachgerade hypertrophischen Heldenkörpern. Imorde/Scheller lesen den Superhelden entsprechend zum einen als »Indikator für den Grad der Überantwortung des persönlichen Handelns an eine sich mythisch legitimierende Kraft« und zum anderen als Idol, das einer »Selbstoptimierung der ›Normalsterblichen‹« (Imorde/Scheller, 3) dienlich ist.

Die Welt der Superhelden ist schematisch: Figuren, Handlungen und Räume lassen sich eindeutig in Gut oder Böse scheiden. Erst seit den 1980er Jahren wird dieses Muster aufgebrochen. Der Antiheld wird als mögliche Charakterausbildung des Superhelden etabliert (z. B. Batman bei Frank Miller). Die unterkomplexen Narrative bleiben daneben aber bestehen. Vor allem bieten sie in einer als kompliziert und überfordernd empfundenen Realität einfach verständliche Vorbilder.

Ursprünge und Aktualisierungen

Von Anfang an ist der Superheld auch eine politische Figur. Schon in der ersten *Superman*-Geschichte verfolgt der Held einen korrupten US-Politiker. Während des Zweiten Weltkriegs ziehen viele Superhelden ›an der Seite‹ der Soldaten an die Front. Wie andere Produkte der Unterhaltungsindustrie wird mit ihnen für Kriegsanleihen geworben und nicht wenige behandeln den Krieg auch inhaltlich. Figuren wie Captain America, Fighting Yank u. v. a. werden als Verkörperungen amerikanischer Werte (↗American Dream) bzw. der Nation gestaltet (vgl. Dittmer). Superman steht bspw. explizit ein für »truth, justice, and the American way« (Intro der Radioserie *The Adventures of Superman*, 1940–51). So wird er an einen anderen zentralen US-amerikanischen Mythos gekoppelt und dient dadurch als sicht- und begreifbare Allegorie einer unscharfen Gruppe von Wünschen und Ideen.

Teil des Superhelden-Mythos ist die Wandelbarkeit der in immer neu erzählten *origin stories* (Ursprungsmythen) stets neu erfundenen Figuren, die ihre Anschlussfähigkeit an zeitgenössische Diskurse erhält. Nur wenige Eckpunkte, letztlich nicht viel mehr als der Name, markieren die Superheldenfigur als Leerstelle, die mit zeitgemäßen Inhalten gefüllt werden kann. So entspricht der ›campige‹ Batman der 1960er Jahre einer anderen gesellschaftlichen Situation als der düstere Batman der 1980er Jahre. Wenn nötig, wird eine Comicserie neu begonnen (sogenannter *reboot*) und die *origin story* angepasst. Dadurch kann der Superheld sowohl mit aktuellen Themen als auch mit sich wandelnden Werten Schritt halten. Dabei fungieren die Superhelden und ihre Wandlungen als Spiegel, deren inhärente Außerordentlichkeit erst die historischen Umstände, die die Figuren hervorbringen, sichtbar macht (vgl. Imorde/Scheller). Beispielhaft dafür ist Spider-Man, der bei seiner Erfindung durch Stan Lee und Steve Ditko 1962 (*Amazing Fantasy* Nr. 15) seine Kräfte durch den Biss einer radioaktiv verstrahlten Spinne erhält, in Sam Raimis Verfilmung *Spider-Man* von 2002 aber von einer genetisch manipulierten. Diese Um-Schreibung funktioniert analog bei den Antagonisten: Der Mandarin, 1964 – während des Vietnamkrieges – als asiatischer Gegenspieler des amerikanischen Waffenfabrikanten Tony Stark alias Ironman entwickelt, verwandelt sich für den dritten Teil der *Ironman*-Filmreihe (2013) trotz seines anders assoziierten Namens zu einer deutlich an islamistische Terroristen angelehnten Figur. Diese stellt sich als medienwirksame Marionette des Superschurken und genialen Genforschers Dr. Aldrich Killian (Typ *mad scientist*) heraus, der seinerseits eine Spiegelungsfigur Ironmans ist – und selbstredend besiegt wird. Die sichtbare mechanisch-robotische Technologie des jetzt ehemaligen (!) Waffenfabrikanten Tony Stark triumphiert über die unsichtbare genmanipulierende Technologie des über die Medien gebietenden Terroristen. Es liegt auf der Hand, welche Ängste und Diskurse sich hier jeweils einschreiben – und natürlich siegt das Gute in Gestalt des Superhelden.

Dekonstruktion und Eindeutigkeit

In der Verkörperung moralischer und physiologischer Ideale liegt ein zentrales mythisches Potenzial aller Superhelden. Sie dienen als Projektionsfiguren und mediale Multiplikatoren von Identitätsentwürfen. Obwohl Superhelden als gebrochene, gleichsam bipolar gestörte Figuren, deren Identität gerade nicht stabil und eindeutig ist, ihre eigene Dekonstruktion immer schon in sich tragen, tut dies ihrer Funktionalität lange keinen Abbruch. Erst in den 1980er Jahren beginnt sich diese Einsicht auszuwirken; mit Frank Millers *Batman – The Dark Knight Returns* (1986) sowie Alan Moores/Dave Gibbons *Watchmen* (1986) beginnt die produktive Auseinandersetzung mit dem Gespaltensein des Superhelden und seinen faschistoiden, gewaltverherrlichenden Grundzügen und erreicht gleich einen Höhepunkt (vgl. Klock, 25 ff.; Backe). Zwar ist die psychologische Gestaltung der Figuren schon seit den 1960er Jahren differenzierter, womit besonders der Marvel-Verlag Erfolge feiert (u. a. Spider-Man, X-Men, Fantastic Four), doch erhält das Superhelden-Narrativ erst wieder neue Attraktivität und Aktualität, als Themen von sozialer Brisanz aufgegriffen werden. Dies beginnt 1971 mit einer tabubrechenden Spider-Man-Geschichte *Green Goblin Reborn!* über Drogen in *The Amazing Spider-Man* (Nr. 96–98). Gerade zur Thematisierung aktueller Bedrohungen eignet sich der Superheld aber besonders, denn jede so empfundene politische oder soziale Situation kann in der schwarz-weißen Superhelden-Welt schematisiert und damit leicht verständlich und beherrschbar gemacht werden. Der Superheld ist eine moderne Allegorie des Guten und Erstrebenswerten und löst damit die vormodernen, europäischen Personifikationen wie Justitia ab. Dennoch zeichnen sich Superhelden im Unterschied zu (z. T. auch mythischen) Helden wie z. B. Robin Hood oder den Feuerwehrleuten im World Trade Center (↗9/11) durch eine eher »entlastende« Funktion aus, da ihre übermenschlichen Qualitäten den Druck realistischer Nachahmung grundsätzlich ausschließen.

Sollte die Welt die Superhelden tatsächlich brauchen, »dann als universelles Fanal der Hoffnung, als Verkörperung eines Ideals, das jenseits von Moden und Trends existiert und unermüdlich das Gute im Menschen postuliert, ganz gleich, ob es gilt, die Welt vor der Vernichtung oder eine Katze aus einem Baum zu retten« (Friedrich, 32).

Lit.: H.-J. Backe, Under the Hood. Die Verweisstruktur der *Watchmen*, Bochum/Essen 2010. – J. Dittmer, Retconning America. Captain America in the Wake of World War II and the McCarthy Hearings, in: The Amazing Transforming Superhero! Essays on the Revision of Characters in Comic Books, Film and Television, hg. v. T. R. Wandtke, Jefferson/London 2007, 35–51. – A. Friedrich, Der Amerikanische Traum und sein Schatten. Superman, Batman und ihre filmischen Metamorphosen, in: Film-Konzepte 6 (2007), 23–50. – R. Housel, Myth, Morality, and the Women of the X-Men, in: Superheroes and Philosophy. Truth, Justice, and the Socratic Way, hg. v. T. Morris/M. Morris, Chicago/LaSalle 2005, 75–88. – J. Imorde/J. Scheller, Superhelden. Zur Ästhetik und Politisierung menschlicher Außerordentlichkeit, in: kritische berichte 1 (2011), 3–4. – G. Klock, How to Read Superhero Comics and Why, New York/London 2002

Christian A. Bachmann

Titanic

Der Untergang der Titanic 1912 zählt bis heute zu den bekanntesten Schiffsunglücken und Unfällen überhaupt. Trotz Eiswarnungen hatte das Schiff auf dem Weg zwischen Southampton und New York nahe Neufundland einen Eisberg gerammt. Rund 1.500 der 2.200 Menschen an Bord starben, darunter zahlreiche Prominente, auch aufgrund der zu wenigen Rettungsboote. Da die Titanic das damals größte Schiff der Welt war und im Nachhinein als unsinkbares Luxusschiff verklärt wurde, gilt ihr Untergang bis heute als Zeichen menschlicher Hybris und knüpft damit an antike Mythen wie den des Ikarus an. Zudem galten Schiffe schon seit der Antike als Sinnbild für Staat und Gesellschaft, als eine Welt im Kleinen, das nun vielfältige Deutungen des Untergangs eröffnete (vgl. Heyer).

Tradiert wurde der Mythos in zahllosen Sachbüchern, Dokumentationen und gut einem Dutzend Filmen. Wegweisend war lange Roy Bakers Film *A Night to Remember* von 1958, bis James Camerons *Titanic* (1997), einer der erfolgreichsten Filme aller Zeiten, die gegenwärtige Vorstellung maßgeblich prägte.

Schon vor dem Untergang der Titanic hatten verunglückte Ozeandampfer die Weltöffentlichkeit bewegt. In welchem Maße eine derartige Katastrophe wie bei der Titanic erwartet und befürchtet wurde, unterstrich 1898 der Roman *Futility, or the Wreck of the Titan* von Morgan Robertson, der das Sinken eines Kreuzfahrtschiffs namens Titan

Abb. 28: Die Titanic am 10. April 1912, vier Tage vor der Katastrophe

nach einem Zusammenstoß mit einem Eisberg im Nordatlantik beschrieb und damit die Rezeption des Titanic-Untergangs prophetisch präformierte. Die Titanic war schon bei ihrem Stapellauf medial präsent, ins Zentrum der Weltöffentlichkeit rückte sie sogleich nach ihrem Untergang (vgl. Bösch).

Sinnbild der Klassengesellschaft

Der Mythos Titanic beruht auf zahlreichen Zuschreibungen, mit denen bereits die Zeitgenossen das Schiff versahen. Dies bezog sich zunächst auf die große Zahl der Verunglückten und die Prominenz zahlreicher Opfer. Auf der einen Seite schien der Tod in den Fluten die großen Unterschiede zwischen Arm und Reich einzuebnen, die sich in den Schiffsklassen besonders eklatant zeigten. Andererseits stand das Schiff offensichtlich für die Dreiklassengesellschaft (vgl. Koldau): Fotos und Beschreibungen über den Luxus der ersten Klasse gehörten zu den festen Text- und Bildbestandteilen und die Reihenfolge des 19-Gänge-Menüs unmittelbar vor dem Untergang bildete das markante Kennzeichen einer Dekadenz, deren Darstellung zwischen Faszination und Verurteilung schwankte. Anklagend wurde hervorgehoben, dass die Titanic zwar allen erdenklichen Luxus besessen, aber ausgerechnet an Rettungsbooten und Ferngläsern gespart habe. Insofern stand der Untergang auch für menschliches Versagen und Nachlässigkeit bei Unternehmern, in diesem Fall bei den Reedereien.

Kritisch betrachtet wurde in den vergangenen hundert Jahren immer wieder, dass die Klassenzugehörigkeit in hohem Maße die Überlebenschancen bestimmte. Der sozialdemokratische *Vorwärts* urteilte etwa, die Mittel- und Unterschichten hätten für den Luxus der Reichen sterben müssen, da die Menschen der dritten Klasse gar nicht erst zu den Rettungsbooten gelassen worden seien (*Vorwärts*, 23.4.1912, 6 und 28.4.1912, 5). Auch spätere Filme stellten diese Spannungen zwischen Arm und Reich entsprechend in den Mittelpunkt: *A Night to Remember* (1958) zeigt, wie Passagiere der dritten Klasse von den Booten zurückgedrängt wurden, und James Camerons Film *Titanic* von 1997 stellte die Diskrepanz zwischen den Schichten ganz in den Mittelpunkt seiner Liebesgeschichte, die damit auch auf die wachsenden Klassengegensätze in England unter Margaret Thatcher anspielte und mit dem jungen Leonardo DiCaprio die Arbeiterklasse durch einen klassenübergreifenden Liebling repräsentierte.

Heldentum

Ebenso bedeutend für den Mythos war der Zeitpunkt des Unglücks, das sich im Kontext einer nervösen Stimmung im Vorfeld des Ersten Weltkrieges und nach Etablierung einer telegrafisch vernetzten Massenpresse ereignete. Im Unterschied zu früheren Unglücken konnte sich das Ereignis innerhalb von Tagen en détail verbreiten: Fotos der Titanic, von Überlebenden in den Rettungsbooten und Zeichnungen von ihrem Untergang kursierten sofort, ebenso die teilweise kaum zu belegenden Erzählungen über heldenhafte Taten.

Dabei dominierte bereits zeitgenössisch, aber ebenso in späteren Adaptionen das Ideal eines männlichen Helden, der sich heroisch und selbstlos aufopferte, um Frauen und Kindern das Überleben zu sichern: etwa der Funker, der bis zu seinem Tod Notrufsignale sendete, die Kapelle, die bis zum Schluss unbeirrt weiterspielte, oder Kapitän Smith, der mit seinem Schiff in unterschiedlichsten Versionen unterging; nach einer Version rettete er schwimmend noch schnell ein Kind, nach einer anderen starb er auf der Brücke. Heldentum, Männlichkeit und *Englishness* wurden vielfach gleichgesetzt. Bereits unmittelbar nach dem Unglück lobte die *Times* die Wahrung des Ideals des Gentleman, der selbst angesichts des Todes Ruhe zeigte und sich für vermeintlich hilflose Frauen und Kinder opferte (*Times*, 3.5.1912, 9). Zahllose Geschichten über den Opfertod von Prominenten ergänzten den männlichen Heroismus; etwa über Benjamin Guggenheim, der seinen besten Anzug wählte, um seine Geliebte ins Rettungsboot zu bringen, und dann mit stoischer Ruhe ertrank. Filme griffen auch dies später auf. Dass die Männer automatisch diesen »maskulinen Stoizismus« gezeigt hätten, erklärte bereits damals der französische *Figaro* mit den Abenteuerromanen, die sie in ihrer Jugend gelesen hätten. Denn dort heiße es immer wieder »Frauen und Kinder zuerst« (*Figaro*, 19.4.1912, 1) – insofern wurde der Titanic-Mythos in die fiktionale Mythologie der Moderne eingeschrieben.

Möglichkeiten und Grenzen moderner Technik

Der Mythos Titanic umkreist zudem Deutungen von Technik und Sicherheit. Die Titanic steht, wie der Turm von Babel, für das Ende einer Epoche, die aus einem unbeirrbaren Glauben an technische Machbarkeit (↗Fortschritt) immer größere Konstruktionen schuf, die schließlich zusammenbrachen. Zudem wurde der Geschwindigkeitswahn (↗Beschleunigung) der Zeit und die angebliche Rekordsucht der Engländer angeprangert (etwa *Vorwärts*, 20.4.1912, 1). Der verlorene Glaube an kalkulierbare Sicherheit wurde nach den Weltkriegen auf die Welt insgesamt übertragen, die sehenden Auges in die Katastrophe geglitten sei. Allerdings etablierte sich auch hier bald eine gegenläufige Lektüre. Insbesondere die drahtlose Telegrafie, die entscheidend zur Rettung der rund 700 Passagiere beigetragen hatte, schürte rasch die Hoffnung, künftig seien Rettungen möglich.

Die Kriegserfahrung dürfte mithin erklären, dass der Titanic-Mythos seit Mitte der 1950er Jahre in der Literatur, im Film und in Fernsehberichten florierte, um sich mit Katastrophenszenarien auseinanderzusetzen. In den 1970er Jahren wurde der Titanic-Untergang, auch aus dem Wertewandel der Zeit heraus, erneut stärker technikkritisch verstanden. Zugleich wurde mit hohem technischem Aufwand und unter großer öffentlicher Anteilnahme an der Erforschung des Wracks gearbeitet, die 1985 mit Tauchrobotern gelang. Auch hier erwies sich die Titanic als eine Projektionsfläche für gegenläufige Lesarten einer untergegangenen Welt: einer Zeit, deren Glanz vom Schlamm überdeckt ist, aber die dank moderner Technik wieder zum Leben erweckt werden kann.

Lit.: F. Bösch, Transnationale Trauer und Technikkritik? Der Untergang der Titanic, in: Medienereignisse in der Moderne, hg. v. F. Lenger/A. Nünning, Darmstadt 2008, 79–94. – P. Heyer (Hg.), Titanic Century. Media, Myth and the Making of a Cultural Icon, Santa Barbara 2012. – L. M. Koldau, Titanic. Das Schiff, der Untergang, die Legenden, München 2012.

Frank Bösch

Um 1800

Spätestens seit dem Aufkommen eines linearen historischen Bewusstseins und einer sich im Laufe des 18. Jahrhunderts durchsetzenden Vorstellung von »der« Geschichte als kollektivem Prozess (vgl. Koselleck) stellen »runde« Jahreszahlen mehr als nur Orientierungsmarken in einem historischen Verlauf dar. Dennoch ist auch der Mythos »Um 1800« wie alle mythischen Anfänge kaum genau datierbar, in seinen einzelnen Dimensionen unbestimmt und zugleich doch in vielen Facetten fassbar. Als kulturelles Datum und Bezugspunkt einer kollektiven Erinnerung kommt ihm dabei eine über die Faktizität der in diesem Zeitraum zu beobachtenden Entwicklungen und Ereignisse hinausgehende Ausstrahlung zu, die dieser Datierung dann auch zunehmend mythischen Charakter verliehen hat.

Entsprechend unüberschaubar ist die Zahl der Zuschreibungen, die auf eine Datierung »um 1800« verweisen. Sie finden ihren Bezugspunkt darin, dass für die Geschichte Europas der Zeitraum zwischen 1750 und 1850 (»Sattelzeit«, Koselleck; »große Transformation«, Polanyi) eine bis heute grundlegende und nachhaltige Umgestaltung der gesellschaftlichen Verhältnisse und der Lebensweise der Menschen bedeutete. In diesem Sinne gilt die Zeit auch als Epochenschwelle und beginnende ⁊Moderne. Zuvor war eine Zeitenwende allenfalls den Zeitgenossen an der durch christlich-eschatologische Erwartungen bestimmten Wende zum Jahr 1000 zu Bewusstsein gekommen. Für die Zeit um 1800 waren es nunmehr vor allem historische und säkulare Umbrucherfahrungen, die den Beginn eines neuen Jahrhunderts als Halte- und Orientierungspunkt markierten. Damit einher gingen rückschauende Bilanzen und die Formulierung von Zukunftserwartungen. Für die Zeit um 1800 ist zudem der Anspruch bezeichnend, sich die eigene Zeit zu vergegenwärtigen und diese im Spiegel des anstehenden Wechsels in einem Überblick zu fassen.

Zeitbewusstsein

So eröffnet Friedrich Schillers (1751–1805) auf das Jahr 1800 geschriebenes Gedicht *Der Antritt des neuen Jahrhunderts* zunächst einen Reflexionsraum für den bestehenden Zeitgeist, der im Schatten der ⁊Französischen Revolution und der anschließenden Unruhen zwischen Friedenssehnsucht und Kriegserfahrungen schwankt. Revolutionär gespeiste Freiheitshoffnungen (⁊Freiheit) verbinden sich angesichts der bestehenden Machtpolitik mit erfahrungsgesättigter Skepsis. Zugleich wird auch bereits die Ausweitung des europäischen Handlungsraums in globale Dimensionen konstatiert. Säkulare Einmaligkeit und Grenzenlosigkeit werden in Schillers programmatischem Gedicht aber zugleich durch das Wissen um die Vergeblichkeit der Suche nach einem innerweltlich versprochenen Glück gedämpft: »…umsonst auf allen Länderkarten / Spähst du nach dem seligen Gebiet / Wo der Freiheit ewig grüner Garten / Wo der Menschheit schöne Jugend blüht« (Schiller I, 497 f.). Damit wendet Schiller bereits zu Beginn des neuen Jahrhunderts den Blick von der öffentlichen Sphäre ganz auf die Welt der Innerlichkeit, der Kunst und des Gemüts: »In des Herzens heilig stille Räume / Mußt du fliehen aus des Lebens Drang / Freiheit ist nur in dem Reich der Träume / Und das Schöne blüht nur im Gesang« (ebd.).

Umbruchbewusstsein

Kunst und Innerlichkeit treten schon hier in ein Kompensations- und Korrelationsverhältnis zu den Feldern der Politik, aber auch der Wirtschaft, Technik und Naturwissenschaften. Aus diesem Spannungsfeld werden sich in späterer Zeit Charles Percy Snows These von den »Zwei Kulturen« (1959) als Selbstdiagnose der Moderne und die von Daniel Bell beobachteten »kulturellen Widersprüche des Kapitalismus« (1976) speisen. Allgemein handelt es sich wohl um den Übergang von normativ orientierten, »geschlossenen« Vorstellungsrahmen zu mehrdeutigen, unabgeschlossenen Wahrnehmungsmustern der Welt und des Selbst.

Als eine grundlegende Entwicklung des Aufklärungszeitalters gilt hierfür die Ablösung eines klassischen systembezogenen (*esprit de système*) durch ein systematisch orientiertes Denken und Forschen (*esprit systématique*) (vgl. Cassirer, *Die Philosophie der Aufklärung*, 1932), die sich um 1800 bereits umfassend vollzogen hat und so auch ins Bewusstsein der Zeitgenossen getreten ist. Zugleich hat sie in der romantischen (Subjekt-)Philosophie, dem politischen Konservatismus sowie in natur-und wirtschaftswissenschaftlicher Spekulation, Staatsrecht, Medizin und in den Ansprüchen an eine gegebenenfalls überindividuelle Geordnetheit der Lebensführung bspw. in einem »nationalen« Staat (↗Nation), einem Modell patriarchal-bürgerlicher Familienführung (↗Familie) oder einer korporatistisch zu denkenden Gesellschaft auch einen Gegenentwurf gefunden, der darauf zielt, der in Bewegung begriffenen Welt wiederum festere Formen entgegensetzen zu können. Nicht zuletzt diese Ambivalenz macht den mehrdeutigen und mehrdeutig abrufbaren mythischen Charakter der Datierung bzw. Situierung »um 1800« aus.

Das Bewusstsein, Teil einer neuen Zeit und damit in radikale Umbrucherfahrungen eingebunden zu sein, bestimmte die Zeitgenossen und bestärkte ihr Gefühl »aufgehobener Ordnung« (Goethe, 508), allgemeiner Unruhe und diffuser Orientierungen. Den bislang vorhandenen Ordnungsmustern (Religion, Wissenschaft, Staat, kulturelle und soziale Institutionen) entsprachen nun eine so nicht gekannte Vielfalt, Ambivalenz und Mehrdeutigkeit von Erfahrungen, Handlungsoptionen und Sinnangeboten. Mythischen Charakter nahmen diese Erfahrungen vor allem dadurch an, dass sie vielfach in bipolaren oder auch polyvalenten Mustern auftraten. Statt Orientierung zu bieten, brachten sie die Suche nach Orientierungsmöglichkeiten auf unsichere Wege. Spekulation und Wissenschaft, theoretische Anstrengungen und Versuche künstlerischer Gestaltung, die Suche nach »klassischer« Ordnung und das Experimentieren mit Lebensstilen, Vergangenheitsbezug und Zukunftsdenken treten um 1800 nebeneinander in Erscheinung. Sie bilden so nicht nur die Grundlagen für ein zeitgenössisches mythisches Narrativ, sondern auch für heutige mythoskonstitutive wissenschaftliche und künstlerische Bezugnahmen auf eine Welt (und Literatur) »um 1800«, die in diesem Sinn als Erfahrungsraum eines epochemachenden Umbruchs und zugleich als ein Laboratorium seiner Deutungen, Erkenntnisse und Fortschritte (↗Fortschritt) angesehen wird. Rückbezüge aus der Welt der (späten) Moderne – und gegebenfalls nach ihr – mögen hier ihre An-fänge finden.

Selbstbewusstsein

Wird die Jahrhundertwende 1900 vielfach als Übergang eines bürgerlichen Zeitalters in die Industriemoderne des 20. Jahrhunderts bestimmt, so dürfte die besondere Bedeu-tung des Umbruchs »um 1800« wohl mit der sich herausbildenden »bürgerlichen Ge-sellschaft« und ihrer Vorstellung eines Menschen »als Bürger« verbunden sein. Zwei zentrale Ideale sind dabei die Vorstellung eines in individueller Freiheit, Gleichheit und Brüderlichkeit sich entwerfenden Subjekts und die Forderung nach einer diesen Grund-sätzen Rechnung tragenden »republikanischen« Gesellschaftsordnung. Damit sind nicht nur die Parolen der Französischen Revolution von 1789 als frühe Signaturen der Zeit um 1800 angesprochen. Vielmehr tritt das »reiche«, gebildete und durch eigene Handlungsimpulse gekennzeichnete Individuum in den Mittelpunkt und wird zur Be-zugsfigur für politisches, gesellschaftliches und ästhetisches Denken.

Diese um 1800 einsetzende »bürgerliche« Moderne, welche durch Vernunft gegründe-tes Selbstbewusstsein, Besitzindividualismus und das individuell oder gruppenspezifisch geforderte Recht auf Eigenständigkeit gekennzeichnet ist, bleibt dabei bis in die Gegen-wart hinein bestimmend und bildet auch noch gegenüber der Postmoderne des späten 20. Jahrhunderts ein Differenzkriterium. Als Orientierungsmarke für die individuelle Le-bensführung und die damit verbundenen Erwartungen und Erfahrungen, Grenzüber-schreitungen und Grenzsetzungen spielt sie noch heute eine Rolle. Die bürgerliche Sub-jektivität, die um 1800 in Literatur und Kunst, ebenso aber auch in Philosophie und politischer Theorie, im Rechtswesen und in den zeitgenössischen Wirtschaftstheorien erscheint, wird so zu einem zentralen mythenkonstitutiven Merkmal. Neue Ansätze zur Erkundung der Subjektivität lassen sich um 1800 in nahezu allen Wissenschaftsgebieten, von der Pädagogik bis zur Ökonomie, von der Physik bis zur Musik und ebenso in allen anderen Künsten beobachten: Die *Virginia Bill of Rights* (1776), die allgemeine Erklärung der Menschenrechte durch die französische Nationalversammlung 1792, das Allgemeine Preußische Landrecht (1798), ebenso aber auch Adam Smiths Theorie freien Handelsver-kehrs (1776) oder das kritische Werk Kants, zumal Fichtes *Wissenschaftslehre* (1794/95), Schellings *System des transzendentalen Idealismus* (1800) und Hegels *Phänomenologie des Geistes* (1807), heben alle die Zentralstellung des individuellen Subjekts hervor. Des-sen mythischer Gehalt kommt nicht zuletzt dadurch zustande, dass die Denkfigur subjek-tiver Individualität natürlich auch noch im Selbstverständnis der Menschen der Gegen-wart die Grundlage von Selbstlegitimation und -interpretation darstellt.

Die Zeit um 1800 erscheint im Bann der von Kant vorgenommenen »kopernikani-schen Wende« als Fokussierung auf das Subjekt, einer im 18. Jahrhundert sich abzeich-nenden »anthropologischen Wende«, in deren Folge dann auch ein Platz frei wird für die Legitimation des Individuums in Zusammenhängen seiner erneut mythischen Über-höhung als Künstler, historischer Held (Hegels Sicht auf ↗Napoleon als »Weltgeist zu Pferde«), Forscher oder Glaubensvirtuose (Max Weber). Besonderen Ausdruck findet diese Zentralstellung eines bürgerlichen Individuums in Kunst und Philosophie, dann aber auch in politischen und geschichtsphilosophischen Vorstellungen, nicht zuletzt in Recht und Wirtschaftstheorie um 1800.

Zum Mythos der Zeit »um 1800« gehört freilich auch, dass der Spezifik des Individuums noch in anderer Hinsicht Rechnung getragen wird, nämlich hinsichtlich seiner jeweils konkreten Besonderheit. Gleichberechtigung umfasst auch das Recht, so wie alle anderen »anders« zu sein: Von Laurence Sternes *Tristram Shandy* (1759–67) reicht hier die Linie über Diderot und Rousseau, Johann Karl Wezel, Jean Paul und Goethe weiter zu Poe und Gogol und stellt so eine eigene Figurenreihe menschlicher Individualität und Subjektivität dar, die um 1800 auch von ihrer a-sozialen Seite in der Gestalt von Humoristen und Sonderlingen, Wahnsinnigen und »Verbrechern aus verlorener Ehre« (Schiller) in Erscheinung tritt.

Gegenwartsbewusstsein

Goethes spät aufgezeichnete Bemerkung zur Kanonade von Valmy am 21. September 1792 »Von hier und heute geht eine neue Epoche der Weltgeschichte aus und ihr könnt sagen, ihr seid dabei gewesen« bringt zum einen das Selbstverständnis der Beteiligten und Beobachter der Zeit um 1800 auf den Punkt: Gegenwartsbewusstsein und die Verknüpfung von je eigener Individualität mit weltgeschichtlichen Entwicklungen. Zum anderen formuliert er einen Maßstab, an dem sich auch noch das Menschenbild, zumal seine Rechte und Ansprüche in öffentlichen und privaten Sphären zu Beginn des 21. Jahrhunderts orientieren. Die Zeit um 1800 erweist sich in dieser Hinsicht als mythischer Einsatzpunkt bürgerlicher Gesellschaft und ihrer Handlungs- und Legitimationsfelder: Subjektivität, Familie, Bildung, Arbeit/Geschäft, Recht/Staat, Kultur, nicht zuletzt Inter-Nationalität gehören zu den Zeiterfahrungen »um 1800« und sind zugleich als Merkmale der ebendort einsetzenden Moderne zu sehen.

Neben politischen Strömungen (Liberalismus und Konservatismus), die sich zunächst im Blick auf die unterschiedlich gewertete Bedeutung der Französischen Revolution formieren, entstehen auch neue soziale Bewegungen, die von der Arbeiterbewegung bis zu frühsozialistischen Entwürfen reichen. Ebenso bilden sich nationale Bewegungen heraus, die – im Anschluss an Herders Kulturtheorie – Nationen und Kulturen im Muster von Individuen denken und ihnen Bildungs- und zugleich Selbstverwirklichungsansprüche zuschreiben. Nicht zuletzt lässt sich der Zeitraum um 1800 als eine frühe (ggf. nach dem »Entdeckungszeitalter« »zweite«) Phase der ↗Globalisierung beschreiben, auf die u. a. Goethe mit seinen Bemerkungen zur »Weltliteratur« in den 1820er Jahren Bezug genommen hat. Reiseberichte und Seehandel gewinnen in diesem Zeitraum ebenso an Bedeutung wie Industriearbeit und Naturforschung, technische Entwicklungen und medizinische Kenntnisse, wodurch eine weitere Ausdehnung und Verdichtung bereits bestehender globaler Netzwerke erfolgt.

Dass die Zeit um 1800 auch selbst durch die Suche nach neuen Mythen gekennzeichnet ist, lässt sich nicht zuletzt in jenem *Ältesten Systemprogramm des deutschen Idealismus* (vermutlich 1797) ablesen, an dem Schelling, Hegel und Hölderlin beteiligt waren und das mit der Forderung nach einer »neuen Mythologie« die Bedeutung von Mythen in der Moderne erneut zur Debatte stellt.

Lit.: F. Balke (Hg.), Ästhetische Regime um 1800, Paderborn 2009. – A. Böhm/M. Sproll (Hg.), Fremde Figuren. Alterisierungen in Kunst, Wissenschaft und Anthropologie um 1800, Würzburg 2007. – G. Brandstetter/G. Neumann (Hg.), Romantische Wissenspoetik. Die Künste und die Wissenschaften um 1800, Würzburg 2004. – O. Breidbach u. a. (Hg.), Ereignis Weimar-Jena. Kultur um 1800, Paderborn 2013. – J. W. v. Goethe, Das Römische Karneval [1789], in: Ders., Werke. Hamburger Ausgabe Bd. 11, München 1982, 484–515. – F. Kittler, Aufschreibesysteme 1800/1900, München ⁴2003. – R. Koselleck, Vergangene Zukunft. Zur Semantik geschichtlicher Zeiten, Frankfurt a. M. 1979. – K. Polanyi, The Great Transformation. Politische und ökonomische Ursprünge von Gesellschaften und Wirtschaftssystemen [1944], Frankfurt a. M. 1978. – K. Rennhak/V. Richter (Hg.), Revolution und Emanzipation. Geschlechterordnungen in Europa um 1800, Köln 2004. – K. Ries (Hg.), Romantik und Revolution. Zum politischen Reformpotential einer unpolitischen Bewegung, Heidelberg 2012. – F. Schiller, Sämtliche Werke. Berliner Ausgabe, Berlin/Weimar 1980. – H. Tausch, Literatur um 1800. Klassisch-romantische Moderne, Berlin 2011. – J. Vogl (Hg.), Poetologien des Wissens um 1800, München ²2010.

Werner Nell

Venedig

Die imposante nordostitalienische Inselstadt Venedig (ital. Venezia) ist mit der Lagune des adriatischen Meeres, in die hinein sie gebaut wurde, eine einzigartige Symbiose eingegangen. In Mittelalter und Neuzeit von Pilgern, Handels- und Bildungsreisenden als »aurea Venetia« (Lebe, 16) oder »miraculum mundi« gerühmt (J. W. Neumayr von Ramssla, *Reise durch Welschland und Hispanien*, 1622), zählt die 1987 zum Weltkulturerbe der UNESCO erklärte Stadt bis heute zu den global attraktivsten Reisezielen. Der historische Glanz der einstigen Stadtrepublik, auf den der Beiname »La Serenissima« (ital. *sereno*, heiter, hell) verweist, ist mit der Einnahme durch Napoleon 1797 und der Vormundschaft Österreichs ab 1815 nicht etwa verblasst, sondern bleibt in dem nahezu unverändert bewahrten Stadtbild evident. Konstitutiv für die Mythisierung des urbanen und historischen Phänomens Venedig ist einerseits die topografische Singularität seiner amphibischen Geografie im Zwischenraum der Lagune zwischen Meer und Land (»Biberrepublik«, Goethe, *Italienische Reise*, 28.9.1786). Damit sichtbar verbunden sind der Kunstcharakter und die erlesene Eleganz der Stadt mit ihrer gleichsam dem Meer entstiegenen Kulisse, die sich besonders durch Elemente byzantinischer Architektur auszeichnet (venezianische Gotik). Andererseits birgt Venedig das Erbe seiner historischen Weltmachtstellung als mediterrane Seerepublik und Hafenstadt. Auch die spezifische politische Verfasstheit und der außergewöhnliche ökonomische wie kulturelle Reichtum wirken lange nach. Wesentlich zur Mythen- und Legendenbildung beigetragen hat zunächst die glorifizierende Selbststilisierung der seit ihrer Gründung unbesiegten Stadtrepublik. Spätestens mit dem Verlust der politischen Selbstständigkeit setzte eine umfassende Auratisierung Venedigs insbesondere von außen ein. Im modernen Mythos Venedig verschmelzen historische Traditionen und ästhetische Wahrnehmungen zu einem ambivalenten Faszinosum zwischen Realität und Fiktion, das an Reichtum, Prosperität und Fülle ebenso wie an Melancholie, Trauer und Tod gemahnt und in dem in der Zelebration der quasisakralen Schönheit

Venedigs stets auch deren prekäre Zerbrechlichkeit, Gefährdung und Bedrohtheit mitschwingen.

Christliche, historische und politische Aspekte der Mythisierung

Neben dem Anspruch auf antike trojanische Genealogie der festlandvenetischen Stadtgründer des 5. Jahrhunderts findet, maßgeblich ab dem 13. Jahrhundert, eine sakralisierende Überhöhung Venedigs im Zeichen des Evangelisten Markus statt (vgl. etwa Antonius Sabellicus, *De situ urbis Venetae*, um 1494), die die Venezianer als unmittelbar von Gott privilegiertes Seefahrervolk ausweist (Lebe, 24 ff.). Die legendäre Singularität des Stadtstaats Venedig manifestiert sich in seiner politischen und administrativen Organisation unter Einschluss wahlmonarchischer ebenso wie aristokratischer und demokratischer Elemente. In der oligarchischen Staatsführung durch einen gewählten Dogen in Abstimmung mit parlamentarischen Versammlungen wurde lange, so z.B. von Gasparo Contarini (16. Jh.), die ideale Verfassung gesehen, in der Freiheit und Wohlstand der Bürger ebenso beispielhaft garantiert seien wie die innere Kontrolle der Macht und die Identifikation der Bürger mit ihrem Staat. Der bis heute jährlich inszenierte Festakt des »Sposalizio del mare« (Festa della Sensa), in dem der Doge am Lido di Venezia von seiner Prachtbarke (Bucintoro) einen geweihten Ring ins Meer wirft, um seinen Staat dem Meer zu vermählen, hält seit dem Jahr 1000 den Mythos lebendig.

Mythische Stadt der Künste

Vor dem Hintergrund des wirtschaftlichen Wohlstandes infolge kontinuierlich aufgebauter internationaler Welthandelsbeziehungen, mit dem ein äußerst günstiges kulturelles Klima einherging, brachte Venedig eine überaus reiche Malerei, Musik und Dichtung hervor. Namhafte Maler (z.B. Bellini, Tintoretto, Tiepolo), Komponisten (z.B. Monteverdi, Vivaldi), Schriftsteller (z.B. Bembo, Goldoni, Gozzi) mehrten weltweit den künstlerischen Ruhm der Stadt. Die Lagunenstadt reflektiert vielfältiges künstlerisches Schaffen und geriert sich zu allen Zeiten als Hort und Bühne der Künste (Schenk, 101 ff.): als kulturelles Zentrum z.B. des Buchdrucks und der typografischen Innovation (Aldus Manutius, 15. Jh.), der norditalienischen Commedia dell'arte (16. Jh.), der Oper mitsamt ökonomischen Aspekten und bühnentechnischen Neuerungen (17. Jh.), des mondänen Lebensgenusses in Karneval, Maskerade und Libertinismus (Casanova) (18. Jh.), des Geheimnisvollen, (Schauer-)Romantischen und Pittoresken (19. Jh.) und des Films im 20. Jahrhundert (Festival Biennale).

Dekadenz und Todesnähe

In der Moderne fließen all diese Aspekte wirkmächtig zusammen. Venedig wird aufgrund seiner paradigmatischen Ästhetik der Vergänglichkeit zum Inbegriff der Dekadenz und zum spezifischen Rückzugs- und Imaginationsraum, in dem Melancholie und Morbidität bis hin zu Todesnähe und -verfallenheit einen sublimen Platz einnehmen. Hierzu trägt Venedig als Sterbeort des seinerseits zum Mythos stilisierten Opernschöpfers Richard ↗Wagner ebenso bei wie der rekurrente Vergleich der schwarzen Gondeln mit Totenbahren (z. B. Thomas Mann, *Tod in Venedig*, 1911; der dt. Titel des Films von Nicolas Roeg *Wenn die Gondeln Trauer tragen*, 1973). Rousseau rühmt die Barkarolen der Gondolieri und die italienische Oper (*Confessions*, vor 1770; *Dictionnaire de musique*, 1767), George Sand, darin Byron ähnlich, hält Venedig schwärmerisch für »das Schönste, was man sich auf Erden denken kann« (Brief an H. Chatiron, 6.3.1834), Hermann Hesse preist die Farbenpracht der »Stadt Tizians« (Brief an C. Como, 17.9.1902), die »rätselhafte Schönheit« und das »Unentweihte« (*Die venezianische Gondel*, undatiert), Maurice Barrès ihre Todestrunkenheit und »melancholische Wollust« (*Amori et dolori sacrum*, 1902), Henri de Régnier rührt die Koinzidenz von »Verfall und Vollkommenheit« (*L'Altana ou la Vie vénitienne*, 1928). Der italienische Futurismus hingegen pflegt provokativ seinen Ekel vor Venedig als ›passatistischer‹ »Kloake« und fordert deren Abriss, Industrialisierung und Militarisierung (F. T. Marinetti, *Contro Venezia passatista*, 1910). Angesichts des gewaltigen Anwachsens des Fremdenverkehrs banalisiert das 20. Jahrhundert Venedig zur »Faltpostkarte seiner selbst« (M. McCarthy, *Venice Observed*, 1956) und distanziert sich sachlich von der bloßen Glorifizierung, gleichwohl ohne den Mythos Venedig zu Ende zu bringen.

Moderner Untergangsmythos

In ihrer Affinität für das eigentümliche Oszillieren der venezianischen Wesenheit zwischen lebensbejahender Schönheit und tödlicher Gefährdung greift die Moderne die Ambivalenzen Venedigs als eines (Todes-)Sehnsuchtsorts auf und stellt sie als illusionär und brüchig aus. »Die Stadt Venedig, zugleich dem Wasser und dem Land zugehörig, ihrer Macht beraubt, deren Symbole aber bewahrend, äußerlich unversehrt, in ihrem Kern aber zerstört, gewinnt eine problematische Identität, in der sich das Subjekt der Moderne wiedererkennt« (Corbineau-Hoffmann, 569). In diesem Sinne kann Venedig als moderne Heterotopie der europäischen Kultur begriffen werden (vgl. Foucault). Neueste Tendenzen des Mythos betrachten Venedig als Gegenmodell moderner Effizienzorientierung und betreffen die prekäre Existenz und ökologische Bewahrung der Stadt vor Hochwasser, Umweltverschmutzung und Massentourismus (vgl. etwa Mathieu). Der Mythos Venedig bezieht seine Kraft auch aus der beständigen Bedrohung durch den Untergang.

Lit.: A. Corbineau-Hoffmann, Paradoxie der Fiktion. Literarische Venedig-Bilder 1797–1984, Berlin u. a. 1993. – B. Dieterle, Die versunkene Stadt. Sechs Kapitel zum literarischen Venedig-Mythos, Frankfurt a. M. 1995. – A. Karsten, Kleine Geschichte Venedigs, München 2008. – R. Lebe, Mythos Venedig. Geschichte und Legenden aus tausend Jahren, Stuttgart u. a. 2003. – Ch. Mathieu, Inselstadt Venedig. Umweltgeschichte eines Mythos in der Frühen Neuzeit, Köln u. a. 2007. – C. Pellegrini (Hg.), Venezia nelle letterature moderne, Venezia u. a. 1961. – D. Rosand, Myths of Venice. The Figuration of a State, Chapel Hill 2001. – C. Schenk, Venedig im Spiegel der Décadence-Literatur des Fin de siècle, Frankfurt a. M. 1987.

Roland Alexander Ißler

Verdun

Wenn von Verdun als modernem Mythos die Rede ist, dann meint dies die im kollektiven Gedächtnis verankerte Schlacht um Verdun im Ersten Weltkrieg, die vom 21. Februar bis zum 20. Dezember 1916 hauptsächlich zwischen Deutschen und Franzosen stattfand. Der von den Deutschen am Morgen des 21. Februar eingeleitete Großangriff lief sich schnell fest. Ein 40 Quadratkilometer großes Kampfareal konzentrierte und immobilisierte mehr als eine Million Menschen und eine gigantische Masse an Kriegsgerät. Insgesamt erstarrte der am Schlieffen-Plan ausgerichtete Bewegungskrieg zur Eroberung Frankreichs nach nur wenigen Monaten auf breiter Front durch das Patt der Angreifer und Verteidiger zum Stellungskrieg und verkam zur Material- und Abnutzungsschlacht. Verdun ging mit insgesamt 220.000 Toten und 420.000 Versehrten in die Geschichtsbücher ein und wurde zu einem zentralen Ereignis der deutsch-französischen Erinnerungskultur.

Tod, Gewissen, Opferblut

Obwohl die Verluste an der Maas nicht die höchsten des Westfeldzuges waren, wurde Verdun zu dessen Höhepunkt stilisiert. Der unerbittliche Kampf auf engstem Raum, die Opferzahlen und der Materialverschleiß ließen Verdun zur Jahrhundertschlacht (↗Stalingrad) werden. Metaphorische Begriffe wie »Hölle«, »Blutpumpe« und »Knochenmühle« verweisen auf die Radikalität des Konflikts und die extremen Leiden der Soldaten auf beiden Seiten. Werner Beumelburg lässt in seinem Roman *Gruppe Bosemüller* den Tod für einen Leutnant als einzigen Ausweg erscheinen: »Wissen Sie denn, daß das beste, was einem hier passieren kann, noch der Tod ist?« (Beumelburg, *Gruppe Bosemüller*, 25 f.)

»Verdun« steht für eine neue Wirklichkeit, die in »Stahlgewittern« (Ernst Jünger, *In Stahlgewittern. Aus dem Tagebuch eines Stoßtruppführers*, 1920) die Soldaten für fragwürdige Ziele ausbeutete und nachhaltig traumatisierte. Die kritische Hinterfragung und Aufarbeitung der Kriegserfahrungen sowie die häufig als überhöht wahrgenommenen authentischen Aussagen von Zeitzeugen (↗Zeuge/Zeitzeuge), zu denen die Beschreibungen und Reflexionen in den Millionen von Feldpostbriefen gehören, prägen den Verdun-Diskurs und verdichten sich zu einem mythischen Verdun-(Ge-)Wissen. Dieses meint die Ressource aus offiziellen Verlautbarungen und Propositionen, individuellen Erfahrungen, (Des-)Orientierungen und Vermächtnissen, impliziten Überzeugungen, Symptomen der Wissens- und Ratlosigkeit, intuitiv-instinktiven wie ethischen Reaktionen und Gemütsbewegungen, die wesentlichen Anteil haben an der Reproduktion der Gesellschaft, Kultur und kollektiven Identität.

Ab den 1920er Jahren avancierte Verdun in der zu dieser Zeit anlaufenden Kriegsliteraturproduktion mit massenhaften Auflagen zu einem zentralen Topos. Die Werke konstruieren einerseits Heldennarrative, die der Verstehens- und Systemkrise heroische Sinnentwürfe entgegenstellen. Andererseits figuriert Verdun als ein omnipräsenter und überzeitlicher Ort, an dem die destruktive Maßlosigkeit Normalzustand ist und der

Schlachtbetrieb als systemloses Gemetzel und als Karneval erfahren wird. Die zwar dia-
metralen, doch komplementären Szenen zeigen sich in Arnold Zweigs Roman *Erziehung
vor Verdun* (1935) und Karl Kraus' Entrüstungspasquill *Reklamefahrten zur Hölle* (1921),
in denen Verdun als Fokalpunkt auf der »blutgetränkten Scheibe« Erde und als »bedauer-
lichster Schauplatz des blutigen Deliriums« in den Sucher gerät und als individuelle Zäsur Allgemeingültigkeit annimmt. Ernst Jünger und Werner Beumelburg lassen Stoß-
truppführer wie gemeine Infanteristen im präzedenzlosen Chaos des Kampfes zum Teil
tollkühne, übermenschliche Taten vollbringen und zugleich beim Sturm, der Feindberüh-
rung und im Rückzugsgefecht orientierungslos um Besinnung ringen: »Was sich hier
vollzieht, ist ganz außerhalb aller hergebrachten Regeln des Infanterieangriffs. Es ist
weder ein klar erkennbarer Anfang, noch ein Ende, noch überhaupt irgendein System
darin festzustellen« (Beumelburg, *Sperrfeuer um Deutschland*, 1929). Auf diese Weise
repräsentieren die künstlerischen Auseinandersetzungen in Literatur, Film und Malerei
die notorische Unfassbarkeit Verduns, die für seinen Mythosstatus wesentlich ist.

Verdun etablierte sich zum Schlagwort, das – so eine Zeitstimme im August 1916 –
für die »Entfesselung von Kampf und Schmerz« stand. Die kriegerische Eskalation und
Erfahrung, der »Schrecken, Schönheit, Hoffnung und tiefe[s] Mysterium« innewohnten,
könnte »nur die Gestalt des Gekreuzigten« trösten (zit. n. Werth, 395).

Das Opferblutmotiv bildet ein zentrales Mythem des Verdun-Mythos. Der Schriftsteller Ernst Glaeser etwa sprach 1928 vom »Wunder von Verdun«, das allen gehöre, da
sein Boden »vom Blut aller genässt sei«; Harry Graf Kessler schlug zur selben Zeit vor,
Verdun »zu einem Heiligtum für ganz Europa zu machen« (zit. n. Werth, 7, 406; Krumeich 2012, 441). Während das Schlachtenblut an den Willen zur Aussöhnung appel-
lierte, forderten völkische und rechte Kreise in chauvinistischer Absicht mit dem vor
Verdun vergossenen deutschen Blut die Nachfolgegeneration für die Revanche zu mobilisieren.

Pazifistischer Gründungsmythos

Schon vor 1945 wurde Verdun zu einem Gründungsmythos aller modernen Schlachten.
Seine unhinterfragte Alleinstellung als Jahrhundertkampf, der alle Sinnstiftungsversuche von Krieg ad absurdum führte, erlaubte es, in seinem Namen jede kriegerische Un-
ternehmung als sinnlose, inhumane und vergebliche zu perspektivieren. Verduns Bedeutung als politischer Erinnerungsort wurde am 22. September 1984 augenfällig. Der
Gedenkakt von Helmut ↗Kohl und François Mitterrand zu Ehren von 130.000 unbekannten Kriegsgefallenen vor dem Ossuarium im Fort Douaumont ging als Völkerverständi-
gungsikone in das kollektive Gedächtnis ein. Der Mythos Verdun wurde durch das symbolische Händehalten der beiden Staatsrepräsentanten bestätigt und modifiziert. Die
Schlacht steht nun auch für eine mahnende pazifistische Botschaft: Nie wieder Krieg!

Sinnstiftung und Sinnverlust

Auch hundert Jahre nach »Verdun 1916« besitzt die Schlacht mythisches Potenzial. Zu
den Kernelementen des Mythos Verdun gehören seine behauptete Einzigartigkeit, die

Herausbildung eines neuen Soldatentyps, der angesichts der überragenden Bedeutung der Materie den Kampf als depersonalisierten und kontingenten Kataklysmus der Naturelemente wahrnimmt sowie die Konstruktion einer Nachfolgepflicht für die kommenden Generationen (Münch, 518, 527). Zudem wird nach den historischen Auslegungen des Blutopfers die mythische Prägekraft der Jahrhundertschlacht weiterhin mithilfe der Blutallusion erklärt, aber nicht länger in der Absicht, damit nationale Ressentiments anzuheizen. Es soll ein Zusammengehörigkeitsgefühl im Sinne einer *corporate identity* befördert werden. Gleichwohl bleiben nationalspezifische Wahrnehmungen und Erinnerungsleistungen bestehen. Während für das französische Gedenken Verdun immer auch den gerechten und heldenmütigen Widerstand gegen den deutschen Aggressor von damals symbolisiert, evoziert der Schlachtname auf deutscher Seite eine Verunsicherung ebenso wie ein prononciertes Unverständnis über die ungerechtfertigte, planlose und vor allem die eigenen Soldaten verachtende deutsche Kriegführung. Bei Franzosen und Deutschen löst Verdun indessen in gleichem Maße ein Mitgefühl mit den Leiden der Hunderttausenden von Soldaten aus. In Verdun verdichtet sich somit stärker als zuvor die Verpflichtung, die in der Schlacht manipulierten Einsatzbereitschaften der Einzelnen und der Völker zu rekonstruieren und zu korrigieren, die zerschossenen nationalen Ideale wiederzubeleben und für ein bilaterales europäisches Miteinander produktiv zu machen. Verdun ist zum »europäischen Erinnerungsort« par excellence geworden, der eminent wichtig für die kollektive Sinn- und Identitätsstiftung europäischer Nationen ist (Krumeich 2001). Als Gemeinplatz mit herausragender mythischer Qualität ist auf seinem Grund vor allem die gewaltige (Sinn-)Verlustgeschichte verankert.

Lit.: W. Beumelburg, Douaumont [1923], Oldenburg 1933. – Ders., Gruppe Bosemüller. Der Roman des Frontsoldaten [1930], Oldenburg 1940. – GeoEpoche, Der Erste Weltkrieg. Von Sarajewo bis Versailles, 14 (2004), Hamburg, 42–63. – B. Hüppauf, Kriegsliteratur, in: Enzyklopädie Erster Weltkrieg, hg. v. G. Hirschfeld u. a., Paderborn 2009, 177–191. – G. Krumeich, Einleitung. Schlachtenmythen in der Geschichte, in: Schlachtenmythen. Ereignis – Erzählung – Erinnerung, hg. v. G. K./S. Brandt, Köln u. a. 2003, 1–18. – Ders., Verdun, in: Deutsche Erinnerungsorte, hg. v. E. François/H. Schulze, München 2001, Bd. 2, 437–444. – M. Münch, Verdun. Mythos und Alltag einer Schlacht, München 2006, 29–35, 500–528. – L. Poirier (Regie), Verdun. Visions d'Histoire, Frankreich 1927/28 (inkl. Booklet). – G. Werth, Verdun. Die Schlacht und der Mythos, Bergisch Gladbach 1979, 7–11, 395–400.

Jörn Münkner

Vesuv

Der Vesuv zählt bis heute zu den gefährlichsten Vulkanen weltweit. Zudem übt er als geografische Landmarke, die das Panorama der Gegend um die süditalienische Stadt am Golf von Neapel prägt, auf Einheimische und Reisende aufgrund seiner mächtigen Gestalt eine ungebrochene Faszination aus.

In der Betrachtung des Vesuvs kreuzen sich moderne Reflexionen über die zerstörerische Kraft der Natur und die Versuche des Menschen, sie zu beherrschen. Im kulturellen Gedächtnis präsent ist dabei der Vesuv-Ausbruch des Jahres 79 n. Chr., bei dem die Städte Pompeji, Stabiae und Herculaneum unter einem Ascheregen begraben wurden. Durch die Überlieferung des Augenzeugenberichts von Plinius d. J., aber vor allem durch die Ausgrabung der Katastrophenstätten sind die Auswirkungen des Ausbruchs bis heute sichtbar. Der Untergang einer prosperierenden Stadt wird nachvollziehbar, das Schicksal der Menschen wirkt in die Gegenwart hinein. Trotz der zeitlichen Ferne scheint es aufgrund der anhaltenden Aktivität des Vulkans wiederholbar und in den Gipsabdrücken der Opfer in materialisierter Form gleichsam konserviert.

Wesenhafte Natur: Faszination und Furcht

Der »Monte Vesuvio« erscheint in der Wahrnehmung weniger als geografische Formation, sondern vielmehr als ein Wesen, dessen Gestalt sich durch die schweren Eruptionen zwar verändert, aber präsent bleibt, mal Feuer spuckend und rauchend und mal ruhig daliegend.

  Die dem Vulkan eigene Schönheit und Anziehungskraft bildet einen starken Gegensatz zu dem sicheren Wissen um seine tödliche Zerstörungsmacht, die Gewissheit eines neuen Ausbruchs ist ein Versprechen, das der Vulkan der Zukunft gibt. Der ihn beobachtende Mensch wird zurückgeworfen auf die Fragilität seiner eigenen Existenz. In der Ikonografie der Vesuv-Betrachtungen verschmelzen Faszination angesichts des Naturschauspiels, Machtlosigkeit und Furcht. In die Darstellung des Feuer speienden Vulkans wird der von Neugier getriebene Mensch in vielen Bildern als Figur integriert (z. B. das

Abb. 29: Jakob Philipp Hackert, *Der Ausbruch des Vesuv im Jahre 1774* (1774)

Gemälde *Ausbruch des Vesuv* von Jakob Philipp Hackert, 1774). Abgebildet werden auch die ungeordnete Flucht der Bevölkerung und die verzweifelte Hoffnung, die angesichts der Aussichtslosigkeit menschlichen Handelns in die Stadtpatrone gesetzt wird, um das Unglück abzuwenden. Bußprozessionen und Bittgottesdienste stellen dabei das geordnete Gegenteil zum Chaos der Flucht vor dem unkontrollierbaren Naturereignis dar. Sie bilden eine Umkehr ab, der fliehende Mensch wendet sich wieder der Gefahr zu und hofft auf göttlichen Beistand (v. d. Thüsen, 24). Insbesondere die Abbildung des neapolitanischen Stadtpatrons San Gennaro und das mit ihm verbundene Ritual des Blutwunders stellen nicht nur den Vesuv-Ausbruch als Ausnahmesituation dar, sondern bieten gleichzeitig eine Deutung für das eigentlich nicht zu Deutende (Hojer, 98).

Zähmungen

Zur Zeit des *Grand Tour* im 18. und 19. Jahrhundert sind der Vesuv und die Stadt Neapel einem kosmopolitischen Strom junger Reisender ausgesetzt. Es handelt sich um temporäre Besucher mit einem durch zahlreiche Reiseberichte präfigurierten Blick, die sich beeindruckt von dem Ungewöhnlichen, Unbekannten zeigen, dem sie an der oft südlichsten Etappe ihrer Reise begegnen (vgl. Brilli). Literarische Protagonisten wie die Corinne des Romans von Madame de Staël (*Corinne ou l'Italie*, 1807) sind im Angesicht des Vesuv-Kraters mit ihren Emotionen konfrontiert, das feurige Naturschauspiel wird ästhetisiert und zum Anlass des Schauderns. »Der Vesuv verkörpert insofern wie das Göttliche das Erhabene, das Sublime, das den Menschen auf seine Bedingtheit verweist, ihm aber andererseits auch die Chance zur Erhebung und damit zur Katharsis bietet« (Neumeister, 41). Die zerstörerische und nicht von Menschenhand zu bändigende Macht der Natur wird so mittels der Ästhetisierung zum Erhabenen gebannt. Der Vulkan im Allgemeinen und der Vesuv im Besonderen können auch als »Beleg für die grausame, unberechenbare und gleichgültige Natur« (v. d. Thüsen, 131) dienen, so etwa in Giacomo Leopardis Gedicht *La Ginestra* (1836).

Mit zunehmenden vulkanologischen Erkenntnissen werden vormoderne Erklärungen, die im Feuer des Vesuvs eine Verbindung zum Höllenfeuer sehen, zurückgedrängt. Der Vulkanismus wird von den Wissenschaften mit dem ebenfalls verheerenden Phänomen Erdbeben (z. B. von Lissabon 1755) in Zusammenhang gebracht. Es reifen die Erkenntnis der Moderne von der Vernetztheit der Welt und der Wunsch nach Verständnis der Ursachen dieser »terrestrischen Katastrophen« (Richter, 9). Im 19. Jahrhundert wird der Vesuv vermehrt beschrieben als ungewöhnliche, aber gleichzeitig ungefährliche Touristenattraktion (z. B. von der Firma Thomas Cook betriebene Seilbahn am Vesuv). Schon Karl Baedeker bemüht sich 1866 um möglichst zahlreiche praktische Informationen für den Touristen und betont gleichzeitig die nicht vorhandene Gefahr für den Besucher: »Die Führer pflegen in die glühende Lava Kupfermünzen zu drücken oder Eier darin zu rösten, und laden auch die Reisenden zu ähnlichen Versuchen ein. In ihrer Nähe wagt man dabei wenig, ausser ein Paar Sohlen« (Baedeker, 129). Der Vulkan scheint touristisch gezähmt.

Vulkan und Stadt

Der Vesuv vereint Zerstörungskraft und Schönheit, durch seine Betrachtung vor allem aus der städtischen Distanz entsteht das Sublime. Er ist eng mit der Stadt Neapel und ihrer Umgebung verbunden. Sie steht ebenfalls für die Gleichzeitigkeit von Gegensätzen, eine Charakterisierung, die auf eine lange Tradition blickt. »Es gibt keine andere Landschaft im Mittelmeerraum, in der die Verbindung zwischen der Tag- und Nachtseite der Erde, zwischen der Ober- und Unterwelt deutlicher zu spüren wäre als die Landschaft am Golf von Neapel« (Richter, 17). Der italienische Philosoph Benedetto Croce nimmt das Sprichwort über Neapel vom Paradies, das von Teufeln bewohnt wird, auf (vgl. Croce). Der ruhende Vesuv fungiert als Gegenbild zum quirligen Stadtleben Neapels und ist ein fester Orientierungspunkt, der die Menschen an die Stadt bindet.

Der Vesuv wird zwar mit den modernen Methoden der Wissenschaft beobachtet und erforscht, gleichzeitig bleibt die Erkenntnis, dass der Mensch trotz der ihm zur Verfügung stehenden Technik einem nächsten gewaltigen Ausbruch weiterhin nichts als die Flucht entgegenzusetzen haben wird (Richter, 14). Die Ambivalenz aus Schrecken und Schönheit wird ergänzt durch Einsicht in die Grenzen der Naturbeherrschung und des Fortschritts im technologischen Zeitalter der Moderne.

Lit.: K. Baedeker, Italien. Handbuch für Reisende. Dritter Teil. Unter-Italien, Sicilien u. die Liparischen Inseln, Coblenz 1866. – A. Brilli, Als Reisen eine Kunst war. Vom Beginn des modernen Tourismus. Die ›Grand Tour‹, Berlin 2001. – B. Croce, Il »paradiso abitato da diavoli«, in: Un paradiso abitato da diavoli, hg. v. G. Galasso, Milano 2006, 11–27. – A. Hojer, Neapel zwischen Vesuv und Pest. Zur Bilderwelt des Ausnahmezustandes im 17. und 18. Jahrhundert, in: Ästhetik der Ausschließung, hg. v. O. Ruf, Würzburg 2009, 95–106. – S. Neumeister, Das Bild des Vesuv in der europäischen Literatur zur Zeit Leopardis, in: PhiN-Beiheft 1 (1998), 37–48. – D. Richter, Der Vesuv. Geschichte eines Berges, Berlin ²2007. – J. v. d. Thüsen, Schönheit und Schrecken der Vulkane. Zur Kulturgeschichte des Vulkanismus, Darmstadt 2008.

Anna Charlotte Thode

Richard Wagner

Kaum ein anderer Künstler ist bis heute gleichzeitig so verehrt und so umstritten wie Richard Wagner (1813–1883), der als Komponist, Dichter und Dramatiker, als Opernregisseur und Dirigent schon zu Lebzeiten zum Mythos stilisiert wurde. Seinen Werken, vor allem dem Ring des Nibelungen und Parsifal, legte er ein eigenes textlich-musikalisches Mythoskonzept zugrunde, das ihn aus Sicht von Claude Lévi-Strauss zum »unabweisbaren Vater der strukturalen Analyse der Mythen« werden ließ (Borchmeyer, 64). Die mythische Qualität Wagners ergibt sich aus dem (bereits zeitgenössischen) Kult, der durch die Festspiele in Bayreuth und seine Anhänger (Wagnerianer) entstanden ist, und den vielfältig funktionalisierbaren, mythisch fundierten und heftig umstrittenen Werken des Künstlers, die immer wieder aktualisiert und monumental inszeniert werden.

»Mythos Wagner« – Selbstmythisierung

Wagner trug selbst zu seiner Mythisierung bei: Das charismatische ↗Genie, das die Umgebung in seinen Bann schlug, ließ sich auf Bildern mit visionärem Blick in Szene setzen und kommentierte wie kein Komponist zuvor immer neu sein Leben und seine Werke in selbsterklärenden Schriften, wodurch er weltweit den Mythos eines exzeptionellen Schöpfers von einsamer Größe stilisierte, der auf der Grundlage des *Kunstwerks der Zukunft* die politisch-ästhetische Utopie einer neuen Gesellschaft verkündete. Unter Witwe Cosima Wagners Leitung wurde Bayreuth zum Tempel der Wagnerianer, die Aufführungen im Festspielhaus führten zu einem ins Mythische verklärten Empfinden.

Wagners Mythoskonzept

Wagners Werk basiert selbst auf einer reflektierten Auseinandersetzung mit dem Mythischen: »Das Unvergleichliche des Mythos ist, dass er jederzeit wahr, und sein Inhalt, bei dichtester Gedrängtheit, für alle Zeiten unerschöpflich ist« (R. Wagner, 64). Für Wagner impliziert der Mythos eine Gesellschafts- und Politiktheorie, er ist vor und nach jeder Geschichte, archaisch und utopisch zugleich. In seiner Überzeitlichkeit schildert er nicht geschichtliche Ereignisse, sondern ist gegenwärtig aktuell. Deshalb verlagert Wagner die Auseinandersetzung mit den gesellschaftspolitischen Themen seiner Zeit auf die Ebene des Mythos: Die zeitgenössischen sozialen Verhältnisse sind für ihn Reaktualisierungen mythischer Ereignismuster. In dem bewusst als Kunstmythos angelegten *Ring des Nibelungen*, vier Opernabenden mit einem zuvor nicht gekannten philosophischen und literarischen Anspruch, verknüpft Wagner den Heldenmythos Siegfried mit dem Göttermythos der nordischen Göttersagen. Die germanische Mythologie ist hier als ›mythisches Palimpsest‹ nach dem Leitmodell der griechischen Tragödie umgestaltet. Der Urmythos entsteht aus Wagners Sicht aus der unmittelbaren Naturanschauung (*Die Wibelungen*, 1850), Siegfried etwa ist in der »ältesten Bedeutung des Mythus« als »Licht- oder Sonnengott« zu erkennen (R. Wagner, 119). Wagners Zurückstreben zum »Urquell und Anbeginn« ist aus Sicht Thomas Manns der Weg durch das höfisch kostümierte *Nibelungenlied* zum »Edda-Grund des Mythos« (Mann, 163). Der Weltbrand, mit dem die Tetralogie schließt, bedeutet für Wagner den Beginn einer »neuen Entstehung der Welt nach der Götterdämmerung« (C. Wagner, 756) und schließt damit an apokalyptische Erzählungen an. Das Drama des *Ring*, in einer undatierbaren Zeit unter Göttern und Menschen spielend, ist als »Kunstwerk der Zukunft« zugleich das Drama der eigenen Wirklichkeit des modernen Menschen in seiner mythischen Verfassung. In seinem späten Aufsatz *Erkenne dich selbst* (1881) interpretierte Wagner das zentrale Symbol des *Ring* als »Börsenportefeuille« und »schauerliches Bild« der Herrschaft des Geldes über die Welt.

Wird im *Ring* eine durch Politik zugrunde gerichtete Welt dargestellt, scheint im *Parsifal* (↗Artus/Ritter der Tafelrunde) die Vision einer anderen, besseren Welt auf: Die Erlösungsahnung am Schluss der Götterdämmerung wird im *Parsifal* in eine Erlösungsgewissheit verwandelt, die das Christentum in eine mythische Sphäre versetzt.

Mythos und musikalische Strukturen

Das musikalische Gewand von Wagners Mythoskonzept, das »tönende Schaugedicht von der Welt Anfang und Ende« (Mann, 137), ist das Beziehungsnetz der musikalischen Leitmotive und ihre ständig variierte Wiederkehr. Das Geflecht der Motivableitungen bildet ein kompositorisches Denken, das dem mythischen Denken strukturell verwandt ist: Im Bewusstsein verschränkt sich bei einem wiederkehrenden Leitmotiv die Gegenwart mit der Vergangenheit, aus der es stammt. So wiederholt der langsame Aufbau eines Es-Dur-Klangraums zu Beginn des *Rheingold* aus einer quasi präexistenten amorphen Ursubstanz gleichsam den Akt der Weltschöpfung und wird zum Ausdruck des mythischen Weltursprungs (Wiesend, 127). Gleichzeitig wird die Identität von Weltuntergang und Weltschöpfung durch die Umkehrbarkeit des ersten Leitmotivs des *Ring*, das mit diatonisch aufsteigender Linie das Werden symbolisiert, ins absteigende Götterdämmerungsmotiv sinnfällig ausgedrückt. Doch am Ende des musikalisch vergegenwärtigten Mythos steht die Aufhebung von Gewalt und Gesetz durch Liebe und Versöhnung.

Deutungspotenziale

Von seiner Sendungsidee geprägt, mit seinem Werk die entfremdete ↗Moderne in eine bessere Zukunft führen zu können, avancierte der Revolutionär Wagner zum Nationalkünstler. Eine besondere Rolle spielten dabei die Festspiele seit 1876 in Bayreuth, die zur Pilgerstätte deutscher Staatsoberhäupter und internationaler Prominenter wurden und immer wieder für Schlagzeilen sorgten.

Der Wagner-Mythos wurde zeitgleich mit der Gründung des deutschen Kaiserreichs in Bayreuth als steingewordenem Ausdruck einer missionarischen Idee von den Erbverwaltern und den zahllosen Wagner-Vereinen auf eigene Weise bis hin zum Nationalsozialismus weiterentwickelt. Seit den Festspielen 1924 war die Verbindung zur nationalsozialistischen Ideologie spürbar und bei den Festspielen 1933 wurde eine vermeintliche Wesensverwandtschaft von Wagner und ↗Hitler proklamiert. Im Urteilsspruch des Entnazifizierungsverfahrens von Winifred Wagner am 8. Dezember 1948 heißt es, dass Wagners Musikdramen »für viele, zumal stark national oder nationalistisch Gesonnene […] als Ausdruck des im Mythos wurzelnden Urbildes deutschen militärischen Geistes« stehe (zit. n. Wessling, 289). Um die Frage, ob *Parsifal* ein Mittel zum Zweck chiffrierter antisemitischer Propaganda sei, gab es immer wieder erregte Debatten.

1951 bekannte sich der Enkel Wieland Wagner dazu, den Bayreuther Stil zu demontieren. Sein neues Konzept der ›Werkstatt Bayreuth‹ bedeutete die Ablösung vom alten Mythos Wagner und führte seitdem zu einer weitgehenden Versachlichung der Festspiele, ungeachtet etwa des Wirbels um Patrice Chéreaus provozierender *Ring*-Inszenierung 1976 oder der heftigen Diskussionen um die Ideologie des *Parsifal* im Gedenkjahr 1982 (Csampai, 214–269).

Immer neue mythen- und sozialgeschichtliche, philosophische, psychologische und psychoanalytische Deutungen und deren vielfältigste Spiegelungen in den jüngeren Inszenierungen belegen die Aktualität von Wagners Werk, Apologeten und Kritiker des mythologischen Gehalts stehen sich gegenüber.

Lit.: U. Bermbach/D. Borchmeyer, Richard Wagner – »Der Ring des Nibelungen«. Ansichten des Mythos, Stuttgart 1995. – U. Bermbach, Mythos Wagner, Berlin 2013. – D. Borchmeyer (Hg.), Wege des Mythos in der Moderne. Richard Wagner »Der Ring des Nibelungen«, München 1987. – A. Csampai/D. Holland (Hg.), Richard Wagner. Parsifal. Texte, Materialien, Kommentare, Reinbek 1984. – Th. Mann, Richard Wagner und der Ring des Nibelungen, in: Ders., Wagner und unsere Zeit, Frankfurt a. M. 1963, 127–150. – C. Wagner, Die Tagebücher, Bd. 1, München 1976. – R. Wagner, Gesammelte Schriften und Dichtungen, Band II, Leipzig ⁴1907. – W. Wessling (Hg.), Bayreuth im Dritten Reich. Wagners politische Erben, Weinheim/Basel 1983. – R. Wiesend, Die Entstehung des *Rheingold*-Vorspiels und ihr Mythos, in: Archiv für Musikwissenschaft XLIX (1992), 122–145.

Hartmut Möller

Walt Disney

Kaum ein anderes Studio ↗Hollywoods wird so häufig mit der industriellen Produktion kultureller Mythen assoziiert wie die Walt Disney Productions. Die Heimstätte von Pop-Ikonen wie Donald Duck, Mickey Mouse und Goofy sowie stilprägenden Klassikern des Animationsfilms steht als global etabliertes Markenzeichen für einen deutlich erkennbaren, wenn auch gelegentlich umstrittenen Stil. Für einige repräsentiert das Studio ein faszinierendes Phänomen der amerikanischen Popkultur (↗Pop), für andere bildet es den Inbegriff einer auf Standardisierung abzielenden Kulturindustrie. Vertreter der Frankfurter Schule wie Walter Benjamin und Siegfried Kracauer begeisterten sich ebenso wie der russische Filmpionier Sergej Eisenstein für die frühen Cartoons, die in bewusster Abkehr von realistischen Abbildungen das experimentelle und emanzipatorische Potenzial des Trickfilms zu nutzen verstanden. Die Abkehr von der produktiven Anarchie der frühen Kurzfilme durch den idealisierten Naturalismus der abendfüllenden Filme wurde im kulturkritischen Kontext als künstlerischer Rückschlag gedeutet (Leslie, 200). Für den kommerziellen Erfolg des Studios bildete die Aneignung und Vermarktung von aus der Literaturgeschichte bekannten Figuren wie Winnie Pooh, Lewis Carrolls Alice sowie Peter Pan und deren Anpassung an den Disney-Stil eine wichtige Grundlage. Der Mythos Disney steht daher nicht alleine für einprägsame ikonische Charaktere, sondern zugleich für eine ausgefeilte Ein- und Verkaufspolitik kultureller Güter.

Entsprechend bestand ein besonders ausgeprägtes Talent des Firmengründers Walter Elias Disney (1901–1966) in der Vermarktung seiner Figuren über die Grenzen der Leinwand hinaus. Zu den Grundpfeilern der fest mit der westlichen Populärkultur assoziierten Disney-Ästhetik zählen neben den Animations- und Spielfilmen auch Comics, Spielzeugfiguren und die seit 1955 betriebenen Vergnügungsparks. Disney verstand es, sich selbst im öffentlichen Bewusstsein als mythische Person zu verankern, indem er seine sorgfältig konstruierte Persona als natürliche Persönlichkeit präsentierte. Er betonte seine Herkunft aus dem Mittleren Westen und einfachen Verhältnissen (↗American Dream), um den Eindruck des unermüdlichen Einsatzes für seine Vision medial zu verstärken. Seine Idee einer allgemein zugänglichen Form von Massenkunst bei gleichzeitiger Perfektionierung des technischen Handwerks entsprach ganz den Hollywood-

Abb. 30: Walt Disney
mit Mickey Mouse in den
1950er Jahren

idealen des Künstlers als verantwortungsvollem Unternehmer. Entsprechend gestaltete sich die Imagepflege Disneys, die die Expansion des Konzerns als persönliche Herzensangelegenheit zu verkaufen verstand (Schickel, 329). Als eine der ersten Hollywoodgrößen nutzte Disney das von seinen Kollegen anfangs skeptisch aufgenommene Medium ↗Fernsehen, um sich als onkelhafter Gastgeber des Mickey Mouse Club zu präsentieren. Dass seine bis heute die Veröffentlichungen des Studios zierende Signatur eigens designt wurde und dass der kreative Anteil seiner Weggefährten wie Ub Iwerks lange Zeit übergangen wurde, verdeutlicht das ausgeprägte Bewusstsein für den eigenen Marktwert. Zu Disneys Selbstmythisierung als amerikanischer Patriot zählt unter anderem auch sein umstrittenes energisches Engagement für den von Senator McCarthy geleiteten Ausschuss gegen unamerikanische Aktivitäten, der potenzielle Kommunisten in Hollywood zu stigmatisieren versuchte.

Mickey Mouse

Maßgeblich wurde das Disney-Ensemble von der Figur Mickey Mouse geprägt, die ihr Debüt 1928 in den Stummfilmen *Plane Crazy* und *Gallopin' Gaucho* gab; ihren Durchbruch erzielte sie im gleichen Jahr mit dem Tonfilm *Steamboat Willie*. Das raffinierte

Zusammenspiel von Bildgestaltung und Sound prägte maßgeblich den innovativen Charakter der frühen Disney-Kurzanimationsfilme. Die Tonspur sollte nicht als begleitende Illustration, sondern als eigenständiges Gestaltungsmittel der Cartoon-Ästhetik begriffen werden. Die Bezeichnung des Mickey-Mousing ging als fester Begriff für einen Soundtrack in die Filmtheorie ein, der unmittelbar auf die dynamischen Bewegungen der Figuren auf der Leinwand reagiert.

Im Vergleich zu seinem späteren domestizierten Image als moralisch makelloser Vorbildcharakter zeigt Mickey in seinen ersten Filmen noch eine heute weitgehend unbekannte anarchische und kreativ destruktive Seite. Mickeys unbekümmerter und respektloser Umgang mit den Tücken der modernen Technik unterscheidet sich deutlich von seinen späteren Rollen. Der Philosoph und Kulturkritiker Walter Benjamin lobte in einem 1931 verfassten Fragment *Zu Micky-Maus* die Ablehnung des bourgeoisen Subjekts in den frühen Cartoons und entdeckte in Mickey einen Vertreter des Jazz-Zeitalters, der die Immigranten und Außenseiter Amerikas repräsentiere (Benjamin, 460). Der Erfolg der frühen Mickey-Mouse-Filme entwickelte sich zu einem kulturellen Phänomen. Ergänzt wurde das Ensemble durch seine Freundin Minnie Mouse, den 1932 erstmals in *Mickey's Revue* auftretenden tollpatschigen Goofy und den in den nächsten Jahrzehnten zum heimlichen Star der Disney-Trickfiguren avancierten Choleriker Donald Duck, der 1934 in *The Wise Little Hen* sein Debüt absolvierte.

Idealisierende Ästhetik und schematische Darstellung

Die künstlerische Handschrift Disneys fand weniger in den von angestellten Zeichnern angefertigten Animationen Ausdruck, sondern vielmehr in seinem Talent als visionärer Koordinator und Kulturindustrieller. Einrichtungen wie das 1961 gegründete California Institute of the Arts sicherten die versierte technische Ausbildung des hauseigenen Nachwuchses. Der Filmhistoriker Paul Wells beschreibt Disneys Autorschaft als ästhetische Aneignungspolitik: »Disney's claims to authorship are concerned with the ownership of an aesthetic which is not undermined or challenged by its visual or literary sources« (Wells, 88).

Die Ästhetik der Disney-Studios suggeriert ein harmonisches Zusammenspiel von technischer Innovation hinsichtlich der eingesetzten Produktionsmittel und einer idealisierten Naturvorstellung auf der inhaltlich-ästhetischen Ebene. Mit *Snow White and the Seven Dwarfs* (*Schneewittchen und die sieben Zwerge*) gelang Disney und seinem Team in einer stilprägenden Pionierarbeit 1937 der erste abendfüllende Animationsfilm. Während die als Sidekicks eingesetzten Tiere des Waldes eine für Disney charakteristische Tendenz zur Vermenschlichung aufwiesen, gestaltete sich die Darstellung der menschlichen Protagonisten im Gegensatz zur Hässlichkeit der bösen Hexe betont idealisiert.

Die von Siegfried Kracauer und Esther Leslie thematisierte Tendenz zur schematischen Darstellung der Figuren bei gleichzeitiger Verstärkung der realistischen Naturbilder (Leslie, 150; Kracauer, 131) benennt wesentliche Aspekte der sogenannten Disneyfizierung. Die dialektische Kehrseite dieser zur schematischen Überzeichnung tendierenden Ästhetik zeigt sich im Hyperrealismus von Filmen wie *Bambi* (1942), dessen detaillierte Darstellung der vergehenden Jahreszeiten sich deutlich von der gesuchten Niedlichkeit der Tiere abhebt.

Performanz, mediale Vielfalt, Wandelbarkeit

Einen vorläufigen Höhepunkt erreichte Disneys Hang zu überhöhter Wirklichkeitsabbildung in der Konstruktion des am 17. Juli 1955 in Anaheim bei Los Angeles eröffneten Vergnügungsparks Disneyland, der den Prototypen eines modernen Themenparks bildet. Nachbildungen des Dornröschenschlosses und einer für das Amerika der vorletzten Jahrhundertwende charakteristischen Kleinstadt gehören zu den markantesten Attraktionen. Nachbauten eines Mississippi-Raddampfers und einer typischen amerikanischen Hauptstraße vermitteln zusätzlich das Selbstverständnis des Konzerns als Verwalter amerikanischer kultureller Mythen, die in einer nostalgisch idealisierten Form präsentiert werden.

Der französische Philosoph und Simulationstheoretiker Jean Baudrillard gelangte bei einem Besuch des Vergnügungsparks zu einem hochgradig ambivalenten Fazit:»Disneyland existiert, um das ›reale‹ Land, das ›reale‹ Amerika, das selbst ein Disneyland ist, zu kaschieren… Disneyland wird als Imaginäres dargestellt, um den Anschein zu erwecken, alles andere sei ›real‹« (Baudrillard, 25). Die Planung für Disneys zweiten Themenpark, Disneyworld in Florida, sah ursprünglich den Bau einer eigenen Wohnsiedlung vor, die den Idealen der amerikanischen Vorstädte entsprechen sollte. Baudrillard beobachtete präzise die Parallelen zwischen der glatten Fassade der normierten Eigenheime in den Suburbs und der realistischen Präsentation eines kollektiven Imaginären in Disneyland.

Die Konzentration auf neue Marktsegmente wie TV-Shows, Themenparks und Merchandising-Artikel kompensierte das schwindende Interesse an den Cartoons des Studios, die in den 1940er und 1950er Jahren zunehmend an Popularität gegenüber den anarchischeren Ansätzen der Warner-Kurzfilme um Bugs Bunny und Daffy Duck verloren. Aus dem Disney-Ensemble konnte sich gegenüber diesen lediglich Donald Duck behaupten, der in den folgenden Jahrzehnten hinsichtlich seiner Beliebtheit Mickey Mouse überholte. Im Gegensatz zum zunehmend kleinbürgerlicher agierenden Mickey repräsentiert Donald den ständigen Verlierer genau jener kapitalistischen Gesellschaft, die Disney selbst verklärte. Als emotional unbeherrschter Sympathieträger unterscheidet er sich deutlich von seinen mit allen bürgerlichen Etiketten und Umgangsformen bestens vertrauten Kollegen. Der Zeichner und Autor Carl Barks erweiterte Donalds Familie in seinen Kultstatus genießenden Comicreihen um ikonografische Charaktere wie den geizigen Onkel Dagobert und schuf mit Entenhausen einen ganzen Mikrokosmos, der sich in seiner Originalität deutlich vom Mythen-Recycling anderer Disney-Produkte unterschied.

Zu den späteren Höhepunkten der abendfüllenden Animationsfilme zählten *Alice in Wonderland* (1951) (↗Alice im Wunderland) und die Rudyard Kipling-Adaption *The Jungle Book* (1967), die mit Charakteren wie dem Bären Baloo, dem Panther Bagheera, der hypnotischen Schlange Kaa und dem Affenkönig Louie einige der einprägsamsten Charaktere der Studiogeschichte schuf. 1950 begann Disney mit einer Verfilmung der klassischen Abenteuergeschichte *Treasure Island* (*Die Schatzinsel*) von Robert Louis Stevenson die Produktion von eigenen Spielfilmen, die gelegentlich wie 1964 in dem Musical *Mary Poppins* auch Animations- und Realfilm kombinierten. Die Eigendynamik der selbst erzeugten, aus Versatzstücken generierten und letztendlich auf sich selbst verweisenden kulturellen Mythen zeigte sich am deutlichsten am Erfolg der nicht mehr auf einer literarischen Vorlage, sondern auf einer Vergnügungsparkattraktion basierenden Filmserie *Pirates of the Caribbean* (*Fluch der Karibik*, seit 2003), in der sich trotz der auratischen Präsenz von Hollywoodstars wie Johnny Depp, Keira Knightley und Orlando Bloom die ästhetischen Grenzen zwischen Real- und Animationsfilm durch den verstärkten Einsatz von digitalen Effekten zunehmend auflösen (Telotte, 177).

Im Bereich der Animationsfilme gerieten die Disney-Studios nach Achtungserfolgen wie *The Rescuers* (*Bernard und Bianca*, 1977) in den 1980er Jahren in eine kreative Krise. Erst die Zusammenarbeit mit den erfolgreichen Broadway-Komponisten Alan Menken und Howard Ashman resultierte in den frühen 1990er Jahren mit Filmen wie *The Little Mermaid* (*Arielle – Die Meerjungfrau*, 1989), *Beauty and the Beast* (*Die Schöne und das Biest*, 1991) und *Aladdin* (1992) in einer Renaissance der Disney-Trickfilme. Deren Höhepunkt bildete der 1994 entstandene *The Lion King* (*König der Löwen*). Die Fabel um den designierten Thronfolger Simba, der sich nach dem Tod des Vaters der Intrigen seines Onkels Scar erwehren muss, entwickelte sich zum erfolgreichsten Film des Studios, der auch eine Adaption als Hitmusical nach sich zog.

Für den computergenerierten Animationsfilm erwiesen sich die Produktionen des von Disney vertriebenen Pixar-Studios wie *Toy Story* (1995) und *Wall-E* (2008) als wegweisend, deren Einfallsreichtum sowohl ästhetisch als auch dramaturgisch neue, zur filmischen Selbstreflexion tendierende Ansätze skizzierte.

In den 2000er Jahren fiel Disney stärker durch den Aufkauf anderer stilprägender popkultureller Mythen als durch die kreativen Eigenleistungen auf. 2009 übernahm der Konzern den renommierten Marvel-Verlag, der mit Charakteren wie Spider-Man, dem Hulk und den X-Men seit den 1960er Jahren einen neuen Typus des emotional glaubwürdigen und reflexiv gebrochenen Comic-Helden (↗Superhelden) kultivierte. 2012 verkaufte der ehemalige New Hollywood-Regisseur George Lucas seine Produktionsfirma, inklusive des selbst als eines der prägenden kulturellen Phänomene der vergangenen 30 Jahre geltenden *Star Wars*-Franchise an Disney.

Disney hat sich von einem der kleineren Studios des Classical Hollywood, das zwischen formaler technischer Innovation und inhaltlichem Konservatismus maßgeblich den Stil des abendfüllenden Animationsfilms prägte, durch die transmediale Ausdifferenzierung der Produktpalette zu einem marktbeherrschenden *Hollywood Major* entwickelt. Der kulturelle Mythos ist inzwischen selbst zu einem wichtigen ökonomischen Faktor im Selbstverständnis des Konzerns geworden. Sowohl die kontinuierliche Pflege der zu Pop-Ikonen avancierten Figuren als auch die strategisch geschickte Verwaltung des Archivs mit zeitlich begrenzten exklusiven Veröffentlichungsfenstern verarbeiten die Firmengeschichte als scheinbar organisches Ganzes, obwohl es sich um ein hochgradig artifizielles, kulturindustrielles Konstrukt handelt.

Lit.: J. Baudrillard, Agonie des Realen, Berlin 1978. – W. Benjamin, Gesammelte Schriften 1, Frankfurt a. M. 1991. – S. Eisenstein, Disney, hg. v. O. Bulgakowa/D. Hochmuth, Berlin 2011. – S. Kracauer, Theorie des Films, Frankfurt a. M. 1985. – E. Leslie, Hollywood Flatlands. Animation, Critical Theory and the Avant-Garde, London 2002. – R. Schickel, The Disney Version. The Life, Times, Art and Commerce of Walt Disney, Chicago 1968. – P. Telotte, The Mouse Machine. Disney and Technology, Urbana 2008. – P. Wells, Animation – Genre and Authorship, London 2002.

Andreas Rauscher

Wiener Klassik: Mozart und Beethoven

Mozart und Beethoven stehen als Mythen der Moderne für Genialität (↗Genie), Gefühlsbetontheit, neue Formen der Instrumentalmusik und eine neue musikalische Öffentlichkeit. In ihrer Symbiose verstärkt und verdichtet sich dieses mythische Potenzial im Imaginaire der Wiener Klassik.

Wiener Klassik

Grundsätzlich gewährt der Klassik-Bedarf der Moderne Orientierung in der Sicherheit eines identitätsstiftenden positiven Gegenbildes zum jeweiligen Nicht-Klassischen (↗Avantgarde). Nachdem Definitionsmerkmale des Klassischen ↗um 1800 für verschiedene Epochen der Musikgeschichte formuliert worden waren, fand sich der deutsche Begriff »das Klassische« erstmals 1804 bei Anton Friederich Justus Thibaut. Offensichtlich ragte die Dramatisierung der Instrumentalmusik und die Instrumentalisierung der dramatischen Musik bei den drei Wiener Klassikern Haydn, Mozart und Beethoven derart signifikant aus dem stilistischen Umfeld heraus, dass die Trias bereits eine Generation später als geschichtlich einzigartig und übergeschichtlich rezipiert wurde. Zwischen 1800 und 1835 avancierten deren Sinfonien in einem ›kollektiven Aneignungsprozess‹ zum überragenden Standardrepertoire. Mit der herausgehobenen Bedeutung und Qualität der drei Wiener Klassiker Haydn, Mozart und Beethoven wurde der Klassik-Begriff 1836 von Amadeus Wendt verbunden: In einer Art hegelianischem Dreischritt vertrete Haydn die symbolische, Mozart die klassische und Beethoven die romantische Stufe der Musikentwicklung. Zuvor hatte 1810 E. T. A. Hoffmann Haydn als Schöpfer der selbstständigen Instrumentalmusik und Beethoven als deren Vollender propagiert.

Joseph Haydn, vom Sängerknaben zum Kapellmeister eines der reichsten Fürsten Europas und gleichzeitig zum größten Komponisten seiner Epoche aufgestiegen, wurde nur zu Lebzeiten europaweit gefeiert und nach seinem Tode schnell und gründlich missverstanden. Über seine Person und deren innere Biografie gibt es im Vergleich zu Mozart und Beethoven nur spärliche und vielfach wenig aussagekräftige Quellen. Haydns unbestreitbare Rolle für die Entwicklung des klassischen musikalischen Kunstwerks wurde seit Beginn des 19. Jahrhunderts von der mythisierenden Mozart- und vor allem Beethoven-Rezeption überlagert und neutralisiert.

Mozart

Trotz aller erreichbaren Informationen über sein Leben und Werk bleibt auch Wolfgang Amadeus Mozart bis heute in seiner Widersprüchlichkeit rätselhaft. Mit vier Jahren schrieb er sein erstes Menuett, mit sieben die erste Sinfonie und mit zwölf die erste Oper. Zahlreiche Legenden und Einzelmythen um sein Leben und vor allem um sein *Requiem* und seinen Tod bilden einen »Gesamtmythos Mozart« (vgl. Lasarova); 80 Theorien suchen bis heute zu ergründen, woran er wirklich gestorben sein könnte. Zu diesem Gesamtmythos gehört auch seine angeblich spielerisch von der Hand gehende große Schaffenskraft und Kreativität, die in die Nähe göttlicher Schöpfungsakte gerückt wird. Dabei hat er sich selbst zwar vermarktet, sich aber nie mit einer Aura des Legendären oder Göttlichen umgeben: »Überhaupt irrt man, wenn man sich denkt, dass meine Kunst so leicht geworden ist. Ich versichere sie, lieber Freund: niemand hat so viel Mühe auf das Studium der Komposition verwendet als ich« (zit. n. Lasarova, 270). Trotzdem wurde Mozart seit der Romantik aufgrund seiner nicht fassbaren Begabung als göttergleiches, überirdisches Wesen angesehen, mit Apoll oder Orpheus gleichgesetzt – in schroffem Gegensatz zum äußeren Eindruck, den seine Zeitgenossen als »klein, rasch, beweglich und blöden Auges, eine unansehnliche Figur im grauen Überrock« beschrieben (Deutsch, 477). So unterscheiden sich auch die authentischen Porträts signifikant von den bekannten, die Rezeption bestimmenden und immer wieder reproduzierten Fantasiebildern. Im Kontext der unmittelbar nach Mozarts Tod 1791 einsetzenden Verklärung wurde seine Einzigartigkeit mit dem Klassik-Begriff in Verbindung gebracht. Dabei bot die Vielschichtigkeit seines Komponierens vor dem Hintergrund der Tradition den Interpreten unterschiedlichste Deutungsansätze. Bereits in der ersten Mozart-Biografie von Friederich Schlichtegroll aus dem Jahr 1793 ist das Projektionen aller Art begünstigende Potenzial der Mozart-Rezeption enthalten: Mozart, das weltfremde kompositorische Kraftgenie, Mozart, der Bizarr-Mysteriöse und der numinös Transfigurierte. Andererseits enthält diese erste Biografie auch das seiner Schwester zugeschriebene Zeugnis: »ausser der Musick war und blieb er fast immer ein Kind; und dies ist ein HauptZug seines Charakters auf der schattigsten Seite; immer hätte er fast immer eines Vaters, einer Mutter, oder sonst eines Aufsehers bedarfen« (zit. n. Clarke, 155). Mozarts Witwe Constanze nahm in direktem Kontakt mit den Biografen Franz Xaver Niemetschek (1798), Georg Nikolaus Nissen (1829) und dem Ehepaar Vincent und Mary Novello (1829) durch entstellte Fakten und Ungenauigkeiten gezielt Einfluss auf das mythisierte Mozart-Bild für die Nachwelt: ein vom Schicksal geschlagenes und verarmtes, unter rätselhaften Umständen jung verstorbenes Genie. Bereits sein erster Biograf konstatiert eine Kluft zwischen den Seiten seines widersprüchlichen Charakters: »ein höheres Wesen […] sobald er sich an das Klavier setzte« – ein »immer zerstreuter, immer tändelnder Mensch« (Schlichtegroll, 31).

    Die Mozart-Rezeption ist von einer verwirrenden Komplexität geprägt. Dabei stand die Biografik von Anfang an mit der Literatur in Wechselwirkung bei der Etablierung des mythisierten Mozart-Bildes. Seine Instrumentalmusik wurde im Zuge der Geburt der ›absoluten Musik‹ aus dem Geist der Frühromantik metaphysisch stilisiert. Wilhelm Heinrich Wackenroder und Ludwig Tieck bestimmten die Musik als komplementär zum italienischen Maler Raffael, und bezeichnenderweise wurde der Topos von Mozart als »Raffael der Musik« erstmals 1798 vom Mozart-Biografen Niemetschek verwendet. In der weiteren Rezeption wurde aus dem stilisierten Mozart gesteigerter Innerlichkeit der fantastische Mozart im Sinne des romantischen Geniegedankens. E. T. A. Hoffmann deutete in seiner berühmten *Don Juan*-Novelle die Figur des Don Giovanni zum Natur und Schöpfer höhnenden faustischen Charakter um und beeinflusste damit maßgeblich die Mozart-Rezeption in der deutschen, französischen und russischen Romantik. Die überkommenen Mozart-Legenden und seine überhöhte Biografie gelten bis heute als europäisches Allgemeingut.

Etwa 20 Filme haben seit den Anfängen der Kinematografie zum Mythos Mozart beigetragen. Bis in die späten 1950er Jahre wurde darin Mozart als angepasstes, bürgerliches Musikgenie und klassischer Liebhaber dargestellt; in den neueren Filmen erscheint er dagegen teils als erotomanischer Rebell, teils als skurriler Außenseiter. Gründlich entmythologisierte Wolfgang Hildesheimer 1977 die pathetischen Projektionen der Vergangenheit und akzentuierte Mozarts exzentrische, ordinäre und rebellische Seiten, die seitdem in Verbindung mit seinem ›göttlichen‹ Schaffen den weiterhin gängigen Mythos beeinflusst haben, gemäß der von Norbert Elias konstatierten Neigung, »Mozart, den Künstler, als eine Art von Übermenschen und Mozart, den Menschen, mit einer leisen Verachtung zu behandeln« (Elias, 86). Auf jeden Fall ebnet diese Sicht den Weg für die kommerziell erfolgreiche mediale Transformation des Mythos Mozarts zum nonkonformistischen, wie eine Ziege meckernden Superstar mit poppig-rosafarbener Perücke in Peter Shaffers respektlosem Theaterstück *Amadeus* (UA National Theatre London 1979, deutschsprachige Erstauff. Burgtheater Wien 1981) sowie im gleichnamigen Film von Milos Forman. Nicht zufällig im Outfit des Forman-Mozarts zelebrierte 1985 der österreichische Popsänger Falco seinen Rap-Titel *Rock me, Amadeus.* Etwa zeitgleich entdeckte die historisch informierte Aufführungspraxis (Nicolaus Harnoncourt u. a.) auf historischen Instrumenten die Unmittelbarkeit und frische Direktheit von Mozarts Musik. Anlässlich des 250. Geburtstags präsentierte die von vielfältigen Aktionen umgebene 26-teilige Zeichentrickserie *Little Amadeus* (2006–09) fantasievolle Geschichten aus der Salzburger Kindheit und verband dabei Geniekult mit der mythischen Wirkmacht der Musik (»Musik macht alles gut«).

Beethoven

Zwei einheitliche Grundkonstanten bestimmen die Beethoven-Rezeption, die in ihm den Inbegriff romantischer Musik und gleichzeitig das Schema von Kampf, Leidensnotwendigkeit und Überwindung verwirklicht sah. Bereits in der in seinem Todesjahr erschienenen Biografie von Johann Aloys Schlosser wird Beethovens Künstlertum dadurch zu erklären versucht, dass er »für die Menschheit im Großen, nicht für den Einzelnen« lebte (Schlosser, 37). Geschichtliche Tatsachen aus Beethovens Leben dienten dem mythischen Diskurs als Grundelemente. Aus dem Leiden hervorgegangenes Schaffen und erzwungener Glücksverzicht, dazu die Widersprüchlichkeiten seiner Charakterzüge gaben dem Beethoven-Mythos die entscheidenden Anknüpfungspunkte. Sie waren verbunden mit der beginnenden Taubheit als Antrieb zur Erfüllung eines höheren künstlerischen Auftrags, wie im *Heiligenstädter Testament* (1802) selbststilisierend zum Ausdruck gebracht. In der Rezeption wurde Beethoven zum Exponenten einer Kunstreligion, die Befreiung aus einengenden sozialen Bedingungen verspricht: »Beethoven, der leidende Mensch, wird zum Exemplum des Humanitären, sein durch die Musik sublimiertes Leiden kündet den Sieg der Kunst über den Jammer dieser Welt« (Corbineau-Hoffmann, 78). Berichte von Zeitgenossen und Biografen zeigen ein Rollenverständnis, das den Selbstentwurf des leidenden und selbstlos gegen die Widrigkeiten des Lebens kämpfenden Genies erkennen lässt. Damit traf Beethoven die Bedürfnisse der bürgerlichen Gesellschaft nach Verherrlichung der Ausnahmepersönlichkeit.

1810 rezensierte E. T. A Hoffmann Beethovens *Fünfte Sinfonie* im Sinne einer Ästhetik des Erhabenen als Ausdruck des Unaussprechlichen. Das Faszinosum Beethoven wurde hier folgenreich als Verbindung und Versöhnung der Extreme bestimmt und begründete die Entstehung des romantischen Beethoven-Mythos, gefolgt von Clemens Brentanos Gedicht *Nachklänge Beethovenscher Musik* (1813). Die beginnende Mythenbildung basiert auf dem von vielen Besuchern empfundenen Gegensatz zwischen den elenden chaotischen äußeren Lebensumständen und der Größe des Genies. Dabei verbindet sie kausal Lebensschicksal und künstlerischen Rang: Nur durch diesen Menschen konnte diese Kunst entstanden sein, sein persönliches Schicksal hat in der Kunst das Leiden überwunden. Der Mythos, den die Nachwelt seitdem von seiner Person und seinem Werk errichtet hat, gründete auf seiner außerordentlichen Stellung in der Musikgeschichte und strahlte aus in die Bereiche von Weltanschauung, Ideologie und Religion, etwa in Klimts Beethoven-Fries für die Ausstellung der Wiener Secession im Jahre 1902. Filme wie *Un grand amour de Beethoven* (1936) stehen in dieser Tradition, während der Film des argentinischen Komponisten Mauricio Kagel *Ludwig van* und Tony Morgans Kurzfilm *Beethoven Girl* im Beethoven-Jahr 1970 genau diese Mythopoiesis zu destruieren suchten (und dadurch dennoch fortschrieben).

In Beethovens Sinfonien fand die bürgerliche Gesellschaft seit dem 19. Jahrhundert mit dem Prinzip des ›per aspera ad astra‹ eine künstlerische Verwirklichung des protestantischen Arbeitsethos. Adolph Bernhard Marx erhob die Botschaft der *Fünften Sinfonie* zu einem moralischen Menschheitsgesetz, sie sei »Kampf des Mannes gegen das Schicksal und Sieg« (zit. n. Loos, 27). So trug der Beethoven-Mythos entscheidend bei zu seiner fortwährenden Präsenz und weltweiten Wertschätzung in Konzertprogrammen, akademischem, literarischem und populärem Musikschrifttum; Beethovens Sinfonik erklang zu Hitlers Geburtstagen und zur Deutschen Wiedervereinigung, und nicht erst seitdem Herbert von Karajan den Freudenchor von Beethovens *Neunter Sinfonie* zur Europahymne transkribierte, ist Beethoven wie kaum ein anderer Komponist weltweit als politisch-soziale Integrationsfigur in ganz gegensätzlichen politischen Systemen im öffentlichen Bewusstsein gegenwärtig.

Lit.: B. C. Clarke, Albert von Mölk. Mozart Myth-Maker?, in: Mozart-Jahrbuch, Kassel 1995, 155–191. – A. Corbineau-Hoffmann, Testament und Totenmaske. Der literarische Mythos des Ludwig von Beethoven, Hildesheim 2000. – O. E. Deutsch (Hg), Mozart. Die Dokumente seines Lebens, Kassel 1961. – N. Elias, Mozart. Zur Soziologie eines Genies, Frankfurt a. M. 1991. – E. Lasarova, Mozart in der Ästhetik des 20. Jahrhunderts, in: Das Phänomen Mozart im 20. Jahrhundert, hg. v. P. Scobadi, Salzburg 1991, 269–274. – H. Loos, Beethovens Fünfte Sinfonie. Mythos und Wirklichkeit, in: 1808 – Ein Jahr mit Beethoven, hg. v. U. Jung-Kaiser, Hildesheim 2008, 17–41. – Fr. Schlichtegroll, Mozarts Leben, Grätz 1794. – J. A. Schlosser, Ludwig van Beethoven. Eine Biographie desselben, verbunden mit Urtheilen über seine Werke, Augsburg 1827.

Hartmut Möller

Wilde

Der Begriff »Wilde« wurde im deutschen Sprachgebrauch spätestens ab dem 18. Jahrhundert benutzt, um Bevölkerungsgruppen außereuropäischer Kontinente zu bezeichnen. Die Wurzeln der Erzählungen von den sogenannten Wilden reichen zwar weit in die europäische Kulturgeschichte zurück (die Skythen im antiken Griechenland, die Germanen bei Tacitus, die Erzählungen über die Tataren im Mittelalter), entfalteten ihr mythisches Potenzial aber vor allem in der Moderne als Zeitalter der Entdeckungen und Kolonialisierungen.

Der Mythos der Wilden stellt eines der folgenreichsten Deutungsmuster der europäischen Moderne dar, da er von zentraler Bedeutung für die Entstehung und Konturierung des hegemonialen Bildes des ›weißen‹, ›zivilisierten‹, und ›rationalen‹ europäischen bzw. westlichen Subjektes und die Legitimation rassistischer Strukturen in der Geschichte und Gegenwart war und ist. Während Darstellungen der »Wilden« zum einen als Sehnsuchtsbilder der Europäer fungierten, wurden sie zugleich benutzt, um die Vertreibung, Ausbeutung und Vernichtung außereuropäischer Kulturen zu rechtfertigen.

Die ambivalente mythische Bedeutung der »Wilden« in der europäischen Geistes- und Kulturgeschichte kommt in den komplementären Konstruktionen des »Barbarischen« bzw. »Bösen Wilden« sowie des »Edlen« bzw. »Guten Wilden« zum Ausdruck. Während sich im Mythos des Barbarischen Wilden die Vorstellung der angeborenen Irrationalität und Hinterhältigkeit der Bewohner außereuropäischer Gebiete artikuliert, zeugt der Mythos der Edlen Wilden von deren romantisierender Verklärung.

Romantisierung und Dämonisierung

Bereits in den ersten Berichten von ↗Kolumbus über die Entdeckung Amerikas äußerte sich das Wunschbild des unschuldigen und glückseligen »Wilden«, der sein Leben im Einklang mit der Natur führt. Während Kolumbus' Beschreibungen der Bevölkerung Haitis an den Paradiesmythos und den antiken Mythos des Goldenen Zeitalters anknüpften (Theye, 8 f.), schwenkte diese Wahrnehmung bald um. Nachdem sich die lokale Bevölkerung gewaltsam gegen die einsetzenden Plünderungen der Spanier zur Wehr setzte, antworteten die spanischen Eroberer mit bewaffneten Expeditionen, die Tausende Menschen das Leben kosteten. Wie Chronisten berichten, wurde die in der Eroberung Süd- und Mittelamerikas fortgeführte rücksichtslose Vertreibung, Vernichtung und Ausbeutung der indigenen Bevölkerung seitens der spanischen Kolonisten wiederholt mit deren angeblicher Bösartigkeit und Wildheit begründet (Bitterli, 130–136).

Eine der frühesten Reflexionen über die sogenannten Wilden in der Neuen Welt ist Michel de Montaignes Essay *Des Cannibales* von 1580. Anders als in zahlreichen Reiseberichten der Zeit sucht man bei Montaigne vergebens nach der reißerischen, exotisierenden Ausschlachtung des Motivs des Kannibalen, der bis ins 20. Jahrhundert hinein eine zentrale Repräsentationsfigur des Mythos des Barbarischen Wilden darstellte. Stattdessen treten bereits bei Montaigne die Grundzüge des Mythos des Edlen Wilden zutage. Symptomatisch hierfür war dessen Betonung der Naturverbundenheit und glücklichen Genügsamkeit der Menschen in den neu entdeckten Regionen Amerikas. Im Gegensatz zu den Europäern dränge es die Menschen der Neuen Welt nicht nach Eroberung und Grenzerweiterung: »Sie fechten nicht, um mehr Land zu erobern: denn sie genießen noch die natürliche Fruchtbarkeit; welche sie ohne Mühe und Arbeit mit allen nöthigen versorget; und zwar so reichlich, daß sie nicht nöthig haben ihre Gränzen zu erweitern« (Montaigne, 379). Zudem formuliert Montaigne über die Betrachtung der »Wilden« eine grundlegende Kritik an den Lebens- und Verhaltensweisen der Europäer. Angesichts der eigenen »Verrätherey« und »Grausamkeit«, so Montaigne, müssten nicht die neuentdeckten Völker, sondern vielmehr die Europäer als Barbaren bezeichnet werden, »da wir sie in allen Arten von Barbarey übertreffen« (ebd., 378–379).

In Montaignes Text finden sich damit beide Fluchtpunkte des modernen Mythos der Wilden wieder; auf der einen Seite deren Abwertung und Dämonisierung, die sich unter anderem in der Figur der Kannibalen artikulierte, auf der anderen Seite deren Verklärung und Mystifizierung als ›unschuldige‹ und moralisch bessere Menschen, die in der Aufklärung unter anderem in Rousseaus *Discours sur l'orgine et les fondements de l'inégalité parmi les hommes* (1754) fortgeführt wurde. Rousseau konstatierte eine stete und irreversible Entfremdung des ›zivilisierten‹ Menschen von einem Leben in Einklang mit der Natur, die Ursache für die Vorherrschaft von Ehrgeiz, Neid und Sorge sei. Der Blick auf den glücklichen »Wilden« gebe Auskunft über diesen Zustand der Entfremdung und ermögliche Besinnung und Umorientierung (Bitterli, 236–238).

Legitimation und Projektion

Auch in Nordamerika wurden die Beziehungen zwischen weißen Siedlern und indigener Bevölkerung seit dem späten 16. Jahrhundert von der ambivalenten Ausdeutung des Mythos der Wilden konturiert. Der »Barbarische Wilde« war das zentrale Motiv, mit dem die weißen Siedler die schrittweise Vertreibung der von ihnen pauschal als »Indianer« bezeichneten Völker aus den angestammten Siedlungsgebieten legitimierten. Zudem wurde das Stereotyp des grausamen und hinterhältigen Indianers bis in das späte 19. Jahrhundert herangezogen, um die genozidalen Kriege der US-Armee gegen widerständige Nationen wie die Sioux zu rechtfertigen. In ähnlicher Weise diente der Rekurs auf die zivilisatorische Unterentwicklung der sogenannten Wilden als zentrale Legitimationsfigur des europäischen und amerikanischen Kolonialismus in Afrika, Asien und Australien (vgl. u. a. Moses).

Etwa zeitgleich dazu entwickelte sich insbesondere der »Indianer« Nordamerikas (↗Wilder Westen) zu einer überaus populären, größtenteils männlich gedachten und vielfach romantisierten Repräsentationsfigur des Mythos des Edlen Wilden (z. B. James Fenimore Coopers *Lederstrumpf*-Romane, Karl Mays *Winnetou*).

Bis heute bündeln sich im Mythos des Edlen Wilden die Wünsche und Fluchtfantasien der Angehörigen der westlichen Welt. Wie Elisabeth Frenzel konstatiert hat, artikuliert sich in der Vorstellung vom Edlen Wilden ein »mit einer Art Schuldgefühl durchsetzte[s] Unbehagen an der Zivilisation, das den naturnahen, von den Errungenschaften und Schäden noch nicht berührten Menschen eine glücklichere und auch moralisch bessere Lebensführung andichtet« (Frenzel, 794). Zugleich zeugt der weiterhin stattfindende unreflektierte alltagssprachliche Gebrauch des Begriffs »Wilde« von der Beharrlichkeit der rassistischen und eurozentrischen Vorstellung einer kulturellen Überlegenheit der westlichen Welt und der scheinbaren Rückständigkeit anderer Kulturen.

Lit.: U. Bitterli, Die ›Wilden‹ und die ›Zivilisierten‹. Grundzüge einer Geistes- und Kulturgeschichte der europäisch-überseeischen Begegnung, München 1991. – E. Frenzel, Motive der Weltliteratur. Ein Lexikon dichtungsgeschichtlicher Längsschnitte, Stuttgart ²1980, 793–807. – M. de Montaigne, Von den Cannibalen [1580], in: Ders., Essais. Erster Teil, Zürich 1992, 362–387. – D. Moses (Hg.), Empire, Colony, Genocide. Conquest, Occupation, and Subaltern Resistance in World History, Oxford 2012. – M. Popal, »zivilisiert und wild«, in: (K)Erben des Kolonialismus im Wissensarchiv deutscher Sprache. Ein kritisches Nachschlagewerk, hg. v. S. Arndt/N. Ofuatey-Alazard, Münster 2011, 678. – T. Theye (Hg.), Wir und die Wilden. Einblicke in eine kannibalische Beziehung, Reinbek b. H. 1985.

Silvan Niedermeier

Wilder Westen/Cowboy und Indianer

Der Wilde Westen umfasst die Figuren des Indianers und des Cowboys sowie Orte (Saloon, Totempfahl, Fort, Indianertipi), Landschaften (Canyon, staubige Hochebene) und Ereignisse (Duell auf der Hauptstraße des Wüstenortes, Ritt auf der Postkutsche), welche über nationale und historische Kontexte hinausgehende Erkennbarkeit besitzen und so im Sinne des Mythischen zu Erzählelementen kollektiver Sinnstiftung geworden sind.

Mythischer Grenzort, mythische Zeit

Der Begriff »Wilder Westen« wird – nicht ganz unumstritten – sowohl zur Beschreibung eines geografischen Gebietes als auch einer zeitlichen Epoche verwendet. Geografisch bezeichnet er ein Gebiet auf dem nordamerikanischen Kontinent (in den USA, jedoch nicht in Kanada), welches westlich des Flusses Mississippi begann und in welches seit Ende des 18. Jahrhunderts ein steter Zustrom an von der US-Ostküste kommenden Siedlern erfolgte. Diese staatlich unterstützte Siedlungspolitik führte zu Konflikten mit den in diesen Gebieten lebenden Menschen, die umgangssprachlich lange Zeit als Indianer bezeichnet wurden und heute meist Native Americans genannt werden.

Der mythische Wilde Westen imaginiert die Existenz einer Grenze (engl. *frontier*), auf deren östlicher Seite die – laut Selbsteinschätzung – zivilisierten Siedler standen, während auf der westlichen Seite die unzivilisierten Indianerstämme zu finden waren. Zivilisation war an die Urbarmachung des Bodens gebunden und die Siedler stritten ab, dass Indianer Land bewirtschafteten bzw. überhaupt hierzu in der Lage wären (vgl. Limerick). Die Wildheit des Wilden Westens (ein Begriff, welchen die Native Americans nicht verwendeten) wurde in großem Maße den Ureinwohnern Nordamerikas angelastet, was bedeutete, dass lediglich ihr ›Verschwinden‹, d. h. ihre Umsiedlung oder Ausrottung den Westen zivilisieren konnte. Die Wildheit des Wilden Westens diente somit der Rechtfertigung der US-amerikanischen genozidalen Verdrängungspolitik. Die binären Zuschreibungen waren zudem rassistisch geprägt: Nur Weißen war in dieser Logik ein Zivilisationsstreben gegeben, ›Rote‹ konnten höchstens als ›edle ↗Wilde‹ bestaunt werden. Auf der anderen Seite imaginierte die heterogene Gruppe der Siedler, Trapper und sonstigen *frontier*-Bewohner eine sie einigende technische (und damit zivilisatorische) Überlegenheit (vgl. Rogin). Auch durch den Begriff des Cowboys wurden soziale Gruppen wie Mexican Americans, Schwarze und Frauen aus der Erzählung des Wilden Westens herausgeschrieben.

Zeitlich ist der Wilde Westen schwer einzuordnen, da sich die beschriebene Landnahme und Vertreibung über das gesamte 19. Jahrhundert hinzogen; meist wird jedoch die Zeitspanne vom Ende des US-Bürgerkrieges 1865 bis Ende der 1880er Jahre als Hochzeit des Wilden Westens bezeichnet. Das anhaltende, nach Westen gerichtete Vordringen der Siedler verschob dabei beständig das Gebiet, welches als Wilder Westen bezeichnet wurde, sodass der Terminus durch das gesamte 19. Jahrhundert hindurch und bis heute vage blieb (vgl. Slotkin).

Im Jahre 1893 veröffentlichte der US-Historiker Frederick Jackson Turner seinen Essay *The Significance of the Frontier in American History*, in welchem er u. a. das Ende des Wilden Westens proklamierte: Die Siedlungsbewegung hatte den Pazifik erreicht und war damit im Westen zum Erliegen gekommen. Zugleich unterstrich Turner, dass die Erfahrung der Grenze für die Entwicklung der USA eine konstitutive Rolle gespielt hatte, und prägte mit dieser Aussage sowohl seine weitere geschichtliche Aufarbeitung als auch populäre Rekontextualisierungen. Zu diesem Zeitpunkt war der Wilde Westen bereits in die kollektive Wahrnehmung eingegangen, sowohl in den USA als auch außerhalb.

Der Wilde Westen in den USA

Während des 19. Jahrhunderts hatte sich der Wilde Westen für die USA sukzessiv zum Bestandteil eines Nationalmythos (Entstehung der U. S.-Nation durch Siedlung im Westen) entwickelt. Dabei wurden die komplexen historischen Bedingungen und Konflikte der Siedlungsbewegung auf zwei einfach wiederzuerkennende Stellvertreter reduziert: den Cowboy und den Indianer, die sich in verschiedenen Konfigurationen und Kontexten begegnen.

Der ›Indianer‹ war spätestens seit der Lewis-und-Clark-Expedition von 1804 bis 1806, die die für Anglo-Amerikaner noch unbekannten Gebiete westlich des Mississippi teilweise erforscht hatte, zu einem wissenschaftlichen Forschungsobjekt geworden. Man ging davon aus, dass die Native Americans durch die nun verstärkt einsetzende Besiedlung ›verschwinden‹ würden und machte sie daher zu romantischen Anschauungsobjekten, die insbesondere in Aquarellen, Zeichnungen (bes. von George Catlin) und anderen visuellen Medien als fremde Andere zur Schau gestellt wurden. Neben stark frequentierten Ausstellungen geschah dies, insbesondere ab den 1840er Jahren, in illustrierten Zeitschriften, wie in Deutschland z.B. in *Die Gartenlaube* (ab 1853), welche neben Abenteuergeschichten auch visuelles Material lieferten.

James Fenimore Cooper trug ab 1823 mit seinen *Lederstrumpf*-Romanen, die auch außerhalb der USA reißenden Absatz fanden (erste dt. Übersetzungen ab 1826), wesentlich zur Romantisierung und Mythisierung des Wilden Westens bei. Mit dieser Reihe, die bis in die 1840er Jahre fortgesetzt wurde, popularisierte Cooper die Figur des einsamen Trappers und Fährtenlesers, welcher an den Rändern der Zivilisation lebt, die individuelle Freiheit im Einklang mit der Natur (jedoch nicht notwendigerweise mit den Indianern) sucht, gerade durch seine Präsenz den weiteren Zuzug von Siedlern jedoch befördert und damit diese Natur und Freiheit zerstört. An den Erfolg Fenimore Coopers anschließend entstand das Genre des Westernromans, das formal auf dem europäischen Abenteuerroman aufbaut und spätestens mit den *Buffalo Bill*-Groschenheften von Ned Buntline aus den 1870er Jahren begehrter Lesestoff einer internationalen, meist jugendlichen und männlichen Leserschaft wurde. In Westernromanen wurde die Figur des Trappers mit anderen männlichen Identifikationsfiguren – dem Siedler, dem Sheriff, dem Outlaw, dem einsamen Rächer – in einer hybriden, oftmals ambivalenten Form vereint: dem Cowboy.

Der Cowboy, also der berittene Viehhirte und -treiber, war ein Berufsbild, das aus dem lateinamerikanischen Hazienda-Wesen übernommen wurde und erst ab den 1850er Jahren weite Verbreitung in Nordamerika fand. Diese hispanische Herkunft wurde jedoch unterdrückt und der Cowboy zum genuinen Repräsentanten der US-Gesellschaft. Als solcher wurde er als Gegner des Indianers, dem Anderen und Außenseiter innerhalb der USA, konstruiert (vgl. Slotkin).

Die fortschreitende Urbanisierung und Industrialisierung der USA ab den 1840er Jahren sowie die massive Arbeitslosigkeit nach dem Bürgerkrieg zwangen viele Menschen, ihrer materiellen Not im Wilden Westen zu entrinnen; dieser Zwang wurde jedoch durch die Erzählung von individueller ↗Freiheit und grenzenlosen Möglichkeiten im *frontier*-Raum überblendet. Die mythische Begegnung zwischen Indianern und Cowboys kann sowohl für das versöhnlich-menschliche Aufeinandertreffen von Zivilisation und Natur stehen als auch für eine immerwährende (und insofern naturalisierte) Konkurrenz.

Zirkusartige Wildwestshows, welche stets Auseinandersetzungen zwischen beiden Gruppen beinhalteten, verstärkten diese Konfrontationsstellung und verfestigten insbesondere die visuellen Klischees über Cowboys (Hut, Sporen, Halstuch) und Indianer (Federschmuck, Körperbemalung, Mokassins). Diese Wildwestshows wurden von Angloamerikanern geleitet und übermittelten so auch deren Sichtweise des Wilden Westens. Ab den 1880er Jahren gastierten sie auch in Westeuropa und hatten dort durchschlagenden Erfolg. Die Shows und Bücher transportierten in einer zunehmend urbanisierten und industrialisierten Welt die Sehnsucht nach nomadischer Freiheit und konnten so international Erfolge verbuchen, obwohl Setting und Plot stark nordamerikanisch geprägt waren.

Auch die aufkommende Kunstform des Films entdeckte den Wilden Westen als Sujet. *The Great Train Robbery* (Edwin S. Porter, 1903) gilt als erster Vertreter eines neuen Genres, des Western, welchem bis heute unzählige weitere folgten; als Klassiker können *Zwölf Uhr mittags* (Fred Zimmermann, 1952), *Rio Grande* (John Ford, 1950) oder auch *Bis zum letzten Mann* (John Ford, 1948) gelten. Western konnten sowohl im Sinne eines prototypisch weißen, angelsächsischen US-Amerika an der Perpetuierung des nationalen Cowboy-Mythos arbeiten als auch als sogenannte Antiwestern auf den Cowboy als gebrochenen Helden fokussieren und somit diesen Mythos hinterfragen. Diese Form der kritischen Aufarbeitung des nationalen Mythos verstärkte sich mit dem Aufkommen der antiautoritären Bewegungen ab den 1960er Jahren (bei Native Americans unter dem Motto »Red-Power-Bewegung«) und fand auf filmischer Ebene auch mit den in Europa gedrehten und produzierten sogenannten Italowestern (z. B. *Für eine Handvoll Dollar*, Sergio Leone, 1964) ihren Ausdruck.

Der Wilde Westen in Deutschland

In Deutschland waren es insbesondere die Bilder des Schweizers Karl Bodmer, welche ab 1839 die kollektive Imagination über den ›Indianer‹ im Sinne eines fremden Anderen beflügelten. Diese Bilder wurden zuerst als Teil des Reiseberichts *Reise in das innere Nord-America in den Jahren 1832 bis 1834* von Maximilian zu Wied-Neuwied veröffentlicht und erlangten danach als Einzelstücke sowie als Teil von Bildbänden über die USA einen hohen Bekanntheitsgrad. Die von Native Americans ausgehende Faszination bekam im Kaiserreich eine politische Note: Viele Deutsche identifizierten ihre spät entstandene Nation mit den ›untergehenden Indianern‹ und erträumten sich so nationale Würde und ideelle Größe (Fitz, 129). Dies mischte sich mit der Naturbegeisterung der deutschen Romantik. Die o. g. Wildwestshows sowie Völkerschauen, bei denen Native Americans, ihre Tänze und nachgebauten Dörfer in Tierparks und auf Festivals von Besuchern bestaunt wurden, verstärkten die spezifisch deutsche Faszination für den exotisierten Indianer. Ab 1893 wurden Karl Mays *Winnetou*-Erzählungen stilprägend für die deutsche Westernliteratur, die im Gegensatz zu den USA oftmals eine Indianer-Literatur war: Der titelgebende Winnetou wird von seinem deutschen »Bruder« Old Shatterhand zu einem humanistischen Ideal erzogen, was im dritten Band (1896) durch Winnetous Annahme des Christentums vollendet wird. Mays Erzählungen (und viele seiner Ableger, u. a. Franz Treller und im weiteren Sinne auch B. Traven) reproduzieren das Stereotyp des ›edlen Wilden‹, welcher von der US-amerikanischen Gesellschaft zerstört, jedoch – zumindest ideell – vom deutschen Helden gerettet werden kann. Auch durch Mimikry: So entstanden verstärkt ab den 1930er Jahren Indianer-Klubs, deren Mitglieder (›Hobby-Indianer‹) sich in ihrer Freizeit dem Nachleben indianischen Brauchtums (oder auch dessen, was sie als solches betrachteten) widmeten. Nach der deutschen Teilung waren diese sowohl in der BRD als auch in der DDR aktiv, wobei in Letzterer nach anfänglichem Zögern Indianer als ›Frühkommunisten‹ auch

Abb. 31: Szenenfoto
aus der westdeutschen
Karl May-Verfilmung
Winnetou II mit Pierre Brice
(Winnetou) und Lex Barker
(Old Shatterhand), 1964

politisch positiv besetzt wurden, während Cowboy-Clubs versuchen mussten, ihre Nische als proletarische Landarbeiter zu finden, um nicht als prototypische kapitalistische Expansionisten zu gelten (vgl. v. Borres/Fischer).

Der Wilde Westen als Mythos der Moderne: Widersprüchlichkeit und Aktualität

Cowboys und Indianer sind ambivalente Figuren: Der eigentlich positiv besetzte Cowboy besitzt auch Eigenschaften des Gesetzlosen, des Trinkers und Unruhestifters. Der eigentlich gefährliche, weil barbarische Indianer hingegen wird in vielen Fällen zum edlen Wilden, der gerade durch seine Naturverbundenheit und Ablehnung der Industrialisierung zum Vorbild für ›uns‹, d. h. nicht-indigene Menschen wird.

Dieses Unbehagen an der industrialisierten ⁊Moderne ist der Hauptwiderspruch, welcher in den Figuren des Cowboys und des Indianers verhandelt wird und welcher diesem Mythos seine über die USA hinausgehende Wirkmacht verleiht. Nicht zufällig wurde der Wilde Westen im späten 19. Jahrhundert genau dann zum Mythos, als die imperiale Ausbeutung natürlicher Ressourcen und die rasante gesellschaftliche Veränderung durch Industrialisierungsbewegungen immer schneller voranschritten. Der Wilde Westen wurde so zu einem romantischen Sehnsuchtsort, an welchem sowohl Zivilisation als auch Natur in einem idealen, jedoch prekären Gleichgewicht existieren. Dass es solch einen Ort realiter nie gegeben hat, hindert bis heute nicht daran, diesen zur kollektiven Sinnstiftung zu imaginieren. Der Wilde Westen und seine Bewohner erfreuen sich ungebrochener Beliebtheit: Lucky Luke zieht seit mehr als 65 Jahren schneller als sein Schatten, Winnetou ersteht jährlich in den Karl-May-Festspielen in Bad Segeberg wieder auf und der Marlboro Man als mythischer Naturbursche und Repräsentant cool-rauer und zugleich sinnlich-sentimentaler Männlichkeit versucht, Menschen zum Zigarettenkonsum zu verführen. Kinder verkleiden sich an Fasching noch immer als Cowboys und Indianer und auch im politischen Diskurs ist der Wilde Westen fest verankert, so z. B. wenn der ehemalige US-Präsident George W. Bush wegen des Angriffs auf den Irak wahlweise als Sheriff oder Revolverheld bezeichnet und die Eurozone zum Wilden Westen der Europäischen Zentralbank erklärt wird. Quentin Tarantinos Film *Django Unchained* (2012) zeigt zudem mit seinen popkulturellen Verweisen und seinem schwarzen Protagonisten, welcher eine Problematisierung der Sklaverei in den USA anhand der Cowboy-Figur erlaubt, dass der Wilde Westen als moderner Mythos weiterhin wirkmächtig geblieben ist.

Lit.: F. v. Borries/J.-U. Fischer, Sozialistische Cowboys. Der Wilde Westen Ostdeutschlands, Frankfurt a. M. 2008. – C. Calloway u. a. (Hg.), Germans and Indians. Fantasies, Encounters, Projections, Lincoln 2002. – K. Fitz, ›Der Wilde‹ als Mythos in der deutschen kulturellen Wahrnehmung, in: Mythen Europas. Das 19. Jahrhundert, hg. v. B. v. Schlun/M. Neumann, Darmstadt 2008, 120–140. – K. Kocks, Indianer im Kaiserreich. Völkerschauen und Wild West Shows zwischen 1880 und 1914, Gerolzhofen 2004. – C. Lévi-Strauss, Strukturale Anthropologie I, Frankfurt a. M. 1967. – P. Limerick, The Legacy of Conquest. The Unbroken Past of the American West, New York 1987. – M. Rogin, Fathers and Children. Andrew Jackson and the Subjugation of the American Indian, New Brunswick 1975. – R. Slotkin, Myth and the Production of History, in: Ideology and Classic American Literature, hg. v. S. Bercovitch/M. Jehlen, Cambridge 1994, 70–91. – Ders., Regeneration Through Violence. The Mythology of the American Frontier 1600–1860, Norman 2000.

Andreas Beer

Wirtschaftskrise/Wirtschaftswunder

Unter Wirtschaftskrisen versteht man Störungen der gesamtökonomischen Leistung kapitalistischer Volkswirtschaften. Sie sind als solche Gegenstand wirtschaftswissenschaftlicher Betrachtung sowie, je nach Grad und Dauer, Gegenstand des öffentlichen Diskurses und literarischer Topos. Im 19. Jahrhundert aus seinem ursprünglich medizinischen Kontext (Krankheit) herausgelöst und auf den Wirtschaftsbereich übertragen (Koselleck, 641 ff.), suggeriert »Krise« seitdem eine akute Entscheidungssituation, in der sich der Zustand einer Volkswirtschaft entweder zum Positiven oder zum dauerhaft Schlechten (Niedergang) wenden wird. Gerade in neuerer Zeit trägt der Begriff damit auch eine appellative Komponente insofern, als er (politischen oder wirtschaftlichen) Entscheidungsträgern eine Handlungsnotwendigkeit signalisiert. Während die Wirtschaftswissenschaft heute primär mit semantisch verwandten Termini operiert (Abschwung, Depression), ist »Wirtschaftskrise« im außerwissenschaftlichen Sprachgebrauch fest etabliert und begegnet in variierenden Komposita (z. B. Finanzkrise, Bankenkrise, Staatsschuldenkrise, Eurokrise). Als Idealbild der krisenfreien Ökonomie ist das »Wirtschaftswunder« als Komplementärmythos der Wirtschaftskrise zu begreifen.

Krisen als Deutungsmuster

Welche ökonomische Konstellation im konkreten Fall tatsächlich als krisenhaft bezeichnet wird, ist abhängig von demjenigen, der sie beobachtet. In der Wirtschaftswissenschaft dienen der Krisendiagnose eine Reihe von Parametern, die – keineswegs selbstevident – zu interpretieren sind. Hierzu zählen u. a. Renditen, Investitionsquoten, Umsätze, Zinssätze und Preise. Als Aussagen über ökonomische Instabilität sind Wirtschaftkrisen jedoch nicht allein über diese volkswirtschaftlichen Marker zu bestimmen. Wirtschaftkrisen hängen zugleich von den Umständen ihrer Perzeption, Diskursivierung und subjektiven Bewusstwerdung ab. Borchardt unterscheidet »Krisen an sich« und »Krisen für sich«. Während Erstere aufgrund empirischen Datenmaterials diagnostiziert werden können, entwickeln sich kritische wirtschaftliche Konstellationen »zu wirklichen Krisen, zu Krisen für sich, wenn sie von den Teilnehmern des Prozesses als solche erfahren und bezeichnet werden, wenn Krisenstimmung herrscht, sich Krisenbewusstsein ausbreitet« (Borchardt, 143). Wirtschaftskrisen sind in diesem Sinne Deutungsmuster ökonomischer Instabilität, keine subjektunabhängigen Entitäten einer objektiv gegebenen Wirtschaftswelt. Ihre Durchsetzung als akzeptierte Deutung rezenten Wirtschaftsgeschehens vollzieht sich im engen Wechselspiel von Wissenschaft und medialer Öffentlichkeit. Denn einerseits prägen Wirtschaftsexperten durch ihre Analysen und deren Interpretationen die öffentliche Wahrnehmung der Wirtschaft. Andererseits greifen Massenmedien diese Deutungen auf, thematisieren und diskutieren sie, und tragen dadurch dazu bei, dass Menschen das ökonomische Geschehen reflektieren (*agenda setting*).

Ökonomische Krisentheorien und öffentlicher Diskurs

Zyklisch auftretende Wirtschaftskrisen begegnen – im Gegensatz zu den nur erratisch, weil klimabedingten Agrar- und Ernährungskrisen vorangegangener Zeiten – erst mit Anbruch der Industrialisierung seit der ersten Hälfte des 19. Jahrhunderts. Als einer der ersten erkannte Karl Marx ihre regelmäßige Wiederkehr. Er beschrieb Krisen als eine dem Kapitalismus inhärente Gesetzmäßigkeit und Folge des kapitalistischen Konkurrenzkampfes unter den Bedingungen fallender Profitraten (Marx, 191 ff.). Krisen waren in dieser Lesart ebenso unvermeidbar wie begrüßenswert, da der Kapitalismus sich durch sie einst selbst abschaffe (»Weltkrach«). Daneben begegnet noch lange Zeit vor allem in populären Medien zur Erklärung insbesondere von Spekulationskrisen das Motiv der »Geldgier«, die »tief in der menschlichen Natur« begründet sei (Daheim, 811).

Während die Neoklassiker (u. a. Carl Menger, Alfred Marshall) in Krisen lediglich Gleichgewichtsstörungen erkannten, die durch externe Faktoren (z. B. den Staat) verursacht schienen, wiesen andere Theoretiker des frühen 20. Jahrhunderts ihnen einen festen Platz im Wirtschaftszyklus zu (Konjunkturtheorie). Für Joseph A. Schumpeter waren Krisen wesentliche Momente im technologischen und ökonomischen Strukturwandel, Ausdruck »schöpferischer Zerstörung«, die es dem Kapitalismus ermögliche, sich selbst zu erneuern und Wachstum zu generieren (Schumpeter, 136 f.). Dieser im Prinzip nietzscheanische Gedanke bestimmte auch in der Endphase der Weimarer Republik das öffentliche Nachdenken über wirtschaftliche Krisen, wie es sich in u. a. kulturpolitischen Zeitschriften jener Zeit niederschlug und in der radikalen Hoffnung auf einen ökonomischen Totalkollaps mündete, der allein Rettung verspreche (vgl. Radu).

Eine andere Perspektive nahm John M. Keynes ein, der unter dem Eindruck der *Great Depression* seit 1929 – einer Krise, die weit dramatischer ausfiel, als dass man ihr bloß Reinigungsfunktion hätte attestieren können – mit seiner Theorie antizyklischer Konjunkturpolitik den Staat in die wirtschaftspolitische Verantwortung nahm (vgl. Keynes 2009/1936). Krisen sollten so staatlich abgefedert und damit gänzlich aus dem gesellschaftlichen Bewusstsein eskamotiert werden. Das Paradigma von Zyklus und Notwendigkeit der Krise wich der Vorstellung eines wissenschaftlich unterfütterten und politisch flankierten »stabilen Wachstumspfads« (Borchardt, 135). In der Dogmengeschichte der Ökonomik stehen sich seit den 1970er Jahren zwei Lager unversöhnlich gegenüber: einerseits Theoretiker des perfekten Marktes (z. B. Milton Friedman), die Wirtschaftskrisen als Folgen gerade exogener Eingriffe in das Marktgeschehen (etwa durch den Staat) interpretieren, andererseits Neokeynesianer (z. B. Hyman P. Minsky), die von einer strukturellen Instabilität der (Finanz-)Märkte ausgehen und daher ihrerseits externe Eingriffe befürworten (Plumpe, 15–26). In jüngster Zeit gewinnen vor allem in öffentlichen Medien Krisennarrative an Relevanz, die gegenüber dem Postulat einer systemischen Zwangsläufigkeit von Krisen wieder Fragen nach individueller Verantwortung (»Banker«) oder anthropologischer Dispositionen (Gier) und sie stimulierender Anreize (Boni) in den Mittelpunkt rücken (↗Börse). Diese Narrative weisen transmediales Potenzial auf und begegnen sowohl in der Tagespresse als auch in Spiel- und Dokumentarfilmen (*Inside Job*, Charles H. Ferguson, 2010; *Wall Street 2*, Oliver Stone, 2010) sowie populären Sachbüchern (Reinhard Blomert, *Die Habgierigen*, 2003; Hans-Werner Sinn, *Kasino-Kapitalismus*, 2010).

Fortschritt, Steuerung und die Krise als Dauerzustand

Das Deutungsmuster »Wirtschaftskrise« ist aufs Engste mit dem geistesgeschichtlich wirkmächtigen Fortschrittsnarrativ (↗Fortschritt) der Moderne verknüpft. Sowohl in seiner kapitalismuskritischen als auch -affirmativen Spielart erscheinen Wirtschaftskrisen als »Durchgangsphasen des Fortschritts« (Koselleck, 644) – in Richtung einer Überwindung des Kapitalismus (Marx) oder seiner Weiterentwicklung (Schumpeter). Eine Variation dieses Narrativs begegnet in den sozialwissenschaftlich grundierten Machbarkeitsvisionen des 20. Jahrhunderts, deren Leitmetaphern der Planung und Steuerung auf eine Perfektibilität der Ökonomie hindeuten, die Wirtschaftskrisen »wegzustabilisieren« verspricht. Obschon Wirtschaftkrisen per definitionem temporär begrenzte Entscheidungsmomente beschreiben, führt ihre seit 2008 anhaltende Präsenz im öffentlichen Diskurs zur paradoxen Situation einer Krise in Permanenz. Damit verfestigt sich dieses Deutungsmuster gegenwärtig zum bevorzugten Modus der Erfassung ökonomischer Wirklichkeit.

Wirtschaftswunder

Das mythische Pendant zur Wirtschaftskrise verdichtet sich im Begriff des Wirtschaftswunders. Bereits um 1930 in den öffentlichen Diskurs eingeführt (Hirsch, Priester), rekurriert der Begriff seit den 1950er Jahren auf das nach Einführung der D-Mark und Initiierung des Marshallplans (1948) einsetzende Wirtschaftswachstum in der Bundesrepublik Deutschland (vgl. Abelshauser). Zunächst als Fremdbeschreibung des Auslandes für den unerwartet rasanten ökonomischen Aufschwung in Westdeutschland verwandt, findet der Terminus »Wirtschaftswunder« oder »deutsches Wunder« seit 1950, teils affirmativ, teils ironisch distanzierend, auch in Deutschland vermehrt Verwendung (Wengeler, 63).

Der Begriff entfaltet mythische Qualität in verschiedener Hinsicht. Das ihm anhaftende Irreal-Märchenhafte ermöglichte der deutschen Nachkriegsgesellschaft, die Gegenwart dezidiert von den Erfahrungen der Kriegszeit zu trennen (↗Stunde Null). Zugleich ließ das im »Wunder« angelegte Übernatürliche, rational nicht Erklärbare Platz für eine metaphysische Überhöhung: In Anlehnung an die protestantische Glaubenslehre konnte der wirtschaftliche Erfolg der jungen Bundesrepublik als göttlicher Gnadenerweis und Exkulpation erscheinen. »Ein Volk, das diese wirtschaftliche Leistung vollbracht hat, hat ein Recht darauf, von Auschwitz nichts mehr zu hören« (Franz Josef Strauß).

Im kollektiven Gedächtnis steht »Wirtschaftswunder«, insbesondere seit dem abrupten Ende der Boom-Jahre um 1970 mit sprunghaft steigender Arbeitslosigkeit, Staatsverschuldung und Inflation in ihrem Gefolge, für eine mit retrospektiver Verklärung behaftete Periode nachhaltiger wirtschaftlicher Prosperität, gerecht verteilter Vermögen (»nivellierte Mittelstandsgesellschaft«), Vollbeschäftigung, sicherer »dynamischer Rente«

Abb. 32: Am 5. August 1955 lief der millionste VW-Käfer vom Band – Signum des Wirtschaftswunders

und stabiler Währung. Seine kulturelle Repräsentation findet dieses Bild gegenwärtig vor allem in populären, nostalgische Bedürfnisse bedienenden TV-Dokumentationen (z. B. *Unsere 50er Jahre – Wie wir wurden, was wir sind*, 2012).

Als Geburtsstunde und Erfolgsgeschichte der »sozialen Marktwirtschaft« entwickelten sich die »Wirtschaftswunderjahre« zu einem Gründungsmythos der Bundesrepublik Deutschland, personifiziert in Ludwig Erhard, der – obwohl Kritiker des Begriffs (Erhard, 163) – unter dem Epitheton »Vater des Wirtschaftswunders« Eingang in die deutsche Erinnerungskultur gefunden hat. Der Mythos des »Wirtschaftswunders« verweist jedoch nicht nur auf einen zurückliegenden, historischen Zeitraum, sondern zugleich auf ein Künftiges: Er ist Verheißung einer krisenfreien Ökonomie und eines »Wohlstandes für Alle«.

Lit.: W. Abelshauser, Deutsche Wirtschaftsgeschichte seit 1945, München 2004. – K. Borchardt, Wandlungen im Denken über wirtschaftliche Krisen, in: Über die Krise. Castelgandolfo-Gespräche 1985, hg. v. K. Michalski, Stuttgart 1986, 127–153. – Daheim, Nr. 51, 19.9.1874. – L. Erhard, Wohlstand für alle, Düsseldorf 1957. – J. Hirsch, Das amerikanische Wirtschaftswunder, Berlin 1926. – J. M. Keynes, Allgemeine Theorie der Beschäftigung, des Zinses und des Geldes [1936], Berlin [11]2009. – C. Kindleberger, Manias, Panics, Crashes. A History of Financial Crises, Basingstoke [6]2011. – R. Koselleck, Krise, in: Geschichtliche Grundbegriffe, hg. v. O. Brunner u. a., Bd. 3, Stuttgart 1982, 617–650. – K. Marx, Das Kapital. Buch III, Hamburg 1894. – W. Plumpe, Wirtschaftskrisen. Geschichte und Gegenwart, München 2010. – H. E. Priester, Das deutsche Wirtschaftswunder, Amsterdam 1936. – R. Radu, Der Zusammenbruch der Darmstädter und Nationalbank in den kulturpolitischen Zeitschriften der Weimarer Republik, in: Erzählte Wirtschaftssachen, hg. v. W. Delabar u. a., Bielefeld 2013, 19–32. – J. A. Schumpeter, Kapitalismus, Sozialismus und Demokratie [1942], München [6]1987. – M. Wengeler, Wirtschaftspolitische Diskussionen, in: Kontroverse Begriffe, hg. v. G. Stötzel u. a., Berlin 1995, 35–91. – M. Wengeler/A. Ziem, Wie über Krisen geredet wird. Einige Ergebnisse eines diskursgeschichtlichen Forschungsprojekts, in: Zeitschrift für Literaturwissenschaft und Linguistik 44 (2014), 52–74.

Robert Radu

Zeuge/Zeitzeuge

Zeuge und Zeugnis entstammen ursprünglich dem Bereich des Rechts: Der Zeuge/Die Zeugin ist hier eine Person, die kraft eigenen Erlebens, damit als Augenzeuge bzw. -zeugin, oder durch Hörensagen Tatsachen verbürgen kann, die anders nicht ermittelbar sind. Zeugenschaft ist eine Position in folgender Konstellation: Person (Zeuge/Zeugin) – Sachverhalt – Medium (Zeugnis) – Adressat (beurteilende Instanz). Der Akzent liegt dabei auf dem Zeugnis. Zeugen wird aufgrund ihrer Kenntnisse, die vorzugsweise durch unmittelbare persönliche Erfahrung erworben sein sollten, und ihrer Aussagefähigkeit ein besonderer Status der Informationsvergabe zuerkannt, für den Voraussetzungen sowohl Aufrichtigkeit als auch Neutralität sind (vgl. Scholz; Krämer). Wahrhaftigkeit und Zuverlässigkeit sind daher notwendige Kriterien für die Anerkennung von Person und Zeugnis (z. B. Trauzeugen). Von besonderer Bedeutung ist hier strukturell das Zusammentreten der individuellen Rolle der Person und der erwarteten Objektivität der Aussage.

Ursprünglich nur im Bereich des Rechts bzw. in Strafsachen angewandt und so auch im religiösen Bereich dem Juridischen zugeordnet (vgl. »Gott ist mein Zeuge«), entwickelte sich die Bedeutung im Religiösen von griechisch *martys* (›Zeuge‹) hin zum Bekennen und Im-Tode-Zeugnis-Ablegen (Märtyrer). Im Judentum gibt es im Falle des Mehrwissens eine Pflicht zur Zeugenschaft.

Die mythische Qualität von (Zeit-)Zeugenschaft entsteht im 20. Jahrhundert durch die Aufwertung von Subjektivität (↗Moderne), die Zuschreibung unvermittelter Wahrheit und die biografische Perspektivierung, besonders bezüglich kollektiver Gewalterfahrungen.

Aufwertung von Subjektivität im 20. Jahrhundert

Die Aspekte der hohen Verpflichtung zur Wahrheit, des exklusiven Wissens und der deswegen der Person zugesprochenen Autorität führten im 20. Jahrhundert zu einer Neuakzentuierung des Verständnisses von »Zeuge«/»Zeugin« und »Zeugenschaft«. Die Situation in der ersten Hälfte des 20. Jahrhunderts, besonders politische Repression, Kriege, Massenmord und Genozid (↗Holocaust), sowie die Situation nach 1945 (↗Stunde Null) und für Deutschland jene nach dem Fall der Mauer (↗Mauerfall/Wende) zählen zu den Entstehungsbedingungen der mythischen Qualität von (Zeit-)Zeugenschaft. Die Mythisierung zeigt sich in der Verschiebung des Akzents vom Zeugnis zum Zeugen/zur Zeugin, wodurch nunmehr beide Positionen gleichviel Gewicht aufweisen. In der Situation nach dem Zweiten Weltkrieg entstand schnell das Bedürfnis der ehemals Verfolgten, ihre Erfahrungen zu dokumentieren. Dieses Bedürfnis war zudem einer politisch-juristischen Situation geschuldet, in der nicht sicher war, ob bzw. wie die Täter zur Rechenschaft gezogen werden würden, und dem Willen der Berichtenden zur persönlichen Abrechnung, zur Dokumentation und dem Wunsch nach Aussprache, welcher auf die Ungeheuerlichkeit der Verbrechen, deren moralisches, zeitliches und geografisches Ausmaß, die Zahl der Betroffenen – sowohl der Opfer als auch der Täter – und die unklare Rechtslage zurückgeht. Diese so entstehenden Selbstaussagen (tituliert z. B. als »Erinnerung«, »Erinnerungsbericht«, »Schicksalsbericht«, »Zeugnis«, im Französischen häufig »témoignage«, im Englischen »witness literature«, im Italienischen »memorialistica«) sind nicht unbedingt mehr wie die von Gerichtszeugen von außen angefordert.

Zeitzeugen sind Akteure der breiten Öffentlichkeit und des Alltags geworden und repräsentieren zudem »Geschichte von unten«. Dass der Zeitzeuge zu einer Leitfigur in der öffentlichen Wahrnehmung von Geschichte werden konnte, hängt auch mit Entwicklungen in der theoretischen Fundierung der Geschichtswissenschaften und allgemein der Kulturwissenschaften zusammen. Zu denken ist etwa an die Anthropologisierung von Geschichte seit den 1940er Jahren, die Mentalitätsgeschichte und den Aufschwung der Oral History bzw. der Alltagsgeschichte seit den frühen 1980er Jahren (vgl. Uhl). Dieser Personalisierung von Geschichte kommen die ästhetischen und technischen Möglichkeiten der verschiedenen Künste und Medien zugute. Gerade Massenmedien versuchen, sinnliche Begegnungen zu rekonstruieren und Nahsituationen zu simulieren. Nirgends lassen sich z. B. Weinen oder Sprachlosigkeit besser darstellen als im Medium des Audiovisuellen (vgl. Classen).

»Authentizität« und körperliche Verbürgung von Wahrhaftigkeit

Die seither konstante Aufwertung vom Zeugen zum mythisierten Zeitzeugen als Figur des historischen Erlebens und Wertens basiert vor allem auf der Verbindung des Konzepts der Zeugenschaft mit dem der Wahrhaftigkeit. Hiermit ließ sich die Idee von »Authentizität« in Übereinstimmung bringen, die ihrerseits seit der Romantik eine permanente Aufwertung erfährt. Zeugenschaft verknüpft sich nun mit der Annahme, man nähere sich durch das Zeugnis dem unverstellt-evident »Wahren« und »Echten« eines Ereignisses. Dem Zeugen/der Zeugin wird daher von der Öffentlichkeit zu bestimmten Zwecken der Status einer Autorität zugesprochen. Zeitzeugen vermitteln gerade auch in nicht institutionalisierten Situationen Geschehen über individuelle Eindrücke; sie geben damit eine subjektive, emotional aufgeladene Erfahrung weiter und verbürgen (gewollt oder ungewollt) das Erfahrene auch für kollektive Deutungsmuster, individuelle Opfererfahrung kann so einem überindividuell dominierenden Narrativ zugeordnet werden. Auch der Aspekt der Körperlichkeit, das eigene physische Erleiden (vgl. Michaelis), mag zur »Sakralisierung« der Zeitzeugen beigetragen haben, denn implizit wird eine diffuse Nähe zur Idee des Märtyrers/der Märtyrerin hergestellt, deren Selbstopferung für den Glauben generell mit körperlichem Leid assoziiert ist (vgl. Scholz; Krämer). Kennzeichnend für die Hochschätzung von Zeitzeugen ist der Authentizitätseffekt: Zuhörer vermuten Authentizität dann, wenn Empathie, Mitleid und Identifikation in ihnen ausgelöst werden.

Biografische Perspektivierung und Pluralisierung des Begriffs

Zeitzeugen berichten seit den 1970er Jahren ihre Erfahrungen in Schulen, Gedenkstätten oder in den Medien (u. a. in Radio- und Fernsehdokumentationen oder auf Internetseiten). Sie liefern biografisch orientierte Perspektiven auf die Geschichte, berichten subjektiv, mit der erwarteten emotionalen Färbung. Bei den referierten Erlebnissen handelt es sich zumeist um extreme Erfahrungen, um physisches und psychisches Leid, das z. B. durch Verfolgung, Haft, Folter oder Genozid hervorgerufen wurde. Neben der Exklusivität der Wahrnehmung des historischen Ereignisses im Rahmen der Zeitzeugenschaft wird die Einzigartigkeit des Ereignisses selbst hervorgehoben (Erster und Zweiter Weltkrieg, ethnische Verfolgungen, Shoah, sozialistisches Regime der ↗DDR).

»Zeitzeugenschaft« ist kein neutraler Begriff, da er besonders in Zusammenhang mit Opfern Verwendung findet (vgl. Segler-Meßner). Die dem Zeitzeugen zugesprochenen Eigenschaften verdeutlichen, weshalb für Täter nicht der emphatisch aufgeladene Zeitzeugenbegriff benutzt wird. Ihnen fehlen genau jene konstitutiven Merkmale, die den (Opfer-)Zeitzeugen ausmachen: Die Täter haben im Allgemeinen keine Intention, Zeugnis abzulegen, sie werden nicht als Beglaubigungsinstanz und Autorität begriffen, die Zuhörerschaft kann auf das Berichtete nicht mit Empathie und Mitleid reagieren (vgl. Sabrow; Uhl).

Die Mythisierung des Zeugen/Zeitzeugen erfolgt daher im Zusammenhang mit der Pluralisierung des Gebrauchs der Begriffe »Zeuge«/»Zeugin«, »Zeugnis« und »Zeugenschaft«: Neben die Weiterverwendung des Terminus im Rechtsbereich, eine Ausdifferenzierung im religiösen Bereich (»Zeugen Jehovas«) und die kontinuierliche Heranziehung von Augenzeugenberichten als Quellen für historische Untersuchungen tritt die hohe Wertschätzung von Zeugnissen und deren Autoren. Diese findet in der starken medialen Präsenz von (Zeit-)Zeugen/Zeuginnen und nicht zuletzt in der häufigen Verwendung der Kennzeichnung »Zeugnis« für vormals anders bezeichnete Texte, Aussagen und Gegenstände Ausdruck, schließlich auch darin, dass vielfach bereits mit dieser Denomination eine mythisierende Aufwertung des Berichteten einhergeht.

Lit.: G. Agamben, Was von Auschwitz bleibt. Das Archiv und der Zeuge (Homo sacer III), Frankfurt a. M. 2003. – Art. »Zeuge«, Art. »Zeuge vom Hörensagen«, in: Rechtswörterbuch, hg. v. K. Weber, München [20]2011, 1444 f. – C. Classen, Der Zeitzeuge als Artefakt der Medienkonsumgesellschaft. Zum Verhältnis von Medialisierung und Erinnerungskultur, in: Die Geburt des Zeitzeugen nach 1945, hg. v. M. Sabrow/N. Frei, Göttingen 2012, 300–319. – S. Krämer, Zum Paradoxon von Zeugenschaft im Spannungsfeld von Personalität und Depersonalisierung. Ein Kommentar über Authentizität in fünf Thesen, in: Renaissance der Authentizität? Über die neue Sehnsucht nach dem Ursprünglichen, hg. v. M. Rössner/H. Uhl, Bielefeld 2012, 15–26. – A. Michaelis, Die Autorität und Authentizität der Zeugnisse von Überlebenden der Shoah. Ein Beitrag zur Diskursgeschichte der Figur des Zeugen, in: Politik der Zeugenschaft. Zur Kritik einer Wissenspraxis, hg. v. S. Schmidt u. a., Bielefeld 2011, 265–284. – M. Sabrow, Der Zeitzeuge als Wanderer zwischen zwei Welten, in: Die Geburt des Zeitzeugen nach 1945, hg. v. M. S./N. Frei, Göttingen 2012, 13–32. – O. R. Scholz, Zeuge; Zeugnis I., in: Historisches Wörterbuch der Philosophie, hg. v. J. Ritter u. a., Bd. 12, Basel 2004, 1317–1324. – S. Segler-Meßner, Archive der Erinnerung. Literarische Zeugnisse des Überlebens nach der Shoah in Frankreich, Köln 2005. – H. Uhl, Vom Pathos des Widerstands zur Aura des Authentischen. Die Entdeckung des Zeitzeugen als Epochenschwelle der Erinnerung, in: Die Geburt des Zeitzeugen nach 1945, hg. v. M. Sabrow/N. Frei, Göttingen 2012, 224–246.

Isabella von Treskow (unter Mitarbeit von Hartmut Duppel)